Les Traversées de Paris

L'ESPRIT DE LA VILLE
DANS TOUS SES QUARTIERS

à ceux qui m'étaient chers et qui ne sont plus
à ceux qui me seront toujours chers

Au moment d'ouvrir le [bouton du] volume, comment ne pas remercier François Besse, qui m'a poussé dans cette aventure médiumnique et qui m'y a accompagné tout au long, avec l'équipe de Parigramme. Si les esprits des quartiers de Paris sont au rendez-vous, il y est, ils [elles] y sont, pour beaucoup.

ALAIN RUSTENHOLZ

Les Traversées de Paris

L'ESPRIT DE LA VILLE DANS TOUS SES QUARTIERS

Photographies de
GILLES TARGAT

PARIGRAMME

Le fleuve et la Cité

La rive droite ou la Ville

De la Concorde au Point du Jour

Des Tuileries aux Ternes

Du Louvre aux Batignolles

Du Mail à Montmartre

Des Halles à La Chapelle

Avant-traversées

Il y a la visite que l'on fait – circulez, y a tant à voir ! –, c'est le tourisme des choses, qui s'en tient à la surface des pierres, et la visite que l'on rend – et qui vous le rend bien –, l'écoute, la rencontre.

Rendez-vous dans un Paris habité, dans l'espace privé des salons et l'espace public de la rue, pour la traversée des apparences : une histoire qui prête l'oreille et pas seulement un regard qu'arrêtent des façades.

Tout faire pour que celles de Paris ne restent pas lettres mortes, pour que les pierres sortent de leur silence, pour que la ville réponde. Faire parler les accidents du terrain, le rétrécissement du fleuve, le coude de la rue ; faire sortir des murs les bruits familiers de dix générations successives, faire monter du pavé les grincements de tous les âges de la roue.

On goûte d'autant mieux une ville qu'elle cesse de se taire, que l'on entend, par la fenêtre ouverte, dialoguer George Sand et Musset ; sur les boulevards, le cri scandé de la foule, sous les marronniers de la place le flonflon de l'accordéon.

Balzac, dans son *Ferragus*, s'adresse à « ces hommes d'étude et de pensée, de poésie et de plaisir qui savent récolter, en flânant dans Paris, la masse de jouissances flottantes, à toute heure, entre ses murailles ». La connaissance n'est certes pas l'unique condition de la récolte mais un peu « d'étude et de pensée », d'histoire quand elle est incarnée, permettent d'en jouir davantage.

Les traversées de Paris sont celles de l'espace et du temps. La ville y est (re)peuplée, certes pas de tous les habitants qui s'y succédèrent, encore moins de listes de noms ; le recensement n'est pas exhaustif mais personne n'est cité qu'une seule fois. En traversant Paris, on ne croise que des personnages, reconnus ici et retrouvés plus loin, jamais de simples figurants. Que m'importe qu'« Untel habita ici » si Untel m'est inconnu et si je ne sais pas ce qu'ici il vécut.

Pour l'espace, une quinzaine de rayons partent du centre vers la périphérie, dans le sens de l'expansion de la ville et, pour le voyage fluvial, de l'île Saint-Louis vers l'amont, de la Cité vers l'aval. Au passage, comme l'aiguille immatérielle sur un écran radar, ils balayent dans le sens des heures une soixantaine de quartiers, non pas toutes les entités administratives mais les territoires qui ont été la matérialisation d'un lien social. Parce qu'à Paris, écrivait Daniel Halévy, « il est rare qu'un quartier dure plus que ses habitants ». « À Paris où il n'y a rien de neuf, pas même la statue posée d'hier sur laquelle un gamin a déjà mis son nom », écrivait Balzac en 1834.

La statue posée d'hier est vieille de cent trente ans quand Allen Ginsberg sort du « Beat Hôtel » de la rue Gît-le-Cœur ; le passé a un peu plus d'épaisseur, il n'est pas plus lourd pour autant : « Je marchais dans les rues de la Rive Gauche en songeant qu'Apollinaire ou Rimbaud ou Baudelaire avaient descendu les mêmes rues. Vous ne pouvez échapper au passé à Paris, et ce qui est le plus extraordinaire à ce sujet, c'est que le passé et le présent s'entremêlent de façon si impalpable que ce n'est pas du tout un poids. »

Quay de l'Ecole
Samaritaine
Pont-neuf
Quay de l'Horloge du Palais
Quay des Augustins ou de la Vallée
Quay des Orfèvres
Place Thionville
Quay Desaix
Quay de Gèvres
Pont N. Dame
R. de la Pelleterie
R. du Harpoix
R. de l'Hirondelle
R. du Cimetière
R. Christine
R. de Savoye pavée
R. Dauphine
Guénégaud
R. Boucher
R. de Nevers
L'Infante
Museum
Place de
Cour Neuve
Préfet de Police
Ste Chapelle
H. Dieu
le Parvis
R. de la Calandre
R. Barelle
P. S. Michel
Pl. des 3 Maries
R. Poupée
R. Percée
R. Serpente
R. Poitevine
R. des 2 Portes
R. de la Parcheminerie
Rue Jacques
Cour du Commerce
R. de l'Eperon
R. Jardinet
R. de Tournine
Rue de Rouen
R. du Fouarre
S. Julien le Pauvre
Caserne
S. Severin
Rue St. André des Arcs

Le

Balzac, dans son *Ferragus*, s'adresse à « ces hommes d'étude et de pensée, de poésie et de plaisir qui savent récolter, en flânant dans Paris, la masse de jouissances flottantes, à toute heure, entre ses murailles ». La connaissance n'est certes pas l'unique condition de la récolte mais un peu « d'étude et de pensée », d'histoire quand elle est incarnée, permettent d'en jouir davantage.

Les traversées de Paris sont celles de l'espace et du temps. La ville y est (re)peuplée, certes pas de tous les habitants qui s'y succédèrent, encore moins de listes de noms ; le recensement n'est pas exhaustif mais personne n'est cité qu'une seule fois. En traversant Paris, on ne croise que des personnages, reconnus ici et retrouvés plus loin, jamais de simples figurants. Que m'importe qu'« Untel habita ici » si Untel m'est inconnu et si je ne sais pas ce qu'ici il vécut.

Pour l'espace, une quinzaine de rayons partent du centre vers la périphérie, dans le sens de l'expansion de la ville et, pour le voyage fluvial, de l'île Saint-Louis vers l'amont, de la Cité vers l'aval. Au passage, comme l'aiguille immatérielle sur un écran radar, ils balayent dans le sens des heures une soixantaine de quartiers, non pas toutes les entités administratives mais les territoires qui ont été la matérialisation d'un lien social. Parce qu'à Paris, écrivait Daniel Halévy, « il est rare qu'un quartier dure plus que ses habitants ». « À Paris où il n'y a rien de neuf, pas même la statue posée d'hier sur laquelle un gamin a déjà mis son nom », écrivait Balzac en 1834.

La statue posée d'hier est vieille de cent trente ans quand Allen Ginsberg sort du « Beat Hôtel » de la rue Gît-le-Cœur ; le passé a un peu plus d'épaisseur, il n'est pas plus lourd pour autant : « Je marchais dans les rues de la Rive Gauche en songeant qu'Apollinaire ou Rimbaud ou Baudelaire avaient descendu les mêmes rues. Vous ne pouvez échapper au passé à Paris, et ce qui est le plus extraordinaire à ce sujet, c'est que le passé et le présent s'entremêlent de façon si impalpable que ce n'est pas du tout un poids. »

Le
L'Infante
Muséum
Place de l'Infante
Quay de l'Ecole
Samaritaine
Quay
Pont-neuf
le Pont-neuf
Quay de l'Horloge du Palais
Place Thionville
Quay des Orfèvres
Préfet de Police
Cour Neuve
Lamoignon
H. Isabeau
Le Palais
S.te Chapelle
Cour
Quay des Augustins ou de la Vallée
Quay Desaix
Pont N. Dame
Quay de Gèvres
Pompe
R. de la Pelleterie
Théâtre
R. Boucher
R. Bertin Poirée
R. Thibaud-aux-dés
Germain
Mégisserie
4.e Mairie
Guénégaud
R. de Nevers
Théâtre Thionville
R. d'Anjou
R. Christine
R. de Savoye Pavée
Augustins
R. du Hurepoix
R. de l'Hirondelle
R. G. Cœur
R. des Arcs
P. S.t Michel
Marché neuf
R. du Cimetière
S.t André
R. Poitevins
Rue du Battoir
R. Percée
R. Serpente
R. Jardinet
R. de l'Eperon
H. des Colonnes
Cour du Commerce
Rue de Rouen
R. de Tournon
R. des 2 Portes
Rue de la Harpe
R. de la Parcheminerie
S.t Séverin
Rue S. Jacques
R. du Fouarre
S. Julien le pauvre
R. de la Bûcherie
H. Dieu
le Parvis
Galande
Caserne

fleuve et la Cité

La Seine, des harengères au patrimoine de l'humanité

Avant la Seine où Paris se mire, la Seine vers laquelle les façades se tournent jusqu'à en oublier, derrière elles, toute contrainte d'équerre, il y a la Seine que l'on travaille, que l'on fend, que l'on bat, que l'on mange et que l'on boit. Une Seine aux berges hérissées de pontons en dents de peigne, au bout desquels les porteurs d'eau tentent de prémunir leurs seaux de la vase du bord et, entre ces pontons, des attelages qui reculent, munis de barriques d'une capacité plus grande. Une Seine où l'on pêche, une Seine où le poisson frétille partout dans les viviers, et s'y vend. On n'imagine plus aujourd'hui la quantité de poisson consommée, qu'imposait la stricte observance des jours maigres et du carême. La seule chambre spécialisée des sept qui composent le Parlement de Paris est celle de la Marée, et c'est le poisson l'assiette fiscale sur laquelle se bâtit la ville. François Ier confirme en 1530, et pour six ans, « l'aide de 6 deniers sur le poisson vendu en la ville et fau-

▷ *Le square du Vert-Galant, hommage de la Seine à Henri IV, le roi bâtisseur. « C'est pour mes maçons ! », disait-il à chacune de ses chances au jeu.*

bourgs de Paris, 20 sols sur le thon blanc, maquereaux et poissons salés », accordée par son prédécesseur pour « fortification des fossés, quais de cette ville ».

Les pompes élévatrices accrochées aux ponts battent le fleuve sans relâche de leurs roues à aubes, celle de la Samaritaine, au Pont-Neuf, depuis Henri IV ; celles du Grand et du Petit Moulins, aux deuxième et troisième arches en partant de la Ville, côté aval du pont Notre-Dame, depuis Louis XIV. Et les moulins à farine, amarrés dans le courant, pétrissent pareillement le flot, et aussi les bras des lavandières. « Il y avait grand vacarme de blanchisseuses, elles criaient, parlaient, chantaient du matin au soir le long du bord, et y battaient fort le linge, comme de nos jours », écrit Hugo, c'est-à-dire comme en 1831 tandis que le passé évoqué est celui de 1482. « Ce n'est pas la moindre gaieté de Paris. »

Ajoutons, sur « la "nourricière Seine", comme dit le père Du Breul », que cite Hugo, quantité de ports où abordent les bateaux avalants, qui peuvent atteindre facilement toutes les berges du « trapèze central de la Ville », tandis que les navires montants s'arrêtent à sa lisière, avant le Pont-Neuf, seuls des produits manufacturés de haute valeur, en provenance de Normandie ou de la Manche, pouvant supporter les coûts d'un halage à contre-courant.

Côté Ville, « le quai avec ses mille boutiques et ses écorcheries saignantes », ses tanneurs et teinturiers qui ne partiront pour la Bièvre qu'après 1673, et les sergents racoleurs qui les remplacent sous la Régence ; le pittoresque quai de Gesvres, entre pont Notre-Dame et Pont-au-Change, posé

△ *La Seine à boire : l'une de ses pompes accrochées à ses ponts.* La Pompe de la Samaritaine, le Pont-Neuf et l'île de la Cité, vus du quai du Louvre, *de N. J.-B. Raguenet.*

▽ *Un quai en surplomb, accueillant aux débordements du fleuve.* La Voûte du quai de Gesvres, *d'Auguste Régnier (1815).*

△ Le pont Royal, balcon du pavillon de Flore, terrasse du Louvre sur son jardin d'eau.

sur des arcades pour ne pas rétrécir le lit du fleuve, au haut duquel Rose Bertin, la modiste de Marie-Antoinette, a sa première boutique jusqu'en 1772. Le côté Université « était le moins marchand des deux, les écoliers y faisaient plus de bruit et de foule que les artisans, et il n'y avait, à proprement parler, de quai que du pont Saint-Michel à la tour de Nesle. Le reste du bord de la Seine était tantôt une grève nue, comme au-delà des Bernardins, tantôt un entassement de maisons qui avaient le pied dans l'eau, comme entre les deux ponts ».

On n'oubliera pas les bains flottants, bains chauds ou étuves, dont on compte une dizaine à la fin du règne de Louis XVI ; et, plus tard, les bains froids ou écoles de natation qui fleurissent sous le Second Empire : Bains du Pont-Royal, Bains Henri-IV, quai du Louvre ; Bains de la Samaritaine et, pour les femmes, Bains des Fleurs, au port de l'École.

La Seine publique et le bassin royal

Dans cette Seine industrieuse, ce fleuve du quotidien, celui des harengères et des crocheteurs, Louis XIV a pourtant su isoler une naumachie, une scène de grand opéra, en demandant à Jules Hardouin-Mansart et Jacques Ange Gabriel ce pont Royal inutile à la circulation, situé non dans le prolongement d'une rue, mais dans celui du palais des Tuileries, au bout du Pavillon de Flore, simple balcon au-dessus du bassin dont il trace le quatrième côté, face au Pont-Neuf, entre le Louvre, rive droite, et le collège des Quatre-Nations sur l'autre. Ici, pour le mariage prévu avec l'infante de Portugal, lors des naissances du duc de Bourgogne ou du duc de Bretagne, dix mille lampes font de la grande galerie du Louvre l'astre même du Roi-Soleil, tandis qu'au-dessous, sur le fleuve, flottent palais allégoriques aux colonnes et portiques surchargés de tous les attributs de la mythologie, qu'entourent des musiciens sur d'autres nefs, au milieu des embrasements des feux d'artifice. D'autres jours, les remplacent joutes ou fêtes vénitiennes.

Ce « bassin du Louvre », ce « côté des Tuileries et du Pont-Royal », était pour Voltaire – qui écrit en 1751, avant la création de la place Louis-XV – le modèle absolu, l'aune à laquelle juger les villes, l'esquisse de la perfection urbaine : si Louis XIV « avait dépensé à Paris la cinquième partie de ce qu'il en a coûté pour forcer la nature à Versailles, Paris serait, dans toute son étendue, aussi beau qu'il l'est du côté des Tuileries et du Pont-Royal, et serait devenu la plus magnifique ville de l'univers ».

Paris qui gèle, Paris qui brûle

Quand la Seine est gelée, Paris meurt, comme en ce terrible hiver qui commence en décembre 1708 et, durant près de deux mois, aura « rendu les rivières solides jusqu'à leurs embou-

◁ Le « pont Neuf, sous qui l'eau passe / Si ce n'est quand l'hiver la glace », comme l'écrit Saint-Amant. Hiver 1890-1891.

chures », note Saint-Simon. La disette des grains, les épidémies, une température qui descend jusqu'à 21° au-dessous de zéro font plus de vingt mille victimes dans la capitale.
Et quand la Seine s'embrase, Paris brûle. Le 22 avril 1718, une femme, dont le fils a disparu noyé, abandonne au fil de l'eau, devant le couvent des Miramionnes, une planche munie

d'un pain bénit et d'un cierge allumé, censé s'éteindre là où gît le corps de son enfant et lui en révéler le lieu. Sous le Petit-Pont, le cierge heurte une barque chargée de foin, les flammes montent jusqu'aux maisons de bois, le grand incendie dure trois jours et trois nuits. Le maître des pompes, Dumouriez, un ancien de chez Molière, n'y peut rien : les vingt-deux maisons du pont sont détruites. On ne les reconstruira plus.

Quand la cour était à Choisy

Qui vit à Paris a donc affaire à la Seine. Dans l'exercice ordinaire de son emploi, le jardinier du duc d'Orléans et du comte d'Artois, un Écossais, Thomas Blaikie, s'y retrouve tout naturellement, traversant Paris et ses faubourgs par deux fois en trois jours, dans un sens et dans l'autre. Le

△ *Bonaparte, 15 ans, débarquait ici le 25 octobre 1784 pour s'inscrire à l'École militaire.* **Le Pont Marie et le port Saint-Paul, vers 1825,** *de Charles Mozin.*
© PMVP/Ladet

3 octobre 1777, il prend le coche d'eau au port Saint-Paul, en compagnie d'un pépiniériste de Covent Garden, pour rejoindre avec lui la cour, à Choisy, où elle se trouve à ce moment-là. Le port Saint-Paul, entre le débouché de la rue Saint-Paul et le pont de Gramont, qui prolonge la rue du Petit-Musc sur l'île Louviers, est le terminus des coches d'eau pour Corbeil, Montereau, Nogent et Briare. C'est là qu'un peu plus tard, le jeune Bonaparte, 15 ans, débarquera, le 25 octobre 1784, arrivant de son collège de Brienne pour s'inscrire à l'École militaire.
C'est d'en face – il n'y aura plus d'île Louviers – que partira le Frédéric Moreau de *L'Éducation sentimentale* :

▽ *Vues depuis la rive droite,* **L'île Louviers** *(à gauche, avec le pont de Gramont)* **et la pointe de l'île Saint-Louis** *(quai d'Anjou, à droite), d'A. J. Noël.*
© PMVP/Toumazet

▷ *Le quai Saint-Bernard : Henri IV et son fils, le futur Louis XIII, s'y baignaient nus.*

« Le 15 septembre 1840, vers six heures du matin, *la Ville-de-Montereau*, près de partir, fumait à gros tourbillons devant le quai Saint-Bernard. »

« Des gens arrivaient hors d'haleine ; des barriques, des câbles, des corbeilles de linge gênaient la circulation ; les matelots ne répondaient à personne ; on se heurtait ; les colis montaient entre les deux tambours, et le tapage s'absorbait dans le bruissement de la vapeur, qui, s'échappant par des plaques de tôle, enveloppait tout d'une nuée blanchâtre, tandis que la cloche, à l'avant, tintait sans discontinuer. »

« Enfin le navire partit ; et les deux berges, peuplées de magasins, de chantiers et d'usines, filèrent comme deux larges rubans que l'on déroule. »

Les bateaux que croise Blaikie sur ce tronçon de la Seine sont, pour l'essentiel, des avalants, portés par le courant, chargés des bois du Morvan, des blés de la Brie, des vins de Bourgogne, de charbon de bois ; souvent des « sapines » ou « sapinières » à usage unique, que les « déchireurs » vont démonter sur la berge pour en faire du bois de charpente. Quand les mariniers sont montés à bord pour les piloter dans la traversée de la ville, rendue difficile par une infinité d'obstacles et de forts courants entre des berges rétrécies, la première chose qu'ils voient en abordant Paris, et que Blaikie vient de laisser dans son dos, c'est « après le Sérail, le bâtiment du monde le mieux situé » : l'hôtel de Bretonvilliers qui, avec l'hôtel Lambert, forme la proue sculptée de l'île Saint-Louis au-dessus du fleuve.

Puis, au pas du cheval sur le chemin de halage, tirant le coche d'eau, c'est, à gauche, la forteresse imposante de la Bastille et, à droite, devant l'abbaye de Saint-Victor, le quai Saint-Bernard, où Henri IV et son fils, le futur Louis XIII, se baignaient nus, et où les hommes avaient continué de le faire à la grande satisfaction des dames. « Tout le monde connaît cette longue levée qui borne et qui resserre le lit de la Seine, du côté où elle entre à Paris avec la Marne, qu'elle vient de recevoir : les hommes s'y baignent au pied pendant les chaleurs de la canicule ; on les voit de fort près se jeter dans l'eau ; on les

▽ *L'hôtel Lambert, château de proue de l'île Saint-Louis.*

en voit sortir : c'est un amusement. Quand cette saison n'est pas venue, les femmes de la ville ne s'y promènent pas encore ; et quand elle est passée, elles ne s'y promènent plus », écrivait ironiquement La Bruyère, dans ses *Caractères*, en 1688.

La bête de somme tire maintenant au milieu des empilements de pierres du port au Plâtre. La Rapée est déjà « fameuse pour préparer le poisson en ce qu'on appelle "matelotes" ». Des barques toilées assurent la traversée vers l'énorme ensemble de l'Hôpital général ; bientôt, la patache d'octroi complètera, sur le fleuve, le mur des Fermiers généraux. Les joutes des mariniers, que Raguenet nous a montrées devant la Cité, auront alors lieu ici et, un peu avant 1830, le canotage bruyant, tandis que son pendant sélect s'organise dans la Société des régates et le Club des canotiers qui, sous le Second Empire, regrouperont quelque six mille passionnés, du côté de Charenton et, de l'autre côté de Paris, d'Asnières.

Derrière les chantiers de bois, s'étendent les domaines de La Croix, du Petit-Château de Bercy, du Pâté-Pâris, puis l'immense étendue du château de Bercy. Les vins viendront à partir du Premier Empire et, avec eux, un surcroît de canotiers et de guinguettes, dont celle de Jullien qui, quand le quai sera gravement endommagé par la débâcle des glaces, en janvier 1880, ira ouvrir sur l'île Fanac, à Joinville-le-Pont, le restaurant décrit par Zola dans *Au Bonheur des dames*.

Sur l'autre rive, passé l'abri semi-circulaire de la gare d'eau entamée en 1764 et abandonnée, ce sont, partout dans les champs, de grandes roues

▽ *Devant les pompes élévatrices du Grand et du Petit-Moulin, côté aval du pont Notre-Dame,* La Joute des mariniers, *de N. J.-B. Raguenet (1751).*

qui servent à extraire les pierres des carrières profondément souterraines d'Ivry, Gentilly, Montrouge, Arcueil et Villejuif.

À l'ouest, le Point du Jour !

Deux jours plus tard, le samedi 5 octobre 1777, Thomas Blaikie rembarque à bord d'un coche d'eau, avalant cette fois, au pont Royal, avec le même Mr. Hairs et le jardinier allemand de Monceau, M. Ettingshaussen. De ce même embarcadère, à partir de 1826, de petits bateaux à vapeur effectueront le premier service régulier reliant, pendant la belle saison, Paris à Saint-Cloud. Blaikie descend la Seine jusqu'au pont de Sèvres, où il prendra une voiture pour Versailles.

Ici, le trafic est moins dense : la remontée du courant étant particulièrement épuisante, les bateaux ne vont pas au-delà du port de l'École. Mais il faut déjà, pour l'atteindre, passer le pont Royal et, dans ce sens, les mariniers n'ont pas seulement à piloter les bateaux et à guider leur accostage : les avaleurs de nefs, ou maîtres des ponts, doivent encore les tirer du haut du tablier, le chemin de halage se trouvant souvent interrompu.

Sur l'autre rive, le port de la Grenouillère, sous le quai ombragé entrepris par Charles Boucher d'Orsay, prévôt des marchands, est rempli de bois flotté qui a traversé tout Paris. Le coche d'eau longe le quai des Tuileries, et la place Louis-XV. On trouvera amarrée en face, sous Napoléon III, l'École impériale de natation, « ses 350 cabinets et ses 16 salles, son vaste divan et ses salles de cafés ». Passé les Invalides, on arrive très vite à l'île des Cygnes, qui épouse la

∇ *« Triste tombeau » d'Adrienne Lecouvreur, refusée en cimetière chrétien, le port de la Grenouillère, peint ici par P.-A. Demachy (1777) depuis la terrasse des Tuileries.*

courbe de la rive gauche jusqu'à la hauteur du château de Grenelle. Entre cette île et la berge, bien plus d'un millier de cadavres étaient venus s'agglutiner lors de la Saint-Barthélemy, ceux des protestants jetés à la Seine. Ils avaient été inhumés sur place, et Louis XIV avait fait vivre là, plus tard, des cygnes amenés de Scandinavie. Quand Blaikie la croise, l'île est spécialisée dans la fabrication de l'huile, extraite de la cuisson des tripes, destinée aux réverbères à miroirs de métal qui, depuis quelques années seulement, ont remplacé au long des rues les lanternes à chandelles. Le lieudit Gros-Caillou, plus bas, est connu pour des mijotages plus appétissants, ceux du ragoût de poissons au vin. « Ce lieu peuplé de guinguettes, écrit Mercier, est sur le bord de la rivière, au-dessous des Invalides. Là, on mange des matelottes, objet définitif et chéri des gageures parisiennes. Une bonne matelotte coûte un louis d'or ; mais c'est un manger délicieux, quand elle n'est pas manquée. Les cuisiniers les plus fameux baissent pavillon devant tel marinier qui fait mélanger et apprêter la carpe, l'anguille et le goujon. Ils cèdent ce jour-là leur emploi à la main grossière qui manie l'aviron. Les cuisiniers ont beau être jaloux ; ils accommodent les autres plats, excepté la matelotte : ainsi l'ordonne tout maître friand ou connaisseur. »

Il y aura ici, dix ans après le passage de Blaikie, la seconde paire de pompes à feu des frères Périer, en aval de l'égout des Invalides ! Et l'on apercevra derrière, en 1841, la tour de 42 mètres, élevée au milieu de la place de Breteuil, qui sert de château

△ *Foré sur les indications d'Arago, place de Breteuil, à l'emplacement de l'actuel monument à Pasteur,* Le Puits artésien de Grenelle, *de Stanislas Lépine.*

d'eau au puits artésien de Grenelle, dont le débit est d'un million de litres par jour.

Mais au moment où son coche d'eau atteint l'extrémité du quai de la Conférence, les frères Périer sont seulement en train de créer leur Compagnie des eaux de Paris et de prévoir ici l'installation de « pompes à feu », c'est-à-dire à vapeur, pour élever l'eau de la Seine vers des réservoirs situés sur la colline de Chaillot et, de là, la redistribuer chez les particuliers.

△ *L'arrivée de Londres, passant devant la terrasse des Tuileries, du bateau à vapeur* Élise*, réalisant, pour la première fois, cette liaison internationale le 29 mars 1816.*
© Coll. Roger-Viollet

La grand-route de Paris à Versailles passe ici au pied de la Savonnerie, la manufacture d'où sortit l'essentiel des tapis du Louvre, de Versailles, de Trianon et de Marly, puis, sur le bord escarpé du fleuve, arrive le couvent de la Visitation-Sainte-Marie, qui descend jusqu'à la route de la Reine, permettant aux recluses d'y voir passer de brillants équipages. Enfin, aussi contigu au monastère des femmes que le permet la règle, ce qui signifie deux murs de séparation, le couvent des Bonshommes ou minimes de Chaillot s'étage, lui aussi, presque jusqu'au sommet du coteau. À son extrémité sud-ouest, la patache d'octroi dite de la Conférence viendra matérialiser, sur le fleuve, la barrière des Fermiers généraux comme, de l'autre côté de Paris, son homologue de la Rapée.

À gauche, l'École militaire se prolonge jusqu'au fleuve « d'un vaste terre-plein enclos » appelé Champ-de-Mars. Puis vient la « belle plaine de Grenelle ». En face, Passy a succédé à Chaillot, avec son établissement thermal, au bord du quai, « supérieur à Spa et à Forges-les-Eaux », mais plus animé l'été qu'en ce début d'octobre. C'est à son appontement qu'une litière, qu'accompagne Thomas Jefferson, amènera Benjamin Franklin, malade, de l'hôtel de Valentinois, afin de l'y faire s'embarquer pour Le Havre et les États-Unis. La Seine va jusque là : sous le Second Empire, des lignes régulières de vapeurs partiront du quai du Louvre pour Rouen, Le Havre et l'Angleterre.

Enfin, c'est le petit village appelé Point du Jour. À compter de l'Exposition universelle de 1867, il sera une station importante et l'un des garages des « bateaux-mouches » parisiens qui, de Suresnes à Charenton, sur quarante kilomètres et avec quarante-sept escales, vont transporter annuellement de dix à vingt millions de Parisiens laborieux jusqu'en 1934. Laborieux, il leur en coûte dix centimes les douze kilomètres, mais oisifs, le dimanche, le double, quand c'est aux guinguettes du Point du Jour et d'ailleurs qu'ils se rendent. Martin Nadaud évoque le sujet, contre lequel « la population se montre pleine d'une juste colère », à la Chambre des députés, en 1876, et Léo Claretie vingt ans plus tard encore : « Vous imposez la joie et la santé populaires ! ».

▽ *Bateau-omnibus sur la Seine, assurant la liaison entre Auteuil et Charenton, vers 1912. Sur 40 km, dix à vingt millions de Parisiens seront transportés chaque année jusqu'en 1934.*
© Boyer/Roger-Viollet

▽△ L'hôtel Lauzun, ancien « club des Haschischins ».

Ensuite, Blaikie ne verra plus, fermant la plaine plate au nord, que le mur du parc du bois de Boulogne.

Le métro a fini par tuer le bateau-mouche, mais, dernier écho de la période du transport fluvial populaire, c'est encore quai du Louvre que l'on embarque pour la « Fête de l'Humanité », et Garches, en 1938. Dix ans plus tard, et après la guerre, la Seine est devenue officielle : la Préfecture de police se dote d'une vedette de prestige, et le Conseil municipal traite ses hôtes de marque à l'hôtel Lauzun, dans l'île Saint-Louis. Le samedi 15 mai 1948, pour la première fois, le Préfet de police et Pierre de Gaulle, président du Conseil municipal depuis huit mois et frère du Général, accueillent à l'embarcadère d'Iéna la princesse Élisabeth d'Angleterre et le duc d'Édimbourg et, en dépit du temps orageux qui menace, leur font remonter la Seine jusqu'à l'île Saint-Louis au milieu d'une foule énorme et enthousiaste, massée sur les deux rives – par prudence, la police a fait évacuer les ponts.

Le 25 mai 1950, le président de la République et Mme Vincent Auriol accompagnent sur la Seine la reine Juliana et le prince des Pays-Bas. Cette fois, la Préfecture a fait le vide sur le parcours fluvial. À l'escale de l'Hôtel de Ville, il y a néanmoins beaucoup de monde pour saluer les souverains. Du coup, bousculant l'itinéraire prévu, le Préfet fait faire à la vedette le tour des îles, et passer la reine sous des ponts ouverts au public comptant sur l'effet de surprise pour déjouer un geste de malveillance toujours possible.

Ensuite, les voies sur berges auront, en dépit de bien des défauts, cet effet paradoxal de revivifier la Seine d'usage quotidien, perdue depuis les bateaux-mouches de ligne, et d'offrir à chacun, principalement la nuit et à quelques heures creuses du jour, les deux plus fabuleux travellings latéraux du monde, que l'Unesco a inscrits au Patrimoine de l'humanité. Tandis que les opérations Paris-Plage ramènent la familiarité avec un fleuve qui n'était plus que l'instrument technique du transport des matières pondéreuses.

▽ Quai des Grands-Augustins.

Cité, du haut des tours de Notre-Dame

Victor Hugo, ou encore le XIXe siècle – l'un est l'autre –, contemple Paris du haut des tours de Notre-Dame comme Charles V le faisait du haut de la tour de l'Horloge, et décrit une île de la Cité qui a peu changé.

Le XXe siècle cherchera sa vue panoramique sur la tour Eiffel ; le XXIe, après le parachèvement de la voie triomphale par la pyramide du Louvre et la Grande Arche de La Défense, a préféré l'Arc de triomphe, au toit duquel se tournent maintenant, vers les quatre points cardinaux, quatre fois plus de visiteurs qu'au sommet de la cathédrale.

La montée aux tours est l'occasion pour Hugo d'un rappel des trois composantes de Paris : « l'île était à l'évêque, la rive droite au prévôt des marchands, la rive gauche au recteur ». Voilà pour le pouvoir ; pour les bâtiments, « la Cité avait Notre-Dame, la Ville le Louvre et l'Hôtel de Ville, l'Université la Sorbonne » ; enfin, pour ce qui est des corps, les nourrir, les soi-

▷ *Pour Victor Hugo, « l'île était à l'évêque, la rive droite au prévôt des marchands, la rive gauche au recteur ».* Vue prise des tours de Notre-Dame, *par Victor Navlet (1853).*

◁ *Vue du haut de Notre-Dame, vers 1855. Haussmann va faire raser tout ce qui s'étend jusqu'à la Sainte-Chapelle, soit le logement de vingt-cinq mille personnes.*
BnF, photo Bisson Frères

gner, leur permettre de s'ébattre, « la Ville avait les Halles, la Cité l'Hôtel-Dieu, l'Université le Pré-aux-Clercs ». Hugo résume ainsi la capitale au moment où entrent en scène, dans son roman, à la fin du XVe siècle, Esméralda et Quasimodo, les lettres de l'imprimerie remplaçant la langue des pierres et du verre. Jusqu'à cent cinquante ans plus tôt, l'île de la Cité, à elle seule, a tout eu : l'évêque et le roi. Puis, quand Étienne Marcel, prévôt des marchands, et ses hommes, profitant de la captivité du roi Jean le Bon, ont envahi le palais de la Cité et forcé le Dauphin à y endosser les couleurs de Paris, mi-parties de rouge et de bleu, le roi est allé, pour deux siècles, se réfugier à l'est de la Ville, à l'abri de la Bastille, à l'hôtel Saint-Paul, à celui des Tournelles. La cour continuera ensuite de résider dans la Ville, côté ouest désormais, pour cent vingt années supplémentaires, au Louvre et aux Tuileries, avant de partir pour Versailles. Au palais de la Cité n'est restée que la Justice, c'est-à-dire le Parlement de Paris.

Mais nous voilà arrivés au sommet. Des beautés de Notre-Dame, affirme Hugo en atteignant la plate-forme, « la principale, c'est la vue du Paris qu'on découvrait alors du haut de ses tours. C'était en effet, quand, après avoir tâtonné longtemps dans la ténébreuse spirale qui perce perpendiculairement l'épaisse muraille des clochers, on débouchait enfin brusquement sur l'une des deux hautes plates-formes, inondées de jour et d'air, c'était un beau tableau que celui qui se déroulait à la fois de toutes parts sous vos yeux ».

Si, de là-haut, on voit loin, réciproquement, on ne voit Notre-Dame que de loin : boussole du voyageur de terre et d'eau, couronne au-dessus de la ville dont elle signe la primauté. Quand on l'approche, Notre-Dame se dérobe aux regards, trop embrassée par la Cité.

◁ *Notre-Dame de Paris, presque petite sur son trop grand parvis.*

Du haut des tours, en revanche, le quadrillage en dièse de Paris était particulièrement net : deux axes verticaux et parallèles, celui formé des rues Saint-Martin, de la Juiverie (aujourd'hui de la Cité) et Saint-Jacques, et celui formé des rues Saint-Denis, de la Barillerie (aujourd'hui boulevard du Palais) et de la Harpe (emportée pour partie par le boulevard Saint-Michel), barrés perpendiculairement, sur la rive droite par l'enfilade Saint-Antoine/Saint-Honoré et, sur la rive gauche, entre les portes Saint-Victor et Saint-Germain, par les rues qui sont aujourd'hui celles des Écoles et de l'École-de-Médecine.

Cette *croisée* de Paris fut la première pavée. Au début du XIIIe siècle, Paris pue, il n'y a pas d'autre mot. Philippe Auguste, mettant un jour le nez à la fenêtre de son palais (l'actuel Palais de Justice) au moment où le passage de chariots remue la boue parisienne, est littéralement suffoqué par l'odeur. Il convoque aussitôt les bourgeois pour exiger le pavage de toutes les rues de la ville, ce qui ne trouvera un commencement d'exécution que dans la traversée de la Cité et le début de ses prolongements rue Saint-Jacques et rues Saint-Denis/Saint-Martin et, pareillement, dans les deux départs, à droite et à gauche, de l'axe Saint-Honoré/Saint-Antoine perpendiculaire.

Dans la première moitié du XIXe siècle, les choses n'ont guère changé concernant la lisibilité de la capitale, et encore moins l'aspect de la Cité. « Vers la fin du mois d'octobre 1838, par une soirée pluvieuse et froide, un homme (...) traversa le pont au Change et s'enfonça dans la Cité, dédale de rues obscures, étroites et tortueuses, qui s'étend depuis le palais de Justice jusqu'à Notre-Dame. Quoique très circonscrit et très surveillé, ce quartier sert pourtant d'asile ou de rendez-vous à un grand nombre de malfaiteurs de Paris, qui se rassemblent dans les tapis-francs. » C'est là le début des *Mystères de Paris*.

Le malheur, c'est que l'étudiant Eugène Haussmann, dix ans plus tôt, empruntait le même chemin pour aller suivre ses cours à la fac de droit, et que lui n'est pas devenu romancier : « Je franchissais le vieux Pont-au-Change que je devais plus tard faire également reconstruire, abaisser, élargir », rapporte-t-il dans des *Mémoires* écrits cinquante ans après les *Mystères de Paris* ; « je longeais ensuite l'ancien palais de justice, ayant à ma gauche l'amas ignoble de tapis-francs qui déshonorait naguère encore la Cité, et que j'eus la joie de raser plus tard, de fond en comble – repaire de voleurs et d'assassins, qui semblaient là bra-

△ Une gargouille, rue du Cloître, s'étirant le cou pour éloigner l'eau du ciel du pied de la cathédrale, à la différence du bestiaire purement décoratif ajouté en façade par Viollet-le-Duc.

▽ Sur le plan Maire de 1808, on dénombre encore sept églises en plus de Notre-Dame.
DR

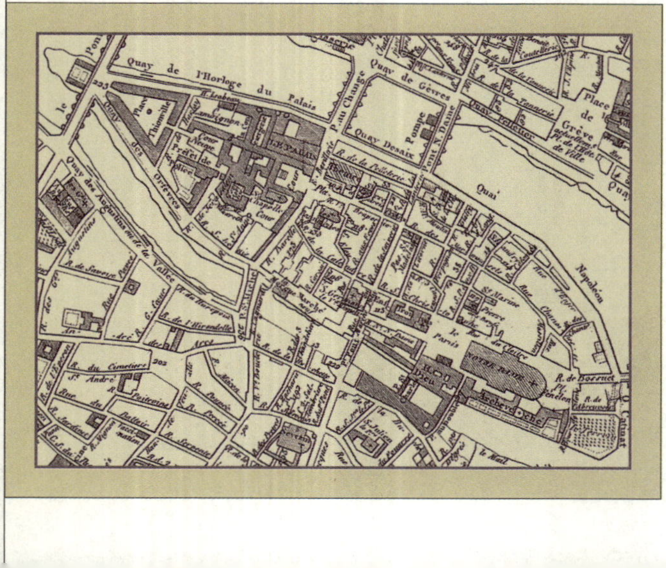

◁ La courte rue du Haut-Moulin, vers l'ouest, où, passé le coude, elle longeait Saint-Denis-de-la-Chartre. Photo Marville.

ver la Police correctionnelle et la Cour d'assises ».
Eugène Sue notait, lui aussi, l'attirance paradoxale de ces malfaiteurs pour le lieu même où leurs forfaits seront jugés, et l'on pouvait encore, à l'époque de son récit, tomber nez à nez, place du Palais-de-Justice (aujourd'hui boulevard du Palais), avec un grand échafaud et une douzaine de prisonniers condamnés au bagne, auxquels on était en train de river le collier au cou.
Les mêmes *Mystères de Paris*, portés à la scène, dépeignent davantage le bourbier que le coupe-gorge. Tortillard s'y lamente devant le Lapin-Blanc : « C'était bien la peine de venir prendre ici une planche, d'aller la poser sur le ruisseau de la rue de la Barillerie et de m'égosiller à crier pendant une heure : Passez ! payez ! Passez, payez ! Une mauvaise averse de trois sous. Avec ça que dans c'te Cité, ils se moquent bien de se crotter... Ils passaient à côté de ma planche et m'éclaboussaient... les raffalés ! ».

Vingt et une églises, combien de cloches ?

De Quasimodo au Chourineur, la Cité est restée « l'île sonnante », avec ses vingt et une petites églises et le nombre de cloches qui s'ensuit, qui « honorant les morts, font mourir les vivants » ; le bourdon de Notre-Dame, que baptisèrent Louis XIV et Marie-Thérèse, dominant de sa forte voix ces volées assourdissantes.
À l'époque où se déroule l'action de *Notre-Dame de Paris*, sur le côté nord de la Cathédrale, une quarantaine de maisons bénéficient d'une vue qui s'étend jusqu'à Charenton. Prolongeant leurs jardins, l'île Notre-Dame et l'île-aux-Vaches n'ont rien de plus haut que les brins de l'herbe verte dépassant les draps blancs étalés par les lavandières. Le lotissement des deux îles, réunies en une seule qui prendra le nom de Saint-Louis, ne peut laisser indifférent le chapitre : « les maisons de cloître qui étaient ci-devant les mieux situées de Paris perdront la sérénité de l'air qu'elles avaient par le moyen de l'île ». Les chanoines se battirent longuement pour ne céder, après dédommagement, qu'en 1642.
Le conseiller au Parlement Pierre Broussel, dont l'arrestation fit surgir les barricades de la Fronde, habitait de ce côté, rue Saint-Landry. « Il fallut, pour satisfaire le peuple, raconte Olivier d'Ormesson dans son *Journal*, le mener par les quartiers les plus échauffés, où il fut reçu avec salve de mousqueterie. C'était un triomphe, chacun lui baisant les mains et la robe. Il passa par la rue Saint-Honoré et de là sur le Pont-Neuf, et fut à Notre-Dame entendre la messe. »

△ *Sainte Geneviève, patronne de Paris, devant l'Hôtel de Ville du Boccador, de 1533 ; à droite, les Huns que ses prières avaient détournés de la capitale en 451 (anonyme, vers 1620).*
© PMVP/Berthier

C'est par l'autre rive, par le Petit-Pont, qu'arrivent à Notre-Dame les processions solennelles portant les reliques de sainte Geneviève quand il s'agit de combattre l'inondation, d'arrêter les pluies ou tout autre fléau. L'abbaye, au sommet de « la montagne », dans l'Université, garde alors en gage le prévôt des marchands et quatre conseillers de ville jusqu'au retour du saint reliquaire. À l'inverse, le 2 décembre 1804, c'est le pape, Pie VII, qui est l'otage du pouvoir civil, quand il s'agit de lui faire célébrer à Notre-Dame le sacre de Napoléon Ier, dans le faste et la pompe que nous montre le tableau de David.

Pomme de pin et Lapin-Blanc

Rue de la Juiverie, qui traverse la Cité au débouché de ce Petit-Pont, s'élève, si l'on peut dire, le « trou de la Pomme de pin » où Villon, dans son *Grand Testament*, envoie « Jacques Raguyer, le grand godet de Grève ». Villon évoquera encore le cabaret, et la manière d'y avoir du vin, dans ses *Repues franches*. Trois quarts de siècle plus tard, la renommée de l'endroit est telle qu'un écolier limousin de rencontre peut vanter à Pantagruel les mérites de la Pomme de pin, et, un siècle encore après Rabelais et son *Deuxième Livre*, c'est Molière qu'on y voit, lisant une scène des *Femmes savantes* à Corneille et à Boileau.

Vers 1635 s'affaiblit la vogue intellectuelle bientôt biséculaire de ce haut lieu qui rassembla ceux que Calvin nomma « libertins », lignée de libres penseurs dans laquelle figurent Rabelais, Montaigne, La Fontaine et Molière, avant Voltaire qui, peut-être, logeait rue de la Barillerie quand le Régent le fit arrêter et conduire à la Bastille. Mais la cuisine de la Pomme de pin restait fameuse en 1670 quand Colletet cite encore son excellent chapon dans ses *Tracas de Paris*.

Le Lapin-Blanc de la rue des Fèves, emporté par la construction de la Préfecture de police, est évidemment d'un genre tout différent, c'est un « tapis-franc », ce qui, nous dit Eugène Sue, « en argot de vol et de meurtre, signifie un cabaret du plus bas étage ». Celui-là a existé dans la

▽ **Le Sacre de l'empereur Napoléon Ier et le couronnement de l'impératrice Joséphine dans l'église Notre-Dame, 2 décembre 1804,** *de J. L. David.*
© Photo RMN/H. Lewandowski

△ *Galerie mercière du Palais de Justice. Active jusqu'en 1840, elle fut également l'un des trois grands centres de la librairie parisienne au XVIIe siècle.*

▷ *La tour dite Bonbec parce que la torture l'y faisait ouvrir...*

littérature avant d'exister dans la réalité. L'immense succès remporté par les *Mystères de Paris*, d'abord en feuilleton, dans les *Débats*, à partir de 1842, puis à la scène deux ans plus tard, avec l'acteur Frédérick Lemaître en vedette, avait poussé un marchand de vin à doter le n° 6 de la rue des Fèves, qui possédait de belles caves, de la romanesque enseigne dégotée chez Eugène Sue. Pour une quinzaine d'années seulement, après quoi arrivèrent les démolisseurs du baron Haussmann.

De la tour Bonbec à la caserne

Derrière la façade Louis XVI du Palais de Justice, la galerie du Palais, dont Corneille avait fait une comédie portant le même titre, était l'un des trois grands centres de la librairie parisienne au XVIIe siècle, avec la rue Saint-Jacques et la place du Puits-Certain, dans l'Université. Ici, Toussaint Quinet, l'éditeur du *Roman comique* de Scarron, en 1651, voisinait avec les marchandes de dentelles et les merciers à la mode. Les dernières boutiques ne disparaîtront de la galerie marchande qu'en 1840.

Sur le quai de l'Horloge, la tour Bonbec, la plus occidentale, porterait ce nom de ce que l'on y faisait parler, dès la fin du XVe siècle, par la torture. Barbarie judiciaire face à la civilisation brillante et humaine des Lumières : la justice se rendait toujours, à la veille de la Révolution, d'après l'ordonnance de 1670, ce qui signifiait torture préalable, instruction secrète et absence d'avocat. Marat pourra écrire, concernant la furie des sans-culotte : « Ce sont les horreurs judiciaires d'autrefois qui ont donné à notre peuple ces mauvaises mœurs ».

C'est devant la Grand'Chambre du Parlement de Paris, située sur l'ancien appartement de Philippe le Bel, entre les deux tours médianes, qu'en 1655, Louis XIV, 16 ans, était apparu en habits de chasse pour briser la résistance des parlementaires. Le Tribunal révolutionnaire de Fouquier-Tinville siégera au même endroit à partir du 6 avril 1793, y prononçant plus de deux mille condamnations à mort. Un bon millier de prisonniers s'entassaient alors à la Conciergerie, qu'ils quittaient par la grille, à droite

du grand perron, pour monter dans la charrette de la guillotine qui les attendait cour du Mai.
En face, au sud de la rue de Lutèce, quand Alphonse Esquiros, écrivant *L'Histoire des Montagnards*, vient en 1841 interroger Albertine Marat dans son logis misérable du 32, rue de la Barillerie, sous les toits, la sœur ressemble de façon si frappante à son frère qu'il semble à l'historien être devant l'ombre de Marat lui-même. « Son vêtement douteux – une sorte de robe de chambre – prêtait encore à l'illusion. Elle était coiffée d'une serviette blanche qui laissait passer très peu de cheveux. Cette serviette me fit souvenir que Marat avait la tête ainsi couverte quand il fut tué dans son bain par Charlotte Corday. »
Plus haut, au bal du Prado, à l'emplacement du Tribunal de commerce actuel, Friedrich Engels tente, à l'hiver de 1846-1847, de passer pour un simple noceur allemand aux yeux de « la rousse », la police secrète installée rue de Jérusalem, à l'angle du quai des Orfèvres, là où avaient résidé les premiers présidents du Parlement, puis les maires de Paris à partir de

△ **Marie-Antoinette sortant de la Conciergerie, le 16 octobre 1793,** ***de Georges Cain (1885). Un millier de prisonniers emprunteront le même chemin vers la guillotine.***

▽ ***C'est entre les deux tours médianes que siégeait le parlement de Paris.***

Pétion de Villeneuve. C'est dans cette même salle de bal que, le 26 février 1848, Blanqui organise un rassemblement pour exiger le drapeau rouge et protester contre « l'escamotage » de la république ouvrière.
Quatre mois plus tard, le 23 juin, les dockers des quais, les ouvriers travaillant sur les chantiers du chemin de fer d'Orléans, occupaient l'est de la Cité d'où ils tentaient de parvenir à l'Hôtel de Ville. Le glas sonnait pour la Cité populeuse, où la génération romantique, Théophile Gautier et Eugénie Fort, son amoureuse, se récitaient à deux voix dans un décor intact les scènes de *Notre-Dame de Paris*. L'entreprise métallurgique Monduit, Béchet, Gaget, Gauthier et Cie, qui ferait la statue de l'Indépendance américaine – dite de la Liberté – dressait les flèches de Notre-Dame et de la Sainte-Chapelle. La poigne de fer d'Haussmann donnait ici sa leçon de choses : 1. Débroussailler les abords des monuments – avec une frénésie, autour de Notre-Dame, qui fait croire qu'il règle un compte personnel avec Hugo. 2. Voir la ville, comme un artilleur, en lignes de mire : au bout de

l'œilleton, une cible : dans l'axe du boulevard de Sébastopol, le dôme du Tribunal de Commerce, qu'on décentrera pour l'y faire rentrer de force. 3. Une rue est une droite qui passe par deux casernes, on en construira donc une dans l'île de la Cité. Au final, hormis Notre-Dame, la Sainte-Chapelle et la Conciergerie, n'en réchappent que quelques maisons, au nord-est, où plane le souvenir d'Héloïse et Abélard. Balzac avait encore pu décrire, dans *L'Envers de l'histoire*, « une assez vaste cour au fond de laquelle se dessinait en noir une haute maison flanquée d'une tour carrée encore plus élevée que les toits et d'une vétusté remarquable ».

« Quiconque connaît l'histoire de Paris sait que le sol s'y est tellement exhaussé devant et autour de la cathédrale qu'il n'existe pas vestige des douze degrés par lesquels on y montait jadis. Aujourd'hui, la base des colonnes du porche est de niveau avec le pavé. Donc, le rez-de-chaussée primitif de cette maison doit en faire aujourd'hui les caves. Il se trouve un perron de quelques marches à l'entrée de cette tour, où monte en spirale une vieille vis le long d'un arbre sculpté en façon de sarment. Ce style, qui rappelle celui des escaliers du roi Louis XII au château de Blois, remonte au XIVe siècle. »

« Frappé de mille symptômes d'antiquité, Godefroid ne put s'empêcher de dire en souriant au prêtre : "Cette tour n'est pas d'hier.

– Elle a soutenu, dit-on, l'attaque des Normands et aurait fait partie d'un premier palais des rois de Paris ; mais, selon les traditions, elle aurait été plus certainement le logis du fameux chanoine Fulbert, l'oncle d'Héloïse ". »

Le charme du Pont-Neuf

Reste le Pont-Neuf, bien sûr, qui ne saurait disparaître puisqu'il est le modèle de qui se porte bien. Dès son achèvement, Henri IV avait concédé le nouvel espace ainsi dégagé au premier président Achille de Harlay, à charge d'y construire une place à l'architecture ordonnancée de brique et de pierre, à l'instar de la place Royale (aujourd'hui des Vosges), avec cette différence que de fausses arcades y étaient seulement suggérées par des fenêtres en arc

▽△ *Le Pont-Neuf, ouvert à la vue (sans maisons) et muni de trottoirs. Quelque quatre cents masques grotesques y rappellent qu'il fut, dès 1607, la scène de la comédie humaine.*

au rez-de-chaussée, et qu'un plan triangulaire remplaçait le plan carré. On l'appellerait Dauphine en l'honneur du Dauphin, le futur Louis XIII.

Quand Chardin y expose, devant la procession de la Fête-Dieu de 1728, sa *Raie* et son *Buffet*, une statue équestre d'Henri IV, à son débouché, parfait la place depuis un peu plus d'un siècle. L'exposition de la Jeunesse, pour laquelle il n'est pas besoin d'être membre de l'Académie, a ainsi lieu, à découvert, le jeudi suivant la Trinité entre 10 heures et midi. Les peintres flamands qui demeurent autour de la foire Saint-Germain, à l'autre bout du pont, échappent de longtemps – depuis que Rubens vint décorer le Luxembourg – à l'emprise des corporations.

Entre cette foire Saint-Germain et la Croix-du-Trahoir, le Pont-Neuf était vite devenu « le » nouvel axe nord-sud, en supplantant ses deux aînés. C'était d'abord l'un des rares endroits de Paris où l'on pouvait, sur des trottoirs, marcher sans risquer sa vie. Il y avait douze mille carrosses à Paris au temps de Louis XIV ; quarante ans plus tôt, on n'en comptait que trois cent dix. « Ce fut en ce temps-là qu'on inventa la commodité magnifique de ces carrosses ornés de glaces et suspendus par des ressorts ; de sorte qu'un citoyen de Paris se promenait dans cette grande ville avec plus de luxe que les premiers triomphateurs romains n'allaient autrefois au Capitole. Cet usage, qui a commencé dans Paris, fut bientôt reçu dans toute l'Europe ; et, devenu commun, il n'est plus un luxe. »

Le carrosse avait sans doute civilisé les mœurs, comme l'écrivait Voltaire – « Les mœurs tiennent à si peu de chose que la coutume d'aller à cheval dans Paris entretenait une disposition aux querelles fréquentes, qui cessèrent quand cet usage fut aboli. » –, il n'en était pas moins, pour les piétons, un véhicule fort dangereux.

À n'importe quelle heure, sur le Pont-Neuf, on croisait au moins un voleur, un prêtre et une prostituée. D'autres disent un cheval blanc ; en tout cas, on y trouvait de tout : Tabarin, son frère, sa femme, sur leurs tréteaux, où ils interprétaient des farces que l'on qualifierait plus tard de « tabariniques » ; Maître Gonin et ses pronostications plaisantes ou satiriques ; des chanteurs et chanteuses en plein air ; l'opérateur Brioché, son petit théâtre de marionnettes et son singe Fagotin qu'embrochera Cyrano de Bergerac, par un beau jour d'été, quelques années avant 1655. Ce dont on fera une pièce – *Combat de Cyrano de Bergerac avec*

△ *Une place triangulaire à l'architecture ordonnancée de brique et de pierre : la place Dauphine, c'est-à-dire celle du Dauphin, futur Louis XIII.*

▷ *À la pointe du triangle, la statue du roi Henri IV. Plus fragiles, les statues ne se portent pas comme le Pont-Neuf : celle-ci ne date que de la Restauration.*

le singe de Brioché, au bout du Pont-Neuf –, que l'on jouera… sur le Pont-Neuf, théâtre sur le théâtre.

Cette vogue était l'aubaine des mouchards : il n'y avait qu'à se poster à une extrémité ; si, en l'espace de quelques jours, on n'avait pas vu l'individu recherché passer là, on pouvait affirmer, de façon absolument certaine, qu'il avait quitté Paris.

La seule ombre au pont, c'était la pompe de la Samaritaine, dont Mercier disait qu'elle bouchait la vue « pour quelques bassins qui n'en sont pas moins à sec les trois quarts de l'année ». De vue l'on n'avait pas du tout depuis les autres ponts qui étaient tous bordés de maisons jusqu'à ce qu'on détruisît les dernières en 1786. Le Pont-Neuf en redevint un pont presque comme les autres, d'autant que fermait alors la foire Saint-Germain, principal pôle économique de la rive gauche, qui lui retirait une partie de son trafic. Ce fut pourtant encore sur le Pont-Neuf que Pissarro, vieil impressionniste de 73 ans, aborda un jeune peintre de 24 ans, Othon Friesz, le futur fauve, qui habitait 15, place Dauphine, pour l'encourager à exposer aux Indépendants. Albert Marquet résidait au n° 29. « Paris semble n'exister que pour les artistes », disait déjà Whistler.

▽ **Mascarade sur le Pont-Neuf,** *de G.-F. Ronmy (1830). Sur le Pont-Neuf, on voit de tout : comédiens, rhéteurs, chanteurs et chanteuses en plein air, théâtre de marionnettes…*

L'île Saint-Louis, la Venise de Paris ?

L'île Saint-Louis est ce miracle surgi des flots un beau matin, toute habillée déjà de ses rues et de ses maisons, là où il n'y avait auparavant, de part et d'autre d'un canal, que du linge blanchissant sur pré et des vaches au pâturage. Lotie en un temps très court par un maître maçon, Marie, et ses deux associés, Le Regrattier et Poulletier, elle a été bâtie de surcroît, de façon significative, par un unique architecte, Louis Le Vau, qui est à lui seul ici l'auteur d'une bonne vingtaine de maisons de rapport, dont trois pour lui-même,

▷ *L'île Saint-Louis depuis le pont Saint-Louis. Dans la « maison du Centaure », 45, quai de Bourbon, Louise Faure-Favier, rédactrice des premiers* Guides des voyageurs aériens, *tenta de réconcilier Apollinaire et Marie Laurencin.*

d'une demi-douzaine d'hôtels prestigieux du côté est, et encore du pont de la Tournelle, des maisons bordant le pont Marie, et de l'aspect final des quais. Sans compter que son frère cadet a conçu quelques-unes des constructions de l'autre extrémité de l'île. Enfin, le principal client de Le Vau, Nicolas Lambert « le Riche », outre le magnifique hôtel qui porte toujours son nom, a été le commanditaire de quatorze autres bâtiments de l'île. Pareille concentration, ce qui se dit, en langue classique, respect de la règle des trois unités, de style, de temps et de lieu, a dû rendre jaloux les dramaturges du Grand Siècle. Au milieu de celui-ci ou, pour être plus exactement précis, quand débute le règne personnel de Louis XIV, en 1660, l'île Saint-Louis est achevée dans sa perfection. Seul accroc au programme, une crue a emporté, le 1er mars 1658, en pleine nuit, deux arches du pont Marie côté île et une soixantaine d'habitants des vingt maisons perchées dessus. La partie écroulée sera reconstruite en 1667 mais sans ses habitations, et le pont gardera toujours cet aspect édenté que montre une toile de Raguenet près de cent ans plus tard.

△ ▷ Nicolas Lambert, outre le magnifique hôtel qui porte toujours son nom, et dont on voit ici la rotonde, fut le commanditaire de quatorze autres bâtiments de l'île.

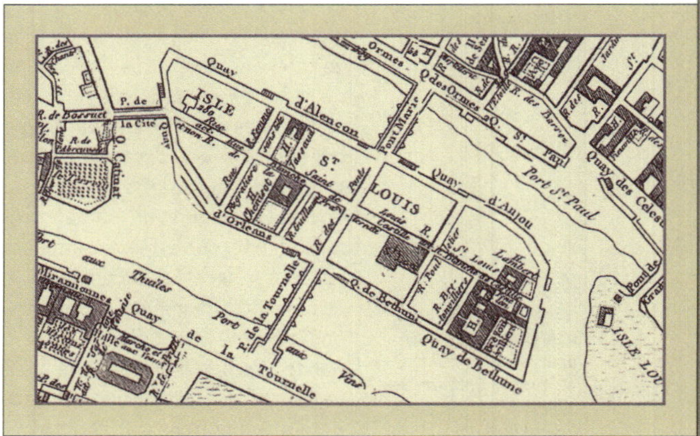

▽ Sur le plan Maire (1808), l'île bâtie, cent cinquante ans plus tôt, par trois maçons et un architecte pour un client.
DR

△ *« Après Topkapi, le bâtiment du monde le mieux situé » : l'hôtel de Bretonvilliers, dont il ne reste rien, peint par N. J.-B. Raguenet (1757).*
© PMVP/Toumazet

Sinon, l'île Saint-Louis, c'est, à la pointe amont, l'hôtel de Bretonvilliers et son grand jardin à la française en terrasse, la plus belle des dunettes au bout du quai de Béthune. Ce quai s'appellera un temps « des Balcons », Le Vau ayant suggéré que tous les hôtels de ce côté en soient dotés. L'apparition du fer forgé en remplacement des balustrades de pierre en a fait de longues coursives au-dessus du fleuve. Vers l'aval, « la rive se termine par un bouquet d'arbres, et un tournant solitaire et triste où viennent s'accouder les amoureux et les désespérés », comme l'écrit dans *Aurélien* Louis Aragon, qui a été l'un et l'autre.

Habitent ici, l'île étant apparue tardivement et l'aristocratie déjà pourvue, de nouveaux riches, financiers et magistrats – le Palais n'est pas loin –, la famille Le Vau et les fils de Gruÿn, le tavernier de cette Pomme de pin de la rue de la Juiverie, dans l'île de la Cité voisine, où fréquentent Molière, Boileau, La Fontaine et Racine. Philippe Gruÿn est au 32, quai de Béthune, Charles habite, au 17, quai d'Anjou, l'hôtel dit aujourd'hui de Lau-

▷ *Ici, le fer forgé remplace les balustrades de pierre pour faire des balcons du quai de Béthune les coursives du paquebot Saint-Louis.*

◁ *Vers l'aval, « la rive se termine par un bouquet d'arbres, et un tournant solitaire et triste où viennent s'accouder les amoureux et les désespérés », écrit Aragon.*

zun pour avoir été revendu au marquis en 1682. Rare enclave d'austérité dans la magnificence : l'atelier qui fut, sans doute, celui du déjà janséniste Philippe de Champaigne au premier étage, en fond de cour du côté gauche, du 15, quai de Bourbon.

L'île Saint-Louis prend davantage encore la couleur de l'or quand, en 1719, la Ferme générale s'installe à l'hôtel de Bretonvilliers. « Là, ils étudient l'art de donner au pressoir du sang du peuple une force plus comprimante », affirmera Mercier. Voltaire est leur voisin cinq années durant, au retour de son exil anglais, à l'hôtel Lambert où l'invite la marquise du Châtelet : « Mme du Châtelet vient d'acheter une maison faite pour un souverain qui serait philosophe : elle est heureusement dans un quartier éloigné de tout, c'est ce qui fait qu'on a eu pour 200 000 francs ce qui a coûté 2 millions à bâtir et à orner ». Bâtir, il s'agissait de Le Vau ; orner, de Le Brun dont la galerie est la première œuvre monumentale, et de Le Sueur qui en peignit le vestibule de l'escalier, le Salon des Muses comme le Cabinet de l'Amour. Quant à le dire « éloigné de tout », cela montre que la notion n'est pas de pure géographie.

Rien n'a changé de cet excentrement à la Restauration. Imaginer là une boutique semble une véritable gageure. Et pourtant… « Par un beau jour de juin, en entrant par le pont Marie dans l'île Saint-Louis, [César Birotteau] vit une jeune fille debout sur la porte d'une boutique située à l'encoignure du quai d'Anjou. Constance Pillerault était la première demoiselle d'un magasin de nouveautés nommé "Le Petit-Matelot", le premier des magasins qui, depuis, se sont établis dans Paris avec plus ou moins d'enseignes peintes, banderoles flottantes, montres pleines de châles en balançoire… Le bas prix de tous les objets dits Nou-

veautés qui se trouvaient au Petit-Matelot lui donna une vogue inouïe dans l'endroit de Paris le moins favorable à la vogue et au commerce. »

Le Petit-Matelot prospéra ainsi, dans l'une de ces maisons construites par Le Vau, de 1790, date de sa création, à 1932, quand l'élargissement de la rue des Deux-Ponts en fit disparaître les maisons anciennes sur tout un côté et frappa l'autre d'alignement.

Mais quand on ne la voit pas avec les yeux de l'amour, ceux de César, frappé d'un immédiat coup de foudre, l'île semble bien dépourvue d'attraits. « Si vous vous promenez dans les rues de l'île Saint-Louis, ne demandez raison de la tristesse nerveuse qui s'empare de vous qu'à la solitude, à l'air morne des maisons et des grands hôtels

△ 6, quai d'Orléans, la Bibliothèque polonaise, dirigée par le poète Adam Mickiewicz, que fréquenta la révolutionnaire Rosa Luxemburg.

déserts. Cette île, le cadavre des Fermiers généraux, est comme la Venise de Paris », écrit Balzac dans un autre de ses romans, *Ferragus*.

Cette île sépulcrale est pourtant la terre où revit, en exil, la nation polonaise après le soulèvement de 1830 : le prince Adam Czartoryski, président du gouvernement provisoire, va racheter l'hôtel Lambert, tandis que, diagonalement opposée au Petit-Matelot, à l'autre bout de la rue des Deux-Ponts, s'ouvre l'Académie polonaise des Sciences et des Arts, avec sa bibliothèque que dirige le poète Adam Mickiewicz au verbe messianique. Une soixantaine d'années plus tard, c'est encore ici que Rosa Luxemburg, la créatrice du Parti social-démocrate de Pologne et de Lituanie, travaillera quotidiennement à sa thèse.

L'île des rêves sans sommeil

On a vu le fantasque Baudelaire au rez-de-chaussée du 10, quai de Béthune, dans une pièce unique, très haute. Le temps d'installer sa « Vénus noire », Jeanne Duval, et la blonde soubrette de celle-ci, au 6, rue de la Femme-sans-Tête (aujourd'hui rue Le Regrattier), il avait disparu. On le vit réapparaître 17, quai d'Anjou, à l'hôtel Pimodan, dans deux pièces et un cabinet sous les combles, éclairés d'une seule fenêtre aux carreaux dépolis jusqu'aux avant-derniers, de sorte que ne soit visible que le ciel et rien d'autre !

À la même époque, « plutôt l'air d'un neveu qui va dîner chez sa vieille tante », Théophile Gautier se glissait « un soir de décembre, obéissant à une convocation mystérieuse, rédigée en termes énigmatiques compris des affiliés, inintelligibles pour d'autres », dans le même hôtel Pimodan, anciennement à Lauzun, de ce « quartier lointain, espèce d'oasis de solitude au milieu de Paris, que le fleuve, en l'entourant de ses deux bras, semble défendre contre les empiètements de la civilisation ».

« Assurément, les gens qui m'avaient vu partir de chez moi à l'heure où les simples mortels prennent leur nourriture ne se doutaient pas que j'allasse à l'île Saint-Louis, endroit vertueux et patriarcal s'il en fut, consommer un mets étrange qui servait, il y a plusieurs siècles, de moyen d'excitation

▷ Rue Le Regrattier (anc. de la Femme-sans-Tête) : Baudelaire avait installé sa « Vénus noire » au n° 6, Louis Aragon rejoindra Nancy Cunard au n° 1.

◁▽ *La main de Balzac, celle de Delacroix saisirent successivement le heurtoir de l'hôtel Lauzun. Baudelaire descendait des combles. Au premier étage se réunissait le club des Haschischins.*

à un cheik imposteur pour pousser des illuminés à l'assassinat. »

Pendant que Gautier montait les escaliers, Baudelaire descendait, « petite moustache et admirablement vêtu », vers le plus bel et plus grand appartement de l'hôtel, celui du peintre Boissard de Boisdenier où, autour d'un clavecin peint par Watteau, le club des Haschischins réunissait ce soir-là Balzac, Delacroix et un médecin aliéniste de Bicêtre venu étudier la production de rêves sans sommeil, le Dr Moreau, bref, une douzaine de personnes.

Aux heures moins sombres, et à la saison plus douce, Daumier, de son dernier étage du 9, quai d'Anjou, près de l'hôtel Lambert où, chez le prince Czartoryski, la musique que jouait Chopin entretenait l'espérance, pouvait voir entrer à l'hôtel Pimodan Apollonie Sabatier et quelques dames de petite vertu quittant en peignoir l'école de natation très à la mode des « Bains de l'hôtel Lambert », mêlées aux clients d'Arondel, le marchand d'antiquités du rez-de-chaussée, qui ruinait Baudelaire en lui vendant de faux Bassan.

« Pomaré en grande toilette, cherchant des appartements, entre un jour, guidée par la portière... », commence Théodore de Banville, mais terminons avec la reine du bal Mabille les visites à l'hôtel Pimodan.

Marix, la jeune maîtresse et modèle de Boissard, en sortait, pour s'arrêter deux maisons plus loin, au n° 13. Dans ces bâtiments construits, eux aussi, pour Lambert, le paysagiste Charles-François Daubigny avait un atelier et, sur un chevalet, se devinait une *Vue de Notre-Dame de Paris*. Marix poussait la porte voisine, celle du sculpteur Geoffroy de Chaume, impatient de prendre des moulages de son corps si parfait.

L'endroit n'était peut-être pas aussi « vertueux et patriarcal » que l'affirme Gautier. Mais il serait abusif de profiter de ce que Jean Wallon, l'un des modèles du philosophe Colline dans les *Scènes de la vie de bohème* et l'un des personnages représentés dans la *Brasserie Andler* peinte par Courbet, habite à l'autre bout de la rue Saint-Louis-en-l'Île pour en faire un fief des bohémiens.

L'île a son côté industrieux : derrière chez Jean Wallon, l'entreprise de Boutarel emploie, depuis le début du siècle, cinq cents ouvriers à la fabrication d'indienne et à la teinture d'étoffes, et quand Roger de Beauvoir donne à un cocher l'adresse de l'hôtel de Pimodan, il s'entend répondre :

« Vous voulez dire l'hôtel des teinturiers? Je passe souvent par là, et je vois couler devant cette maison des ruisseaux de toutes couleurs ». Effectivement, « une fumée épaisse, nauséabonde, s'échappait des caves aux larges portes ouvertes sur le quai d'Anjou comme autant de vomitoires » ; ce n'était pas celle du haschisch.

Le Conseil municipal chez les haschischins

Boutarel parti en banlieue avec son usine, on ouvre sur son terrain, en 1846, une rue dont le nom rappelle sa présence. C'est la première fois depuis deux cents ans, depuis sa création donc, qu'on touche à l'île Saint-Louis, ce conservatoire de l'urbanisme du XVIIe siècle. Ce n'est malheureusement pas la dernière. Le XIXe finissant, en deux coups de machette terribles, tranche les deux pointes de l'île comme on étête un poisson sur une plage tropicale : c'est la rue Jean-du-Bellay, en prolongement du pont Louis-Philippe, puis, bien plus grave, les ponts de Sully qui fauchent l'hôtel de Bretonvilliers, le Topkapi de notre Corne d'Or, comme disait à peu près Tallemant des Réaux.

Dans l'île mutilée, Émile Bernard, « élève et maître » de Gauguin, occupe à présent l'ancien atelier de Philippe de Champaigne. Camille Claudel a le sien à deux maisons de là, dans la cour de l'hôtel de Jassaud. On l'en arrache en 1913, pour l'interner. À la fin de l'été, Louise Faure-Favier entraîne Guillaume Apollinaire, Marie Laurencin et quelques amis dans une escapade normande ; l'abbaye de Jumièges et Villequier ne sont qu'un prétexte, le but réel est de réconcilier

△ *Rue Boutarel. Un nom qui rappelle une entreprise de cinq cents ouvriers.*

les amants désunis. Quand elle regagne tristement le quai de Bourbon, la journaliste a constaté que c'était peine perdue.

Dans cette « maison du Centaure », comme on appelle parfois l'hôtel du n° 45, à la pointe d'une île qui évoque irrésistiblement un bateau, il n'est bientôt question que de navigation... aérienne. Au troisième étage, Louise Faure-Favier rédige les premiers *Guides des voyageurs aériens*, consacrés chacun à une ligne : Paris-Bruxelles-Amsterdam, Paris-Lausanne, Paris-Londres, Paris-Prague-Varsovie ! Au premier étage, la princesse Bibesco a un mari qui est l'une des figures de l'aéronautique naissante, et un amant, lord Thomson of Cardington, un pionnier des dirigeables géants, qui allait disparaître avec l'un

▷ *1, rue Le Regrattier. Aragon et Nancy déjeunent aux chandelles, en plein midi, dans la petite salle à manger donnant sur la rue étroite.*

d'eux. L'île Saint-Louis est devenue bigrement moderne.
À ce bout-là. À l'autre, Gabriel-Louis Pringué apprécie « les jolis dîners » que le baron Pichon, son nouveau propriétaire, donne à hôtel de Lauzun : « Il s'est ruiné en réparant ce merveilleux petit palais, témoin des amours de la Grande Mademoiselle et de Lauzun. Il n'avait jamais pu arriver à terminer le grand escalier d'honneur, et il avait imaginé un escalier de fortune qui faisait l'effet d'une passerelle couverte de précieux tapis, tendue de tapisseries de haute lice. Sur chaque marche se tenait un valet en habit à la française avec perruque à marteau et catogan de soie noire. La société en était particulièrement choisie et je me rappelle toujours la marquise de Talhouet-Roy qui avait l'air d'un tableau de Nattier et s'habillait comme tel, entrant avec ses deux filles si belles, la marquise de Nicolay et la vicomtesse de Rohan qui me furent de bien chères amies ».

Déjà, c'est le temps du charleston, et Louis Aragon habite chez Nancy Cunard, l'appartement du 1, rue Le Regrattier, sa petite salle à manger donnant sur la rue étroite, où l'on déjeune aux chandelles en plein midi et, dans la chambre à coucher, « le quai, la Seine, le cri égorgé des remorqueurs, le soleil qui descend du Panthéon comme un chien jaune », qu'il décrira dans *Blanche ou l'Oubli* ; « C'était notre musique à nous ».
Viendra encore la saignée de la rue des Deux-Ponts, malgré quoi, l'île Saint-Louis reste, avec le Marais et le faubourg Saint-Germain, un ensemble relativement épargné.
Marie Curie, née Sklodowska, qui vécut vingt-deux ans à l'hôtel Viole du 36, quai de Béthune, jusqu'à sa mort, en 1934, n'a pas connu le pillage de la majeure partie des richesses de la Bibliothèque polonaise pendant l'Occupation. Après le conflit, l'hôtel de Lauzun est remis en état : « Il constitue maintenant, écrit alors le préfet de la Seine, la demeure d'apparat du Conseil municipal qui, dans un cadre évocateur et riche de souvenirs historiques, y organise ses réceptions les plus importantes ».
Les coloris du marchand de glaces ont remplacé aujourd'hui ceux des teinturiers, et l'horloge de l'église, suspendue au-dessus de la rue Saint-Louis-en-l'Île comme une enseigne, semble là pour en indiquer les heures d'ouverture.

◁ 36, quai de Béthune. Marie Curie, née Sklodowska, y vécut vingt-deux ans, jusqu'à sa mort, en 1934.

▽ L'église Saint-Louis-en-l'Île, son clocher troué comme une flûte et son horloge suspendue au-dessus de la rue comme une enseigne.

La rive

Boulevard de la Madelaine
Place Vendôme
Jardin des Thuilleries
Quay des Thuilleries
PALAIS IMPÉRIAL OU PALAIS DU GOUVERNEMENT
Carousel
LE LOUVRE Palais des Sciences et des Arts
Gallerie du Louvre
Galerie du Louvre
Théâtre Feydeau
OPERA
TRIBUNAT
HALLE AU BLED
Bonaparte
Quay Voltaire
Quay Malaquest
Pont du Louvre ou Pont des Arts
Pont-neuf
Quay de l'École
Rue du Mail
Rue Feydeau
Rue de Grenelle
Rue Taranne

droite
ou la ville

La rive droite ou la Ville

De la Concorde au Point du Jour

La Concorde, une place avec vue

▷ Ici, Louis XVI remplaça Louis XV en 1826 ; la Concorde avait désigné la place de 1795 à 1815, et le ferait de nouveau après 1830.

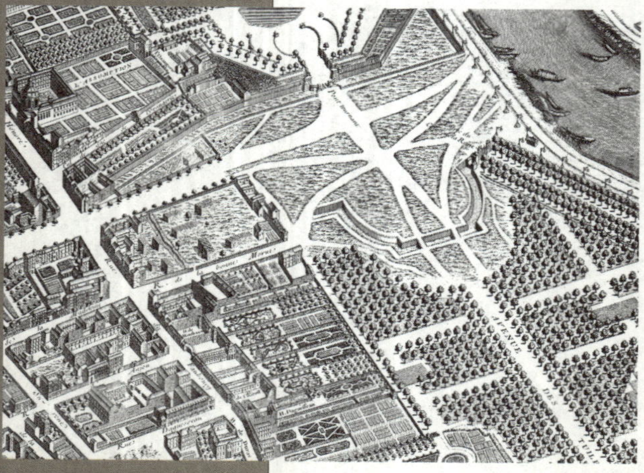

▽ Plan Turgot, 1739. Un fossé en fer à cheval délimite l'entrée des Champs-Élysées et du Cours-la-Reine. La voirie, spontanée, est celle des roues de carrosses.

Au milieu du XVIIIe siècle, Paris décide d'offrir à Louis XV, comme d'habiles courtisans l'ont fait autrefois au Roi-Soleil, place des Victoires et place Vendôme, sa statue équestre et l'ordonnancement des constructions qui l'entoureront, bref, ce que l'on appelle une « place royale », au lieu qu'il voudra. Au grand étonnement de la Ville – et à sa secrète satisfaction : l'endroit appartient au roi et ne coûtera donc rien à Paris –, le Bien-Aimé choisit le milieu de nulle part : la culée, pour employer un terme impropre, mais décent, du palais des Tuileries. Ici, l'on n'est pas à Paris, pas même à l'une de ses entrées : quand on vient de l'ouest, de Versailles, de Saint-Germain, on pénètre en ville par la porte de la Conférence, sur le quai, ou, plus au nord, par la porte Saint-Honoré, qui ouvre sur la rue du même nom. Les usagers des Tuileries eux-mêmes ne peuvent user du passage, prévu par Le Nôtre quand il en a redessiné le

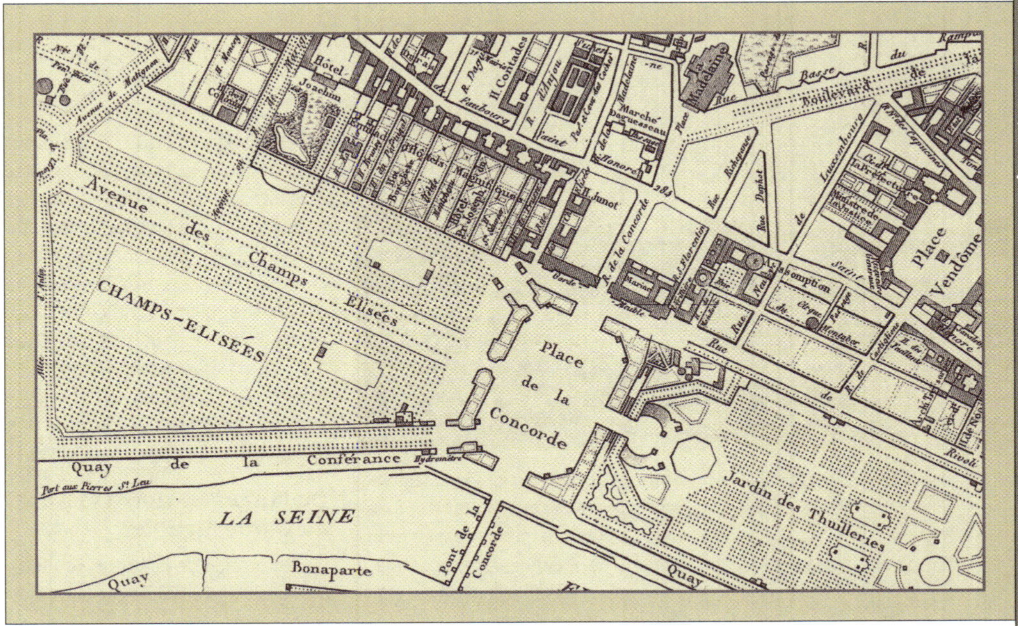

△ *Plan Maire, 1808. On peut y voir, en amorce, la seconde avenue, symétrique au Cours-la-Reine, prévue par Gabriel dans son plan définitif.*
DR

▽ *Une unique construction au nord, fendue par une rue afin de donner vue à la ville sur la place.*

jardin, que depuis qu'un pont tournant y a été jeté au-dessus du fossé égout, dans les premières années du siècle.

Les Bourbons tiennent à leur vue imprenable : soixante-quinze ans plus tôt, le Roi-Soleil interdisait déjà de bâtir le long du Cours-la-Reine car « on ôterait la vue du palais des Tuileries » ; Louis le Bien-Aimé fait figurer dans le cahier des charges de sa place la préservation de la vue que l'on a depuis ses terrasses, dont celle de l'hôtel de Bourbon, de l'autre côté de la Seine, le plus beau d'Europe, dit-on.

Jacques Ange Gabriel le comprend d'autant mieux qu'il est l'architecte de cet hôtel. Il dessine donc la place Louis-XV en la dotant d'une unique construction au nord, comme le rideau de scène d'un théâtre de plein air, et en la laissant ouverte sur les Champs-Élysées, le fleuve, le jardin des Tuileries. Puis naît l'idée de fendre ce rideau en deux, par une rue, pour donner vue à la ville sur la statue royale. Il envisage un moment de relier les deux parties disjointes du bâtiment « par un vaste portique en forme d'arc de triomphe », avant de repousser cette liaison en décor de fond de scène : au bout de la rue Royale, créée en dérivant une rue du Rempart élargie, se dressera une nouvelle église de la Madeleine. Enfin, cet axe nord-sud, à hauteur du milieu de la façade arrière de l'hôtel de Bourbon, serait matérialisé sur la Seine par un pont.

Finalement, la colonnade de Gabriel

△ **La Place Louis-XVI**
(place de la Concorde) de Giuseppe Canella (1829). Les fossés seront comblés en 1854.
© PMVP/Pierrain

forme plutôt un mur longeant le grand cours ouest-est qui aboutit aux Tuileries. Sa place, ceinte de fossés interrompus de quelques rares passages, prolongeant essentiellement les grandes allées forestières du Cours-la-Reine et des Champs-Élysées, ouverte au regard plus qu'à la circulation, semble une avant-cour du château des Tuileries plus qu'autre chose. En tout cas, une place de ce genre n'a pas d'autre exemple au monde.

À l'urbaniste Voltaire, précurseur d'Haussmann, la future place semble d'un intérêt bien mince pour la ville : « On parle d'une place et d'une statue du Roi. Il s'agit bien d'une place ! Paris serait encore très incommode et très irrégulier quand cette place serait bâtie. Il faut des marchés publics, des fontaines qui donnent en effet de l'eau, des carrefours réguliers, des salles de spectacles, il faut élargir les rues étroites et infectes ».

De l'inauguration à la prise du Garde-Meubles

L'inauguration de la statue équestre a lieu, le 20 juin 1763, avec des décorations provisoires, cariatides et vertus en plâtre, tout autour du piédestal. Le monument n'est toujours pas entièrement achevé quand, le 30 mai 1770, le feu d'artifice offert par la Ville pour le mariage du duc de Berry, le futur Louis XVI, et de l'archiduchesse

▷ **La Place Louis-XV et les Champs-Élysées vus des Tuileries,**
vers 1780 (anonyme). La perspective part du jardin.
© PMVP/Ladet

Marie-Antoinette d'Autriche, se termine tragiquement. Après s'être abreuvée aux fontaines de vin mises à sa disposition, la foule se disperse par la seule voie possible, la rue Royale, que rétrécit alors la construction d'un égout. Un autre flot arrive malheureusement en sens inverse, quittant les tréteaux des bateleurs et la foire installée sur les boulevards. La panique, dans l'écroulement des échafaudages, fait plus d'une centaine de morts. Le Dauphin offre aux victimes les six mille livres de ses Menus Plaisirs, qu'il vient de toucher.

△ **Inauguration de la statue de Louis XV, sur la place du même nom, par le Corps de la Ville de Paris, le 20 juin 1763,** ***de J.-M. Vien.***
© PMVP/Ladet

Les boutiques de bois de la foire Saint-Ovide, qui se tenait d'août à septembre place Vendôme, sont pourtant installées dès l'année suivante place Louis-XV, où on les retrouvera annuellement jusqu'en 1777 et leur destruction dans un incendie. Marie-Antoinette a beaucoup de goût pour cette foire qu'elle fréquente assidûment. La place Louis-XV n'a guère que ces usages saisonniers : toujours excentrée, elle n'est pas devenue un lieu d'animation quotidien comme la galerie mercière du Palais de Justice ou le Pont-Neuf.

▽ ***La main droite réchappée à la fonte, après que la statue de Louis XV eut été abattue le 11 août 1792.***
© PMVP/Joffre

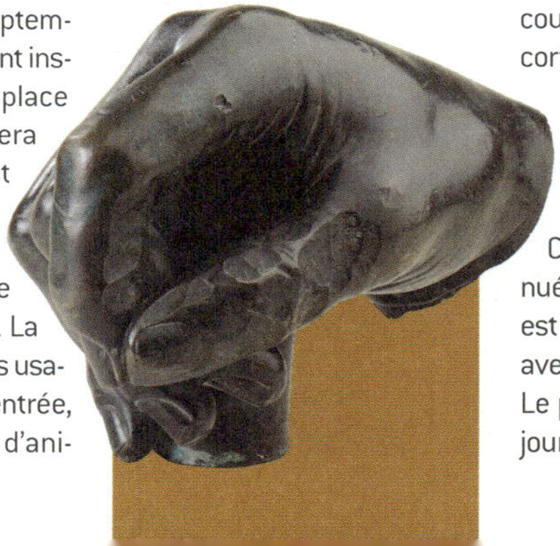

Les riverains sont rares qui payent la taxe d'arrosage des gazons des fossés, et des chaussées pavées de la place, effectué par deux voitures-citernes appartenant à la Ville et attelées de deux chevaux. Derrière les façades de Gabriel, du côté est, la direction du Garde-Meubles de la couronne ; de l'autre côté de la rue Royale, la comtesse de Coislin, l'architecte Moreau, Rouillé de l'Étang, l'ambassadeur d'Espagne. La comtesse a loué une partie de son hôtel à Silas Dean, premier représentant, avec Benjamin Franklin et Arthur Lee, du Congrès américain en France, et c'est là que, le 4 février 1778 – alors qu'au bout de la rue les fondations de l'église de la Madeleine se terminent –, le traité d'alliance reconnaissant l'indépendance des États-Unis est signé.

Quand Voltaire est de retour à Paris, six jours plus tard, après un quart de siècle d'absence, la première chose qu'il veuille voir, dès que ses 84 ans ont surmonté la fatigue du voyage, c'est tout de même cette place Louis-XV. Le 21 mars, sa voiture est suivie « de tout le peuple et de beaucoup de curieux, ce qui lui formait un cortège et une sorte de triomphe ».

Il se fait mener à l'église de la Madeleine en construction, « indispensable complément à la perspective de la place », aux Champs-Élysées qui ont été continués jusqu'au pont de Neuilly ; la nuit est tombée et la foule l'escorte encore avec des flambeaux.

Le pont prévu par Gabriel n'est toujours pas construit, des bacs relient

△ *La Madeleine, temple à la gloire de la Grande Armée quand Napoléon fit élever sa façade par l'obscur Vignon.*

seuls la rive gauche, en amont de l'hôtel de Bourbon, à côté du « grand bateau mécanique où se trouvaient les bains du sieur Guignard ». Messieurs du Bureau de la Ville rétorquent qu'ici, un « pont ne servirait qu'aux citoyens opulents et serait d'une très médiocre utilité pour le commerce ». Ils n'ont pas tort : quand, le 7 septembre 1786, le Parlement enregistre enfin l'édit de Louis XVI ordonnant, en même temps que la destruction des maisons bâties sur les ponts de Paris, la construction du pont de la place Louis-XV, le gibier poursuivi par le comte d'Artois ou le duc d'Orléans fait toujours l'essentiel du trafic.

Le 12 juillet 1789, le pont, achevé, n'est pas encore ouvert à la circulation quand la place Louis-XV est envahie par une foule qui brandit des bustes de Necker et du duc d'Orléans. Le prince de Lambesc, à la tête de son Royal allemand, arrive des Champs-Élysées et la disperse brutalement par-delà le pont tournant, y gagnant ses galons de « sabreur des Tuileries ». Un peu plus tard, le peuple qui sait pourtant, pour avoir pu le visiter le premier mardi de chaque mois, de Quasimodo à la Saint-Martin, qu'il n'y trouvera pas de quoi se défendre, s'introduit au Garde-Meubles royal pour y prendre ces armes de carnaval : la lance de Boucicaut, le sabre de Du Guesclin, l'épée de François Ier et deux canons en argent offerts par le roi de Siam à Louis XIV...

▽ La Charge du prince de Lambesc dans le jardin des Tuileries, le 12 juillet 1789, *de J.-B. Lallemand. Le prince y gagna ses galons de « sabreur des Tuileries ».*

Place à la guillotine

L'atmosphère va bientôt changer. Le 17 juillet, Louis XVI fait ici sa dernière entrée officielle devant des troupes impeccablement rangées. Le 6 octobre, c'est par la place Louis-XV que les femmes des Halles ramènent aux Tuileries la famille royale, qui y revient, par ici encore, après la fuite de Varenne. Au 10 août 1792, la statue équestre du roi précédent est abattue par la foule, la place est devenue celle de la Révolution.

Peu après, en novembre, la République proclamée et tous les biens du roi devenus « biens nationaux », une loi décrète que les Champs-Élysées et la place de la Révolution font partie de ces derniers, en dépit des pro-

▷ Une exécution capitale, place de la Révolution, *de P.-A. Demachy. La guillotine y fut installée à demeure à l'automne de 1793, et du printemps à l'été de 1794.*

testations vigoureuses d'une députation de la Commune de Paris. Durant trente-six années, la place ci-devant Louis-XV va être, à l'instar d'une ambassade, un territoire français sur le sol parisien ; ainsi, ce n'est pas Paris qui décapitera ici le roi, c'est la Nation. Il n'empêche, la guillotine, testée ailleurs, est dressée une première fois sur la place de la Révolution, le 8 novembre 1792, pour des criminels de droit commun : des voleurs de bijoux au Garde-Meubles. Elle l'est à nouveau, quand la mort du roi a été votée, pour l'exécution de la sentence, le 21 janvier 1793, devant les représentants de la Convention qui ont pris place à l'une des fenêtres du Garde-Meubles ; elle le sera encore pour Charlotte Corday, le 17 juillet, quatre jours après qu'elle a assassiné Marat. Après chaque exécution, l'instrument est démonté et la place redevient un lieu mal fréquenté, pour le peu qu'il l'est, avec ses cabarets louches qui en ont envahi les fossés. Elle ne s'anime que pour les grandes occasions comme, le 10 août 1793, la fête anniversaire de la Liberté, dont on

▽ La Fête de l'Unité sur la place de la Concorde (23 thermidor, an I - 10 août 1793), *de P.-A. Demachy. La statue de la Liberté fut posée, à cette occasion, « sur les débris du piédestal de la tyrannie ».*

pose la statue de plâtre bronzé « sur les débris du piédestal de la tyrannie », devant nombre de fédérés de province.

La guillotine est installée là à demeure quand les Conventionnels ne voudront plus avoir sous les yeux, place du Carrousel, les effets de leur Terreur. Elle va connaître deux vagues intensives, l'une à l'automne 1793, qui voit les exécutions de Marie-Antoinette, des Girondins, de Philippe Égalité, l'ex-roi de Paris, de Mme du Barry, de Mme Roland ; l'autre du printemps à l'été de 1794, qui voit tomber les anciens chefs de la Révolution, de Danton à Robespierre. Alors, le bourreau n'ôte plus, chaque fois, que le couperet ; les bois et l'estrade demeurent pour être le pilori de ceux qui ne sont condamnés qu'à l'indignité publique.

La plus nationale des places de Paris

Dans le même temps – la décision est du 5 floréal an II, soit le 24 avril 1794 –, le Comité de salut public, qui n'entend pas faire de la place de la Révolution la place des supplices, se préoccupe de son embellissement, qu'il confie à David et, par exemple, de faire placer les chevaux sculptés par Coustou

△ ◁ **La Renommée et Mercure,** ***sculptés par Coysevox pour l'abreuvoir de Marly, amenés en 1719 sous le regard des Tuileries.***

▷ ▽ *Les chevaux numides domptés par des Africains, élevés d'un seul bloc de marbre par Coustou pour remplacer ceux de Marly, furent hissés à l'entrée des Champs-Élysées à l'été de 1795.*

pour l'abreuvoir de Marly à l'entrée des Champs-Élysées.

Quand ils le seront effectivement, entre juillet et septembre 1795, les dompteurs qui les flanquent seront du côté de la place, comme la Renommée et le Mercure de Coysevox étaient tournés vers le jardin des Tuileries, les uns et les autres donc pour être vus depuis ses terrasses. La République, comme les rois, envisage toujours cette place comme mieux faite pour être traversée du regard qu'empruntée par des gens, elle y voit une perspective plus qu'un espace.

Quant aux débats autour de son embellissement, quelques invariants s'en dégagent qui resteront ceux du lieu. Un symbolisme appuyé d'abord : la ci-devant église de la Madeleine censée devenir temple de la Révolution puis celui de la Grande Armée et, surtout, la place se muant en celle « de la Concorde » par décision du 26 octobre 1795, seule l'ex-rue Royale restant celle de la Révolution, « la Révolution devant conduire à la Concorde » !

Une présence du pays tout entier, ensuite, qui fait de la Concorde la plus nationale des places parisiennes. Le Consulat y voudra une « colonne nationale » avec bas-reliefs allégoriques de la France, et il sera question aussi de soixante-douze jets d'eau figurant les soixante-douze départements, avant qu'en 1848 la fête de la Constitution n'y mette quatre-vingt-huit mâts portant les noms des départements, de l'Algérie et des colonies. Entre-temps, sous la monarchie de Juillet, le Conseil municipal – les Champs-Élysées, comme la place, ont été rendus à Paris le 20 août 1828 – a décidé de faire poser à son pourtour les statues des huit principales villes de France, et des allégories des quatre principaux fleuves à ses fontaines. Elles y sont toujours.

La tentation de l'amphithéâtre, enfin. David envisagera de faire de la place un cirque à l'antique consacré aux fêtes nationales, par un glacis en pente douce. La place connaîtra, en effet, des festivités innombrables, et restera celle des grandes occasions : du couronnement de Napoléon à ses noces avec Marie-Louise, avant les cérémonies anniversaires de la Deuxième République, le 4 mai, puis, tous les 15 août, la fête de Napoléon III. Elle ne sera pourtant jamais fermée

△ La statue de Strasbourg : Juliette Drouet, ou Mme Pradier, épouse du sculpteur ? L'une ou l'autre fut, d'octobre 1870 à novembre 1918, couverte de fleurs.

◁ La fontaine des mers : la Pêche des Perles, des Coquillages – toutes deux du sculpteur Valois –, des Poissons, des Coraux, l'Océan et la Méditerranée en entourent le piédouche inférieur.

▷ *L'obélisque de Louksor, élevé, le 24 octobre 1836, par l'ingénieur Lebas sur le monolithe voulu par Hittorff.*

que de ces architectures éphémères, malgré des demandes toujours fortes – celle du prince de Ligne, par exemple – pour qu'on la bâtisse côtés quai et Champs-Élysées à l'identique des façades de Gabriel.

Deux paravents néo-classiques

Napoléon Ier a finalement choisi l'obscur Vignon pour élever la façade du temple à la gloire de la Grande Armée, mais quand Poyet imposa la même lourdeur néo-classique à celle du palais Bourbon, dont il redressa l'obliquité du même coup, l'Empereur « regretta de ne plus être officier d'artillerie pour pouvoir pointer ses canons contre ce ridicule paravent ». Bientôt, au domicile de Talleyrand, à l'hôtel Saint-Florentin, au nord-est de la place, le tsar, le roi de Prusse et le prince de Schwarzenberg, représentant l'empereur d'Autriche, réglaient, le 31 mars 1814, le sort de la France. La Restauration restaurait le pouvoir monarchique, les noms anciens, et tentait de faire de même avec les statues, équestres ou pas. Déjà s'annonçaient les Trois Glorieuses, et c'est encore d'ici que partait le peuple de Paris pour aller chercher le roi à Rambouillet. Pour la place, vite redevenue celle de la Concorde, Baltard, avec un grand sens pratique, proposait une colonne royale dotée d'une statue jetable que l'on changerait à chaque nouveau règne.

▽ *La façade de l'Assemblée nationale. L'Empereur « regretta de ne plus être officier d'artillerie pour pouvoir pointer ses canons contre ce ridicule paravent ».*

En 1834, « la place de la Concorde était encore la place publique la plus déserte et la plus désagréable à l'œil par son étendue, une place poudreuse en été, ou défoncée et impraticable en hiver », selon la revue *L'Artiste*. Le baron Taylor, l'ami des romantiques, avait abordé au pont de la Concorde avec l'obélisque de Louksor, négocié auprès du pacha d'Égypte et que l'on ne savait encore où mettre. Le projet d'Hittorff lui trouva une place au centre de la place, tandis qu'il reprenait les fontaines au plan initial de Gabriel. En 1840, la place de la Concorde était terminée ; ses fossés lui conservaient l'aspect d'une avant-cour de palais.

En décembre 1844, la statue de la ville de Lille portait sur ses genoux, littéralement, la Ville Lumière. « L'appareil d'éclairage, c'est-à-dire les deux pointes de charbon entre lesquelles s'élançait l'arc voltaïque », y était placé pour la première expérience mondiale d'éclairage électrique public.

L'obélisque, cadran solaire des grandes heures

Au matin du mardi 22 février 1848, de nombreux patriotes, souscripteurs du banquet réformiste du 12e arrondissement [5e et nord du 13e actuels], sont rassemblés devant le café Durand, 2, place de la Madeleine, d'où ils pensent se rendre en cortège à la colline de Chaillot. Ils ne savent pas que le banquet est interdit, que l'opposition parlementaire y a renoncé la veille au soir. Lamartine, lui, est décidé à braver le ministère et une délégation se rend au domicile d'Odilon Barrot, rue de la Ferme-des-Mathurins. On attend de savoir si le banquet aura lieu ou pas quand débouche la colonne des étudiants, qui chantent la *Marseillaise*. La troupe prend position « à gauche de l'église ». Bientôt, une armurerie est pillée, des barricades s'élèvent à l'angle de la rue de Rivoli et de la rue Saint-Florentin ; la place de la Concorde s'est remplie d'ouvriers et est noire de monde. Le 24 février, Louis-Philippe s'enfuit par là, itinéraire qu'avait déjà emprunté Henri III en 1588 !

△ **Fête de la Constitution sur la place de la Concorde, le 12 novembre 1848, *de J.-J. Champin. Malgré le froid, un* Te Deum *y fut donné, sous ces mots en lettres d'or : « Aimez-vous les uns les autres ».***

◁ **Épisode de la révolution de 1848. Un insurgé blessé, près d'une barricade, écrit avec son sang sur un mur *: Vive la République démocratique et sociale, la famille..., tableau de Tony Johannot.***

Charles Baudelaire et Gustave Courbet ont été les badauds des événements, juchés sur un muret des fossés qui n'en avaient plus pour longtemps. « Obligé d'opter, dans l'intérêt de la circulation, entre les parterres en sous-sol et le plateau central supportant l'obélisque de Sésostris et ses fontaines, l'Empereur préféra, rapporte Haussmann, contrairement à mon avis, le main-

△ *Le 26 août 1944, la place de la Concorde, noire de monde, se referme sur le général de Gaulle qui vient de descendre les Champs-Élysées.*

tien de cet obstacle encombrant et m'ordonna de combler les petits jardins de Gabriel. » Le baron ajoute qu'il le regrettera toujours.
Il y a enfin de la circulation place de la Concorde, et l'obélisque a failli en faire les frais. De la circulation et du stationnement : cochers et chauffeurs vont attendre là leurs maîtres qui soupent chez Maxim's. « Sur les banquettes de la longue salle couloir surnommée *l'omnibus*, se traite le tendre trafic de l'amour. » Entre sept et huit, pour le cocktail dont la vogue naît alors, passent les courtisanes de haut vol, Cléo de Mérode, Liane de Pougy, Lolla de Beaumont, suivies du prince de Salm, du roi des Belges, d'un grand ponte de la librairie Hachette, au son de l'orchestre tzigane de Boldi...
À l'hôtel de Coislin, derrière la colonnade de Gabriel, se tient maintenant le Cercle de la rue Royale, d'où Charles Haas, le Swann de Proust, regarde la foule, en bas – parmi laquelle Friedrich Engels, Élisée, Paul et Élie Reclus –, qui, pour le premier des 1er mai, celui de 1890, scande « Accès du prolétariat à toutes les jouissances ! ».
Au café Durand, presque cinquante ans jour pour jour après que les prémisses de 1848 s'y sont réunies, Émile Zola rédige une lettre ouverte au président Félix Faure, que publiera *L'Aurore* : *« J'accuse... »*.
La proximité de la représentation nationale, qui a succédé à celle du roi, continue de faire de la Concorde le siège de grands moments d'histoire : les occupants allemands installés dans les palais de Gabriel en sont délogés le 25 août 1944, et la cinquième colonne de l'ouest est détruite par un obus dans la bataille. Le 2 avril 1945, le général de Gaulle y remet ses drapeaux à la nouvelle armée.

◁ *Le restaurant Maxim's dans l'entre-deux-guerres. On aperçoit Mistinguett sur la banquette, avec, à sa gauche, l'actrice Spinelly et, de dos, la chanteuse Marie Dubas.*

Les Champs-Elysées, le défilé mis en musique par Offenbach

Seul un original comme le neveu de Rameau, dès que « la saison est douce », assure Diderot, « arpente toute la nuit le Cours [la Reine] ou les Champs-Élysées ». Pour l'usage mondain, les Champs-Élysées ne servent que trois jours par an, les derniers de la semaine sainte, au départ vers l'abbaye de Longchamp, procession qui n'est qu'un prétexte à l'ostentation des courtisanes. Le baron général Thiébault, fils du « garde des Archives et contrôleur des Inventaires du Garde-Meubles »,

◁ Vue de Paris, prise de l'arc de triomphe de l'Étoile, *d'A. J.-B. Cadolle (1843). Les pavillons d'octroi de Ledoux étaient à la hauteur des actuelles rues de Presbourg et de Tilsitt.*

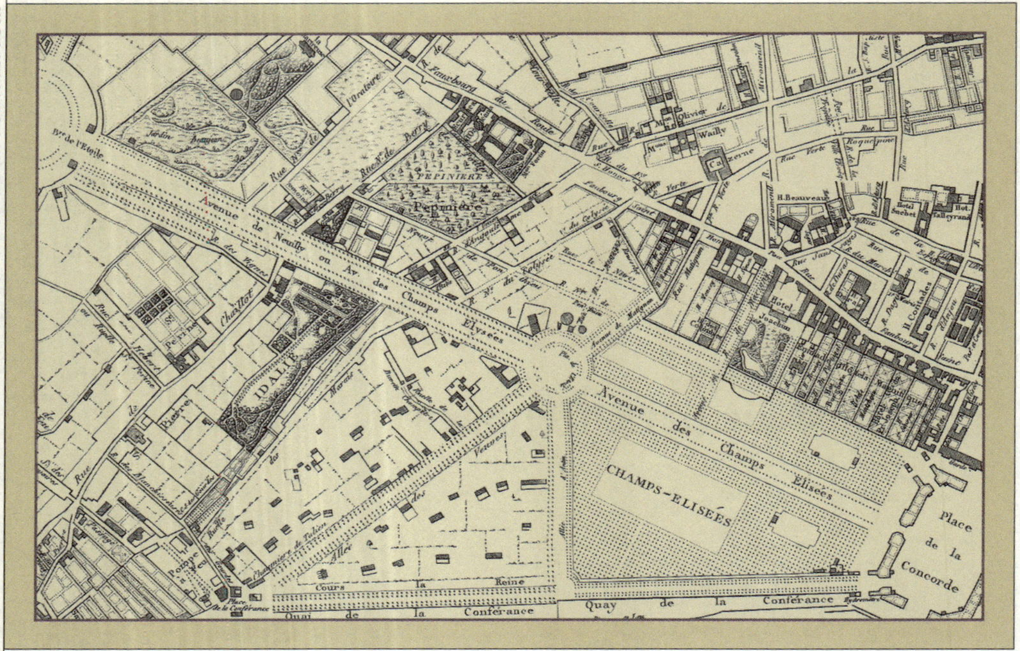

△ *Les constructions étaient encore rares sur le plan Maire de 1808. Au coin est de la rue de Berri, dans l'hôtel de Langeac, Jefferson et La Fayette discutèrent de la Déclaration des droits de l'homme.*
DR

habitant de ce fait place Louis-XV, la voyait partir dans son enfance : « Au milieu d'une innombrable quantité de voitures remarquables, brillaient chaque année une cinquantaine d'équipages éblouissants, dans le nombre desquels une dizaine paraissaient plutôt les chars des déesses que ceux de simples mortels ».

Ce n'est pas exagération, à se représenter l'équipage de la Duthé, en 1774, d'après les *Souvenirs* dits de Mme de Créquy. « Une caisse décorée d'Amours, de chiffres et d'arabesques par le plus célèbre peintre du genre, élève de Boucher, et capitonnée de sachets aux parfums suaves, était portée sur une conque dorée, doublée de nacre, que soutenaient des tritons en bronze. Les moyeux des roues étaient en argent massif, les chevaux blancs ferrés d'argent, harnachés d'or et de soie gros vert, portaient, suprême indécence, des panaches. Sur cette conque, la Duthé s'avançait en maillot de taffetas couleur chair et collant, que recouvrait une chemisette d'organdi très clair ; elle était coiffée d'un chapeau de gaze noir à la "caisse d'escompte", c'est-à-dire sans fond. » En 1780, on pourra même contempler deux carrosses qui sont de porcelaine !

On est alors en train de démolir ce qui était une attraction plus pérenne du lieu, le Vauxhall ou Colisée : un vaste espace circulaire pour la danse, ceint de colonnes tout autour ; dans les jardins, des pièces d'eau pour les jeux nautiques, et un mât très haut, au sommet duquel est fixé un dragon rempli de feux d'artifice. L'allumage s'en fait du sol par le moyen de fusées qui visent la gueule, mais toutes rataient leur cible le dimanche d'octobre où Thomas Blaikie était venu s'y amuser.

Parmi les rares constructions des Champs-Élysées devant lesquelles passent les carrosses, il y a le tout

△ **Portrait de Madame Tallien,** ***de François Gérard, vers 1805. Ex-épouse du Conventionnel Tallien, elle venait de devenir comtesse de Caraman lorsque fut peint ce tableau.***
© PMVP/Joffre

récent hôtel de Langeac, à l'angle est de la rue (Neuve) de Berry, où le comte d'Artois vient d'installer Louise Contat, la créatrice du rôle de Suzanne dans le *Mariage de Figaro*. L'ambassadeur américain Thomas Jefferson y succède à l'actrice. La demeure qu'il loue, comble du modernisme, est raccordée à la nouvelle pompe à eau des frères Périer. Deux pavillons d'octroi sont en train de sortir de terre, un peu plus loin, à la barrière de l'Étoile, et Jefferson les trouve « magnifiques ! », comme tout ce que fait l'architecte Ledoux. L'Américain applaudit pareillement des deux mains à la destruction des maisons occupant les ponts : « Les ponts sont faits pour circuler, pas pour habiter ni pour étaler des marchandises ! ». L'ambassadeur reçoit ici Beaumarchais, dont il possède les œuvres complètes, et le marquis de La Fayette. La Déclaration européenne des droits de l'homme et du citoyen, que ce dernier présente à l'Assemblée nationale, à Versailles, le 11 juillet 1789, est le fruit d'échanges passionnés dans ce salon.

De la Chaumière au jardin Mabille

À la Révolution, parmi les projets d'embellissement des Champs-Élysées que recensera, en 1794, le Comité de salut public, figurent une statue de Jean-Jacques Rousseau au bord d'un immense bassin, et une grande cascade à Voltaire et aux héros de la Liberté.

Puis le Tout-Paris du Directoire se donne rendez-vous dans la Chaumière – au sens propre : elle est authentiquement couverte de chaume – de Mme Tallien, dans cette allée sans nom (aujourd'hui avenue Montaigne), simplement surnommée « des Veuves » parce que ces dernières y cherchent fortune dans une ombre propice. C'est un chalet aux balcons de bois découpé, mais peint en rouge et au décor intérieur pompéien, avec un lit encadré d'Amours entre des lampes à trépied. Le petit général Buonaparte, misérable et crotté, y dit la bonne aventure à Mesdames Récamier, Hamelin, de Staël ; il y rencontre Joséphine de Beauharnais.

Les muscadins, les incroyables, et les merveilleuses en costumes grecs et déshabillés transparents qui fréquentent ici, ont renoué avec la procession en direction de Longchamp, et Mme Récamier y triomphe : « ses rares apparitions, quoique toujours imprévues, étaient comme de véritables événements. Dès qu'elle paraissait, tout autre but de ces réunions immenses était oublié ; chacun s'élançait sur son passage », raconte Benjamin Constant, « ses pas étaient sans cesse ralentis par les spectateurs pressés autour d'elle ».

Les frères de Napoléon, sous l'Empire, habitent le faubourg Saint-Honoré tandis qu'au bout des Champs-Élysées règne la gourmandise : un traiteur s'est installé dans le pavillon nord des deux construits par Gabriel pour les allées adjacentes, où lui succède le frère aîné de Michel Ledoyen, lui-même installé un peu plus loin et dont le restaurant demeure aujourd'hui. Grimod de La Reynière a retrouvé son hôtel et, depuis 1802, y rédige son *Almanach des gourmands*. De l'autre côté de la rue, qui déjà fut « de la Bonne-Morue » à cause d'une enseigne fameuse, le comte de Crillon transforme en hôtel meublé celui qu'il a racheté à Trouart.

Après Waterloo et le campement des cosaques dans leurs bosquets, les Champs-Élysées s'étiolent avec leurs rares bâtiments – six en tout ! –, dont l'hôtel de Langeac et son contemporain, celui dit maintenant de Massa, alors au coin de la rue d'Angoulême-Saint-Honoré (aujourd'hui La Boétie), et qui sera transporté en 1927 rue du Faubourg-Saint-Jacques. Ainsi jusqu'à la fin des années 1820 où la promenade, de bien national qu'elle était, redevient municipale.

▷ Le restaurant Ledoyen n'a pas changé d'emplacement depuis 1848.

▽ Derrière la façade de Gabriel, le bâtiment de Trouart, cédé à Crillon, devint un hôtel meublé dès 1803, puis à nouveau à partir de 1907.

△ **Dîner aux Ambassadeurs,** *de Jean Béraud. Le café-concert, construit par Hittorff en 1841, fut remplacé par le théâtre actuel en 1929.*

Avec la monarchie de Juillet, les Champs-Élysées cessent d'être le moyen de gagner Longchamp pour devenir un but en soi : le mouvement s'arrête à la contre-allée de droite, qui devient à la mode, s'encombre de boutiques foraines, et d'un cirque d'été. Hittorff le remplace par une salle en dur pour six mille spectateurs en 1841, en même temps qu'il édifie les deux cafés-concerts de l'Alcazar et des Ambassadeurs, et aménage l'ensemble des jardins qui les entourent. À la barrière de l'Étoile, la construction de l'Arc de triomphe, un peu en avant des pavillons de Ledoux, s'est achevée en 1836 ; au sud, une maison Renaissance, dite « de François Ier », démontée à Moret-sur-Loing est rebâtie à l'angle du Cours-la-Reine et de la future rue Bayard. La revue d'Arsène Houssaye, *L'Artiste*, dans les colonnes de laquelle Chateaubriand suggérait naguère de mettre au rond-point des Champs-Élysées l'obélisque qu'on vient d'ériger place de la Concorde, s'est installée au 122, Champs-Élysées. Baudelaire lui donne ses trois premiers poèmes, peut-être en revenant du bal dont Victor Mabille, qu'il côtoie au *Corsaire Satan*, vient d'hériter de son père. Au jardin Mabille, au départ de l'allée des Veuves, du côté droit, une génération spontanée de danseuses et danseurs – la reine Pomaré, Céleste Mogador, Rigolboche, Désirée Rondeau, Chicard puis Brididi – enthousiasment aussi bien les dandys que les ouvriers mécaniciens qui viennent là le dimanche, et sont les vrais nymphes et satyres des Champs-Élysées plus que ne le seront les habitués du bal du Château-des-Fleurs, plus près de la barrière de l'Étoile, au 5, rue des Vignes (aujourd'hui Vernet).

L'Expo et les Bouffes-Parisiens

Les Champs-Élysées deviennent le lieu de récréation du Second Empire, d'autant plus sûrement que la noblesse d'Ancien Régime boude le nouveau, et le manifeste en restant sur son quant-à-soi dans ses hôtels du faubourg Saint-Germain. Il y a un vide à occuper. Quand la marquise de Pompadour s'est offert l'hôtel d'Évreux (aujourd'hui palais de l'Élysée), un siècle plus tôt, elle a tout de suite cherché à en étendre les jardins : « On va abattre les arbres des Champs-Élysées... pour donner à l'hôtel de la marquise de Pompadour un aspect plus agréable sur la rivière », écrit le marquis d'Argenson en juin 1755. Paris a défendu son territoire contre « la putain du roi », qui a tout de même fait déboiser deux « carrés » devant chez elle, au nord comme au sud des Champs-Élysées, pour s'ouvrir la vue sur la Seine et les Invalides. Diderot ne peut plus se promener que « sous quelques-uns de ces vieux arbres épargnés parmi tant d'autres qu'on a sacrifiés au parterre et à la vue de l'hôtel de Pompadour ». Dans le carré nord s'est construite la salle Lacaze, de trois cents places, sur des plans d'Hittorff ; dans le carré sud va s'élever le Palais de l'Industrie sur deux cent cinquante mètres de long, cent huit mètres de large, et trente-cinq mètres de haut sous la nef centrale, pour accueillir les vingt-cinq mille exposants de la première Exposition universelle.

L'Expo est inaugurée par Leurs Majestés Impériales le 15 mai 1855 ; Offenbach, qui a loué pour l'occasion la salle Lacaze, juste en face de son entrée principale, ne parvient à y ouvrir son théâtre des Bouffes-Parisiens que le 5 juillet. Mais c'est tant mieux : après plusieurs semaines de mauvais temps, la canicule vient de s'abattre sur Paris, si bien qu'il a fallu mettre des vélums aux verrières du Palais de l'Industrie. « Même au temps des Croisades on ne vit pas sur pied de pareilles multitudes », à en croire la presse, qui trouve dans les Champs-Élysées à la fois « la voie Appienne et Hyde Park ».

Dès le 30 juillet, les Bouffes-Parisiens affichent *Le Rêve d'une nuit d'été*, dont l'action se déroule dans les jardins de Mabille : « Oh ! séjour splendide / Indeed ! ». Quand l'Expo ferme à la mi-novembre, elle a reçu près de cinq millions de visiteurs. Berlioz y dirige un concert de clôture donné par mille deux cents instrumentistes et choristes, secondé par cinq sous-chefs reliés à un métronome électrique. Mais c'est Offenbach, fortement soutenu par Villemessant – « Mon *Figaro* avait paru depuis un an ; j'en fis comme le *Journal officiel* des Bouffes-Parisiens » –, qui est bientôt, dixit Rossini : « le Mozart des Champs-Élysées ».

L'Expo comptait une importante section consacrée aux Beaux-Arts : Corot et Rousseau y étaient assez bien représentés ; Daubigny, Jongkind, Mil-

△ *Il s'agit ici des Bouffes d'hiver, qui prenaient, rue Monsigny, le relais des Bouffes d'été des Champs-Élysées, de sorte d'assurer à Paris de l'Offenbach non-stop.*

◁ *Palais de l'Industrie (lithographie de Charles Rivière, d'après une photo, vers 1860). L'Exposition de 1855, universelle, comportait de ce fait une section consacrée aux Beaux-Arts.*

let y figuraient honorablement. Paul Huet, « romantique de la première heure », y montrait *L'Inondation de Saint-Cloud*, que Delacroix qualifiait de chef-d'œuvre. Courbet s'en était retiré après que le jury eut écarté deux de ses tableaux, et avait fait construire à ses frais, près de la sortie donnant sur l'avenue que l'on appelait maintenant Montaigne, un pavillon personnel, le « Pavillon du réalisme », que le grand public ignorait, mais où Delacroix s'attardait.

△ **La Sortie du Salon au palais de l'Industrie,** ***de Jean Béraud.*** ***Le Salon annuel s'y tint à compter de l'Expo de 1855, ainsi qu'en 1863 le Salon des Refusés, où Manet montra son*** **Déjeuner sur l'herbe.**

La gloire d'Offenbach et le laurier de Proust

Le 14 août 1859, l'empereur, après les victoires de Magenta et de Solférino, fait une entrée triomphale dans Paris à la tête des troupes d'Italie. Des vétérans du Premier Empire, mêlés aux soldats retour du front, défilent durant cinq heures, derrière les drapeaux pris aux Autrichiens, sous l'arc de triomphe mauresque que Baltard a édifié à la hauteur du Cirque d'été, devenu « de l'Impératrice », tout à côté des Bouffes-Parisiens. Le Salon annuel vient de fermer au Palais de l'Industrie. Quatre ans plus tard, la générosité de l'empereur y autorise un Salon des refusés pour balancer une particulière sévérité du jury. Jongkind, Pissarro, Whistler, Guillaumin, Cézanne, Fantin-Latour en sont ; Manet y donne son *Déjeuner sur l'herbe*.

◁ *Le grand salon de l'hôtel de la Païva. La courtisane recevant le vendredi, et étant respectueuse, les Goncourt, au hasard d'un Vendredi saint, s'y virent invités à faire maigre.*

Flaubert, quand il ne discute pas à l'*Artiste*, avec Théophile Gautier, d'assonances et de répétitions, se laisse parfois emmener par celui qui en est désormais le rédacteur en chef, au somptueux hôtel du 25, Champs-Élysées (siège du Traveller's Club depuis 1902), celui de la courtisane que l'on appelle la Païva pour avoir épousé un marquis portugais portant ce nom. Il dîne parfois aussi à l'hôtel pompéien du prince Napoléon, lequel n'est sans

△ *Un manège devant le cirque des Champs-Élysées. La salle d'Hittorff, de six mille places, avait vu, en 1889, les débuts de la belle Otero et d'Émilienne d'Alençon. Dix ans plus tard, elle serait démolie.*
© ND/Roger-Viollet

doute pas pour rien dans son acquittement au procès de *Madame Bovary*. Au 27, avenue Montaigne, il y a des murailles extérieures peintes, un jardinet avec vivier et portique, Achille et Minerve en bronze, des scènes de la théogonie d'Hésiode autour de l'atrium, et des bustes en marbre de Napoléon Ier et de toute sa famille. Chez le cousin de l'empereur très catholique, on fait ripaille le vendredi saint tandis qu'au même moment, chez la courtisane respectueuse, on jeûne avec application.

Au bal Mabille, un orchestre de cinquante musiciens joue maintenant de l'Offenbach comme partout ailleurs. La ronde du *Brésilien*, comédie-vaudeville, est de tous les caf' conc' ; puis le rondo du Brésilien, extrait de *La Vie parisienne* :

« Je suis brésilien, j'ai de l'or...
Paris, je te reviens encore ».

Il lui reviendra pour les Expos de 1867, de 1889, de 1900.

Proust a vu depuis longtemps, du côté des chevaux de bois, des marchandes de sucre d'orge et de la voiture aux chèvres, passer, entre les massifs de laurier, une fillette à cheveux roux, Gilberte Swann ; il a 22 ans quand s'édifie, de l'autre côté des Champs-Élysées, à la fin de 1893, le Palais des glaces. Là, sur une piste ronde, au milieu de deux étages de galeries où se prennent thé, porto et grogs au rhum, des jeunes filles comme il faut, accompagnées de leurs institutrices, et des jeunes gens comme il faut, leurs futurs fiancés, virevoltent sur leurs patins tout l'après-midi avec, le jeudi et le dimanche, une proportion plus forte de polytechniciens et de saint-cyriens. Un peu avant six heures, leur sauve-qui-peut est général car à cette heure-là, terriblement ponctuelles, entrent en piste les courtisanes, cocottes et demoiselles de plaisir, enveloppées de renard bleu sous des panaches de plumes.

▷ *Proust apercevait ici, entre les massifs de laurier, non une grave statue à barbe, mais une fillette à cheveux roux, Gilberte Swann.*

◁ *Sur le pont Alexandre-III, les Nymphes de la Seine, de Récipon, portent, à l'aval, les armes de Paris, et les Nymphes de la Néva, à l'amont, celles de la Russie. Des Amours font des rondes autour des lampadaires.*

Le Faubourg unique du monde

L'entrée monumentale de l'Expo de 1900 s'ouvre au début du Cours-la-Reine, surmontée d'une gigantesque statue de la Ville de Paris par Moreau-Vauthier. Le site s'étend de part et d'autre de la Seine : aux Champs-Élysées, au Trocadéro, sur l'esplanade des Invalides et au Champ-de-Mars. Le nouveau pont Alexandre-III relie les deux rives, précédé d'une avenue flanquée de deux palais qui remplacent celui de l'Industrie. Matisse et Marquet, peintres en bâtiment par nécessité, ont mis des guirlandes au plafond du Grand Palais, où ils exposeront ensuite au Salon d'automne annuel.

Surtout, cet espace suture deux mondes, deux tomes de l'almanach de Gotha, deux faubourgs qui s'appelaient Saint-Germain et Saint-Honoré et ne sont plus que Le Faubourg.

Quand le narrateur de la *Recherche du temps perdu* entend dire de la duchesse de Guermantes qu'elle « a la première maison du faubourg Saint-Germain » alors que son hôtel est sur la rive droite, rue d'Astorg, cela ne lui semble pas un moindre mystère que « la présence du corps de Jésus-Christ dans l'hostie ».

C'est le faubourg unifié de la Belle Époque, le temps retrouvé de l'Ancien Régime sous la IIIe République, que nous décrit Gabriel-Louis Pringué :

▽ *Au Grand Palais, L'Immortalité devançant le Temps, quadrige de Récipon.*

« Les rues du Faubourg Saint-Germain au Faubourg Saint-Honoré, les alentours de l'Étoile et de l'avenue du Bois étaient parcourus par de magnifiques équipages avec cochers et valets de pied sur le siège, tandis que les lueurs des réverbères éclairaient les scintillements des diadèmes que l'on apercevait au fond des coupés. À chaque tournant de ces rues, on croisait des hommes cravatés de blanc, le haut-de-forme sur la tête, qui se rendaient de salons en salons. »
La procession qui remonte les Champs-Élysées a repris comme si de rien n'était, son but ne s'est que légèrement déplacé à l'intérieur du bois de Boulogne : on ne va plus à l'abbaye mais à la butte Mortemart (le champ de courses d'Auteuil), par la route des Lacs et non par l'allée de Longchamp, on dispose pour ce faire de l'avenue de l'Impératrice (aujourd'hui Foch), tracée par Haussmann en 1854, qui sera « l'avenue du Bois » jusqu'en 1929. La promenade de Longchamp s'appelle maintenant la course des drags. « Le général comte Friant s'alignait le premier devant l'hôtel Crillon, puis venaient le duc de Noailles, caisse verte, train rouge, ayant au box-seat la duchesse d'Uzès, née Mortemart, le duc et la duchesse de Luynes, le duc et la duchesse d'Ayen, née Yolande de Luynes. Le baron de Neuflize, caisse jaune et verte. Le comte Greffulhe, caisse bleue. Le vicomte de la Rochefoucauld, caisse grenat, train rouge... Tous partaient dans un bruit de trompes et de fanfares au rythme cadencé des sabots, au son des gourmettes, avec sur les box-seats tout cet assemblage de chapeaux, de fleurs, de plumes, d'ombrelles, de tulles et de gazes légères. » Un riche Américain du Sud, paralysé, ne peut participer à la course que ficelé sur son siège ; un grand bourgeois parisien l'est pareillement de crainte d'une possible crise d'épilepsie.
« En dépit des révolutions et de la Révolution elle-même », affirme, non sans raison, la princesse Bibesco, « ce monde aboli, transcendant, indestructible, contre la pérennité duquel toutes les précautions furent prises, a résisté à toutes les formes de mort violente et même à sa contrefaçon ». Mais ce que la Révolution n'avait pas pu, la Première Guerre mondiale y parviendra : elle aura raison de lui. Avec le soldat inconnu, c'est, paradoxalement, tout ce qui a un nom que l'on enterre au pied de l'Arc de triomphe ; le Bottin mondain en même temps que la dépouille anonyme.

△ *L'avenue du Bois-de-Boulogne : avant 1914, elle était encore « parcourue par de magnifiques équipages avec cochers et valets de pied sur le siège ».*

Les émotions nationales

C'est au Théâtre des Champs-Élysées, au bas de l'avenue Montaigne, par l'accueil fait à Joséphine Baker mise en scène par le Suédois Rolf de Maré, que Paris montre qu'il est encore, au temps des Années folles, la capitale européenne de l'hédonisme.

Leur arc de triomphe à l'antique – deux fois plus imposant que celui de Constantin à Rome –, leur appellation mythologique (le « séjour des bienheureux »), ont fait des Champs-Élysées le symbole de l'orgueil national, qu'il s'agisse de l'abaisser – sous le pas de l'oie des troupes d'occupation – ou de le recouvrer : les défilés de la victoire. Et le noble Faubourg s'est re-découpé : entre l'avenue Montaigne et la rue du Faubourg-Saint-Honoré, « les Champs » ont perdu de leur standing. Des caf' conc' de l'avenue Gabriel, qui applaudirent Maurice Chevalier, « gosse de Paris » et « dandy de Ménilmuche », remonte une veine où bat l'émotion populaire qui s'exprime encore à l'arrivée du Tour de France ou dans la célébration des « Bleus » vainqueurs de la Coupe du monde de football.

Une nouvelle Exposition universelle, en 1955, devait marquer le centenaire de la première. La IVe République prévoyait, à cette occasion, d'aménager une grandiose perspective allant de la Défense à Saint-Germain-en-Laye. L'Expo n'eut pas lieu et la perspective n'est réalisée que dans sa moitié est, mais, déjà, les Champs-Élysées et leur Arc de triomphe sont autant le belvédère d'où l'on regarde que l'avenue que l'on remonte.

△ *Sous les bas-reliefs de Bourdelle, le théâtre des Champs-Élysées accueillit, dès 1920, les Ballets suédois de Rolf de Maré, et, en 1925, la* Revue nègre *menée par Joséphine Baker, avec Sidney Bechet à la clarinette.*

◁ *Les maréchaux Foch et Joffre en tête du défilé de la Victoire sur les Champs-Élysées, le 14 juillet 1919.*

Chaillot,
du roi de Rome aux droits de l'Homme

△ *Les pompes à vapeur succédèrent, à compter de 1781 – la pompe à feu de Chaillot la première –, aux pompes hydrauliques accrochées aux ponts.*
DR

Chaillot : un village, qui devient un faubourg à l'époque du Roi-Soleil, se trouve englobé en totalité dans l'enceinte fiscale des Fermiers généraux et intègre ainsi la capitale à la veille de la Révolution ; surtout, une colline, c'est-à-dire du bon air soufflant sur des pentes champêtres. Pour George Sand – son oncle et sa tante y possédant une maison –, c'est le jardin de la petite enfance, celui des « grands jeux de bataille, de fuite et de poursuite », du bonheur. « C'est là aussi que j'ai vu des papillons pour la première fois et de grandes fleurs de tournesol qui me paraissaient avoir cent pieds de haut. »

Il n'y avait alors pour faire du bruit et de la fumée que les deux machines à vapeur des frères Périer, qui élevaient l'eau de la Seine jusqu'aux bassins de décantation situés à l'emplacement de l'actuelle place des États-Unis. Encore, les pompes étaient-elles tout au bout de Chaillot, là où finissait le Cours-la-Reine, cette sorte d'hippodrome calme réservé à la parade des voitures, doté en son milieu d'une place ovale afin qu'elles puissent y faire demi-tour, et fermé de grilles à ses deux bouts.

Le 6 octobre 1789, les tricoteuses et Théroigne de Méricourt étaient passées là, ramenant de Versailles ceux qu'elles croyaient capables de leur donner le pain qui manquait si cruellement : « le boulanger, la boulangère et le petit mitron ». Chateaubriand avait couru au spectacle, y avait vu, comme il le raconte dans ses *Mémoires d'outre-tombe*, « des canons, sur lesquels des harpies, des larronnesses, des filles de joie montées à califourchon, tenaient les propos les plus obscènes

et faisaient les gestes les plus immondes. (...) Les voitures du Roi suivaient : elles roulaient dans l'obscurité poudreuse d'une forêt de piques et de baïonnettes. Des chiffonniers en lambeaux, des bouchers, tablier sanglant aux cuisses, couteaux nus à la ceinture, manches de chemises retroussées, cheminaient aux portières ».
Ensuite, la colline de Chaillot avait fourni de beaux points de vue « à louer » sur la fête de la Fédération qui allait se dérouler en face, au Champ de Mars ; une petite annonce du *Journal de Paris* y proposait un enclos bien situé : « on y arrive en traversant la cour de la Pompe à feu ».
À l'extrémité nord-est de la Grande-Rue de Chaillot, que suivent aujourd'hui le début de l'avenue d'Iéna puis la rue de Bassano, le Directoire avait transformé la Folie Marbeuf, vaste comme le parc Monceau, en un bal d'Idalie, au nom évocateur d'Aphrodite et d'Adonis, illuminé par les feux d'artifice des frères Ruggieri.

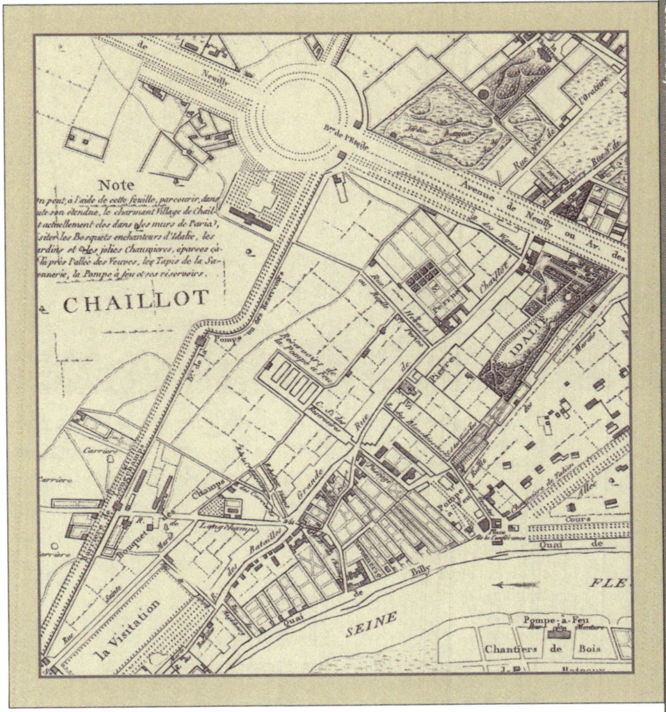

△ *Sur le plan Maire (1808), on peut voir le Grand-Égout, refait en Nouvel-Égout vers 1740, que souligne la ruelle des Marais (aujourd'hui rue Marbeuf), aboutir à la pompe à feu.*
DR

Puis la famille de George Sand avait vendu à l'État le jardin enchanté et la modeste maison de campagne, Napoléon rêvant de faire de la colline son « Kremlin », sa cité impériale, dédiée

◁ Vue générale de Paris, prise de la colline de Chaillot, *de Seyfert (1818).*
© PMVP/Briant

△ **Vue du palais du roi de Rome,** ***dessin de Pierre Fontaine. Napoléon rêvait de faire de la colline son « Kremlin », sa cité impériale, dédiée à l'Aiglon sous le nom de palais du roi de Rome.***

▷ ***Travailler dans le bleu d'outremer (artificiel) prédestinait sans doute Émile Guimet, fondateur du musée des Arts asiatiques, à s'intéresser à l'Extrême-Orient.***

à l'Aiglon sous le nom de Palais du roi de Rome. L'ex-couvent de la Visitation[1], où Bossuet avait prononcé l'oraison funèbre de sa fondatrice, Henriette de France, devenue la veuve de Charles Ier d'Angleterre, était rasé pour l'occasion.

Les usines sous les frondaisons

Quand George et Jules Sandeau, celui dont elle a pris la moitié du nom pour en faire le sien, rédigent l'article « Chaillot » dans le *Livre des Cent-et-Un*, en 1834, s'il reste quelques maisons de santé et quelques maisons d'éducation – George y mettra en pension Solange, sa fille –, « l'histoire moderne de Chaillot est tout industrielle : les machines l'ont tout envahi, depuis les pieds jusqu'à la tête : machines orthopédiques, machines à vapeur, filatures, chaudronneries, fabriques de cylindres, on ne voit que tuyaux de briques à travers le feuillage, on n'entend que le bruit des marteaux retentissant sur le cuivre, on n'y respirera bientôt plus que l'âcre fumée du charbon de terre ». L'ex-couvent des Bonshommes[2], qui jouxtait celui de la Visitation, appartient désormais à la famille Périer, celle de la pompe ; la Savonnerie[3] est en train de devenir une boulangerie centrale pour les hôpitaux et les casernes de Paris. Entre les deux, l'entreprise Derosne fabrique du matériel de raffinerie et, quand son patron se sera associé l'un de ses mécaniciens, Jean-François Cail, elle produira annuellement cent locomotives et tenders, pas même trente ans plus tard.

À la fin du siècle, un industriel lyonnais enrichi dans le bleu d'outremer artificiel, Émile Guimet, offrait à l'État son musée des Arts asiatiques tandis que la duchesse de Galliéra faisait construire un palais Renaissance qu'elle lèguerait à la Ville. Si ses jardins, comme le Carré Marigny de Proust, allaient devenir un square pour landaus chics dans un tissu résidentiel de bon goût Louis XVI, les Expositions universelles remodelaient le quartier. Avec un palais « du Trocadéro », d'abord, à l'occasion de celle de 1878. Il tirait ce nom d'un fortin devant Cadix, minuscule victoire du duc d'Angoulême que la Restauration

1, 2, 3. Voir aussi le chapitre La Seine, p.18.

avait pourtant songé à commémorer d'un monument. Sa préfiguration de carton-pâte en grandeur réelle avait été tant moquée qu'elle avait attaché, pour cinquante ans, à la colline ce sobriquet andalou. Le Trocadéro, donc, remplaçait le rêve brisé de Kremlin sur une éminence dûment étêtée, entre-temps, par Haussmann. Que l'endroit pût être moderne, rien n'était moins évident. Marie-Laure de Noailles et son époux ont pourtant mis un million de francs dans *L'Âge d'or* de Luis Buñuel. Le 22 octobre 1930, après la première au cinéma Le Panthéon, ils réunissent leurs invités dont, bien sûr, le groupe surréaliste, dans leur hôtel du 11, place des États-Unis. « En montant le grand escalier sur les marches duquel se tenaient des laquais vêtus à la française, ma colère éclata, raconte André Thirion. Je me rendis au buffet pour y faire scandale, brisant les verres, lançant des bouteilles contre les glaces et les maîtres d'hôtel, renversant tout ce que je pouvais renverser, l'insulte à la bouche. » Sur cet amas de bris de verres, Philippe Starck a aménagé, rapprochement cocasse, le musée Baccarat.

△ 1937 : l'échancrure du palais de Chaillot ou la dérobade d'un bâtiment face à la tour Eiffel.

▽ Le musée Galliera. Ici, une structure métallique issue des ateliers de Gustave Eiffel fut, de 1878 à 1894, noyée sous la pierre pour devenir un palais de la Renaissance italienne.

Le palais suivant, pour l'Exposition de 1937, retrouva le nom ancien de Chaillot. On refusa aux frères Perret leur projet novateur. Ils avaient construit, dès 1904, au 25 bis, rue Franklin, un bâtiment révolutionnaire exploitant les possibilités nouvelles offertes par le béton (cf. p. 68) : une ossature de piliers porteurs ostensible, revêtue d'un carrelage lisse, les intervalles l'étant de carreaux de grès aux dessins Art nouveau. Une façade en accordéon laissait pénétrer le soleil sans qu'il soit besoin de recourir au puits de lumière traditionnel de la courette intérieure. Enfin, les murs n'étant plus porteurs, la disposition intérieure était libre. Mais, sans doute, le bâtiment avait-il été l'objet de trop de polémiques, et l'on se contenta, pour les deux ailes du palais de Chaillot, d'un remploi des infrastructures de celui du Trocadéro. Entre les deux, le bâtiment principal s'échancrait devant la tour Eiffel pour éviter un face-à-face architectural trop risqué. Le béton armé d'Auguste Perret et ses frères se contentait, au 1, avenue d'Iéna, d'un musée des Travaux publics, aujourd'hui siège du Conseil économique et social.

La démocratie adoptait la même architecture grandiloquente que les totalitarismes dont les pavillons se dressaient dans les jardins, le long de la Seine. Seul tranchait celui de la République espagnole et de la Généralité de Catalogne, où Picasso montrait son *Guernica*, tout juste achevé le 13 juillet, Miró un *Paysan catalan avec faucille*, Alexander Calder *La Fontaine de mercure d'Almadén*. On retrouvait l'académisme antiquisant pour le pavillon français de l'art moderne, édifié là où avait été la Savonnerie, le long du quai qui s'appelait alors « de Tokyo ».

À défaut d'une architecture parlante, le palais de Chaillot s'adresse à tous,

△ ***Le « Palais de Tokyo », ou l'architecture unique de l'Expo universelle de 1937 : la même pour la France démocratique, l'Allemagne de Hitler et l'URSS de Staline.***

▷ ***Sous cette invite à une pédagogie du Beau viendront loger les services publics esthétiques du TNP et de la Cinémathèque.***

◁ ***25 bis, rue Franklin, l'architecture « musette » des frères Perret : pliage accordéon d'une façade porteuse en béton pour permettre une disposition intérieure libre.***

littéralement, par des mots de Paul Valéry, comme un immense journal mural – « Choses rares ou choses belles, ici savamment assemblées... », « ... Ami n'entre pas sans désir ». Il gardera la dimension humaniste de son origine. Le réseau de résistance du Musée de l'Homme sera l'un des tout premiers créés, dès la mi-décembre 1940, et la Déclaration universelle des droits de l'homme est adoptée ici, le 10 décembre 1948, par une assemblée générale des Nations unies. Jean Vilar saura faire du Théâ-

tre national populaire, dans la grande salle de la colline, « un service public, tout comme le gaz, l'eau, l'électricité », dont les agents seront, de 1951 à 1963 : Gérard Philipe, Germaine Montero, Monique Chaumette, Maria Casarès, Silvia Monfort, Jean Le Poulain, Charles Denner, Philippe Noiret ou Philippe Avron. Les manifestations pour le maintien d'Henri Langlois à la tête d'une Cinémathèque qui avait rassemblé Godard, Rivette, Truffaut, Rohmer, Chabrol en une Nouvelle Vague, seront, en février 1968, comme la répétition générale des événements de Mai. Ce mois-là, la vicomtesse Marie-Laure de Noailles, toujours attentive aux avant-gardes à deux ans de mourir, lançait à son chauffeur : «Clément, à l'Odéon !».

Passy, des châteaux, des chalets

Situé hors les murs fiscaux lorsque ceux-ci s'érigent dans les années qui précèdent la Révolution, Passy est borné par deux immenses propriétés posées en L sur la limite d'Auteuil, que tracent le début de la rue de Boulainvilliers et la rue de l'Assomption. Au sud, entre la Seine et l'avenue Mozart, les huit hectares de parc dessinés par Le Nôtre et les quatre hectares de potager du château de Passy montent jusqu'à la rue des Vignes. À l'ouest, le rectangle bien plus vaste encore du château de la Muette – la Meute, à l'orthographe tardivement re-latinisée – longe le bois de Boulogne. Au nord-est, au bord du fleuve, à la hauteur de l'actuelle rue

△ Les délimitations des anciennes seigneuries érigées en communes à la Révolution sont, à peu près, celles des quartiers actuels de la Muette et d'Auteuil.

◁ Passy et Chaillot, vus de Grenelle, *de C.-L. Grevenbroeck [vers 1740]. Derrière la route de Versailles, au premier plan, s'élèvent, de gauche à droite, le château de Passy dans son parc, les deux pavillons de l'hôtel de Valentinois et, devant, le rose hôtel de Lamballe.*

Beethoven, derrière le pavillon de la barrière des Bonshommes, particulièrement soigné par Ledoux pour être sur la route de Versailles, le mur d'octroi s'incurve autour de la colline de Chaillot.

La Muette avait été un rendez-vous de chasse puis une résidence royale des Valois au XVIe siècle, époque de la construction du château seigneurial de Passy. Dans l'angle du L, le village : trois rues qui en forment le cœur, les seules pavées encore un demi-siècle plus tard, les actuelles rues Raynouard, de l'Annonciation et de Passy. Vie de société, bucolique et musicale ; ici, naît un genre : l'opéra bouffe à la française, et ce n'est pas un hasard s'il y prend la forme d'un « intermède pastoral ». Rousseau vient fréquemment chez son compatriote Mussard, joaillier genevois, retiré dans une propriété sise sur l'actuel square de l'Alboni, où fréquentent aussi l'abbé Prévost, le médecin Procope – le fils du célèbre cafetier –, « petit Ésope à bonnes fortunes », Mme Denis, la nièce de Voltaire, Mme Van Loo, la femme du peintre, chanteuse de talent issue d'une lignée de musiciens italiens, et quelques autres. Mussard insiste depuis longtemps pour que Jean-Jacques fasse enfin une vraie cure[4], ce à quoi il se résout au printemps de 1752. « Pour me tirer un peu de l'urbaine cohue, je me rendis à la fin, et je fus à Passy huit ou dix jours, qui me firent plus de bien parce que j'étais à la campagne que parce que j'y prenais les eaux. »

Mussard joue du violoncelle ; un soir, la conversation tourne autour de leur

▷ **L'Ancienne Porte des Bonshommes** *(anonyme, vers 1820). D'un pavillon particulièrement soigné par Ledoux, sur la route de Versailles, elle bouclait à la Seine le mur d'octroi épousant la colline de Chaillot.*
© PMVP/Joffre

commune passion, les *opere buffe* entendus en Italie. Jean-Jacques, qui dort mal, y repense durant la nuit. « Le matin en me promenant et prenant les eaux, je fis quelques manières de vers très à la hâte, et j'y adaptai des chants qui me vinrent en les faisant. Je barbouillai le tout dans une espèce de salon voûté qui était au haut du jardin ; et au thé je ne pus m'empêcher de montrer ces airs... » Les applaudissements et les encouragements sont si forts à ces quelques ébauches qu'il boucle en six jours son *Devin de village*.

Le château de Passy, rebâti par le financier Samuel Bernard, est passé aux mains du Fermier général La Poplinière, le mécène de Rameau. Le propriétaire entretient un orchestre, qui a fait entendre ici pour la première fois, en 1733, *Hippolyte et Aricie*, et dont Gossec a pris la direction. La musique y a comme auditrice la peinture, en l'espèce Chardin, La Tour, Carle Van Loo, et la sculpture en la personne de Pigalle. Pour donner les pièces de Marmontel, un petit théâtre a été créé.

▷ **Le Quai et le Village de Passy, vus de la rive gauche,** *de N. J.-B. Raguenet (1757). C'est l'hôtel de Lamballe qui occupe le centre du tableau. À l'extrême gauche, le château de Passy.*
© PMVP/Toumazet

4. Voir le chapitre La Seine, p. 18.

La même société se retrouve chez la comtesse d'Egmont, fille du maréchal de Richelieu, dans sa propriété proche de l'Établissement des Eaux. De façon touchante, c'est précisément ici, aux portes de Paris, en situation pourrait-on dire, que Rousseau donne lecture, au début de mai 1771, de la seconde partie de ses *Confessions*, qui le décrivent trente ans plus tôt partant à la conquête de la capitale. « J'arrivai à Paris dans l'automne de 1741, avec quinze louis d'argent comptant, ma comédie de *Narcisse*, et mon projet de musique pour toute ressource, et ayant par conséquent peu de temps à perdre pour tâcher d'en tirer parti. Je me pressai de faire valoir mes recommandations. Un jeune homme qui arrive à Paris avec une figure passable, et qui s'annonce par des talents, est toujours sûr d'être accueilli. Je le fus »...

Mais c'est Benjamin Franklin qui plante, sinon son drapeau, du moins son paratonnerre sur le pavillon de l'hôtel de Valentinois qu'il habite, tout à côté, à l'angle des actuelles rues Raynouard et Singer. Le village était galant et savant. Louis XV logeait Grande-Rue, aujourd'hui de Passy, l'une de ses maîtresses, Anne de Romans, qui lui donnait ici un fils, le futur abbé Louis de Bourbon, et il avait dans la même rue le cabinet de physique où il s'adonnait à sa passion pour l'astronomie et l'optique. En 1783, Benjamin Franklin assistera, d'une pelouse du parc de la Muette, dans l'axe de l'actuelle rue d'Andigné, à l'envol de Pilâtre de Rozier et du marquis d'Arlandes dans un ballon conçu par les frères Montgolfier.

△ ***Rue Raynouard, un hommage à Benjamin Franklin qui habita huit ans le pavillon de l'hôtel de Valentinois situé à l'emplacement du n° 66.***

Puis l'infatigable Américain, discutant avec des amis du rendement des nouvelles lampes de MM. Quinquet et Lange, qui viennent d'éclairer la création du *Mariage de Figaro*, a l'idée d'une heure d'été qu'il propose sur-le-champ au *Journal de Paris*. Il s'agit de caler l'activité sur le lever du soleil, et donc de mettre la population debout dès celui-ci par des moyens qui pourraient être le son des cloches, celui du canon, ou encore une taxe sur les volets fermés et sur la consommation des bougies et chandelles.

Hélas, pour l'activité économique de Passy, Benjamin Franklin, rentrant au pays[5], emmène avec lui Le Viellard, l'actif directeur de l'établissement thermal qui va, sans lui, décliner.

Après la Révolution

Le château de la Muette, fastueusement orgiaque sous la duchesse de Berry, la fille aînée du Régent, a été galant sous Louis XV, qui en a fait la plus grande des « petites maisons ». Marie-Antoinette a aimé danser au bal du Ranelagh – établissement anglomane donné en concession sur les terrains du château – quand la monarchie de Louis XVI s'est embourgeoisée. Robespierre, Camille Desmoulins et quelques-uns de leurs amis célèbrent dans ce bal, le 20 juin 1790, l'anniversaire du serment du Jeu de paume. Dans le parc du château devenu bien national, c'est, le 14 juillet, un banquet gigantesque qui est offert par la Ville de Paris à plus de vingt mille fédérés de province, pour la fête de la Fédération.

△ *Des patients de la clinique du Dr Blanche et non, bien sûr, des hôtes de la princesse.*

▽ **Vue du château de la Muette avec l'arrivée du roi,** *de C.-L. Grevenbroeck (vers 1738). Louis XV en fit la plus grande de ses « petites maisons », entendez Folies galantes.*

Puis, pendant que les muscadins conspirent au Ranelagh, le banquier Benjamin Delessert installe sur les lieux de l'établissement thermal la première raffinerie de sucre de betterave de France. Il implante aussi à Passy le premier chalet suisse. En dépit de sa raffinerie, à laquelle s'ajoutera une filature de coton, l'avenir de Passy ne sera pas industriel. Du démembrement de ses châteaux naîtront d'autres chalets, et il n'y aura pour sauver ses hôtels que des maisons de santé.

En 1839, sur les dépendances du château de Passy, s'ouvrait le hameau de Boulainvilliers, de l'architecte Charpentier, également créateur, à Auteuil, du hameau Boileau et de la villa Montmorency. Le docteur Blanche accueillait quelques années plus tard, dans l'ancien hôtel Lauzun-Lamballe (ambassade de Turquie depuis 1925), ses fous littéraires, Gérard de Nerval

5. Voir le chapitre La Seine, p. 18.

ou Guy de Maupassant, entre autres. L'extrémité de la faisanderie du château de la Muette, devenue propriété de Casimir Perier, Premier ministre de Louis-Philippe, soit une bande de quelque deux cents mètres de large le long des fortifications, entre la porte Dauphine et la porte Maillot, était vendue aux enchères en 1851. L'un des lots constitua la villa Dupont, formée autour de la minuscule agglomération familiale des deux générations éponymes. Maeterlinck et Georgette Leblanc, sœur d'Arsène Lupin, ou plutôt de son créateur ; Henri Rochefort et, plus près de nous, des cinéastes, du Jacques Becker de *Casque d'or* à Édouard Molinaro et Pierre Schoendoerffer, y habiteront.

Tout cela est retaillé par le percement de l'avenue de l'Impératrice (aujourd'hui Foch), en 1854, comme par celui du chemin de fer d'Auteuil. Sur une parcelle ainsi détachée, plus au sud, la Ville concède à Lamartine, en 1859, un chalet avec jardin qui sera sa demeure mortuaire dix ans plus tard. Jules Janin s'était déjà fait bâtir, sur une autre partie de la Petite-Muette, une parfaite copie de chalet suisse aux galeries de bois découpé et au toit largement surplombant : « Il fallait un certain courage pour s'installer dans ce désert, sur une voie à peine tracée, et, pendant trois hivers, nous restâmes seuls, effrayés de cette solitude et de ce grand silence ».

Vers 1829, déjà, Rossini habitait le parc Beauséjour, autre vestige des terrains de la Muette, avant que les Trois Glorieuses ne mettent un terme à ses sinécures officielles. Rentré d'Italie en 1857, il se fait bâtir villa tout près de son ancien domicile, à l'actuel n° 5 de l'avenue Ingres, sur un terrain que lui offre la Ville en train de restructurer les emprises de l'ex-bal du Ranelagh. C'est dans cette villa que le vieux maestro compose, d'une plume détachée, l'hymne qu'on lui a commandé pour la clôture de la Seconde Exposition universelle, alors que seul lui importe vraiment ce qui mijote dans sa cuisine. Sur la partition manuscrite, il souligne d'ailleurs l'énumération des importants effectifs et instruments nécessaires – dont quatre cloches de nationalités différentes, et même des canons ! –, de cet ironique « Excusez du peu ! ». Il ne se déplacera pas pour l'entendre, le 1er juillet 1867 – sans doute a-t-il quelque chose sur le feu –, d'autant moins qu'un Théâtre Rossini est venu à lui, à Passy, qui est plein tous les soirs depuis la fin mars.

Le chemin de fer sécateur passe ensuite entre la maison de Rossini et la toute neuve villa de Beauséjour, prétexte à une « grande valse » de Johann Strauss au nom du lotissement. C'est un hommage à Rossini – prétend son sous-titre –, autant

▷ *L'une des quatre isbas de la villa Beauséjour, authentiques puisque revêtues des dépouilles des pavillons russes récupérées à la fin de l'Exposition universelle de 1867.*

△ *Le puits artésien du square Lamartine jouait aux vases communicants avec celui de Grenelle.*

▷ *Entre rue Berton et rue Raynouara (n° 55), l'immeuble de 1932 des Perret, regroupant logements et leur agence au rideau de verre.*
© Coll. Parigramme

qu'un jingle publicitaire, la partition s'ornant d'une gravure de la résidence comme une brochure de promoteur immobilier. Alphand, ingénieur en chef des promenades et plantations, réservera la première maison à gauche de l'entrée ; au fond, on verra, non plus des chalets suisses, mais quatre isbas authentiques puisque revêtues des dépouilles des pavillons russes récupérées à la fin de l'Exposition universelle.

L'avant-garde au village

En face de son hôtel du 40, rue Scheffer, se construit une maison : la poétesse Anna de Noailles, grande insomniaque, est, le jour, écorchée par le bruit. Ses gens réussissent à lui amener le chef de chantier. « Il entra en cotte de travail, pantalon de velours, sa casquette à la main, l'air rogue, raconte Gabriel-Louis Pringué. Il regarda ahuri cette femme aux yeux éclatants de biche aux abois, enfouie dans les dentelles, les crêpes de Chine et les fourrures de son lit, où elle paraissait épuisée, dolente. Mme de Noailles, le fixant, s'écria : "Ah ! le beau mâle !". Il promit tout. La maison fut construite sans le moindre bruit. »

Au village, les arts sont d'avant-garde. Les frères Auguste, Gustave et Claude Perret sont des quatre « dîners de Passy », qui réunissent, à partir de juillet 1913, Apollinaire, Paul Fort, le sculpteur Raymond Duchamp-Villon, Albert Gleizes, Francis Picabia, Sébastien Voirol, autour d'une commune admiration pour Cézanne et pour sa leçon constructive. Cela se passe dans la maison dont Balzac n'ouvrait la porte qu'aux détenteurs d'un mot de passe du genre de ceux que popularisa Radio-Londres. Sinon, c'étaient des créanciers, et il se carapatait par la rue Berton, restée pittoresque comme un décor pour film d'époque.

Comme en souvenir de ces dîners,

▽ *L'échappatoire de Balzac, rue Berton, quand le visiteur, ignorant du mot de passe, était supposé créancier.*

▷ *Au 5, rue des Vignes, le constructeur d'automobiles Louis Mors avait doté son hôtel d'une salle de musique wagnérienne, l'actuel théâtre du Ranelagh.*

▽ *À la caserne de pompiers du 8, rue Mesnil, Mallet-Stevens appliqua, en 1936, l'orthogonalité rigoureuse qu'il réservait, jusque-là, aux hôtels particuliers.*

les Perret construisirent, en 1932, logement et agence, à la façade-rideau vitrée donnant sur la rue Berton, au sommet d'un escalier tournant de béton, au 51-55, rue Raynouard. Quatre ans plus tard, Mallet-Stevens, pour la caserne de pompiers du 8, rue Mesnil, appliquait à un bâtiment public l'orthogonalité rigoureuse qu'il pratiquait sur les hôtels particuliers.

Ce qui restait du domaine de la Muette avait été racheté, sitôt après la Révolution, par Sébastien Érard, qui avait joué au château devant Marie-Antoinette. La famille du facteur de pianos l'avait conservé jusqu'en 1920. À cette date, la Muette n'était plus que le château neuf qu'Henry de Rothschild se faisait construire rue André-Pascal, et qu'il habiterait jusqu'en 1935, avant que l'OCDE ne prenne la suite. La partie ouest était restée aux Deutsch de la Meurthe. Enrique Vila-Matas allait la voir « se transformer en un jardin colonial » pour le tournage d'*India Song*, en 1975. « Une énorme lampe à quartz attirait les papillons de nuit qui se consumaient par centaines. La lumière blanche de l'été parisien prenait la couleur de la mousson. Le jour de l'avant-première, Marguerite [Duras] était ravie qu'on lui demande dans quelle région de l'Inde elle avait tourné le film. »

Dans le théâtre construit pour Marmontel, Louis Mors, constructeur d'automobiles qui s'illustrèrent en compétition et patron, de l'autre côté de la Seine, d'une usine qui faisait débuter André Citroën, avait installé une salle de musique wagnérienne, qui est redevenue, après le cinéma d'art et d'essai, le théâtre du Ranelagh.

Les écuyères de la plaine de Passy

L'Expo de 1867 n'était pas achevée que Baudelaire s'éteignait, aphasique, dans la maison de santé du Dr Duval, 1, rue du Dôme. Baudelaire, Lamartine, Hugo, le romantisme était mort à Passy. On faisait, au dernier nommé, des funérailles nationales qui par-

△ *Vers 1900, une soirée au Palais Rose de Boni de Castellane, « un homme de cour du dix-huitième siècle, transporté par un caprice de la destinée en plein vingtième siècle ».*
© Harlingue/Roger-Viollet

taient du n° 124 d'une avenue qui depuis quatre ans déjà, en 1885, portait son nom.

De ce côté, la plaine de Passy est celle des équipages : place d'Eylau (aujourd'hui Victor-Hugo), tourne manège dans ce qu'on appelle l'Hippodrome, qui n'est pas un champ de courses, mais le théâtre de spectacles équestres. La Belle Époque aura non loin, rue Benouville, le cirque Molier, « académie de l'Équitation » où, aux acrobaties hippiques et ballets variés donnés par des professionnels, succèdent les prouesses des cavaliers mondains et des courtisanes amazones. L'impératrice Élisabeth d'Autriche y assiste parfois, incognito et voilée.

Dans l'aristocratique avenue du Bois (aujourd'hui Foch), où chacun exhibe sa monte, Boni de Castellane, « un homme de cour du dix-huitième siècle transporté, par un caprice de la destinée, en plein vingtième siècle », s'est fait construire un palais de marbre rose. Au bas du grand escalier imité de Versailles sonnent les trompettes d'argent et roulent les tambours et, sur chaque marche, se tiennent « deux valets de pied en grande livrée écarlate, culottes courtes, bas de soie, escarpins, perruques à marteaux et catogans, tenant à la main des flambeaux d'argent », quand l'hôte y reçoit, en 1905, le roi don Carlos de Portugal, l'infante Eulalie d'Espagne, la duchesse de Vendôme, la grande-duchesse Vladimir de Russie et tout le gotha dont ceux-ci ne sont que les têtes de liste.

Le Palais Rose sera un cadre jugé digne des Alliés qui s'y réunissent pour la conférence des Quatre consacrée à l'Allemagne, le 27 mai 1949. Une trentaine de numéros plus loin, au 84, avait siégé la Gestapo durant l'Occupation – et la Gestapo française n'était pas loin, rue Lauriston. C'est pourtant le Palais Rose qui sera détruit, en 1969, comme un vulgaire pavillon de meulière.

Auteuil,
la villégiature des classiques

▽ *Maison légendaire de Boileau, qui séjourna en réalité, durant près de treize ans, à l'emplacement de l'actuel n° 26 de la rue qui porte son nom.*
DR

D'Auteuil, une image s'impose immédiatement, c'est le potager de Boileau, le pays idyllique sur lequel règne Antoine, ange tutélaire des fleurs et des melons, immortalisé par l'épître 11, *À mon jardinier* :

« Antoine, gouverneur de mon jardin d'Auteuil,
Qui diriges chez moi l'if et le chèvrefeuille… »

Antoine qui ronge son frein pendant que Boileau l'accable de ses vers, avant qu'enfin le poète renonce et le laisse aller :

« J'aperçois ces melons qui t'attendent,
Et ces fleurs qui là-bas entre elles se demandent,
S'il est fête au village ; et pour quel saint nouveau,
On les laisse aujourd'hui si longtemps manquer d'eau. »

L'image est si prégnante que, près de deux siècles plus tard, Flaubert, écrivant à Bouilhet qui en revient, décrit la bonne journée dominicale goûtée là-bas par son ami comme s'il l'avait vécue lui-même : « Il me semble que tu as passé à Auteuil un vrai dimanche d'antan, tant par l'entourage des gens que par les lieux en eux-mêmes. L'om-

△ *La rue des Perchamps existait déjà au XIVe s. Son nom viendrait d'un « champ des pairs » (le cimetière auquel elle menait) ou de champs de superficie identique.*
DR

bre de Boileau planait à l'entour ; les anneaux de sa perruque moutonnaient sur le paysage et les feuilles, dans le jardin, s'entrechoquaient comme des mains qui applaudissent ».

On est alors juste à la veille de l'annexion de la localité par Paris, et Auteuil est toujours un séjour estival, bâti essentiellement de maisons à louer, qui double ou triple sa population au retour du printemps, comme nos modernes stations balnéaires, et ne dépasse qu'alors les cinq mille habitants.

Tous nos classiques ont villégiaturé à Auteuil : Molière y loue un appartement cinq ou six années durant, Racine est un temps presque en face, et le cabaret du Mouton-Blanc le lieu où les rejoignent les non-résidents quand ils ne vont pas chez l'un ou l'autre ; le tout dans le mouchoir de poche de la Grande-Rue, aujourd'hui d'Auteuil. Racine y teste ses *Plaideurs* sur Ninon de Lenclos et la Champmeslé, Molière y écrit son *Amphitryon*. Pas forcément en même temps : depuis trois ans, les deux hommes sont brouillés.

▷ *L'auberge du Mouton-Blanc, 40, rue d'Auteuil. Racine y testa ses* Plaideurs *sur Ninon de Lenclos et la Champmeslé, Molière y écrivit son* Amphitryon.

▽ *La Grande-Rue, aujourd'hui d'Auteuil, du village : Molière y louait un appartement ; Racine était presque en face, dans l'enclos Ternaux.*
DR

On les imagine, d'après les mémoires fournis par Baron à Grimarest, mener une vie toute contemporaine : Molière joue au théâtre du Palais-Royal son *Amphitryon*, ou le *Tite et Bérénice* que lui a confié Corneille, et il habite Auteuil. Il est presque quotidiennement en bateau : il y monte au pont Royal et il descend là où, sous le pont Mirabeau, coulera la Seine. À bord, des moines qui s'arrêtent au couvent des Bons-hommes de Chaillot, des paysans qui rentrent à Auteuil après avoir livré leurs produits aux marchés parisiens. Pendant le trajet, Molière discute avec l'ami Chapelle, si souvent à ses côtés, de la philosophie de Gassendi. Ou bien le jeune Baron avoue que quatre vers de son rôle lui paraissent obscurs. Molière se rend : il ne les comprend pas mieux ; par chance, Corneille vient dîner ce soir, on demandera à l'auteur. Mais Corneille lui-même n'est plus très sûr de ce qu'il a voulu dire ; il s'en tire par cette pirouette : « Récitez-les noblement : tel qui ne les entendra pas les admirera ».

À l'automne 1670, le roi chassant à Chambord veut y divertir sa cour. « Sa Majesté, raconte le chevalier d'Arvieux, m'ordonna de me joindre à MM. de Molière et de Lulli pour composer une pièce de théâtre où l'on pût faire entrer quelque chose des habil-

△ *Les restes du château Ternaux, de la fin du XVIIe s., dans le lycée Jean-Baptiste Say.*

lements et des manières des Turcs. Je me rendis pour cet effet au village d'Auteuil, où M. de Molière avait une maison fort jolie. » Voilà comment naquit *Le Bourgeois gentilhomme*.

Au siècle suivant, on philosophe chez Mme Helvétius qui, veuve, a racheté la maison du pastelliste Quentin de La Tour, et reçoit Condillac, Condorcet, Diderot, puis Franklin, le voisin de Passy, qui y amène Jefferson, au milieu d'une vingtaine de chats angora. La comtesse de Boufflers, non loin, donne à souper trois fois par semaine aux épicuriens de la société du Temple dont elle a été l'*Idole*. Thomas Blaikie apporte à l'occasion quelques arrangements au jardin de l'hôtesse des Idéologues du cercle d'Auteuil, comme à celui de la « Minerve savante ». Il a ainsi l'occasion, chez la première, « toujours en compagnie de ces gens de génie », de dîner « avec le docteur Franklin qui est ici comme ambassadeur américain, un homme très ordinaire ».

On aimerait dire qu'à Auteuil, plus qu'à Passy, les souvenirs ne sont pas tout à fait sans rapport avec l'aspect actuel des lieux. Certes, le Fleuriste municipal, devenu Jardin des serres d'Auteuil, perpétue la passion botanique de Louis XV en la « petite maison » qu'il avait faite du château du Coq. Des boiseries et une façade sur le parc nous restent de l'hôtel des demoiselles de Verrières, dont l'une fut l'aïeule de George Sand. Elles eurent leur théâtre au fond de ce parc comme George aura ses marionnettes à Nohant, sauf qu'ici on donnait plutôt des pièces interdites, reflets de la licence du logis. Le petit théâtre – quatre cents places tout de même – a disparu, le parc de l'hôtel de Puscher est la cour goudronnée de l'école Saint-Jean-de-Passy et les vestiges du château que rachètera pour ses chèvres à cachemire le manufacturier Ternaux sont englobés dans le lycée Jean-Baptiste Say pour le seul plaisir de son proviseur, les élèves n'ayant pas le cœur d'en apprécier les décorations quand ils y sont convoqués.

▷ *Au Castel Béranger, Guimard ne dessina pas seulement le bestiaire de fonte des balcons et toitures, mais absolument tout, des boutons de porte aux papiers peints japonisants.*

▽ *Au 8, villa de la Réunion, une œuvre tardive de Guimard, dans un style Art nouveau apaisé.*

Le hameau, la villa

La propriété de Boileau sera la première lotie. Sur les quatre hectares que bichonnait Antoine, un promoteur, conseillé par Charpentier, livre dès 1842 des parcelles construites, ou constructibles avec servitudes, dans un jardin à l'anglaise, autour d'un grand rond-point. Sa publicité insiste sur la bonne desserte de son « hameau » : en été – et en été seulement, Auteuil est toujours et surtout villégiature –, les voitures de Saint-Cloud et Boulogne partent tous les quarts d'heure de la place du Carrousel et, avec la même fréquence, de la rue de Rivoli vers Sèvres et Versailles. De plus, Auteuil se voyant englobé à l'intérieur des toutes nouvelles fortifications, le règlement des voitures de place leur fait obligation d'y accepter la course. Entre des impasses dont les noms ressuscitent la guirlande des amis d'Auteuil, naissent maisons normandes et chalets, quelques manoirs gothiques, puis une réalisation néo-classique d'Hittorff et une serpentine de Guimard.
« Le jardin de Mme Boufflers », pouvait écrire l'*Almanach du voyageur à Paris*, en 1787 – on n'avait pas alors la même conception de la propriété privée et tous les domaines étaient ouverts aux gens du même monde –, « à Auteuil, traité dans le genre pittoresque, est remarquable par sa vaste étendue et son caractère de simplicité. On n'y rencontre ni rivière ni pont, ni aucun de ces petits monuments élevés à grands frais, et souvent trop multipliés dans un local serré ; mais on y jouit de la belle nature : on y a tiré parti de la disposition du terrain, profité des sites inté-

ressants qu'il présentait, et on en a fait un lieu charmant. »
De la terrasse, la vue s'étendait sur tout Paris, « les tours et dômes de Notre-Dame, de Saint-Sulpice, des Invalides et du Val-de-Grâce ».
En 1860, sur le parc et le château de Boufflers, qu'a achetés Émile Pereire pour y faire passer le chemin de fer de ceinture, la « villa Montmorency » s'ouvre par un portail monumental où quatre cariatides supportent un linteau affichant le nom de la résidence. Une cinquantaine de maisons, aux occupants souvent anglais, et aussi souvent bâties de brique balnéaire façon Trouville, Dinard ou Arcachon – toujours ce côté station estivale d'Auteuil –, sont déjà dressées sur la pente, autour d'un rond-point orné d'une fontaine.
Dans l'ex-parc de Mme de Boufflers, les frères Goncourt, adorateurs exclusifs du XVIIIe siècle, se retrouvent bientôt – c'est un comble ! –, dans une maison louis-philipparde. Seul André Gide y fera construire, quarante ans

◁▽ *Le Castel Béranger (1895-1897), à l'entrée du hameau éponyme. Pierre de taille pour le seul soubassement, meulière et brique rouge aux étages.*
© Gilles Targat

plus tard, dans une architecture contemporaine, symboliste.

Entre-temps se sont ouvertes la villa de la Réunion, qui verra s'élever deux maisons de Guimard de part et d'autre de l'année 1900 comme de son entrée sur la rue Chardon-Lagache, puis la villa Molitor et le hameau Béranger, dont le « Castel », immeuble de rapport de trente-six logements, va faire obtenir à Guimard le marché des bouches du métro.

Le XXe siècle est enfin installé puisque l'usine à gaz, déjà une vieillerie, ne devient qu'alors poétique, posée entre Marie Laurencin et Apollinaire, qui la chante : « La nuit, six cheminées gigantesques de l'usine à gaz flambent merveilleusement : couleur de lune, couleur de sang, flammes vertes ou flammes bleues ».

En une quinzaine d'années, trois architectes bâtissent à Auteuil leurs domiciles et leurs agences, bordant ses rues d'un véritable manifeste de l'architecture nouvelle. En 1912, Guimard, se mariant, construit pour lui sur une parcelle triangulaire du 122, avenue Mozart : l'agence est au rez-de-chaussée, l'atelier de peinture de son épouse, Adeline Oppenheim, sous le toit. Ses ondulations, rameaux et autres sinuosités florales ne sont pas sans lien avec l'Auteuil champêtre de toujours ; l'architecture à principes de Le Corbusier l'est moins. Reliquat d'un vaste programme réduit comme peau

▽ *La maison personnelle d'Hector Guimard au 122, avenue Mozart.*

◁ *Les deux maisons mitoyennes des 8 et 10, square du Docteur-Blanche (Fondation Le Corbusier).*
© Adagp, Paris 2006

◁ *12, rue Mallet-Stevens, la maison-agence de l'architecte, surélevée postérieurement.*

de chagrin, les deux maisons mitoyennes des 8-10, square du Docteur-Blanche, l'une à vivre, pour son frère musicien, l'autre à parcourir, pour un collectionneur de tableaux, même si l'architecte se la fit rétrocéder plus tard, ne peuvent déployer pleinement la totalité de l'arsenal théorique.

Mallet-Stevens, l'architecte du grand couturier Paul Poiret, qui accompagne ses plans d'un discours plus esthétique que social – la « cité moderne » contre la « cité radieuse » –, a eu le champ plus libre dans la rue qui porte son nom. Malheureusement, la maison-agence de l'architecte, au n° 12, a été surélevée depuis, seul l'hôtel des jumeaux sculpteurs Jan et Joël Martel, assez audacieux pour planter à l'Expo des Arts déco quatre arbres de béton armé, illustre encore le parti pris cubiste tel qu'en 1927.

▽▷ *Au 10, rue Mallet-Stevens, en revanche, l'hôtel construit pour les jumeaux sculpteurs Jan et Joël Martel illustre encore le parti pris cubiste tel qu'en 1927.*

La même année, face à la pointe est du triangle de la villa Montmorency, le Studio Building d'Henri Sauvage mettait un terme à cette péripatéticienne leçon d'architecture. Depuis la Seconde Guerre mondiale, dans le jardin d'Auteuil, la Maison de Radio-France est ce qui ressemble le plus à la margelle d'un puits.

◁ *Studio Building d'Henri Sauvage, entre la rue La Fontaine et la rue des Perchamps. Des coloris différenciés soulignent les inflexions de la surface : plats, reliefs et creux.*

Le Point du Jour et le bois de Boulogne

Le Point du Jour, c'est la pointe sud du village d'Auteuil. Joseph Micault d'Harvelay, « garde du Trésor royal », y possède un jardin dont une étroite bande de potager descend jusque-là. Si, comme tous ses pairs dans les années 1780, M. d'Harvelay fait appel à Blaikie pour qu'il lui dessine son jardin à l'anglaise, il veut à la fois un sentier tortueux et conserver au même endroit son allée rectiligne de tilleuls ! En désespoir de cause, Blaikie proposera une colossale serre chauffée, qu'il remplira d'ananas et autres fruits des tropiques.

◁ Le Pont du Point-du-Jour, à Auteuil, *de F.-E. Ricois : routier au niveau inférieur, il se faisait viaduc au-dessus pour le chemin de fer dit « de Ceinture ».*

▷ *Villa Mulhouse : soixante-sept pavillons édifiés, à partir de 1880, pour « l'élite des ouvriers, stables et économes et pouvant résider sans inconvénient loin de leur chantier ».*

Au XIXe siècle, Gavarni a, dans les parages, une propriété riche de bassins, rocailles, ondulations de terrain, et de ces arbres à feuillage persistant que Blaikie a semés partout de Monceau à Auteuil. Le chemin de fer dit « de Ceinture », courant au long des fortifications depuis 1851, avant de franchir la Seine par le viaduc du Point-du-Jour (remplacé depuis par le pont du Garigliano), l'emporte sur son passage en 1863. Le lieu sera désormais le plus industrialisé d'Auteuil : une usine chimique, des laboratoires pharmaceutiques assez nombreux, une fonderie d'art ; et il verra s'élever la seule cité industrielle de l'arrondissement, la villa Mulhouse.

Ce n'est pas qu'il s'agisse ici de loger la main-d'œuvre auprès de ses lieux de travail – seuls les ouvriers nomades vivent dans cette proximité, et ils louent. Au Point du Jour, on construit pour de futurs propriétaires, « l'élite des ouvriers, stables et économes et pouvant résider sans inconvénient loin de leur chantier ». C'est plutôt qu'habitent le 16e arrondissement – beaucoup plus au nord – un certain nombre d'employeurs pour lesquels la maisonnette individuelle, sa propriété, l'épargne qu'elle suppose – il s'agit de devenir propriétaire en vingt ans par le paiement d'un amortissement à 4% compris dans le loyer –, est l'instrument de contention des « classes dangereuses ». Dollfuss, des filatures de Mulhouse, auquel la villa est en quelque sorte dédiée, comme Dietz-Monnin, dont une rue de la cité porte le nom, seront du congrès international réunissant à Londres, en 1886, « les grands industriels et les financiers des deux mondes » afin, écrit Paul Lafargue, le gendre de Marx, « de rechercher ensemble les moyens les plus efficaces d'arrêter le dangereux envahissement des idées socialistes ».

La villa Mulhouse comprend soixante-sept pavillons, édifiés à partir de 1880, un premier groupe attenants, en frise, comme en Angleterre, un autre avec la cuisine en sous-sol, là encore selon un modèle anglais. En général, les maisonnettes à étage seront acquises par des employés, seules celles ne comportant qu'un rez-de-chaussée l'étant par des ouvriers, « presque tous typographes ». Selon son promoteur lui-même, « seulement 4% de la population ouvrière à Paris pouvait se payer un loyer semblable ». Parmi les rares équipements collectifs – la règle du genre étant plutôt le repliement imposé sur la vie de famille –, une coopérative de consommation logée dans deux des pavillons.

Les canotières « aiment l'amour et l'bal »

Un service de bateaux à vapeur essentiellement estival, entre Paris et Saint-Cloud, s'étant révélé prometteur, on envisage, dès les années 1860, la formation d'une « Société pour le transport des voyageurs de Bercy à Neuilly ». Après l'ouverture de l'écluse de Suresnes, en 1867, qui régularise le niveau de la Seine, et l'Exposition universelle, la Société des bateaux-mouches voit effectivement le jour, étendant son trajet jusqu'à Charenton. Le Point du Jour en devient le point de départ vers l'amont, et la première escale à guinguettes et canotage vers l'aval, avant celles du bas-Meudon, de Saint-Cloud, de Courbevoie. Au Point du Jour, l'une de ces guinguettes est de Guimard, à l'enseigne du Grand-Neptune, sous le signe, comme ailleurs, des fritures et des matelotes, du vin blanc et de l'omelette au lard. Du café-concert des Ambassadeurs, sur les Champs-Élysées, où elle est créée en 1886, jusqu'à Suresnes, se chante la *Polka des Canotières* : « *Puis au bal, Au signal, Bacchanale, À faire rougir le municipal. Surprenant, Épatant, Renversant, Cette façon de danser le cancan...* ».

Il y a un accès noble et cavalier au bois de Boulogne, par l'Étoile et l'avenue de Neuilly (de la Grande-Armée), celle de l'Impératrice (Foch) ou celle de Saint-Cloud (Victor-Hugo). Il y a des transports populaires : le chemin de fer d'Auteuil et « le chemin de fer américain », celui qui est tiré par des chevaux et part de la place de la Concorde, longeant la Seine jusqu'à Saint-Cloud, enfin, les bateaux à

▽ *L'escale aux guinguettes (l'une d'elles, à l'enseigne du Grand-Neptune, était de Guimard) : la station Point-du-Jour, sur la ligne Suresnes-Charenton, de 1867 à 1934.*
DR

13. VIEUX-PARIS (XVIe). — Débarcadère du Point-du-Jour, les anciens Concerts disparus, la Tour Eiffel

vapeur. Au bois de Boulogne, nous dit le guide Joanne en 1863, le jour aristocratique est le samedi, qui a son acmé entre 4 h et 5 h de l'après-midi ; « le dimanche, toutes les classes de la société s'y trouvent représentées et confondues ». Après la loi sur le repos hebdomadaire et dominical, enfin promulguée le 13 juillet 1906, la sieste sur l'herbe au bois de Boulogne devient, en quelque sorte, le minimum syndical d'un dimanche ouvrier.

Le Front populaire, et l'arrêt de l'exploitation commerciale des bateaux-mouches qui l'a précédé de peu, marquent un complet revirement de la géographie des guinguettes entre l'aval et l'amont, et même entre la Seine et la Marne. Dorénavant, « Quand on s'promène au bord de l'eau », comme le font Jean Gabin et ses poteaux dans *La Belle Équipe*, c'est à Nogent, où l'on arrive par le chemin de fer partant de la Bastille.

Près du chemin des Vieux-Chênes, la butte Mortemart offre toujours de jolis points de vue sur l'ourlet de collines festonnant la boucle qu'empruntait le bateau-mouche, celles d'Issy, de Meudon, de Bellevue, de Saint-Cloud, de Suresnes et du mont Valérien et, bien plus loin, celles de Montmorency et Saint-Leu. Désormais, le « mont Valérien » évoque les heures les plus noires de l'Occupation, comme fait la cascade, à son pied, avant Longchamp, où, dans la nuit du 16 au 17 août 1944, trente-cinq jeunes résistants, dont certains n'avaient pas 20 ans, la plupart étudiants, étaient, après l'exécution, achevés à la grenade.

Après la guerre, les réjouissances populaires retrouvent ici une postérité, à cette différence qu'autour de la nappe étalée sur l'herbe, on s'interpelle en espagnol et en portugais. Gardiens d'immeuble et gens de maison, issus de l'immigration ibérique, sont les seuls habitants, le week-end, des

▷ *Élégantes au champ de courses de Longchamp, de Marcel Vertès. Sous le Second Empire, et jusqu'à la Première Guerre mondiale, le Grand Prix de Paris clôturait la « grande saison » mondaine.*
© PMVP/Pierrain

◁ *Trente-cinq jeunes résistants dont certains n'avaient pas 20 ans, la plupart étudiants, furent, après l'exécution, achevés à la grenade.*

▷ *Le lac Inférieur : onze hectares pour le canotage, une fois retranchées deux îles, avec un chalet authentiquement suisse.*

beaux quartiers désertés par leurs propriétaires. Le bois de Boulogne voit, à nouveau, sortir du panier à pique-nique les melons qui avaient fait la célébrité de Bagatelle deux siècles plus tôt.

De la rouvraie au parc anglais

La forêt du Rouvray – plantée de chênes rouvres – avait été dite « de Boulogne » en hommage à Boulogne-sur-Mer où Philippe le Bel avait fait un pèlerinage. François Ier l'avait peuplée de cerfs et de chevreuils, entourée d'une muraille percée de huit portes, coupée d'allées d'ifs et de cyprès en prévision de Champs-Élysées au sens premier du terme, c'est-à-dire une nécropole. Le bois de Boulogne, presque entièrement détruit par le campement des Alliés en 1814-1815, avait été replanté sous la Restauration ; seuls quelques vieux chênes rouvres du XVIe siècle avaient réchappé, du côté de la mare d'Auteuil. Sous le Second Empire, il avait été diminué sur Auteuil, mais agrandi de deux cents hectares du côté de Boulogne et de Longchamp : le mur d'enceinte était abattu, la forêt remodelée en parc de type anglais.

Un hippodrome a remplacé, à Longchamp, l'abbaye datant de Saint Louis, lieu de pèlerinage qui était devenu l'arrivée d'un défilé mondain, de Louis XV à Louis-Philippe, par-delà sa destruction en 1795. La procession avait souvent pris des formes si impudentes que la Duthé, future maîtresse d'un frère et d'un cousin du roi, dans son char doré tiré par six chevaux, était arrêtée au beau milieu de l'avenue de Longchamp pour être conduite à la prison du For-l'Évêque, près du Louvre.

pagne et en grandes réceptions dans les châteaux hospitaliers, avant l'hiver et la Riviera. Quelques personnes du monde, malgré tout, feront bénéficier Paris, l'hiver, d'une « petite saison » mondaine.

De l'autre côté de la route du Champ-d'Entraînement, au bord de laquelle le roi anglais abdicataire, Édouard VIII, passa son exil volontaire jusqu'en 1972, Bagatelle était né d'un pari du comte d'Artois avec sa belle-sœur, Marie-Antoinette. Une folie, à tous les sens du terme, construite par Bélanger et neuf cents ouvriers en soixante-quatre jours ! Pour en transformer le parc en jardin anglais, Blaikie obte-

△ ◁ Bagatelle naquit d'un pari du comte d'Artois avec sa belle-sœur, Marie-Antoinette : une Folie construite par Bélanger et neuf cents ouvriers en soixante-quatre jours !

Si elles n'ont plus rien, en 1863, de ce caractère extravagant, le guide Joanne décrit encore les « fameuses promenades de Longchamp que la mode a prises sous sa protection et par lesquelles il est d'usage d'inaugurer les toilettes de printemps ». Sous le Second Empire, et jusqu'à la Première Guerre mondiale, le Grand Prix de Paris clôture, à l'hippodrome, la « grande saison » mondaine, qui n'a commencé qu'à la fin d'avril. Aussitôt, l'on part en villégiature, croisière et voyage jusqu'à l'automne, saison des chasses, que l'on passe à la cam-

nait trois ans. Un mur de dix pieds de haut séparait alors la maison des jardins : décidément, « ces gens n'ont pas de goût pour les points de vue », soupirait l'Écossais. Après son passage, il n'y avait plus de mur, mais un obélisque égyptien, un pont chinois, un grand rocher avec une cascade, alimentée par une pompe des frères Périer, ... et des melons. Blaikie en cueillait le premier le 18 avril 1781. Bientôt, la reine préférait ceux de Bagatelle à tous les autres. Le roi venait parfois de la Muette jusqu'ici à pied, mais quand la cour était à Saint-

Cloud, d'Artois emportait les fameux melons avec lui en y partant dîner. Alors qu'il ne reste rien des nombreuses fabriques du jardin de Bagatelle, de la Folie Saint-James (aujourd'hui à Neuilly) est demeurée une grotte dans un rocher, fourrée d'un temple dorique. Blaikie trouvait cela « ridicule, car il n'y a ni point haut ni montagne pour former cette énorme masse de rochers ». Il y voyait « plus d'extravagance que de goût », et ne s'en étonnait point, ayant entendu le comte d'Artois donner à Bélanger cette consigne : « J'espère que vous allez ruiner Saint-James ». Ce qui fut fait.

À proximité du Jardin d'acclimatation, aux proustiennes promenades d'enfants sages dans des carrioles tirées par des zèbres ou des autruches, le château de Madrid avait été construit pour François Ier et revêtu de céramiques par Girolamo Della Robbia. Presque tous les rois de France y avaient abrité leurs amours. Colbert, plus prosaïque – il n'était pas roi –, avait installé une manufacture dans ses communs, mais, pour rester dans la note, celle-ci fabriquait des bas de soie. Mlle de Charolais, à qui Louis XV donna ces communs, le Petit-Madrid – une trentaine de bâtiments, tout de même –, y reçut ses amants. Un restaurant s'installa, sous le Second Empire, dans ce qu'il en restait de vestiges. La construction, reprise en immeuble d'habitation, agrandie et surélevée, a été ornée d'un riche décor néo-Renaissance vers 1910.

Au Bois, dans les allées d'Haussmann, Alphand et Davioud, qui serpentent autour de ces quelques grands restes, des joggers émaciés en sportswear de prix font comme les promoteurs dans les rues hautement spéculatives : ils conservent la façade.

◁▷ *Un vestige des communs du château de Madrid de François Ier fut repris en immeuble d'habitation et orné, vers 1910, d'un riche décor néo-Renaissance.*

La rive droite ou la Ville

Des Tuileries aux Ternes

Les Tuileries, côté cour et côté jardin

◁ Ruines du palais des Tuileries, *de P.-F. Marangé (n. d.). Comme on le voit, elles avaient de la tenue, et leur arasement fut tout symbolique.*

▽ Le Palais des Tuileries, vu du quai d'Orsay, *de N. J.-B. Raguenet (1757).*

Il y a une fausse évidence des Tuileries. Pour nous, c'est un jardin orienté est-ouest par l'allée qui le divise, second manchon d'une « voie triomphale » télescopique qui semble naturellement sortie du Louvre par prolongements successifs. Dans le mot Tuileries niche pourtant, en creux, un palais qui barra Paris d'un trait vertical, perpendiculaire à la Seine. Dans sa plus grande extension, celle qui fut la sienne de 1715 à 1883, le bâtiment s'étendait, du nord au sud, de l'actuelle rue de Rivoli jusqu'au quai. Un point d'exclamation au jambage à peine décalé de sa boule, l'île de la Cité ! C'était l'axe autour duquel Paris pouvait basculer.

Construit par Philibert Delorme pour Catherine de Médicis à partir de 1567,

△ **Superbe et Magnifique Entrée de Celebi Mehemet Effendi, ambassadeur extraordinaire d'Achmet, empereur des Turcs, aux Tuileries,** ***21 mars 1721, estampe de Guérard.***

en dehors de l'enceinte, le palais des Tuileries fut vite le mur du fond à partir duquel s'étendait la ville vers l'est. On y entrait, évidemment, de ce côté-là. Un siècle plus tard, redessinant les jardins derrière le palais, et les dotant de leur fameuse allée centrale, Le Nôtre, en 1664, inventait la perspective est-ouest. Invention toute virtuelle dont on ne le créditera que longtemps après : en réalité, son allée était prise entre le palais et un égout où elle finissait en un cul-de-sac qui ne serait enjambé qu'une quarantaine d'années plus tard.

La première entrée solennelle au palais des Tuileries par le jardin, celle d'un ambassadeur turc, n'aura lieu qu'en 1721. Mais longtemps encore, entre côté jardin et côté cour, le cœur des souverains continue de balancer. En 1808, à l'apogée de son règne, c'est à la cour que Napoléon, avec l'arc de triomphe du Carrousel, donne une entrée grandiose. Finalement, c'est la IIIe République qui tranche. L'Empire avait effacé alentour les souvenirs de la République ; la République se résout, en 1883, à l'arasement du palais des Tuileries en tant que symbole de la monarchie. C'était sans doute une ruine au toit crevé depuis la Commune, mais le gros œuvre tenait bon. Cet obstacle levé, « la voie triomphale », comme la flèche recule sur la corde que tend l'archer, allait s'ancrer entre les bras du Louvre, au cœur même de Paris.

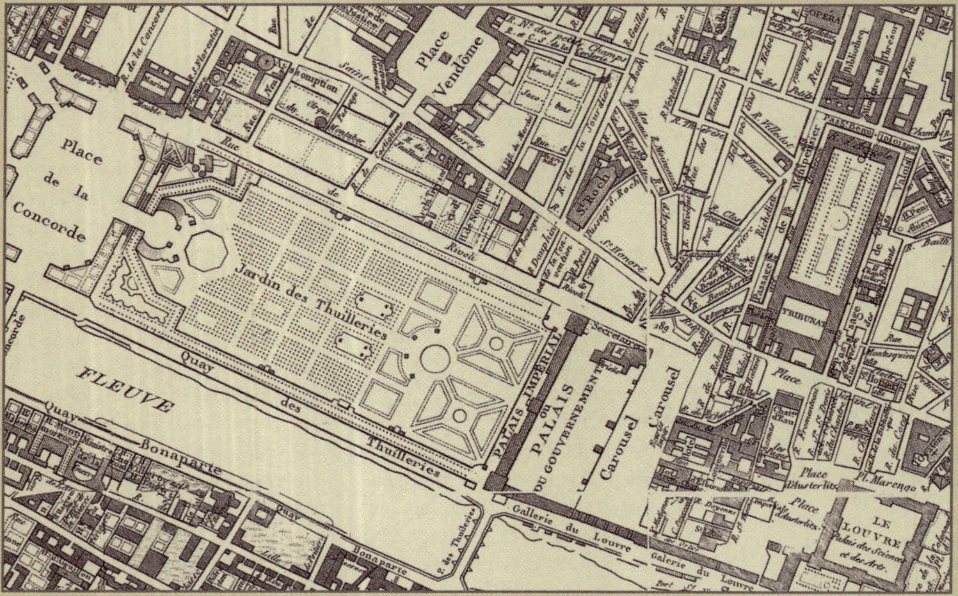

△ *Le palais des Tuileries : le pivot à partir duquel Paris pouvait se développer dans une direction ou l'autre. Finalement, ce fut vers l'ouest. Plan Maire de 1808.*
DR

Un point de fuite

Le 13 mai 1588, vers cinq heures du soir, Henri III, sous le choc des barricades de la veille, se décide à fuir. Il sort seul du Louvre, une badine à la main, l'air d'aller se promener, comme d'habitude, dans ce jardin des Tuileries dont il aime le damier florentin, la grotte décorée d'animaux de céramique par Bernard Palissy, le labyrinthe... Il contourne le palais délaissé depuis longtemps par sa superstitieuse mère, gagne les écuries et galope vers Saint-Cloud en maudissant Paris, jurant qu'il n'y reviendra qu'après l'avoir forcée, les armes à la main.

Mais c'est Henri IV qui y rentre à sa place le 22 mars 1594 et, ostensiblement, par le même chemin : cette porte Neuve qui ferme la muraille au bord de la Seine, un peu en amont du château des Tuileries. En six ans de guerres religieuses, de sièges, de combats, Paris a perdu la moitié de sa population ; tout est à reconstruire. Dans les jardins italiens des Tuileries, le roi économe fait planter vingt mille mûriers pour l'élevage des vers à soie. Et le roi bâtisseur augmente le palais des Tuileries du Pavillon de Flore, que vient rejoindre une grande galerie partie du Louvre, le long de la Seine.

Alentour ne sont que des couvents. Anne d'Autriche est aux Feuillants, à l'emplacement de l'actuelle rue de Castiglione, priant saint Joseph de lui donner un fils. Un an plus tard, c'est aux Jacobins, remplacés par les rue et marché Saint-Honoré d'aujourd'hui, que l'on va chercher Campanella, à deux reprises, pour examiner le nouveau-né. L'utopiste, qui s'est réfugié là après vingt-sept années de cachot et sept passages par la torture de l'Inquisition, est féru de kabbale et de magie : le futur Louis XIV tout nu devant lui, il lui tire l'horoscope. Prévoit-il que dix ans plus tard, le 6 janvier 1649, chassés de Paris par la Fronde, le jeune roi, avec sa mère la régente et son Mazarin de ministre, iront coucher sur la paille à Saint-Germain? C'est encore aux Feuillants qu'après sa rupture avec La Fare, Mme de La Sablière, l'Iris des *Discours* et « Dédicaces » de La Fontaine, prend pension dans un logement situé au-dessus de l'entrée monumentale que Jules Hardouin-Mansart a bâtie pour leur couvent, le long de la rue Saint-Honoré. Elle y emmène le fabuliste qu'elle loge depuis sept ans. De tous ceux qui fréquentaient son salon, Molière, Retz, La Rochefoucauld sont morts, mais Mme de La Fayette, Mme de Sévigné, Boileau, Racine sont toujours fidèles.

Elle a installé La Fontaine dans une maison à lui, au n° 308 de la rue Saint-Honoré, quand, à l'église des Feuillants, Lully dirige le *Te Deum* qu'il a composé pour remercier le ciel d'avoir guéri le Roi-Soleil de sa fistule. Ce faisant, ce mémorable 8 janvier 1687, il se plante dans le pied la longue canne au lourd pommeau avec laquelle se bat la mesure. La gangrène s'y met, et Lully en meurt.

▷ L'église du couvent des Filles de l'Assomption (aujourd'hui des Polonais de Paris), 263, rue Saint-Honoré, et le « sot dôme » qui l'écrase.

◁ 308, rue Saint-Honoré, emplacement de la « chambre des philosophes » de La Fontaine. De jeunes et jolies demoiselles venaient y toucher le clavecin parmi des abbés de cour, des poètes et des amis de la pensée libre.

La Fontaine, qu'on a fini par admettre à l'Académie après l'avoir censuré, s'est fait une « chambre des philosophes » où, sous les bustes de Platon, de Socrate et d'Épicure, de jeunes et jolies demoiselles viennent toucher le clavecin parmi des abbés de cour, des poètes et des amis de la pensée libre. Mais à la première occasion – une maladie qui semble devoir être mortelle, en 1692 –, son confesseur sait lui arracher, devant une délégation d'Immortels, une abjuration publique de ses contes «infâmes».

Le siècle du Roi-Soleil s'achève avec l'inauguration, sur une place Louis-le-Grand (aujourd'hui Vendôme) tout juste tracée, d'une statue équestre de Louis XIV en costume d'empereur romain, par Girardon. La place s'insère entre les Capucines au nord, les Feuillants au sud, les Jacobins à l'est et les Capucins à l'ouest ; avant les Filles de l'Assomption, dont l'église

△ *Les mascarons de l'hôtel de Créqui au 7, place Vendôme.*

est aujourd'hui celle des Polonais de Paris, 263, rue Saint-Honoré, et celles de la Conception. La statue, qui regarde vers la rue Saint-Honoré, a le bras et l'index droits pointés légèrement de côté, ce qui permet à une épigramme d'affirmer qu'en désignant ainsi les Capucins, Sa Majesté prévient que l'exemple si salutaire de ces moines, qui n'ont d'autres ressources que la mendicité, s'appliquera dorénavant à tous, littéralement.

Les Mississippiens place Vendôme !

L'épigramme n'était pas sans clairvoyance : la place, conçue à l'instigation de Louvois comme celle des Conquêtes, qui devait être reliée à la place des Victoires et loger Académies, Bibliothèque, Hôtel des Ambassadeurs extraordinaires et Monnaie, a été repassée en catastrophe à la Ville sous forme de plans d'un côté et de piles de matériaux de l'autre. Paris mettra vingt ans à en revendre les lots et n'y parviendra qu'à l'aide des spéculations de Law, qui s'avèreront effectivement ruineuses pour beaucoup.

Le premier projet de Jules Hardouin-Mansart a été pensé pour un usage public : la place n'a d'issue que d'un seul côté, est entourée d'une galerie ; tout est fait pour que l'on en occupe l'espace, pas pour qu'on le traverse. Le plan retaillé, s'il reste peu ouvert au passage des voitures, ferme les arcades pour satisfaire aux besoins privés des particuliers.

Quand le palais des Tuileries accueille pour la première fois un hôte royal, en 1715, un tout petit roi de 5 ans, le jeune Louis XV – c'est en vain que le palais, agrandi par Le Vau, avait attendu le Roi-Soleil –, les « Mississippiens », comme l'on dit parce que la Compagnie d'Occident de Jean Law a d'abord été créée pour la mise en valeur de la Louisiane, sont partout. Law s'est porté acquéreur d'au moins

▽ *La place Vendôme, bien que royale, fut d'abord conçue comme une place publique, c'est-à-dire accueillante, avec une galerie tout autour et une seule issue destinée aux voitures.*

◁ *L'église Saint-Roch, terminée grâce à l'argent de Law, et d'où partira l'ascension de Bonaparte.*

huit des hôtels de la place, et ses largesses autorisent Mansart à terminer en 1719 l'église Saint-Roch que Lemercier avait commencée en 1653. La maison de Mme de Tencin, enclavée dans le couvent des Filles de la Conception, à l'emplacement des actuelles rues Chevalier-de-Saint-George et Duphot, est ainsi le quartier général des agioteurs en même temps qu'un salon où l'on pense. L'hôtesse, qui vient de mettre au monde, pour l'abandonner aussitôt, le futur d'Alembert, accueille dans sa « ménagerie » du 382, rue Saint-Honoré, ses « bêtes » qui s'appellent Réaumur, Montesquieu, Fontenelle, Mme du Deffand, Mme Geoffrin. Et voilà qu'une bête amoureuse, celle qui prenait la suite de Marc-René d'Argenson, lieutenant général de police, du Régent, de son Premier ministre, le cardinal Dubois, et du chevalier Destouches, père naturel de d'Alembert, voilà qu'au beau milieu de la ménagerie, La Fresnaye se donne le ridicule trop humain d'un suicide au pistolet. Le scandale envoie Mme de Tencin à la Bastille, où elle arrive par hasard en même temps que Voltaire, qui y séjourne déjà pour la seconde fois.

La pensée est toujours libre au club de l'Entresol, qui tire son nom de celui du n° 7 de la place Vendôme où se réunissent tous les samedis, chez le président Hénault, de cinq heures à huit heures du soir, une vingtaine d'esprits hardis intéressés par les questions politiques. Jusqu'à ce qu'un Grand Acte royal y mette l'éteignoir en 1731. Les Lumières reprennent au 374, rue Saint-Honoré, en face des Capucins, chez Mme Geoffrin. Elle est de petite naissance – fille d'un valet de chambre de la Dauphine –, son orthographe est rudimentaire, mais le futur

▽ **Chez Madame Geoffrin**, *de Gabriel Lemonnier (1812). Le Kain et Mlle Clairon y firent la première lecture de la tragédie de Voltaire,* **L'Orphelin de la Chine.**

roi de Pologne Stanislas Poniatowski, Diderot, d'Alembert, Helvétius, Voltaire, d'Holbach, Montesquieu, Hume et Horace Walpole sont là le lundi et le mercredi, sous des tableaux qu'elle a commandés à Joseph Vernet, Vien et Carle Van Loo pour son hôtel, et d'autres achetés à Boucher, Greuze ou Hubert Robert pour enrichir sa très belle collection.

En se rendant chez elle pour souscrire à l'*Encyclopédie* qu'elle subventionne, ses invités ont croisé, entre les Jacobins et la place Vendôme, une foule en colère entourant le domicile de Nicolas Berrier, lieutenant général de police, « le vilain Beurrier » soupçonné de se faire graisser la patte pour peupler avec les enfants de Paris, enlevés de force à leurs parents, le Mississippi, toujours colonie de la couronne de France alors que Jean Law est failli et enterré.

Le sacre de Voltaire

Quand Voltaire rentre à Paris après vingt-cinq ans d'exil, en 1778, le palais des Tuileries est toujours vide de toute présence royale depuis l'enfance de Louis XV, même si Marie-Antoinette, à l'avènement de son époux, a manifesté le désir de s'y installer. C'est la Comédie-Française qui est, depuis huit ans, dans le théâtre du château, « la salle des Machines », et sa situation, entre le parc et la cour du Carrousel, a déjà doté les acteurs de cet argot de métier, désormais consacré, qui oppose un « côté jardin » à un « côté cour ». « Le grand homme, écrit le *Journal de Paris*, nous présente aujourd'hui un spectacle qui ne s'est pas renouvelé depuis les beaux jours de la Grèce : Sophocle revenant au sein de sa patrie dans une extrême vieillesse pour y recevoir le prix de quatre-vingts ans de travaux. »

« Aujourd'hui », 16 mars 1778, près de mille deux cents spectateurs ont payé pour voir *Irène*, sa dernière tragédie, sans compter le Tout-Versailles, au premier rang duquel la reine Marie-Antoinette, et la foule dans les coulisses. Deux absents seulement : Louis XVI et le roi de la soirée, Voltaire, qui n'est pas encore remis de son voyage. Mais quinze jours plus tard, Voltaire est là, arrivant de l'Académie française où on l'a élu incontinent directeur pour le second semestre, installé dans la loge des gentilhommes de la chambre, entre Mme Denis, sa nièce, et Mme de Villette, « belle et bonne ». « De l'Académie au théâtre où il s'est rendu, le peuple l'a accompagné sans cesser de l'acclamer », écrit à sa sœur le Russe Fonvizine, qui lui raconte encore la fin de la

▽ **Couronnement de Voltaire au Théâtre-Français** ***(gravure sur cuivre de C.-É. Gaucher, 1782, d'après Jean Michel Moreau le Jeune).***

◁ *Globe aérostatique de Charles et Robert au moment de leur départ des jardins des Tuileries le 1er décembre 1783. C'était le deuxième vol humain après celui de Pilâtre de Rozier et du marquis d'Arlandes, partis du château de la Muette.*

représentation, l'enthousiasme indescriptible et les applaudissements de près d'un quart d'heure. « Et dès qu'à sa sortie du théâtre, Voltaire a commencé à s'installer dans son carrosse, le peuple s'est mis à crier "Des flambeaux ! Des flambeaux!". Quand les flambeaux ont été là, on a ordonné au cocher d'aller au pas et le peuple, en une foule innombrable, l'a accompagné jusque chez lui en criant sans arrêt : "Vive Voltaire!" »

Le jardin des Tuileries est, depuis que Charles Perrault a su en convaincre Colbert, ouvert au public moyennant paiement. Le jour de la Saint-Louis, l'entrée est même gratuite pour tout le monde. L'Américain Thomas Jefferson, successeur à Paris de Benjamin Franklin – c'est appuyé au bras de celui-ci que Voltaire a été reçu à la loge maçonnique des Neuf-Sœurs, trois semaines après la représentation d'*Irène* –, le futur président des États-Unis, donc, dispose d'un abonnement aux Tuileries ; il y est presque tous les jours. Quand il n'y assiste pas à une démonstration de montgolfière – deux cent mille personnes étaient là pour voir s'envoler MM. Charles et Robert –, il observe attentivement, depuis la terrasse du bord de l'eau, l'avancement des travaux à l'hôtel de Salm (aujourd'hui palais de la Légion d'honneur), sur la rive d'en face, derrière les bains Poitevin, ce bateau qui propose des baignoires d'eau chaude en cabines individuelles.

Les transformations de Paris lui plaisent : « Les anciens ponts sont débarrassés du rebut qui les encombre sous forme de maisons ; de magnifiques murs d'enceinte avec des pavillons de douane aux entrées sont en construction », et leur architecture néo-palladienne, comme celle de la Halle au blé et de l'hôtel de Salm, constitue ce dont il rêve pour les États-Unis.

Le périmètre de la Révolution

Paris, depuis longtemps, ne plaisait plus aux rois. Quand un souverain vient enfin habiter les Tuileries, la Révolution y entre avec lui. Le « boulanger, la boulangère et le petit mitron » y emménagent, contraints

et forcés, le 6 octobre 1789. L'Assemblée nationale s'installe dans la salle du Manège, jouxtant le parc, le long de la terrasse des Feuillants. La société des Amis de la Constitution, ce club constitué par des députés bretons, qui compte maintenant un millier de membres, loue le couvent des Jacobins.

C'est dans ce périmètre que s'écrit la geste révolutionnaire : le roi s'échappe des Tuileries le 21 juin 1791, y est ramené quatre jours plus tard. Sa fuite promeut l'idée républicaine. Aux Jacobins, les partisans d'une monarchie constitutionnelle, La Fayette en tête, font alors sécession et s'en vont installer au couvent voisin leur Club des feuillants, à quatre louis d'or par tête. Dans l'église, dont il a fait son atelier pour la circonstance, Jacques Louis David est en train de peindre le *Serment du Jeu de paume*.

Au jour anniversaire dudit serment, le 20 juin 1792, la foule, menée par le brasseur Santerre, marche sur les Tuileries : le roi a remplacé des ministres brissotins par des ministres feuillants ; il lui faudra boire à la santé de la Nation, coiffé d'un bonnet phrygien. Le 10 août, la patrie en danger, les émigrés de Coblence et leurs alliés austro-prussiens menaçant Paris d'« une vengeance exemplaire et à jamais mémorable », et le roi soupçonné de complicité, les sections, fédérés de Marseille en tête, donnent l'assaut aux Tuileries. La famille royale escalade en toute hâte les marches de la terrasse des Feuillants, gagne la salle du Manège, s'y place sous la protection de l'Assemblée législative. Elle passe là trois longues nuits, au terme desquelles le roi est suspendu. C'est dans cette salle du Manège que la République, la première, est procla-

△ *Fin octobre 1789, l'Assemblée constituante vint s'établir dans la salle du Manège des Tuileries, bâtiment couvrant l'actuelle rue de Rivoli, de la rue de Castiglione à la rue Saint-Roch.*

▽ *La famille royale, sortant des Tuileries, grimpa les treize marches de la terrasse des Feuillants pour aller se placer sous la protection de l'Assemblée.*

△ **Le Serment du Jeu de paume, le 20 juin 1789,** ***attribué à J.-L. David (n. d.). C'est dans l'église des Feuillants, où Lully s'était mortellement blessé plus d'un siècle auparavant avec son bâton de chef d'orchestre en célébrant la guérison de Louis XIV, que David installa son atelier pour travailler à ce tableau.***
© PMVP/Joffre

mée le 21 septembre. C'en est fini du Club des feuillants ; Robespierre est l'âme des Jacobins ; la guillotine se dresse dans la cour du Carrousel.

Si la guillotine est placée là, c'est preuve que là est le mouvement de la ville. Elle ne passera de l'autre côté qu'exceptionnellement, pour l'exécution du roi, par exemple, et selon une mise en scène d'abord destinée aux Tuileries. « Je me rendis de bonne heure aux Tuileries, mais pas assez tôt », rapporte l'Allemand Gustav von Schlabrendorf. « Les deux terrasses du jardin étaient déjà pleines de gens. La communication avec la place Louis-XV était barrée et les deux moitiés du pont tournant tirées du côté du jardin. »

« Je visitai, après l'exécution, les cafés, cabarets, etc., du voisinage. Pas un qui ne fût comble. Mais nulle part on ne parlait de l'événement du jour. Les gens jouaient aux dominos et faisaient autre chose, comme s'il ne s'était rien passé. » En mai 1793 seulement, quand la Convention, quittant le Manège, s'installe au théâtre du palais, dans la salle des Machines, elle fait débarrasser de la guillotine la cour du Carrousel, sur laquelle donnent maintenant ses fenêtres.

◁ *398, rue Saint-Honoré. Les rue et place du Marché-Saint-Honoré, emplacement des Jacobins, s'en appelèrent « Robespierre » de 1946 à 1950.*

Le 27 juillet 1794, 9 thermidor an II, Robespierre quitte son premier étage de la cour du 398, rue Saint-Honoré, devant l'ancien couvent de la Conception, comme il le fait chaque matin depuis trois ans, pour gagner la Convention. Il sera guillotiné le lendemain. Le Club des jacobins est fermé.

Le 5 octobre 1795, 13 vendémiaire an IV, la Convention, menacée par les royalistes, appelle Bonaparte à la rescousse. En deux heures, la cour du Carrousel est dégagée et l'insurrection vient mourir aux marches de l'église Saint-Roch. Bonaparte est nommé général commandant l'armée de l'intérieur et se voit attribuer le bel hôtel de la Colonnade, entre boulevard et rue des Capucines.

La rue de Rivoli, qui interdit sous ses arcades l'enseigne, le marteau et le four, met à bas la salle du Manège où

▷ *Des traces de balles, celles des soldats de Bonaparte, gravant au mur de l'église Saint-Roch la fin de l'insurrection royaliste du 13 vendémiaire an IV.*

fut proclamée la République, et le château d'eau de Jacques Ange Gabriel et de Coustou, au débouché de l'actuelle rue de Mondovi, dont une fontaine monumentale masque les réservoirs comme rue de Grenelle celle de Bouchardon. Le bâtiment, comme celui de la place du Palais-Royal, loge au rez-de-chaussée le corps de garde et les pompiers et, au premier étage, la bibliothèque que Saint-Florentin s'était fait installer sous la terrasse dont il avait la jouissance. Le percement de la rue de Castiglione emporte les Feuillants, celui de la rue Napoléon le couvent des Capucines. L'Empereur s'est installé aux Tuileries, et la colonne Vendôme s'élève à la gloire des soldats d'Austerlitz. Les souverains d'après la Révolution ne vont plus cesser d'habiter les Tuileries.

△ **La Place Vendôme et la rue de Castiglione, avec les ruines de l'église des Feuillants,** ***d'Étienne Bouhot (n. d.).***
© PMVP/Lifermann

◁△ *La Commune, qui voyait dans la colonne Vendôme « une insulte permanente des vainqueurs aux vaincus, un attentat perpétuel à (...) la fraternité », la fit abattre de ce chef.*

Les échos de vendémiaire

Déjà, il faut débaptiser la rue Napoléon en rue de la Paix : celle des vainqueurs, le tsar et le duc de Wellington, que Talleyrand reçoit à l'hôtel Saint-Florentin. Dans ce palais, construit aux frais de la Ville par Chalgrin pour le ministre de la Maison du roi chargé du département de Paris, « comme une araignée dans sa toile », écrira Hugo après la mort du Diable boiteux, « il attira et captura un à un héros, penseurs, conquérants, princes, empereurs, Bonaparte, Sieyès, Mme de Staël, Chateaubriand, Benjamin Constant, Alexandre de Russie, Guillaume de Prusse, François d'Autriche, Louis XVIII, Louis-Philippe, toutes les mouches scintillantes et dorées qui bourdonnèrent à travers l'histoire de ces quarante dernières années ». Et voilà que le curé de Saint-Roch, cette église où Molière fit baptiser son enfant, où Sophie Arnould fit de même pour celui que lui avait donné le duc de Brancas, refuse d'accueillir la dépouille mortelle de la Raucourt, actrice dont la gloire se confond avec les débuts de l'Odéon, protégée de feu la reine Marie-Antoinette. Le peuple enfonce les portes et procède lui-même au service religieux.

Au départ des cent cinquante mille soldats alliés, à la fin du mois de novembre 1818, la presse de la Restauration, dans la fiction balzacienne, publie cet écho concernant un célèbre parfumeur du 397, rue Saint-Honoré : « Nous apprenons que la délivrance du territoire sera fêtée avec enthousiasme dans toute la France, mais, à Paris, les membres du corps municipal ont senti que le moment était venu de rendre à la capitale cette

◁ *Saint-Roch, l'église où Molière fit baptiser son enfant, mais qui refusa d'accueillir la dépouille mortelle de Mlle Raucourt, actrice.*

splendeur qui, par un sentiment de convenance, avait cessé pendant l'occupation étrangère. Chacun des maires et des adjoints se propose de donner un bal : l'hiver promet donc d'être très brillant ; ce mouvement national sera suivi. Parmi toutes les fêtes qui se préparent, il est beaucoup question du bal de monsieur Birotteau, nommé chevalier de la Légion d'honneur, et si connu par son dévouement à la cause royale. Monsieur Birotteau, blessé à l'affaire de Saint-Roch, au treize vendémiaire, et l'un des juges consulaires les plus estimés, a doublement mérité cette faveur ».

Pour l'occasion, César Birotteau a demandé à un architecte de réunir son logement, au-dessus de la boutique, à l'appartement mitoyen, et de lui ouvrir un accès sur la rue. « La porte de la maison avait été refaite dans un grand style, à deux vantaux, divisés en panneaux égaux et carrés, au milieu desquels se trouvait un ornement architectural de fonte coulée et peinte. Cette porte, devenue si commune à Paris, était alors dans toute sa nouveauté. » Devant cette porte, quelque deux cents voitures allaient déposer ses invités.

▽ *La Restauration, reine de l'éclairage au gaz, plaça quatre candélabres aux quatre coins de la colonne Vendôme dès le 3 juin 1825.*

Le 3 juin 1825, la Compagnie du gaz portatif français installe deux réverbères au débouché de la rue de Castiglione sur la place et quatre candélabres aux quatre coins de la colonne Vendôme, au sommet de laquelle trône maintenant, remplaçant le petit Napoléon, une colossale fleur de lys. La Restauration, en matière d'éclairage public, innove : le gaz remplacera l'huile dans la rue au fur et à mesure de l'échéance des anciens contrats. Après ce premier essai sur une place publique, dix mille becs de gaz seront déjà en fonctionnement trois ans plus tard.

Napoléon reviendra au sommet de la colonne, et à son pied le rejoindra plus tard Chaumet, dont la maison a ciselé l'épée du Premier Consul, ornée du diamant Le Régent, la couronne de l'Empereur et la tiare du pape pour le sacre de l'un par l'autre, tout ce qui parait de pierres et d'or l'impératrice Marie-Louise et, quelques années plus tard, le glaive qui remplaça l'épée. Le 23 février 1848, devant l'hôtel de la Colonnade où vécut Bonaparte célibataire, devenu le ministère des Affaires étrangères de Guizot, un détachement du 14e de ligne ouvre le feu sur des manifestants porteurs de drapeaux rouges. Tout s'enchaîne. Louis-Philippe s'enfuit des Tuileries en empruntant le chemin par où s'enfuient les rois. Son trône le suit à travers le jardin, cahotant sur les épaules de quatre ouvriers, que précèdent deux garçons montés sur de superbes chevaux pris aux écuries royales, et que suit une foule hérissée de piques qui ont embroché pêle-mêle tout ce qui se présentait dans les cuisines, les caves et les salons du palais, chantant la *Marseillaise*.

△ *Le 23 février 1848, devant le ministère des Affaires étrangères, un détachement du 14e de ligne ouvrit le feu sur des manifestants porteurs de drapeaux rouges. Tout s'enchaîna...*
© PMVP/Briant

△ *12, place Vendôme. Au deuxième étage, l'appartement où Eugénie de Montijo attendait, sans le connaître encore, le futur Napoléon III.*

Bientôt, au deuxième étage du 12, place Vendôme, Eugénie de Montijo attend sans le connaître encore le futur Napoléon III, en essayant des chapeaux chez la modiste de l'hôtel mitoyen. Au grand bal de la Saint-Sylvestre, aux Tuileries, le désormais empereur demande enfin sa main. Encore six ans avant que Charles Frédéric Worth n'installe sa maison de couture rue de la Paix, et les tableaux de Winterhalter pourront se mettre à tournoyer.

La colonne Vendôme tombe avec la Commune et se redresse avec Mac-Mahon. Le palais des Tuileries ne sera pas relevé. Place Vendôme ont ouvert des palaces, le Bristol où, à la Belle Époque, l'on n'entrait pas sans une recommandation de chancellerie, et le Ritz, tellement littéraire : son maître d'hôtel, Olivier Dabescat, monocle à l'œil, a été l'informateur de Proust, tandis qu'à l'inverse, c'est Hemingway qui doit rafraîchir la mémoire de Georges, maintenant barman en chef, et chasseur dans les années 1920. Le Prix Nobel lui promet d'écrire un livre – ce sera *Paris est une fête* –, dans lequel il dira tout ce qu'il sait de Scott Fitzgerald afin que Georges puisse raconter aux clients, si curieux, tout ce que lui-même ne se rappelle pas avoir vu !

▷ *Le Ritz, hôtel littéraire, de Proust comme d'Hemingway.*

Saint-Honoré,
la rive droite du Faubourg

C'est la troisième branche d'une patte d'oie partant du jardin des Tuileries, et non la rue du Faubourg-Saint-Honoré, qui aurait dû traverser en biais la Ville-l'Évêque pour se raccorder à la Grande-Rue du faubourg du Roule. Le long séjour de Louis XIV à Saint-Germain avait suggéré à Le Nôtre l'idée d'ajouter aux deux allées déjà tracées un nouveau Cours de ce côté-là, symétrique du Cours-la-Reine, route de Versailles, par rapport au Grand Cours, futurs Champs-Élysées, menant à Neuilly. Ce plan ne retint pas l'attention du Bernin, alors à Paris, mais le roi l'approuva, et Colbert commença, dès 1670, de faire acheter les terrains nécessaires. L'entreprise se poursuivit cahin-caha jusqu'en 1713, malgré le désintérêt croissant de Louis XIV pour sa capitale, et la mort de Colbert. La cour rentrée à Paris sous la Régence, et le petit Louis XV aux Tuileries, nombre de courtisans, nobles et financiers, s'établirent au plus près, en prolongeant ainsi la rue Saint-Honoré, dans de somptueux hôtels dont ils étendirent les jardins vers le sud, là où aurait dû passer la troisième allée des Tuileries. Le roi voulut stopper cet engouement en 1724, mais il était trop tard : l'expropriation était désormais hors de prix. Le troi-

▽ Plan Maire (1808). De somptueux hôtels occupaient le terrain près du palais du petit Louis XV, rentré à Paris sous la Régence : il était trop tard pour le troisième Cours prévu par Gabriel.
DR

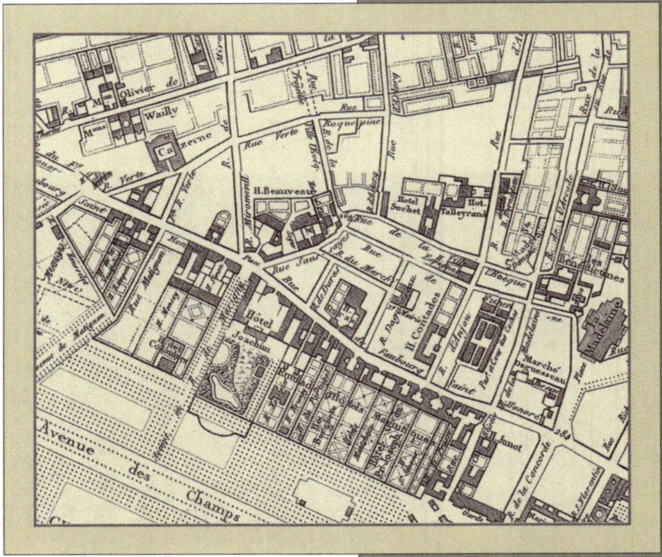

sième Cours, encore présent dans le plan de Gabriel pour la place Louis-XV, n'y figure donc plus qu'en amorce, à titre de souvenir.

Les premiers à investir les lieux, avant 1724, avaient été le duc de Duras, maréchal de camp, le comte d'Évreux, gouverneur général de l'Île-de-France, auquel le Régent allait donner encore sept cent quarante toises de terrain pour lui permettre de s'agrandir, Louis Blouin qui a été premier valet de chambre de Louis XIV, la duchesse de Rohan-Montbazon, le chancelier d'Aguesseau, le duc de Béthune-Charost.

Plus tard, pour la Noël de 1753, Mme de Pompadour s'était acheté l'hôtel d'Évreux et les terrains avoisinants. C'est dans ce jardin, celui de l'actuel palais de l'Élysée, qu'une ronde de corolles froufroutantes allait chanter pour la première fois « Nous n'irons plus au bois ». Rétrospectivement, les paroles de la danse nostalgique pourraient s'entendre comme une déploration de ce que la marquise n'avait pas pu grignoter davantage les bosquets des Champs-Élysées : l'hostilité populaire l'avait fait céder ; si le roi ne savait faire respecter le tracé de ses voies, Paris réussissait à défendre ses promenades.

△ *Vue de la maison de Mme Brunoy, du côté des Champs-Élysées (gravure du XIXe siècle).*

▽ *Hôtel d'Évreux-palais de l'Élysée : demeure de la Pompadour, puis parc de loisirs. Napoléon Ier y abdiqua, le futur Napoléon III y prépara son coup d'État.*

Rue du Faubourg-Saint-Honoré, la rage de construire était repartie. Sur le flanc droit de l'hôtel d'Évreux, le Fermier général Étienne-Michel Bouret faisait sortir de terre à partir de 1755, entre les numéros 43 et 53, les futurs hôtels d'Andlau, de Brunoy, de Sabran, de Vilmorin et de Saxe, se réservant le premier, aux jardins jouxtant l'avenue Gabriel. Si Bouret faisait bâtir ici, c'était là que ça se passait : l'homme était ce parangon du courtisan dont Diderot, dans son *Neveu de Rameau*, s'émerveille des exploits avec une admiration outrée.

Quand Bouret a invité Louis le Bien-Aimé dans son château de Croix-Fontaine, il a mis en bonne place, pour attirer l'œil du souverain, un livre magnifiquement relié portant ce titre : *Le Vrai Bonheur*. Chacune de ses cinquante pages contenait ces simples mots : « Le Roi est venu chez Bouret, le... », suivis de la mention des années jusqu'en 1800. Pour une autre visite royale, Bouret a fait baliser la totalité de la route d'un porteur de

flambeau tous les vingt pas !
Enfin, sans même que le roi fût en cause cette fois, et simplement parce que le garde des Sceaux, son protecteur, a regardé son chien avec attendrissement, Bouret a su déployer des trésors d'imagination pour détacher l'animal de lui et l'attacher à son futur propriétaire, auquel il comptait dès cet instant l'offrir. En huit jours, c'est chose faite. S'étant muni d'une perruque et d'un habit de fonction identiques à ceux du garde des Sceaux, et ayant fait confectionner un masque lui ressemblant, Bouret, alternativement, bat férocement son chien au naturel et, sous le déguisement, le cajole et le comble de toutes les douceurs possibles. « C'est une des plus belles choses qu'on ait imaginées, conclut Diderot ; toute l'Europe en a été émerveillée, et il n'y a pas un courtisan dont elle n'ait excité l'envie. »
Ruiné malgré, ou à cause de, tant d'efforts, Bouret avalera vingt ans plus tard les pastilles d'arsenic qu'il portait toujours sur lui à la veille de la mise aux enchères du mobilier de son hôtel du faubourg Saint-Honoré. Il sera inhumé à Sainte-Marie-Madeleine de la Ville-l'Évêque, la première église de la Madeleine, située à ce qui était la rencontre des rues de l'Arcade et de la Ville-l'Évêque.

Les Lumières au Faubourg

Le siècle des Lumières a des reflets rue du Faubourg-Saint-Honoré. Sur l'autre flanc de l'hôtel d'Évreux, la veuve du marquis d'Argenson, condisciple de Voltaire au lycée Louis-le-Grand et son protecteur, et dont le frère, que Mme de Pompadour a fait exiler, est le dédicataire de l'*Encyclopédie* de d'Alembert et Diderot, la marquise d'Argenson, donc, fait construire, de 1758 à 1782, les hôtels situés entre les numéros 59 et 69.
De l'autre côté de la rue s'élève, en 1770, l'hôtel Beauvau (aujourd'hui ministère de l'Intérieur) où meurt le poète Saint-Lambert, à qui Mme du Châtelet a sacrifié Voltaire. Puis Saint-Lambert a été l'amant de Mme d'Houdetot et l'est resté malgré Rousseau. « Pour m'achever, elle me parla de Saint-Lambert en amante passionnée. Force contagieuse de l'amour !, écrit Jean-Jacques. Sans que je m'en aperçusse et sans qu'elle s'en aperçût, elle

◁ *L'hôtel Beauvau, de 1770 (auj. ministère de l'Intérieur), où mourut le poète Saint-Lambert à qui Mme du Châtelet avait sacrifié Voltaire, et qui l'emporterait sur Rousseau auprès de Mme d'Houdetot (gravure du XVIIIe siècle).*

△ Le bâtiment sur rue (au n° 31) construit en 1887 pour le comte Frédéric Pillet-Will, Régent de la Banque de France, à la place de l'ancien hôtel Marbeuf.

▷ La façade sur jardin de l'un des premiers hôtels du Faubourg, celui de Béthune-Charost, au n° 39, habité par Pauline Borghese avant de devenir l'ambassade britannique.

m'inspira pour elle-même tout ce qu'elle exprimait pour son amant. »

À l'est, l'hôtel du marquis de La Vaupalière, construit par Colignon, qui a été le premier architecte de Monceau avant Carmontelle ; à l'ouest, plus haut, des hôtels élevés sur la rue, et non plus séparés d'elle par une cour, qui préfigurent ceux du siècle suivant.

Après la Révolution, le ci-devant hôtel d'Évreux, devenu Élysée-Bourbon, est un parc de loisirs comme les jardins d'Idalie[6] en sont un autre aux Champs-Élysées, avec salles de bal, salons de jeu, etc. Puis l'Empire s'y installe, en l'occurrence Caroline Bonaparte et Murat, son époux, tandis que la famille prend possession du faubourg : Joseph Bonaparte à l'hôtel de Louis Blouin devenu de Marbeuf, au n° 31 ; Pauline Bonaparte, épouse Borghese, à l'hôtel de Béthune-Charost, au n° 39 ; Lucien Bonaparte au 26, rue de Penthièvre, dans la maison dite « de Franklin » parce que sa façade honore l'Américain, exemple rare à Paris de maison dédiée à une personne[7] ; François de Beauharnais, beau-frère de Joséphine, 34, rue des Mathurins...

Enfin, l'Empereur abdique dans ce qui est devenu l'Élysée-Napoléon. Après quoi nombre de têtes couronnées y résident, du droit du vainqueur ou sur invitation : entre autres, le tsar Alexandre Ier dans le premier cas, le tsar Alexandre II dans le second.

À l'hôtel de Béthune-Charost, devenu ambassade britannique, Hector Berlioz épouse Harriett Smithson le 3 octobre 1833. Le médecin de la marine Eugène Sue, après avoir beaucoup voyagé, accoste au 41, rue La Boétie dans la maison de l'architecte

Olivier, bâtie en 1799. Son entrée est encadrée de faux rochers et sa façade ornée de quatre colonnes corinthiennes flanquant des perrons latéraux autour d'un haut-relief mythologique. C'est de là qu'il décrit les *Mystères de Paris*, ses ouvriers et ses bas-fonds. En face, deux autres hôtels « Révolution » ont été construits par Charles de Wailly, architecte de l'Odéon et auteur, en 1789, d'un « Projet d'utilité et d'embellissement pour la ville de Paris », l'un pour son usage personnel, le second pour son ami le sculpteur Augustin Pajou.

6. Voir le chapitre Chaillot, p. 65.

7. Voir pour les auteurs éponymes, les 2, rue Alexandre-Dumas, et 2, rue Sedaine.

Quartiers de noblesse et intérêt composé

Des multiples révolutions du XIXe siècle, une seule s'invitera à l'Élysée, celle de 1848, pour de paisibles réunions dont celles de l'Association des artistes musiciens, fondée et présidée par le baron Taylor, qui donnera ici des concerts populaires des œuvres de quelques-uns de ses membres : Auber, Berlioz, Meyerbeer. Bientôt, Louis Napoléon y prépare son coup d'État. Pendant que Baudelaire vérifie ses traductions d'Edgar Allan Poe auprès des grooms du faubourg Saint-Honoré, croisant sans le savoir Charles Dickens qui vient y faire un bref séjour, le nouvel empire démolit les écuries d'Artois, les hôtels d'Olivier et de Wailly, enfin patine celui des demoiselles de Verrières[8], qui date des tout débuts du règne de Louis XVI, en plus Louis XV.

Les nouveaux riches remplacent les vieilles familles, et Guy de Maupassant, avec le Walter de son *Bel-Ami*, résume l'époque : « Sachant la gêne du prince de Carlsbourg qui possédait un des plus beaux hôtels de la rue du Faubourg-Saint-Honoré, avec jardin sur les Champs-Élysées, il lui proposa d'acheter, en vingt-quatre heures, cet immeuble, avec ses meubles, sans changer de place un fauteuil. Il en offrait trois millions. Le prince, tenté par la somme, accepta. Le lendemain, Walter s'installait dans son nouveau domicile ».

Dans l'un des hôtels de Bouret s'établit ainsi Émile Pereire de la Banque foncière, des Chemins de fer d'un peu partout, de la Compagnie générale transatlantique et du Corps législatif ; dans un autre, Eugène Pereire, neveu d'Émile, banquier, assureur, dirigeant de la Compagnie du gaz et de la même Compagnie générale transatlantique où il succède à son oncle. Sa gloire littéraire repose sur les *Tables numériques de l'intérêt composé des annuités et des rentes viagères* et les *Tables graphiques de l'intérêt composé*. Il est encore l'époux de Juliette Fould, la fille du ministre des Finances qui est, lui, la cible favorite des *Châtiments* de Victor Hugo :

« Dans l'opération par M. Fould aidé
Le mal prend tout à coup la figure
du bien. »

L'ancien hôtel Louis XIV, au n° 35, qui a été au comte de Montchenu, est acheté conjointement par Émile Pereire et son frère et associé Isaac, membre, lui aussi, du Corps législatif ; Charles Laffitte est au n° 45 dans un hôtel de Bouret, et Pierre Laffitte au n° 59 ; Nathaniel de Rothschild au 33, et Edmond au 41, dans l'hôtel d'Aguesseau ; Jean-Gustave Lebaudy, fondateur de la dynastie sucrière, au 22.

◁△ 33, rue du Faubourg-Saint-Honoré, un hôtel de 1714, transformé par Nathaniel de Rothschild en 1864 et dont le bâtiment sur rue fut surélevé, en 1928, pour le Cercle de l'Union interalliée.

8. Voir le chapitre Auteuil, p. 79.

▷ *Mme Réjane dans son automobile (1905). Celle-ci succédait à l'espèce de cab anglais à quatre roues, tiré par des mules portant grelots et pompons, que lui avait offert le roi d'Espagne.*
© akg-images

La IIIe République est moins accueillante. Le baron Hirsch, créateur de la banque qui s'appellera plus tard Paribas, aura beau racheter, rue de l'Élysée, l'hôtel construit par l'impératrice Eugénie pour sa mère, le réunir par un jardin au sien dont il a garni un salon du rez-de-chaussée de très belles boiseries provenant du château de Bercy, il ne sera jamais admis dans le très fermé Cercle de la rue Royale.

▽ *La sellerie Hermès s'installa 24, rue du Faubourg-Saint-Honoré dès 1880, à proximité des fabricants de voitures : hippomobiles ou automobiles, leurs caisses furent longtemps les mêmes.*

Les boutiques du beau linge

Dès 1775, Houbigant, installé 9, rue du Faubourg-Saint-Honoré, à l'enseigne de La Corbeille de fleurs, « fabrique et tient magasin de parfumeries, rouge végétal, gants et éventails ». La sellerie Hermès s'établit au n° 24, à compter de 1880, tout naturellement – les fabricants de voitures les plus renommés sont dans le voisinage : M. Ehrler, qui était le carrossier de Napoléon III, 51, rue de Ponthieu, et la maison Binder 72, rue d'Anjou-Saint-Honoré ; M. Chéri tient une pension pour les chevaux 49, rue de Ponthieu, et le Tattersall français, école de dressage, vente de chevaux et d'équipages de luxe, est au coin de la rue Beaujon et de l'avenue Hoche.

À un bout du Faubourg, au 15, Jeanne Lanvin fait ses débuts de modeste modiste sous les combles ; à l'autre bout, au 107, où s'éleva la maison des Pages depuis Louis XV jusqu'à l'Empire, Paul Poiret[9] occupe un hôtel décoré par Louis Süe, le complice d'André Mare. Jacques Worth, le petit-fils de Charles Frédéric, habite au début de la rue La Boétie. « Worth habillait les cours, Poiret les artistes, Jeanne Lanvin les jeunes filles et le théâtre », écrit Louise de Vilmorin. Autant dire que le faubourg Saint-Honoré, à lui seul, habille le monde et le demi-monde.

Réjane, la reine du Boulevard, la créatrice de *Madame Sans-Gêne*, fait arrêter l'espèce de cab anglais à quatre roues tiré par des mules portant grelots et pompons que lui a offert Alphonse XIII, le roi d'Espagne, devant le n° 68. Ici, l'épouse du banquier Louis Stern, Maria Star pour les lettres, reçoit dans son salon gothique à l'immense cheminée, ceint d'une galerie de bois d'où pendent des tapisseries murales séparées par des vitraux aux écussons de couleur, Camille Flammarion, et surtout des poètes : José Maria de Heredia, Henri de Régnier, le Proust des *Portraits de peintres*, Anna de Noailles, Yvette Guilbert, la chanteuse aux longs gants noirs qui inspire Toulouse-Lautrec.

9. Voir le chapitre Le Roule, p. 119.

À quelques mois de la naissance de Marcel, les parents Proust se sont installés au deuxième étage d'un immeuble haussmannien qu'Oscar Wilde trouvera passablement lourd, au 9, boulevard Malesherbes, derrière la Madeleine. À deux pas, rue d'Astorg, habite le modèle vivant de la duchesse de Guermantes, la comtesse Élisabeth de Greffulhe, « dont je pouvais de ma chambre entendre battre les meubles le matin », écrira-t-il dans la *Recherche*. « Je sentais bien que c'était déjà le Faubourg, le paillasson des Guermantes » : non pas l'entrée du faubourg de pierres, mais le seuil sacré du « monde ». La comtesse de Greffulhe en est la grande prêtresse. Quand, à l'église de la Madeleine bien sûr, elle marie sa fille au duc de Guiche, futur duc de Gramont, c'est une comparaison païenne qui vient sous la plume de la duchesse de Clermont-Tonnerre : « Elle apparut en haut des marches, toute en or et en plumes, telle Salammbô devant le temple de Tanit ».

Outre les tapis que l'on bat, Proust aurait pu entendre de sa chambre, chez la fondatrice des Grandes auditions musicales, le ténor italien Caruso ou la basse russe Chaliapine s'il n'avait déménagé. Oh ! pas pour aller loin : en 1900, au 45, rue de Courcelles et, en 1906, au 102, boulevard Haussmann. Pendant près de cinquante ans, il aura vécu dans un rayon de huit cents mètres autour de la place Beauvau, ne s'en éloignant finalement un peu qu'en 1919, pour aller mourir à Chaillot, 44, rue Hamelin.

Chez Proust, on voit se glisser à la nuit, du moins le chuchote-t-on, Olivier Dabescat, le maître d'hôtel du Ritz, qui, son service terminé, vient lui apporter les renseignements mondains dont il a besoin pour sa *Recherche*. Chez Eugène Druet, marchand de vin place de l'Alma, Matisse, Rodin, Signac, les peintres qui exposent aux Indépendants dans les serres du Cours-la-Reine s'attablent, et ils ont vite convaincu le patron de changer de métier. Eugène Druet ouvre sa galerie en 1904, au 114, rue du Faubourg-Saint-Honoré, avec une exposition de quatre-vingt-cinq œuvres de Maurice Denis. Puis le 114 sera livré aux Fauves : Van Dongen et Manguin, Matisse et cinquante-cinq de ses toiles, la première exposition en solo de Marquet et même chose pour Rouault, Vlaminck au sortir de la guerre, en 1919.

△ L'escalier du 9, boulevard Malesherbes. Pour féliciter M. et Mme Proust de la naissance de leur petit Marcel, c'était au deuxième étage.
© M. Mouchy

Déjeuner en fourrure

Jeanne Lanvin a franchi la Seine pour gagner le « noble faubourg » Saint-Germain quand Coco Chanel s'installe dans l'hôtel de Rohan-Montbazon, au

▽ Maison de couture Jeanne Lanvin.
© Lipnitzki/Roger-Viollet

◁ Au n° 29, l'hôtel de Rohan-Montbazon.

n° 29. Là, au milieu des protagonistes, elle dessine les costumes de l'*Antigone* de Cocteau, dont Honegger fait la musique et Picasso les décors, et ceux du *Train Bleu* des Ballets russes de Diaghilev. Là, elle présente ses créations de joaillerie quand elle ajoute les bijoux à la couture et au parfum. Et puis Paul Iribe meurt, et elle quitte les lieux pour se réfugier au Ritz.

Le 17 janvier 1938, au 140, qui fait le coin avec la rue La Boétie, dans un petit hôtel Louis XVI très simple de la cour, siège de la *Gazette des Beaux-Arts* de la famille Wildenstein, s'ouvre l'Exposition internationale du surréalisme. Les Wildenstein ont déjà financé la revue *Documents* de Georges Bataille et Georges-Henri Rivière, Paul Rivet et Michel Leiris. L'exposition surréaliste est montée avec la collaboration scénographique de Marcel Duchamp et l'aide de Georges Hugnet ; le *Déjeuner en fourrure* de Meret Oppenheim en est le clou. En guise de catalogue, Breton et Eluard ont publié un *Dictionnaire abrégé du surréalisme*. La galerie Druet ferme cette même année.

Après la guerre, l'ancien hôtel Hirsch, aux 2-4, rue de l'Élysée, devient la Maison de la Pensée française. À compter de 1947, y est installée la Maison de la Culture, animée par Aragon, qui succède ici à celle de la rue de Navarin d'avant-guerre. L'hôtel particulier entouré de jardins est aussi le siège du Comité national des écrivains, présidé par Louis Martin-Chauffier et dirigé par les hiérarques communistes et leurs compagnons de résistance : Vercors, Maurice Druon... Chaque automne y a lieu la vente du CNE ; sur le grand escalier, les auteurs du parti des écrivains sont installés par ordre décroissant, et chaque marche compte : Aragon et Elsa sont tout en haut, et Roger Vailland a gagné plusieurs degrés maintenant qu'on escompte le prix Goncourt pour *Un jeune homme seul*.

Des expositions de tableaux y sont également organisées et leur réception est ici toute différente de ce que connaît ailleurs le Faubourg. Ainsi, *Les Constructeurs*, de Fernand Léger, sont-ils un hommage au travail des chantiers, malheureusement, le peintre a omis d'y figurer les barrières de protection sur les échafaudages. « Comment être ému par ce Léger qui n'a pas respecté les règlements de sécurité? », se plaignent les gars du bâtiment en plein débat sur le réalisme socialiste.

△ *L'ancien hôtel Hirsch, aux 2 et 4, rue de l'Élysée, Maison de la Pensée française à compter de 1947 : maison de la Culture, animée par Aragon, et siège du Comité national des écrivains.*

Le Roule, le Faubourg élargi

Le Roule est né d'une maladrerie et de sa chapelle, au XIIIe siècle, sur la route ancienne de Saint-Germain-en-Laye, formant village puis faubourg en 1722. Sa voie principale, la Grande-Rue du faubourg du Roule (aujourd'hui du Faubourg-Saint-Honoré) était, à la veille de la Révolution, depuis l'église Saint-Jacques-et-Saint-Philippe, qui n'est plus dédiée qu'à ce dernier, jusqu'à la barrière du Roule (place des Ternes), bordée de constructions de façon presque ininterrompue, fermes ou Folies, toutes environnées de champs ou de jardins. Les emprises les plus importantes étaient celles de Nicolas Beaujon, le banquier sybarite et goutteux ; entre les actuelles rues Hoche et Washington, sa Chartreuse prolongée d'un jardin s'étendait jusqu'aux Champs-Élysées.

◁ Barrière du Roule, *vers 1815-1820 (gravure d'H. Courvoisier-Voisin). Le poste de garde de Ledoux, à gauche, et la rue du Faubourg-du-Roule (auj. du Faubourg-Saint-Honoré) qui pénètre dans Paris.*

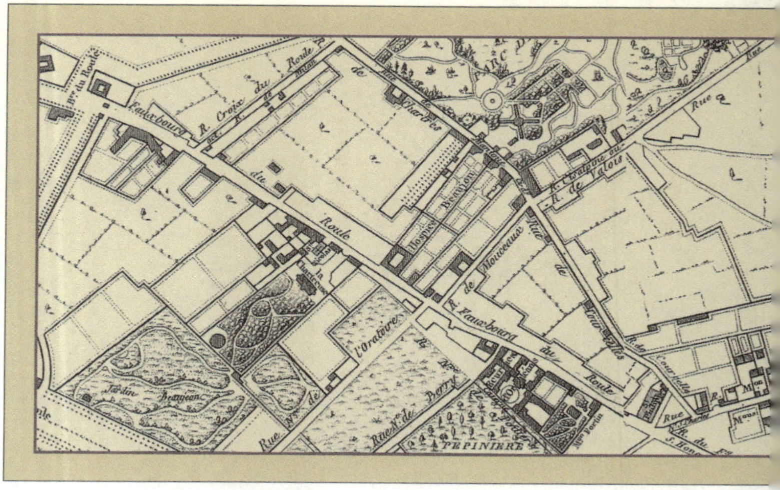

▷ *« Que l'Étranger, cette carte à la main, s'empresse d'aller voir, écrit Maire sur son plan en 1808, la Chartreuse et sa Pompe gothique, mue par des ailes de moulin. »*
DR

On pénétrait dans la Chartreuse par une porte pivotante au revers de miroir, qui vous égarait aussitôt en escamotant l'entrée d'où vous arriviez. Tout était d'ailleurs fait ici pour l'égarement des sens : le lit était une corbeille de fleurs, ses quatre piliers des arbres, dont les branches soutenaient les rideaux ; des nymphes, qui n'avaient de mythologique que d'être peu vêtues, y berçaient le receveur général des Finances. L'homme avait néanmoins de la religion, sa Chartreuse était flanquée d'une chapelle dédiée à saint Nicolas, et il était charitable : son hospice, en face, recueillait vingt-quatre pauvres enfants orphelins du faubourg, autant de filles que de garçons, les élevait de leur sixième à leur douzième année puis les dotait de quatre cents livres destinées à leur apprentissage. Les terrains de l'hospice Beaujon rejoignaient la Folie Monceau, qui s'étendait elle-même jusqu'à la rue de Courcelles.

▽ *L'hôpital Beaujon (jusqu'en 1936) succéda, au 208, rue du Faubourg-Saint-Honoré, à l'orphelinat du Roule créé, en 1785, pour vingt-quatre pauvres enfants orphelins du Faubourg.*

Plus à l'est dans la Grande-Rue, sur des terrains de l'ancienne pépinière du roi, et jusqu'à la rue éponyme : les écuries du comte d'Artois, commencées par Bélanger. Le reste de la pépinière était devenu, entre 1770 et 1780, ce Vauxhall des Champs-Élysées, où l'on a vu Blaikie se divertir, encore appelé Colisée. Longeant les écuries, la Folie Fortin, son jardin à l'anglaise et sa volière. Les nouvelles pépinières étaient passées de l'autre côté de la Grande-Rue, entre l'actuelle rue de Courcelles et la place Saint-Augustin. Le grand égout à ciel ouvert les soulignait, comme il faisait de la Maison Fortin après avoir traversé la Grande-Rue sous un simple pont, et avant d'en faire autant aux Champs-Élysées ; il ne serait totalement couvert qu'en 1787.

C'est au Roule, dans les ateliers qu'elle

y possédait, non loin des pépinières du roi, que la Ville avait installé Bouchardon pour qu'il y sculpte la statue équestre du roi, ce pivot autour duquel allait s'ordonner la place Louis-XV et, par voie de conséquence, rayonner l'éventail des beaux quartiers de l'expansion à l'ouest.

Pour redonner un peu de grain à la trame du temps, il faut quitter ici la chronologie galopante du développement urbain pour accommoder sur la temporalité si différente de la création, celle d'un seul et unique élément du décor de la ville, une statue et son socle – dont, pour comble, il ne reste rien sinon une main brisée dans un musée ! Bouchardon puis Pigalle, et pareillement les fondeurs, vont se consacrer ici à cette tâche exclusive durant vingt-trois années au total ! Le premier doit « n'entreprendre aucun autre ouvrage de sculpture pendant tout ce temps, sous quelque prétexte que ce puisse être et ne jamais se distraire du travail des ateliers de la Ville qui sera le seul objet de son application et de ses soins ». Les fondeurs doivent même refuser de seulement donner des conseils à des collègues du métier.

△ *Statue équestre de Louis XV, vue de profil, tournée vers la droite (sanguine d'Edme Bouchardon). Le sculpteur consacra ses douze dernières années à cette statue, dans les ateliers que la Ville possédait au Roule.*

Bouchardon, en octobre 1749, a signé pour dix ans : cinq pour la statue équestre et cinq pour son piédestal. Pour plus de commodité, il sera logé par la Ville dans une maison attenante aux ateliers. Après plus de deux années d'études anatomiques préliminaires du cheval, et du cavalier, Bouchardon sculpte un petit modèle qu'ensuite, par projection d'une infinité de points, il commence à porter en grand. Ce grand modèle est assez avancé pour que Louis XV vienne s'en faire une idée en mai 1753. Le roi ne reste qu'une demi-heure avec l'artiste, mais entouré d'une suite trop nombreuse pour que le plancher n'ait pas joué, et dérangé le système de report, qu'il faut reprendre. La statue équestre n'est finalement livrée à la fonderie qu'en novembre 1756, sept ans après la signature du contrat. La construction du four, de la fosse, du moule prennent dix-huit mois supplémentaires avant une coulée, d'un seul jet, le 6 mai 1758 ; restent encore les travaux d'ébarbage et de ciselage. Bouchardon est déjà de longtemps passé au piédestal. Quand la maladie l'atteint d'une manière qu'il sent irrémédiable, en 1762, il désigne Pigalle comme successeur. Il ne verra pas sa statue, à laquelle manquent encore ses ornements, être inaugurée quand s'achève enfin la guerre de Sept Ans. Opposons, là encore, l'infiniment lente pérégrination de l'œuvre, au long de la rue principale du faubourg, que l'on a sablée pour en recouvrir les pavés inégaux, aux allées et venues en tous sens du quotidien affairé. La statue sort des ateliers le 17 février 1763 à huit heures du matin – une salve d'artillerie est tirée au passage devant la maison où Bouchardon s'est éteint – ; elle n'est arrivée, au soir, qu'à proximité de l'église Saint-Philippe-du-Roule. Là, six gardes commandés par un sergent l'entourent pour la nuit. Le deuxième jour, elle poursuit sa route et, quand elle s'arrête, l'actuel palais de l'Élysée est seulement en vue. Ce n'est que le troisième jour, et à minuit, qu'elle parvient à destination sur la future place Louis-XV.

Le piédestal de marbre, ses cariatides et bas-reliefs ne seront placés sous la statue, et le monument terminé, qu'en 1772 ; vingt-trois ans se sont écoulés depuis la signature du contrat initial. Il se passera moins de temps avant qu'il ne soit détruit, puis fondu dans l'atelier même dont il était sorti.

△ *« Promenades aériennes » ou « Montagnes françaises » au jardin Beaujon, le 2 août 1817 (gravure d'après L.-A. Garneray).*
© Bridgeman Giraudon/ Archives Charmet

Le faubourg du Bel-Respiro

Grace Elliot, la maîtresse du duc d'Orléans, dont Éric Rohmer a mis en scène les Mémoires dans *L'Anglaise et le Duc*, vit les événements depuis le 31, rue de Miromesnil où elle habite. Elle y a pour voisin un major des gardes suisses, rue Verte (aujourd'hui de Penthièvre), dont la propriété jouxte la sienne, et elle peut, par son jardin, rejoindre le duc à Monceau, ce qui donne une idée de la faible densité de l'habitat à la date. C'est dans cet hôtel de la rue de Miromesnil qu'elle sauve, en le cachant dans son lit, le marquis de Champcenetz, gouverneur des Tuileries.

Des jardins du fastueux Nicolas Beaujon, au sud des actuelle rues dont l'une porte son nom et l'autre est attribuée à Lamennais, le Comité de salut public fait un jardin public le 12 floréal an II : « les fossés et parapets seront démolis et comblés, il sera élevé un temple à l'Égalité ». Puis s'y installeront bals, cafés et restaurants, montagnes russes ou françaises, selon les moments, dirigés par l'aîné des Ruggieri.

▽ *31, rue de Miromesnil, l'adresse de Grace Elliot, la maîtresse du duc d'Orléans. C'est ici qu'elle sauva, en le cachant dans son lit, le marquis de Champcenetz, gouverneur des Tuileries.*

Pendant que sont maintenant fondus dans l'atelier du Roule, sous la Restauration, le Napoléon de la colonne Vendôme et le Desaix de la place des Victoires qui, intimement mêlés, formeront la coulée du nouvel Henri IV du Pont-Neuf, les jardins Beaujon sont morcelés et lotis en 1824 par leurs trois nouveaux copropriétaires. L'une a été, sous le nom de Mme Hamelin, l'une des plus célèbres merveilleuses du Directoire, la *Jolie laide*, créole « ondulante et lascive » qui a lancé la valse et le châle. Elle donne son prénom, Fortunée, à l'une des nouvelles rues, qui deviendra Balzac, à côté de celles nommées Lord-Byron et Chateaubriand.

Le nom d'Arsène Houssaye échoira plus tard à celle qui est alors dite « du Bel-Respiro ». Pour l'instant, l'homme qui a partagé la bohème du Doyenné avec Gautier et Nerval s'y

▷◁ *De la Chartreuse de Beaujon, Balzac avait récupéré un bâtiment pour l'offrir à Mme Hanska. Il y mourut le 18 août 1850 (plaque).*
© Coll. Roger-Viollet

fait construire sept pavillons, chacun d'un genre différent, dans lesquels il joue à cache-cache. Devenu thuriféraire de Napoléon III, et celui qui engagera Offenbach à la Comédie-Française quand il en sera devenu l'administrateur, Arsène Houssaye est un temps le propriétaire de Théophile Gautier, puis celui de lord Henry Seymour, plus connu comme Milord l'Arsouille, pittoresque personnage qui lui sert ici, un soir, à dîner, les poissons rouges de la fontaine de rocaille. Le nouveau boulevard Beaujon (aujourd'hui avenue de Friedland) vient raboter l'ensemble de l'ex-Folie, passant au ras de l'hôtel rose que le duc de Brunswick a fait construire pour Lola Montes, ébranleuse de monarchie assez intéressante pour que Friedrich Engels lui ait consacré, par amusement, une brochure publiée sans nom d'auteur.

De la Chartreuse de Beaujon, lotie à partir de 1846, Balzac avait récupéré un bâtiment avec, dans son escalier, un accès direct à la tribune de la chapelle Saint-Nicolas, pour l'offrir à son épouse *in extremis*, Mme Hanska. Après leur décès, la baronne Salomon de Rothschild, qui avait déjà fait raser la Chartreuse pour y construire ce qui est aujourd'hui la fondation de la rue Berryer, s'agrandissait aux dépens de ces deux bâtiments, sa rotonde rappelant la Chapelle.

Dans les années 1860, les écuries du comte d'Artois disparaissent à leur tour ; le Second Empire a fini de tuer le dix-huitième siècle, la rue du Fau-

▽◁ *L'hôtel Salomon de Rothschild et son pavillon en rotonde.*

△ **La Salle à manger de la princesse Mathilde, rue de Courcelles,** ***de Charles Giraud.***

bourg-Saint-Honoré a recouvert celle du Faubourg-du-Roule. Napoléon III installe rue de Courcelles sa cousine, la princesse Mathilde, qui reçoit le mercredi artistes et gens de lettres dans le damas pourpre de ses salons et le velours vert émeraude de sa salle à manger. C'est ici que l'impératrice demande à Flaubert des croquis des costumes décrits dans son *Salammbô* pour les prochains bals costumés de la cour, ici que les frères Goncourt deviennent pour toute une époque des « bichons », le salon de la princesse mettant à la mode l'épithète dont Flaubert les a affublés. Ici, enfin, que Gautier est nommé bibliothécaire, aux appointements de six mille francs par an, pour autant que la princesse ait vraiment une bibliothèque, ce dont il est suffisamment peu sûr pour en demander confirmation aux bichons susnommés.

Déjà, c'est le siège de Paris, qui n'empêche guère Blanche d'Antigny, futur modèle de la *Nana* de Zola, de donner dans l'avenue maintenant de Friedland un dîner dansant éclairé *a giorno* qui fait scandale. À quelques pas, le comte Potocki est mortellement blessé dans sa cour par un éclat d'obus allemand, ce qui laisse son héritier enfin libre de faire installer pour ses trente-huit chevaux des stalles d'acajou et des abreuvoirs de marbre rose, détruits quand viendront l'automobile et la Chambre de commerce et d'industrie.

Flaubert occupe, depuis 1875, un appartement contigu à celui de sa nièce, à l'angle du Faubourg-Saint-Honoré et du boulevard de la Reine-Hortense (aujourd'hui avenue Hoche), au cinquième étage. « Les fenêtres donnaient sur une mer de toits, hérissés de cheminées, raconte Zola. Flaubert ne prit même pas le soin de le faire décorer. Il coupa simplement des portières dans son ancienne tenture à ramages. Le bouddha fut posé sur la cheminée, et les après-midi recommencèrent dans le salon blanc et or, où l'on sentait le vide, une installation provisoire, une sorte de campement. » C'était la fin d'un monde, au chevet duquel venaient Tourgueniev, Zola, Alphonse Daudet, Edmond de Goncourt, parfois Henry James, précédé ou suivi de lord Houghton, porteur d'un cadeau de Gertrude Collier, une très ancienne maîtresse, trente ans plus tôt.

Chez l'aquarelliste Madeleine Lemaire, 3, rue de Monceau, « la soirée vient

▽ La salle Gaveau, 45, rue La Boétie, fut d'abord dédiée à la musique de chambre qu'y illustrèrent aussi bien le trio Cortot, Thibaud et Casals que Marguerite Long.

de commencer au milieu du travail interrompu, écrit Proust, la mise en scène délicieuse et simple, reste là, visible, les grandes roses vivantes "posant" encore dans les vases pleins d'eau, en face des roses peintes, et vivantes aussi, leurs copies, et déjà leurs rivales ». Reynaldo Hahn, au piano, accompagne, de la musique qu'il a composée, la lecture que donne Marcel de ses *Portraits de peintres*.

Moderne l'art, et moderne l'effort

C'est chez Paul Poiret, très exactement dans la galerie que le couturier loue à Barbazanges, au 109, rue du Faubourg-Saint-Honoré que, pour la première fois, les *Demoiselles d'Avignon* portent leur nom, affiché à côté d'elles car la toile est présentée sans cadre. Là aussi que, pour la première fois, elles sont exposées publiquement : elles n'avaient pas bougé de l'atelier de Picasso depuis leur création près de dix ans auparavant. L'exposition « L'Art Moderne en France », ou Salon d'Antin car la galerie est accessible également par le 26, avenue d'Antin (aujourd'hui avenue Franklin-Roosevelt), réunit, autour de tableaux de Chana Orloff, Picasso, Gino Severini, Van Dongen ou Marie Vassiliev, du 16 au 31 juillet 1916, Gertrude Stein, Jacques Doucet, Georges Auric, Paul Valéry, qui décrira par lettre l'événement à André Breton, Apollinaire...

Le faubourg Saint-Honoré étant devenu l'adresse élégante de la capitale, dès le début des années 1920, la rue La Boétie, qui comptera bientôt dix galeries, détrône la rue Laffitte. Bernheim Jeune, chez qui avait eu lieu la grande rétrospective Van Gogh du printemps 1901 et l'exposition des futuristes italiens de 1912, arrive au Faubourg en 1923. Durand-Ruel s'y installe l'année suivante, au 37, avenue de Friedland, avec à son actif le premier Salon Rose-Croix, les œuvres tahitiennes de Gauguin et la dernière exposition d'ensemble des Nabis, en 1899, en hommage à Odilon Redon.

Le XVIIIe siècle fait son retour, en peintures, dessins et mobilier chez Paul Cailleux et chez Eugène Becker. La galerie de Paul Guillaume, appuyée sur des cahiers, *Les Arts à Paris*, initiés par Apollinaire, défend Modigliani, Derain, la sculpture africaine. Celle de Léonce Rosenberg, avec son *Bulletin de l'effort moderne*, promeut le cubisme et le purisme, les avant-gardes du néoplasticisme hollandais et du constructivisme russe.

En 1927, la salle Pleyel, où Chopin avait donné son premier concert, abandonne la rue de Rochechouart pour apporter au Faubourg les derniers marqueurs modernes de la distinction. Elle ajoute des dimensions symphoniques à la salle Gaveau, ouverte vingt ans plus tôt et dédiée d'abord à la musique de chambre qu'y avait illustrée le trio Cortot, Thibaud et Casals, ou Marguerite Long.

Gaveau a rouvert début 2001 dans son décor historique retrouvé, mais compte désormais séduire « un nouveau public, y compris les entreprises du "Triangle d'or" pour les soirées privées ». Fin 2004, l'établissement public de la Cité de la musique a pris à bail la prestigieuse salle Pleyel qui, ses portes rouvertes après une importante campagne de travaux, saura sans doute faire une place à ces mêmes entreprises. Le Faubourg élargi joue du triangle.

◁▷ Derrière la façade que le comte Potocki fit transformer en 1882 se trouvaient, pour ses trente-huit chevaux, des stalles d'acajou et des abreuvoirs de marbre rose, démolis par la CCI quand elle prit possession des lieux dans les années 1920.

Monceau, le style vitrine

▽ Ce que le plan Maire de 1808 ne laisse pas apparaître, c'est qu'ici, seul endroit de tout Paris, le mur des Fermiers généraux s'escamotait dans un fossé pour ne pas gêner la vue du duc d'Orléans sur la campagne environnante.

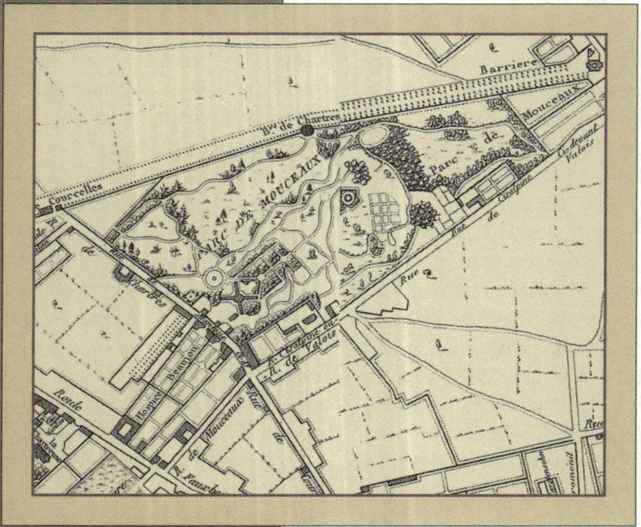

Les Fermiers généraux ont obtenu l'érection d'un mur fiscal tout autour de Paris. Chargé de sa construction, l'architecte Ledoux demande au duc d'Orléans d'en fixer lui-même le tracé où bon lui semble aux abords de sa propriété de Monceau. Thomas Blaikie, son jardinier, en compagnie de Mr. Smith, le maître d'hôtel, est donc en train de faire des relevés « pour que les plantations du nouveau boulevard longeant l'enceinte s'harmonisent avec les jardins et les prolongent en créant un point de vue agréable », quand ils sont assaillis par des gardes-chasse royaux qui les ont pris pour des braconniers.

« C'est une institution des plus tyranniques aux portes de Paris, peste Blaikie dans son *Journal*. Personne n'est libre sur sa propre terre, pas même de couper un petit peu d'herbe sans être insulté par ces fripons. Ils prétendent que c'est pour le plaisir du roi, qui ne vient pratiquement jamais chasser ici, seulement vers Saint-Denis une fois par an. Quelle oppression. »

On est en 1787 : jusqu'au ras du « parc Monceau » s'étend une plaine giboyeuse, où règne un droit féodal façon chromo de manuel scolaire – « *La Chasse du seigneur piétinant les récoltes* » –, qu'on imaginait beau-

coup plus lointain dans le temps et dans l'espace.

Un siècle plus tôt, durant la minorité de Louis XIV, ces lieux étaient le théâtre d'autres altercations et de fréquentes batailles rangées entre les messiers, ces gardes champêtres des moissons et particulièrement des vignobles, et les étudiants chapardeurs. La vigne, à Monceau, appartenait aux moines de l'abbaye de Saint-Denis dès le IXe siècle. Un hameau s'était formé le long du chemin d'Argenteuil (aujourd'hui rue de Lévis), autour d'un château dont l'entrée se situait à l'actuel n° 22 de la rue Legendre. On y avait vu Jeanne d'Arc. La propriété était passée aux mains du Fermier général Grimod de La Reynière, le père du gastronome, puis dans la famille de Lévis. Enfin, une partie de son parc avait été vendue en 1769 au duc de Chartres qui deviendrait d'Orléans.

Le duc avait demandé à Carmontelle de lui créer un jardin pittoresque, un « pays d'illusion » réunissant « tous les temps et tous les lieux ». Il était surencombré de fabriques : des ruines d'aqueduc et de temples, antiques et gothiques, sans compter les moulins hollandais, les ponts chinois et les pagodes. Certaines des plantes étaient pareillement exotiques ; s'y faufilait parfois un herboriste furtif que Mme de Genlis, la gouvernante des enfants, avait identifié comme étant Jean-Jacques Rousseau. Elle lui fit parvenir une clef pour qu'il pût y venir plus librement.

Le duc était hospitalier. Quand M. de Fitz-James enterra chez lui sa vie de garçon, la maison de plaisance était entièrement tendue de noir, les lustres voilés de crêpe, les invités, et naturellement la livrée, portaient le deuil tandis que les veuves éplorées, fournies par la Gourdan, la célèbre

△ Vue des jardins de Monceau ; Carmontelle (?) en remet les clefs au duc de Chartres *(n. d.)*, *attribué à Carmontelle. Le duc lui avait demandé de créer un « pays d'illusion » réunissant « tous les temps et tous les lieux ».*

△ ◁ ◁ *La naumachie, la lanterne de pierre chinoise, de l'architecte Poyet remontent à la Folie de Chartres ; le pont à l'italienne, de Davioud, date du Second Empire.*

maquerelle, étaient vêtues de noir, elles aussi, sous forme de quelques lanières de gaze.

Blaikie, à Monceau depuis 1783 ou 1784, a modifié les vignobles italiens et de nombreuses allées, s'est occupé de la nouvelle serre chauffée des ananas et de la construction d'une galerie la reliant aux appartements et au jardin d'hiver, mais, surtout, du fameux mur d'enceinte. Une cinquantaine de parcelles en direction du village de Monceau et du futur boulevard ont été achetées et, la meilleure vue depuis les jardins étant vers la plaine, « il a été convenu que le duc ferait la dépense d'un grand fossé et que le mur serait construit dans le fossé ». Quand l'*Almanach du voyageur à Paris*, un peu plus tard, présente les lieux à ses lecteurs, il peut donc écrire : « Le jardin de Mgr le duc d'Orléans, à la barrière de Monceaux, est un des plus curieux ; son enceinte n'étant fermée que par un fossé, la vue n'y est point bornée ».

▷ *La pyramide au « bois des tombeaux », de Poyet, d'inspiration maçonnique.*

Du jardin d'Orléans au parc d'Haussmann

Les Orléans tiennent si fort à Monceau, ou le futur Louis-Philippe est si près de ses sous, qu'après les Trois Glorieuses de juillet 1830, il retarde de deux jours son accession au trône, le temps d'établir une donation à ses enfants, au mépris du droit voulant que les biens particuliers d'un nouveau roi soient « de plein droit et à l'instant même unis au domaine de la nation ».

Vingt-deux ans plus tard et six semaines après son coup d'État, Napoléon III cassait la donation frauduleuse ; c'était, pour les orléanistes, le « premier vol de l'aigle ». Haussmann n'allait pas laisser longtemps impunie cette pseudo-atteinte à la propriété : sous couvert de boulevard Malesherbes, la Ville expropriait l'État et les Orléans, et revendait plus de la moitié du parc à Émile Pereire pour en indemniser ces derniers. Des dix-neuf hectares initiaux, il en resterait moins de neuf ouverts au public. Zola pouvait écrire dans *La Curée* : « Saccard venait de faire bâtir son hôtel au parc Monceau sur un terrain volé à la Ville ».

Saccard ou, plutôt, ses modèles de la réalité avaient dû respecter quelques règles : l'acquéreur s'engageait à ne fermer les parcelles vendues que par des grilles, dont le modèle serait arrêté par le préfet de la Seine tandis que la Ville, en contrepartie, n'installerait dans le parc ni café-concert ni salle de spectacle.

Si les parcelles n'étaient pas closes de murs, ce n'était plus, comme autrefois, pour qu'elles disposent de la vue, c'était maintenant pour qu'on ait vue sur elles. L'inauguration d'un hôtel au parc Monceau allait devenir une scène de genre en littérature, depuis *La Curée*, en 1871, jusqu'à *La Famille Boussardel*, de Philippe Hériat, en 1946. Quand elle voit construire le sien, Mme Boussardel, qui connaît le Renaissance, le Louis-XV ou le Louis-XVI, « ne comprend rien à ce style d'à présent qui les transforme et les confond tous » !

Ce style syncrétique, c'est celui de l'épate. Zola, se documentant pour *La Curée*, a obtenu facilement des Menier du chocolat de visiter leur hôtel et d'interroger leurs domestiques. Ces gens-là n'ont rien à cacher, tout à montrer, au contraire ! Quand ils donnent des bals, ils font passer leurs invités – qu'amènent quelque trois cents voitures – par un circuit imposé devant leurs écuries où les chevaux ont été harnachés et caparaçonnés pour la circonstance ; et tout est ouvert dans leur hôtel, jusqu'aux chambres à coucher, comme le note le *Gaulois*.

△ *L'entrée du parc Monceau et ses grilles dorées de Gabriel Davioud.*

L'hôtel à l'étalage

Zola décrit ainsi l'hôtel d'Émile-Justin Menier, fondateur de la dynastie, au 5, avenue Van-Dyck : « À la voir du parc, au-dessus de ce gazon propre, de ces arbustes dont les feuillages vernis luisaient, cette grande bâtisse, neuve encore et toute blafarde, avait la face blême, l'importance riche et sotte d'une parvenue, avec son lourd chapeau d'ardoises, ses rampes dorées, son ruissellement de sculptures. C'était une réduction du nouveau Louvre, un des échantillons les plus caractéristiques du style Napoléon III, ce bâtard opulent de tous les styles. Les soirs d'été, lorsque le soleil oblique allumait l'or des rampes sur la façade blanche, les promeneurs du parc s'arrêtaient, regardaient les rideaux de soie rouge drapés aux fenêtres du rez-de-chaussée ; et, au travers des glaces si larges et si claires qu'elles semblaient, comme les glaces des grands magasins modernes, mises là pour étaler au-dehors le faste intérieur, ces familles de petits bourgeois apercevaient des coins de meubles, des bouts d'étoffes, des morceaux de plafonds d'une richesse éclatante, dont la vue les clouait d'admiration et d'envie au beau milieu des allées ».

Menier avait néanmoins laissé confier les masques de la façade, chevaux marins, lions et Mercure, autour de la porte et des fenêtres, ainsi que les cariatides du grand vestibule, à quelqu'un qui était tout sauf une valeur établie, le débutant Jules Dalou, 30 ans, qui serait plus tard sous-délégué de la Commune chargé de la réouverture et de la surveillance des Musées.

Sur trois rues et trois avenues nouvelles s'installèrent donc les « actionnaires du siècle », selon l'expression d'Edmond de Goncourt : Émile Pereire tout le premier, bien sûr, 10, rue Alfred-de-Vigny ; Émile-Justin Menier, on l'a dit, puis ses fils Gaston, au 4, avenue Ruysdaël (aujourd'hui siège de l'Ordre des pharmaciens), et Henri,

▷ 10, rue Alfred-de-Vigny, l'hôtel d'Émile Pereire, auquel Haussmann revendit plus de la moitié du Monceau des Orléans, normalement échu à la nation par l'accession de Louis-Philippe au trône.

◁ Hôtel d'Émile-Justin Menier au 5, avenue Van-Dyck : « une réduction du nouveau Louvre, un des échantillons les plus caractéristiques du style Napoléon III », selon Zola.

▷ Les communs de l'hôtel d'Henri Menier, fils d'Émile-Justin, au 8, rue Alfred-de-Vigny.

au 8, rue Alfred-de-Vigny ; Chauchard, fondateur des Grands Magasins du Louvre, 5, avenue Velasquez, et le financier Henri Cernuschi, au 7 ; les banquiers Abraham et Nissim de Camondo, aux 61 et 63, rue de Monceau. Flaubert, artiste plus qu'actionnaire, n'aura qu'un appartement, au quatrième étage du 4, rue Murillo, de 1869 à 1875, avec vue sur le parc, tout de même, « vue admirable » selon George Sand qui le visite alors qu'il est encore en travaux.

L'intérieur de l'hôtel Nissim de Camondo retient l'esprit de ce jardin d'Orléans que ses murs, comme ceux de ses voisins, ont piétiné. Comme en réparation, Moïse a fait rebâtir l'hôtel de son père à la façon de Jacques Ange Gabriel, harmonisant l'extérieur aux collections qu'il abrite ; c'est maintenant un conservatoire très homogène du dernier quart du XVIIIe siècle. Le musée Cernuschi, quant à lui, est celui du japonisme du XIXe siècle, ce goût si bien partagé des impressionnistes à Van Gogh en passant, bien sûr, par les frères Goncourt, qui pensaient avoir réussi dans leur grenier d'Auteuil ce qu'Henri Cernuschi aurait raté dans son hôtel trop froid : « lui donner le milieu hospitalier et plaisant d'une habitation ».

▽▷ Le musée Cernuschi est celui du japonisme du XIXe s., goût que partagèrent les impressionnistes et Van Gogh.

◁▽ Moïse de Camondo fit rebâtir l'hôtel de son père à la façon de J. A. Gabriel.

◁ Émile-Justin Menier avait laissé confier les masques de la façade, chevaux marins, lions et Mercure, à un débutant de 30 ans, Jules Dalou.

▷ *La pagode incongrue du marchand d'art C.T. Loo, au 48, rue de Courcelles, bâtie en 1926.*

L'Asie se maintiendra à Monceau, outre le legs Cernuschi, dans la pagode incongrue du marchand d'art C.T. Loo, au 48, rue de Courcelles, bâtie en 1926. Curieusement, Charles Dickens avait loué exactement à cette adresse, entre novembre 1846 et janvier 1847, pour lui et sa famille de six enfants, quelque chose qu'il qualifiait alors de « l'endroit le plus ridicule, extraordinaire, sans équivalent et absurde qui soit, situé entre la maison de poupée, la gargote, le château hanté et l'horloge déboîtée ».

Les égéries de la République

Pendant trois ans, la rue de Chazelles est le but obligé des promenades du dimanche : la *Liberté* de Bartholdi s'exhausse chaque semaine un peu plus au-dessus du portail de la maison Monduit & Béchet, Gaget, Gauthier et Cie, au n° 25. Bientôt, la flamme de sa torche, les pointes de son diadème, se voient au-dessus des toits, de très loin ; elles culmineront à quarante-six mètres. Et, aussitôt, elle se mettra à rapetisser, tout aussi graduellement, démontage qui précède la mise en caisses et l'expédition à New York.

L'empressement est aussi régulier, mais naturellement moins dense, auprès des égéries de la République, le dimanche de 17 h à 20 h chez Mme Arman de Caillavet, dans son salon de l'avenue Hoche ou, au coin de l'avenue de Messine et du boulevard Haussmann, chez Geneviève Straus, la fille du compositeur Halévy et la veuve de Georges Bizet. Chez la première, on peut voir Clemenceau, le jeune député Aristide Briand, « en complet de grand magasin et foulant ses somptueux tapis avec des souliers ferrés », et Jean Jaurès, parfois, qui explique obligeamment, si l'on en croit une mauvaise langue : « tout appartiendra au peuple, mais il ne sera pas défendu que ceux ou celles qui en ont particulièrement le goût et l'amour aient la garde des choses venues de leurs familles ou recueillies avec soin ».

▷ **La Statue de la Liberté de Bartholdi, dans l'atelier du fondeur Gaget, rue de Chazelles,** ***de Victor Dargaud (vers 1884). Tout Paris vint voir sa croissance spectaculaire.***
© PMVP/Berthier

Chez Geneviève Straus, dans l'entresol dont le feuillage des marronniers tamise la lumière, Maupassant et Degas conversent sur des divans bas entre des tableaux de Nattier, Quentin La Tour ou Monet.

Moins de dix ans après la remise solennelle de la statue de la *Liberté* au peuple des États-Unis, Geneviève Straus prend le deuil : le capitaine Dreyfus a été condamné. Son salon, naturellement, s'éclaircit ; y brille surtout maintenant le groupe de littérateurs du lycée Condorcet que son fils, Jacques Bizet, y amène : Proust, qui fait ici ses débuts mondains, Fernand Gregh, etc.

Le salon de Mme de Caillavet est, lui aussi, dreyfusard, et ici aussi la relève vient du fils de la maison, Gaston, et de ses amis, Robert de Flers, Léon Blum, tandis que l'hôtesse continue de combattre la paresse de son protégé, Anatole France, qui donne chez elle sa première pièce au début du mois de juin 1898.

Deux immeubles mitoyens de Lavirotte se sont construits en 1906 un peu plus haut que le salon de Geneviève Straus, aux 6 de la rue et 23 de l'avenue de Messine, formant l'angle des deux. C'est dans cette avenue encore, chez le prince et la princesse Jacques de Broglie, que sera donné, le 10 juin 1914, le Bal des pierreries, l'apothéose et le chant du cygne de la Belle Époque. Au fond de l'immense galerie est représentée la grotte d'Amphitrite, d'où sept ballets se déploieront successivement : la marquise de Piolenc mène le premier, parée de corail et entourée de la petite classe de l'Opéra costumée en coquillages. La princesse de La Tour d'Auvergne fait ensuite son entrée, portant ses magnifiques diamants historiques, et les pierres sont des modèles uniques sur toutes les femmes qui l'entourent. La princesse Jacques de Broglie conduit le ballet de la perle blanche, sa robe en est entièrement recouverte, une seule suffirait à doter une jeune fille du monde ; autour du cou, sur les épaules, les colliers célèbres de son arrière-grand-mère, la maréchale Berthier, princesse de Wagram. Mme Ephrussi, née Rothschild, représente les perles roses dans ces danses réglées par une étoile de l'Opéra. Après quoi, « des valets de pied en habit bleu de roy, tenue à l'anglaise à aiguillettes d'or, culottes de panne jonquille, bas de soie blancs, escarpins à boucles d'argent, cheveux poudrés, les maîtres d'hôtels identiques, mais en tenue noire, servirent un succulent souper pour les quinze cents invités ».

△ ***Deux immeubles de rapport de Jules Lavirotte (et Léon Binet, sculpteur) furent construits, en 1906, au 23 de l'avenue de Messine, à l'angle de la rue du même nom, avec, aux balcons, des ferronneries de Don de Linger.***

Les Ternes, le dernier château

L'extériorité des Ternes est double : d'une part, la propriété qu'y possédait l'évêque de Paris était déjà « externe » – d'où son nom – à son fief de la Ville-l'Évêque, largement étendu autour de la rue éponyme et lui-même situé hors des enceintes. D'autre part, le quartier est limité par une route longtemps dite « de la Révolte », tracée pour tenir Paris hors du regard royal après les quelques jours d'émeute de mai 1750. Celle-ci avait éclaté lorsque la police, chargée de ramasser des orphelins vagabonds pour les envoyer peupler le Mississippi, avait manifesté un zèle intempestif et était venue enlever des enfants dûment pourvus de parents presque jusque dans les bras de ceux-ci. Le bruit avait alors couru qu'un monarque exténué d'orgies avait besoin de se baigner dans du sang frais pour retrouver quelques forces. Le roi allait punir les insolents rebelles en les privant de sa personne et en passant, désormais, ostensiblement au large de sa capitale quand il aurait à se déplacer entre l'ouest et le nord. Les Ternes comptaient alors dix-huit maisons ; la route de la Révolte, ou route de la porte Maillot à Saint-Denis, était la première à frôler la capitale plutôt que d'y pénétrer et amorçait ici les futurs boulevards extérieurs ou périphériques.

▽ Le château des Ternes, unique vestige de tous ces châteaux qui faisaient une couronne autour du cœur de Paris. Henri III, après sa fuite, surveilla d'ici le siège de la capitale.

◁ *Le parc d'attractions Luna Park (ici vers 1910) succéda, entre la porte Maillot et la place de la Porte-des-Ternes, à une salle de spectacle géante construite pour l'Exposition universelle de 1900. Yves Montand en chantera encore « la lumière des lampes à arc » en 1944.*
© Harlingue/Roger-Viollet

Louis XV avait fini d'être le Bien-Aimé. Il dédaignait Paris au moment même où la ville mettait tout en œuvre pour lui élever une statue ; il n'y serait plus représenté que par celle-ci.

Un autre roi chassé de sa capitale, mais, lui, au sens propre, l'avait précédé dans ces confins deux siècles auparavant : Henri III. Un sien valet de chambre avait acquis la « Villa Externe » de l'évêque et l'avait transformée en château. C'est de l'une de ses tours que le roi son maître avait surveillé le siège quand, ayant dû fuir Paris, il s'était juré de n'y revenir que « par la brèche ». Le hameau des Ternes s'était développé autour de ce château, entièrement reconstruit sous la Régence. C'est le seul qui nous reste de tous ces châteaux semés en couronne autour du cœur de Paris.

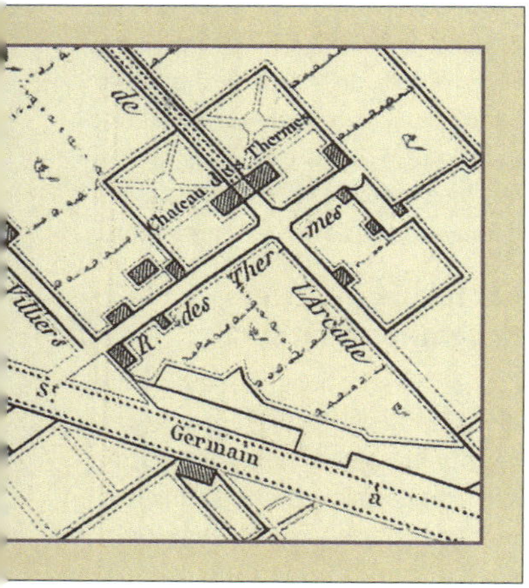

Guinguettes et santé

Un même destin trinitaire – parcs d'attractions, maisons de santé et guinguettes de barrières – a ensuite réglé, ici comme ailleurs, le sort des villages qui, après 1860, formeront la dernière spire des arrondissements parisiens. Sur des dépendances du château des Ternes, l'Enclos des Montagnes russes sera, pendant la Restauration, le premier à présenter ce type d'attraction qui met des frissons au creux du ventre. À partir de 1903, Luna Park, succédant entre la porte Maillot et la place de la Porte-des-Ternes à une salle de spectacle géante construite pour l'Exposition univer-

◁ *« Que l'étranger s'empresse d'aller voir, écrit Maire en 1808, l'antique château des Thermes, ou Ternes, actuellement réparé. »*
DR

▷ *Villa des Ternes (10, avenue de Verzy) : ce qui reste, à compter de 1937, de l'ambition d'une agence d'architecture de copier, en 1914, le palais de Darius Ier à Suse.*

selle de 1900, les multipliera sous « la lumière des lampes à arc ».

Aux barrières, zone non taxée au-delà de l'enceinte fiscale, la population laborieuse vient, soit le dimanche soit le lundi, manger en famille le lapin sauté et boire à bon compte. Intégrés à la commune de Neuilly depuis la Révolution, les Ternes ne comptent guère alors que huit mille habitants. Ici, les Parisiens, hors de la capitale et de sa juridiction policière, peuvent débattre de leurs problèmes. C'est aux Ternes, à la barrière du Roule, qu'en juillet 1840, les ouvriers tailleurs en grève, puis les cordonniers et bottiers se rassemblent par milliers.

Au Château, dont l'un des propriétaires a fait percer le rez-de-chaussée d'une arcade laissant le passage à une rue (actuellement Bayen), s'est installé, en 1841, le premier établissement français d'hydrothérapie appliquant les principes de Priessnitz : sudation, bain froid, et absorption quotidienne de quelque trois litres d'eau de Seine filtrée et rafraîchie, entrecoupés de promenades dans le parc ombragé. La fréquentation de l'établissement du Dr Baldou est importante, le village étant bien desservi. Jusqu'en 1913, les omnibus de la ligne D (voitures jaunes, lanternes uniment rouges) le relieront au boulevard des Filles-du-Calvaire, par Saint-Philippe-du-Roule, la rue Royale, la place de la Madeleine, la rue Saint-Honoré, celle de l'Arbre-Sec, la pointe Saint-Eustache et le cirque Napoléon ; et la ligne M (voitures jaunes, lanternes vert et rouge) à Belleville par les boulevards des Fermiers généraux.

▽ *L'architecte Nicolas Lenoir dit le Romain fit, en 1781, percer le rez-de-chaussée du château des Ternes d'une arcade laissant le passage à une rue (ici vers 1900).*

Les beaux quartiers et comment en sortir

Les Ternes sont aussi, de l'autre côté de l'avenue de Neuilly, ligne de partage du Triangle d'or, le symétrique de la plaine de Passy. Sur les deux hectares de l'ancien Enclos des Montagnes russes, un lotissement, la Villa des Ternes, se crée dès 1822 autour de cinq avenues. En 1854, le village comme le parc du château sont coupés en deux par le chemin de fer d'Auteuil. Au croisement de celui-ci avec le chemin de la Planchette à Courcelles, la place de Courcelles (aujourd'hui du Maréchal-Juin) va former un octogone irrégulier de maisons aux façades monumentales. À l'annexion, la population des Ternes aura plus que doublé depuis 1830, dépassant les seize mille habitants.

Si le mouvement vers la maison de rapport au coin en rotonde coiffée d'un dôme est bien parti du côté de l'avenue de Neuilly (aujourd'hui de la Grande-Armée), la Villa des Ternes est moins uniforme. Les Monduit – ceux qui, rue de Chazelles, sont en train d'assembler une statue de la Liberté qui dépasse de loin tous les immeubles[10], y ont acheté quatre parcelles. La maison du sculpteur Broise y mêle l'orientalisme d'une villa palermitaine à l'Art nouveau, et l'agence de l'architecte Maurice Coulomb copie le palais de Darius Ier à Suse. C'est pourtant la première qui sera achetée, plus tard, par l'ambassadeur d'Iran et verra son grand salon transformé en salle du trône, tandis que l'Art nouveau essaimera sous le grès, avec le Ceramic Hôtel de Lavirotte, jusqu'à l'avenue de Wagram (n° 34).

L'habitant des beaux quartiers a le bonheur d'être très agréablement logé, et les moyens de n'y pas rester enfermé pour autant. À la Belle Époque, il est sur roues, deux ou quatre, et membre du Touring Club qui vient de se créer à Neuilly. Au Café des Sports, porte Maillot, rendez-vous des cyclistes des deux sexes, la tenue des dames passe en un rien de temps de la jupe-culotte en cloche à la culotte très bouffante façon zouave, puis aux knickerbockers sous un veston masculin légèrement cintré. Les vélos se fabriquent chez Besse et Hammond, rue Descombes, pratique-

▷ Les grès flammés d'Alexandre Bigot recouvrent entièrement la façade du Ceramic Hôtel de Jules Lavirotte (1904).

▷ ▽ Au n° 8, les grès d'Alexandre Bigot (sa dernière réalisation) s'inspiraient, eux aussi, de la Perse.
Au n° 5, villa mi-Art nouveau mi-sicilienne, construite en 1904.

10. Voir le chapitre Monceau, p. 126.

ment sur l'emprise des anciens terrains du château des Ternes, où mille deux cent soixante-dix ouvriers s'affairent. Arrivées devant le Café des Sports, les bicyclettes se portent avec un canotier de paille tenu par un ruban jugulaire ou une casquette à peine bouffante.

△ *La porte Maillot est toujours le départ de l'allée de Longchamp, dont le pont de Suresnes était, le dimanche, l'ouverture sur le large (*L'Illustration*, 12 septembre 1903).*
© L'Illustration

La porte Maillot est toujours le départ de l'allée de Longchamp dont le pont de Suresnes est l'ouverture sur le large. Le dimanche, il est pourtant relativement embouteillé d'automobiles découvertes où les conducteurs portent des lunettes de soudeur au-dessus de la moustache et du long manteau de fourrure, et où les femmes ont la tête complètement empaquetée de tulle et de gaze comme si elles s'apprêtaient à ouvrir une ruche.

◁ *Porte Maillot, ce bas-relief de Dalou est dédié à Émile Levassor, pionnier de la voiture à essence.*

C'est à Paris qu'est née l'industrie de l'automobile. Ses salons annuels sont au Grand Palais dès 1901 ; les premiers magasins permanents s'ouvrent sur les Champs-Élysées et sur l'avenue de la Grande-Armée. Leur succession est balisée par Jean Boucher d'une sculpture monumentale hyper-réaliste, place Saint-Ferdinand, dédiée à Léon Serpollet, le précurseur de l'auto à vapeur, et par Dalou, porte Maillot, d'un bas-relief décoiffant à Émile Levassor, pionnier de la voiture à essence.

Porte Maillot, le populo ne va pas plus loin : à Printania, le grand café-concert en plein air, à Luna Park, la fête mythique du demi-siècle ; et des centaines de vélos, qui ne sont plus le training du sportsman, mais la bécane du prolo, jonchent le hall du Théâtre de l'Étoile, avenue de Wagram, quand Yves Montand, le chantre de Luna Park, y entame son récital le 5 octobre 1953. Ils sont venus malgré la grève des transports parisiens, et avec eux Danièle Delorme, Anne et Gérard Philipe, Simone Signoret, Aragon et Elsa Triolet, Serge Reggiani, Pierre Brasseur ; le programme est préfacé d'un poème de Prévert, l'enregistrement public aura une pochette d'Effel. À côté, la salle Wagram, ancien bal champêtre Dourlans sous Napoléon Ier, est encore une grande salle de meetings politiques. La nature double des Ternes tient toujours à leur proximité du bois de Boulogne, aristocratique et populaire, polo et vélo.

La rive droite ou la Ville

Du Louvre aux Batignolles

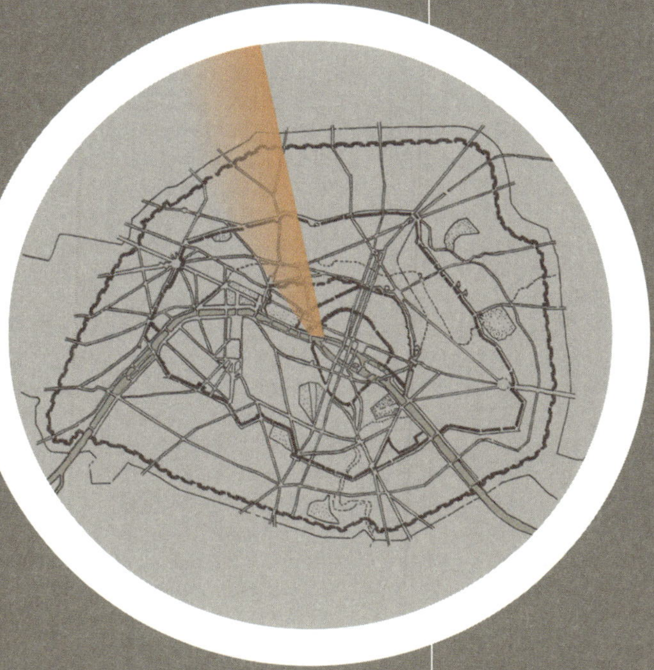

Le Louvre, l'heure lente de l'art

Le Louvre de Philippe Auguste, sur le quart sud-ouest de la surface actuelle de la cour Carrée, n'est qu'un ouvrage défensif de la muraille du XIIe siècle. Charles V, près de deux siècles plus tard, décale l'enceinte de Paris à l'ouest : dans le prolongement de l'actuel pont du Carrousel, elle montera plein nord et, par les rues aujourd'hui d'Aboukir et de Cléry, la porte Saint-Denis et les Grands Boulevards, rejoindra la Bastille. Décollée du Louvre, la nouvelle enceinte donne de l'espace au château qui peut devenir une demeure de plaisance. Au XVIIe siècle, Louis XIII repousse encore l'enceinte d'un cran à l'ouest, y englobant le château des Tuileries dont les

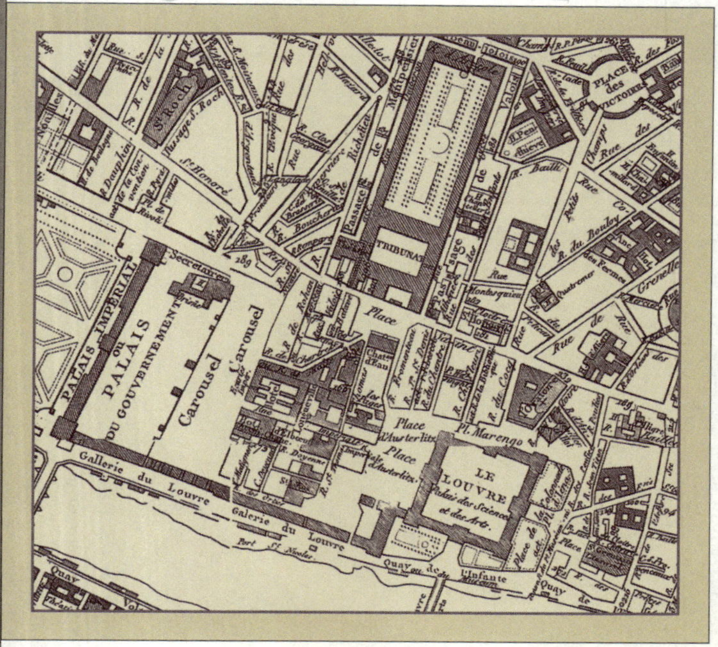

▷ Sur le plan Maire (1808), le triangle du Tribunat, l'une des quatre assemblées de la constitution bonapartiste de 1799, du Palais impérial des Tuileries, et du Louvre.
DR

▷ *Dans la grande galerie, couloir de liaison entre Louvre et Tuileries, Richelieu logeait l'Imprimerie royale, Théophraste Renaudot et sa* Gazette de France.

terrasses remploient, côté Concorde, le mur du dernier bastion. L'idée naît alors de cette jonction des deux palais, celui du Louvre et celui des Tuileries, par une galerie le long de la Seine et une autre, symétriquement, au nord, projet qui sous le nom de « grand dessein » sera l'Arlésienne de Paris durant trois siècles.

Le Louvre, devenu palais, n'a pas eu aussitôt cette dignité rassise que lui donneront ensuite une architecture majestueuse et une longue consanguinité avec les beaux-arts. Il a retenti d'arquebusades et de coups de pistolets ; il a été à feu et à sang. On a cru y voir Charles IX, le 24 août 1572, jour de la Saint-Barthélemy, tirer d'une fenêtre de sa chambre, dans la petite galerie, sur les protestants jetés en Seine qui bougeaient encore. Si l'anecdote est peut-être controuvée, la cour du Louvre était remplie de cadavres, et la responsabilité du roi entière.

Assassinat de moindre échelle, le 24 avril 1617, celui de Concini, le favori de la reine mère, attiré dans une souricière sur le pont-levis du Louvre et abattu à coups de pistolet. Aussitôt fait, Louis XIII parut à la fenêtre et fut salué par ses gentilshommes du cri de « Vive le Roi ! » ; il envoya dire à sa mère qu'il prenait la direction du royaume et qu'elle n'avait plus à se mêler de rien.

△ *La statue de l'amiral de Coligny au chevet de l'Oratoire.*

◁ La Saint-Barthélemy, *de François Dubois (vers 1575-1584).*

▷ *Musée du Louvre, la salle des Cariatides. Premières occupantes des lieux, elles furent sculptées dès 1548 par Jean Goujon.*

Si, dans la salle des Cariatides, celles-ci pouvaient parler, si elles n'étaient pas l'obéissance et la soumission pétrifiées, elles qui étaient là les premières – elles ont été sculptées, dès 1548, par Jean Goujon sous la « conduite et superintendance » de « notre cher et bien-aimé Pierre Lescot » ainsi que s'exprimait François Ier –, elles raconteraient le poids douloureux de la tribune de pierre, des musiciens et de leurs instruments quand Catherine de Médicis et Henri II, son époux, donnaient ici leurs bals. Elles diraient la visite de Montaigne, apportant avec lui vingt tonneaux de bordeaux pour gagner toutes les sympathies à sa bonne ville, en cette année 1555 où les vins de Paris sont justement « un peu courts », ou « guinguets » comme l'on dit, ce qui sera peut-être l'étymologie de guinguettes.

Elles se lamenteraient des quatre chefs de la Ligue, parmi les plus coupables des Seize, pendus aux solives de la salle. Elles rappelleraient que, sous Henri IV, les huguenots utilisaient librement le lieu pour leur culte ; et qu'elles avaient pleuré ensuite, durant les onze jours d'exposition du cercueil du bon roi, entre des étais soutenant un plafond près de crouler sur son effigie de cire modelée, vêtue de satin rouge sous la couronne, et d'un manteau de velours violet semé de fleurs de lys et doublé d'hermine.

Elles se souviendraient d'avoir vu Molière, pour la première fois, le 24 octobre 1658, donnant ici le *Nicomède* de Corneille, et qu'« on fut surtout fort satisfait de l'agrément et du jeu des femmes ». Suivi d'une piécette de son cru, *Le Médecin amoureux*, « et la manière dont il s'acquitta de ce personnage le mit dans une si grande estime que Sa Majesté donna ses ordres pour établir sa troupe à Paris. La salle du Petit-Bourbon lui fut accordée pour y représenter la comédie alternativement avec les comédiens italiens ».

Le Louvre et la Chambre bleue

Après un long périple provincial, Molière vient de rentrer à Paris, il s'est installé dans la maison dite « à l'Image Saint-Germain », quai de l'École, à l'ouest du Pont-Neuf. Il joue donc maintenant, selon le vœu du roi, en alternance avec la Comédie-Italienne, les mardis, jeudis et samedis à l'hôtel du Petit-Bourbon. Cet ancien hôtel d'un félon a été réduit à sa salle immense, qui va bientôt être emportée par le quadruplement du vieux Louvre.

Les cariatides reverront néanmoins Molière donner devant la cour *L'Étourdi*, *Les Précieuses ridicules*, *George Dandin* et encore, parce qu'on préfère leur salle au vrai théâtre voulu par Mazarin, cette « salle des Machines » des Tuileries dont l'acoustique

◁ *Pierre Corneille lisant* Polyeucte *à l'hôtel de Rambouillet, en 1642 (gravure d'après un dessin de Félix Philippoteaux).*

▷ Le Louvre et l'hôtel de Bourbon, vus de la rive gauche, *de Renier Nooms, dit Zeemann (vers 1650). Dans cet hôtel, la troupe de Molière joua, selon le vœu du roi, en alternance avec la Comédie-Italienne.*

s'avère décevante, *L'École des femmes* et *Le Mariage forcé*.

Le Petit-Bourbon en passe d'être démoli, la troupe de Molière s'est transportée dans le théâtre de l'ancien Palais-Cardinal, une salle de douze cents places que l'omniscient Richelieu avait inaugurée vingt ans plus tôt avec des pièces écrites de sa propre main. Au répertoire de Molière, *Le Dépit amoureux* et *Le Cocu imaginaire*. Cette dernière pièce propitiatoire, peut-être, son auteur s'apprêtant à épouser Armande Béjart, la fille de la maison où il s'est trouvé un nouveau logis, en haut de la rue Saint-Thomas-du-Louvre, du côté ouest, là où elle s'élargit pour devenir la place du Palais-Royal.

Le comédien garde donc son domicile à deux pas de son lieu de travail ; le dramaturge trouve ses sujets non loin. Il y a eu le Louvre des soldats et de l'intrigue, et il y a eu en réaction, dès 1610, dans cette même rue Saint-Thomas qu'il habite, un peu plus bas, à l'emplacement de l'actuel pavillon Turgot, l'anti-Louvre : l'hôtel de la marquise de Rambouillet. Catherine de Vivonne en a tracé elle-même les plans et a créé un style : des pièces en enfilade, de grandes portes-fenêtres s'ouvrant du sol au plafond, des alcôves et leurs ruelles – l'espace entre lit et cloison – qui délimitent le lieu de la nouvelle sociabilité. La « Chambre bleue » de la marquise a vite été « la Cour de la Cour », c'est-à-dire le comble de la politesse. C'est aussi le réservoir de l'esprit précieux dans lequel Molière puise en voisin pour en railler les ridicules. Sans compter que le marquis de Montausier, qui soupira dix ans pour la fille de l'hôtesse et composa pour elle, avec le renfort de quantité d'autres beaux esprits, *La Guirlande de Julie*, bouquet de soixante-deux poèmes la

célébrant sous les traits de trente fleurs, passe pour être le modèle de l'Alceste du *Misanthrope*.
Mme de Rambouillet s'éteint en 1665. Son anti-Louvre n'avait plus de raison d'être, le vrai était maintenant policé. Colbert désirait qu'y logeât le roi, renouant avec la décision de François Ier, un bon siècle plus tôt, « de dorénavant faire la plupart de [sa] demeure et séjour » à Paris et au Louvre ; le carré du vieux Louvre serait pour cela quadruplé. Le 17 octobre, le roi pose la première pierre de l'aile orientale, face à Saint-Germain-l'Auxerrois, dans laquelle il doit s'installer : le projet du Bernin a été repoussé parce que, beau et noble extérieurement, il offrait à l'intérieur un logement malcommode.
Finalement, compte tenu du coût des expropriations nécessaires à l'établissement d'un vide de sécurité devant les appartements royaux de ce côté-là, Colbert incline à les placer dans l'aile sud, qui regarde la Seine. En 1671, la colonnade de Claude Perrault est achevée quand le budget alloué à l'agrandissement du palais se voit subitement divisé par dix. François Ier avait financé son Louvre par une taxe sur le commerce parisien du poisson, Henri IV le sien en imposant celui du vin. Louis XIV n'a ni ces ressources ni le même intérêt pour Paris, il est déjà tourné vers Versailles.

▷ **La Grande Galerie du Louvre entre 1801 et 1805,** ***d'Hubert Robert ; remplie par Napoléon de mille cinq cents tableaux volés.***
© Photo RMN/C. Jean

△ ***La colonnade de Claude Perrault fut jugée plus apte que le projet du Bernin à abriter un appartement commode pour le roi. Mais quand sa construction s'acheva, en 1671, Louis XIV était déjà tourné vers Versailles.***

Quelque chose comme un squat

Le Louvre délaissé, Charles Perrault, qui est à la fois premier commis des Bâtiments du roi – grâce à quoi il a proposé son frère pour la colonnade – et l'auteur des célèbres *Contes*, est bien placé pour obtenir que l'Académie française, dont il est membre, puisse occuper un bout du palais, ce qui lui sera accordé entre le pavillon de l'Horloge et le pavillon de Beauvais. Henri IV logeait déjà au Louvre artistes et artisans : peintres, sculpteurs, orfèvres, horlogers et joailliers, sans compter des ateliers de tapisseries et ceux des monnaies et médailles, mais c'était dans la grande galerie, qui n'est qu'un couloir de liaison entre Louvre et Tuileries. Richelieu avait ajouté à ceux qui l'occupaient déjà, dans ses entresols et rez-de-chaussée, l'Imprimerie royale et, mieux encore, Théophraste Renaudot et sa *Gazette de France*, se constituant ainsi un grand service intégré de l'information et de la propagande.
Ce qui est nouveau, c'est la prise de possession du Louvre proprement dit, et toutes les académies spécialisées vont y suivre la première : celle de peinture au premier étage de la cour de la Reine (du Sphinx), celle d'architecture dans l'appartement de Marie-Thérèse, celle des sciences dans celui du roi, au rez-de-chaussée ; l'acadé-

mie politique au-dessus de la chapelle. Et les particuliers ne sont pas en reste : Girardon installe son atelier dans une galerie donnant sur la cour de la reine mère, et Coustou met le sien dans la salle égyptienne du rez-de-chaussée de la colonnade.

Celle-ci n'a ni toiture ni fenêtres. Le palais censé devenir le plus magnifique monument de la Chrétienté présente au ciel des trous béants qu'entourent des façades aux orbites creuses. Heureusement, ça ne se voit guère : la colonnade passée sur le corps du Petit-Bourbon, on a tôt fait, des restes de l'hôtel, les écuries de la reine et le garde-meubles, qui masquent le chef-d'œuvre de Perrault. Toutes les interdictions imposées aux riverains en vue de l'installation du roi en son Louvre sont levées avant la fin du siècle et le Régent, au début du suivant, confirmera officiellement l'abandon des travaux de sorte de rétablir pour les propriétaires, en levant les incertitudes quant à d'éventuelles expropriations, la pleine valeur marchande de leurs biens.

Du Louvre, on vole les matériaux ; déjà, certaines parties tombent en ruine ; autour, les bâtiments se multiplient : un corps de remises pour la comtesse de Feuillants sur la place du Carrousel, une station de carrosses et de fiacres devant la façade orientale, rue des Poulies. Pire, quantité de constructions parasites, de cabanes, de baraques de planches adossées à ses murs viennent littéralement l'étouffer : des cabarets que les Suisses chargés de sa garde ont ouverts pour arrondir leur solde, une quarantaine d'échoppes que donne en location l'Académie française, alignées dans le jardin de l'Infante ! Et le long des galeries sont disposées les pierres d'approvisionnement des entrepreneurs de la Monnaie.

Les peintres Boucher et Coypel, les sculpteurs Slodtz et Lemoyne, entre beaucoup d'autres, sont venus rejoindre au Louvre Girardon et Coustou, et des graveurs, et des orfèvres, et l'ébéniste Boulle dans l'atelier duquel un

▽ **Dégagement de la colonnade du Louvre,** ***de P.-A. Demachy (1764). Le conseil de Voltaire, « découvrir les monuments qu'on ne voit point », fut suivi.***

▷ *La galerie des Proues, ancien mur est de la cour d'honneur, dont rostres et ancres rappellent que Richelieu était grand-maître de la Marine. C'est le seul reste du Palais-Cardinal, avec le n° 6 de la rue de Valois, dont le grand balcon aux consoles léonines donnait sur le jardin jusqu'en 1784.*

incendie éclate en 1720, qui détruit une quantité non négligeable de tableaux et d'œuvres d'art. Les collections du Louvre sont celles d'un garde-meubles, ni inventoriées ni, encore moins, visibles. Tous les châteaux royaux, et un certain nombre de dignitaires, y puisent à l'envi et pratiquement sans contrôle.

Le Palais-Royal pour le roi de Paris

Il y a un roi qui n'est pas là – l'état de son Louvre, devenu « l'asile des hiboux », le montre assez –, et il y a un Palais-Royal bien habité celui-là, où n'est point le roi, mais son frère, Monsieur, Philippe d'Orléans. Si le palais anciennement « cardinal » est devenu « royal », celui qui l'occupe doit l'être en quelque sorte : roi de Paris quand l'autre n'est que le roi de Versailles ? On n'en est pas là, mais là est bien le mouvement du XVIIIe siècle qui commence.

Le palais légué par Richelieu, échu à la branche cadette des Bourbons, a été embelli par Mansart. Monsieur y donne de fort belles fêtes et ouvre ses jardins au public. Son fils est bientôt le Régent. Trois mois à peine après les funérailles de Louis XIV, le Régent ouvre le bal dans l'Opéra de son palais, cette salle où Molière est mort le 17 février 1673 en jouant le *Malade imaginaire*, où l'Académie royale de musique dirigée par Lully lui a succédé.

Trois fois par semaine, de la Saint-Martin jusqu'à la fin du carnaval, le plancher du parterre s'élève jusqu'à rejoindre la scène. Le Régent et ses « roués », c'est-à-dire ses gibiers de potence, au sortir de leurs soupers à

huis clos, sans cuisiniers ni laquais sauf pour interdire les portes, y viennent se mêler à la danse, quand ils tiennent encore debout. Une nuit que le Régent veut y paraître absolument incognito, l'abbé Dubois, qui a été son précepteur, affirme qu'il connaît le moyen le plus sûr : il lui donnera publiquement des coups de pied au derrière. Ce qu'il fait avec tant d'entrain que sa victimes doit lui crier : « L'abbé, tu me déguises trop ».

Le Régent meurt, frappé d'apoplexie, en 1723. Louis XV règne officiellement ; il n'exercera la réalité du pouvoir que vingt ans plus tard. Ce temps approche lorsqu'au Café de la Régence, sur la place du Palais-Royal, tout à côté de la maison où

▷ Le Café de la Régence, le 2 décembre 1857, *de Jules Noël.*
© Coll. Roger-Viollet

▽ Vue du café du Caveau du Palais-Royal *(aquarelle du XVIIIe s.). Ses arcades résonnèrent de la querelle opposant les partisans de Gluck, appuyé par la jeune reine Marie-Antoinette, à ceux de Piccinni, protégé de Mme du Barry, maîtresse du feu roi.*
© Bridgeman/Lauros-Giraudon

Molière a rencontré Armande Béjart, Denis Diderot et Jean-Jacques Rousseau sont présentés l'un à l'autre. « Le café est très en usage à Paris : il y a un grand nombre de maisons publiques où on le distribue », affirment les *Lettres persanes* de Montesquieu, censément écrites entre 1712 et 1720. « L'effet en fut incalculable – n'étant pas affaibli, neutralisé, comme aujourd'hui, par l'abrutissement du tabac. On prisait, mais on fumait peu », assure Michelet qui attribue au café « l'explosion de la Régence et de l'esprit nouveau, l'hilarité subite, la risée du vieux monde, les saillies dont il est criblé, ce torrent d'étincelles »…
L'établissement, tenu par Rey, qui lui a donné ce nom dès le début de la Régence, est avec le café Marion, impasse de l'Opéra (aujourd'hui début de la rue de Valois), le lieu où se fait l'opinion. On y trouve le *Journal de Paris*, cantonné aux questions artistiques, qui est crié à cinq sols là comme dans les jardins publics, la *Gazette*, toujours publiée au Louvre, qui paraît maintenant le lundi et le vendredi, et des placards et libelles plus officieux. On compte alors trois cent quatre-vingts cafés à Paris. On y joue aux échecs. « Si le temps est trop froid, ou trop pluvieux, confesse Diderot par la voix du *Neveu de Rameau*, je me réfugie au Café de la Régence ; là, je m'amuse à voir jouer aux échecs. Paris est l'endroit du monde, et le Café de la Régence est l'endroit de Paris où l'on joue le mieux à ce jeu. C'est chez Rey que font assaut Legal le profond, Philidor le subtil, le solide Mayot… »
Bientôt Rousseau, Diderot et Condillac se réuniront une fois par semaine au Palais-Royal, à l'Hôtel du Panier-Fleuri.

▷ *Le Café de Chartres fut le premier « restaurant », notion née après Thermidor. Jean Véfour le racheta en 1820.*

Quand le Salon est celui du Louvre

L'esprit des Lumières, la curiosité encyclopédique s'exerce encore quand La Popelinière – le Fermier général, protecteur de Rameau, qui a été le modèle du *Mondain* de Voltaire – a des soupçons concernant la conduite de sa femme, et appelle à la rescousse Vaucanson, l'inventeur de ces automates fameux que sont le Joueur de flûte, le Canard digérant et le Tambourinaire, d'une pompe à eau et du métier à tisser automatique. Vaucanson inspecte, au 59, rue de Richelieu, la chambre de Madame, et n'est pas long à découvrir qu'une cheminée pivotante permet au voisin, en l'occurrence le maréchal duc de Richelieu, d'y entrer comme bon lui semble. Le jouet à la mode, ce Noël-là, sera une cheminée miniature dont le rideau, quand on le tire, fait se précipiter l'une vers l'autre deux figurines d'homme et de femme. Naturellement, le Fermier général n'a pas attendu la fin de l'année pour réagir, et les *Tendres plaintes*, de Rameau, évoquent peut-être « les lamentations de Mme de La Poplinière lorsque son mari la chassa de son hôtel ». Sous l'offensive des Jésuites, le 8 mars 1759, le privilège est retiré à l'*Encyclopédie* – ce « magasin de toutes les choses utiles », comme disait ingénument Mme de Pompadour –, les volumes déjà parus sont interdits de vente, obligation est faite de rembourser les souscripteurs. La décision serait ruineuse si Malesherbes, le directeur de la librairie, n'autorisait, *in extremis*, ce remboursement sous la forme de volumes de planches et non de numéraire.

Grimm, qu'il a connu par Rousseau, propose opportunément à Diderot la critique d'art de sa *Correspondance littéraire*. Au Salon carré du Louvre et dans les deux salles suivantes (aujourd'hui Percier et Fontaine), ancienne bibliothèque du roi, l'Académie de peinture expose tous les deux ans, après un premier essai dès 1702, les toiles de ses membres ou de peintres agréés par elle. En cette année 1759, où Grimm et Diderot commencent à en faire le compte rendu pour toute l'Europe, cent vingt-quatre tableaux recouvrent entièrement les murs, du sol au plafond, les uns contre les autres ; les statues sont posées au milieu, sur des tables – un vrai capharnaüm.

△ **Vue perspective du Salon de l'Académie royale de peinture et de sculpture au Louvre** ***(gravure du XVIIIe s.). En 1759, cent vingt-quatre tableaux recouvraient entièrement les murs du Salon carré.***

Ce n'est rien à côté de l'aspect extérieur du bâtiment, dont se lamente Voltaire : « On passe devant le Louvre, et on gémit de voir cette façade, monument de la grandeur de Louis XIV, du zèle de Colbert et du génie de Perrault, cachée par des bâtiments de Goths et de Vandales ». Il faut absolument, affirme-t-il dans un court texte, *Des Embellissements de Paris*, « découvrir les monuments qu'on ne voit point ». Cette même année, la muni-

cipalité de Paris propose de terminer le Louvre à ses frais si le roi lui en accorde l'aile méridionale. En vain. On finira tout de même par démolir le garde-meubles, les écuries de la reine et les postes royales et, en 1776, on commencera d'aménager la place devant la colonnade et de l'ensemencer en gazon. Le transfert des messageries rue Plâtrière (aujourd'hui J.-J.-Rousseau) entraîne une multiplication des hôtels de voyageurs dans la rue d'Orléans (aujourd'hui du Louvre), entre la rue Saint-Honoré et la rue des Deux-Écus (aujourd'hui Berger). Le quartier est le royaume de la mode. Rue Saint-Honoré, près de l'Oratoire, est le parfumeur Dulac, à l'enseigne « Au buste d'or », où Mme du Barry achète ses mouches. Un vénérable voyageur anglais s'est souvenu avec émotion de « cette extravagante et onéreuse boutique dont la marchande était aussi tentante que ce qu'elle vendait, et où un homme plus jeune que [lui] aurait couru le risque de perdre ce qui est plus précieux que l'argent… Il était presque impossible de lui refuser le prix qu'elle demandait, comme de partir sans avoir acquis quelque chose, autant pour vous rappeler le lieu où vous l'aviez acheté que pour l'objet lui-même ».
Bientôt, l'Américain Thomas Jefferson sera assidûment posté devant un échiquier, de l'autre côté du Palais-Royal, au-dessus du Café de Foy. Au coin du quai et de la place de l'École, le Café de Manoury, que fréquentent Restif de la Bretonne et Sébastien Mercier, né à côté, est aux dames ce que le Café de la Régence est aux échecs. Le patron est l'auteur d'un essai sur le jeu « à la polonaise ».

△ « La salle d'arbres » du Palais-Royal était censément « la plus belle du monde ». L'annonce de sa destruction par le futur Philippe Égalité suscita un tollé chez les Parisiens.

Le Palais-Marchand du frère maçon

L'Opéra a brûlé, a été remplacé par un autre plus grand, juste en face, qui vient à son tour d'être la proie des flammes, et a manqué consumer la Guimard. Elle est révolue l'époque du banc de l'allée d'Argenson, du côté de l'actuelle rue des Bons-Enfants où se trouvait l'hôtel du marquis, ce banc près duquel Diderot retrouvait Sophie Volland, et qu'il évoque dans le *Neveu de Rameau* en en gommant pudiquement son amie : « Qu'il fasse beau, qu'il fasse laid, c'est mon habitude d'aller sur les cinq heures du soir me promener au Palais-Royal. C'est moi

◁△ Soixante pavillons locatifs, de trois arcades chacun, écornèrent le jardin.

▷ *Dans les jardins, Mazarin avait organisé pour le jeune Louis XIV des chasses à sa mesure, et un fort miniature pour la préparation à la guerre.*

△ *Aux galeries, le duc donna le nom de ses fils : Montpensier, Beaujolais et Valois. Le jardin y perdit près de 60 mètres en longueur et plus de 40 en largeur.*

qu'on voit toujours seul, rêvant sur le banc d'Argenson ».

Devant le banc, un bois plus qu'un jardin, « la salle d'arbres » du Palais-Royal selon l'expression d'alors, et qu'on disait la plus belle du monde. L'annonce de sa destruction a suscité un tollé chez les Parisiens, mais le saccage a tout de même eu lieu : le duc de Chartres – il ne sera duc d'Orléans qu'à la mort de son père, en 1785 – a fait construire ses cent quatre-vingts arcades en soixante pavillons à louer, à l'origine d'un nouveau sobriquet pour l'endroit, devenu, dans le langage parisien, le Palais-Marchand. Mais, déjà, le nouveau jardin est la promenade à la mode. « Mon cousin, lui demandera Louis XVI, maintenant que vous voilà boutiquier, ne vous verra-t-on plus que le dimanche ? »

Le divorce est total entre le roi dévot conduisant une réaction aristocratique qui, flattant les préjugés féodaux, n'autorise plus l'accès des charges à la cour, des grades dans l'armée, qu'à ceux qui peuvent justifier d'au moins quatre quartiers de noblesse, et le candidat au trône, Grand-Maître de la franc-maçonnerie, allié de la bourgeoisie d'affaires là comme, après les élections, au Club breton qui deviendra celui des Jacobins. Dès le mois de juin 1789, les agitateurs du futur Philippe Égalité ont mené dans l'armée la propagande fructueuse qui allait aboutir à sa défection, si bien que Camille Desmoulins, au Palais-Royal, debout sur une table du Café de Foy, pouvait, le 13 juillet, appeler sans grands risques à l'émeute : comme il l'avait assuré à son père, « les gardes-françaises se feraient tuer plutôt que de faire feu sur un citoyen ».

L'endroit où les insurgés, à son appel, avaient arraché une feuille aux arbres pour s'en faire une verte cocarde qui serait, deux jours durant, un signe de ralliement, y gagnerait un nouveau nom, celui de « Palais-Égalité ». Égalité sans droits : ni le pain ni l'ouvrage n'ont été reconnus comme tels au quatrième état, qui a été l'instrument indispensable de l'insurrection.

△ **Camille Desmoulins au Palais-Royal** *(gravure de P.-G. Berthault, d'après J. L. Prieur II). Les feuilles du jardin furent la première cocarde de la Révolution, verte, deux jours durant.*

Le 18 août 1789, il se rassemble en différents points, par corps de métiers, pour crier sa misère effrayante : sur le gazon de la place du Louvre, trois mille ouvriers tailleurs se sont regroupés.

Au-dessus de leurs têtes, des arbres poussent sur la terrasse de la colonnade où le peintre Watelet, le successeur de Mirabaud à l'Académie française, s'est fait un jardin suspendu. Ses collègues ont, ailleurs, construit des cloisons, des entresols, des balcons, percé les toits pour y ménager des lucarnes ou, s'il en existait déjà, y ont fait passer leurs tuyaux de poêle, souvent, dans ce parcours, fixés directement au poutrage.

L'Assemblée constituante, dès le 26 mai 1791, décide que « le Louvre et les Tuileries réunis seront le palais national destiné à l'habitation du roi et à la réunion de tous les monuments des sciences et des arts ».

« À l'époque du 10 août 1792, il y avait sur la place du Carrousel, écrit Louis Blanc, une boutique qu'occupait Fauvelet, frère de Bourrienne. Pendant que le peuple assiégeait le château, un homme, du haut des fenêtres de cette boutique, jouissait du spectacle : c'était un officier renvoyé du service, fort pauvre, très embarrassé de sa personne, et qui avait dû former, pour vivre, le projet de louer et de sous-louer des maisons. Il se nommait Napoléon Bonaparte. Napoléon encore ignoré par la Révolution et la

▷ *La prise des Tuileries, le 10 août 1792. Le jeune Bonaparte, alors agent immobilier, la regarda en spectateur depuis l'une de ces maisons dont l'intervalle entre Louvre et Tuileries était alors bâti.*

△ Visite de personnages étrangers dans le Muséum national, *de Benjamin Zix. L'artiste fut engagé en 1805 par Vivant Denon, directeur général des Musées, pour illustrer l'épopée napoléonienne.*

regardant faire, que de choses dans ce rapprochement ! »
Au lendemain du 10 août 1792, une commission du Muséum a pour mission de l'organiser. David en est nommé président l'année suivante ; une annuité de cent mille francs est allouée aux acquisitions.

Vers le Musée Napoléon

Bonaparte s'en charge pour moins cher, à condition de considérer la guerre comme des faux frais. On verra des collections arriver de Belgique après octobre 1794, d'Italie deux ans plus tard, puis d'Allemagne et d'Autriche... À cette époque, c'étaient les œuvres d'art qui faisaient la queue pour entrer au musée : les 27 et 28 juillet 1798, se présentaient, l'un derrière l'autre, les chevaux de Saint-Marc de Venise, l'*Apollon du Belvédère*, la *Vénus* du Capitole, le *Laocoon*, etc.

« La Grèce les céda :
Rome les a perdus,
Leur sort changea deux fois,
ils ne changeront plus... »

Mais les artistes, bohèmes, imprudents, squattaient toujours le Louvre. Sous le Consulat, ils avaient nom Fragonard, Carle Vernet, Hubert Robert, Lagrenée, Pajou et David, dont l'atelier occupait l'extrémité nord de la colonnade. Un jour, Napoléon passant avec Duroc rue des Orties, le long de la façade nord de la grande galerie, est tout surpris de voir encore leurs oripeaux aux fenêtres ! Il les croyait expulsés, il avait pris un arrêté en ce sens le 20 août 1801 ! Il s'indigne : « Ils finiront par brûler mes conquêtes! ». C'en est fini de la tolérance.
La tolérance, il y a des maisons pour ça, plein le Palais-Royal, devenu le palais des filles et le palais du jeu. On y a vu miser Joséphine de Beauharnais ; on y verra, après Waterloo, Blücher et les officiers alliés y perdre le tribut gagné sur le champ de bataille. La rue des Orties n'est pas seule dans la cour du Carrousel, il y en a tout un réseau, et bordées, bien sûr, de bâtiments, dont la boutique de Fauvelet. Si, après 1815, de quinze cents tableaux conquis et exposés au Musée Napoléon, il n'en reste que deux cent soixante-dix, les constructions de la cour sont toujours là. « Ces prétendues maisons ont pour ceinture un marais du côté de la rue de Richelieu, écrit Balzac en 1846, un océan de pavés moutonnants du côté des Tuileries, de petits jardins, des baraques

▷ *Du haut du pavillon de Flore, on découvrait, passé la cour des Tuileries dont l'arc du Carrousel était la porte triomphale, la rue Saint-Nicaise, parallèle à la grille, bâtie d'un seul côté, la rue des Orties, le long de la grande galerie : tout un quartier dans cet angle droit (anonyme, n. d.).*

sinistres du côté des galeries et des steppes de pierre de taille et de démolitions du côté du vieux Louvre. »
« Lorsqu'on passe en cabriolet le long de ce demi-quartier mort, poursuit la *Cousine Bette*, et que le regard s'engage dans la ruelle du Doyenné, l'âme a froid, l'on se demande qui peut demeurer là ? » Une dizaine d'années plus tôt, demeuraient là, et Balzac le sait très bien, Gérard de Nerval et Théophile Gautier, Arsène Houssaye, leurs amours de passage, et Eugénie Fort et Jenny Colon, pour ne rien dire des peintres Nanteuil, Corot, Chassériau venus y peindre les décors des fêtes, Gavarni et Alphonse Karr, et tous les locataires distingués de l'impasse – il y en avait donc –, qui n'étaient « reçus qu'à condition d'amener des femmes du monde, protégées, si elles y tenaient, par des dominos et des loups ».
« Voici bientôt quarante ans que le Louvre crie par toutes les gueules de ces murs éventrés, de ces fenêtres béantes : Extirpez ces verrues de ma face ! On a sans doute reconnu l'utilité de ce coupe-gorge, et la nécessité de symboliser au cœur de Paris l'alliance intime de la misère et de la splendeur qui caractérise la reine des capitales », s'indigne encore Balzac. Il reviendra au Second Empire de cautériser la cour du Carrousel – et d'emporter du même coup un souvenir du glorieux oncle. Déplorant, comme tant d'autres, la brutalité haussmannienne, Louis Blanc regrette, au lieu de tout ce que « la boutique de Fauvelet disait au passant », de ne plus trouver que le silence des pierres.
Il reviendra également à Napoléon III d'achever, le 14 août 1857, le « grand dessein », toujours pendant depuis Henri IV : la réunion du Louvre et des

△ Napoléon III visitant le chantier du Louvre, 1854 (étude), ***de N.-L.-F. Gosse. En 1857, le « grand dessein », pendant depuis Henri IV – la réunion du Louvre et des Tuileries par le nord –, était achevé.***
© Bridgeman Giraudon

▷ *La Vie parisienne, d'Offenbach, fut créée au Théâtre du Palais-Royal le 31 octobre 1866.*

▽ *Le chiffre de Napoléon III, sur la colonnade du Louvre.*

Tuileries par le nord. Au Théâtre du Palais-Royal, Offenbach remplaçait Labiche dont on avait donné ici quatre-vingt-deux pièces. *La Vie parisienne* y est créée le 31 octobre 1866 ; le tsar et ses deux fils viennent y applaudir l'année suivante, à l'occasion de l'Exposition universelle. Le 4 septembre 1870, l'impératrice Eugénie, la dernière altesse à fuir l'ensemble palatial, le fait à contresens de tous ses prédécesseurs : des Tuileries, s'étant procuré la clé de la porte de communication, elle passe dans la grande galerie qu'elle remonte et, traversant successivement les salles égyptiennes puis assyriennes du Louvre, elle en sort par le guichet de Saint-Germain-l'Auxerrois. Ensuite, il n'y aura plus de Tuileries, et plus d'étranger aux beaux-arts, au Louvre, que le ministère des Finances dans l'aile nord, pendant plus de cent vingt ans et, au Pavillon de Flore, la préfecture de la Seine, le Conseil municipal, le ministère des Colonies et quelques autres jusqu'en 1964.

Le musée, inauguré à la hâte avec guère plus de cinq cents tableaux, dans la seule grande galerie, le 10 août 1793, jour anniversaire de la chute de la royauté, ne sera maître de la totalité du Louvre qu'au bicentenaire de la Révolution. Il y aura gagné une pyramide. Sans doute parce que c'est du haut des pyramides que les siècles se contemplent.

▷ *La pyramide de Ieoh Ming Pei se dresse à peu près sur le passage de l'ancienne rue Saint-Thomas-du-Louvre : l'hôtel de Rambouillet s'y élevait à l'emplacement de l'actuel pavillon Turgot.*

La butte des Moulins, la vertu par-dessus

À la porte Saint-Honoré, située alors devant l'actuelle Comédie-Française, le chemin d'Argenteuil, très fréquenté, ramène de ce village ses produits maraîchers et son vin, tandis qu'il y conduit, par les actuelles rues d'Argenteuil, des Capucines, de Sèze, de l'Arcade, du Rocher et de Lévis, les pèlerins qui vont y honorer la Sainte-Tunique.

Le chemin laisse à sa droite deux buttes, l'une sur l'actuelle avenue de l'Opéra, à l'intersection des rues Thérèse et des Pyramides, l'autre à l'angle sud-ouest des rues Sainte-Anne et des Petits-Champs. La première, dite Saint-Roch, formée par la haute voirie Saint-Honoré et les déblais de construction de l'enceinte d'Étienne Marcel et de Charles V, n'en est pas moins suffisamment importante pour fournir un point d'appui à l'assaut que Jeanne d'Arc et les Armagnacs lancent contre Paris, entre la porte Saint-Honoré et la porte Saint-Denis, le 4 septembre 1429.

Après cette date, elle s'est encore augmentée, et la butte des Moulins aussi, des nouveaux travaux de défense qu'à l'été de 1536 François Ier confie au cardinal Jean du Bellay pour parer à une éventuelle offensive de Charles Quint. À ce moment, l'état de la vieille fortification est piteux, si l'on en croit Rabelais, protégé du cardinal, qui fait dire à Panurge : « Voyez donc ces belles murailles. Oh ! qu'elles sont solides et

▽ Paris en 1620, vue prise de la butte des Moulins, *de V.-A. Malte-Brun, dans* La France illustrée. *Des buttes et des moulins qui sont, non des collines excentrées, mais à deux pas du Louvre.*
DR

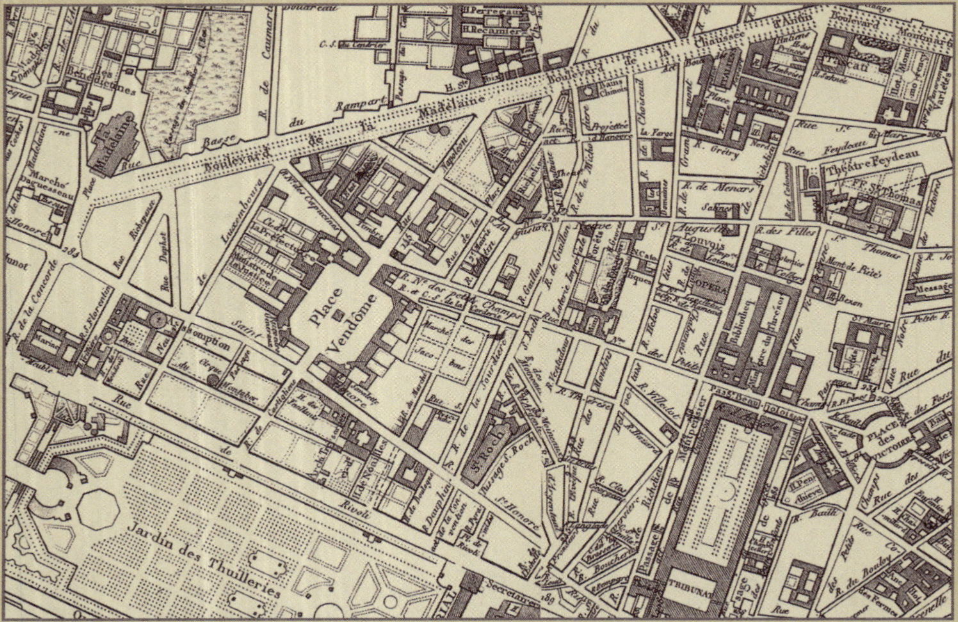

△ *Sur le plan Maire, de 1808, la butte des Moulins n'est pas matérialisée au coin des rues Thérèse et Ventadour ; la butte Saint-Roch, arasée en 1670, occupait l'angle sud-ouest des rues Helvétius (auj. Ste-Anne) et des Petits-Champs.*
DR

bien propres à garder les oisons en mue ! Par ma barbe, elles sont bien minables pour une ville comme celle-ci, car une vache d'un seul pet en abattrait plus de six brasses ».

Les deux buttes, longtemps hérissées d'un gibet et de moulins, ont été aplanies, pour la moindre en 1670, en même temps que le Roi-Soleil sonnait la fin du Paris fortifié, et pour la plus importante, qui prenait alors avec le quartier le nom de la disparue, au percement de l'avenue de l'Opéra, rabotant jusqu'à la racine ses quelque trente mètres d'altitude. On accédait à l'église Saint-Roch, sur son bord, en descendant sept marches ; il faut aujourd'hui en monter douze !

Le traumatisme fut tel que Nerval pouvait craindre de voir Montmartre, qu'Haussmann grignotait alors sur ses deux flancs, subir le même sort que cette « butte des Moulins qui, au siècle dernier, ne montrait guère un front moins superbe ». Tandis que Zola, écrivant *Une page d'amour* juste après l'arasement de la seconde, lui offrait une réparation symbolique en la replaçant dans le panorama contemplé par l'héroïne à cinq reprises, à des heures et en des saisons différentes, depuis une fenêtre du

Trocadéro : « Maintenant, Hélène, d'un coup d'œil paresseusement promené, embrassait Paris entier. Des vallées s'y creusaient, que l'on devinait au mouvement des toitures ; la butte des Moulins montait avec un flot bouillonnant de vieilles ardoises, tandis que la ligne des Grands Boulevards dévalait comme un ruisseau, où s'engloutissait une bousculade de maisons dont on ne voyait même plus les tuiles ».

Sans doute, ces buttes étaient artificielles, mais leur éradication, digne des guerres puniques, atteignait Paris dans son épaisseur et non plus seulement en surface. « Le sol de Paris était mouvementé, il n'y a pas encore si longtemps », écrit Remy de Gourmont à la veille de la guerre de 1914, « mais quand on nous parle de la butte des Moulins, il nous est bien difficile de nous la représenter entre le Théâtre-Français et l'Opéra. Si les vrais amis de Paris savaient ce que Haussmann lui a enlevé de pittoresque, comme sites, comme vieilles et nobles architectures ! J'ai trouvé, l'autre jour, sur les quais, un mauvais album du vieux Paris. Je n'ai pas osé l'acheter : cela me faisait trop de peine. »

S'il ne reste rien du relief du quartier, sur la carte, en revanche, la rue Traversière (aujourd'hui Molière) suit l'ancien chemin de ronde extérieur à l'enceinte de Charles V, qui traversait de biais le Palais-Royal actuel selon une direction sud-ouest/nord-est, et qui, démolie en 1633, permit à Richelieu de s'agrandir. Plus au nord, les rues Feydeau et Ménars, et entre elles la porte Richelieu qui ne sera abattue qu'en 1701, marquent l'emplacement de la nouvelle enceinte de Louis XIII, faite non plus d'une muraille et de tours, mais de bastions reliés par des courtines.

△ La rue Molière suit l'ancien chemin de ronde extérieur à l'enceinte de Charles V.

▷ Percement de l'avenue de l'Opéra ; le chantier de la Butte-des-Moulins dura de 1854 à 1878. Photo de Charles Marville, 1877.

◁ La fontaine Molière, œuvre de Visconti de 1844, place le dramaturge entre deux statues de Pradier, au confluent des rues Molière et de Richelieu.

▽ Molière mourut au 40, rue de Richelieu, après qu'on l'y eut ramené du théâtre où il était le Malade imaginaire pour la quatrième soirée consécutive.

L'auteur du « Cid » et l'inventeur du régicide

Au moment où Louis XIV décide de faire des défenses de Paris une promenade, un Nouveau Cours – où Villedo, général des Bâtiments du roi, Louis Béchameil, l'inventeur de la sauce, et quelques autres envoient les moulins de la butte du même nom par-dessus l'ancienne muraille, rejoindre Montmartre et la montagne Sainte-Geneviève, et comblent avec ses déblais les terrains marécageux de la ferme des Mathurins, plus au nord, de sorte de lotir l'un et l'autre endroit – Molière meurt au 40, rue de Richelieu. On l'y ramène du théâtre situé de l'autre côté du Palais-Royal où il était le *Malade imaginaire* pour la quatrième soirée consécutive, vêtu de la robe de chambre et du bonnet

de nuit empruntés à un original habitant la même rue, au n° 21, qui les portait nuit et jour.

Onze ans plus tard, c'est au tour de Corneille, revenu au grand âge sur les lieux de ses anciens succès, de mourir au 6 de la rue d'Argenteuil. Le *Cid* avait été donné trois fois au Louvre devant Louis XIII et deux fois au Palais-Cardinal devant Richelieu, qui devait faire comme, mais un peu moins que son roi ; la première lecture de *Polyeucte* avait eu lieu à l'hôtel de Rambouillet. Depuis longtemps, Corneille n'écrivait plus et il ne s'occupa ici que de superviser une édition complète de son théâtre. Il venait de récupérer la pension qu'on oubliait de lui verser depuis sept ans ; il avait su que la reprise d'*Andromède*, une vieille tragédie à machines écrite bien trente ans plus tôt, faisait un triomphe.

Lully quittait alors tout juste l'hôtel qu'il avait fait bâtir au coin des rues Sainte-Anne et des Petits-Champs (n° 45) avec, pour une bonne part, de l'argent emprunté à Molière.

▷ *Au-dessus de l'arcade, dont on voit encore le départ, qui enjambait la rue Colbert, Mme de Lambert recevait le mardi et le mercredi Fontenelle, Montesquieu, Marivaux, Adrienne Lecouvreur, le président Hénault et le marquis d'Argenson.*

◁ ▽ *Depuis neuf ans, Molière et Lully chantaient, dansaient et déclamaient ensemble sur scène. L'hôtel du 45, rue des Petits-Champs, construit pour Lully en 1671, fut également payé pour moitié par Molière.*

Le siècle suivant est, dans le quartier, celui des salons. Cela commence avec celui que Mme de Lambert ouvre à 63 ans à l'hôtel de Nevers, né de la division par héritage du palais de Mazarin. Au-dessus de l'arcade dont on voit encore le départ, qui enjambait la rue Colbert, le long de celle de Richelieu, elle recevait le mardi savants, artistes et écrivains, et le mercredi les gens du monde, savoir Fontenelle, Montesquieu, Marivaux, Adrienne Lecouvreur, l'incarnation de la Cornélie de Corneille et de la Bérénice de Racine, le président Hénault et le marquis d'Argenson.

Nommé secrétaire aux Affaires étrangères, René-Louis d'Argenson fait rentrer en grâce son condisciple de Louis-le-Grand : Voltaire. Le philosophe loue donc, à la mi-1745, avec la marquise du Châtelet, une maison rue Traversière, dont il occupe le premier étage. Mais la faveur ne dure guère et il leur faut regagner la cour de Lorraine. Mme du Châtelet y étant morte, Voltaire revient dans la maison de la rue Traversière où il laisse intacts les appartements de la marquise : « Les lieux qu'elle a habités nourrissent une douleur qui m'est chère et me parleront continuellement d'elle ». Pendant qu'il y écrit *Des Embellissements de Paris*, il a pour locataire le jeune acteur Le Kain – celui que l'on verra ensuite, chez Mme Geoffrin, entretenir le culte de l'absent – et lui construit, au 2e étage, un théâtre de chambre de cinquante places inauguré avec *Mahomet*. Bientôt, Voltaire est parti, pour Potsdam, cette fois, et la cour de Frédéric de Prusse.

Déjà, la souscription de l'*Encyclopédie* est lancée, et ses rédacteurs sont reçus au 16-18, rue Sainte-Anne, chez Helvétius, Fermier général à 23 ans, qui considère, comme Voltaire, que le luxe est d'intérêt public et le libertinage un moteur de l'économie : tandis que la femme sage fait la charité à des mendiants inutiles, la femme frivole donne du travail à des citoyens utiles.

C'est chez le baron d'Holbach, « maître d'hôtel de la philosophie des Lumières », selon l'expression de l'abbé Galiani, secrétaire de l'ambassade de Naples, que l'idée du régicide aurait pris naissance. Deux fois par semaine, le dimanche et le jeudi, d'Holbach régale en son hôtel de la rue Royale (aujourd'hui rue des Moulins, n° 8) : « une grosse chère, mais bonne, selon l'abbé Morelet ; d'excellent vin, d'excellent café, beaucoup de disputes, jamais de querelle ». Aux Rois, naturellement, il y a de la galette et, trois années de suite, Diderot est couronné, devant Sophie Volland, venue en voisine – elle habite au coin de la rue Sainte-Anne et de la rue du Clos-Gorgeau –, et sa sœur. Les deux premières fois, le philosophe se récrie, ironiquement, la troisième – c'est en 1772 –, il met sa protestation en forme :

« La nature n'a fait ni serviteur
ni maître
Je ne veux ni donner ni recevoir
de lois.
Et ses mains ourdiraient les
entrailles du prêtre,
Au défaut d'un cordon, pour
étrangler les rois. »

Les Éleuthéromanes ou abdication d'un roi de la fève ne sera publié qu'en 1795 (le 30 fructidor an IV), après la décapitation de Louis XVI donc, mais le manuscrit avait, dit-on, circulé sous le manteau...

Après la faillite de Law, le Régent avait fait transférer la Bibliothèque royale, installée par Colbert depuis 1666 au n° 6 de l'actuelle rue Vivienne, dans la partie de l'hôtel de Nevers qu'occupait la banque. Puis le cabinet des Médailles s'y était ajouté, remplaçant Mme de Lambert, à sa mort, dans le reste de cet hôtel échu en héritage

◁ *Deux fois par semaine, le dimanche et le jeudi, le baron d'Holbach, « maître d'hôtel de la philosophie des Lumières », régalait en son hôtel de la rue Royale (auj. rue des Moulins, n° 8).*

au neveu de Mazarin, Philippe Mancini, duc de Nevers. L'autre partie du palais du cardinal était allée à son fils, duc de Mazarin ; elle abritait la Compagnie française des Indes. La totalité serait réservée, à partir de 1826, au commerce des idées et à la Bibliothèque nationale, mais quand Thomas Blaikie, simple jardinier et non grand philosophe, la fréquente en 1775, la Bibliothèque du roi fonctionne déjà très bien : « Il y a des gens pour vous donner n'importe quel livre, et il y a des tables, des plumes et de l'encre, de sorte qu'en résumé Paris est l'endroit le plus commode au monde pour les jeunes étudiants, car tous ces endroits sont publics ».

La pérennité du plaisir

Louis XV, qui a dans le quartier de la Butte-des-Moulins ses livres et ses médailles, y trouve aussi ses plaisirs. C'est au 50, rue de Richelieu qu'est signé le contrat de mariage de Jeanne Poisson, sans doute fille du protecteur de sa mère, le Fermier général Le Normant de Tournehem, avec son cousin Le Normant d'Étiolles. C'est en demandant pour son mari la charge de directeur des Bâtiments du roi qu'elle obtiendra pour elle-même le marquisat de Pompadour.

La Pompadour est morte depuis quatre ans quand, au 34, rue Sainte-Anne, dans la maison de jeu de Jean du Barry, Jeanne Bécu épouse le complaisant comte Guillaume du Barry, frère de son amant, afin de posséder un titre permettant une présentation officielle à la cour. La Gourdan, à l'orée d'une très grande carrière d'entremetteuse, a eu en face, au 37, son premier

▷ En 1741, Jeanne Poisson se maria au 50, rue de Richelieu. Elle obtiendra, pour elle-même, le marquisat de Pompadour en demandant, pour son mari, la charge de directeur des Bâtiments du roi.

▷ ▽ ◁ 34, rue Sainte-Anne, Jeanne Bécu épousa, en 1768, le frère de son amant et le titre de comtesse du Barry. Le comte fréquentait, au n° 37, la maison de rendez-vous de la Gourdan. Du 15, rue des Petits-Champs, dont les fenêtres arrière donnaient sur la salle d'arbres du Palais-Royal, Sophie Arnould tira, en 1773, un somptueux feu d'artifice à l'occasion de la naissance du futur roi Louis-Philippe.

établissement, et le comte du Barry pratiquement pour premier client.
Au 15, rue des Petits-Champs, Sophie Arnould, au faîte de la gloire après avoir chanté Rameau, Lully, Rousseau et Gluck, ne décolère pas depuis l'achèvement de l'hôtel de la Guimard

à la chaussée d'Antin. Les travaux du sien ont a peine commencé. Elle n'a pour se venger que la possibilité de tirer depuis les fenêtres de l'arrière de sa maison, qui donnent sur « la salle d'arbres » du Palais-Royal, le plus somptueux feu d'artifice qu'on ait vu à l'occasion de la naissance du duc de Valois, qui sera un jour le roi Louis-Philippe.
Rose Bertin, la modiste et la ruine de Marie-Antoinette, est au 26, rue de Richelieu des débuts de la Révolution à la chute de la monarchie. Elle y revient en l'an IV, en même temps que Bonaparte prend le commandement de l'armée. Le général épouse Joséphine de Beauharnais le 9 mars 1796, après qu'on l'a attendu jusqu'à dix heures du soir dans ce qui était alors la mairie du 2e arrondissement, au 1-3, rue d'Antin.
Le 24 décembre 1800, c'est alors que le couple se rend à l'Opéra, sis depuis

△ *Rose Bertin, la modiste et la ruine de Marie-Antoinette, était au 26, rue de Richelieu.*

◁ *L'Opéra se dressa là vingt-cinq ans, jusqu'à l'assassinat du duc de Berry, qui entraîna sa démolition. La monarchie de Juillet, plutôt qu'un monument expiatoire, y fit placer la fontaine de Visconti.*

▽ La Mort du duc de Berry, le 13 février 1820, à l'Académie royale de musique, *d'Édouard Cibot (1829).*

1795 à l'emplacement de l'actuel square Louvois, que la machine infernale de Cadoudal explose à son passage, rue Saint-Nicaise, dans la cour du Carrousel. En 1820, le duc de Berry, au sortir de la salle, est assassiné, en face, sous l'arcade de l'hôtel de Nevers. L'Opéra sera démoli pour faire place à un monument expiatoire dont les Trois Glorieuses arrêteront la construction. Déjà, une nouvelle salle s'est ouverte sur l'emplacement de l'hôtel de Lyonne, la salle Ventadour, d'abord Opéra-Comique, puis Théâtre de la Renaissance, enfin Théâtre Italien. On y verra la première de *Ruy Blas*, on y entendra Donizetti, Verdi très copieusement, le *Fidelio* de Beethoven, et Wagner devant Berlioz et Baudelaire.
Un théâtre est le fleuron du passage Choiseul qui se construit, autour de 1825, entre Palais-Royal et Grands Boulevards, l'ancien et le nouveau centre de la vie parisienne.

▷ *Ici, au premier étage, les réunions de rédaction d'une revue musicale et théâtrale allemande nommée* Vorwärts *réunissaient Karl Marx, Friedrich Engels, Heinrich Heine, Bakounine…*

▽ *Le Chabanais, maison de rendez-vous qui était déjà un nom commun en 1860, était toujours actif après la Seconde Guerre mondiale.*

« Quand la pluie, en hiver, s'épanche en cataracte,
Le passage Choiseul sert d'abri, dans l'entracte :
C'est notre vestibule, ou notre corridor,
Ouvert toute la nuit, brillant de gaz et d'or,
Tiède et vitré »,

écrira, trente ans plus tard, le poète et librettiste d'Offenbach, Joseph Méry. C'est donc assez naturellement que les frères Börnstein et le compositeur Meyerbeer installent à l'angle des 32 (auj. 14), rue des Moulins et 49, rue Neuve-des-Petits-Champs (auj. des Petits-Champs), au début de 1844, leur *Vorwärts*, bi-hebdomadaire, comme l'indique le sous-titre, de « nouvelles de Paris concernant les arts, les sciences, le théâtre, la musique et la vie sociale ». Au début de juillet, son nouveau directeur le réduit à « revue allemande de Paris », et y donne une large place à une opposition radicale menée par Karl Marx. Plusieurs fois par semaine, dans un appartement du premier étage saturé de fumée, les réunions de rédaction regroupent, outre ce dernier, Engels, Heinrich Heine, Bakounine et une dizaine d'autres dans des discussions passionnées qui s'éloignent de plus en plus des questions artistiques. Bakounine loge sur place, dans une chambre meublée d'un lit de camp, d'une malle et d'un gobelet en étain, où les débats se prolongent.

Un procès a établi, en 1844, que le théâtre d'enfants du sieur Comte, au 65, passage Choiseul, était « un lieu de débauche et de perdition pour les enfants des deux sexes où se nouent de dégoûtantes intrigues qui vont

se consommer au-dehors ». Jacques Offenbach a repris le lieu, à la fin de 1855, pour en faire le siège des Bouffes-Parisiens dont la salle des Champs-Élysées n'est que le quartier d'été.

Finalement, il n'y aura plus de théâtre salle Ventadour et, à l'achèvement de l'avenue menant au nouvel Opéra, celui de Garnier, cause d'un exode poignant de centaines de familles dont la gravure nous a laissé le souvenir, le quartier de la Butte-des-Moulins n'aura plus de pérennes que les maisons du genre de celle de la Gourdan. Apparu dès 1860, l'établissement de rendez-vous du 6, rue des Moulins, n'aura pas désempli à la fin du siècle quand Toulouse-Lautrec en décorera les murs, tandis que le Chabanais du 12 de la rue éponyme, déjà nom commun dans ces mêmes années 1860, et d'une réputation ayant de loin dépassé nos frontières, sera toujours actif après la Seconde Guerre mondiale !

Le quartier de l'Europe, fourré de capitales étrangères

Victor Hugo habite au bas de la rue de Clichy, de ses 2 ans – le siècle en a donc quatre – à ses 5 ans. « Il se rappelle, écrira Adèle, *témoin de sa vie*, qu'il y avait dans cette maison une cour, dans la cour un puits, près du puits une auge, et, au-dessus de l'auge, un saule. » Entre les Porcherons où il va à l'école, rue du Mont-Blanc (aujourd'hui sud de la Chaussée-d'Antin), et la Petite-Pologne – ce lieudit bizarrement nommé d'après une enseigne, elle-même due à ce qu'Henri III, qui avait été roi de

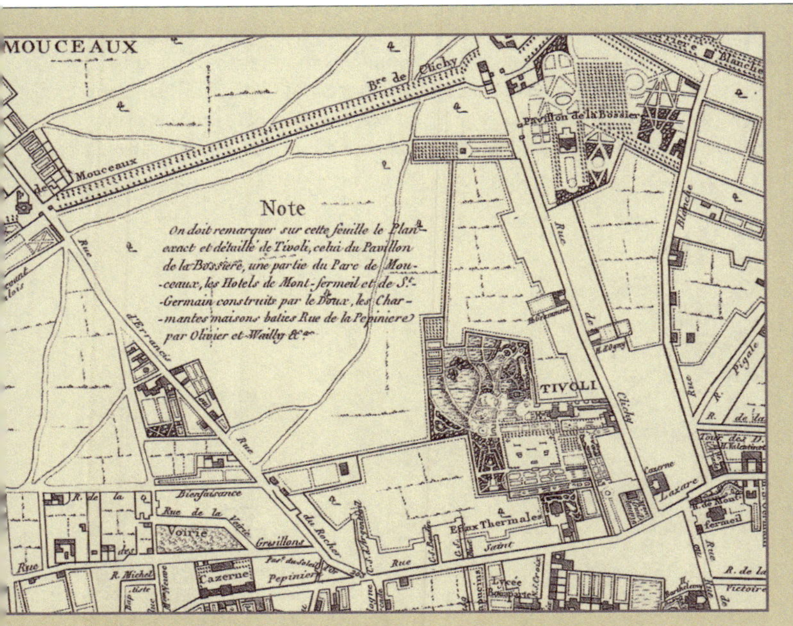

◁ *Le plan Maire, de 1808, est exactement contemporain de l'enfance de Victor Hugo au bas de la rue de Clichy : « Il y avait dans cette maison une cour, dans la cour un puits, près du puits une auge, et, au-dessus de l'auge, un saule ».*
DR

△ *La cité Monthiers, à l'emplacement de la « petite maison », et de son théâtre licencieux, dont le duc de Gramont avait doté Mlle Coupée, de l'Opéra.*

◁ *Le théâtre de L'Œuvre fut le haut lieu du symbolisme dans la dernière décennie du XIXe siècle.*

Pologne, y avait possédé une propriété –, ce ne sont que landes et marais. Dans la Petite-Pologne, de l'autre côté de ce chemin d'Argenteuil (aujourd'hui rue du Rocher) encadré de moulins et de deux ou trois « petites maisons » du XVIIIe siècle, dont une avait appartenu au duc de Chartres antérieurement à Monceau, la voirie des Grésillons, un terrain d'épandage, occupe une place non négligeable. À travers ces espaces désolés, l'Empereur, pour lequel le père de Victor bataille en Italie, a décidé de percer un boulevard rectiligne pour relier ce qui doit être le temple à la gloire de la Grande Armée (mais sera l'église de la Madeleine) à la barrière de Monceau.

En remontant la rue de Clichy, on rencontre, de part et d'autre, quatre Folies du XVIIIe siècle, d'étendue gigantesque. Les Folies des financiers Boutin, La Popelinière puis La Bossière, comme l'orthographie le plan Maire, ou celle du maréchal duc de Richelieu qui recevait chez lui le roi et sa Pompadour, ont des pavillons avec salons et terrasses d'où se découvre tout Paris par-delà leurs quinconces, charmilles et boulingrins, rivières et cascades, et parfois trois ou quatre montagnes, chacune comme un « pudding aux herbes », selon la plaisante image d'Horace Walpole. Ce sont, jusqu'aux actuelles rues d'Athènes et d'Amsterdam, la Folie Boutin, avec, le long de la rue Saint-Lazare, son Établissement des eaux thermales et minérales : bains et eau de Seltz. Plus haut dans la rue de Clichy, côté droit, à l'emplacement du Casino de Paris et jusqu'à

▷ *La tour d'Éole au jardin Tivoli. De 1792 à 1842, Tivoli, changeant d'adresse tous les quinze ans, monta la rue de Clichy, de la Folie-Boutin à la Folie-Richelieu puis à la Folie-Bossière.*

l'actuelle rue Moncey, l'hôtel d'Oigny, ancienne Folie-Richelieu ; côté gauche, la « petite maison » et son théâtre licencieux dont le duc de Gramont avait doté Mlle Coupée, de l'Opéra, aujourd'hui remplacés par la cité Monthiers et le théâtre de L'Œuvre. Enfin, en atteignant la barrière de Clichy, et s'étendant jusqu'à la barrière Blanche, le Pavillon de la Bossière, autre ancienne Folie-Richelieu, dont les arbres du square Berlioz, sur la place Adolphe-Max, sont un vestige.

Ces Folies avaient connu les repas en tenue d'Adam et d'Ève du débauché maréchal duc et les promenades en robe transparente quand Mme Hamelin en était locataire. Celle de Boutin était, dans l'enfance de Hugo et depuis 1795, un parc d'attractions : Tivoli. Pour un demi-siècle, Tivoli, changeant d'adresse tous les quinze ans, allait monter la rue de Clichy, de l'une à l'autre des Folies, avec ses dimanches de dix mille visiteurs, son tir aux pigeons – importé ici pour la première fois –, ses bals, concerts, restaurants et feux d'artifice.

Après la victoire de l'Europe coalisée

L'Empire que servait le général Hugo abattu, la Restauration n'est pas assez forte pour décider de la physionomie de Paris. Le quartier de l'Europe, comme ceux des Batignolles ou de Grenelle qui se construisent alors, est le fait de l'initiative privée, sans contrôle de la Ville. Si Charles X signe son acte de naissance le 2 février 1826, c'est le banquier Jonas Hagerman, et Sylvain Mignon, serrurier du roi, qui, entre cette date et 1843, feront ouvrir vingt-quatre rues aux noms de métropoles, à partir d'une étoile initiale, le bâti n'y prenant quelque densité qu'après 1848. Ce grand lotissement n'est pour Balzac, son exact contemporain, qu'un pâle écho du projet de cette place de France entourée des rues de ses provinces que Charlot devait réaliser au Marais, sous Henri IV, très exactement deux siècles plus tôt. « L'idée du quartier de l'Europe fut la répétition de ce plan. Le monde se répète en toute chose partout, même en spéculation », affirme-t-il dans le *Cousin Pons*.

En cours de réalisation, le lotissement est bousculé par le premier chemin de fer parisien, dont l'embarcadère est construit en 1837 rue de Londres, puis reporté rue Saint-Lazare six ans plus tard. La place de l'Europe n'est plus, de ce fait, qu'un pont rayonnant au-dessus de ses voies, qu'y suspendent l'ingénieur Jullien – à qui l'on doit la colonne de Juillet, place de la Bastille – et l'entreprise Cail, de Chaillot. Demeure néanmoins sur le pont, en son centre et jusqu'en 1864, un jardin clos d'une grille, dont l'accès est réservé aux riverains dûment munis d'une carte accréditive.

▽ △ *La place de l'Europe, à la rencontre des rues de Constantinople, de Madrid, de Vienne, de Londres, de Liège (de Berlin jusqu'à la guerre de 1914), et de Saint-Pétersbourg (anc. de Petrograd, de Leningrad).*

◁ *Les premiers mois de 1864, Baudelaire sortait de l'Hôtel de Dieppe (22, rue d'Amsterdam) pour passer prendre Édouard Manet à son atelier des Porcherons.*

C'est le moment où Baudelaire, habitant le quartier quasi à demeure, à l'Hôtel de Dieppe de la rue d'Amsterdam, va le quitter pour aller chercher fortune en Belgique. Ces derniers mois, presque chaque jour, il sortait de l'Hôtel pour passer prendre Édouard Manet à son atelier des Porcherons, 38, rue de la Victoire, et l'accompagner aux Tuileries. Mais son éditeur, Poulet-Malassis, vient de faire connaissance avec la prison pour dettes de la rue de Clichy, et le *Figaro* a interrompu la publication du *Spleen de Paris*, ses poèmes en prose qui « ennuyaient tout le monde ». Mallarmé, qui n'aura aperçu Baudelaire que « pendant quelques secondes énigmatiques sur l'impériale d'un omnibus, en allant mettre une lettre à la poste, rue d'Amsterdam », ne le verra plus jamais.

Hugo enjambe le Second Empire

Hugo revient dans le bas de la rue de Clichy, au n° 21 cette fois, soixante-dix ans plus tard, après longtemps d'exil, en 1874. Pendant qu'il l'anathématisait depuis son rocher de Guernesey, Napoléon le Petit, à travers Baltard, a érigé l'église Saint-Augustin pour en faire le Saint-Denis de l'Empire, la nécropole de sa dynastie, sur la voirie des Grésillons, un dépotoir ! Le boulevard conduisant au Temple de Gloire a été réduit à une rue, celle du Général-Foy, tandis que son amorce, sous le nom de Malesherbes, était déviée à l'ouest pour offrir au lotissement du quartier de l'Europe une plus grande extension. Un boulevard Haussmann le croise devant le Saint-Denis d'opérette, entre la rue du Faubourg-Saint-Honoré et la rue Taitbout.

Plus près de la rue de Clichy, le quartier est méconnaissable. Quand Hugo y revient, Manet est en train de peindre, place de l'Europe, Victorine Meurent, son modèle attitré, tenant un petit chien, et une enfant qui lui tourne

▷ *16, rue de Londres, le siège du Crédit de France, très impliqué dans le développement ferroviaire.*

▽ **Le Chemin de fer,** *d'Édouard Manet, 1872-1873 (National Gallery of Art, Washington).*
© akg-images

le dos pour regarder à travers les grilles donnant sur les rails. Monet, son ami, peint et repeint la gare Saint-Lazare, onze ou douze fois, sous tous les angles et à toute heure, son trafic, ses fumées, ses entrecroisements de voies, la lumière filtrant à travers les marquises des quais. Et Zola met les mêmes lieux en mots, dès les premières lignes de la *Bête humaine* : « C'était impasse d'Amsterdam, dans la dernière maison de droite, une haute maison où la Compagnie de l'Ouest logeait certains de ses employés. La fenêtre, au cinquième, à l'angle du toit mansardé qui faisait retour, donnait sur la gare, cette tranchée large trouant le quartier de l'Europe (...) ; le pont de l'Europe, à droite, coupait de son étoile de fer la tranchée, que l'on voyait reparaître et filer au-delà, jusqu'au tunnel des Batignolles ».

On connaît la fatalité de fer que le couple de la *Bête humaine* va subir. Elle est aussi vieille que le train : le couple Hector Berlioz-Harriett Smithson, arrivé 37, rue de Londres très exactement en même temps que lui, n'y avait pas résisté davantage et s'était disloqué dans le bruit des locomotives et le fracas des chantiers d'un quartier neuf.

Rue de Londres, c'est là que trônent, plus tard, les fiers sièges sociaux du rail : au n° 8, l'hôtel de la Compagnie des chemins de fer d'Orléans, qui deviendra celui de la SNCF avec tout le pâté de maisons, et, au n° 16, derrière une façade Renaissance, celui du Crédit de France, banque très impliquée dans le développement ferroviaire. La résidence du constructeur du pont de l'Europe est plus loin, à l'angle du boulevard Malesherbes et de la rue de Lisbonne, rare exemple d'hôtel non de financier, mais d'industriel, voire d'ouvrier puisque Jean-François Cail a commencé ainsi avant d'être associé à son patron, puis à l'ensemble du personnel pendant la révolution de 1848, dans une coopérative qui appliquait la journée de neuf heures, pour se retrouver, finalement, seul à la tête de l'affaire. Ici, les escaliers ont des rampes faites maison. Au 88, rue Saint-Lazare, on trouve encore l'hôtel destiné à être le siège social du PLM, la Compagnie des chemins de fer Paris-Lyon-Méditerranée. Cependant, pour une majorité d'acquéreurs de lots, la spéculation faisait bâtir non pour l'usage, mais pour le profit locatif, d'où ces immeubles de rapport, de standing certes, mais sans individualité, avec leur double portée de balcons, aux premier et dernier étages, qui fait de toutes les façades des pages de papier à musique pour les facteurs d'instruments de la rue de Rome.

▽ 88, rue Saint-Lazare, l'hôtel destiné à être le siège social du PLM, la Compagnie des chemins de fer Paris-Lyon-Méditerranée.

△ La double portée de balcons, aux premier et dernier étages, fait de toutes les façades des pages de papier à musique pour les facteurs d'instruments de la rue de Rome.

△ **Homme au balcon, boulevard Haussmann,** ***de Gustave Caillebotte (1880). Le balcon en fer forgé comme podium symbolique où s'affiche la prééminence, d'où l'on domine la rue.***

Ils apparaissent de la façon la plus nette dans les tableaux de Caillebotte, peintre doublement réaliste d'habiter le quartier, à l'angle des rues de Lisbonne et de Miromesnil, et d'appartenir à une famille qui a fait fortune dans l'immobilier. *Rue de Paris, temps de pluie* montre les bourgeois pressés, sous les hauts-de-forme et les parapluies, du nouveau quartier d'affaires de l'Europe à la géométrie impitoyable ; *Homme sur un balcon, boulevard Haussmann* ou *Intérieur, Femme à la fenêtre* révèlent le balcon en fer forgé comme podium symbolique où s'affiche la prééminence, d'où l'on domine la rue.

La gare et le Golgotha

Monet, qui habite Argenteuil, ne se contente pas de peindre le chemin de fer, il le prend, fait la navette entre son jardin et la gare Saint-Lazare, jusqu'à ce que Caillebotte, qui a les moyens, loue pour lui un studio qui lui soit un point de chute.

Manet, dans une ancienne salle d'escrime, au rez-de-chaussée du 4 de la rue de Saint-Pétersbourg, a quatre fenêtres donnant sur la place de l'Europe. Et réciproquement ; on aperçoit d'ici l'écriteau « À la concurrence du Jury », que ses jeunes collègues ont placé sous ses fenêtres, quand, à compter du 15 avril 1876, il y expose les deux toiles refusées par le Salon : *L'Artiste*, un portrait de Marcellin Desboutin, et *Le Linge*. Ses invitations portaient ces mots : « Faire vrai, laisser dire » ; près de quatre cents personnes vont y ajouter : venir voir. Parmi elles, Méry Laurent, et Mallarmé, qui en prend l'habitude : c'est sur son chemin en allant au lycée Fontanes (aujourd'hui Condorcet) où il enseigne.

Hugo a quitté la rue de Clichy en 1878. Manet est mort en 1883. Chez Mallarmé, au 87-89, rue de Rome, ses œuvres sont toujours au mur : un portrait du maître de maison, dans un costume et avec un cigare que le peintre lui a imaginés, et *Le Baryton Faure dans* Hamlet *d'Ambroise Thomas*. La nouvelle génération des mardis, dont André Gide, les admire parmi une aquarelle de Berthe Morisot, « un paysage de rivière de Monet, un autre portrait du poète, eau-forte de Whistler, un pastel de fleurs d'Odilon Redon. Sur le vaisselier, un plâtre de Rodin représentant une nymphe nue saisie par un faune, et une bûche de bois orangé où Paul Gauguin avait sculpté un profil de Maori », ainsi que le décrit Camille Mauclair.

C'est à la gare Saint-Lazare que Marcel Proust prend le train pour l'imaginaire Balbec, quintessence d'un pays qui s'étend de Trouville à Cabourg. La gare est pour lui ce « lieu tragique » où vous écartèle l'excitation de partir et le regret de la chambre familière, tandis que la verrière au-dessus des quais est un ciel d'apocalypse « sous lequel ne pouvait s'accomplir que quelque acte terrible et solennel comme un départ en chemin de fer ou l'érection de la Croix » !

▷ *Maison de Mallarmé, 87-89, rue de Rome.*

◁ *Sous ces quatre fenêtres du 4, rue de Saint-Pétersbourg, cet écriteau, le 15 avril 1876 : « À la concurrence du Jury ». Manet y exposait* L'Artiste *(un portrait de Marcellin Desboutin) et* Le Linge, *refusés par le Salon.*

Pour d'autres, la gare Saint-Lazare est l'aboutissement des « express transatlantiques » qui arrivent du pier 57 de New York par l'entremise d'un paquebot et d'un quai de transbordement du Havre. Grand Hôtel Terminus, tout le monde descend, rendez-vous demain pour la tournée des Grands Magasins tout proches.

Pour Amélie Hélie, dite Casque d'or, la fin du voyage sera à la maison close du 2, rue de Londres.

« On commencera une promenade dans Paris à l'heure de l'apéritif, c'est-à-dire vers cinq ou six heures. Je ne veux rien vous imposer. Comme point de départ, je vous conseille la gare Saint-Lazare. Là-bas, en effet, vous avez la moitié de la France et la moitié de l'Europe autour de vous : les rues sont fourrées de noms tels Havre, Provence, Rome, Amsterdam, Constantinople, comme un gâteau l'est de crème. C'est ce qu'on appelle le quartier de l'Europe », écrit, avec la gourmandise du flâneur, Walter Benjamin dans les dernières années 1920.

Les Batignolles, le bout du tunnel

Les Batignolles n'existent qu'à peine avant le chemin de fer. Lorsque, en 1837, le tunnel ferroviaire de trois cent trente mètres de long, percé à l'extrémité nord du quartier de l'Europe, ressort de l'autre côté du mur des Fermiers généraux, il débouche dans une commune qui n'a que sept ans d'âge : jusqu'en 1830, le hameau dépendait de Clichy. Ces vastes terrains de cultures maraîchères, confisqués sous la Révolution, avaient commencé à se peupler au Premier Empire, la Société des entrepreneurs Navarre et Rivoire y ayant fait pousser de petites maisons de campagne avec jardinet, puis des immeubles destinés à une population aux moyens plus modestes. Ces lotissements presque « sociaux » s'étaient développés pendant la Restauration et sous Louis-Philippe, influencés par les idées de Louis Puteaux. En 1838, les Batignolles avaient leur théâtre (aujourd'hui Théâtre Hébertot), construit sur un terrain appartenant au philanthrope, et confié aux frères Seveste, comme tous les théâtres de la banlieue.

▽ Si, au XIXe s., l'église signalait une paroisse, le théâtre, autant que la mairie, indiquait une commune, ce que furent les Batignolles à compter de 1830.

La population de la commune avait déjà été multipliée par six à la fin des années 1840, on entreprit donc de construire une mairie digne de ce nom, rue des Batignolles. Au bout de l'avenue de Clichy, les mille ouvriers d'Ernest Gouin fabriquaient alors cinquante locomotives par an. Un peu plus bas, MM. Bacqueville et Lhenry créaient la cité des Fleurs, seul espace de verdure dans ce village de vapeur où la gare de marchandises et le départ de la ligne de petite Cein-

ture étendaient leurs faisceaux de rails sur cinquante hectares.

Quand la famille Verlaine, « braves bourgeois qu'engouffre et pressure l'immense spéculation moderne sur les immeubles », débarque de Metz au 10, rue Nollet, le jeune Paul juge ce qu'il découvre alentour très inférieur à ce qu'il a connu en Lorraine : ce n'est pas une ville, « ces énormes maisons de plâtre, à cinq ou six étages, avec leurs innombrables volets gris, comme des poitrines de squelettes à plat », ces « mornes enfilades de bâtisses à suer les revenus » ! Balzac parle des « ignobles façades de ce qui s'appelle à Paris les *Maisons de produit*, et que Victor Hugo compare à des commodes ».

Les militaires en retraite, comme le père de Verlaine, ancien capitaine, sont bien représentés dans ce quartier « mesquinement bourgeois, cossu pauvrement, rangé, chiche, mais propre autant que possible en dépit des ruisseaux taris, des bouches d'égouts insuffisamment étroites, et des bornes fontaines ridiculement rares », comme il l'écrira dans *Louise Leclercq*. Heureusement, il ne le voit ni ne le parcourt guère : pour la totalité de sa scolarité, il sera interne à Paris, dans une pension de la rue Chaptal et, dans la journée, en cours au lycée Bonaparte (aujourd'hui Condorcet), rue Caumartin.

À l'été de 1862, bachelier, il vient recevoir les félicitations méritées de ses parents, désormais parisiens : le mur des Fermiers généraux a été abattu ; les Batignolles, annexées, intègrent le 17e arrondissement. Au bout de la rue de la Mairie, entre l'église Sainte-Marie et la gare des marchandises, sur la place où se tenait la fête du quartier, l'empereur a chargé Alphand de dessiner l'un de ces jardins qui doivent reverdir Paris. Entre la cité des Fleurs et le raccordement ferroviaire des ateliers de Gouin, le lieudit des Épinettes est en train de devenir le lotissement le plus dense du nouvel arrondissement. Et une gare de voyageurs tire maintenant le double trait de ses quais au bord de l'avenue de Clichy, avant une autre, avenue de Saint-Ouen, sur la ligne de petite Ceinture qui s'ouvre au trafic des passagers.

△ ◁ *La cité des Fleurs, seul espace de verdure dans ce village de vapeur où la gare de marchandises et le départ de la ligne de petite Ceinture étendaient leurs faisceaux de rails.*

▽ *Rue Nollet, le point de chute parisien des Verlaine, « braves bourgeois qu'engouffre et pressure l'immense spéculation moderne sur les immeubles ».*

◁ 10, boulevard des Batignolles. « Le quatrième [étage], en France, a la rage de recevoir ! »

La queue de Baudelaire et celle de Zola

Au 10, boulevard des Batignolles, la mère de Louis-Xavier de Ricard, qu'un camarade de lycée a présenté à Verlaine, tient salon pour les amis de son fils et reçoit des poètes parnassiens qu'accompagne Emmanuel Chabrier au piano. Le 16 janvier 1866, ces jeunes gens ont décidé de donner ici le premier acte de *Marion Delorme*, et Mme de Ricard a su les entourer d'un public composé de Gustave Flaubert, des frères Goncourt, de Julia, la future Mme Alphonse Daudet. « Le quatrième [étage], en France, a la rage de recevoir ! », peste le cadet des Goncourt, de retour à la maison, dans leur *Journal* commun. « C'est dans une maison des Batignolles, chez un M. de Ricard, où s'est abattue toute la bande de l'art, la queue de Baudelaire et de Banville, des gens troubles, mêlés de cabotinage et d'opium, presque inquiétants, d'aspect blafard. » Les suiveurs de Baudelaire et de Banville viennent donc de s'agiter, aux Batignolles, devant des spectateurs qui seront bientôt considérés comme les précurseurs du naturalisme – ce qu'officialisera un dîner fameux chez Trapp, en face de la gare Saint-Lazare –, et qui ne le savent pas encore. Impressionnisme et naturalisme ont-ils partie liée avec le chemin de fer? C'est ici, en tout cas, qu'ils naissent ; ce sont les Batignolles qui les tiennent sur les fonts baptismaux. Au début de la rue La Condamine se trouve l'atelier de Frédéric Bazille et, tout près, le pavillon avec jardin des Zola. Chez Bazille, on voit des peintres : Manet, Pissarro, Monet, Renoir, Fantin-Latour et... Zola. Chez Zola, on retrouve des peintres, les mêmes et, en matière de littérateurs, l'ami Paul Alexis, qui y loge quand il arrive d'Aix-en-Provence. C'est dans ce pavillon que Zola met sous enveloppe une proposition de dix romans déroulant l'histoire d'une famille depuis le coup d'État du 2 décembre 1851, une saga des profiteurs du Second Empire, les Rougon-Macquart. C'est ici qu'il en écrit les cinq premiers titres, jusqu'à *La Faute de l'abbé Mouret*.

C'est au Café Guerbois, dans la salle du sous-sol, que se théorise l'impressionnisme, et aussi que l'on croise le

▽ ◁ Lorsque, en 1837, le tunnel ferroviaire de 330 m de long, percé à l'extrémité nord du quartier de l'Europe, ressortit de l'autre côté du mur des Fermiers généraux, les Batignolles n'existaient encore qu'à peine.

graveur Bellot, qui sera le modèle de Manet pour le *Bon Bock*, et Marcellin Desboutin qu'il utilisera pour l'*Artiste*, et que l'on retrouvera dans l'hébétude de l'*Absinthe*, assis à côté de l'actrice Ellen Andrée, sur le chevalet de Degas. Zola fera de l'endroit le café Baudequin de *L'Œuvre*.

Le couple Zola traverse cette avenue de Clichy sur laquelle s'ouvre le Café Guerbois, s'installe 21, rue Saint-Georges (aujourd'hui des Apennins), y reçoit le jeudi ; Henry Céard lui amène Huysmans, Paul Alexis Maupassant : « ce fut là que se rencontrèrent, pour la première fois, un groupe de jeunes hommes, que les journaux ont désigné sous cette appellation énormément spirituelle : "la queue de Zola" ». Après, quoi d'étonnant que *Nana* mette son petit en nourrice chez sa tante aux Batignolles? Que Jacques Lantier, le mécanicien de la *Bête humaine*, et Séverine Roubaud, la femme du sous-chef de gare, « dans le continuel flot de passants qui encombre ce quartier populeux », parfois forcés de descendre du trottoir, de traverser la chaussée, au milieu des voitures, se retrouvent « devant le square des Batignolles, presque désert à cette époque de l'année. Le ciel pourtant, lavé par le déluge du matin, était d'un bleu très doux ; et sous le tiède soleil de mars, les lilas bourgeonnaient. (...) Quelques femmes promenaient des enfants au maillot, et il y avait des

△ **Un atelier aux Batignolles**, *d'Henri Fantin-Latour (1870). Impressionnisme et naturalisme avaient-ils partie liée avec le chemin de fer ?*

▽◁ *Le square des Batignolles : Jacques Lantier, le mécanicien de la* **Bête humaine**, *et Séverine Roubaud, la femme du sous-chef de gare, s'y retrouvaient.*

passants qui traversaient le jardin pour couper au plus court, hâtant le pas. Ils enjambèrent la rivière, montèrent parmi les rochers… »?
Quoi d'étonnant si Guy de Maupassant, dans ses cinquante mètres carrés du 83, rue Dulong, décrit un Georges Duroy, alias Bel-Ami, ancien sous-officier de hussards, comme le père Verlaine et beaucoup d'autres dans le quartier, qui ne désire qu'une chose, en sortir, des Batignolles et de sa chambre du cinquième, qui donne sur l'immense tranchée du chemin de fer de l'Ouest, juste au-dessus de la sortie du tunnel, rue Boursault ?
« Sa maison, haute de six étages, était peuplée par vingt petits ménages ouvriers et bourgeois, et il éprouva, en montant l'escalier, dont il éclairait avec des allumettes-bougies les marches sales où traînaient des bouts de papiers, des bouts de cigarettes, des épluchures de cuisine, une écœurante sensation de dégoût et une hâte de sortir de là, de loger comme les hommes riches, en des demeures propres, avec des tapis. »

Propre, avec des tapis

Des tapis, Guy de Maupassant en aura dans le beau 17e, qu'il rejoint quand triomphe *Bel-Ami*, et des tentures, des boiseries, des bouddhas et de la porcelaine, qui font dire aux Goncourt de son rez-de-chaussée du 10, rue Montchanin (aujourd'hui Jacques-Bingen) que c'est un « logis de souteneur caraïbe ». Pourtant, ces fanfreluches ne sont rien à côté du seul lit, par Barbedienne, de sa voisine, à l'angle du boulevard Malesherbes et de la rue de la Terrasse, la célèbre Valtesse de la Bigne, le futur modèle de *Nana*. Se

▷ Square des Épinettes, une statue de Dalou montre Jean Edme Leclaire, chantre de la participation aux bénéfices, « élevant » un ouvrier, ce que symbolise la montée d'une marche.

rapprochant de Valtesse, il s'est éloigné de Nina, comme on appelle tout simplement par son prénom l'hôtesse du salon du 82, rue des Moines, petit hôtel particulier où l'on « mangeait sur toutes les marches de l'escalier, au milieu d'une myriade de chats, de chiens, de cochons d'Inde », directement dans les plats, avec les doigts. Nina de Villard, sur fond de papier peint japonisant, c'était la *Femme aux éventails* de Manet.
Le square des Épinettes est encore tout neuf quand un cortège funèbre de cinq mille personnes passe à proximité, accompagnant Verlaine, depuis l'église Saint-Étienne-du-Mont, jusqu'à la dernière demeure qu'il s'était choisie de longtemps : aux Batignolles.
« Dans l'étroite paix du plat cimetière
Blanc et noir et vert, au long
du rempart. (…)
Au bas du faubourg qui ne bruit plus. »

▷ *La gare de chemin de fer de Courcelles, qui bouclait la petite Ceinture sur la ligne d'Auteuil.*
© LL/Roger-Viollet

Dans les années 1920, le quartier est toujours, dans les chansons d'Aristide Bruant, un équivalent de la Villette, de la Glacière, de Grenelle ou de « Montmerte », c'est dire !

« Sa maman s'appelait Flora
A connaissait pas son papa
Tout' jeune on la mit à l'école
À Batignolles... »

C'est l'époque où le jeune poète noir américain Langston Hughes – que John Kerry a rappelé à la mémoire en faisant de l'un de ses vers, lors des élections présidentielles de 2004, son slogan de campagne : « *Let America be America again* » – partage sa dèche avec une jeune ballerine russe prénommée Sonya, rencontrée par hasard, dans la mansarde qu'elle occupe 15, rue Nollet, presque en face de là où Verlaine avait passé ses dix premières années parisiennes.

Quand Paul Eluard et Nusch s'installent aux Batignolles, en 1934, c'est dans un lieu commun, au sens propre, du roman naturaliste : derrière des fenêtres de cinquième étage, non loin de la tranchée du chemin de fer. S'ils ne voient pas jusqu'aux rails depuis le 54, rue Legendre, ils la devinent au moins par le creux qu'elle imprime à la ligne des toits. Mais, au nord du quartier, on ferme la petite Ceinture, la gare de Courcelles qui la bouclait sur la ligne d'Auteuil, et celles des avenues de Clichy et de Saint-Ouen.

Et voilà que le chemin de fer, destin des Batignolles, en devient la chance, celle de « la plus grande opération de régénération urbaine menée à Paris depuis le baron Haussmann ». Les anneaux olympiques ayant fait défaut, ses cinquante hectares d'emprises ferroviaires n'en doivent pas moins devenir le « premier exemple d'un village à zéro émission de CO_2 en France », « une référence en matière de Haute Qualité Environnementale dans le respect absolu des principes du développement durable ».

▽ *Grève des cheminots au dépôt des Batignolles. Paris, avant 1914.*
© Harlingue/Roger-Viollet

Du Mail à Montmartre

Le Mail,
un quartier où l'on s'arrête

« Le commerce et le trafic sont les deux composantes de la rue. Or, dans les passages, la seconde a presque disparu ; le trafic y est rudimentaire. Le passage n'est que la rue lascive du commerce, propre seulement à éveiller les désirs. » Le passage, c'est le lèche-vitrines et le pied de grue, pas la circulation puisque ici y a tout à voir, et ce que Walter Benjamin en écrit – le passage des Panoramas, au nord du quartier, est leur ancêtre à tous, une vingtaine d'année avant la grande vogue des rues couvertes – est vrai aussi de la place des Victoires, au sud du quartier, place résidentielle et de station pour, des premières loges de la fenêtre ou du parterre qu'est le pavé, admirer la statue du roi.

△ Le magasin du graveur Stern date de la rénovation du passage, dans les premières années 1830, à la fin des rotondes à panoramas du Boulevard.

▽ Le passage des Panoramas, leur ancêtre à tous dès 1800, soit une vingtaine d'année avant la grande vogue des rues couvertes.

Après les traités de Nimègue, qui constituent l'apogée du règne du Roi-Soleil, voilà qu'un particulier prend l'initiative de changer à lui seul la face de Paris, de remodeler l'espace de la ville autour de la personne du roi devenue la mesure et la fin de toute chose ! Voltaire, soixante-dix ans plus tard, le donne en exemple à ses contemporains à lui, pour leur faire honte : « Un seul citoyen [le maréchal de La Feuillade], qui n'était pas fort riche, mais qui avait une grande âme, fit à ses dépens la place des Victoires, et érigea par reconnaissance une statue à son roi. Il fit plus que sept cent mille citoyens n'ont encore fait dans ce siècle ».

Mme de Sévigné, témoin des prémices de l'exploit, écrivait à son cousin, le 20 juillet 1679 : « M. de La Feuillade, courtisan passant tous les courtisans passés, a fait venir un bloc de marbre qui tenait toute la rue Saint-Honoré, et comme les soldats qui le conduisaient ne voulaient point faire de place au carrosse de Monsieur le Prince [le Grand Condé], qui était dedans, il y eut un combat entre les soldats et les valets de pied ; le peuple s'en mêla, le marbre se rangea, et le Prince passa (...) ; cette statue lui coûtera plus de trente mille écus ».

Bussy-Rabutin, moins naïf que ne le sera Voltaire concernant les grandes âmes, répondit à sa cousine : « La Feuillade ne perdra pas l'avance qu'il fait de sa statue de marbre : le roi, qui aime d'être aimé, la lui rendra avec usure ».

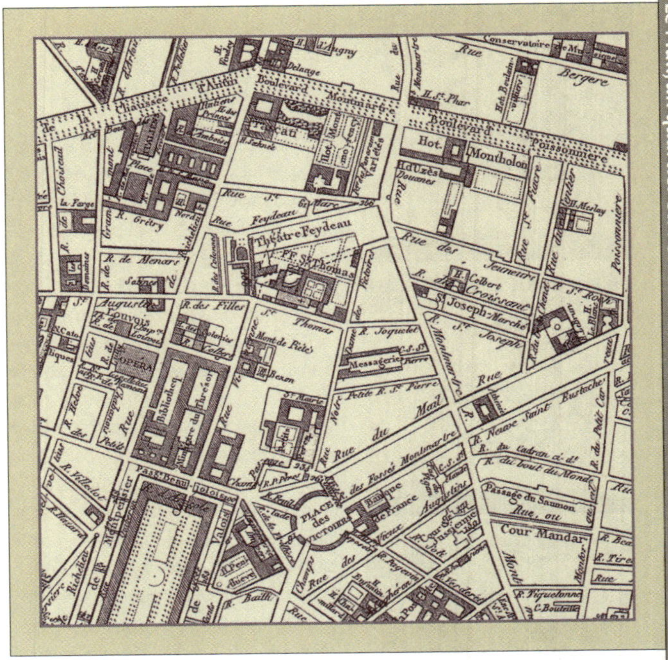

△ *On voit bien, sur le plan Maire de 1808, que les rues de la place des Victoires sont désaxées, de sorte qu'en arrivant, par n'importe laquelle, on voie toujours la statue se détacher sur un fond de façades qui la fasse ressortir.*
DR

◁ *Place des Victoires. Le plan dessiné par Jules Hardouin-Mansart est celui d'une « salle » de plein air, en fer à cheval comme un théâtre à l'italienne, uniquement destinée à jouir du spectacle de la statue royale.*

△ *Des masques, le même décor que dans un théâtre.*

Porté à ce degré, ce n'est d'ailleurs plus de l'amour, mais de la dévotion : La Feuillade dédie un temple à son roi comme d'autres ont fait bâtir des églises. Sur le modèle liturgique, le roi absent – c'est concurremment aux traités de Nimègue que Louis XIV a opté pour Versailles – est présent par son image, et l'espace organisé autour de l'iconostase pour la célébration d'un culte optique tenant tout entier dans la fascination. Non seulement la place sera proportionnée à la statue, mais aucune promenade abritée sous des arcades n'y est prévue – parce qu'elle serait synonyme de vision intermittente, masquée par des piliers –, et les rues sont désaxées de sorte qu'en arrivant par n'importe laquelle l'on voie toujours la statue se détacher sur un fond de façades qui la fasse ressortir.

La place des Victoires est donc tout le contraire d'un rond-point – ce qu'en fera malheureusement la percée de la rue Étienne-Marcel. La *place royale*, place à programme aux façades ordonnancées pour servir de cadre à la statue monumentale d'un monarque, s'invente ici : dans le plan dessiné par Jules Hardouin-Mansart, c'est une « salle » de plein air, en fer à cheval comme un théâtre à l'italienne.

Tous les trafics, moins celui de la rue

Louis XIV n'assiste pas, pour cause de fistule[11], à l'inauguration de sa statue, le 18 mars 1686. Finalement pédestre et en bronze doré, haute de quatre mètres, elle est posée sur un piédestal qui l'est de sept, où sont enchaînés, aux quatre angles, des esclaves figurant l'Empire, l'Espagne, la Hollande et le Brandebourg. Ce triomphe arrogant permet la disparition des murailles et que Paris soit en passe d'être ceint de boulevards en lieu et place de défenses. La statue et la future place – à l'inauguration, la construction des façades n'a pas commencé – sont illuminées nuit et jour par quatre puissants fanaux. Cela, comme la lampe rouge brûlant dans les églises à proximité du tabernacle, a plus à voir avec l'adoration qu'avec

▷ *L'Empire, l'Espagne, la Hollande et le Brandebourg réduits en esclavage. Le Louvre les conserve parce que la Révolution, qui n'était point chauvine, en avait débarrassé la statue de la place.*

◁ ▷ *La Bourse déménagée depuis l'été 1998, ne reste plus dans quantité d'officines du quartier que la menue monnaie du capitalisme, ici rue Vivienne et rue de la Bourse.*

l'éclairage, mais il se trouve qu'en quittant Paris, le Roi-Soleil a laissé à sa place, outre les statues qu'on lui élève, un lieutenant général de police pour diffracter sa lumière.

Le premier occupant de cette fonction nouvelle, La Reynie, a distribué aux Parisiens six mille cinq cents lanternes, à charge pour eux de les poser, de place en place, sur le rebord d'une fenêtre de premier étage. Un éclairage des rues organisé était né, qu'apprécia aussitôt Mme de Sévigné : « Nous soupâmes encore hier avec Mme Scarron [future Mme de Maintenon] et l'abbé Têtu chez Mme de Coulanges, écrivait-elle le 4 décembre 1673. Nous trouvâmes plaisant de l'aller ramener à minuit au fin fond du faubourg Saint-Germain, fort au-delà de Mme de La Fayette, quasi auprès de Vaugirard, dans la campagne… Nous revînmes gaiement à la faveur des lanternes, et dans la sûreté des voleurs ». La place des Victoires éclairée *a giorno* symbolise finalement, pour Paris, la sortie de la longue nuit des terreurs urbaines.

Durant les quatre années suivantes sont dressées les façades uniformes derrière lesquelles les Samuel Bernard, Antoine Crozat et autres « partisans », comme on les appelle alors, pourront bâtir à leur guise. La plupart des financiers qui, au milieu du siècle, habitaient encore le quartier du Marais, émigrent à la fin de celui-ci dans le quartier du Mail : quarante pour cent d'entre eux ont maintenant leurs beaux hôtels place des Victoires, rues des Fossés-Montmartre [aujourd'hui d'Aboukir, entre la place et la rue Montmartre] et du Mail. Ces deux rues s'étaient ouvertes à l'emplacement de l'enceinte de Charles V, et d'un jeu de mail la longeant, quand avaient été construites les fortifications de Louis XIII.

Quand les partisans s'y installent, la compagnie des carrosses à cinq sols de Blaise Pascal vient de péricliter, dont l'une des lignes, du Luxembourg, menait à l'ancienne porte Montmartre, au croisement des rues Montmartre et d'Aboukir. Mais les financiers n'ont pas besoin de transports publics. Et, d'ailleurs, guère besoin de se déplacer : la Bourse, au XVIIIe siècle, après sa création consécutive à la banqueroute de Law, logera, comme celui-ci l'avait fait, au palais Mazarin puis, pendant la Révolution, au Louvre, au Palais-Royal, enfin dans l'église des Petits-Pères. Et c'est encore dans ce quartier, déci-

11. Voir les chapitres Tuileries, p. 95 et Saint-André-des-Arts, p. 544.

▷ *La rue des Colonnes fut d'abord un passage, celui du théâtre Feydeau ; privée de sa couverture par le Directoire, elle garda ses arcades pour l'attente et pour l'entracte.*

demment voué à l'argent, qu'avait été installé, rue Montmartre, l'hôtel de la Loterie, après que Giacomo Casanova, fraîchement évadé des Plombs, en eut, en janvier 1757, avec son compère Calsabigi, suggéré l'idée.

Le seul trafic, au sens hippomobile du terme, du quartier vient de l'installation des Messageries royales au 28 de la rue Notre-Dame-des-Victoires, en 1785. La rue des Colonnes est d'abord un passage, celui du théâtre Feydeau, et quand elle est privée de sa couverture, sous le Directoire, elle garde néanmoins, avec ses arcades, tout ce qu'il faut pour continuer d'être l'abri de l'attente et de l'entracte.

La Bourse espère toujours un bâtiment en propre, que Nicolas Ledoux imagine ainsi en 1804 : « Il faut que, dégagé de tout embarras, il soit placé au centre de la ville. Il faut une vaste pièce pour assembler le grand nombre ; des cabinets particuliers pour discuter les intérêts privés, asseoir les résolutions, diriger les expéditions ; il faut des portiques couverts qui mettent la discussion à l'abri des caprices de l'air, des portiques ouverts où les ombres humides du Verseau, combinées avec les rayons bienfaisants du midi, puissent corriger les influences homicides de la saison caniculaire ».

Un décret du 16 mars 1808 décide finalement de la construction d'un édifice réunissant Bourse et Tribunal de commerce, à l'emplacement du couvent des Filles-Saint-Thomas, au bout de la rue Vivienne. Mais, sous la Restauration, ce n'est encore qu'une construction provisoire en planches et en pans de bois, formant une salle ronde où l'on entre par la rue Feydeau. La spéculation va meilleur train autour, comme l'explique le banquier Claparon à César Birotteau : « Eh ! cher monsieur, si nous ne nous étions pas

▷ *Le palais Brongniart : quinze mille mètres carrés de rêve grec en quête d'avenir.*

engagés dans les Champs-Élysées, autour de la Bourse qui va s'achever, dans le quartier Saint-Lazare et à Tivoli, nous ne serions pas, comme dit le gros Nucingen, dans les *iffires* ».

La babillarde et les oiseaux après un éclat de tonnerre

En 1827, le temple antique qu'avait imaginé Brongniart, et que la mort l'a empêché de voir, est tout de même terminé, et Balzac, derrière le côté vibrionnant d'une petite société énervée de sa richesse toute neuve, n'est pas indifférent aux réminiscences qui hantaient l'architecte : « La place de la Bourse est babillarde, active, prostituée ; elle n'est belle que par un clair de lune, à deux heures du matin : le jour, c'est un abrégé de Paris ; pendant la nuit, c'est comme une rêverie de la Grèce ».

Quand commencent les Trois Glorieuses, Berlioz est en train de plancher à l'Institut pour le prix de Rome. Le 29, enfin, il peut rejoindre la rue, « le pistolet au poing ». Comme il traverse la cour du Palais-Royal, un groupe de dix à douze jeunes gens y chante un hymne guerrier de sa composition ; il se joint à eux, incognito. La foule est si empressée que, pour ne pas étouffer, ils reculent pas à pas vers la galerie Colbert. Là, une mercière leur ouvre son premier étage, sous la rotonde vitrée. De la tribune de sa fenêtre, ils entonnent une *Marseillaise* qui tombe dans un silence recueilli. Berlioz se rappelle alors qu'il a adapté ce chant pour grand orchestre et double chœur ou plutôt pour un effectif, a-t-il écrit sur la partition, composé de « tout ce qui a une voix, un cœur et du sang dans les veines ». Il appelle la foule à reprendre avec eux. « Il faut se figurer que la galerie qui aboutissait à la rue Vivienne était pleine, que celle qui donne dans la rue Neuve-des-Petits-Champs était pleine, que la rotonde du milieu était

◁ *Il faut imaginer Berlioz, le 29 juillet 1830, entonnant d'une des fenêtres de la galerie Colbert* la Marseillaise, *dans un arrangement à lui, que reprit la rotonde bondée, jusqu'à ce qu'au paroxysme du chant, il en tombe évanoui.*

△ *La caserne des Petits-Pères, en style Louis XIII, de Victor Baltard, Grand Prix de Rome 1833.*

pleine, que ces quatre ou cinq mille voix étaient entassées dans un lieu sonore fermé à droite et à gauche par les cloisons en planches des boutiques, en haut par des vitraux, et en bas par des dalles retentissantes, il faut penser, en outre, que la plupart des chanteurs, hommes, femmes et enfants palpitaient encore de l'émotion du combat de la veille, et l'on imaginera peut-être quel fut l'effet de ce foudroyant refrain... Pour moi, sans métaphore, je tombai à terre, et notre petite troupe, épouvantée de l'explosion, fut frappée d'un mutisme absolu, comme les oiseaux après un éclat de tonnerre. »

▽ *Du même architecte, en néo-classique, l'hôtel du Timbre.*

Au début du Second Empire, la propriétaire de la galerie Vivienne léguera celle-ci à l'Institut pour, de son produit, doter les futurs Prix de Rome. Dans la rue de la Banque, entre Bourse et Banque de France, Victor Baltard, Grand Prix de Rome 1833, construisait en style Louis XIII la caserne des Petits-Pères, et en néo-classique l'hôtel du Timbre, sans compter la mairie du 2e arrondissement.

Cent ans plus tard, en décembre 1958, la revue de l'Internationale situationniste distingue dans le quartier de l'argent un bastion dressé devant le Paris populaire représenté par les Halles : « le ministère des Finances [alors rue de Rivoli], la Bourse et la Bourse du commerce constituent les trois pointes d'un triangle dont la Banque de France occupe le centre. Les institutions concentrées dans cet espace restreint en font, pratiquement et symboliquement, un périmètre défensif des beaux quartiers du capitalisme ». La Bourse déménagée depuis l'été 1998, il ne reste plus dans quantité d'officines du quartier que la menue monnaie du capitalisme, autour de quinze mille mètres carrés de rêve grec en quête d'avenir.

△ *La mairie, construite pour ce qui était alors le 3e arrondissement, est de la même inspiration.*

Le Boulevard, le belvédère

Si les Grands Boulevards remplacent, à partir des années 1670, sur la totalité de la rive droite, la muraille de Paris, le Boulevard est celui qui longe la partie la plus récente de celle-ci, son tronçon Louis XIII rabouté à la vieille enceinte de Charles V au niveau de la porte Saint-Denis. Entre cette dernière et la Madeleine, ce qui sera *le* Boulevard pour le XIXe siècle prend la succession, dans la liste des lieux à la mode, de la place Royale, de la galerie du Palais, du Pont-Neuf, du Palais-Royal…

À la charnière des XVIIe et XVIIIe siècles, le versant nord du Boulevard est champêtre : Regnard, qui connaît aussi bien Alger que la Laponie et fait donc un paysagiste crédible, nous raconte qu'il voit, du haut de la rue de Richelieu, sur les « vastes marais » d'en face, croître à plaisir l'oseille et la laitue, les artichauts et les champignons de couche. Il est donc assez naturel que ne soient tracées là, au début de la Régence, en contrebas du Boulevard et longeant son talus, que des voies de desserte agricole : à l'ouest, la rue Basse-du-Rempart qui,

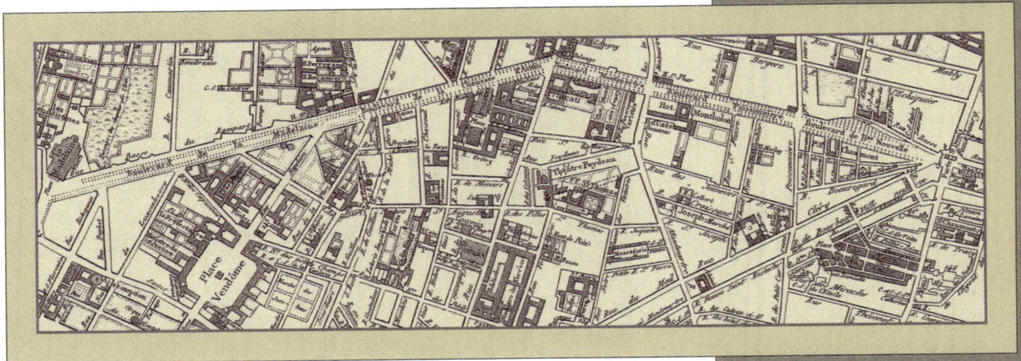

▽ *Le Boulevard, à l'emplacement du tronçon Louis XIII, dit des Fossés jaunes, de l'enceinte de Paris ;* le Boulevard, *porte Saint-Denis-Madeleine, voie royale du XIXe siècle.*
DR

△ **Frascati** *(gravure d'E. Gosselin, d'après P.L. Debucourt, vers 1807) : sous le Directoire, entre les mains du glacier napolitain Garchi, un hôtel meublé assorti d'un restaurant et d'une maison de jeu.*

partie de la chaussée d'Antin, ne rattrape le niveau du Boulevard qu'à la rue Caumartin, avant de se prolonger jusqu'à la Madeleine ; à l'est, la rue Basse-Porte-Saint-Denis.

La rue Basse-du-Rempart sera bordée de maisons sur son côté extérieur au dernier quart du XVIIIe siècle, et celles-ci, dont les fenêtres de premier étage sont au niveau du Boulevard, encaissent la chaussée en en faisant cette « espèce de ravin sombre » qu'évoque Barbey d'Aurevilly. Au moins, leur situation en contrebas ne gêne-t-elle en rien la vue qu'on a depuis le côté sud du Boulevard. Les gravures du Krafft et Ransonnette nous montrent encore, en 1812, le salon octogonal de l'hôtel de Gontaut-Biron surmonté d'une terrasse d'où l'on observe, pour certains la lunette à l'œil, la beauté du paysage et l'animation du Boulevard.

Sur ce versant méridional, avant les jardins de l'hôtel de Gontaut-Biron, situé au débouché de la rue Louis-le-Grand, s'étendent ceux de l'hôtel de la Colonnade puis ceux du couvent des Capucines, dans lesquels est tracée la rue de la Paix en 1806. À l'est de la rue Louis-le-Grand, verdoient les immenses parcs des hôtels qui ont leur entrée sur la rue Saint-Augustin. Puis vient Frascati, hôtel contemporain de celui de Gontaut, devenu sous le Directoire, entre les mains du glacier napolitain Garchi, un hôtel meublé assorti d'un restaurant et d'une maison de jeu. Parmi la végétation méditerranéenne qu'il y a importée, ponctuée d'architectures éphémères, une terrasse de bois longe le Boulevard en une gloriette brillamment éclairée, de la rue de Richelieu à la rue Vivienne.

Suivent les jardins de l'hôtel de Montmorency-Luxembourg, où s'ajoutent, sous le Consulat, au paysage à portée de vue, ceux, artificiels, peints sur les murs circulaires de vastes rotondes qu'on appelle des « Panoramas » : Paris tel qu'on le voit du haut du châ-

◁ *Le marketing avait rebaptisé « Bonne-Nouvelle » une butte des « Gravats ».*

teau des Tuileries, Toulon et, plus tard, Rome et Jérusalem. Enfin, après le domaine de l'hôtel ci-devant d'Uzès, qui occupe tout l'espace entre les rues Montmartre et Saint-Fiacre, s'élève la butte de Ville-Neuve-les-Gravois, formée de déblais accumulés au fil de six siècles, surmontée de sa rue Beauregard, qui pourrait être le terme générique désignant tout l'arc du Boulevard, belvédère de Paris sur les hauteurs de Montmartre, ses moulins et ses abbayes. Largement nivelée pour être lotie sous le nom de « Bonne-Nouvelle », plus vendeur que « Gravats », elle reste, encore aujourd'hui, en léger surplomb au-dessus du Boulevard.

Chopin, dernier témoin du Boulevard belvédère

Un jeune homme de 21 ans, qui se réfugie à Paris après la chute de Varsovie, Frédéric Chopin, sera le dernier à profiter – et à nous en transmettre le souvenir – de la vue que l'on a de ce balcon de Paris qu'est la façade méridionale du Boulevard. Au-dessus du trottoir, qui commence à remplacer les bas-côtés de terre battue simplement séparés de la chaussée par de grosses bornes de pierre, et plus haut que ses deux rangées d'arbres, Chopin s'installe à l'automne de 1831 dans l'immeuble du Grand Bazar de l'Industrie française, au coin de la rue Montmartre. « Dans mon cinquième étage (j'habite boulevard Poissonnière n° 27) – tu ne pourrais croire combien est joli mon logement ; j'ai une petite chambre au délicieux mobilier d'acajou avec un balcon donnant sur les boulevards d'où je découvre Paris de Montmartre au Panthéon et, tout au long, ce beau monde. Bien des gens m'envient cette vue mais personne mon escalier. »

▷ *« J'ai une petite chambre au délicieux mobilier d'acajou avec un balcon donnant sur les boulevards d'où je découvre Paris de Montmartre au Panthéon », Chopin.*

Dès l'année suivante, le rideau est tiré : la rue Basse-Porte-Saint-Denis est exhaussée et bâtie, la rue Basse-du-Rempart commencera d'être nivelée en 1858, quand s'aménagera la place du futur Opéra, et rentrera dans l'alignement du côté septentrional du Boulevard. À l'avènement du Grand Paris d'après l'annexion des communes limitrophes, la vue au-dehors du Boulevard est donc bouchée ; il y a dorénavant assez à voir au-dedans, sur sa chaussée, ses trottoirs, ses terrasses, ses devantures. La société y

◁ Le Théâtre des Variétés et le passage des Panoramas, boulevard Montmartre, vers 1825 *(anonyme)*. *Une réplique censurée de* La Belle Hélène *y visait Pauline de Metternich « avec ses tuniques courtes et ses cothurnes à talons ».*

△ **Le Boulevard Poissonnière**, ***d'Isidore Dagnan (1834) : une véritable allée forestière, une trouée de grand air en plein Paris pour échapper au confinement de l'atelier et du garni.***

remplace le paysage, l'animation le calme de la nature – la fréquence des omnibus, pour ne prendre que cet exemple, est d'un toutes les deux minutes.

Mais l'animation est différente à l'un et l'autre bouts : le Boulevard a un pôle aristocratique à la Madeleine, qu'on surnomma le Petit-Coblence tellement il semblait, sous le Directoire, une annexe de la ville rhénane où les émigrés avaient passé la Révolution, et qui s'est appelé boulevard de Gand sous la Restauration parce que Louis XVIII s'était réfugié là-bas durant les Cent-Jours. Même si l'étymologie de « gandins » est multiple, ce n'est pas un hasard si on l'associe à ce nom.

Le Boulevard a un autre pôle, plus populaire, à la porte Saint-Denis : le lotissement de Bonne-Nouvelle, franc de taxes à l'origine, est de longtemps le fief des menuisiers et, jusqu'au boulevard Montmartre, le commerce domine : « Dans les magasins qui bordent les chaussées, assure La Bédollière, dans *Paris-Guide*, se brassent des affaires considérables en porcelaine, vêtements confectionnés, parfumerie, bronze, tapis, fourrures, articles de voyage, miroiterie, etc. ».

L'ouvrier vient quand il le peut à cette extrémité du Boulevard qui, comparée aux quartiers qu'il habite, est une véritable allée forestière, une trouée de grand air en plein Paris.

Ce Boulevard destiné à devenir « le quartier élégant » de la capitale, le Second Empire le baptise dans le sang : au jour du coup d'État de Napoléon le Petit, « une brigade tuait les passants de la Madeleine à l'Opéra[12] ; une autre de l'Opéra au Gymnase ; une autre du boulevard Bonne-Nouvelle à la porte Saint-Denis », rapporte Victor Hugo dans *L'Histoire d'un crime*. Après quoi, on peut aller se faire tirer le portrait. L'Empereur, partant pour l'Italie à la tête d'un corps d'armée, s'arrête devant le 8, boulevard des Italiens, pousse la porte de l'atelier de Disdéri et s'y plante devant l'objectif pendant que l'armée attend, sur le

▷ **Sur le boulevard**, ***de Jean Béraud (n. d.). Le peintre fut le témoin de Proust pour un duel ; le témoin du Boulevard sous tous ses aspects.***

Boulevard, le (long) temps de pose nécessaire. Les collègues du 5, boulevard des Capucines, les frères Mayer et Pierre-Louis Pierson ont, eux, photographié un à un – « à la va-comme-je-te-pousse », dit Nadar, mais il est républicain –, les aristocratiques diplomates réunis en congrès à Paris pour mettre un terme à la guerre de Crimée. La cour, la haute finance, les actrices et les musiciens vont suivre à l'une et l'autre adresse durant une demi-douzaine d'années.

La gadoue et les catleyas

Au long du Boulevard, Zola, chroniqueur du régime et de sa décomposition, fera pleurer le comte Muffat, chambellan de l'impératrice, quand l'entrée des artistes du théâtre des Variétés, où il attend Nana, reste pour lui désespérément vide. « Sans pouvoir expliquer comment, il se trouvait le visage collé à la grille du passage des Panoramas, tenant les barreaux des deux mains. Il ne les secouait pas, il tâchait simplement de voir dans le passage, pris d'une émotion dont tout son cœur était gonflé... Alors, il avait repris sa marche, désespéré, le cœur empli d'une dernière tristesse, comme trahi et seul désormais dans toute cette ombre. Le jour enfin se leva, ce petit jour sale des nuits d'hiver, si mélancolique sur le pavé boueux de Paris. Muffat était revenu dans les larges rues en construction qui longeaient les chantiers du nouvel Opéra. Trempé par les averses, défoncé par les chariots, le sol plâtreux était changé en un lac de fange.

12. Situé rue Le Peletier de 1820 à 1873, accessible aussi par le passage de l'Opéra au 12, boulevard des Italiens.

◁ *Passage des Panoramas, l'entrée des artistes du théâtre des Variétés, où le comte Muffat attend Nana, et qui reste désespérément vide.*

Et, sans regarder où il posait ses pieds, il marchait toujours, glissant, se rattrapant. »

Sous la IIIe République, le Boulevard se fait bienveillant : Odette « n'était pas chez Prévost ; il voulut chercher dans tous les restaurants des boulevards. Pour gagner du temps, pendant qu'il visitait les uns, il envoya dans les autres son cocher Rémi, écrit Proust. Mais le cocher revint lui dire qu'il ne l'avait trouvée nulle part... Swann se fit conduire dans les derniers restaurants... Il ne cachait plus maintenant son agitation, le prix qu'il attachait à cette rencontre et il promit en cas de succès une récompense à son cocher... Il poussa jusqu'à la Maison Dorée, entra deux fois chez

▽ *La Maison Dorée, 15, boulevard des Italiens : Swann y cherche Odette le soir des catleyas. La vraie « Dame aux camélias » y achetait son* Eau du Harem *chez le parfumeur Geslin.*

△ **Le Boulevard des Italiens, à Paris, devant « Tortoni » à 4 heures du soir en 1856.** ***L'établissement deviendra un nom commun : après*** **gandins,** ***les*** **dandys** ***et les*** **lions** ***seront dits*** **tortonistes.**
© Coll. Roger-Viollet

Tortoni et, sans l'avoir vue davantage, venait de ressortir du Café Anglais, marchant à grands pas, l'air hagard, pour rejoindre sa voiture qui l'attendait au coin du boulevard des Italiens, quand il heurta une personne qui venait en sens contraire : c'était Odette ».

Il monte avec elle dans la voiture qu'elle avait, disant à la sienne de suivre. Elle tient à la main un bouquet de catleyas, elle en a dans les cheveux, et dans l'échancrure de son corsage. Après un écart du cheval, qui les a déplacés, Swann se propose de « les enfoncer un peu » de peur qu'elle ne les perde. C'est à compter du moment qui suit que faire l'amour, pour eux, se dira « faire catleya ».

▽▷ *Le mardi 23 février 1847, au 15, boulevard de la Madeleine, la foule se pressait pour la dispersion des biens après saisie, et donc des secrets de beauté, de la Dame aux camélias.*

Sous la IVe République, Yves Montand, quand il est « tourneur chez Citroën », « dès le travail fini », « file entre la porte Saint-Denis et le boulevard des Italiens » parce qu'ici « y a tant de choses, tant de choses, tant de choses à voir »...

Monet et le « Boulevard des Capucines »

Le mardi 23 février 1847, la foule se presse au 15, boulevard de la Madeleine, domicile de Marie Duplessis, que Dumas rendra immortelle en *Dame aux camélias*, morte à 23 ans. Elle était si belle que Gautier se désespérait « qu'aucun de ces jeunes magnifiques qui obstruaient le boudoir de cette femme de si riches coffrets et de vases précieux, n'eût eu l'idée de répandre une poignée d'or devant un statuaire pour éterniser dans le Carrare ou le Paros une telle beauté! ».

Les gens ne sont pas ici tellement nombreux pour lui rendre un dernier hommage, mais parce qu'on y disperse ses biens après saisie. On espère découvrir sur sa table de toilette, et acquérir au meilleur prix, le secret de sa beauté, ses élixirs et ses philtres. Elle avait « le meilleur cuisinier, les plus beaux chapeaux, les plus merveilleuses dentelles et les perles les plus fines de Paris ». Elle dépensait des sommes folles, pour une part aux Trois-Quartiers, le magasin

◁ *23 février 1848 :* **la troupe ouvrit le feu sur les manifestants devant l'hôtel de la Colonnade où était établi le ministère des Affaires étrangères. Un cortège funèbre allait remonter le Boulevard, à la lumière des torches, en appelant à la vengeance (n. d.).**
© PMVP/Degrâces

mitoyen fondé en 1829. Le *Figaro* prétendait que sept membres de ce Jockey-Club installé plus loin sur le Boulevard avaient créé une société en participation destinée à son entretien. Sur la tablette de marbre, il n'y avait qu'une boîte à poudre en argent massif de chez Marlé, boulevard des Italiens, un flacon de *L'Eau du Harem*, de Geslin, le parfumeur établi au bas de la Maison Dorée, sur le même boulevard. Étaient-ce là les clés du mystère?

« Avant 1789 », déjà, l'hôtel de la Duthé construit par Bélanger rue Basse-du-Rempart, au coin de l'actuelle rue Scribe, était, selon Girault de Saint-Fargeau, « le rendez-vous de tout ce que la cour, l'épée, la finance avaient de jeune, de riche, de brillant en hommes à la mode ». Outre quatre petites pièces, son grand salon en demi-cintre était prolongé par « une terrasse donnant sur le boulevard, qui était la pièce principale, et où Mlle Duthé se montrait presque tous les jours. C'est là qu'assise sur une causeuse elle étendait sur un tabouret le pied le plus élégamment chaussé, ou qu'appuyée sur un bras complaisant elle faisait admirer le mol abandon de sa taille ».

Dans cette rue Basse-du-Rempart, les corps dégringolent sous la mitraille quand, au soir du 23 février 1848, la troupe ouvre le feu sur les manifestants devant l'hôtel de la Colonnade où est établi le ministère des Affaires étrangères. Un cortège funèbre va remonter le Boulevard, à la lumière des torches. « Dans un chariot attelé d'un cheval blanc, que mène par la bride un ouvrier aux bras nus, seize cadavres sont rangés avec une horrible symétrie, écrit Marie d'Agoult. Debout sur le brancard, un enfant du peuple au teint blême, l'œil ardent et fixe, le bras tendu, presque immobile, comme on pourrait représenter le génie de la vengeance… » Un autre ouvrier, à l'arrière du chariot, ne fait pas qu'incarner la révolte, il y

◁ *L'atelier de Nadar, boulevard des Capucines. Impression, soleil levant, de Claude Monet, y fut présenté au milieu de cent soixante-cinq œuvres à compter du 15 avril 1874.*

appelle : « Vengeance ! Vengeance ! On égorge le peuple ! – Aux armes !, répond la foule ».

Après la révolution, Asselineau, qui a retrouvé Baudelaire plongé dans la traduction d'Edgar Poe, doit l'accompagner dans un hôtel du boulevard des Capucines « où on lui avait signalé l'arrivée d'un homme de lettres américain qui devait avoir connu l'auteur ».

Dans l'atelier de Nadar, au deuxième étage du n° 35, à l'angle de la rue Daunou, une « Société anonyme des artistes peintres, sculpteurs et graveurs » organise une exposition payante d'un mois à compter du 15 avril 1874. Des cent soixante-cinq œuvres présentées, la presse fait un sort à *Impression, soleil levant*, de Claude Monet, qui montre aussi un *Boulevard des Capucines*, vu d'une fenêtre, en plongée : une foule de passants réduits à des points minuscules, sous un ciel d'hiver plombé. La 6e exposition collective du groupe qu'on n'appelle plus que les impressionnistes, au grand complet, se tiendra de nouveau au même endroit.

Des montagnes russes occupent, depuis l'Expo de 1889, l'emplacement de l'actuel Olympia, et une autre attraction foraine fait ses débuts au Salon indien, sous-sol du Grand Café, au n° 14 du boulevard, le 28 décembre 1895 : le cinématographe des frères Lumière, vingt minutes de projection pour une dizaine de petits films.

Au théâtre du Vaudeville, futur cinéma Paramount, le 12 janvier 1910, Lénine assiste à une représentation de *La Barricade*, une pièce de Paul Bourget, dont le personnage central est inspiré de Pataud, le chef de ce Syndicat des électriciens qui a su, trois ans plus tôt, faire s'éteindre les mille scintillements du Boulevard et toute la Ville Lumière deux nuits durant.

Au moment où le Boulevard retrouvait tous ses feux après cette grève éclipse, Mistinguett quittait l'Eldorado dont, « entrée comme gigolette, elle sortait comme vedette ». Elle était déjà installée au n° 24 où elle allait rester cinquante ans, « cette tragédienne qui résume notre ville parce que sa voix poignante tient des cris des marchands de journaux et de la marchande de quatre-saisons »,

△▷ *C'est ici, 24, boulevard des Capucines, que la « goss' de Paris » vécut avec « son homme » –* My man, *comme on le saurait jusqu'en Amérique –, Maurice Chevalier, de part et d'autre de la guerre de 1914.*

comme l'écrira Jean Cocteau. C'est ici que la « Miss » de Paris vivra avec « son homme », Maurice Chevalier, de part et d'autre de la guerre de 1914 ; *My man*, comme on le saura jusqu'en Amérique.

Dada passage de l'Opéra

Quand Manet veut remercier Zola, après avoir lu son article dans *L'Événement*, il invite le journaliste à passer le voir au Café de Bade, 26, boulevard des Italiens, où l'on peut le trouver tous les jours entre 17h30 et 19h. La République a succédé à l'Empire quand Zola, désormais auteur, est le commensal régulier d'un autre établissement, le café Riche, au n° 16, à l'angle de la rue Le Peletier. Là se partage, à cinq, un « dîner des auteurs sifflés » : Flaubert en est pour l'échec de son *Candidat*, un canevas laissé par son ami Bouilhet qu'il a fini pour le Vaudeville voisin, Zola pour *Les Héritiers Rabourdin*, Edmond de Goncourt pour *Henriette Maréchal*, Daudet pour son *Arlésienne*. « Quant à Tourgueniev, expliquera Daudet, il nous donna sa parole qu'il avait été sifflé en Russie, et, comme c'était très loin, on n'y alla pas voir. »

Dix ans plus tard, les impressionnistes s'y retrouvent pour un dîner mensuel décidé à leur 6e exposition afin de célébrer les retrouvailles avec Monet, Renoir et Sisley. On y voit parfois Mallarmé. L'unanimisme sera de courte durée : à leur 8e exposition – il n'y en aura pas d'autre –, qui ouvre le 15 mai 1886 pour un mois à la Maison Dorée, au coin de la rue Laffitte, les trois prodigues ont à nouveau fait sécession, tandis que Degas y a accepté Seurat et Signac, les Pissarro père et fils, en un mot, pour le moins des « Néo ». Le groupe impressionniste finit sur le Boulevard comme il y a commencé. Ce qui n'empêche pas Renoir d'inviter Mallarmé, chez Riche, à fêter son exposition ingresque – il préfère dire « sa manière aigre » – quand, après son voyage d'Italie, conscient d'être allé « au bout de l'Impressionnisme », il revient au dessin en mai 1892.

△ *Les cuisines du café Riche, 16, boulevard des Italiens. Renoir y invita Mallarmé quand, conscient d'être allé « au bout de l'Impressionnisme », il revint au dessin en mai 1892.*

Ces établissements, pour l'essentiel le café et son grand balcon adossé à l'Opéra-Comique, sous une enseigne ou une autre : le Café Anglais et ses vingt-deux salons particuliers dont le fameux Grand-Seize, Tortoni devenu un nom commun – après *gandins*, les *dandys* et les *lions* sont tout autant dits *tortonistes* –, le Café de Paris, le Café du Helder, sont toujours là à la Belle Époque, et Swann y suit la piste d'Odette de Crécy.

Après la guerre, les surréalistes encore Dada, à la recherche d'un décor kitsch, le trouvent sans aucun hasard passage de l'Opéra. Dans ce passage, ouvert en 1822, qui a connu le bal d'Idalie venant du jardin Marbeuf, le Gâteau d'amandes, fameux pâtissier et confiseur, l'ancien restaurant Leblond, et le coiffeur des Goncourt, d'Horace Vernet et peut-être de

△ *Sous le Second Empire, on voyait passage Jouffroy « les fourrures des gens du Nord, les sombreros de Madrid ou de La Havane, les fez de Constantinople ou du Caire ».*

Courbet, les vestiges de la vogue impériale se limitent désormais au petit théâtre érotique qui donne alors *Fleur de Péché*.

Sous le Second Empire, témoigne La Bédollière, on voyait passage Jouffroy, passage Verdeau, dans celui de l'Opéra, celui des Panoramas, le plaid des Écossais, les fourrures des gens du Nord, les sombreros de Madrid ou de La Havane, les fez de Constantinople ou du Caire. Les étrangers, comme les provinciaux, apparaissaient à partir de midi. À 17h, les journaux du soir, particulièrement nombreux sur le Boulevard – *Le Constitutionnel*, *L'Écho de Paris*, *L'Événement*, *Le Figaro*, *Le Gaulois*, *Le Gil Blas*, *La Libre Parole*, *Le Mousquetaire* d'Alexandre Dumas, *Le Petit-Journal*, *Le Soir*, *Le Temps* –, étaient distribués dans les kiosques et l'on se cognait alors à ceux qui les lisaient en marchant. À 18h, les habitantes des quartiers Bréda et Notre-Dame-de-Lorette prenaient des positions stratégiques depuis le passage Jouffroy jusqu'à la rue de la Chaussée-d'Antin. Les passages sont à ce point prostitués, vingt ans plus tard, qu'y simplement stationner, pour une femme, est équivoque, comme l'apprendra Mme Eyben à ses dépens. Ayant rendez-vous avec ses enfants passage des Panoramas, elle y est interpellée, le 29 mars 1881, par la très arbitraire police des mœurs, que sa vigoureuse campagne de presse réussira néanmoins à faire abolir. À cette date, passage de l'Opéra, le nouveau et dernier journal d'Auguste Blanqui, *Ni dieu ni maître*, est en dépôt au n° 13 de la galerie de l'Horloge.

Chambre avec vue contre immeuble de rapport

Villiers de L'Isle-Adam, fraîchement arrivé à Paris en possession d'un héritage, est propriétaire d'une calèche et de deux chevaux qui stationnent toute la journée devant le Café de

▷ Shopping on a Paris Boulevard, *de H. Mehrnia. À dix-sept heures, les journaux du soir étaient distribués dans les kiosques et l'on se cognait alors à ceux qui les lisaient en marchant.*

Madrid, où fréquentent ses amis Catulle Mendès et Léon Dierx. Quand la voiture bouge, c'est pour traverser le boulevard et attendre devant le Café des Variétés. La vogue a suivi le chemin inverse entre les deux établissements quand, fin 1861, le patron de celui des Variétés ne s'est pas abonné au *Boulevard* que lançait le portraitiste en caricatures et photographies, Étienne Carjat.

À la carte des restaurants du Boulevard, diverses recettes, dont des poires nappées de glace et de chocolat, sont proposées sous le patronage de la *Belle Hélène*, l'opéra bouffe d'Offenbach que donnent les Variétés depuis le 17 décembre 1864. L'ouvrage passe si bien pour le comble du licencieux que l'ambassadeur Richard de Metternich a pu reprocher à la princesse, son épouse, de s'être montrée à la première. Trois ans plus tard, c'est à une coiffure que la *Grande-Duchesse de Gérolstein* donne son nom ; Napoléon III, le prince de Galles, le duc d'Édimbourg, Bismarck, les rois de Suède et du Portugal, se sont précipités aux Variétés, pour ne rien dire du tsar qu'on y voyait trois heures à peine après qu'il fut arrivé à Paris.

Dix ans après Chopin, Balzac occupe une maison d'angle à la situation semblable : il a deux pièces donnant sur le boulevard, une sur la rue de Richelieu. C'est Buisson, son tailleur, qui a fait construire « cette espèce de phalanstère *colyséen* », « dans la cour de l'hôtel où tous les joueurs de Paris ont palpité pendant trente-cinq ans », celle de Frascati, « dont le nom est religieusement conservé par un café, rival de celui dit du Cardinal, qui lui fait face ».

△ *Affiche de* **La Grande Duchesse de Gerolstein** *de Jacques Offenbach, de Jules Chéret. L'œuvre fut créée le 12 avril 1867 aux Variétés ; le tsar y était trois heures à peine après son arrivée à Paris.*

À l'époque de Balzac, on ne parle plus de vue, comme du temps de Chopin, on parle d'argent : « Admirez les étonnantes révolutions de la propriété dans Paris ! Sur la garantie d'un bail de dix-neuf ans qui oblige à un loyer de cinquante mille francs, un tailleur construit, et il y gagnera, dit-on, un million ; tandis que, dix ans auparavant, la maison du café Cardinal, dont le rez-de-chaussée rapporte aujourd'hui quarante mille francs, fut vendue pour la somme de deux cent mille francs ! ».

Un demi-siècle plus tard, Mallarmé vient admirer, à l'ex-galerie Goupil, à côté, 19, boulevard Montmartre, les dix Marines d'Antibes de Monet. Il faut, pour cela, monter au premier étage : MM. Boussod et Valadon, successeurs de Goupil, ne partagent pas les goûts de leur directeur, Théo Van Gogh, en matière de peinture moderne.

En face du balcon de Chopin, le Brébant, à l'angle des 32, boulevard Poissonnière et 2, rue du Faubourg-Montmartre, est un autre des restaurants fameux du Boulevard. C'est là que Flaubert fait déplacer la « société Magny » après les décès de Gavarni et de Sainte-Beuve. Au Gymnase dramatique, où débuta Virginie Déjazet, « statuette de Saxe animée par l'esprit de Voltaire », l'actrice la plus populaire de Paris, où Nerval vint admirer Jenny Colon, l'impératrice a toujours sa loge, assortie d'un salon meublé et d'un cabinet de toilette. Mais déjà, au quatrième étage de l'hôtel Montholon, vestige des fastes des années 1770, Juliette Adam reçoit, dans ses grands salons tendus de velours rouge, un avocat sans le sou, habillé comme l'as de pique du « vêtement de bureau d'un employé ». En la personne de Gambetta, le parti républicain a trouvé son chef ; il préside désormais le dîner du mercredi soir auquel sont conviés une douzaine d'invités. Les autres soirs, les invités d'après-dîner, surnommés pour cela les « cure-dents », sont plus nombreux, mais toujours exclusivement masculins, la maîtresse de maison ne se voulant pas de possible rivale. C'est ici, où Gambetta a discuté de la fondation de la *République française*, qu'elle lance, en octobre 1879, sa *Nouvelle Revue* bimensuelle, à laquelle elle fera collaborer, pour la partie littéraire, Flaubert, Maupassant ou Loti. Mais, politiquement, elle est passée au nationalisme le plus virulent, et Jules Renard, qui lui donne des textes brefs, note à ce propos dans son *Journal* : « Oh, vos pages courtes ont un succès !, dit Mme Adam, avec l'air d'ajouter : oui, mais ce n'est tout de même pas ça qui va nous rendre l'Alsace et la Lorraine ».

△ Flaubert fit déplacer au Brébant la « société Magny » après les décès de Gavarni et de Sainte-Beuve.

▽ Au quatrième étage de l'hôtel Montholon, Juliette Adam recevait, dans ses grands salons tendus de velours rouge, un avocat sans le sou, habillé comme l'as de pique : Gambetta.

Le surréalisme au bout du boulevard

Le boulevard de Bonne-Nouvelle renoue avec une « promesse de révolte stratégique qui a toujours été implicite dans son nom » quand, à l'occasion de la campagne internationale de solidarité avec Sacco et Vanzetti, quatre-vingt mille manifestants débordent la police le 23 août 1927. Cruel coup du sort, André Breton, qui assure, dans *Nadja*, qu'on ne peut « passer plus de trois jours sans [le] voir aller et venir, vers la fin de l'après-midi, boulevard Bonne-Nouvelle entre l'imprimerie du *Matin* et le boulevard de Strasbourg », était absent, et le regrette fort, « lors des magnifiques journées de pillage dites "Sacco-Vanzetti" ». Anarchistes et communistes

y ont convergé, et Walter Benjamin se demande comment lier révolte et révolution, comment « imaginer une existence axée toute entière sur le boulevard Bonne-Nouvelle dans des espaces de Le Corbusier et de Oud[13] ? ».

Le Rex, la salle hollywoodienne de plus de trois mille places ouverte à la fin de 1932, est *Soldatenkino*, c'est-à-dire réservé aux troupes d'occupation, durant la Seconde Guerre mondiale. Il est, de ce fait, la cible d'une attaque de la Résistance qui a un fort retentissement. À la Libération, *Le Populaire*, journal du Parti socialiste, s'installe presque en face, au 6, boulevard Poissonnière. *L'Humanité* est à côté, au n° 8.

Le 4 janvier 1948, passe là un char bariolé de slogans en défense du cinéma français, derrière lequel marchent Pierre Blanchard, Jean Marais et Madeleine Sologne, Simone Signoret, Roger Pigaut et Claire Mafféi, qui viennent d'être *Antoine et Antoinette*, l'ouvrier typographe et la vendeuse d'Uniprix dans le film de Jacques Becker, qui défile à leurs côtés avec toute la profession, de la Madeleine à la République, sur le Boulevard des frères Lumière. Les accords Blum-Byrnes du printemps 1946, conclus avec les libérateurs, ont imposé, en échange de la remise de dettes de guerre, une diffusion massive de films américains.

C'est dans le hall de l'*Humanité* que sont exposés, au jour des funérailles, les corps des personnalités du monde communiste. En 1967, à l'enterrement de Georges Sadoul, ancien du groupe surréaliste, Aragon y prononce un discours nostalgique, « où se lisait, juge Pierre Daix, une interrogation sur le chemin qu'ils avaient pris ensemble, comme aussi leur regret commun de n'avoir pas su retrouver Breton » sur ce boulevard où, si près, passage de l'Opéra, tout avait commencé près de cinquante ans plus tôt.

◁ *Le Rex, salle hollywoodienne de plus de trois mille places,* Soldatenkino *durant l'Occupation, fut, de ce fait, la cible d'une attaque de la Résistance qui eut un fort retentissement.*

▽ *Pierre Blanchard, Jean Marais et Madeleine Sologne, Simone Signoret, Roger Pigaut et Claire Mafféi, Jacques Becker défilèrent sur le Boulevard pour la défense du cinéma français, le 4 janvier 1948.*

13. Architecte, avec Theo Van Doesburg, du mouvement *De Stijl*.

À l'Orient de la Grange-Batelière

Les plates-bandes que voyait Regnard de l'autre côté du boulevard Montmartre[15] étaient, entre autres, celles du financier Pierre Crozat. Elles étaient taillées comme un parc à la française : des rangées de fruitiers y compartimentaient de grands triangles, disposés en étoile autour d'un bassin, dans lesquels s'alignaient les légumes. Un tunnel creusé sous le boulevard reliait la propriété des champs à l'hôtel parisien.

Puis venaient les maraîchages de la Grange-Batelière, une ferme anciennement fortifiée, en ordre de « bataille », ce qui, par altérations successives, avait donné « batelière ». Le coude de l'actuelle rue Rossini en dessine encore l'angle sud-est. D'une étendue bien moindre étaient le potager de Guillaume Berger, à l'origine de la rue Bergère, et les terres de Geoffroy et de son épouse Marie qui, dans les années 1260, en avaient fait une pieuse donation à l'Hôtel-Dieu. Au moment de lotir, l'établissement ressuscita de leur lointain passé les admirables donateurs afin de profiter publicitairement de la vogue gothique créée par le *Notre-Dame de Paris* de Hugo. Enfin, venait l'enclos des Cadet, sur des terrains faisant suite à une voirie et, de ce fait, on ne peut plus favorables aux fèves, fraises, melons et salades.

▽ Le coude de l'actuelle rue Rossini dessine encore l'angle sud-est de l'ancienne ferme fortifiée dite Grange-Batelière.

14. Voir le chapitre Le Boulevard, p. 179.

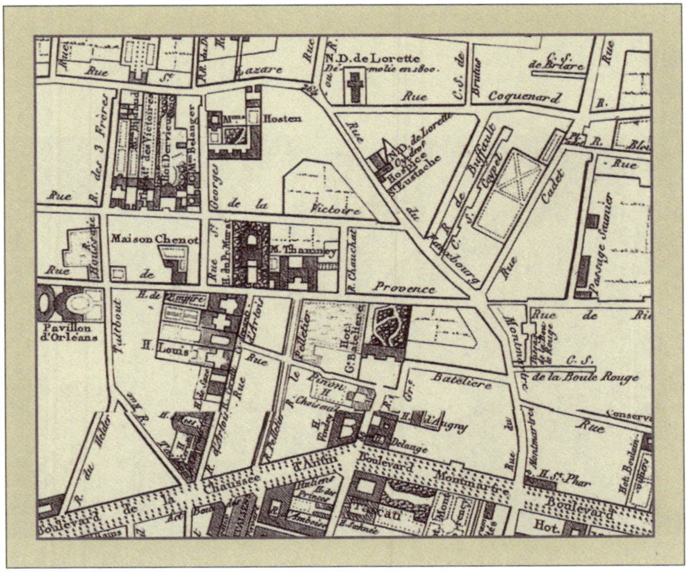

◁ *Les lotissements du XVIIIe s., quadrillage à peu près régulier autour de l'Y oblique de l'antique chemin de Montmartre et de la traversée du clos Cadet.*
DR

Dans cette zone de culture, les lotissements du XVIIIe siècle tracent un quadrillage à peu près régulier autour de l'Y oblique de l'antique chemin de Montmartre et de la sente de la voirie traversant le clos Cadet. Au début du règne de Louis XVI, interviennent ici des spéculateurs liés à Buffault, un protégé de Mme du Barry, laquelle avait été apprentie modiste aux Traits-Galants, la boutique de Mme Buffault, dans la rue Saint-Honoré, et s'en était généreusement souvenue en faisant de son ex-employeur le directeur de l'Académie royale de musique, le receveur général des Domaines et un chevalier de l'ordre du roi, conseiller en l'Hôtel de Ville. Sous la prévôté de Buffault, deux des échevins s'appellent Chauchat et Richer, et voilà comment tous trois se retrouvent patronner des rues du quartier.

Rue Buffault, au 21, c'est sous la monarchie de Juillet qu'y construit le millionnaire Mosselmann. Construit, on ne saurait mieux dire : celui qui sera plus tard, durant près de vingt ans, le protecteur d'Apollonie Sabatier, la *Présidente* de Baudelaire, monte, paraît-il, lui-même l'auge à ses maçons, de sorte de se rendre compte non seulement à l'œil mais encore à l'épaule, de la qualité des matériaux. Gage d'une solidité bien inutile, la maison ayant été détruite depuis.

Au n° 10 de la rue de la Grange-Batelière, l'hôtel de Michel Le Duc de Biéville, des années 1770, a été acquis dès la Restauration par le riche agent de change Tattet. Alfred, le fils de la maison, d'un an plus âgé que Musset, sera le maître en débauche du jeune poète, doublé d'un ami sûr qui s'attirera ses vers reconnaissants :

« Dans mes jours de malheur, Alfred, seul entre mille
Tu m'es resté fidèle où tant d'autres m'ont fui ».

Musset passe beaucoup de temps chez les Tattet, aussi bien, chaque automne, dans leur château de Bury, près Montmorency, qu'à leur hôtel de la Grange-Batelière. C'est ici qu'il leur donne lecture de son *Rolla*. Il a 23 ans, il se sent avoir été privé de

▽ *10, rue de la Grange-Batelière. C'est ici, chez les Tattet, que Musset dota Voltaire d'un « hideux sourire ».*

tout rapport possible à la divinité, de tout élan de foi par le XVIIIe siècle déicide, et en accuse Voltaire en ces vers dont l'expression fera florès :

« Dors-tu content, Voltaire, et ton hideux sourire
Voltige-t-il encor sur tes os décharnés? »

Le « hideux sourire » et le *mal du siècle*, dont il est la cause, trouvent donc à se dire pour la première fois dans ce salon de la rue de la Grange-Batelière avant que la publication de *Rolla*, immense succès de librairie de l'année 1833, ne les porte partout.

À peu près au même moment, Chopin, quittant le 27, boulevard Poissonnière, s'est installé au n° 4 de la cité Bergère pour partager un appartement avec un compatriote fraîchement émigré, le médecin Aleksander Hofman. Heinrich Heine, « fils et amant de la Révolution française », accouru à Paris sitôt les Trois Glorieuses, va trouver à se loger dans la même cité d'hôtels destinés aux étrangers venant visiter les Boulevards, au n° 3. Il se traduit avec quelques aides, dont celle de Nerval ; il

▷ Les hôtels de la cité Bergère étaient, dès les années 1830, destinés aux étrangers venant visiter les Boulevards.

△ Heinrich Heine, « fils et amant de la Révolution française », accourut à Paris, 3, cité Bergère, sitôt les Trois Glorieuses.

écrit aussi directement en français, et les complaisants l'ont vite qualifié de « Nouveau Voltaire », ce qui ne l'empêche pas de se lier avec Musset.

Aux passages, La Canaille et Maldoror

Se construit une nouvelle génération de passages, de part et d'autre de la rue de la Grange-Batelière, dans lesquels entre maintenant le fer et, pour le passage Jouffroy, le chauffage que des grilles de fonte soufflent du sol. Déjà, c'est une nouvelle révolution qui s'avance. Joseph Darcier, qui chantait aux carrefours *Le Pain* de Pierre Dupont :

« On n'arrête pas le murmure
Du Peuple quand il dit : J'ai faim !
Car c'est le cri de la nature,
Il faut du pain »

▷ Le passage Jouffroy : un passage de la nouvelle génération, chauffé par le sol.

est à l'Estaminet-Lyrique qui ouvre au bout du passage avec la IIe République. Berlioz l'y écoute pour en rendre compte dans le *Figaro* du 4 avril 1849. Darcier mettra en musique *La Canaille*, sur des paroles d'Alexis Bouvier, accompagnera les débuts de Jean-Baptiste Clément et fera des chansons pour Thérésa, la chanteuse *peuple*, « venue pour détruire l'expression banale de l'amour à roulades », selon l'expression de Théodore de Banville.

L'urbanisme haussmannien, porté uniquement sur les grandes percées, n'a que faire des passages, ces avortons d'avenues dont la multiplication s'arrête alors. Ce qui se développe, ce sont les halls à manger, les « bouillons » que lance la famille Duval à compter de 1854 et à l'image du prototype de la rue Montesquieu : une salle de huit cents mètres carrés auparavant consacrée aux concerts, bals, et combats de lutteurs. Ces bouillons – trois millions de repas servis annuellement dès les années 1860 – jalonnent le Boulevard aux 11, boulevard Poissonnière, 21, boulevard Montmartre et 27, boulevard de la Madeleine ; ils s'installent dans le quartier, au 63, rue La Fayette dès que celle-ci est percée en 1862.

De l'un à l'autre, on voit passer Alexandre, le fils du fondateur qui, influencé sans doute de ce qu'il porte le même nom, s'habille comme le M. Duval de la *Dame aux camélias* et de la *Traviata* : habits violets à manchettes de mousseline, jabots de dentelle et demi-hauts-de-forme. Il a néanmoins de l'esprit, assez pour répondre au duc Decazes, époux de l'héritière des machines à coudre Singer, qui le prend de haut, qu'ils sont l'un comme l'autre « ducs de la Restauration ».

△ Le Grand Orient, rue Cadet, loge encore dix-huit temples, tous dépourvus de lumière naturelle afin de préserver le mystère.

L'empereur, à l'instar de son oncle qui, pour mieux la contrôler, avait fait adhérer à la franc-maçonnerie dix-huit de ses maréchaux, bombarde le prince Murat, second fils du roi de Naples, à la tête du Grand Orient. Le nouveau grand maître décide de regrouper tous les sanctuaires parisiens de l'obédience et rachète, pour ce faire, l'ancien hôtel des princes de Monaco, rue Cadet, où un nouveau temple est bâti en 1856, qui s'avèrera ruineux. Le bâtiment, reconstruit cent ans plus tard, loge encore dix-huit temples, tous dépourvus de lumière naturelle afin de conserver aux cérémonies leur mystère. Des derniers étages, en revanche, qui abritent des bureaux et la salle du conseil, on jouit d'une vue qui reste digne de celle du balcon du Boulevard.

Napoléon III est aussi l'auteur du privilège des Savoyards, commissionnaires de l'Hôtel des Ventes qui, en 1852, s'installe à l'emplacement de

▽ Le privilège des Savoyards de l'Hôtel des Ventes, col rouge sur vareuse noire, depuis Napoléon III.

▷ Autour de « Drouot » se sont multipliés dans le quartier les magasins d'antiquaires, de numismates ou de philatélistes.

la Grange-Batelière et fait se multiplier dans le quartier les magasins d'antiquaires, de numismates ou de philatélistes. Le bâtiment est, depuis 1980, une « réinterprétation surréaliste de l'architecture haussmannienne », mais les cols rouges sur les vareuses noires continuent de manipuler, autour des camions verts de Drouot, l'art dans tous ses états.

Dans les derniers jours de l'Empire, la librairie Gabrie, au n° 25 du passage Verdeau, prend en dépôt les deux fascicules, à cinq cents exemplaires chacun, des *Poésies* de Lautréamont. Isidore Ducasse, qu'on a vu 15, rue Vivienne au mois de mars et 7, rue du Faubourg-Montmartre à l'été, y meurt, à l'hôtel, juste après la proclamation de la IIIe République, le 24 novembre 1870. Ceux qui vont manger chez Chartier, suiveur de Duval installé ici en 1896, passent aujourd'hui devant une plaque qui reprend le début de la strophe 10 du premier des *Chants de Maldoror* : « *Qui ouvre la porte de ma chambre funéraire? J'avais dit que personne n'entrât* ».

▷ La librairie Gabrie, au n° 25 du passage Verdeau, prit en dépôt les deux fascicules, à cinq cents exemplaires chacun, des Poésies *de Lautréamont.*

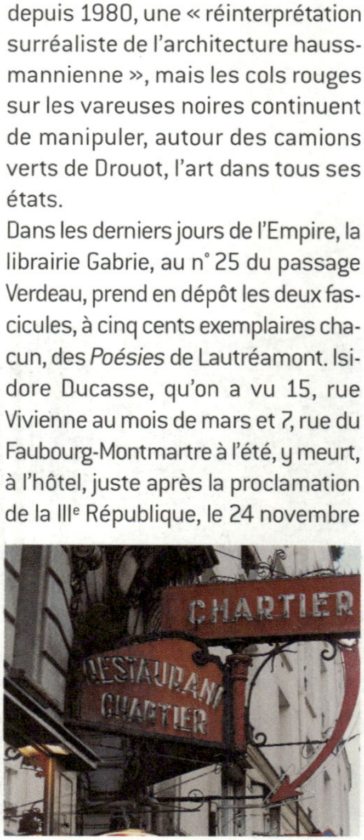

▷ Pour aller chez Chartier, suiveur de Duval, installé ici en 1896, on passe par chez Isidore Ducasse (Lautréamont).

◁ *Le Musée Grévin : à l'origine, un « journal plastique » mettant en relief l'actualité et ses faits divers sanglants.*

La presse sous toutes ses formes

En 1874, s'érige au carrefour des rues de Provence et Drouot, l'immeuble du *Figaro*. Égaient alors le quartier, à l'heure juste, les premières notes de l'air du *Barbier de Séville*, qu'égrène un carillon tandis qu'une statue de bronze de Figaro taillant sa plume trône dans une loggia de la façade. Sans compter que, filant le patronage jusqu'au bout, le quotidien placera en exergue une citation de Beaumarchais : « Sans la liberté de blâmer, il n'est point d'éloge flatteur », récemment revenue après une longue éclipse.

Un autre titre de presse, d'un type nouveau puisqu'il s'agit d'un « journal plastique », ouvre, huit ans plus tard, au bout du passage Jouffroy : à l'aide de cent cinquante figures de cire, le journaliste Arthur Meyer, fondateur du *Gaulois*, et le caricaturiste Alfred Grévin y mettent en scène toutes les rubriques de l'actualité, y compris les faits divers les plus sanglants. À côté, le Petit-Casino est un café-concert aménagé comme une salle de spectacle : les seuls espaces prévus pour poser les consommations y sont les tablettes accrochées au dos des fauteuils du rang précédent. Damia, la « tragédienne de la chanson », qui a eu le bon goût de naître pour le centenaire de la Révolution et qui personnifiera la *Marseillaise* dans le film d'Abel Gance, fera là ses débuts. Le Petit-Casino, le dernier café-concert de Paris à maintenir la tradition, réussira à faire venir un public de quartier pour une matinée et une soirée quotidiennes jusqu'en 1948.

▽ *À l'angle des rues Chauchat et de Provence, le Salon de l'Art nouveau de Samuel Bing, plus tard magasin de vente de Majorelle.*

En 1895, Samuel Bing transforme la galerie spécialisée dans l'art japonais que fréquentait Van Gogh en un Salon de l'Art nouveau destiné à réunir artistes et artisans d'art de toutes disciplines. À l'angle des rues de Provence et Chauchat, son hôtel de la seconde moitié du XVIIIe siècle est remodelé par l'adjonction d'une rotonde, de grilles de fer forgé et de fenêtres faites, sur des dessins des Nabis et de Toulouse-Lautrec, chez Tiffany, de part et d'autre d'une frise de soixante mètres courant sur la façade. Passée l'entrée couverte de faïences et de terres cuites, on retrouve les auteurs du décor, avec Gallé, Lalique et Van de Velde dans une exposition qui associe la peinture au mobilier d'une salle à manger et d'un fumoir. Mais la synthèse espérée ne se fait pas et, dès 1904, Bing revend son Salon à Majorelle qui l'utilisera quelques années, avant sa destruction, comme un simple magasin de vente.

▽ *L'ancêtre du* Monde, Le Temps *était symbolisé, rue des Italiens, par son horloge monumentale.*

Rue des Italiens, *Le Temps*, titre qu'illustre l'horloge monumentale du fronton, installe sa « casse » aux caractères gothiques, que l'on retrouvera inchangés à la une du *Monde*, héritier de ses installations après la Libération et qui y demeurera jusqu'en

1989. Rue Richer, derrière le bar au grand miroir immortalisé par Manet, c'est, en avril 1926, la première de *La Folie du jour* avec cette Joséphine Baker qu'on s'arrache depuis qu'elle a triomphé l'année précédente dans la *Revue nègre* du Théâtre des Champs-Élysées.
Au long de huit tableaux, les « girls » très peu vêtues des Folies-Bergère figurent des touristes américaines tentées par les vitrines de magasins de luxe parisiens, qui, en une sorte de strip-tease à l'envers, enfilent toutes les emplettes qu'elles viennent d'y faire. Après quarante minutes où la tension est ainsi montée de manière insoutenable, Joséphine Baker arrive enfin sur scène en descendant d'un palmier, vêtue seulement de bananes pendant autour d'une ceinture, que les mouvements de ses hanches et de son ventre redressent vigoureusement.
L'achèvement du boulevard Haussmann emporte le mythique passage de l'Opéra, adresse parisienne de Dada, quand André Breton est au 16, rue de la Grange-Batelière, dans la salle de l'Agence générale cinématographique, devant *L'Étreinte de la pieuvre*, « Grand Serial mystérieux en 15 épisodes », comme le montre l'affiche reproduite dans *Nadja*.

△ ***L'achèvement du boulevard Haussmann emporta le mythique passage de l'Opéra, adresse parisienne de Dada.***
© Harlingue-Viollet

◁ *Les Folies-Bergère. En avril 1926,* La Folie du jour, *titre du spectacle, c'était Joséphine Baker.*

Les Diamantaires, le café et restaurant du 60, rue La Fayette, rappellent que, dans ce quartier qu'évoque Simenon dans *La Patience de Maigret*, on a vendu « des perles fines et des joyaux à pleines mains en pleine rue ».
La place Kossuth témoigne d'une autre histoire. Quand le Parti communiste y avait établi son siège, en 1937, l'endroit n'était encore que le 44, rue Le Peletier. La milice de Darnand s'y était affichée durant l'Occupation, et huit ouvriers parisiens étaient morts à la Libération pour sa reconquête. La municipalité parisienne allait rebap-

◁ *Une toponymie de guerre froide : un carrefour rebaptisé « place Kossuth » sous le nez d'un PCF approuvant l'intervention soviétique en Hongrie.*
© Musée de l'Histoire Vivante, Montreuil

tiser le carrefour du nom d'un héros de l'indépendance magyare après que le PCF eut dit approuver l'intervention soviétique en Hongrie, en 1956. C'est un des rares exemples d'une toponymie de la guerre froide. Quelques années plus tard, les rapatriés juifs tunisiens allaient ajouter le brick à l'œuf et le couscous-boulettes à la faucille et au marteau, à l'équerre et au compas, aux cols rouges et aux vestes noires, aux strings de bergères folles, attributs du quartier. Les séfarades étaient là de longtemps, et leur synagogue du 23, rue Buffault, était antérieure de près d'un quart de siècle à celle, ashkénaze, de la rue de la Victoire. Son bienfaiteur, « Monsieur Osiris », avait cru s'y imposer à la postérité par une plaque le célébrant, lui, sa famille et ses amis, comme « illustres enfants d'Israël ». La mémoire des juifs « bordelais » avait néanmoins été éclipsée dans le quartier par les juifs d'Europe de l'Est, avant que le rite ne revînt d'Afrique du Nord avec les pieds-noirs. Le qualificatif de « zazous », dont les parents désignaient encore à ce moment-là les « yé-yés » qui twistaient au Golf Drouot, était désormais un nom propre aux enseignes de la rue du Faubourg-Montmartre.

△ *Les séfarades pieds-noirs, successeurs dans le quartier (ici rue Geoffroy-Marie) des séfarades « bordelais ».*

◁ *La synagogue séfarade du 23, rue Buffault était antérieure de près d'un quart de siècle à celle, ashkénaze, de la rue de la Victoire.*

La Chaussée d'Antin et les Porcherons

Des terrains marécageux et une voirie, c'est-à-dire un dépotoir, du côté de l'actuelle rue Cadet, voilà qui expliquerait aussi bien le chant des grenouilles – la rue Chantereine (aujourd'hui de la Victoire) – que l'élevage porcin, donc les jeunes porchers, autrement dit les porcherons. L'alternative étymologique, sur ce dernier point, réside dans une famille Porcheron, propriétaire, au XIIIe siècle, d'un château qui passera ensuite à ces Le Cocq que nous rappelle l'avenue du Coq. En tout cas, pour ce qui est du caractère paludéen, rien n'est plus sûr : le ruisseau de Ménilmontant, devenu un grand égout, traverse le territoire d'est en ouest à l'emplacement des actuelles rues Richer et de Provence, et si la voie tracée dans les années 1720 par

▷ L'Hôtel de Montmorency et le dépôt des Gardes françaises, *de F.-D. Née et J.-B. Lallemand. L'hôtel était sur la rue Saint-Marc, ses jardins allant jusqu'au Boulevard.*
© PMVP/Briant

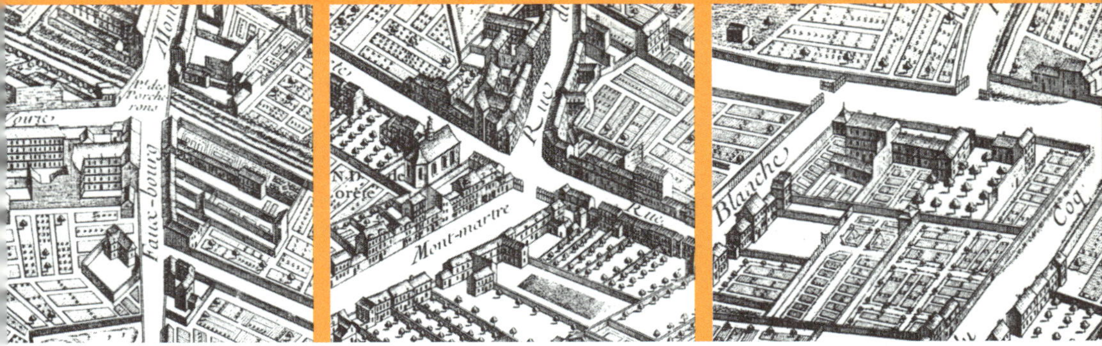

le duc d'Antin est dite « chaussée », c'est qu'à la différence des rues ordinaires, il a fallu la surélever, la poser sur une sorte de digue.

On a donc ici, au nord de l'ancienne enceinte de Louis XIII, abattue pour en faire des boulevards (nos futurs Grands Boulevards), deux ponts sur un égout large de deux mètres, là où le croisent la chaussée, à l'ouest, et le chemin de Montmartre (aujourd'hui rue du Faubourg-Montmartre), à l'est, et deux barrières d'octroi au nord de ces deux voies, aux emplacements des actuelles églises de la Trinité et Notre-Dame-de-Lorette.

En l'absence d'enceinte, l'octroi continue, bien sûr ; seulement, sans muraille pour la tenir, une porte flotte un peu dans le vide. « Rien de plus chétif et de plus pauvre que ces barrières qui font aujourd'hui les vraies portes de Paris », explique l'abbé Marc Antoine Laugier en 1755, dans son *Essai sur l'architecture*. « De quelque côté qu'on arrive en cette capitale, le premier objet qui se présente, ce sont quelques méchantes palissades élevées tant bien que mal sur des traversiers de bois, roulant sur de vieux gonds, et flanquées de deux ou trois tas de fumier. C'est ce que l'on qualifie du titre pompeux de "portes de Paris". » De portes, la barrière des Petits Porcherons, par exemple, à l'orée de la rue des Martyrs, a deux exemplaires, l'une pour les chevaux, l'autre pour les piétons.

Tout est maintenant en place pour un second programme d'assainissement, un bon siècle après celui du quartier que nous continuons d'appeler le Marais, et pour l'urbanisme de style Louis XV : les Folies au faubourg, aux barrières les guinguettes. Avec cette particularité, ici, que les Folies y sont presque toutes destinées aux étoiles de la scène, et qu'une salle de théâtre y est une pièce aussi banale qu'une cuisine ou une chambre à coucher.

Le temps des Folies commence dès les années 1740 quand le duc de Villars-Brancas fait rebâtir le château des Porcherons pour Mlle Pouponne,

△ *Sur le plan Turgot, à gauche, le pont des Porcherons, sur l'égout ; au centre et à droite, les barrières de bois de l'octroi en l'absence d'enceinte.*
DR

▽ **Ancien château des Porcherons, appelé aussi château du Coq, anciennement rue Saint-Lazare,** ***par Genouillac, dans*** **Paris à travers les âges.**
© Coll. Kharbine-Tapabor

figurante à l'Opéra. Le petit théâtre de la demoiselle donne à voir *Le Bel esprit du temps* ou *L'Homme du bel air*, trois actes du comte de Forcalquier. La Société du Temple[15], le Club de l'Entresol de la place Vendôme[16], le président Hénault et Mme du Deffand, dont il est l'amant, sont friands de ce théâtre de société que l'on écrit, joue et danse soi-même dans une maison amie, comme ici, ou dans une salle louée aux Porcherons, entre soi ou devant des spectateurs plus nombreux quand la chose s'ébruite. Retrouve-t-on les mêmes non loin, « chez la Lacroix, abbesse d'un couvent profane aux Porcherons, où, à en croire Jules Clarétie, on jouait des pièces obscènes qui attiraient une nombreuse clientèle, comme *Paris f..tant*, un ballet interprété par une pléiade de filles galantes alors très en renom » ?

Un siècle sur les planches

Toujours est-il que, dans les années 1750, les demoiselles de Verrières ont, à leur tour, un hôtel ici, dont celui d'Auteuil[17] n'est que la maison de campagne, pendant la décennie où M. d'Épinay, l'amant de Marie, est Fermier général. Leur salle de spectacle, très grande pour un théâtre particulier, d'une belle hauteur et très richement décorée, ne comporte « pas moins de sept loges en baldaquin, d'un dessin élégant et tendues de riches étoffes », sans compter, comme il est de règle chez les courtisanes, « un certain nombre de loges grillées qui permettaient aux femmes de qualité d'assister au spectacle sans être vues ». Aurore, la fille que Marie a eue du maréchal de Saxe, et qui sera la grand-mère de la future George Sand, « ne restait pas simple spectatrice de ces représentations théâtrales : non seulement elle figurait toujours avec succès dans les pièces que l'on représentait sur le théâtre de sa mère, mais elle jouait encore dans des opéras-comiques qui, souvent, alternaient avec les comédies. Elle avait une voix magnifique qu'elle maniait à ravir ». On la verra tenir le rôle de Colette dans le *Devin de village*, et elle fera ici tous les principaux rôles des opéras de Grétry et des pièces de Sedaine.

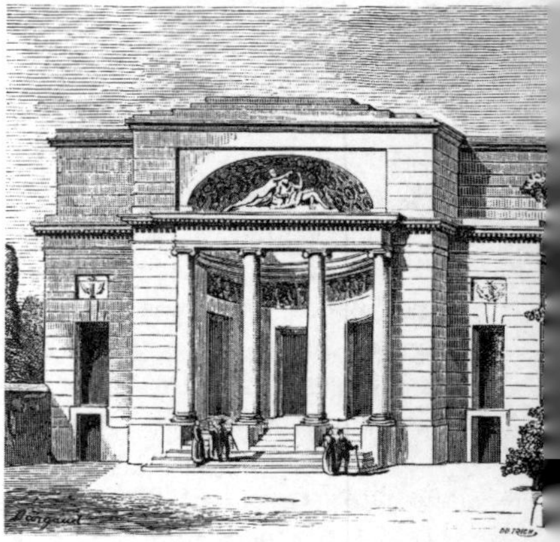

▷ **La Maison de Mademoiselle Guimard, danseuse, 9, rue de la Chaussée-d'Antin,** ***une œuvre de Ledoux ; gravure de Dietrich, d'après Dargaud.***
© Coll. Roger-Viollet

Avec les années 1770, les choses s'emballent : le Fermier général La Borde fait couvrir à ses frais le Grand-Égout entre la rue du Faubourg-Montmartre et la chaussée d'Antin. C'est qu'il vient de commander à Ledoux, au bas de cette dernière, une Folie pour la Guimard, la célèbre danseuse au « pas de bacchante », bâtiment qui sera vite connu comme celui où se célèbre le culte de la muse de la

15. Voir le chapitre Temple, p. 350.
16. Voir le chapitre Tuileries, p. 97.
17. Voir le chapitre Auteuil, p. 79.

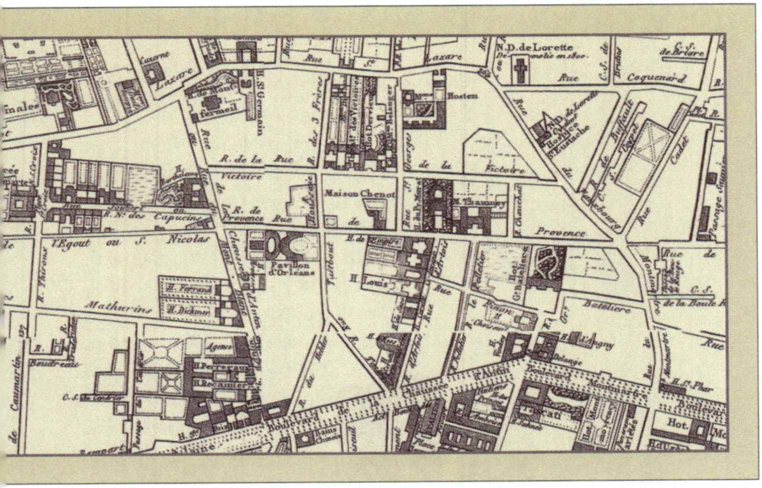

◁ *Sur le plan Maire (1808), l'hôtel de la Guimard apparaît sous le nom de Perrégaux, celui de Mme Thélusson sous celui du prince Murat.*
DR

danse : le « Temple de Terpsichore ». Bien sûr, il y a là un théâtre privé, mais celui-ci est capable de… priver l'Opéra officiel de ses artistes qui préfèrent, certains soirs, se produire sur la scène de la « belle damnée » ! Sophie Arnould, tout aussi célèbre dans le chant que sa rivale l'est dans la danse, veut un hôtel au moins aussi somptueux, juste à côté, dont elle confie le soin à Bélanger, son amant. Le jardin suit, en un mois, aux bons soins de Thomas Blaikie, fidèle collaborateur de l'architecte. Plus au nord, dans l'angle de la chaussée d'Antin et de la rue de Provence, Brongniart construit un hôtel pour Mme de Montesson, dont les jardins communiquent avec ceux du pavillon, qu'il a pareillement édifié, du duc d'Orléans dont elle est la maîtresse. La théâtromanie forcenée du siècle élève une salle chez madame et deux chez Monsieur : l'une de plein air et l'autre bâtie, où le duc donne deux ou trois représentations par semaine, lors desquelles il joue souvent lui-même.

Rue Saint-Lazare, M. de Saint-Germain, directeur de l'Opéra, charge Ledoux de la petite maison qu'il destine à Mlle Le Masson, actrice de la Comédie-Italienne. Enfin, Ledoux peut travailler, à partir de 1776, à son chef-d'œuvre, l'hôtel de Mme Thélusson, veuve du richissime banquier suisse. L'hôtel s'étend de la rue Chantereine, où un belvédère en forme de *tempietto* lui offre une belle vue sur Montmartre, à la rue de Provence, où son entrée est un arc de triomphe colossal, visible des Grands Boulevards, placé qu'il est dans l'axe de la rue d'Artois (aujourd'hui Laffitte). Dans cet arc triomphal, inscrit à l'intérieur d'un carré de dix mètres de côté, Sophie Arnould, cantatrice rappelons-le, ne voyait qu'une « grande bouche qui s'ouvre pour ne rien dire ».

▽ *La maison de Mme Thélusson, en 1780, chef-d'œuvre de Ledoux même si Mlle Arnould n'y voyait qu'une « grande bouche qui s'ouvre pour ne rien dire ».*
© akg-images

C'est à Brongniart qu'échoit l'hôtel de l'autre Terpsichore du temps, Mlle Dervieux, palais des Mille et Une Nuits qu'il construit rue Chantereine ; ses jardins s'étendent jusqu'à la rue Saint-Lazare. À un jeune homme qui la suppliait de lui faire l'aumône d'un peu d'amour, la Dervieux aurait répondu[19] : « C'est impossible, monsieur, j'ai mes pauvres » ; et de pauvres, elle avait beaucoup : les frères du roi, le prince de Nassau, le marquis de Senlis, l'évêque d'Orléans, et le prince de Soubise dont elle réussit à faire un pauvre authentique, ce qui, par contrecoup, contraignit la Guimard à se défaire de l'hôtel qu'il entretenait.

On chante beaucoup dans le quartier, mais pas assez les louanges du Seigneur. C'est sans doute qu'on y manque de lieux de culte, hormis la vénérable chapelle du château du Coq. Le dévot Louis XVI demande donc aux capucins d'y remédier, et leur église conventuelle (aujourd'hui Saint-Louis-d'Antin) est consacrée en 1782.

Les doléances des Porcherons

Le théâtre privé de Mlle Guimard compte cinq cents places, la salle de la Grande-Pinte en fait cent de mieux. La Grande-Pinte, c'est, depuis 1724, la guinguette située juste en face de l'ex-château des Porcherons, à l'emplacement de l'actuelle place d'Estienne-d'Orves, que Jean Ramponneaux, délaissant son Tambour-Royal de la Courtille du Temple, a reprise en 1772. L'autre haut lieu du faubourg, dans le genre, est le Salon Coquenard, dit aussi « des Porcherons », au coin des actuelles rues Lamartine et Cadet. Ici sont les réjouissances populaires, et tout le quartier est synonyme de « guinguette », le mot désignant d'ailleurs une spécialisation de l'espace urbain, un mode de vie plus qu'un type d'établissement commercial. Ainsi, dans l'*Almanach du voyageur* des années 1780 est-il dit des Porcherons : « ce lieu, une des guinguettes de la ville, est rempli de cabarets »...

△ **Famille allant à la guinguette, *gouache de Lesueur. « Ce lieu, une des guinguettes de la ville, est rempli de cabarets », disait, des Porcherons, l'*Almanach du voyageur.**
© Coll. Roger-Viollet

Les grands ont tous les jours de la semaine : la journée pour la chasse – et l'on n'a que trop vu le duc d'Orléans, quand l'enfièvre sa proie, traverser le faubourg sans souci de qui il renverse ou piétine, et disparaître vers le boulevard, la place Vendôme, la rue Saint-Honoré et la place Louis-XV –, la nuit pour les fêtes. Les fins de semaine sont au peuple. « Il n'y a plus que les ouvriers qui connaissent les fêtes et dimanches, explique Louis-Sébastien Mercier. La Courtille, les Porcherons, la Nouvelle-France se remplissent ces jours-là de buveurs. Le peuple y va chercher des boissons à meilleur marché que dans

18. Le mot est également attribué à Sophie Arnould qui était, elle, véritablement spirituelle.

la ville. Plusieurs désordres en résultent ; mais le peuple s'égaie, ou plutôt s'étourdit sur son sort. »

À compter de novembre 1788, le peuple ne s'étourdit plus, il gronde : à cette date commence, dans les guinguettes, ce que l'on a appelé la « guerre des barrières ». Le premier dimanche de mai 1789, c'est au grand Salon des Porcherons qu'est rédigé, en argot parisien, le « Cahier des plaintes doléances des dames de la halle des marchés de Paris pour être présenté à messieurs les états généraux ». De nouvelles barrières fiscales sont en cours de construction depuis plusieurs années, beaucoup plus au nord : une véritable enceinte, cette fois, de plus de trois mètres de haut et de vingt-trois kilomètres de tour, confiée à Ledoux. Architecturalement, ses portes sont enfin dignes de la capitale, mais elles sont percées dans un mur murant Paris, qui a d'abord rendu Paris murmurant, et puis beaucoup plus que cela. Ledoux, accusé de malversations, est suspendu le 23 mai 1789 ; le feu est mis, le 12 juillet, en quelques points de ce mur qu'ont voulu les Fermiers généraux.

La Borde, le ci-devant Fermier général et créateur du quartier, sera guillotiné peu avant la chute de Robespierre. Après Thermidor, l'hôtel Thélusson est le siège d'un bal des Victimes, réservé à qui a perdu sous la guillotine un parent direct : « la mort des collatéraux ne donnait pas le droit d'assister à une pareille fête », précise Mercier. Les femmes y portent bonnets « à l'humanité », corsets « à la justice » et cheveux « à la victime », c'est-à-dire dégageant le cou, autour duquel un ruban rouge trace la marque sanglante du couperet.

Bélanger qui a connu brièvement la prison de Saint-Lazare, où il a retrouvé la Dervieux, l'épouse cette année-là et remanie l'hôtel de la diva dans le goût pompéien ; la salle de bains est maintenant dotée d'une tribune d'orchestre pour accompagner la caresse de l'éponge sur la peau.

À l'église Saint-Louis-d'Antin, le pape Pie VII, qui vient de procéder au sacre de Napoléon, a célébré la messe ; le général Junot s'y est marié, le maré-

◁ **Doléances du peuple en 1789 : les octrois.**
La « guerre des barrières », commencée dès novembre 1788, s'écrivit au grand Salon des Porcherons.

◁ ***20, rue Joubert. Bélanger s'installa avec Mlle Dervieux, après leur sortie de prison, dans cette maison qu'il avait construite.***

△ *Cloître de l'ancien noviciat des capucins de la Chaussée-d'Antin, devenu lycée Condorcet, après avoir été Bonaparte, Bourbon, à nouveau Bonaparte, puis Fontanes.*
© ND/Roger-Viollet

chal Ney y a fait baptiser son fils. Le couvent des capucins est devenu le lycée Bonaparte qui, bien sûr, sera « restauré » en Bourbon, à nouveau Bonaparte, puis Fontanes, enfin Condorcet.

Du roi bourgeois à l'opéra bouffe

Sous la Restauration, « les Turcarets de l'époque », comme l'écrit Balzac, ces « gens qui mêlent les plaisirs aux affaires, en faisant du foyer de l'Opéra la succursale de la Bourse », s'installent dans le quartier en même temps qu'y est inauguré le nouvel Opéra, rue Le Peletier. Finot, le rédacteur publicitaire de *César Birotteau*, avenue du Coq ; du Tillet, l'ancien commis du parfumeur, devenu un banquier sans scrupules, rue du Mont-Blanc (de la Chaussée-d'Antin), Claparon, son acolyte financier, rue de Provence.

Assez naturellement, c'est dans ce quartier que la monarchie devient bourgeoise. Le 27 juillet 1830, Étienne Garnier-Pagès et quelques membres de la société secrète « Aide-toi, le ciel t'aidera », qui regroupe alors largement l'opposition libérale, sont réunis chez Ramponneaux, tandis qu'un négociant de la rue Bleue, affilié à la même société, affiche sur sa porte : « Dépôt d'armes pour les braves ». Et, au matin du 30 juillet, c'est 27, rue d'Artois, chez le banquier Laffitte, dans l'un de ces nombreux hôtels qui étaient propriété de La Borde, qu'Adol-

▷ Soirée à la Chaussée d'Antin, *de J. H. Marlet (vers 1825). Les bals de la Restauration après ceux « des Victimes ».*
© akg-images

▷ Les Coulisses de l'Opéra, *de Jean Béraud (1889). Le foyer de la danse fut, innovation parisienne unique au monde, ouvert aux abonnés.*
© PMVP/Ladet et © Adagp, Paris 2006

△ *Un tableau d'Édouard Detaille montre Offenbach à cette adresse (8, bd des Capucines), au travail ; à ses pieds, le* Figaro, *toujours* « Journal officiel *des Bouffes-Parisiens* ».

phe Thiers, entouré de La Fayette et du général Gérard, escamote la République par une affiche qui offre la couronne à Louis-Philippe : « Charles X ne peut plus rentrer dans Paris, il a fait couler le sang du peuple. La république nous exposerait à d'affreuses divisions, elle nous brouillerait avec l'Europe. Le duc d'Orléans est un prince dévoué à la cause de la Révolution... ».

Le duc d'Orléans devenu Louis-Philippe, le banquier Laffitte est, en décembre, président du Conseil ; la rue d'Artois a pris son nom et, prolongée, a emporté l'hôtel Thélusson. Dans le quartier qu'enchantait sa grand-mère, George Sand donne naissance à son fils, Maurice, puis tient salon commun avec Franz Liszt et Marie d'Agoult à l'Hôtel de France, où ils habitent tous trois, là où s'élevait le pavillon d'Orléans. C'est ici que Franz Liszt présente Frédéric Chopin à George.

Dès qu'il a épousé une « jeune, jolie et riche héritière », Jacques Offenbach installe son couple au premier étage de l'actuel 25, rue Saulnier. Pour qui a l'Opéra en ligne de mire, l'adresse est commode, et la grande salle à manger permettra de recevoir, le vendredi. Dans ces rues, quelques danseuses étaient, au siècle précédent, entretenues avec un faste inouï. Les petits rats sont désormais mis à l'encan : le directeur de l'Opéra a – innovation parisienne unique au monde – ouvert le foyer de la danse aux abonnés.

La rue Coquenard (aujourd'hui Lamartine) entame une belle carrière réaliste et littéraire. Dans la vraie vie, Jean-Louis-Félix Potin, 24 ans, y ouvre son premier magasin d'alimentation. Dans les fictions balzaciennes, le M. de Rochefide de *Béatrix* y meuble mesquinement Aurélie Schontz, sa maîtresse, dans « un appartement de douze cents francs à un second étage », tandis qu'Antonia Chocardelle, dans *Une esquisse d'homme d'affaires*, y donne ses rendez-vous coupables derrière le paravent commode d'un cabinet de lecture qu'elle fait tenir par sa tante.

Les ouvriers n'ont pas totalement disparu du quartier pour autant. Au moment de la Révolution de 1848, on trouve la trace de deux d'entre eux rue Godot-de-Mauroy : celui que Baudelaire et Courbet raccompagnent chez lui, choqué, au premier jour des émeutes de février, ou cet autre, Drevet, signataire d'un manifeste en faveur de la journée de neuf heures, dont on sait qu'il est mécanicien chez Cavé, au faubourg Saint-Denis, et qu'il habite ici, au n° 5. Mais quand la rue Coquenard a de nouveau les faveurs du roman, sous le Second Empire, dans *L'Assommoir* de Zola, elle signifie la mort de l'ouvrier : « Le papa Coupeau, qui était zingueur comme lui, s'était écrabouillé la tête sur le pavé de la rue Coquenard, en tombant, un jour de ribote, de la gouttière du n° 25 ; et ce souvenir, dans la famille, les rendait tous sages. Lui, lorsqu'il passait rue Coquenard et qu'il voyait la place, il aurait plutôt bu l'eau du ruisseau que d'avaler un canon gratis chez le marchand de vin ».

Le palace, palais démocratique

L'opéra bouffe du Second Empire a son équipe technique rue Laffitte, où il trouve son musicien et sa costumière. Après douze ans rue Saulnier, la famille Offenbach s'est installée au quatrième étage du n° 11, dans un appartement assez grand pour y offrir à dîner à cent vingt personnes par tables de deux, après des bals costumés où l'on a vu Nadar et Georges Bizet en bébés et Léo Delibes en pioupiou, ou avant des impromptus lyriques donnés sur le coup d'une heure du matin dans des décors burlesques de Gustave Doré. Dans la même rue, Palmyre habille l'époque, de façon si incontestable qu'on la loue en vers et en prose chez Musset, Gautier ou Mme de Girardin. Elle est pourtant si bien oubliée, quand Théodore de Banville réédite ses *Odes funambulesques*, en 1873, qu'il doit ajouter à un vers allusif ce commentaire : « Palmyre a été une modiste dont la renommée emplissait les deux mondes ; aujourd'hui, je crois qu'on ne retrouverait même plus les ruines... de Palmyre! ».

À l'emplacement du Salon Coquenard, où les dames de la Halle avaient dicté leurs doléances, s'imprime le démagogique *Petit Journal* à un sou. Le Café de la Paix s'ouvre à l'angle du Grand Hôtel, avec ses trois larges baies donnant par avance sur la place de l'Opéra. Les glaces du premier étage, au-dessus, sont sans tain pour le salon réservé aux Dames, afin que la vue n'y soit pas réciproque. Le nouvel Opéra, dont Charles Garnier a gagné le concours, va emporter l'ancien « Temple de Terpsichore » de la Guimard ; l'hôtel d'Épinay où Grimm avait reçu Mozart ; celui qui a vu se

▷ *Au Café de la Paix, mille consommateurs pouvaient trouver leurs aises et, dans cent quinze cabinets, de l'intimité.*

◁ *Quand l'Opéra ouvrit enfin, en 1875, l'entrée donnant accès à la loge privée de l'empereur était devenue sans objet.*

succéder Mme Necker, Mme de Staël et Mme Récamier. La rue de Châteaudun se contente de balayer la maison de M. de Saint-Germain. Le magasin du Printemps s'élève sur l'ancienne ferme des Mathurins.

Quand l'Opéra ouvre enfin, en 1875, le pavillon qui, sur son flanc gauche, donne accès à la loge privée de l'empereur est devenu inutile, mais devant l'entrée particulière des abonnés, sur la rue Halévy, le ballet incessant des voitures s'avançant jusqu'au péristyle ne fait que commencer. Des deux jours d'abonnement, le marquis de Castellane mettra le lundi à la mode. Ces messieurs seront à l'orchestre, œillet blanc ou ponceau à la boutonnière. Les dames ne quittent jamais leurs loges, qui sont l'unique endroit où elles acceptent de troquer leurs immenses chapeaux – elles les gardent au théâtre – pour de moins volumineux diadèmes ou aigrettes. On va les saluer à l'entracte dans ces grottes marines que décrit Proust : « Les blanches déités qui habitaient ces sombres séjours s'étaient réfugiées contre les parois obscures et restaient invisibles, derrière le déferlement rieur, écumeux et léger de leurs éventails de plumes, sous leurs chevelures de pourpre emmêlées de perles que semblait avoir courbées l'ondulation du flux ».

Au Café de la Paix, mille consommateurs peuvent trouver leurs aises et, dans cent quinze cabinets, de l'intimité. À la fin du siècle, l'établissement est pris en charge par le propriétaire du restaurant Ledoyen tandis que le Grand Hôtel s'équipe de salles de bains, à l'étage et même dans quelques appartements privilégiés. Les sept cents chambres bénéficient de l'éclairage électrique. Les Galeries Lafayette viennent épauler le Printemps.

C'est au Café de la Paix que les futuristes italiens saluent l'ère du modernisme et de la vitesse, et rédigent leur

▷ *Sur la rue Halévy, l'entrée particulière des abonnés, qui s'y pressaient le lundi depuis que le marquis de Castellane avait mis ce jour à la mode.*

◁ L'Escalier de l'Opéra, *de Louis Béroud (1877). La scène du public...*
© PMVP/Ladet

manifeste fiévreux « sous des lampes de mosquée dont les coupoles de cuivre aussi ajourées que notre âme avaient pourtant des cœurs électriques ». On les retrouvera chez Bernheim Jeune, 8, rue Laffitte. La dernière exposition impressionniste a eu lieu au début de la même rue, sur le trottoir d'en face.

La rue Laffitte est celle des émotions picturales fortes : Vlaminck y est bouleversé par *L'Arlésienne*, *La Chambre à coucher*, *La Nuit étoilée*... « Ce jour-là, écrira-t-il, j'aimai Van Gogh plus que mon père » ! Les peintres étrangers s'y précipitent au sortir du train, se scotchent aux vitres de Durand-Ruel, de Clovis Sagot. Diego Rivera reste bouche bée devant les cubistes qu'Ambroise Vollard fait défiler sous ses yeux. C'est sur ce trottoir que Gertrude Stein a rencontré Picasso pour la première fois, après que Henri-Pierre Roché, l'auteur de *Jules et Jim*, eut préparé le terrain.

À la fin de la Première Guerre mondiale, elle retrouvera le peintre dans un appartement bourgeois où l'a entraîné sa nouvelle épouse, rue La Boétie, où se sont installées aussi la moitié des galeries précédemment rue Laffitte. La Chaussée-d'Antin va connaître désormais, dès la fermeture des bureaux, la viduité des rues que peuplent seuls les sièges de banques et de compagnies d'assurances.

Le paradoxe de la Nouvelle-Athènes

◁ *L'église de la Trinité, dont la riche décoration était adaptée à celle de ses paroissiens ; de somptueuses funérailles y furent organisées pour Rossini en 1868.*

▽ *L'église Notre-Dame-de-Lorette, réduction de la Sainte-Marie-Majeure de Rome, à l'intérieur décoré « comme le salon d'un banquier ».*

L'extension de Paris vers le nord, c'est-à-dire au-delà du côté nord du Louvre, commence avec Louis XV. Gagnant d'abord la chaussée d'Antin, elle se prolonge ensuite vers Montmartre. Elle est le fait des financiers et des actrices qu'ils protègent, auxquels succèdent, après la Révolution, les nouvelles élites bourgeoises du capitalisme naissant. Le tout accompagne une explosion démographique qui voit Paris doubler en cinquante ans pour atteindre le million d'habitants en 1846. Lotissements et immeubles de rapport prospèrent donc sur la légère pente de l'ancien fief des abbesses, vert, aéré, et doté de surcroît « des eaux vives qu'y apporte le canal de l'Ourcq » à la fontaine de la place Saint-Georges, où s'abreuvent les chevaux des beaux attelages.

La marche en avant de Paris ne connaît pas de cesse. Alors que, du boulevard des Italiens, on pouvait voir, au fond de la chaussée d'Antin comme au bout de la rue Laffitte se dresser les colossales églises de la Trinité et Notre-Dame-de-Lorette, dont on venait de borner l'entrée de l'encore neuve Nouvelle-Athènes, le journaliste Jules Catagnary affirmait déjà : « Croyez-moi, dans un avenir qui n'est pas loin, le centre mondain de Paris sera déplacé et les boulevards de Clichy et de Rochechouart deviendront ceux que vous voyez aujourd'hui, ceux des

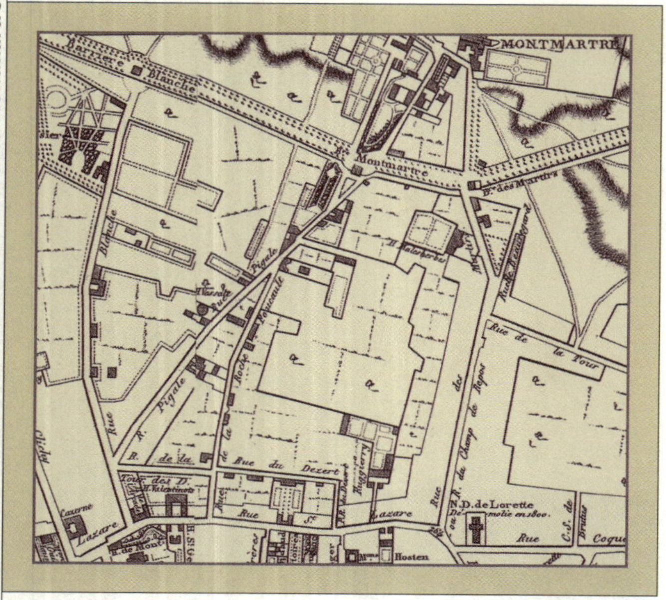

△ *Ruggieri (rue Saint-Lazare) invita, le 25 décembre 1789, à voir un temple-montgolfière transparent enlevant un soleil en feu d'artifice de cent pieds de diamètre.*
DR

Italiens et des Capucines ». Prédiction « réalisée plus qu'aux trois quarts », assure le *Guide de l'étranger à Montmartre*, en 1900.

Sous le règne de Louis XVI, on admire, au nord de la rue Saint-Lazare, l'hôtel construit pour lui-même, au haut de la rue de La Rochefoucauld, par l'architecte Pierre II Rousseau, l'auteur de l'hôtel de Salm et, plus bas, celui où Jean-Baptiste Pigalle, le statuaire de Mme de Pompadour, le portraitiste de Diderot et de Voltaire, meurt en 1785.

Au bas de la rue Pigalle, s'étend l'îlot quasi familial des comédiennes Ruggieri et de leurs protecteurs : au 10 est Adeline, dite Colombe, dans un hôtel aux fresques pompéiennes de Bélanger, qu'a payé Claude Palteau de Weymerange, commissaire des guerres en même temps qu'actionnaire de la manufacture d'armes de Wendel ; sa sœur, tout aussi Colombe, a sa maison 5, rue Blanche. Le Fermier général Vassal de Saint-Hubert, intéressé à l'entretien de ces dames, jouit de deux résidences palladiennes, dont une ronde, assez proche, dans son style, de la rotonde de la Villette.

Les quatre frères Ruggieri, arrivés en 1739 comme artificiers de la Comédie-Italienne, puis chargés par le roi d'être les siens, avaient ouvert un jardin d'attractions au bord de la rue Saint-Lazare, où l'on dansait sous les feux qu'ils tiraient. Une salle de pantomime s'y était ajoutée, mais spectateurs et danseurs venaient toujours d'ailleurs : en 1808 encore, comme le montre le plan Maire, les environs sont totalement vides. Sous la Restauration, les Ruggieri ont pour principale attraction un « Saut du Niagara » dont la publicité inquiète : « Femmes craintives, gros financiers, lourds citadins ne vous embarquez pas dans la nacelle n° 9... ».

Parmi ces gens de poids, le receveur général Jean de Lapeyrière, aidé de l'architecte Constantin, élève de Percier et Fontaine, les auteurs de l'arc de triomphe du Carrousel et de la rue de Rivoli, mettait en lotissement l'hôtel de Valentinois. Entre la rue de la Tour-des-Dames et la rue Saint-Lazare, jusqu'où descendaient leurs jardins, s'alignait le haut de l'affiche théâtrale. Talma, dont la salle à manger était décorée par un débutant nommé Delacroix, avait au premier

◁ *Hôtel de Mlle Duchesnois, 3, rue de la Tour-des-Dames. La protégée du ministre Chaptal fit ses débuts à la Comédie-Française en 1802.*

▷ *Hôtel de Talma, 9, rue de la Tour-des-Dames. La salle à manger avait été confiée à un débutant nommé Delacroix.*

▽ △ *Hôtel de Mlle Mars, créatrice du rôle de doña Sol dans* Hernani, *1, rue de la Tour-des-Dames, par Louis Visconti. Façade sur jardin.*

étage, donnant sur le jardin, une pièce remplie de costumes et de miroirs où il essayait ses rôles dans tous leurs aspects : drapés, postures et mimiques. On peut encore l'apercevoir par la cour de la maison voisine.

À côté, Horace Vernet, « alors un type accompli de fashionable », faisait, en tant que peintre, exception dans la liste, avant l'hôtel doté d'une élégante façade concave de Mlle Duchesnois, consœur de Talma. L'hôtel contigu, construit par Louis Visconti, avec, au premier étage, une salle de billard à l'éclairage zénithal entourée de plusieurs salons de réception, allait être repris par Mlle Mars, attirée ici par son ami Talma. On peut, là encore, du 7 de la rue de La Rochefoucauld, avoir une vue dérobée de sa très belle façade sur jardin, couronnée de vases antiques.

Athènes ou Londres ?

Un membre de l'Institut suggéra, en vain, de rebaptiser la rue de la Tour-des-Dames, c'est-à-dire du moulin des abbesses de Montmartre, du nom de Le Kain, le célèbre tragédien qui avait trouvé ses plus beaux rôles et connu ses plus grands succès dans le théâtre de Voltaire. Le même Adolphe Dureau de la Malle, historien de l'antiquité, lança dans les *Débats*, à la fin de 1823, avec beaucoup plus de réussite, l'appellation de « Nouvelle-Athènes » pour désigner le quartier naissant.

C'était pourtant une idée paradoxale. Le jeune romantisme, dont cet élan urbain était aussi l'expression, était bien toqué de l'époque Renaissance, mais sûrement pas du retour à l'Antiquité qu'avait signifié la Renaissance. En témoigne le style troubadour, dont le fleuron est le 28, place Saint-Georges, qui sera une maison à loyers parmi les plus chères de Paris et le « château » de la Païva, mais on le retrouve aussi bien dans les tourel-

◁ *Le « château de la Païva », place Saint-Georges, fleuron du style troubadour et l'une des maisons à loyers parmi les plus chères de la Restauration.*

les de l'avenue Frochot et les médaillons d'Héloïse et Abélard, ou de couples renaissants plus abstraits, aux façades des rues Notre-Dame-de-Lorette et La Bruyère.

Alors que d'Athènes, tous les habitants du quartier, résolument modernes, ne vont cesser d'affirmer leur rejet, ainsi Théophile Gautier écrivant de Gavarni – dont le monument, qui a remplacé la fontaine Saint-Georges, fait aujourd'hui la figure tutélaire de « la Nouvelle-Athènes » : « Ni Athènes, ni Rome n'existent pour lui : c'est un tort aux yeux de quelques-uns, c'est une qualité pour nous… dans nos pantalons, il a mis nos jambes, et non celles de Germanicus… ». Quant à la démocratie athénienne ! Au lendemain de la trouvaille académique se mettait à l'œuvre, autour de la place qui porte encore ce nom,

▷△ Les motifs renaissants parsèment les façades des rues Notre-Dame-de-Lorette (ici au n° 54) et La Bruyère.

▷ Place Saint-Georges, Gavarni, figure tutélaire de « la Nouvelle-Athènes » ; pourtant, « ni Athènes, ni Rome n'existent pour lui »…

une compagnie immobilière Saint-Georges, dans laquelle l'architecte Constantin était associé aux époux Dosne. Thiers, le modèle de Rastignac comme l'on sait, à Paris depuis neuf ans, n'était pas même propriétaire. Il était, en revanche, intimement lié à Mme Eurydice-Sophie Dosne. L'époux complaisant, avant de le marier à leur fille aînée, Élise, trois ans plus tard, lui octroya l'hôtel particulier qui le fit imposable donc éligible. C'est ainsi que le futur premier président de la IIIe République entra dans la carrière. André Dosne était seulement nommé trésorier général du Finistère.

▷◁ Hôtel Dosne-Thiers, 27, place Saint-Georges. Thiers, « modèle de Rastignac », épousa la fille Dosne, de la compagnie immobilière Saint-Georges.

Une douzaine d'années plus tard, Jean-François Boursault, fondateur d'un théâtre Molière en 1791, mais, surtout, enrichi dans la ferme des boues et vidanges de la ville de Paris, avant celle des maisons de jeu, lotissait sa vaste propriété, qui partait des numéros 45-49 de la rue Blanche, y créant, à son nom, la rue aujourd'hui La Bruyère et, à celui de sa fille Léonie, l'actuelle rue Henner. Disparaissaient ainsi les somptueuses serres, écrins de plantes fort rares, auxquelles celui qu'on appelait le prince Merdiflore, pour l'alliance de ses deux activités, avait consacré une bonne partie de son immense fortune.

Au 58, rue Saint-Lazare, dans un hôtel de la mi-XVIIIe siècle, remanié sous le Directoire et l'Empire, qu'occupait Paul Delaroche, chez qui posait Marix, on se mettait à peindre « à l'anglaise », soit quelque chose d'assez éloigné d'Athènes, les façades aux couleurs de bonbons. L'actuel occupant les a reprises en gris, ocre et rose, non sans faire frémir la Préfecture. L'anglomanie régnante permettait aussi à Mlle Mars de revendre au double de son prix la cité, qui devenait un *square*, d'Orléans, acquise sept ans plus tôt. L'architecte Edward Cresy la remodela comme à Regent's Park, avec des colonnes ioniques et des cuisines en sous-sol – prononcez *basements* –, éclairées d'un fossé.

Il était temps qu'un archevêque consacrât une réduction de la Sainte-Marie-Majeure de Rome, cette église Notre-Dame-de-Lorette décorée « comme le salon d'un banquier ». Son portique massif, ses colonnes, son fronton, ses statues font signe au Boulevard, à l'autre bout de la rue Laffitte, comme font les « lorettes » qui y descendent sur le coup de six heures. Nestor Roqueplan est l'auteur de ce surnom, dès 1841 ; les immeubles de rapport sont responsables de leur concentration : pressés de remplir au plus vite un quartier neuf, les propriétaires n'avaient pas été regardants sur l'activité de leurs locataires. Une dizaine d'années plus tard, on les désignera comme « biches », et elles continueront d'habiter autour de Notre-Dame-de-Lorette.

△ 58, rue Saint-Lazare, façade « à l'anglaise », aux couleurs de bonbons, pour un hôtel qu'occupa Paul Delaroche, chez qui posait Marix.

▽ ◁ Square d'Orléans (80, rue Taitbout). Edward Cresy le remodela comme à Regent's Park, avec des colonnes ioniques et des basements *éclairés d'un fossé.*

△ *Ary Scheffer, professeur de dessin des enfants du duc d'Orléans, devint peintre officiel quand le duc devint roi.*

Les romantiques de Juillet

Athènes, si l'on entend par là l'Académie, est déjà dans le quartier avant qu'il n'ait trouvé son nom, alignant ses chevalets le long de l'antique chemin de Montmartre, section des Porcherons, rebaptisée rue des Martyrs au milieu du XVIIIe siècle. Géricault y a son atelier dès l'Empire, et son cheval l'y tuera, à 33 ans, en le jetant contre le mur des Fermiers généraux, à la barrière. Le tout jeune Delacroix, grand admirateur du premier, trouve ses décors orientaux chez un artiste et collectionneur de la même rue, Jules-Robert Auguste, dont la maison est pleine des trésors de toute sorte rapportés d'Asie Mineure, de Grèce et d'Égypte. Venant d'Angleterre, c'est encore ici que s'installe Bonington, de deux ans son cadet. « Je l'ai beaucoup connu et je l'aimais beaucoup, écrira Delacroix. Quand il m'est arrivé de le rencontrer pour la première fois, j'étais moi-même fort jeune et je faisais des études dans la galerie du Louvre. C'était vers 1816 ou 1817. » Sans doute un an ou deux plus tard, mais qu'importe.

▽ *C'est alors qu'il se fit construire, 16, rue Chaptal, les deux ateliers de la cour, aujourd'hui Musée de la Vie romantique.*
© Martine Mouchy

La Restauration va donner au quartier une première unité, multipliant les fenêtres grâce à l'abaissement du prix du verre industriel et, du coup, les persiennes comme les pages d'un livre, dont les portes aux entrelacs de fonte coulée autour d'un médaillon forment la couverture richement reliée. Mais son âge d'or se situe sous le règne de Louis-Philippe : les habitants du quartier, hostiles aux Bourbons, ont tous été peu ou prou orléanistes. Ary Scheffer était le professeur de dessin des futurs enfants royaux et est devenu peintre officiel quand il se fait construire, 16, rue Chaptal, les deux ateliers de la cour où vient poser Marix. Eugène Isabey, qui a accompagné l'expédition d'Alger, a pris place parmi les peintres de Leurs Majestés. De l'avenue Frochot, dont il occupe le n° 5, les Goncourt diront plus tard que c'est une « gaie villa d'ateliers riches, de l'art heureux, du succès, dont le trottoir montant n'est guère foulé que par des artistes décorés ».

Alexandre Dumas a été le bibliothécaire du duc d'Orléans et s'attendait à devenir ministre après les Trois Glorieuses. C'est déçu et démissionnaire qu'il s'est installé au 2, square d'Or-

◁ *19, rue de La Rochefoucauld, le salon de Joséphine de Forget, petite-nièce de l'impératrice Joséphine de Beauharnais, où l'on vit beaucoup Delacroix.*

léans avec l'actrice Belle Krelsamer, leur fille et le petit Alexandre – Dumas fils –, qu'il a eu six ans plus tôt d'un autre ménage. Quant à Delacroix, qu'on voit beaucoup au 19, rue de La Rochefoucauld, dans le salon de Joséphine de Forget, petite-nièce de l'impératrice Joséphine de Beauharnais, il bénéficie de mystérieuses protections. D'importantes commandes publiques lui arrivent précocement, et pareillement le soutien de Thiers, qui ne se démentira jamais.

Le royaume romantique connaît son apothéose le 30 mars 1833 chez Dumas et dans le quatre-pièces vide du même palier qu'on lui a prêté. Trois jours avant le bal, les peintres en prennent possession : Alfred Johannot y esquisse une scène de *Cinq-Mars* de Vigny, Tony Johannot illustre le *Sire de Giac* de leur hôte, Clément Boulanger la *Tour de Nesle* du même auteur, Louis Boulanger la *Lucrèce Borgia* de Victor Hugo. Jadin et Decamps travaillent ensemble à un *Debureau*, le héros du Boulevard du Crime dont Jules Janin, le critique littéraire des *Débats*, vient d'écrire l'histoire, Granville brosse un orchestre, Barye des tigres, naturellement, et Nanteuil les panneaux de portes, savoir deux médaillons représentant, l'un Hugo, l'autre Alfred de Vigny. Bientôt, tout le monde lâche palettes et pinceaux pour faire cercle autour de Delacroix, qui dresse un cavalier ensanglanté au milieu d'un champ couvert de blessés, sur une montagne de cadavres se découpant sur le soleil couchant. En deux ou trois heures l'apocalypse est advenue, le groupe est resté médusé.

Au soir du bal, Alexandre Dumas porte un costume de 1525 inspiré du Titien, Belle une robe de velours noir à la Hélène Fourment, telle que Rubens a peint sa seconde femme en costume de cour sur une toile de 1639. La troupe qui joua *Henri III*, Mlle Mars en tête, est venue habillée des costumes de la pièce ; Rossini est en Figaro, Musset en Paillasse, Eugène Sue en domino pistache, Delacroix en Dante, Barye, monomaniaque, en tigre du Bengale.

▽ *L'atelier d'Eugène Delacroix, au deuxième étage du 58, rue Notre-Dame-de-Lorette, en 1852.*

▷ *Le grand appartement du premier étage, éclairé par treize fenêtres, qu'habitait Gavarni, à l'angle de la rue Fontaine et de la rue Chaptal.*

La république des lettres

Ce n'est pas tous les soirs gala, il y a aussi une vie quotidienne du quartier. Théophile Gautier, légère moustache naissante, chevelure soyeuse longue comme celle d'une femme, redingote à brandebourgs, s'est mis en ménage avec la brune Victorine au « palais Bothorel » de la rue Navarin, cet ancien siège démesuré de la société faillie des Omnibus-restaurants, créée par un vicomte pour livrer des plats à domicile. La Victorine a, dit-on, « crinière et griffes de lionne », c'est pourtant lui qui, à elle, a « arraché hier encore une mèche de cheveux ». Louise Colet est aussi vive, jusqu'à poignarder, assez légèrement il est vrai, Alphonse Karr qui, chez elle, rue Bréda (aujourd'hui Henry-Monnier), a risqué une allusion à ses amours avec Victor Cousin.

Marie Dorval, la Kitty Bell de *Chatterton*, ce drame en prose que Vigny a écrit pour elle, passe de la rue Saint-Lazare à la rue Blanche parce qu'elle y trouve un pavillon d'écurie et une remise pour la voiture et les chevaux qu'elle possède désormais. Maurice Sand, le fils de George, vient prendre des leçons auprès de Delacroix, dans son atelier du deuxième étage du 58, rue Notre-Dame-de-Lorette. Il a peu à marcher depuis le square d'Orléans, où sa mère et Chopin habitent très près l'un de l'autre. « Nous n'avions qu'une grande cour, plantée et sablée, toujours propre, à traverser pour nous réunir [...] tantôt chez moi, tantôt chez Chopin quand il était disposé à nous faire de la musique. »

Les voisins s'appellent Paganini, hôte des Movedey, et Louis Viardot, directeur du Théâtre-Italien de la salle Ventadour, qui vient d'épouser, à 40 ans, une jeune actrice de sa troupe, Pauline, très vite la grande amie de George, son modèle pour *Consuelo*. C'est le mot même qui vient sous la plume de Delacroix quand il s'adresse à Joséphine de Forget, sa consolatrice, sa « consuelo ».

Gavarni, «très fashionable dans sa mise», veste de velours noir sur laquelle tranche le « blanc d'un foulard de l'Inde » noué en cravate, habite avec sa mère l'angle de la rue Fontaine et de la rue Chaptal, un grand appartement du premier étage, éclairé par treize fenêtres. Il l'a truffé de mécanismes très compliqués, à

▽ *58, rue Notre-Dame-de-Lorette, Maurice Sand, le fils de George, venait prendre ses leçons auprès de Delacroix quand sa mère habitait square d'Orléans.*

la Robert Houdin, pour ouvrir la porte de sa chambre sans avoir à sortir de son lit, ou faire se croiser sans qu'elles le sachent des personnes qui ne doivent surtout pas se voir. Ce n'est évidemment pas le cas de Balzac, qui vient y lire ses épreuves, de Berlioz qui arrive de la rue Blanche, de Liszt, des cinq ou six amis quotidiens. C'est ici que Sax, en février 1847, « malgré ses propres embarras », avance un millier de francs à Berlioz afin qu'il puisse partir en Russie, et que Balzac lui prête la pelisse fourrée qu'il s'est achetée pour le même voyage quatre ans plus tôt.

La manufacture du facteur d'orgues Aristide Cavaillé-Coll vient de s'installer en face de chez Gavarni, au coin de la rue Pigalle et de la rue de La Rochefoucauld, après avoir été la voisine d'Antoine Sax, le rénovateur des cuivres, rue Saint-Georges. Les orgues de Notre-Dame-de-Lorette sortaient de là.

Un mausolée Empire

Retour d'un voyage de plus de huit mois à Londres, Berlioz a rejoint la cantatrice Marie Recio, qui « chante comme un chat, mais qu'il aime », au 15, rue de La Rochefoucauld où elle est installée avec sa mère depuis quelques mois. Ils se marieront six ans plus tard, après la mort d'Harriett Smithson, et une étape au 19 (aujourd'hui 53), rue Boursault, dans la vieille église de la Trinité.

Dumas s'est déplacé au n° 7 de l'avenue Frochot, où l'on entre, du côté de la place Bréda, par une grille en charpente éclairée d'un bec de gaz, dont un second est au rond-point de son coude. À l'autre bout, sur la place Pigalle, se tient un marché de modèles, qu'on appelle l'Olympe. Daniel Halévy se souviendra d'y avoir vu dans son enfance – et il est né en 1872 – des modèles italiens, des femmes en costume de Sorrente, le tambourin à la main, bavardant autour de la fontaine, et jusqu'à la guerre de 1914, une ferme, à côté du café à l'enseigne de la Nouvelle-Athènes, fournira en lait frais le quartier.

▷ 22, rue de Douai, l'immeuble des Halévy où Bizet, époux de Geneviève Halévy, composa Carmen *sur un livret de Meilhac... et Halévy.*

Un revers de fortune avait vite contraint Dumas à quitter les lieux après avoir dû vendre ses meubles. Il laissait du même coup le fief d'Apollonie Sabatier, « Présidente » du petit groupe de la *Revue de Paris* depuis qu'un soir Henri Monnier, doyen d'âge, s'était récusé alors qu'on s'y attribuait, pour rire, des fonctions honorifiques. Le dimanche soir, il y avait là le compositeur Ernest Reyer, qui mettait en notes les mélodies que lui chantonnait Pierre Dupont, Théophile Gautier, Maxime Du Camp, Flaubert qui montera à l'assaut sans barguigner, mais sans succès si l'on en croit

⊲ *43, rue Saint-Georges. Les frères Goncourt étaient dans une « jolie boîte de reps », au quatrième étage, au fond de la cour.*

la dédicace à venir de *Madame Bovary* : « à notre belle, bonne et insensible Présidente », enfin Baudelaire auquel il faudra pour un meilleur résultat, qui n'aura pourtant pas de suite, une dizaine de ses plus belles *Fleurs du mal*.

Les frères Goncourt se sont confectionné une « jolie boîte de reps » au quatrième étage du 43, rue Saint-Georges, au fond de la cour, à deux pas des ateliers de Sax, « tout enfermée et plafonnée de tapisseries, pleine de dessins aux marques bleues », autour d'une crédence Louis XVI et d'un poêle de faïence, fruits de beaucoup de temps passé à chiner chez les antiquaires. Ils y connaissent la peine, quand leur petit singe, Kokoli, se jette par la fenêtre, et la joie lors de la venue de la princesse Mathilde qu'attirent ici leurs collections qui commencent d'être réputées. Et puis Jules, que ronge la maladie, ne supporte plus le bruit des saxophones, de la circulation, ni le demi-fou qui, dans l'écurie du bas, frappe ses chevaux à l'empêcher de dormir au quatrième. Il leur faut chercher le calme à Auteuil.

▿ *14, rue de La Rochefoucauld. Gustave Moreau eut son atelier au troisième étage à compter de 1852, sa première admission au Salon.*

Gustave Moreau est admis au Salon officiel pour la première fois en 1852. Ses parents achètent alors à son nom une maison particulière au 14, rue de La Rochefoucauld, où, dans l'atelier du troisième étage, il tente de « nous faire croire que les dieux portaient des chaînes de montre », comme disait Degas. Après la mort de sa mère, et celle de son ami Fromentin, il y vit en véritable ermite, même s'il est « un ermite qui sait l'heure des trains », plaisante le même Degas.

La Brasserie des Martyrs, que son public habituel appelle tout simplement la Brasserie, derrière Notre-Dame-de-Lorette, réunit autour de ses bocks Charles Baudelaire, Félix Bracquemond, Jules Champfleury, que le peintre Fantin-Latour va rassembler sur une toile dans un *Hommage à Eugène Delacroix* : la génération post-romantique.

Le couple Viardot, au 50, rue de Douai, s'est adjoint un tiers, le « Moscove », le « doux barbare », le géant Ivan Tourgueniev, installé au deuxième étage. Ses amis Flaubert, Zola et Daudet fréquenteront désormais les jeudis de Pauline Viardot.

Dans un deux-pièces du rez-de-chaussée de la même rue, chez Catulle Mendès, des Parnassiens se réunissent le mardi soir. « On causait là et on prenait le thé, étendus dans les positions les plus orientales sur de vastes divans. La causerie se prolongeait souvent jusqu'au matin. » Heure à laquelle on éconduisait le tailleur qui avait l'audace, en venant présenter sa facture, de déranger des poètes qui avaient passé leur nuit à de vastes spéculations.

On retrouvait les mêmes rue Chaptal,

au-dessus de l'appartement du directeur de l'Ambigu, qu'ils rendaient fou, avec beaucoup de futurs communards, dans « un cénacle de jeunes et révoltées intelligences se livrant, fouettées par l'alcool, à toutes les débauches de la pensée, à toutes les clowneries de la parole, remuant les paradoxes les plus crânes et les esthétiques les plus subversives, dans la surexcitation de la présidence d'une jolie femme et d'une muse légèrement démente » : Nina de Callias, dite de Villard, ou simplement Nina.

Il est temps pour les romantiques de disparaître. En faisant tomber le mur des Fermiers généraux, le Second Empire a supprimé la clôture de leur jardin, remplacée par un boulevard du nord. Il lui reste à leur construire un mausolée, une nouvelle église de la Trinité, dont une charpente métallique permet l'ampleur considérable, tandis que la richesse de sa décoration est adaptée à celle des paroissiens. De somptueuses funérailles y sont organisées pour Rossini en 1868 : dix-huit grandes vedettes du chant, dont Marietta Alboni et Adelina Patti, ou encore Christine Nilsson, interprètent avec les élèves du Conservatoire la *Prière de Moïse*, extraite de l'opéra éponyme, et des fragments du *Stabat Mater*. L'année suivante y voit les funérailles de Berlioz au son d'un orgue Cavaillé-Coll.

Athènes blanche et noire

Après quasi vingt ans d'exil, et environ cent ans après le retour d'un autre proscrit, Voltaire, Victor Hugo rentre de Guernesey le 25 septembre 1871. La grande voix du romantisme, la dernière, regagne la Nouvelle-Athènes. « Nous arrivons à Paris à six heures et nous allons à l'appartement, 66, rue de La Rochefoucauld. Les tapissières de Bruxelles ne sont pas encore arrivées. Nous allons descendre, rue Laffitte, Hôtel Byron », en attendant.

Dans la maison dont la manufacture d'Aristide Cavaillé-Coll est partie, chassée par la hausse des loyers, Hugo va corriger les épreuves de *Quatrevingt-Treize*. Il prend ses repas en face, 55, rue Pigalle, chez Mme Drouet. Le 24 mai 1872, Verlaine y est invité à dîner. Il arrive en boitant très bas, blessé de deux coups de couteau à la cuisse par Rimbaud, tout près d'ici, au Rat Mort, le café que nous ont conservé Monet, Degas et Vlaminck. Il explique à son hôte qu'il a des furoncles aux jambes. Edmond de Goncourt, veuf de son frère, revient dans son ancien quartier pour se documenter : Degas met à sa disposition, dans son atelier du 19 bis, rue Fontaine, la fameuse acrobate noire du cirque Fernando, Miss Lala, qu'il fait poser à cette époque.

△ *Victor Hugo rentra d'exil le 25 septembre 1871 : « Nous arrivons à Paris à six heures et nous allons à l'appartement, 66, rue de La Rochefoucauld ».*

◁ Miss Lala au Cirque Fernando, *d'Edgar Degas. Médrano remplaça Fernando, et le clown Boum-Boum Miss Lala pour la « période rose » de Picasso.*

◁ *Le Chat Noir, rue Victor-Massé, photographié par Mairet. Bruant succéda ici à Debussy qui, à 19 ans, tenait le piano rue de Rochechouart.*
© Bridgeman Giraudon

Montmartre remplace Athènes, Le Chat Noir arrive 12, rue de Laval (aujourd'hui Victor-Massé) et Bruant succède à Debussy qui, à 19 ans, tenait le piano rue de Rochechouart. Rue Blanche, qui le fut longtemps du plâtre échappé des tombereaux descendant des carrières de la Butte, la couleur virginale est désormais celle du cygne de Lohengrin qu'arborent à leur boutonnière wagnériens et symbolistes en tout genre. Dans les bureaux de la *Revue Indépendante*, sous-titrée « De littérature et d'art », au n° 79, Villiers de L'Isle-Adam, « vêtu d'un pardessus et d'une redingote élimés, [et qui porte] sa discrète misère avec la dignité d'un roi provisoirement détrôné », arrive de la « chambre nue et sans feu » du 45, rue Fontaine où il achève d'écrire *L'Ève future*. Il retrouve autour de Félix Fénéon, Mallarmé, Huysmans ou Verlaine, et Odilon Redon, Seurat, Renoir, Pissarro qui apportent leurs gravures.

Les deux extrémités de la rue sont théâtrales : au 96, Antoine crée son Théâtre-Libre et Vuillard, venu de l'atelier du 28, rue Pigalle, qu'il partage avec Bonnard et Maurice Denis, en dessine le programme. Lugné-Poe, autre locataire de leur sixième étage, s'est associé au tout jeune critique Camille Mauclair, de deux ans son cadet, pour fonder le Théâtre de l'Œuvre au n° 15.

Un petit héritage a permis à Manguin d'acquérir, au 61, rue Boursault (aujourd'hui La Bruyère), une maison flanquée d'un petit jardin, où il est possible d'installer un atelier démontable. Matisse et Marquet, qu'il a connus à l'atelier de Gustave Moreau, aux Beaux-Arts, viennent y peindre, et s'y peignent peignant le même modèle, si bien que *L'Académie rue Boursault*, qui naît ici, n'a toujours pas d'attribution très sûre. Manguin et Jeanne, son épouse et son modèle, y reçoivent aussi Debussy et Ravel, que Matisse accompagne parfois au violon. Les années 1900 arrivaient, et la prédiction de Catagnary était réalisée aux trois quarts.

▽◁ *Jeux de miroir 61, rue La Bruyère :* **Matisse dans l'atelier de Manguin,** *d'Albert Marquet (à g.),* **et Marquet peignant un nu dans l'atelier de Manguin,** *d'Henri Matisse (à d.).*
© Photos CNAC/MNAM Dist. RMN/J.-C. Planchet ; © Adagp, Paris 2006 et © Succession H. Matisse

Les boulevards du nord

La fontaine Saint-Georges s'est tarie dans le percement du métro Nord-Sud. Breton et Simone Kahn, sitôt mariés, ont emménagé au 42, rue Fontaine. Paul Eluard prendra, quelque temps plus tard, un atelier au troisième étage du même immeuble. Le Cyrano, place Blanche, en est l'annexe : « On allait au café vers midi, on y retournait à 7 heures. Breton aimait à y retrouver son monde ; il saluait d'un mot aimable ceux qui avaient espacé leurs visites et qu'il eût souhaité voir plus souvent. Il y avait une hiérarchie dans les apéritifs. Tous les anis, pernods, etc., formaient l'aristocratie ; on regrettait périodiquement l'interdiction déjà ancienne de l'absinthe. Les amers jouissaient aussi d'une haute considération, notamment le Mandarin-curaçao ».

Aragon, lui, connaît le chemin du Zelli's, et du tout aussi nocturne Grand-Duc, au 52, rue Pigalle, où se produit Ada Smith, dite Bricktop, chanteuse noire arrivée de Virginie deux ans plus tôt. Au Grand-Duc, Langston Hugues, 22 ans, fait la salle et la plonge, de onze heures du soir à sept heures du matin. Il a l'occasion d'y entendre quelques-uns des plus fameux musiciens de jazz, « la crème des musiciens noirs alors en France », « quand la plupart des clients étaient partis et que vous laviez les derniers pots et les dernières casseroles dans une cuisine de deux mètres sur quatre, avec le feu qui mourait dans le fourneau, et l'unique vasistas, là-haut, qui laissait entrer l'aube. Blues rue Pigalle. Noir et hilare, blues déchirant dans l'aube de Paris, cognant comme un pouls, vous roulant comme le Mississippi ». Ada Smith ouvrira plus tard à son nom, en face, à l'angle de la rue de Douai, avec Mabel Mercer comme principale attraction de son Bricktop's, et y lancera cette innovation : le whisky servi en salle. Mais c'est au Cyrano que Breton verra Suzanne Musard, au bras de Berl, et tombera immédiatement amoureux ; que Sylvia Bataille rencontrera Jacques Prévert, et que Jacques Lacan trouvera son premier et unique analysant de longue durée. L'oracle de 1875 avait désormais, en ces années 1930, entièrement raison.

△ *Le café Cyrano. « On allait au café vers midi, on y retournait à 7 heures. Breton aimait à y retrouver son monde... »*

Montmartre, la blanche, la rouge, la peintre

Paris serait-elle un don de Montmartre comme l'Égypte, selon Hérodote, un don du Nil? En dépit de ses moulins, une trentaine, plus visibles et plus notoires, ce sont sans doute ses carrières de gypse souterraines l'important et, plus encore que la farine nourricière, le plâtre qui, par ses qualités ignifuges, lui a évité d'être, à la différence d'autres capitales du monde, la proie régulière des flammes. Sitôt après le Grand Incendie de Londres, en 1666, un édit royal imposa d'ailleurs de revêtir de plâtre les intérieurs parisiens comme les façades, mais grâce au cœur profond de Montmartre, verte et rouge de ses vignobles en surface, Paris était déjà au règne précédent une ville d'une « éclatante blancheur », affirmait un poème.

Le XVIIIe siècle voit s'étendre encore l'usage du plâtre et, chaque jour, plusieurs tonnes en rentrent en ville par la porte Blanche et la rue du même nom qu'il baptise l'une et l'autre de sa poussière. Le revers de ses qualités néanmoins, c'est, le temps qu'il sèche, son humidité à laquelle on attribue alors les pires effets sur la santé. Avec les maisons de rapport se pose bientôt le problème de cette période d'attente pendant laquelle il est impossi-

▷ Moulins à Montmartre, *vers 1870, photo d'Hippolyte Bayard. Plus que la farine nourricière, c'est le plâtre qui, par ses qualités ignifuges, sauva Paris.*

ble de louer au bourgeois : « On abandonne ces maisons neuves et humides aux filles publiques : on appelle cela "essuyer les plâtres" », explique Mercier. « L'appartement assaini, on donnait congé à la pauvre créature, qui peut-être y avait échangé sa fraîcheur contre des "fraîcheurs" », renchérit Théophile Gautier un bon demi-siècle plus tard, quand « essuyeuse de plâtres » est devenu l'un des synonymes de lorette. Mais lorsque tout un quartier à la fois est neuf et concentre ainsi ces dames, il arrive qu'elles s'y incrustent, ce que l'on a vu dans le bas-Montmartre devenu Nouvelle-Athènes.

Si la colline a été un *mont* où les Gallo-Romains sacrifiaient à *Mars*, ce sont les robes noires des bénédictines que l'on distingue ensuite sur ce fond de plâtre, autour d'un couvent et d'une église consacrée en 1147, où le pèlerinage effectué le jour de la Saint-Denis vaut indulgence pour une année entière. C'est encore ici que la Compagnie de Jésus d'Ignace de Loyola prendra naissance en 1534.

Une éminence étant indifféremment belvédère ou point d'appui stratégique, les soldats d'Henri III y prennent position, puis ceux d'Henri IV qui, le 7 mai 1590, observe longuement Paris qu'il assiège, depuis les fenêtres du monastère. Le Vert Galant en profite pour séduire la supérieure, Claudine de Beauvilliers, car il y a toujours à Montmartre des abbesses sages et des abbesses folles. Quand, ayant abjuré son ancienne foi, Henri IV peut finalement entrer dans Paris, c'est sur la montagne abbatiale qu'il fait allumer un grand feu de joie. Le fief de jardins et de marais s'étend

▷ Montmartre n'aura pour Folies que le Palais de Bellevue, d'un marchand de chandelles nommé Antoine Gabriel Sandrin...

jusqu'aux murs de la capitale, si les flammes du bûcher se voient de plus loin, et les abbesses du XVIIIe siècle – Marguerite de Rochechouart, Louise-Émilie de La Tour d'Auvergne, Catherine de La Rochefoucauld, Marie-Louise de Laval – ne laisseront leurs noms qu'à des rues éponymes de ce bas-Montmartre.

Sur la hauteur, l'intérêt pour le panorama ne se manifeste guère avant les année 1770, quand un marchand de chandelles nommé Antoine Gabriel Sandrin rachète une maison centenaire dite le Palais de Bellevue, peut-être l'une de celles construites à la démolition du très vieux couvent que Louis XIV avait fait remplacer par un nouveau monastère, plus au sud, entre les rues des Trois-Frères et Gabrielle. Sandrin édifie là une Folie à laquelle son nom reste attaché : vingt-quatre pièces sur deux niveaux, sans compter les écuries et les remises, et un grand réservoir en plomb pour recueillir les eaux pluviales, qui doit résoudre ce problème montmartrois. Autour, près d'un hectare de parc : un quinconce d'ormes devant, un jardin en partie à l'anglaise et en partie potager derrière. Le trésorier des guerres

◁ *... et le château des Brouillards du trésorier des guerres Lefranc de Pompignan. Qui se serait installé si loin de Paris ?*

Lefranc de Pompignan s'offre son château des Brouillards, dont Nerval écrira encore, quatre-vingts ans plus tard, que « c'est le plus beau point de vue des environs de Paris », et c'est tout : Montmartre si loin, si difficile d'accès, n'aura jamais plus de ces deux Folies-là.

Mont de Mars ou mont des martyrs ?

Ce sont les carrières qui attirent à Montmartre, à la fin de l'Ancien Régime, les longues processions de chômeurs qui ont trouvé déjà pleins les grands chantiers de travaux publics du port de Cherbourg, des canaux du Centre et de Picardie. Le 14 juillet 1789, le régiment dit Royal-Allemand, chargé de surveiller ces quinze mille ouvriers des « ateliers de charité », employés à des travaux de terrassement, va les laisser passer, en dépit des ordres, et grossir les rangs des manifestants partis du Palais-Royal vers la Bastille. Un mois après qu'ils ont contribué à la prendre, comme ils continuent de mourir de faim, on les suppose disposés à l'émeute et on les fait expulser par la garde nationale. Montmartre ayant au préalable été cerné de pièces d'artillerie, ils doivent en sortir deux par deux après avoir reçu au passage un passeport et un petit viatique.

En août 1791, les bénédictines sont arrachées à leur couvent, les bâtiments démolis, le bas du fief, le Montmartre intra-muros, est intégré à la capitale. La dernière abbesse, Marie-Louise de Laval-Montmorency, est guillotinée en 1794.

La population du village, qui a pourtant doublé depuis la Révolution, n'est encore sous Napoléon Ier que de deux mille habitants. La vie s'y concentre le long du mur des Fermiers généraux : là, un spéculateur, Orsel, a créé tout un quartier neuf. Le *mont* des *martyrs* – c'est l'autre étymologie possible – est retourné à la dévotion : un

▽ *D'Étienne Bouhot,* **L'Église de Montmartre,** *avec la tour du télégraphe Chappe installée sur le chevet de 1794 à 1844 (n. d.).*
© PMVP/Ladet

△ *Un renflement de la rue Ravignan forme une place pavée, avec des marronniers autour d'une fontaine Wallace, aujourd'hui la place Émile-Goudeau.*

chemin de Croix y est tracé, assorti de nouvelles indulgences qu'accorde le pape Pie VII, qui a sacré l'Empereur. La butte stratégique devrait ensuite jouer un rôle important dans la défense de l'Empire comme de Paris, mais, bien que Joseph Bonaparte ait installé son conseil de défense au premier étage de ce Château Rouge qu'Henri IV aurait fait bâtir pour Gabrielle d'Estrées, la résistance opposée aux alliés fera long feu.

Montmartre s'anime sous la monarchie de Juillet. Berlioz et sa femme s'installent du côté nord de la butte, passé les moulins, passé le télégraphe de Chappe accroché au chevet de l'église Saint-Pierre, à l'angle de la rue Saint-Denis (aujourd'hui du Mont-Cenis) et de la rue Saint-Vincent. C'est une petite maison de quatre pièces sur deux niveaux, aux fenêtres encadrées de vigne, avec une vue merveilleuse sur la plaine s'étendant jusqu'à la basilique de Saint-Denis, que viendront admirer Dumas, Musset, Eugène Sue, Vigny, Liszt et Chopin. Gavarni habite avec ses parents à côté de l'église Saint-Pierre ; Alphonse Karr, rue de Ravignan (aujourd'hui place Émile-Goudeau), une maison enfouie au milieu des feuillages. Le docteur Esprit Blanche a installé dans la Folie Sandrin la clinique psychiatrique où Nerval passera huit mois lors de sa crise de 1841. Un château d'eau, où est hissée celle de la Seine, s'édifie à côté, et la troisième, mais cette fois véritable, mairie, place des Abbesses. Le Conseil municipal prend en charge le nettoiement et l'éclairage de ce qu'on appelle encore le « village Orsel ».

La fontaine du But, dont la margelle a été refaite avec une pierre tombale de l'ancien couvent, sur laquelle on distingue une abbesse tenant sa crosse à la main, a encore un peu de temps devant elle, sous un noyer touffu, parmi des tilleuls séculaires, avant de disparaître dans une galerie comme fait chaque année, déplore Nerval, un rang supplémentaire de la dernière vigne de Montmartre, mangé par la carrière. Il aurait pu la racheter, cette vigne, pour trois mille francs ;

▷ *Nerval vit, chaque année, un rang supplémentaire de la dernière vigne de Montmartre aspiré par la carrière. Ici, ce qu'il reste de treilles rue Saint-Vincent.*

▽ *Près de la mire du nord, le Moulin de la Galette offrait ses bosquets fleuris, ses danses et sa balançoire.*

dix ans plus tard, son prix a décuplé. Près de la mire du nord, édifiée sur la méridienne de Paris en 1736, le Moulin de la Galette offre ses bosquets fleuris, ses danses et sa balançoire. Au Château Rouge, le bal du Nouveau-Tivoli ouvre en 1844 ses deux allées de tilleuls : l'une à la promenade, et l'éclairage en verres de couleur y joue sur les toilettes, l'autre à l'orchestre, aux tables de café et à la danse, sous une tente de coutil, où rivalisent Pritchard, la reine Pomaré, Rose Pompon. On y fait aussi de la politique : le premier des banquets réformateurs s'y tient le 10 juillet 1847 ; un autre commémore deux ou trois ans plus tard l'adoption du tarif négocié entre patrons et ouvriers typographes, et Martin Nadaud y croise Pierre Leroux.

La butte rouge au cœur de plâtre

La place Saint-Pierre est dessinée en 1853, mais, en dépit de cette ébauche d'urbanisme, Nerval décrit encore Montmartre comme l'Arcadie avec des « îlots de verdure où s'ébattent des chèvres, qui broutent l'acanthe suspendue aux rochers ; des petites filles à l'œil fier, au pied montagnard, les surveillent en jouant entre elles ». Avec l'annexion de 1860, des murs de clôture remplacent les haies, des maisons de cinq étages les jardins, et bouchent l'horizon. En lisière de la butte ramenée au 18e arrondissement, le trottoir de droite de l'avenue de Clichy aligne des cafés élégants et des restaurants courus qui ont pour unique spécialité les tripes à la mode de Caen ; parmi eux, Jouanne, au numéro 8, en face du café Guerbois.

◁ **Le Cimetière de Saint-Pierre-de-Montmartre, vers 1870** *(anonyme). Plus du tiers de ses sépultures sont celles d'aristocrates du « bas-Montmartre ».*

▷ **La Tour Solférino, à Montmartre,** *de Léon Rolla (fin XIXe s.), le belvédère payant d'une guinguette, abattu pour ne pas servir de repère aux canons prussiens.*

Au cimetière Montmartre, des couronnes d'immortelles à la main, des dizaines de milliers de personnes convergent, le 1er novembre 1868, vers la tombe d'Alphonse Baudin, tombé lors du coup d'État de Napoléon III. C'est la première grande manifestation contre l'Empire. En revanche, à l'arrivée du cortège de Berlioz, les deux chevaux attelés au corbillard s'emballent soudain, arrachent les cordons du poêle des mains d'Ambroise Thomas, du baron Taylor, de Reyer et de Gounod, et conduisent seuls le compositeur à sa sépulture. Bientôt, sur la butte, la « Tour de Solférino », mirador de la guinguette éponyme de la rue des Rosiers (aujourd'hui du Chevalier-de-la-Barre), qui fait payer la vue que l'on a depuis son sommet, est abattue pour ne pas être le point de mire de l'artillerie prussienne, et les bosquets entourant la fontaine du But disparaissent dans

△ **Le Sacré-Cœur en construction,** ***de Marius Borrel (n. d.). La loi décida d'une basilique de la repentance dès 1873.***

les rigueurs du siège. Le 18 mars 1871, à quatre heures du matin, le général Lecomte, venu avec le 88e de ligne reprendre les canons de la garde nationale, est arrêté par celle-ci qui a mis la crosse en l'air. Il est conduit d'abord au Château Rouge puis ramené à l'état-major de la garde nationale du 18e arrondissement. Bientôt une foule qui, place Pigalle, a reconnu en civil le général Clément Thomas, l'un des chefs de la répression de juin 1848, arrive en le poussant devant elle. Clemenceau accourt depuis sa mairie de la place des Abbesses, en vain. Les deux généraux sont fusillés contre le mur du 36, rue des Rosiers. Les soldats de Lecomte, épargnés, sont reconduits au Château Rouge.

Le 22 mai 1871, la Commune est perdue ; Louise Michel et des fédérés du 61e se replient sur le cimetière Montmartre. « Nous avions par place crénelé les murs avec nos mains. Des obus fouillaient le cimetière, de plus en plus nombreux. (...) Cette fois, l'obus tombant près de moi, à travers les branches, me couvrit de fleurs, c'était près de la tombe de Murger. La figure blanche, jetant sur cette tombe des fleurs de marbre, faisait un effet charmant. » Le 28 mai, après que, depuis la rue La Fayette, on lui a fait gravir la butte sous les injures et les coups, Eugène Varlin, 31 ans, est cloué par les balles au mur qui a vu fusiller les généraux Lecomte et Thomas.

L'édification en ces lieux communards d'une basilique de la repentance est décidée par la loi dès 1873 ; la première pierre du Sacré-Cœur est posée deux ans plus tard. À peu près en même temps, le graveur Émile Bellot, modèle du *Bon Bock* que Manet a rencontré chez Guerbois, organise une « société » sous l'égide de la chope savoureuse. Durant un demi-siècle,

▷ *Le Moulin Rouge ouvrit pour le centenaire de la Révolution, un dimanche d'octobre 1889.*

les dîners mensuels du Bon-Bock vont mêler l'esprit républicain à l'humour de Rabelais, par exemple chez Wautier, successeur de Jouanne avenue de Clichy.

Les Communards rentrent d'exil après 1880 : Jean-Baptiste Clément, l'ancien président du Comité de vigilance du 18e, au grand chapeau ailé, à la large lavallière flottante, s'installe au 53, puis au 110, rue Lepic ; Louise Michel, 24, rue Houdon. Maxime Lisbonne ouvre une Taverne du Bagne (2, boulevard de Clichy), évocatrice de sa déportation en Nouvelle-Calédonie, avant le cabaret des Frites révolutionnaires (54, boulevard de Clichy), censément rissolées « à la graisse de bourgeois ».

Non loin s'exprime le nouveau mal du siècle : Émile Goudeau, animateur d'une société des « Hydropathes », s'est associé avec le peintre Rodolphe Salis dans la création d'un « cabaret Louis XIII », le Chat Noir, au 84 du boulevard Rochechouart, doté d'une revue qui publie la *Langueur* de Verlaine:

« Ah ! tout est bu, tout est mangé !
Plus rien à dire ! (...)
Seul, un ennui d'on ne sait quoi qui vous afflige ! ».

Le coup de pied de la Goulue

Dans un passage qui tire son nom d'un bal public, l'Élysée-des-Beaux-Arts, un employé du gaz, André Antoine – la rue est aujourd'hui à son nom – révolutionne l'art dramatique. Dans un établissement voisin, l'Élysée-Montmartre, au décor récupéré pour partie de Mabille, les cochers tiennent un grand meeting et menacent de marcher sur l'Hôtel de Ville si le Conseil municipal n'entérine pas une proposition d'Édouard Vaillant. Duluc, le secrétaire de leur syndicat, habite 10, rue Ernestine, et Montmartre compte quatre dépôts de la Compagnie des Petites-Voitures, la première de Paris avec ses trois mille cinq cents véhicules, un dépôt de l'Urbaine, qui la suit par ordre d'importance, et qui interdit à ses cochers le port de la moustache, et deux dépôts de la Compagnie générale des Omnibus dont celui qui, entre la rue Belliard et la rue Championnet, s'étend sur plus de dix hectares.

Sur le boulevard, le Moulin Rouge, bal et concert, ouvre deux ans plus tard, pour le centenaire de la Révolution, un dimanche d'octobre 1889. À neuf heures et demie du soir, l'heure des danses acrobatiques, la Goulue décoiffe, d'un coup de pied dans le chapeau, Valentin le Désossé, son partenaire, qui ne s'exhibe que pour le plaisir, sans cachet. Jane Avril, dite La Mélinite – c'est un explosif ! –, est pourtant « fine comme une fleur de narcisse, dont elle avait la pâleur », selon Yvette Guilbert, la dame aux gants noirs qui, elle, ne danse pas, mais chante Bruant ou Jean Lorrain.

▽ *L'Élysée-Montmartre, au décor récupéré, pour partie, de celui du bal Mabille.*

C'est si fascinant que Toulouse-Lautrec en déménagera au plus près, mais de l'autre côté du boulevard, rue Frochot.
Sur le flanc nord de la Butte, la coopérative de consommation l'Indépendance crée sa salle des fêtes 48, rue Duhesme, tandis que des adhérents à divers groupements socialistes construisent eux-mêmes leur Maison du Peuple, impasse Pers, une grande halle toute simple. Gaston Couté viendra y chanter à compter de l'été 1911. « Les Chansons de la semaine de Couté faisaient le tour du Paris révolutionnaire. On les répétait à l'atelier, dans la rue, les soirs de meeting houleux », raconte son ami Victor Méric.
Sur son flanc sud, Pouget lance son *Père Peinard*, « Réflecs d'un gniaff » à « un rond » puis à « deux ronds », et place l'échoppe À la Botte au cul, qui lui sert de frontispice, à côté de la mairie, rue Lavieuville. Sébastien Faure, aidé de Louise Michel, crée le *Libertaire* dans l'ancien « village Orsel », au n° 15, contre toute organisation, aussi bien celle du syndicalisme que celle de la grève.
Othon Friesz s'est installé 12, rue Cortot (aujourd'hui musée de Montmartre), où il loge Raoul Dufy, Suzanne Valadon et son fils Utrillo. À côté, au bout de la rue des Rosiers, « un carrefour irrégulier étalait son pavé au sommet d'un croisement de rues dont l'une était en pente raide et l'autre en escaliers gris. Face à une vieille et haute maison à volets verts, les *Causeries populaires* et la rédaction de *l'anarchie*, fondées par Libertad, occupaient une maison basse, pleine du bruit des presses, de chansons et de discussions passionnées ». Albert Libertad, soutenu par deux béquilles, prêchait « l'individualisme » dans les queues de pauvres bougres auxquels on distribuait la soupe, pas loin des chantiers de ce Sacré-Cœur qui, en une trentaine d'années, n'était pas venu tout à fait à bout du sol de carrières qui se dérobait constamment sous ses pieds. En 1905, rompant avec le *Libertaire*, Libertad avait créé, *l'anarchie*, sans majuscule.
En contrebas, à l'ouest, un renflement de la rue Ravignan forme une place pavée, avec des marronniers autour d'une fontaine Wallace et, dans le cercle des maisons, l'Hôtel du Poirier, où logeait Modigliani peu auparavant, un bistrot qui s'appelle « Zut » et un restaurant, Chez Azon. Dans le pavillon qui fait l'angle de la rue Berthe, loge Arsène Alexandre, le patron du *Rire* et l'organisateur du Salon des Humoristes. En face, le Bateau-Lavoir : un amoncellement d'ateliers de guingois, trois étages de poutres escaladant la butte, le rez-de-chaussée sur la place correspondant au deuxième étage du côté de la pente champêtre. Pablo Picasso, « petit, noir, trapu, inquiet, inquiétant, aux yeux sombres ; une mèche épaisse, noire et brillante, balafrant le front intelligent et têtu »,

△ Le Bateau-Lavoir (à d.), dominant le « Maquis », le rez-de-chaussée sur la place correspondant au deuxième étage du côté de la pente.
© ND/Roger-Viollet

▽ Othon Friesz s'installa 12, rue Cortot (aujourd'hui musée de Montmartre), où il logea Raoul Dufy, Suzanne Valadon et son fils Maurice Utrillo.

◁ *Aux Fusains du 22, rue Tourlaque, Derain passa quatre ans à partir de 1906, Bonnard trente à compter de 1913. Miró s'y installa vers 1927.*

y arrive en bleu d'ouvrier zingueur, flanqué des imposants Braque, Derain, Apollinaire et Salmon, comme Napoléon de ses grenadiers. Ils sont passés devant la remise, au fond d'une cour, dont Max Jacob a fait sa tanière, où il les reçoit pourtant le lundi.

Bateau-Lavoir et Lapin Agile

Ce soir de 1908, Picasso et Fernande Olivier, qu'il a rencontrée sous un orage d'été au seul point d'eau des ateliers, et qui est devenue sa compagne il y a déjà trois ans, s'apprêtent à fêter le Douanier Rousseau, 64 ans, presque leur grand-père à ces jeunes gens nés dans les années 1880, avec Apollinaire, monté en voisin, de la rue Léonie [aujourd'hui Henner], au pied de la Butte, et Marie Laurencin, son amour ; André Salmon, le secrétaire de la revue *Vers et Prose*, qui habite la cale du Bateau-Lavoir, Gertrude Stein, le poète Maurice Cremnitz, Georges Braque, et quelques autres encore, dont un voisin doté d'une belle barbe blanche qui lui donne une prestance du diable : un restaurateur de tableaux que l'on présente au Douanier comme le ministre des Beaux-Arts.

Marie Laurencin en fera deux tableaux-souvenirs, en léger différé : un *Groupe d'artistes*, puis *Apollinaire et ses amis*. Au Moulin Rouge, Mistinguett crée la valse chaloupée. À douze numéros du music-hall, à l'académie de peinture Humbert, Marie Laurencin, un pince-nez au-dessus du visage pas maquillé, retenu par un fil rejoignant les cheveux bruns nattés en chignon, travaille à côté de Georges Braque et de Francis Picabia. Dans ces parages, elle a connu Henri-Pierre Roché, un temps son amant.

Au début de la rue des Saules, au cabaret du Lapin Agile, le grand Frédé, « le tavernier du quai des brumes », comme dit Max Jacob, joue de la guitare devant un christ de plâtre grandeur nature que lui a sculpté Wasley, qui habite le château des Brouillards,

▽ *Le Lapin-Agile, derrière lequel Dorgelès fit peindre une toile par la queue de l'âne du grand Frédé, « le tavernier du quai des brumes ».*

un Arlequin et une créature en boa de plumes accoudés à son comptoir dans une mise en abyme qu'a peinte Picasso, un moulage de l'Apollon cytharède, quelques rapins, quelques poètes, quelques truands et quelques anarchistes, dont Victor Serge, qui collabore maintenant à *l'anarchie*, passée rue Muller depuis la mort de Libertad.

Quand Serge lit dans la presse que « des bandits en auto » ont attaqué deux encaisseurs de la Société Générale, devant le 148, rue Ordener, il y reconnaît Raymond Callemin, dit « Raymond la Science », et Octave Garnier, et il réalise qu'ils étaient à la recherche d'argent pour aider Bonnot, un individualiste lyonnais, recherché et traqué.

À l'été 1913, le manifeste de l'*Anti-tradition futuriste* d'Apollinaire dit « MER...DE... » à toute une série de choses dont Montmartre. Les « Kropotkine du Bateau-Lavoir », comme Picasso raillait Van Dongen, ont quitté le navire, et même ses escales, le restaurant Chez Vernin de la rue Cavallotti, par exemple. À l'exception de Modigliani, que l'on y reverra sommairement avec une poétesse anglaise, Beatrice Hastings, rue Norvins, c'en est fini de la Butte pour la bande. À la première des *Mamelles de Tirésias*, le 24 juin 1917, au conservatoire Renée Maubel, dans cette rue de l'Orient (aujourd'hui de l'Armée-d'Orient), qui coupe le coude de la rue Lepic, c'est Jacques Vaché qui est dans la salle, en uniforme d'officier anglais, revolver au poing, et qui « parlait de tirer à balles sur le public », composé d'Adrienne Monnier, la libraire, de Sylvia Beach, son amie, et de Cyprian, sa sœur, l'interprète de Belle-Mirette dans la série *Judex* filmée par Louis Feuillade, d'André Breton et de Louis Aragon...

En 1926, la revue *Ça... C'est Paris*, au Moulin Rouge, marque l'apogée de la carrière de la Miss, désormais « propriété nationale » selon le mot de Colette, « résumé de Paris » à en croire Cocteau. La salle, où la revue triomphe toujours, voit pourtant ses vitrines brisées le 23 août 1927 : conviés « sur les boulevards où les rastas promènent leur oisiveté », « pour dire leurs sentiments et attester leur puissance » après l'exécution de Sacco et Vanzetti, « les ouvriers de Paris » donnent l'assaut au « Montmartre des Américains. » Vers vingt-deux heures vingt, un cortège d'au moins trois mille personnes arrive à la hauteur du Wepler, « ce café pour Américains et demi-mondaines », d'où des clients tirent sur les manifestants, rapportera *L'Humanité*. Quelques limousines sont retournées. Le cortège poursuit vers le Gaumont-Palace et la statue à Charles Fourier, en face, « érigée en 1899 par l'école phalanstérienne avec le concours des associations coopératives de production et de consommation ». Un nouvel assaut est donné à la brasserie vers vingt-trois heures quarante-cinq, et

▷ *Après l'exécution de Sacco et Vanzetti, « les ouvriers de Paris » donnèrent, autour du Wepler, l'assaut au « Montmartre des Américains. »*

△◁ 17, rue des Cloys, l'imprimerie Gutenberg.

une barricade est improvisée peu après rue Caulaincourt.

Le 3 décembre 1930, la Ligue des patriotes perturbe la projection de *L'Âge d'or*, le film de Luis Buñuel, à coup de fumigènes et d'encre violette lancée contre l'écran du Studio 28. Les tableaux de Dalí, Miró, Tanguy, Ernst et Man Ray exposés dans l'entrée sont lacérés au passage. Le film est interdit huit jours plus tard et, dans l'impossibilité de rembourser les billets vendus d'avance, le propriétaire en perd sa salle. Elle sera, sous un nouvel exploitant, parrainée par Cocteau.

Les Boulevards sont « américains », la Butte est décidément rouge : la Phalange du 18e, troupe de théâtre ouvrier animée par Henri Leduc, Montmartrois-né, métallo chez Citroën, répète dans la salle des fêtes de l'Indépendance. La Muse Rouge y donne des goguettes, et pareillement *Le Travailleur du 18e*, journal d'arrondissement du Parti communiste, dont Marcel Cachin est le rédacteur en chef, qui, le 17 novembre 1934, y fait venir le groupe Octobre et son *Palais des Mirages*.

C'est à l'imprimerie Gutenberg, 17, rue des Cloys, que sera imprimé, au début de septembre 1941, le premier numéro clandestin de *France d'abord*, le journal de combat des futurs FTP.

Il y a toujours un couvent de bénédictines au 33, rue du Chevalier-de-la-Barre, ainsi qu'une maison de retraite des Petites-Sœurs dominicaines au n° 40, derrière le Sacré-Cœur. Et il faut toujours en consolider les fondations, au-dessus du vide d'où est sorti le plâtre que chantaient, dans l'enfance de Cavanna, les femmes des *Ritals* maçons :

« C'est le bon plâtre de Paris
Qu'a fait crever mon mari... »

▷ Il y a toujours un couvent de bénédictines au 33, rue du Chevalier-de-la-Barre.

Des Halles à La Chapelle

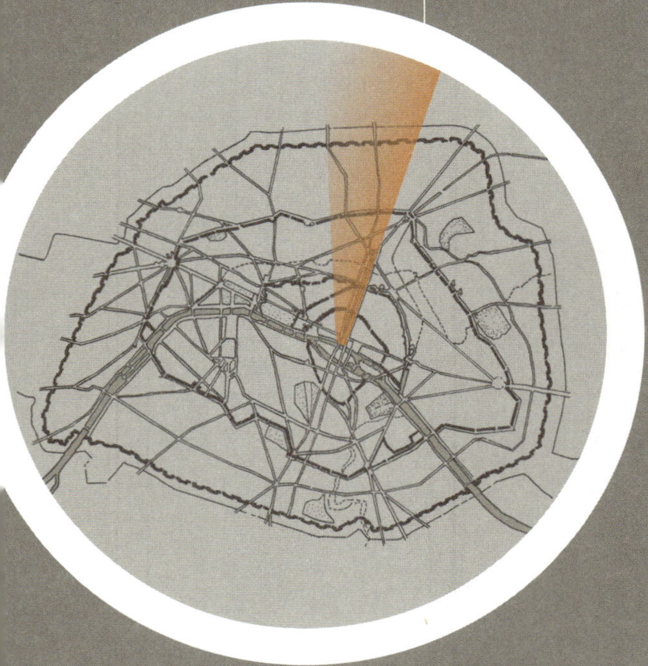

Le quartier des Halles, la bonde de Paris

△ *Louis XVI fit restaurer par Soufflot la vieille fontaine de la Croix-du-Trahoir, offerte à la Ville par François Ier.*

▷ *Fontaine, château d'eau et logement du fontainier s'y étageaient sous des congélations.*

La Croix-du-Trahoir, carrefour en T de la rue de l'Arbre-Sec et de la rue Saint-Honoré, est l'épicentre de Paris au XVIIe siècle. Elle se situe à l'intersection des routes des « entrées solennelles » arrivant de l'est – de Vincennes – par les rues Saint-Antoine et Saint-Honoré, et arrivant du nord – de Saint-Denis – par la rue éponyme, celles de la Ferronnerie et Saint-Honoré. Elle est entre la Ville (les Halles) et le Roi (le Louvre). Elle est enfin, pendant quatre-vingts ans, sur la route dominicale des protestants, entre leur temple de Charenton, bientôt capable d'accueillir cinq mille fidèles, et « la Petite Genève » de la rive gauche, la rue de l'Arbre-Sec étant la voie d'accès au Pont-Neuf.

Là, une fontaine, au beau milieu de ce carrefour qui n'est pas plus vaste alors qu'il ne l'est aujourd'hui, offerte par François Ier à la ville qui manque cruellement, et manquera si longtemps, d'eau. La fontaine est, comme le carrefour, à un confluent, celui de deux adductions : les eaux de source du Pré-Saint-Gervais qui, avec celles de Belleville, alimentent la rive droite, et les eaux que Marie de Médicis fait venir par l'aqueduc d'Arcueil en son Luxembourg, qui poursuivront jusqu'à la Croix-du-Trahoir en passant dans le tablier du Pont-Neuf.

« Par la Croix-du-Trahoir ! », c'est l'itinéraire qu'Henri IV indique à son cocher au sortir du Louvre alors qu'il

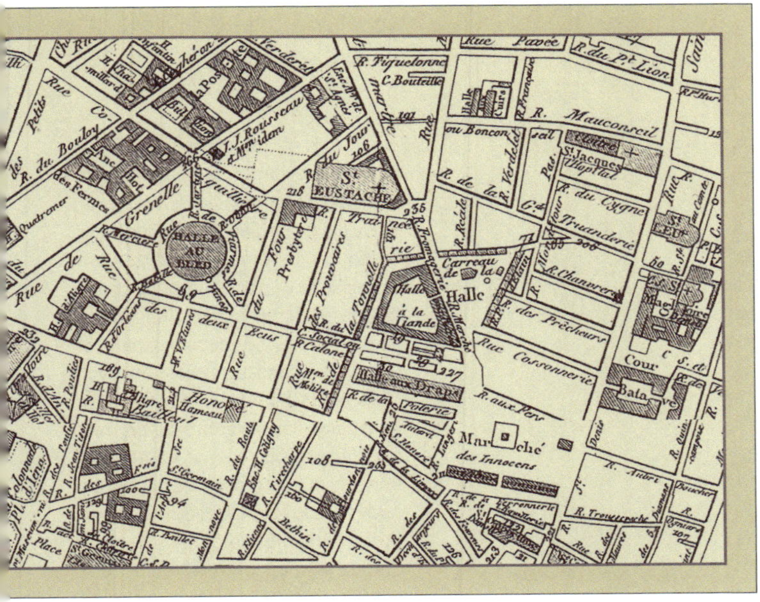

◁ *Sur le plan Maire, on distingue encore, en 1808, les maisons à arcades dites Piliers qui ceignent les Halles sur trois côtés depuis Henri II.*
DR

va visiter Sully, le 14 mai 1610. Il sera arrêté, on le sait, par les coups de Ravaillac dans la rue de la Ferronnerie, rétrécie par les boutiques bâties contre la muraille du cimetière des Innocents. Henri II avait déjà demandé, cinquante-six ans plus tôt jour pour jour, que fussent démolies immédiatement les constructions empiétant sur la voie publique dans cette rue de la Ferronnerie « qui est notre passage pour aller de notre château du Louvre en notre maison des Tournelles ».

S'il y a croix, c'est qu'il y a potence, exemplaire bien sûr en ce lieu si passant, une potence qu'ont vue Cyrano de Bergerac, né d'un côté, rue des Prouvaires ou rue Dussoubs, en 1619, et Molière, né de l'autre côté, trois ans plus tard, à l'angle de la rue Sauval et de la rue Saint-Honoré. Et Ragueneau, le rôtisseur poète, installé juste devant, que fréquentent les gamins devenus grands avec Chapelle, Scarron, Tristan L'Hermite, d'Assoucy… C'est chez Ragueneau, le verre levé, que Cyrano donne « à [ses] amis les buveurs d'eau » une ironique « description de l'aqueduc ». C'est chez Ragueneau, sous l'ombre portée de la potence et de la croix qu'il vulgarise les idées de Gassendi ou de La Mothe Le Vayer, de ces libertins qui pouvaient, au début du siècle, faire profession d'athéisme si la répression les oblige désormais à plus de prudence.

La Fronde commence ici, en mai 1648, telle que la raconte celui qui est alors le coadjuteur de l'archevêque de Paris et sera plus tard le cardinal de Retz : « Une foule de peuple, qui

△ *Molière, né à deux pas de la Croix-du-Trahoir et donc de chez Ragueneau, retrouvera, chez le rôtisseur poète, Cyrano de Bergerac, Chapelle, Scarron…*

◁ *Le rétrécissement de la rue de la Ferronnerie par des boutiques bâties contre le mur du cimetière des Innocents fournit l'occasion de l'assassinat d'Henri IV.*

m'avait suivi depuis le Palais-Royal, me porta plutôt qu'elle ne me poussa jusques à la Croix-Du-Tiroir [du Trahoir], et j' y trouvai le maréchal de La Meilleraie aux mains avec une grosse troupe de bourgeois, qui avoient pris les armes dans la rue de l'Arbre-Sec. Je me jetai dans la foule pour essayer de les séparer, et je crus que les uns et les autres porteraient au moins quelque respect à mon habit et à ma dignité. Je ne me trompai pas absolument ; car le maréchal, qui était fort embarrassé, prit avec joie ce prétexte pour commander aux chevau-légers de ne plus tirer ; et les bourgeois s'arrêtèrent, et se contentèrent de faire ferme dans le carrefour ; mais il y en eut vingt ou trente qui sortirent avec des hallebardes et des mousquetons de la rue des Prouvelles [Prouvaires], qui ne furent pas si modérés, et qui ne me voyant pas ou ne me voulant pas voir, firent une charge fort brusque aux chevau-légers, cassèrent d'un coup de pistolet le bras à Fontrailles, qui était auprès du maréchal l'épée à la main, blessèrent un de mes pages, qui portait le derrière de ma soutane, et me donnèrent à moi-même un coup de pierre au-dessous de l'oreille, qui me porta par terre. Je ne fus pas plus tôt relevé, qu'un garçon d'apothicaire m'appuya le mousqueton dans la tête ».

Mazarin et la reine mère, au prétexte que le parlement de Paris refuse depuis plusieurs mois l'enregistrement de sept nouveaux édits fiscaux, ont fait arrêter l'un des membres de la compagnie, Pierre Broussel, très populaire : « parmi le peuple ils l'appelaient leur père, c'était un homme de bien et de vertu », selon les *Mémoires* de Mlle de Montpensier. Le Parlement va réclamer sa libération, se satisfait des promesses de la régente, et les deux premières barricades qu'il rencontre au retour s'en contentent également. « La troisième, qui était à la Croix-Du-Tiroir, poursuit Retz, ne se voulut pas payer de cette monnaie ; et un garçon rôtisseur, s'avançant avec deux cents hommes, et mettant la hallebarde dans le ventre du premier président, lui dit : "tourne, traître ; et si tu ne veux être massacré toi-même, ramène-nous Broussel ou le Mazarin et le chancelier en otage". Vous ne doutez pas, à mon opinion, ni de la confusion ni de la terreur qui saisit presque tous les assistants... »

Ce rôtisseur – le *Journal* d'Olivier d'Ormesson ne parle pas de garçon –, on jurerait que ce fût Ragueneau. « Le mouvement fut comme un incendie

▽ **Le Président Molé et les factieux.**
Un « rôtisseur (Ragueneau ?), s'avançant avec deux cents hommes, et mettant la hallebarde dans le ventre du premier président »...
© Bridgeman Giraudon/ Peter Willi

△ Le Cimetière et l'église des Saints-Innocents, *attribué à Jakob Grimer (milieu du XVIe s.). Pendant les trois siècles d'avant le Pont-Neuf, l'endroit le plus couru de Paris.*

subit et violent qui se prit du Pont-Neuf à toute la ville. Tout le monde, sans exception, prit les armes. L'on voyait les enfants de 5 et 6 ans avec les poignards à la main ; on voyait les mères qui les leur apportaient elles-mêmes. » Plus de douze cents barricades s'élèvent en moins de deux heures, « bordées de drapeaux et de toutes les armes que la ligue avait laissées entières ».

Soixante ans après la Ligue, pour la deuxième fois, les barricades parisiennes chassent le roi de la ville, en l'occurrence la reine mère, régente du royaume. « Elle s'enfuit de Paris, écrira Voltaire, avec ses enfants, son ministre, le duc d'Orléans, frère de Louis XIII, le Grand Condé lui-même, et alla à Saint-Germain, où presque toute la cour coucha sur la paille. On fut obligé de mettre en gage chez les usuriers les pierreries de la couronne. »

Le Grand Condé met Paris en état de siège, la ville forme une armée de quatorze mille hommes de pied et quinze cents chevaux, qui est défaite à Charenton. Le 11 mars 1649, le président du parlement de Paris, Mathieu Molé, accepte de signer « la paix de Rueil » qui vaut renoncement des magistrats à limiter le pouvoir royal. Le 13 mars, Paris accueille cette paix par une nouvelle émeute où Molé manque être massacré.

Dans cette fronde, le duc de Beaufort-Vendôme, fils d'un bâtard légitimé d'Henri IV, « l'idole du peuple, et l'instrument dont on se servit pour le soulever », selon Voltaire ; celui auquel Alexandre Dumas père fera dire de lui-même « Moi, le Parisien par essence, moi qui ai régné sur les faubourgs et qu'on appelait le roi des Halles », a joué un grand rôle. Il y a ainsi un roi du Louvre et un roi des Halles, un roi de la ville et un roi de la nation, et la ville, ce sont les Halles.

Des idées mises au pilori

Les Halles et le cimetière des Innocents, c'était tout un ; les légumes que les vivants mangeraient par le haut et, à côté, ceux qui les mangeaient par la racine dans quelque fosse commune, dont toujours deux ou trois en service, par roulement, mal couvertes de planches disjointes. Les corps qui mangeaient la chair arpentaient la terre qui mangeait les corps avec une rapidité remarquable : « en vingt-quatre heures de temps », s'étaient laissé dire les voyageurs De Villers, qui n'en eurent néanmoins aucune preuve.

△ **Les Écosseuses de pois de la Halle,** ***d'après Étienne Jeaurat (n. d.), et le pilori, bien placé pour ce qui est des projectiles disponibles.***

Aux Halles, installées dans leurs murs depuis Henri II et ceintes sur presque trois côtés de maisons à arcades dites Piliers, était aussi le pilori, au débouché du prolongement aujourd'hui imaginaire de la rue Mondétour dans la rue Rambuteau. On trouvait évidemment ici ce qu'il fallait de trognons de choux à jeter au visage des six malheureux mis au carcan. Sous le pilori était le logement de fonction du bourreau de Paris.

Le 6 septembre 1683, le service funèbre de Colbert avait eu lieu de nuit dans la proche église Saint-Eustache, protégée par la garde tant le défunt était haï.

« Ci-gît l'auteur de tous impôts
Dont à présent la France abonde
Ne priez point pour son repos
Puisqu'il l'ôtait à tout le monde »

ironisait un libelle que Coysevox, qui dressait le mausolée entre les statues de l'Abondance et de la Fidélité, ne faisait naturellement pas figurer sur son socle. Vauban, lui, était l'auteur d'un projet de réforme fiscale qu'il avait adressé à Louis XIV, et dont certains ont pu penser qu'il aurait été susceptible d'éviter la Révolution, mais on fit lapider, à ce pilori, en février 1707, sa *Dixme royale*.

Vauban n'avait fait imprimer qu'à trois cents exemplaires son projet et ne l'avait distribué qu'à un public sélectionné, c'était donc curieux de le faire « connaître » – certes de nom seulement, et par sa reliure – en l'exposant. Quand le cimetière des Innocents fut clos d'arcades, celles-ci, loin de l'isoler, le transformèrent en marché couvert et en promenoir, sauf que vendeurs et acheteurs y avaient au-dessus de la tête, dans des combles servant de séchoir, un épais ciel de crânes et d'ossements et, aux pieds, toujours les mêmes fosses

△▷ *L'église Saint-Eustache et le tombeau de Colbert, par Coysevox. « Ci-gît l'auteur de tous impôts/Dont à présent la France abonde... »*

△ *Les pavillons de Baltard, derrière la fontaine des Innocents, remontée au milieu du marché éponyme, privé de ses ossements rangés aux Catacombes.*

pestilentielles. Alors que les tombereaux, par trois portes, venaient y déverser leurs macabres chargements, on continuait d'y vendre des babioles à la mode, des colifichets et articles de Paris pendant que les écrivains publics, sur tout le côté jouxtant la rue de la Lingerie, vous troussaient billets doux et requêtes pour cinq ou six sols « en bas stile », pour dix, douze ou vingt « en haut stile ». Pour trois siècles, jusqu'à l'ouverture du Pont-Neuf en 1603, le charnier des Innocents aura été, avec la galerie du Palais de Justice, l'endroit le plus couru, le plus animé de Paris. Il est amusant de penser que le Forum des Halles est aujourd'hui le plus grand centre commercial d'Europe, et la Fnac qui s'y trouve la plus grande librairie de l'Union.

Du fer, puis défaire

Dès la veille de la Révolution, le cimetière, qui l'était déjà grandement de fait, était devenu un marché authentique ; les ossements avaient été soigneusement rangés aux Catacombes, où ils sont encore. La fontaine des Innocents, inaugurée pour l'entrée solennelle d'Henri II, le 16 juin 1549, et que Jean Goujon avait adossée à l'église éponyme, à l'angle des rues Saint-Denis et Berger, était remontée au milieu du marché, mais mise aussi au régime sec. Quand Bonaparte demanda ce qui le ferait apprécier des Parisiens, il lui fut répondu, comme il l'aurait été à chaque règne et à chaque siècle, de leur donner de l'eau. Le canal de l'Ourcq suivit, et la fontaine des Innocents jaillit à nouveau en 1812 après avoir été tarie un quart de siècle.

À peu près au même moment, Napoléon décidait : « Il sera construit une grande halle qui occupera tout le terrain de la halle actuelle, depuis le marché des Innocents jusqu'à la halle aux farines ». Baltard n'était pourtant nommé que le 4 août 1845, et ses plans déposés en juin 1848, quelques jours donc avant les terribles journées qui brisaient la révolution de février. La première pierre des Halles posée le 15 septembre 1851 par le Prince-Président, les plans étaient bientôt refaits pour suivre l'injonction de Napoléon III : « du fer, rien que du fer ». Le « ventre de Paris », tel que le décrira Zola, a désormais sa rondeur même si ses deux derniers pavillons, sur douze, ne seront achevés qu'en 1936.

◁ *La fontaine des Innocents, que Jean Goujon avait adossée, le 16 juin 1549, à l'église éponyme, à l'angle des rues Saint-Denis et Berger.*

△ **Le Trou des Halles,** ***sur lequel restèrent penchés plusieurs années des décideurs perplexes. Tableau de Claude de Romefort (n. d.).***
© PMVP/Degrâces

Dès 1854, Eugène Flachat et Édouard Brame avaient présenté un projet de chemin de fer souterrain pour alimenter les halles de Paris depuis la gare de l'Est, et les Halles avaient été construites pour cela sur une dalle. C'est pourtant le passage du RER qui sera le prétexte de leur destruction, en 1973, parce que l'on creuse moins cher à ciel ouvert. Il y eut ensuite un « trou des Halles », sur lequel restèrent penchés plusieurs années des décideurs perplexes, avant d'en garnir les bords de nervures blanches formant vitrines à des boutiques.

La philosophie à la mode

Au mois de novembre 1650, quatre hommes ont encore été pendus à la Croix-du-Trahoir pour une tentative supposée d'assassinat du « roi des Halles ». Le duc de Beaufort a su présenter comme ordonné par Mazarin ce qui n'était peut-être qu'un acte crapuleux car, comme le note alors Mlle de Scudéry, « depuis un mois ou six semaines, on vole si insolemment dans les rues de Paris, qu'il y a eu plus de quarante carrosses de gens de qualité arrêtés par ces messieurs les voleurs, qui vont à cheval, et presque toujours quinze ou vingt ensemble ». Cyrano de Bergerac, partisan de la Fronde quand elle était celle du Parlement, lui devient hostile quand elle se transforme en celle des Princes et, chez Ragueneau, se brouille avec ses anciens amis.

La fontaine, qui gênait la circulation dans la rue Saint-Honoré, a été adossée aux immeubles d'angle où elle est encore. Elle a été dotée d'un petit logement pour le fontainier, dont dispose Francini, le magicien des eaux de Versailles, où est officiellement, depuis 1678, la résidence du Roi-Soleil. Les prétentions des grands se limitent désormais à des problèmes de plomberie quand il s'agit de départager, au-delà de la Croix-du-Trahoir vers la nouvelle place des Victoires, « le tuyau du roi » des leurs.

C'est par la rue Saint-Honoré que le roi fait retour à Paris, en la personne du petit Louis XV, 5 ans, dans un carrosse violet attelé de six chevaux blancs.

Quand il est sauvé, après qu'on a craint qu'il mourût d'une indigestion de cerneaux, c'est à la Croix-du-Trahoir qu'est tiré le feu d'artifice. L'ambassadeur de la Sublime Porte, qui vient voir le roi aux Tuileries alors qu'il atteint ses 11 ans, emprunte cet itinéraire où l'on a tendu les façades de tapisseries, et pareillement le curieux czar de Moscovie, qui le parcourt sans gants ni perruque.

« Tous les deux jours au plus tard, malgré des occupations très exigeantes », Jean-Jacques Rousseau, qui est du quartier, fait le chemin seul ou avec Mme Diderot pour aller passer l'après-midi avec son ami Denis, « sorti du donjon » en cette fin de 1749, et à qui l'on a « donné le château et le parc de Vincennes pour prison, sur sa parole, avec permission de voir ses amis ». Quelques mois plus tard, c'est chez Mme Dupin, sa voisine – il habite à côté du jeu de paume de la rue Verdelet (emportée par la rue Étienne-Marcel), et l'hôtel du Fermier général est rue Plâtrière (nord de l'actuelle rue J.-J.-Rousseau) –, qu'on présente Voltaire à Jean-Jacques. À deux pas, s'achève

◁▽ La « colonne astrologique » de la superstitieuse Catherine de Médicis, seul reste de l'hôtel de la Reine.

la démolition de l'hôtel de la Reine, devenu hôtel de Soissons, naguère rempli de plus d'une centaine d'échoppes des agioteurs de Law, et Paris n'en sauve que la « colonne astrologique » de la superstitieuse Catherine de Médicis, aujourd'hui, accolée à la Bourse de commerce.

Le quartier des Halles, devenu philosophique en diable, est aussi celui de l'élégance, mais, pour Voltaire, on le sait, luxe et lumières ne font qu'un. Rue de la Ferronnerie est installé Labille, chez qui une certaine Jeanne

◁ L'hôtel de Soissons, qui fut un moment rempli de plus d'une centaine d'échoppes des agioteurs de Law.

Bécu se place comme modiste, en 1761, à 18 ans. Elle s'y lie avec une des filles de la maison, Adélaïde, miniaturiste, plus tard assez bon peintre pour être la rivale de Mme Vigée-Lebrun. Adélaïde lui présente ce Jean du Barry qui, par l'intermédiaire de son frère, lui ouvrira le chemin de la cour.

À la Croix-du-Trahoir, dans les mêmes locaux, les bonnets de plumes dits Panaches à la Quèsaco occupent la place « des oies, des canards, des paons blancs » accrochés au dais en fer forgé de Ragueneau. Rose Bertin en a lancé la mode, et ce n'est que la première d'une longue série. « Le deuil du roi [Louis XV meurt le 11 mai 1774] arrêta un peu une nouvelle mode assez ridicule qui remplaçait les quèsaco, celle des poufs au sentiment. C'était une coiffure dans laquelle on introduisait les personnes ou les choses qu'on préférait. Ainsi le portrait de sa fille, de sa mère, l'image de son serin, de son chien, etc., tout cela garni des cheveux de son père ou d'un ami de cœur. C'était incroyable d'extravagance », écrit la baronne d'Oberkirch.

De la maison du « ministre de la mode », « singulière personne, gonflée de son importance, traitant d'égale à égale avec les princesses », part désormais « la poupée de France », ce mannequin articulé, « attifé, coiffé à la dernière mode, qu'on envoyait dans les pays étrangers pour y apprendre les modes de la cour de France. Elle va du Nord au Midi, raconte Mercier, elle pénètre à Constantinople et à Saint-Pétersbourg et le pli qu'a donné une main française se répète chez toutes les nations, humbles observatrices du goût de la rue Saint-Honoré ».

Quel contraste avec la vie que mène Rousseau, revenu rue Plâtrière (aujourd'hui 52-54 de la rue qui porte son nom), au quatrième étage : une cage aux oiseaux sur le rebord de la fenêtre, une caisse où il range plantes et attirail à herboriser, une table pour écrire et s'acquitter de la copie de musique qui lui assure quelque revenu... Et il trouve le moyen de retourner le vin qu'ont apporté ses invités quand il en reste d'inentamé.

La fontaine de la Croix-du-Trahoir tombe en ruine, le roi Louis XVI la fait restaurer, l'architecte Soufflot en a la charge : fontaine, château d'eau et logement s'étagent sous des congélations, et une naïade inspirée de celle de Jean Goujon sur le monument d'origine. Mais si l'on a soin de l'eau, le pain manque, toutes les boulangeries sont pillées, la halle aux grains, coiffée de sa « casquette de jockey », comme dira Hugo, et qui intéresse tant Thomas Jefferson, doit être défendue par

△ *Au quatrième étage : une cage aux oiseaux sur le rebord de la fenêtre, une caisse où il range plantes et attirail à herboriser, une table pour écrire...*

◁ *Caricature d'un coiffeur à la fin du* XVIII*e s. Et que dire des « poufs au sentiment », coiffures contenant bibelots ou souvenirs ?*

△ ◁ *À la fontaine de la Croix-du-Trahoir, une naïade (à g.) inspirée de celle qui ornait la construction primitive, œuvre de Jean Goujon comme celles de la fontaine des Innocents (à d.).*

un solide cordon de troupes. Turgot cède la place à Necker, Rose Bertin, jamais démontée, lance les bonnets « à la révolte ».

En 1786, la fermeture définitive de la foire Saint-Germain porte un coup sérieux à l'importance de l'axe du Pont-Neuf. Si le trafic de la rue Saint-Honoré reste intact, d'autant plus que l'activité économique se concentre désormais sur la rive droite, l'affluent de l'Arbre-Sec se met tout à coup à mieux mériter son nom. Sous les pieds de la fontaine de la Croix-du-Trahoir passe la Seine des frères Périer, dont la Compagnie des eaux de Paris, société en commandite, grâce à ses machines à vapeur aspirantes-refoulantes et à la colline de Chaillot, a inventé la distribution de l'eau à (quelques) domicile(s), jusqu'au premier étage.

Au XVIIe siècle, Regnard, dans son *Divorce*, mettait en scène un Arlequin condamné à être pendu à la Croix-du-Trahoir. On lui permettait de boire à la fontaine, il y plongeait tête la première et parvenait à s'enfoncer dans le tuyau, seuls ses souliers restant aux mains des archers, rejoignait la Seine, Le Havre puis l'Inde. Le Forum des Halles est devenu, aujourd'hui, cette bonde de Paris ; huit cent mille personnes s'y engouffrent chaque jour, dont les deux tiers habitent la banlieue.

▷ *La Bourse de commerce, ancienne halle aux grains, qui eut plusieurs coiffes, dont la « casquette de jockey » raillée par Hugo.*

Le Sentier, le costume et la plume

▷ La Mort de Louis Ier de Valois, duc d'Orléans, par les sicaires *de Jean sans Peur, son cousin germain. Enluminure du XVe siècle.*

Au faubourg Saint-Sauveur, du nom de la chapelle où Saint Louis faisait halte sur le chemin de Saint-Denis, on est dans le fief bourguignon. Hors les murs à sa construction, en 1270, adossé à l'une des tours rondes de l'enceinte de Philippe Auguste, le vaste « séjour d'Artois » est échu au duc de Bourgogne. Celui-ci a pour nom Jean sans Peur quand, en 1407, il fait assassiner son cousin germain, Louis d'Orléans, frère du roi, dont l'hôtel s'accote lui aussi à l'extérieur de la muraille, un peu au sud-ouest, à l'emplacement de l'actuelle Bourse de commerce. Quand il y avait visité son cousin, Jean sans Peur avait pu voir dans le « cabinet aux portraits », galerie que le duc d'Orléans consacrait à ses maîtresses, celui de sa propre épouse, placé bien en évidence. La rivalité lignagère fut pourtant la seule cause du meurtre, et la rue Mauconseil porterait trace du « mauvais conseil » qu'elle lui avait soufflé, qui augurait de trente années de guerre entre Armagnacs (Charles d'Orléans, fils de l'assassiné, est le gendre du comte d'Armagnac) et Bourguignons. La Révolution rebap-

◁ *Son forfait accompli, Jean fit bâtir dans son hôtel, pourtant déjà bien fortifié, un donjon quadrangulaire flanqué de son escalier à vis.*

tisera la rue « Bonconseil », sans doute par pur esprit de contradiction. Sitôt son crime accompli, Jean, qui pour être sans peur n'en était pas moins sur ses gardes, fit bâtir dans son hôtel, pourtant déjà bien fortifié, le donjon quadrangulaire flanqué de son escalier à vis que nous connaissons, au sommet duquel il dormirait mieux désormais.

À ce moment, la nouvelle enceinte, celle de Charles V, enclosant le faubourg Saint-Sauveur de la porte Saint-Denis à la place des Victoires actuelle, était achevée depuis vingt-cinq ans, mais la vieille n'avait pas été démolie. Elle ne le sera toujours pas à la génération suivante, quand Armagnacs et Bourguignons réconciliés pourront aller « après souper, s'ébattre et passer le temps au long et dessus les anciennes murailles de Paris, sans que ceux de la ville les vissent », d'un hôtel à l'autre, sur l'arc joignant ces deux repères que sont pour nous la tour de Jean sans Peur, conservée, et la tour astrologique de Catherine de Médicis, postérieure de cent soixante-quinze ans, la reine s'étant fait bâtir hôtel sur l'emplacement de celui des Orléans.

Dans cet entre-deux-enceintes, les lieux les plus notoires sont le couvent des Filles-Dieu, fondé sous le règne de Saint Louis pour accueillir des femmes qui, par pauvreté, s'étaient mises en péché de luxure. La luxure, c'est l'une des caractéristiques qui restera au quartier. Ce couvent était une étape sur le chemin du gibet de Montfaucon, les condamnés y recevant le pain et le vin des mains des filles repenties.

Ses vastes jardins jouxtaient la plus importante cour des Miracles de la capitale. C'était un « immense ves-

▽ La Cour des Miracles, *immense vestiaire où se grimaient tous les acteurs de la comédie éternelle du vol, de la prostitution et du meurtre, selon Hugo.*
© MP/Leemage

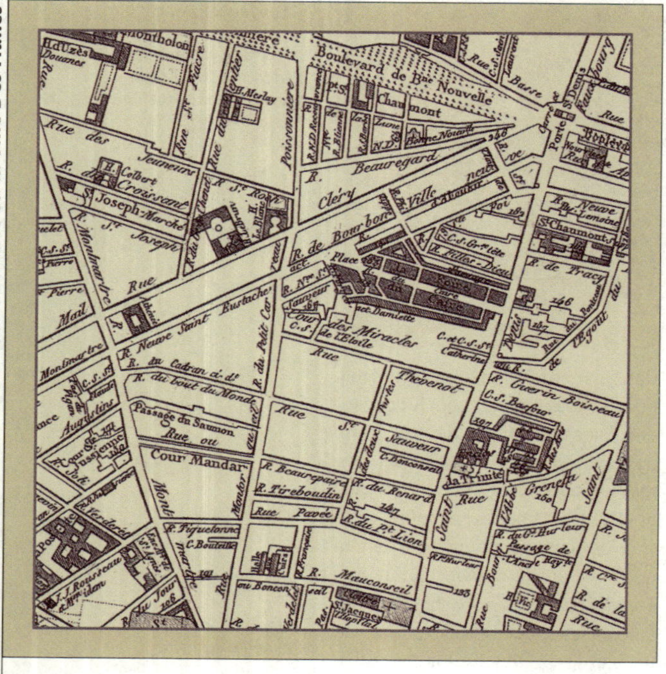

△ *La halle aux cuirs du plan Maire (1808), rue Mauconseil, était à l'emplacement qu'occupa le théâtre de l'Hôtel de Bourgogne de 1548 à 1783.*
DR

tiaire, résumera Hugo dans *Notre-Dame de Paris*, où s'habillaient et se déshabillaient à cette époque tous les acteurs de cette comédie éternelle que le vol, la prostitution et le meurtre jouent sur le pavé de Paris ». Et même un peu plus que cela, la comédie ne connaissant pas de relâche et les rôles ayant à jamais déteint sur les acteurs : « on pouvait voir passer un chien qui ressemblait à un homme, un homme qui ressemblait à un chien. Les limites des races et des espèces semblaient s'effacer dans cette cité comme dans un Pandémonium ».

En face et plus bas dans la rue Saint-Denis, des comédiens, en un sens plus habituel du terme, occupaient l'hôpital de la Trinité. Désaffecté parce que le cimetière attenant l'avait rendu peu salubre, l'hôpital était devenu le refuge, vers 1390, de la Confrérie de la Passion et Résurrection de notre Sauveur et Rédempteur Jésus-Christ. Ce groupe, composé comme ses homologues d'amateurs, marchands et artisans, allait obtenir un privilège royal pour ses représentations et, en troquant le parvis des églises pour une salle fermée, inventer le premier théâtre de Paris, et le seul pour près de cinquante ans. Après quoi l'hôpital réintégrerait les lieux, et ses orphelins, en uniforme, seraient ces Enfants bleus – dont la toponymie nous gardait le souvenir, avec une cour des Bleus, jusque dans les années 1950 –, qui feraient cortège à tous les enterrements de marque.

Autour étaient de ces maisons que Balzac avait encore connues « naguère » quand il écrivait *La Maison du Chat-qui-pelote*, en 1829, et dont il se fera fierté d'avoir, par son œuvre, sauvé quatre ou cinq types en les inscrivant dans la mémoire des hommes. « Au milieu de la rue Saint-Denis, presque au coin de la rue du Petit-Lion (aujourd'hui Tiquetonne), existait naguère une de ces maisons précieuses qui donnent aux historiens la facilité de reconstruire par analogie l'ancien Paris. Les murs menaçants de cette bicoque semblaient avoir été bariolés d'hiéroglyphes. Quel autre nom le flâneur pouvait-il donner aux X et aux V que traçaient sur la façade les pièces de bois transversales ou diagonales dessinées dans le badigeon par de petites lézardes parallèles ? Évidemment, au passage de toutes les voitures, chacune de ces solives s'agitait dans sa mortaise.

◁ Vieilles maisons rue Saint-Denis, vers 1835. « Un toit triangulaire dont aucun modèle ne se verra bientôt plus à Paris », écrivait alors Balzac.

Ce vénérable édifice était surmonté d'un toit triangulaire dont aucun modèle ne se verra bientôt plus à Paris. Cette couverture, tordue par les intempéries du climat parisien, s'avançait de trois pieds sur la rue, autant pour garantir des eaux pluviales le seuil de la porte que pour abriter le mur d'un grenier et sa lucarne sans appui. Ce dernier étage était construit en planches clouées l'une sur l'autre comme des ardoises, afin sans doute de ne pas charger cette frêle maison. »

Ballade du duel qu'en l'hôtel bourguignon...

Le « séjour de Bourgogne », avec sa tour de Jean sans Peur, étant tombé dans l'escarcelle de la couronne, François Ier, en mal d'argent, le met aux enchères en 1543, en une douzaine de lots que sépare en deux moitiés la rue Françoise (aujourd'hui Française). Dans les constructions qui seront réalisées sur l'un de ceux-ci, au n°15 de la rue Tiquetonne, on verra longtemps un vestige de l'enceinte.

Les confrères de la Passion, expulsés de l'hôpital de la Trinité, passés par l'hôtel de Flandre de la rue Coq-Héron, où leurs mystères alternaient avec les soties des Enfants sans soucis, saisissent l'aubaine et se font construire, en 1548, la salle qui restera connue comme celle de l'Hôtel de Bourgogne. Puis défense sera faite par le Parlement d'interpréter des mystères sacrés et la confrérie, à compter de 1580 environ, se bornera à louer sa salle à des professionnels, dont, entre 1628 et 1680, la troupe dite de « l'Hôtel de Bourgogne », qui a pour membres notables Gros-Guillaume, Gautier-Garguille et Turlupin, de ces trois illustres farceurs le plus fin, puis Montfleury, Armande Béjart ou la Champmeslé.

◁△ Le 15, rue Tiquetonne, construit sur le « séjour de Bourgogne », mis aux enchères par François Ier en 1543. L'enseigne de l'Arbre à liège, au n° 12.

C'est à l'Hôtel de Bourgogne que Cyrano de Bergerac interpelle Montfleury dans la pièce d'Edmond Rostand – « Que Montfleury s'en aille, Ou bien je l'essorille et le désentripaille ! » –, avant de déclamer lui-même une « ballade du duel » qu'applaudit d'Artagnan. Charles Lefeuve place au 12 ou au 16 de la rue Tiquetonne un hôtel de d'Artagnan, qui serait le siège des exploits de l'authentique mousquetaire dont Dumas allait s'inspirer. Si, du d'Artagnan historique, on a plutôt des traces sur le quai Voltaire, en tout cas, dans *Vingt ans après*, c'est bien dans cette rue Tiquetonne que fait retour le héros de Dumas, à l'hôtel de la Chevrette, tenu par une accorte Flamande qui sera vite sa maîtresse.

△ **L'Hôtel de Bourgogne, *d'Abraham Bosse (1633-1634). Turlupin, la main dans la bourse de Gaultier-Garguille, tandis qu'une femme parle avec Gros-Guillaume.***
© Bridgeman Giraudon

En 1660, à l'occasion de la paix des Pyrénées, c'est à l'Hôtel de Bourgogne qu'une représentation est, pour la première fois, donnée *gratis*. C'est ici que les chefs-d'œuvre de Corneille et tous ceux de Racine, durant une décennie, d'*Andromaque* à *Phèdre,* ont étés vus. Comme nous le rappelle *Cyrano de Bergerac* :

« Le bourgeois :
– Et penser que c'est dans une salle pareille
Qu'on joua du Rotrou, mon fils !
Le jeune homme:
– Et du Corneille !
Un spectateur, *à un autre, lui montrant une encoignure élevée :*
– Tenez, à la première du *Cid*, j'étais là ! ».

L'année d'*Andromaque*, en juillet 1667, on amène à Pierre Corneille, qui habite rue de Cléry, son fils cadet, blessé au siège de Douai. La paille du brancard est oubliée devant la porte, et cette entorse à l'hygiène publique bien vite sanctionnée :

« Vous connaissez assez l'aîné des deux Corneille,
Qui, pour vos chers plaisirs, produit tant de merveilles?
Hé bien ! cet homme-là, (...)
Fut naguère cité devant cette police,
Pour quelques pailles seulement
Qu'un trop vigilant commissaire
Rencontra fortuitement
Tout devant sa porte cochère »,

écrit Loret, en vers, dans sa gazette du 30 juillet. Il faut voir là l'effet du zèle de La Reynie, tout frais nommé, en même temps qu'est créée la fonction, « lieutenant général de police de Paris », l'œil, l'oreille et le bras – il le sera durant trente ans – que Louis XIV laisse derrière lui en quittant la ville. La Reynie, outre qu'il fait balayer chacun devant sa porte, va s'employer aussi à nettoyer les cours des Miracles, en commençant par la principale, grossièrement située autour de l'actuelle rue de Damiette. Un corps des archers de l'hôpital, créé à cet effet, va rassembler sans faire trop de détail mendiants, vagabonds et

▷ Les Rues d'Aboukir, de Cléry et de la Lune, vues de la porte Saint-Martin, *d'Emmanuel Lansyer (1887).*

▽ La rue de Cléry des deux frères Corneille et des deux sœurs leurs épouses, tracée sur le chemin de contrescarpe de l'enceinte de Charles V.

tout ce qui a l'air pauvre dans l'Hôpital général de Paris, ensemble formé par la Salpêtrière, la Pitié, Bicêtre, la Savonnerie, Scipion et les Enfants-Trouvés.

Corneille désirait être logé au Louvre, « Ouvre-moi donc, grand Roi... ». En vain. Ce sera donc la rue de Cléry, tracée sur le chemin de contrescarpe, comme celle d'Aboukir l'était à l'emplacement du rempart lui-même, lors de la démolition de l'enceinte de Charles V. Les deux frères Corneille, qui ont épousé deux sœurs, y habitent ensemble, à partir de 1665, avec femmes et enfants, Thomas au rez-de-chaussée, Pierre au-dessus. Le cadet, de dix-huit ans plus jeune, lexicographe, est un vrai dictionnaire et, en désespoir de cause, l'aîné ouvre une trappe ménagée à cet effet dans le plancher pour crier à son frère : « Thomas, envoie-moi des rimes ! ».

Ici, Corneille collabore avec Molière et Lully pour *Psyché*, mais, hormis cette tragédie-ballet, rien de ce qu'il écrit rue de Cléry n'a de succès : « Après l'*Agésilas*, hélas, mais après l'*Attila*, holà ! », s'esclaffe la critique. Vient la guerre d'Espagne, qui fait suspendre la pension royale, et Corneille est dans une situation très difficile, qui lui fera quitter, en 1681, la rue de Cléry pour le quartier de la butte des Moulins.

Le roi ne s'en soucie guère quand, au début de décembre, il vient à l'hôtel de Chaumond, rue Saint-Denis (entre les actuels passages Lemoine et du Ponceau), voir ce qu'il est advenu du bloc de marbre blanc que Mme de Sévigné nous a décrit bouchant la rue Saint-Honoré[19]. Le maréchal de La Feuillade y a fait sculpter par Desjardins, nom de burin d'un artiste hol-

19. Voir le chapitre Le Mail, p. 173.

landais, une statue de son souverain en empereur romain. Louis XIV en est content, plus que le commanditaire, qui préférera finalement le bronze doré au marbre quand il l'offrira placée dans l'écrin de la place des Victoires.

Décors et costumes

Une *Villeneuve*, bien que le nom soit très outré, avait tôt poussé au pied de l'enceinte de Charles V, dotée d'une modeste chapelle dédiée à la Bonne-Nouvelle. Elle avait été rasée durant le siège qu'Henri IV avait imposé à Paris en 1593, ajoutant ainsi à des déblais plus anciens qui constituaient déjà son sol. La chapelle était reconstruite sous Louis XIII, et Anne d'Autriche en posait la première pierre autour de 1625, puis la démolition de la muraille, dans son dos, augmentait la butte de nouveaux gravats, comme le faisait le creusement concomitant des « fossés jaunes » de la nouvelle enceinte, à ses pieds. Enfin, le Roi-Soleil faisait abattre les fortifications de son prédécesseur, et c'était à jamais, pensait-on.

La butte de Villeneuve-les-Gravois n'a donc cessé de s'élever. Dès le début de décembre de l'année 1708, un hiver terrible mord le pays et sa capitale. L'un des moyens de porter secours aux chômeurs est d'employer quinze mille ouvriers à l'aplanissement de la butte aux gravats. Elle sera lotie plus tard, avec ses rues partant en dents de peigne de celle de Beauregard, toujours reconnaissables ; il n'y aura plus d'obstacle à l'extension de Paris vers le nord.

D'un règne à l'autre, cour des Miracles ou pas, le quartier est resté le

△ *Le clocher, datant d'Anne d'Autriche, de l'église de Bonne-Nouvelle, qui allait donner son nom à la butte des Gravois.*
© Coll. Parigramme

royaume des métamorphoses. Rue du Sentier, Jeanne Poisson est devenue marquise de Pompadour, et Le Normant d'Étiolles, le mari de madame, demeure (presque) seul dans son bel hôtel du n° 24. À l'Hôtel de Bourgogne, la troupe a fusionné avec celle de Molière et celle du jeu de paume du Marais pour former les Comédiens-Français, et a laissé la place aux Italiens de Scaramouche, moustaches et sourcils de charbon sur la face lunaire, habit aussi noir que son bonnet. Ce sont eux qui donnent maintenant sa couleur à l'endroit : « Il fait noir comme dans un four ; le ciel s'est habillé, ce soir, en Scaramouche ; et je ne vois pas une étoile qui montre le bout de son nez », dit un personnage de Molière dans *L'Amour peintre*.

▷ *Entre le 8, rue Saint-Fiacre et le 33, rue du Sentier, la cour, sur d'immenses écuries en sous-sol, de la future Pompadour.*

Renvoyés par Mme de Maintenon, les Comédiens-Italiens sont revenus sous la Régence jouer du Marivaux. Mme Favart l'a interprété avec eux bien que son ex-amant, le maréchal de Saxe, l'ait interdite de scène. Enfin, les Italiens ont loué le privilège de l'Opéra-Comique, et Mme Favart, qui n'avait que quelques pas à faire depuis la rue Tiquetonne ou la rue Mauconseil, ses domiciles successifs, a imposé chez eux la vraisemblance des costumes de scène.

On se travestit au moins autant dans la somptueuse maison de rendez-vous de la Gourdan, l'officieuse « surintendante des plaisirs » qui a formé Jeanne Bécu, « l'ange du harem », future comtesse du Barry. Une entrée s'en ouvre dans l'actuelle rue Dussoubs, une autre se cache dans la boutique d'un antiquaire,12, rue Saint-Sauveur. Le passage se fait au fond d'une armoire ; un stock de déguisements est à disposition pour assurer l'incognito.

Le 8 de la rue du Sentier, avec sa terrasse qui s'étend vers le n° 19 de la rue de Cléry sur un pan de l'ancien mur de Charles V, est la partie de l'hôtel Lebrun dévolue à madame, née Vigée. C'est là qu'Élisabeth Vigée-Lebrun, peintre attitré de la reine Marie-Antoinette, habituée des fêtes de Chantilly, chez le prince de Condé, et des chasses du duc d'Orléans, donne son fameux souper à la grecque où, vêtue en Aspasie et ses convives comme à Athènes, tous à demi couchés, buvaient du vin de Chypre en écoutant la lyre. Du côté de la rue de Cléry, Lebrun, peintre également, a fait doter d'un éclairage zénithal, ce qui était nouveau, une grande salle d'exposition qu'il met à la disposition des jeunes peintres, réduits par l'Académie à la portion congrue d'une fin de matinée place Dauphine, le jeudi suivant la Trinité.

Mme Vigée-Lebrun a su s'absenter durant la Révolution – au cours de laquelle Carlo Goldoni, devenu précepteur des princesses royales, est mort misérablement rue Tiquetonne, là où était déjà mort, un siècle plus tôt, Tiberio Fiorilli, dit Scaramouche, créateur du personnage et directeur des Comédiens-Italiens de Louis XIV. Elle reviendra ensuite peindre rue du Sentier comme à Louveciennes, en commençant par Caroline Bonaparte.

△ *Elle y donna, vêtue en Aspasie, son fameux souper à la grecque où tous, à demi couchés, buvaient du vin de Chypre au son de la lyre.*

Rue Saint-Pierre-Montmartre (aujourd'hui Paul-Lelong), Étienne Morel de Chédeville, ancien intendant de Monsieur, frère du roi (le futur Louis XVIII), après avoir été attaché au comte d'Artois (futur Charles X), et devenu directeur de l'Opéra sous le Consulat, adapte la *Flûte enchantée* de Mozart sous le titre des *Mystères d'Isis*, donnés le 28 août 1801, au Théâtre des Arts, ci-devant de l'Opéra, rue de la Loi, ex-rue de Richelieu.

À l'emplacement de l'Hôtel de Bourgogne, on a construit une halle aux cuirs. Sur la vaste étendue du couvent des Filles-Dieu, en 1798, un lotissement appelé « Foire du Caire » évoque, par quantité de scribes et de palmes, la pourtant peu glorieuse campagne d'Égypte. Soixante ans plus tard, la place du Caire sera pleine de cardeuses de matelas, le passage du Caire dévolu à l'imprimerie lithographique et la rue du Caire, le centre de l'industrie du chapeau de paille.

▽ *Sur la vaste étendue du couvent des Filles-Dieu, se construisit, en 1798, un lotissement appelé « Foire du Caire » (ici, la place du même nom).*

△ *16, rue du Croissant, dans l'hôtel dit « Colbert », s'installait, à la mi-juillet 1836, le journal* Le Siècle *;* L'Humanité *y sera en 1910.*

▽ *Rue des Jeûneurs, en réalité des « Jeux neufs » parce qu'y étaient récents en 1739, date du plan Turgot, ceux de la paume et des boules.*
DR

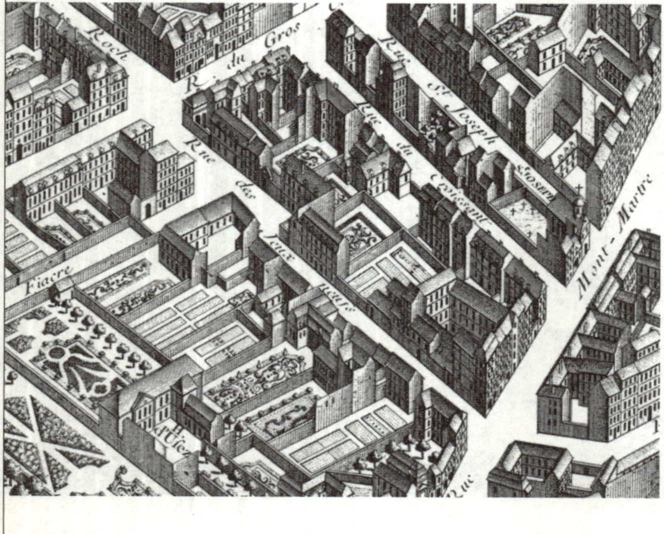

Entre la rue du Croissant et la rue Saint-Joseph, un marché a remplacé en 1806 le cimetière où Molière a été inhumé. Au 16, rue du Croissant, dans l'hôtel dit « Colbert », s'est installé, à la mi-juillet 1836, le journal *Le Siècle* qui, à partir de 1858, publie en feuilleton l'*Histoire des maisons anciennes de Paris, rue par rue*, de Charles Lefeuve. Le *Charivari* l'y a alors rejoint, et l'immeuble mitoyen est le siège de la *Patrie*, dont le patron, Delamare, habite rue des Jeûneurs, cette voie en réalité des « Jeux neufs », comme l'indique le plan Turgot de 1739, parce qu'y étaient récents, à cette date, ceux de la paume et des boules.

La dernière citadelle du peuple et du droit

La chronique de Charles Lefeuve décrit, dans les rues qui entourent le journal, « des myriades de jeunes ouvrières qui gaîment y font des chapeaux, des corsets, des enveloppes en papier, du linge, de la passementerie et des fleurs artificielles ». Martin Nadaud, qui travaillait rue Saint-Fiacre l'année où le *Siècle* arrivait dans le quartier, voyait partout à la ronde, du haut de son échafaudage, « de grands magasins de marchandises d'exportation qu'on chargeait ou déchargeait dans la cour ou même dans la rue. On sait que ce quartier est le centre du grand commerce d'exportation de Paris ». Dans ces rues « silencieuses et mornes dès 8 heures du soir, confirme La Bédollière, loge une foule d'exportateurs, agents acheteurs, commissionnaires en marchandises, agents de transports maritimes, représentants de maisons de commerce et de manufactures ». On retrouve les unes et les autres sur le devant de l'histoire. Friedrich Engels, reporter de la *Neue Rheinische Zeitung* aux heures sombres de juin 1848, voit, sur une barricade de la rue de Cléry, sept ouvriers et deux grisettes rejouant le tableau célèbre de Delacroix. « Un des sept monte sur la barricade, le drapeau à la main. Les autres commencent le feu. La garde nationale riposte, le porte-drapeau tombe. Alors, une des grisettes, une grande et belle jeune fille, vêtue avec goût, les bras nus, saisit le drapeau, franchit la barricade et marche sur la garde nationale. Le feu continue et les bourgeois de la garde nationale abattent la jeune fille comme elle arrivait près de leurs baïonnettes. Aussitôt, l'autre grisette bondit en avant, saisit le drapeau... » Au soir du coup d'État de Louis Napoléon Bonaparte, ne tiennent plus, rapporte Victor Hugo, que la barricade de la rue de Cléry, celle de la rue du Cadran (aujourd'hui Léopold-Bellan), les deux de la rue Mauconseil. « Tous

△ *Inauguration du boulevard de Sébastopol, le 15 avril 1858. « Percer ce foyer habituel des émeutes par une nouvelle voie stratégique. »*

les réverbères étaient éteints, les tuyaux de gaz coupés, les fenêtres fermées et noires, pas de lune, pas même d'étoiles. La nuit était profonde. [...] Il n'y avait plus dans tout Paris que ce point résistant. Ce nœud de barricades, ce réseau de rues crénelé comme une redoute, c'était là la dernière citadelle du peuple et du droit. » Le préfet de l'empereur s'en souviendra : « dans le quartier de Paris où la population est la plus dense et la voie publique la plus encombrée », il fallait, expliquera Haussmann, « percer ce foyer habituel des émeutes pour venir couper à angle droit la rue de Rivoli par une nouvelle voie stratégique ». Dès 1858, avant même l'extension de Paris par l'annexion des faubourgs, le boulevard de Sébastopol sera cette « nouvelle voie stratégique » inaugurée en grande pompe.

Quand Paris trouve sa forme définitive, celle d'aujourd'hui, le marché Saint-Joseph, dont la poissonnerie est remarquable pour être si près du chemin de la marée, est « bordé, du côté de la rue du Croissant, par des boutiques où les marchands de journaux viennent le soir s'approvisionner. Après avoir pris un numéro d'ordre, hommes et femmes attendent patiemment leur tour, et se sauvent en emportant les exemplaires qu'ils ont demandés. La rue du Croissant est active, même de nuit ; on y entend presque jusqu'à l'aube mugir les rouages des presses mécaniques ; et quand d'importantes nouvelles l'exigent, de nombreux compositeurs veillent longtemps après minuit devant leur casse dans les imprimeries d'alentour ».

L'hebdomadaire *La Marseillaise*, le journal de l'Internationale qu'Henri Rochefort, entouré de Victor Noir, Jules Vallès et Benoît Malon, lance à la fin de 1869, s'installe dans le quar-

▷ La Sortie des journaux du soir, rue du Croissant, *de Jean Lefort (n. d.). Un numéro d'ordre, une longue attente, avant de pouvoir filer avec son lot.*

▷ *Le 9, rue d'Aboukir abrita* La Marseillaise *d'Henri Rochefort à la fin de 1869, puis, après l'amnistie,* Le Cri du Peuple *de Vallès et de Séverine jusqu'en 1889.*

tier de la presse, comme les journaux officiels, 9, rue d'Aboukir. La concentration de l'encre s'accélère ici dans les années 1880 : le marché Saint-Joseph, démoli, est remplacé par un immeuble où prennent place l'imprimerie de Paul Dupont et plusieurs sièges de journaux dont *Le Radical*, *L'Aurore*, *L'Univers*, *Le Jockey*, *La Presse*. Vallès, rentré après l'amnistie, relance à l'ancienne adresse de la *Marseillaise*, *Le Cri du Peuple* que, lui mort, Séverine poursuivra jusqu'au centenaire de 89. Un autre communard, Jean Allemane, se forme à la grande imprimerie du Croissant puis installe 51, rue Saint-Sauveur une coopérative ouvrière, la Productrice, qui publiera le *Capital* de Marx.

Le tissu et la toile

La rue Réaumur est ouverte, à la Belle Époque, spécialement pour abriter les immeubles du prêt-à-porter et de l'imprimerie. En même temps, la législation, mettant fin aux cinquante ans de règles en fer des balcons haussmanniens, permet les arborescences verticales de l'Art nouveau, et des façades cloquées de bow-windows. Le secteur de la rue du Croissant est toujours ce marché aux journaux où viennent s'approvisionner crieurs, porteurs et camelots. Le commerce des fleurs et plumes est centralisé place et rue du Caire ; celui de la draperie et de la passementerie l'est rue du Sentier, « l'un des plus gros marchés de tissus du monde entier ».

« De la rue des Petits-Carreaux montent des femmes ployées sous les fardeaux de la confection. Attifées sans goût, l'idée de coltiner les lourds paquets les empêche d'être coquettes. Bien qu'à l'atelier de leur patronne, elles aient produit le labeur d'un jour, elles emportent encore de l'ouvrage au logis de leur mari ou de leur maman. Chargées de grands sacs en papier qui sont de vraies bannettes, les modistes conservent leur élégance, raconte Maurice Bonneff au fil des rues du quartier. Puis c'est la rue Saint-Denis qui se présente avec ses fleuristes et ses plumassières, assez nombreuses pour encombrer le boulevard Sébastopol. »

La Guerre sociale, le brûlot de Gustave Hervé, est 121, rue Montmartre, puis rue Saint-Joseph, publiant au matin des manifs les chansons de Gaston Couté ou de Montéhus que l'on chantera dans les cortèges du soir et, chaque semaine, une chanson d'actualité. *L'Humanité* se retrouve, en 1910, dans l'hôtel Col-

▽▷ *C'est pour la rue Réaumur que fut lancée l'idée d'un concours de façades. Ci-dessous, l'ancien siège du* Parisien libéré, *au n° 124 (1904-1905) et, à droite, le n° 126 (1899).*

△ ◁ *En haut de l'ancien immeuble de* L'Intransigeant, *de* Combat, *de* France-Soir, *des bas-reliefs magnifiant les* Ouvriers typographes *et les* Journalistes.

bert qu'occupait le *Siècle*, puis 138 et 142, rue Montmartre avec *Bonsoir*, *Le Journal du Peuple*, de Fabre, *Le Merle Blanc*, d'Eugène Merlot dit Merle, un ex-antimilitariste capable de porter son tirage à plus de huit cent mille exemplaires dans les années 1920. *Paris-Magazine* est installé là aussi, et encore *Le Populaire de Paris*, le journal socialiste du soir de Jean Longuet, Paul Faure et Henri Barbusse.

Le soir où Jean Jaurès est assassiné au Café du Croissant, 146, rue Montmartre, Almeyreda, transfuge de la *Guerre sociale*, et deux de ses colla-

◁ *Le médecin appelé au secours de Jaurès était le fils d'un ministre brésilien qu'on savait dans les locaux du* Radical *voisin.*
© Coll. Parigramme

borateurs du *Bonnet rouge* dînent dans la salle, tandis que le médecin qu'on appelle au secours est le fils du ministre brésilien des Affaires étrangères parce qu'on sait, au comptoir, qu'il est dans les locaux du *Radical* voisin. Il y aura encore un *Cri du peuple*, autour de 1930, dans deux pièces du 123, rue Montmartre, au-dessus de l'imprimerie Dangon, la feuille de la minorité de la CGTU qui lutte pour la réunification syndicale. Puis ce sera la grande époque où rue Réaumur, de part et d'autre du carrefour Montmartre, les Nouvelles Messageries de la Presse Parisienne, leurs coursiers qui sont d'anciens champions cyclistes, et leurs six cents camionnettes, regardent le *Parisien libéré*, dans son immeuble aux nervures d'acier s'ouvrant en calice, avant l'immeuble que Léon Bailby a fait construire au n° 100 pour *L'Intransigeant*, où est passé *Combat*, enfin *France-Soir*, avec ses rotatives en sous-sol et là-haut, dans le triangle des frontons, des bas-reliefs magnifiant les *Ouvriers typographes* sur l'un et les *Journalistes* sur l'autre.

Nestor Burma s'y promène, en 1955 : « Rue Réaumur, je m'attardai à regarder les photos exposées dans les vitrines du *Parisien libéré* (...) lorsque j'entendis dans mon dos, succédant à un brusque coup de frein, un type hurler un de ces mots qui l'auraient fait reca-

▷ *144, rue Montmartre, l'immeuble à journaux qui remplaça le marché Saint-Joseph, lui-même précédé par le cimetière où Molière fut inhumé.*

◁ *Le quartier du Sentier continue de réaliser plus de 40 % du chiffre d'affaires du vêtement féminin français.*

ler au concours. Je me retournai. (...) Un peu avant d'arriver à l'immeuble que Léon Bailby fit construire pour *L'Intran*, sur l'emplacement de l'ancienne cour des Miracles, et qui abrite, aujourd'hui, entre autres rédactions et imprimeries, celles de *France-Soir*, *Franc-Tireur* et *Crépuscule*[20], je revis la bagnole de mon millionnaire, rangée le long du petit square. J'entrai dans le hall de la S.N.E.P. et je vis Lévyberg sortir des bureaux réservés à la réception des petites annonces. Nous nous suivions ou quelque chose comme ça (...). Je pris l'ascenseur à destination du bar du septième étage et m'installai devant un apéro sur la terrasse ensoleillée d'où on domine tout Paris. Depuis 1944, pas mal de Rastignacs au petit pied étaient venus rêver là ».

A priori, le Sentier aurait pu rester la zone industrielle de Paris, ville où l'activité de l'édition, de l'imprimerie et de la reproduction représente plus de 40 % des emplois de l'industrie, et le secteur de l'habillement et du cuir un cinquième de ceux-ci. Mais si le quartier continue de réaliser plus de 40 % du chiffre d'affaires du vêtement féminin français, les imprimeries de la rue du Croissant ont laissé place, dans les années 1970-1980, aux ateliers de couture clandestins en même temps que s'en allaient les Messageries et les grands quotidiens.

Et puis, autour de l'an 2000, on a parlé soudain de Silicon Sentier. « Silicon », ce n'est pas une nouvelle fibre synthétique en vogue dans la confection, mais une allusion, sans doute présomptueuse, à la Silicon Valley. Une boucle téléphonique locale à haut-débit, installée pour faciliter les transactions électroniques de la Bourse, avait permis à quelques poids lourds de l'Internet et quelques dizaines de *start-up* d'accoler de nouveaux adjectifs aux activités du quartier : au fil, l'épithète électrique, et à l'édition, le mot électronique.

20. Titre fictif, abrégé en *Le Crépu*. Burma y a un copain, Marc Covet, rubricard imbibé des faits divers.

Le faubourg Poissonnière et la Nouvelle-France

Hormis l'enclos séculaire de Saint-Lazare, mais c'est un monde à lui seul – « Quel Enclos immense dans les murs de Paris ! Il est beaucoup plus grand que le jardin des Tuileries », ne peut se retenir d'écrire Maire sur son plan établi pourtant après la Révolution –, il y a surtout, dans les parages où la courbe du vieux chemin du Roule aux Lazaristes, concentrique au Grand Égout, croise la route de la Marée, des grenouilles. Un acte notarié de 1770 noie encore dans un « marais situé à la Nouvelle-France au lieu dit Vallaroneux » la levée de terre qualifiée officiellement de rue depuis 1714, bien qu'elle soit sans maison et sans lanterne. Un Vallaroneux, c'est une vallée aux rainettes.

◁ Le clos Saint-Lazare le 25 juin 1848, *de T.-H. Mansson (n. d.). Les ouvriers insurgés y résistèrent aux troupes trois jours durant.*

À cette date, donc, la rue se nomme « d'Enfer », antonyme de celle d'en face, dite « les Paradis » à cause des verts pâturages des Filles-Dieu qui s'arrêtent là, extrémité septentrionale du fief que le couvent de la rue Saint-Denis possède au-delà du boulevard.

Un hameau de la Nouvelle-France est apparu ici en 1644, du nom d'une enseigne. Quatre mille hommes de tous métiers venaient alors d'emprunter le chemin de la marée, qui est bien sûr celui de la mer, pour rejoindre le Canada, aux termes du contrat passé cinq ans plus tôt, quand Richelieu avait créé pour sa colonisation la « compagnie des Cent associés de la Nouvelle-France ». Une chapelle a parfait le hameau, dédiée à sainte Anne en l'honneur d'Anne d'Autriche, la reine régente. Le chemin de la marée s'appelle après cela : chaussée de la Nouvelle-France ou rue du Faubourg-Sainte-Anne.

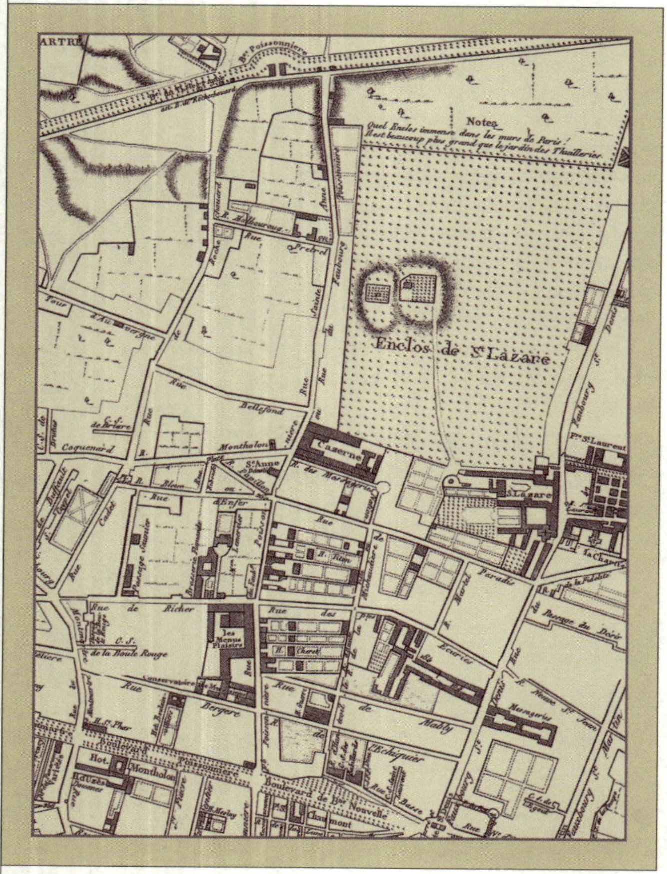

▽ *Concernant les dimensions de l'enclos de Saint-Lazare, le cartographe lui-même n'en croyait pas ses yeux !*
DR

L'enceinte de Paris tombée et mise en boulevard, la barrière d'octroi est placée, sous Louis XV, à ce carrefour de l'Enfer, du Paradis et du poisson. Le faubourg est au sud ; la première maison hors la ville est celle du bourreau, Charles Sanson, qui l'acquiert en 1708, avec son petit jardin de deux arpents derrière et une porte donnant de chaque côté, à l'emplacement de l'actuelle rue Papillon. La propriété sera pour soixante-dix ans dans cette dynastie amie du jardinage qui, le travail fini, taille après avoir coupé.

Le comte de Charolais, dit Court-Collet pour être gros et petit, bien qu'il soit l'arrière-petit-fils du Grand Condé, est propriétaire, l'un des premiers, à la fois au faubourg, au clos du Hallier, sans défrayer la chronique, et en Nouvelle-France, où il abrite les demoiselles Souris, de l'Opéra, avant de se faire quasiment le geôlier des suivantes dans une maison d'autant plus cruelle qu'elle était éloignée. Le duc d'Orléans se tiendra, lui, à la frontière : rue de Paradis où, sous le pseudonyme de chevalier de Saint-Sault, il loge une danseuse, et rue d'Enfer, chez la comtesse de Buffon, sa maîtresse, à laquelle il promet de changer le nom de la rue à la couleur de ses yeux, et

◁ **Le Salon des ateliers vivants aux Menus-Plaisirs en 1855.**
L'exposition annuelle des Beaux-Arts se tenait alors au Conservatoire.
DR

elle devient Bleue le 19 février 1789. « À cette époque, il était amoureux fou de Madame de Buffon, la menant tous les jours promener en cabriolet et le soir à tous les spectacles : il ne pouvait donc s'occuper de complots ni de conspirations », assure Grace Elliott en défense du futur Philippe Égalité.

Le faubourg des Menus-Plaisirs…

Le faubourg commence à se construire, sans surprise, entre le boulevard et la rue Bergère, par des « petites maisons ». On y voit d'abord celle que le contrôleur des Bâtiments du roi, Louis Trouard, offre à une comédienne, sa protégée, en 1740 ; puis le même fait faire ici ses premières armes à son fils, qui sera plus tard l'architecte, place Louis-XV, derrière la façade de Gabriel, de l'hôtel que rachètera le comte de Crillon. À côté, c'est le trésorier de l'extraordinaire des guerres, Lenormand de Mézières, qui a ses fastes, puis un hôtel de fonction s'ajoute à ces belles demeures, celui d'Antoine Lévêque, garde général des Menus-Plaisirs du roi.

En effet, sur l'ancien clos du Hallier, ce grand quadrilatère longeant la rue du Faubourg-Sainte-Anne, dont la rue Bergère n'était qu'un chemin de service, s'est installé, à partir de 1763, l'hôtel des Menus-Plaisirs du roi, ensemble de salles de répétitions pour les ballets et les opéras, d'ateliers et de magasins de décors et de costumes. François-Joseph Bélanger, concepteur d'éphémères architectures de fêtes aux Menus-Plaisirs, avant d'en être le directeur, va lui aussi construire dans son voisinage, pour le librettiste Morel de Chédeville[21], dont le monogramme M orne tous les balcons du deuxième étage, sur la rue du Faubourg-Poissonnière comme sur la rue Bergère.

Mais c'est Sénac de Meilhan, fils du médecin de Louis XV, intendant de plusieurs provinces, postulant à la place de contrôleur général des Finances pour se voir finalement préférer Necker, qui y habite le grand appartement occupant la totalité du premier étage, avec des dépendances au rez-de-chaussée. Restif de la Bretonne dîne « chez l'intendant de Valenciennes, rue Bergère », le 1er août 1786, en même temps que

21. Voir le chapitre Sentier, p. 253.

△ *La lyre de la* Musique *et les masques du* Théâtre *sur la façade de l'ancien Conservatoire.*

la marquise de Clermont-Tonnerre, et « deux Anglaises de 11 et 14 ans d'une très belle figure ». Il y sera à nouveau, au début de la Révolution, avec la duchesse de Luynes et le duc Mathieu de Montmorency, l'un et l'autre incognito, la comtesse de Laval, Talleyrand, évêque d'Autun, et l'abbé Sieyès.

Dès 1784, se sont ajoutés à l'école chorégraphique des Menus-Plaisirs des classes de chant, de déclamation, de clavier et de langue française pour trente élèves des deux sexes. La Convention multipliera ce chiffre par vingt en instaurant le Conservatoire de musique, le 18 brumaire an II. Le plan de Maire montre en face, de l'autre côté de la rue Richer, un hôtel Lemercier, dans lequel seront transférés les magasins et dépôts des décors de l'Opéra et, à la gauche de celui-ci, la vaste Brasserie flamande qui s'étend au nord jusqu'à mi-chemin de la rue Bleue.

À l'est de la rue montante du faubourg, Claude Martin Goupy, entrepreneur des Bâtiments du roi, a loti le fief des Filles-Dieu, organisé autour de leur maison dite de l'Échiquier, au 48 de l'actuelle rue éponyme. Durant une décennie, il a ouvert successivement cette rue, celle de Mably, qui deviendra d'Enghien, et celle de la Michodière qui prendra le nom d'Hauteville, titre comtal du prévôt des marchands qui bénéficie, par cette habileté, de deux rues parisiennes à son nom. Dans cet espace, le plan Maire dessine un alignement de magnifiques hôtels, entre la rue de Mably et celle de Paradis, qui n'a rien à envier au faubourg Saint-Honoré. Les fleurons en sont celui construit par Nicolas Lenoir, dit le Romain, en 1773 pour Benoît de Sainte-Paulle, dont Chéret est alors le propriétaire, et ceux décorés par Jean-Charles Delafosse, le plus brillant ornemaniste de l'époque Louis XVI, pour Titon et pour Goix.

▷ La Sortie du Conservatoire, au faubourg Poissonnière, *de Jean Béraud (n. d.). Imaginez-y Berlioz suivant Harriett Smithson.*

◁ Hôtel Titon, 58, rue du Faubourg-Poissonnière. Façade sur cour. Décoré par Jean-Charles Delafosse, le plus brillant ornemaniste de l'époque Louis XVI.

▷ Hôtel Goix, 60, rue du Faubourg-Poissonnière. Façade sur jardin. Une autre réalisation de Jean-Charles Delafosse.

L'hôtel dit de Bourrienne est un peu plus tardif, d'où l'on voit sortir Fortunée Hamelin qui va rejoindre les fêtes de Mme Tallien, celles de Barras, au Luxembourg, les bals de Tivoli et les bosquets d'Idalie, où elle dansera avec tant de grâce le Pas de Châle, dont chacun est un sentiment, la Gavotte ou la Monaco. « Ondulante et lascive, la bouche entrouverte, à demi pâmée au bras de son cavalier, elle agitait mollement, avec les doux mouvements d'une chatte, ses draperies légères et tout embaumées, et ces chauds effluves de chair amalgamés au parfum des roses affolaient les hommes de désirs brutalement sensuels », écrit Julien Turquan dans le style de la Belle Époque.

▷ Salons du petit hôtel de Bourrienne, 58, rue d'Hauteville. « Mais c'est plus beau ici que chez le Premier Consul ! », s'écria Joséphine.

Bourrienne, secrétaire de Bonaparte, fait ensuite décorer le grand salon de stucs et de camaïeux mythologiques, la salle à manger de boiseries peintes comme les porcelaines de Wedgwood et, dans les deux petites ailes, le boudoir en bleu et or, le dallage du jardin d'hiver en marbre. La chambre à coucher, avec son décor léger de papillons, d'oiseaux et d'attributs de musique et, au plafond, *L'Amour et Psyché* dans le style de Girodet, date encore de la muscadine. Joséphine, découvrant l'ensemble, s'écriera : « Mais c'est plus beau ici que chez le Premier Consul ! ».
Rue des Petites-Écuries, Ledoux construit pour lui-même l'hôtel qui passera ensuite à d'Espinchal, et l'hôtel Tabary, en face. Le comte de Botterel-Quintin fait refaire les installations intérieures de celui de l'intendant de Bourgogne par Bélanger, avec des décors paysagers d'Hubert Robert, et mythologiques de Prud'hon.

▷ *Hôtel de Marmont, qui y demanda, dans la nuit du 30 au 31 mars 1814, la générosité des alliés pour Paris qui capitulait.*

△ *43, rue de l'Échiquier, l'hôtel du baron Louis, ministre des Finances.*

Le marquis de Gouffier a cédé celui qu'il possédait rue de Paradis au banquier Perrégaux qui, le 17 octobre 1796, y donne une soirée au cours de laquelle un jeune colonel de l'armée de Bonaparte, venu présenter au Directoire les drapeaux pris à l'ennemi, tombe amoureux de sa fille. Elle aura l'hôtel en dot, si bien que c'est devant l'aigle impériale tenant la foudre dans ses serres, entouré d'Amours qui lui apportent des couronnes de victoire, que le jeune colonel devenu maréchal de Marmont, fumant de sang et de boue, demandera, dans la nuit du 30 au 31 mars 1814, la générosité des alliés pour Paris qui capitule, entouré de Bourrienne, venu de son hôtel voisin, du baron Louis, ministre des Finances, qui a le sien rue de l'Échiquier, de l'inévitable Talleyrand.

… et le faubourg des grosses coupures

Aux anciens Menus-Plaisirs se crée, en 1828, la Société des concerts du Conservatoire. Dans ce qui était alors le stradivarius des salles de Paris, Berlioz rencontre Franz Liszt à l'occasion de la première exécution de sa *Symphonie fantastique* et, par le plus grand des hasards, a pour auditrice Harriett Smithson, de passage dans la capitale, lors de la seconde exécution, accompagnée, cette fois, d'une suite écrite en Italie, *Lélio*, dont elle est l'inspiratrice sans le savoir. Heinrich Heine, s'en souviendra : « Berlioz, à la chevelure ébouriffée, jouait les timbales tout en regardant l'actrice d'un visage obsédé et, chaque fois que leurs yeux se rencontraient, il frappait encore d'une plus grande vigueur ».

En septembre 1841, Heine transforme le « mariage libre » qui l'unit à Mathilde Mirat, « avec laquelle [il] se chamaille tous les jours depuis plus de six ans », en « mariage régulier » parce qu'il doit se battre en duel, au pistolet, quelques jours plus tard. S'en étant tiré, il avoue à un ami, auquel il raconte l'un et l'autre événement, que « ce duel conjugal, qui ne doit cesser qu'à la mort de l'un des deux, est plus périlleux que la courte rencontre avec Salomon Straus de la rue des Juifs de Francfort ! ». Le couple désormais légitime emménage 46, rue du Fau-

▷ *46, rue du Faubourg-Poissonnière.*
« Je suis très élégamment logé, et à peine pourrait-on se croire chez un poète allemand ! »
(Henrich Heine)

▽ *Le Comptoir d'Escompte, partant du 14, rue Bergère, s'agrandit de tous les hôtels mitoyens.*

△ *20, rue Bergère.* **L'Indicateur des chemins de fer et de la navigation** *de Napoléon Chaix, « le Chaix » y fut installé durant un siècle.*

bourg-Poissonnière. « Je suis très élégamment logé, et à peine pourrait-on se croire chez un poète allemand ! »

Balzac, parti de chez le tailleur Buisson, s'installe au n° 28 de la rue, dans le même immeuble que sa sœur, Mme Surville. Et dans les débuts du Second Empire, c'est l'Exposition annuelle des Beaux-Arts qui se tient dans les ateliers et les salles de l'école de danse du Conservatoire.

Sinon, l'argent s'empare du quartier. Le Comptoir d'Escompte, partant du 14, rue Bergère, s'agrandit de tous les hôtels mitoyens, et l'*Indicateur des chemins de fer et de la navigation* de Napoléon Chaix, le *Chaix*, s'installe pour un siècle au n° 20. Le *Petit Parisien* de Louis Andrieux, père naturel d'Aragon et futur Préfet de police, bâtit rue d'Enghien, fin 1876, le tremplin d'où il s'élancera vers les trois millions d'exemplaires.

L'hôtel de Botterel-Quintin passe au commerce, qui en profite pour vendre tout ce qui peut s'arracher – portes, dessus-de-portes, glaces et cheminées –, et l'hôtel de Bourrienne se donne à l'industrie. Mais, pour y installer l'une des principales fonderies de caractères de Paris, au fond du jardin, la société Deberny-Peignot fait creuser un passage souterrain qui l'épargne. Colette Peignot y naît en 1903. Son frère, Charles, est le fondateur des *Nouvelles littéraires* et d'*Arts et Métiers graphiques*. À l'usine, Cassandre dessine la police de caractères qui s'appelle toujours le Peignot. Colette sera l'égérie de l'extrême-gauche des années 1930, compagne de Boris Souvarine, puis de Georges Bataille dont elle est la Laure à partir de 1934.

L'incendie des magasins et dépôts de l'Opéra les fait quitter la rue Richer pour le bastion 44 des Fortifs, boulevard Berthier, où ils sont toujours. La rue Ambroise-Thomas est percée sur leur emplacement, alignant ses treize immeubles identiques de Jacques Hermant, dont les niveaux inférieurs, sous les structures métalliques dégageant de grandes ouvertures à la lumière, sont destinés à l'activité, et

▷ *Rue Ambroise-Thomas, treize immeubles identiques de Jacques Hermant : activité en bas, logements au-dessus.*

les niveaux supérieurs, derrière le parement de pierre, au logement.
Rue du Faubourg-Poissonnière, l'hôtel Chéret ou encore Benoît de Sainte-Paulle, est alors le siège de Fould et Cie, la plus grosse maison d'exportation de Paris. Robert Servan-Schreiber y publie en sous-location ses *Échos de l'exportation* qui, en 1909-1910, ne sont encore que taux de change, coûts du fret, listes de transitaires et d'assureurs. Au n° 8, l'*Alcazar d'hiver*, où triomphèrent la truculente Suzanne Lagier, « légère » et « rosse » – « Faites-lui de ma part de doux reproches accompagnés de caresses obscènes », écrit Flaubert aux Goncourt –, et Thérésa, la « gardeuse d'ours » – « Elle est belle d'ardeur, de fougue et de violence, mais s'éloigne autant que possible du type adorable », avoue Théodore de Banville –, le café-concert qui fit courir tout Paris est remplacé par un immeuble industriel.

△ ***La cité Paradis venue, entre 1893 et 1906, occuper, à bout touchant, les vastes jardins prolongeant l'hôtel Titon.***

◁ ***Au Concert Parisien, rue de l'Échiquier : Paulus, Yvette Guilbert, Dranem, Félix Mayol, avant Raimu et Fernandel.***

Seuls Paulus, Yvette Guilbert, Dranem, Félix Mayol tiennent encore la scène au Concert Parisien de la rue de l'Échiquier, avant Raimu et Fernandel ; puis viendra le « nu artistique », enfin le cinéma porno.
Nestor Burma accepte « d'aller discuter le bout de gras avec une certaine Madeleine Souldre, rue de Paradis ». Plutôt cité Paradis qui, entre 1893 et 1906, est venue occuper, à bout touchant, les vastes jardins prolongeant l'hôtel Titon. « C'était presque à l'angle de la rue d'Hauteville, à droite, en allant vers le faubourg Saint-Denis. Le porche monumental, donnant accès à une élégante cour intérieure, était flanqué de deux magasins d'exposition de porcelaines, astiquées comme des sous neufs. Il fallait être bougrement aux as pour s'offrir une scène de ménage quand on possédait une pareille vaisselle aussi finement décorée. »

Éclairage sur la Nouvelle-France

À côté de la maison où logeait Mme de Buffon, rue Bleue, Joly construit le ravissant hôtel de Bony en style néo-palladien, c'est-à-dire tel qu'on les faisait sous Louis XVI : on est sous

▷ ***Édifiée aux environs de 1772 par le lotisseur du quartier, qui la loua aux gardes-françaises comme il faisait des habitations.***

◁ *L'incurvation, au T de la rue des Messageries sur la rue d'Hauteville, était destinée à faciliter la manœuvre des carrosses...*

la Restauration. De l'autre côté de la rue du Faubourg-Poissonnière, la famille de Goupy est encore propriétaire de la caserne qu'il a fait édifier pour la louer aux gardes-françaises aux environs de 1772. Est-ce à cause de ce voisinage que la Nouvelle-France n'a pas connu le noble développement qui lui semblait promis? À moins que ce ne soit la proximité des Porcherons : en 1790, sur quatre-vingt quinze contribuables de la rue de Rochechouart, dix-huit étaient cabaretiers.

Toujours est-il que le destin du quartier est martial. Alexis Godillot, qui a commencé avec le Bazar du Voyage de la maison du Pont de Fer, boulevard Poissonnière – « Entrez dans ce bazar, vous invite Edmond Texier, et en quelques secondes vous trouverez tout ce qu'il faut pour voyager dans les cinq parties du monde. Voulez-vous un tomahawk pour combattre les sauvages? une maison portative? une cage de fer pour chasser tranquillement les hyènes? Vous êtes servi » –, Alexis le futur synonyme de godasses va logiquement se tourner vers l'armée : « Engagez-vous, vous verrez du pays ! », c'est la rengaine.

Il lui propose des tentes, puis des croquenots, enfin tout le barda, à la fabrication duquel vont travailler, à partir de 1854, près de trois mille ouvriers aux 52-54, et 61 à 65, rue de Rochechouart, sans compter la corroierie de la rue Pétrelle, sur un espace assez vaste pour que les rues Lentonnet et Thimonnier y soient tracées quarante ans plus tard. Ce quartier, dont la topographie porte mémoire des fiacres, auxquels facilitaient la manœuvre une incurvation au T de la rue des Messageries sur la rue d'Hauteville ou un rond-point au milieu même de la rue Gabriel-Laumain, va désormais retentir des chaussures à clous du fantassin. À l'hôtel Titon, un Pierre Gareau est, lui aussi, fournisseur d'effets militaires.

▽ *... de même que le renflement de la rue Gabriel-Laumain.*

Les établissements Godillot s'adossent à la Compagnie française d'éclairage par le gaz, dont les quatre gazomètres s'étagent, dès la Restauration, entre la rue Pétrelle, où est aussi une usine de compteurs de trois cents ouvriers, et la rue de Bellefond. Nodier, qui défendait alors les riverains contre l'hydrogène menaçant et, vaincu, sera le premier à partir, décrit le faubourg Poissonnière des premières années 1820 comme « l'un des quartiers les plus riches de Paris et les plus populeux », où l'usine à gaz se trouverait, est-ce acceptable?, « au centre de sept pensions de jeunes demoiselles, de deux maisons de santé, d'un établissement de charité de trois cents jeunes filles, et d'une vaste caserne ».

Finalement, c'est peut-être le gaz, la clé de l'énigme, si, dès la monarchie de Juillet, noblesse et bourgeoisie délaissent le quartier. Les artistes eux-mêmes n'y restent pas. Millet, arrivant du Havre avec sa femme, en 1844, trouve à se loger au 42 bis de cette rue de Rochechouart qui est une sorte de « Bateau-Lavoir » distendu et anticipé, où séjourne une nombreuse colonie d'artistes et d'hommes de lettres : Charles-Émile Jacque et Constant Troyon, qui ont 29 ans, Diaz de la Peña, l'ancien ouvrier en porcelaine, qui en a cinq de plus, et quelques autres. Mais c'est en attendant de partir pour Barbizon ! Il y a bien le « vieux » Corot, qui persévérera dans son atelier du 58, rue de Paradis et son appartement du 56, Faubourg-Poissonnière, mais c'est parce qu'il est nomade : quand Millet arrive à Paris, Corot est en Italie.

Reste à loger les ouvriers puisqu'il n'y a plus qu'eux, à commencer par ceux du gaz. Le Parlement du Travail, mis en place le 10 mars 1848 au Luxembourg, prévoyait la construction dans chaque quartier « d'un familistère assez considérable pour loger environ quatre cents familles d'ouvriers », associés en coopératives pour la nourriture, le chauffage et l'éclairage. Là-dessus, en juin, les ouvriers insurgés ont résisté aux troupes trois jours

△ **L'Atelier de Corot,** ***de Jean-Baptiste Corot. Il était situé au 58, rue de Paradis, et l'appartement au 56, rue du Faubourg-Poissonnière.***

▷ *Le collège municipal Rollin (lycée Jacques-Decour), installé en 1876 à l'emplacement de l'abattoir de Montmartre.*
© Coll. Parigramme

▽ *La cité Napoléon, née le 12 janvier 1849 d'un don du Prince-Président en faveur de l'habitat ouvrier.*
© Coll. Roger-Viollet

durant, sur l'ancien enclos Saint-Lazare, retranchés dans le chantier de l'hôpital Lariboisière et dans ce qu'offrait encore de ressources celui de Saint-Vincent-de-Paul, qui s'achève. Le 12 janvier 1849, le Prince-Président fait donc un geste : un don de cinq cent mille francs pour aider à la construction de cités ouvrières. Celle de l'angle de la rue de Rochechouart et de la rue Pétrelle compte quatre-vingt-six logements, et tous les locataires y passent par une seule entrée, sous la surveillance d'un concierge, sans compter le règlement intérieur, plutôt paternaliste.

Le droit à l'éducation ne vient que plus tard : le collège municipal Rollin, créé en 1830 rue Lhomond, trouve en 1876, sur l'emplacement de l'abattoir de Montmartre, un terrain plus à sa mesure. Le lycée de jeunes filles Lamartine n'est créé que le 4 septembre, anniversaire de la IIIe République, de l'année 1893. Il est construit sur la propriété d'un fauconnier qui, sans doute, y chassait, mitoyenne de celle du comte de Charolais, qui s'y cachait. Elle avait eu des propriétaires aussi prestigieux que Jacques Hardouin-Mansart et le comte de Saint-Florentin, et aussi le Jean-Baptiste Maximilien Titon propriétaire de l'hôtel du n° 58.

Au centenaire de la Révolution, c'est dans ce quartier que se tient le Congrès socialiste international de Paris, du 15 au 20 juillet 1889, salle Pétrelle pour la journée inaugurale, et au théâtre des Folies-Rochechouart, au 42 de la rue, pour la suite des travaux. C'est ici qu'est choisie la date du 1er mai pour la grande manifestation internationale régulière, qui doit, dès l'année suivante, « dans tous les centres ouvriers d'Europe et d'Amérique », imposer « la fixation de la durée de la journée de travail à huit heures ». Parmi les délégués de vingt et un pays qui adoptent cette résolution à l'unanimité, Wilhelm Liebknecht et August Bebel pour le Parti ouvrier social-démocrate allemand, Victor Adler pour le Parti social-démocrate autrichien, le Roumain Many, le Russe G. V. Plekhanov.

Pendant ce temps, à l'Exposition universelle, la Société pour l'étude pratique de la participation du personnel dans les bénéfices, qu'a fondée l'imprimeur Alban Chaix, le fils du fondateur, avec des dirigeants de l'Union incendie, des Assurances générales et d'une entreprise d'hydraulique et d'électricité, invite à débattre du sujet. Au premier rang, un « Leclaire », maison dont le fondateur[22] a, le premier, introduit la « participation », dès 1842, dans son entreprise de

22. Square des Épinettes, aux Batignolles, une statue de Dalou rend hommage à Jean Edme Leclaire. Une rue lui est également dédiée dans le 17e arrondissement.

◁ *Le nouvel immeuble de Leclaire, chantre de la participation des salariés aux bénéfices, 25, rue Bleue.*

peinture en bâtiment, au 11, rue Saint-Georges. En 1913, un nouvel immeuble industriel de la maison sera construit 25, rue Bleue.

En face de l'hôtel du Gaz, et de son administration aux « bureaux vastes comme ceux d'un ministère », Bernard Lazare affiche inlassablement, sur sa « boutique » du 9, rue Condorcet, les libelles qui clament l'innocence du capitaine Dreyfus. À l'autre bout de la rue d'Abbeville, au coin de la rue de Chabrol et de la cité d'Hauteville, siège du Grand Occident de France Rite antijuif, Guérin et les siens tiennent leur Fort-Chabrol du 13 août au 20 septembre 1899[24].

La Compagnie continentale Edison a repris l'usine à gaz de la Compagnie française d'éclairage pour en faire une centrale électrique. En 1900, le square Montholon est éclairé à la lumière électrique les soirs d'été, innovation que l'atlas Larousse souhaite voir étendue à tous les jardins publics.

Modigliani, dans la colonie d'artistes que le docteur Paul Alexandre, a ouverte au 7, rue du Delta, sculpte des poutres de chêne dérobées au chantier de la station de métro Barbès-Rochechouart.

« Et moi, maintenant? Où aller? Mais il est si simple de descendre lentement vers la rue Lafayette, le faubourg Poissonnière, de commencer par revenir à l'endroit même où nous étions », dit Nadja à Breton, au moment où ils se quittent devant la porte de chez lui.

Le lendemain, 6 octobre 1926, « De manière à n'avoir pas trop à flâner », Breton sort « vers quatre heures dans l'intention de [se] rendre à pied à "la Nouvelle-France" où [il doit] rejoindre Nadja à cinq heures et demie ». Une photo de la brasserie et de son enseigne suspendue sous la marquise, en atteste dans le récit. C'est aujourd'hui un restaurant asiatique, peut-être, demain, un *kebab* turc, qu'importe ; Nadja, est-ce un prénom parisien « de souche »?

◁▽ *Le 6 octobre 1926, Breton retrouvait Nadja au café de la Nouvelle-France à cinq heures et demie. Les sushi viendraient plus tard.*
DR

24. Voir le chapitre Villette, p. 326.

La Goutte d'Or, la place de « L'Assommoir »

Changement de point de vue : Gervaise Macquart dévisage Paris dans l'autre sens, du dehors ; elle en est, à la Goutte d'Or, à la porte. « Elle regardait à droite, du côté du boulevard de Rochechouart, où des groupes de bouchers, devant les abattoirs, stationnaient en tabliers sanglants ; et le vent frais apportait une puanteur par moments, une odeur fauve de bêtes massacrées. Elle regardait à gauche, enfilant un long ruban d'avenue, s'arrêtant, presque en face d'elle, à la masse blanche de l'hôpital de Lariboisière, alors en construction. Lentement, d'un bout à l'autre de l'horizon, elle suivait le mur de l'octroi, derrière lequel, la nuit, elle entendait parfois des cris d'assassinés. »

Déjà, il lui faut s'écarter pour laisser passer la longue file des prolétaires qui, en rangs serrés, pénètrent dans Métropolis. « À la barrière, le piétinement de troupeau continuait, dans le froid du matin. On reconnaissait les serruriers à leurs bourgerons bleus, les maçons à leurs cottes blanches, les peintres à leurs paletots, sous lesquels de longues blouses passaient. Cette foule, de loin, gardait un effacement plâtreux, un ton neutre où le bleu déteint et le gris sale dominaient. Par moments, un ouvrier s'arrêtait court, rallumait sa pipe, tandis qu'autour de lui les autres marchaient toujours, sans un rire, sans une parole dite à un camarade, les joues terreuses, la face tendue vers Paris, qui, un à un, les dévorait, par la rue béante du Faubourg-Poissonnière. »

▽ « Lentement, d'un bout à l'autre de l'horizon, [Gervaise] suivait le mur de l'octroi, derrière lequel, la nuit, elle entendait parfois des cris d'assassinés. »

△ L'Assommoir du Père Colombe *(gravure sur bois d'après José Frappa, 1880) : Coupeau de dos, Lantier en chapeau, entre Mes-Bottes et Bibi-la-Grillade.*
© akg-images

Certains de ces hommes-machines, cependant, sont rétifs. « Aux deux coins de la rue des Poissonniers (aujourd'hui boulevard Barbès), à la porte des deux marchands de vin qui enlevaient leurs volets, des hommes ralentissaient le pas ; et, avant d'entrer, ils restaient au bord du trottoir, avec des regards obliques sur Paris, les bras mous, déjà gagnés à une journée de flâne. Devant les comptoirs, des groupes s'offraient des tournées, s'oubliaient là, debout, emplissant les salles, crachant, toussant, s'éclaircissant la gorge à coups de petits verres. »
Le quartier, au nom emblématique, est vineux, dont Zola fait *L'Assommoir*. La Goutte d'Or se déploie, en effet, entre le Petit-Ramponneau, à l'entrée de la chaussée (aujourd'hui la rue) de Clignancourt, et les établissements du début de la Grande-Rue de la Chapelle (aujourd'hui Marx-Dormoy) : le Globe, le Café de Paris, le Grand Salon de la Folie, le Capucin de la Chapelle...
Le Petit-Ramponneaux n'était, en 1790, qu'un bout de pré enclos de cordes, garni de tables et de bancs de bois ; en 1860, il réunit des salles aux décors et à la cuisine de tous les niveaux de standing, où chaque catégorie sociale peut retrouver le sien, et c'est une curiosité parisienne : l'apothéose de la table au nord de la ville, comme celle de la barrière du Maine l'est pour le sud. Les noces et les corporations se retrouvent, elles, aux restaurants de la rue de la Chapelle comme aux Vendanges de Bourgogne de la rue de Jessaint.
De 1830 à l'annexion, La Chapelle, commune à laquelle la Révolution a rattaché la Goutte d'Or, ce faubourg rural et viticole, est passée de moins de deux mille cinq cents à quarante mille habitants. Cela s'est fait, entre autres, par le lotissement des rues de Chartres et de la Charbonnière, dont le tracé adopte la forme d'une croix de saint André pour rendre plus facile la pente.
Cela s'est fait encore par l'élargisse-

▷ *Rue de Chartres et rue de la Charbonnière, dont le tracé adopte la forme d'une croix de saint André pour rendre la pente plus facile.*

◁ ▽ Le Progrès entraînant dans sa course le Commerce et l'Industrie, *de Jules Dalou, à l'entrée monumentale de Dufayel.*

ment de la rue des Poissonniers en boulevard Ornano, que Gervaise voit se réaliser sous ses yeux : « Tout un côté de la rue des Poissonniers était par terre. Maintenant, de la rue de la Goutte-d'Or, on voyait une immense éclaircie, un coup de soleil et d'air libre ; et, à la place des masures qui bouchaient la vue de ce côté, s'élevait, sur le boulevard Ornano, un vrai monument, une maison à six étages, sculptée comme une église, dont les fenêtre claires, tendues de rideaux brodés, sentaient la richesse. Cette maison-là, toute blanche, posée juste en face de la rue semblait l'éclairer d'une enfilade de lumière ».

Cette maison toute blanche de six étages, c'est le Palais de la Nouveauté de Crespin, qu'a repris Dufayel, qui, de surcroît, dote son dôme en rotonde d'un puissant projecteur. « Le phare électrique se trouve presque de niveau avec le sol de l'église du Sacré-Cœur. Une visite à ce Palais du Crédit suffit à montrer que le propriétaire n'a rien négligé pour faire de son établissement un des plus beaux monuments de la capitale », assure l'hagiographie de rigueur au moment où l'on décore le patron du magasin. Son entrée monumentale est surmontée d'un relief qui représente « le Progrès entraînant dans sa course le Commerce et l'Industrie », qu'a sculpté Jules Dalou. Ç'aurait pu être « l'Encaisseur allant recouvrer à domicile le Montant des Traites », innovation de la maison.

Sur un nombre incroyable de cartes postales anciennes de Paris, un mur pignon ou l'autre s'orne d'une publicité Dufayel : l'établissement avait une présence plus visible encore que celle de Tati pour la période contemporaine. Jacques Prévert, comme il le raconte dans *Enfance*, y venait de Neuilly, où habitaient ses parents : « On allait aussi à Paris, chez Dufayel, pour acheter des choses à crédit et voir en même temps le cinématographe, la lanterne magique qui bougeait ». Les intérieurs de la série des *Fantômas*, dont la diffusion commençait à la veille de la guerre de 1914, étaient meublés par Dufayel. Les héros des *Allumettes suédoises*, de Robert Sabatier, en sont pareillement familiers : « Il entrait souvent chez Dufayel, au "Palais de la Nouveauté", pour admirer les lourdes bicyclettes Auto-Moto à pneus demi-ballons, les vélos-porteurs à guidons en forme de cornes de buffles et les fins courriers

◁ *L'église Saint-Bernard, livrée au culte en 1861, refuge des « sans-papiers » en 1996.*

à boyaux, élancés comme des gazelles, ou ces tandems auxquels rêvaient Jean et Élodie ».

Dufayel n'était, dans le récit de Gervaise Macquart, que « comme une église » ; le Second Empire en donna une authentique au quartier, Saint-Bernard, livrée au culte en 1861. Elle a été, autour de 1996, le haut lieu du rassemblement des étrangers sans papiers. De l'immigration, la Goutte d'Or a connu toutes les vagues : régionale, méditerranéenne, d'Europe puis d'Afrique, blanche et noire. Déjà, en 1427, nous raconte le *Journal d'un bourgeois de Paris*, c'est là que s'étaient rassemblés les Bohémiens interdits d'entrée dans la capitale. Il nous les décrit, image éternelle, anneaux à l'oreille et, dans leur main, la vôtre, dont ils lisent les lignes, jusqu'à ce que l'évêque de Paris vienne excommunier tous ceux qui se sont prêtés à l'écoute de la bonne aventure, et chasser vers Pontoise ceux qui l'ont dite.

Square Saint-Bernard, dans les années 1930, la Phalange du 18ᵉ, groupe de théâtre ouvrier, faisait de l'agit-prop pendant le bal du 14 juillet, et accompagnait de ses chœurs parlés l'orateur du Secours Rouge International. Après l'instauration, en 1946, de la libre circulation des Français musulmans entre leurs départements et la métropole, la préfecture de police organisait à la Goutte d'Or des rafles à grand spectacle pour complaire à une presse, spécialement *L'Aurore* et *L'Époque*, qui menait grand bruit au sujet « des agressions nocturnes et du danger que constituent à cet égard les Nord-Africains ». On était pourtant encore à dix, à quinze ans de la guerre d'Algérie, à l'occasion de laquelle des harkis, supplétifs de la police, allaient pratiquer la torture dans des cachots situés aux 25, 27 et 28 de la rue de la Goutte-d'Or.

C'est au groupe de la rue Myrha de l'Association internationale des travailleurs que Victorine Brocher, piqueuse de bottines qui a laissé des souvenirs, avait fait la connaissance de Frankel, de Vermorel, de Delescluze, malgré une loi interdisant la réunion de plus de trois personnes sans autorisation officielle. C'est à la

▽ *Le téléphone : le lien.*

▷ *Immigrés kabyles devant La Ville d'Oran, dans le quartier de la Goutte-d'Or, vers 1940.*
© Keystone France

◁ *Le viaduc du métro, à Barbès, entre Le Louxor-Pathé, qui s'est tu, et Tati, qui emplit le trottoir.*

barricade de la rue Myrha que Dombrovski avait été mortellement blessé, le 24 mai 1871, avant de mourir à Lariboisière, où « il y en avait des mètres et des mètres de gouttières ! », comme le racontait Coupeau, le couvreur, à Gervaise.

Et voilà qu'on a transformé en salle de spectacle l'ancien Lavoir Moderne Parisien, 35, rue Léon, où Gervaise battait le linge, en attendant le bal. Nana, sa fille, « comme on l'avait flanquée deux fois dehors, au Château-Rouge, rôdait seulement devant la porte, en attendant des personnes de sa connaissance. La Boule-Noire, sur le boulevard, le Grand-Turc, rue des Poissonniers, étaient des salles comme il faut où elle allait lorsqu'elle avait du linge ».

La Goutte d'Or, dont Marcel Cachin a été le député et le conseiller municipal, serait en voie de « gentrification », comme disent les sociologues urbains parce que « boboïsation » n'est guère prononçable. On y a créé une place de l'Assommoir, rare exemple, à Paris, de toponyme pris au titre d'un roman. La rue des Gardes est devenue une « rue de la Mode » où s'alignent les boutiques de créateurs ; les autres restent pleines de cabines, non d'essayage, mais d'appels téléphoniques internationaux aux prix défiant toute concurrence. Le marché africain du Château-Rouge, rue Dejean, continue d'étaler des poissons exotiques : barracudas, tilapias, mâchoirons et capitaines.

◁ *Le Lavoir moderne parisien, où Gervaise battait le linge, en attendant le bal.*

Le Louxor-Pathé, qui diffusa tant de langoureux films musicaux égyptiens, lorgne par-dessus le viaduc du métro les rues dédiées aux mécaniciens du fer, Cavé, le constructeur de machines à vapeur, Polonceau, le père à qui l'on doit le pont des Tournelles, et le fils qui perfectionna la locomotive. La villa Poissonnière, ses maisons louis-philippardes aux murs garnis de céramique, et ses jardins, longtemps oasis, d'accès libre, est peut-être, maintenant, la préfiguration du quartier en ce qu'elle est cadenassée à ses deux bouts ?

▽ *La villa Poissonnière, ses maisons louis-philippardes, aux murs garnis de céramique, et ses jardins : l'oasis du quartier.*

La Chapelle, les véhicules en procession

◁ *Jeanne d'Arc et ses compagnons d'armes, Alençon, Dunois, La Hire, Xaintrailles prièrent là dans la nuit du 7 au 8 septembre 1429.*

La Chapelle était un village-rue, ou plutôt rues ; celle, utilitaire, des poissonniers, et celle des processions royales entre Paris et Saint-Denis. Autour de ces deux voies, une colonie de laboureurs et de vignerons établie par les moines de Saint-Denis, qui connut son heure de gloire au XVe siècle : dans la petite chapelle où, déjà, sainte Geneviève faisait halte, Jeanne d'Arc et ses compagnons d'armes, Alençon, Dunois, La Hire, Xaintrailles vinrent prier, dans la nuit du 7 au 8 septembre 1429, avant de lever finalement le siège de Paris. Gilles de Rais, le fidèle, et futur « ogre », était-il avec eux agenouillé devant l'autel?

Surtout, au rond-point de La Chapelle, se tint jusqu'en 1444 la foire du Landit, l'une des plus fameuses du Moyen Âge. Elle durait quinze jours, de la Saint-Barnabé à la Saint-Jean, attirait des marchands de Lombardie, d'Espagne, de Provence, et même des Arméniens qui, en 1400, y avaient apporté ces animaux inconnus : des chats angoras d'Asie. L'Université, avec bannières et flonflons, y arrivait en cortège, les écoliers s'égayant autour des bonimenteurs, jongleurs et ménétriers, et des tables à boire, tandis que le recteur, dont c'était la prérogative, percevait des droits sur tout le parchemin mis en vente, avant de réserver les quantités nécessaires aux différents collèges. Au milieu du champ de foire, l'abbé de Saint-Denis arbitrait les litiges entre marchands.

Village marqué par la circulation, La Chapelle voit naturellement s'instal-

△ *Au rond-point de La Chapelle, se tint jusqu'en 1444, de la Saint-Barnabé à la Saint-Jean, la fameuse foire du Landit.*
© akg-images/Erich Lessing

▷ *Ultime écho du Landit, le marché couvert « de l'Olive », de 1885, à structure métallique.*

▷ ▽ *En 1900, les deux tiers de La Chapelle étaient occupés par les voies ferrées, vues ici depuis la rue du Département.*

ler, rue des Poissonniers, l'atelier de construction de la Compagnie générale des omnibus, et ses cinq cents ouvriers qui y façonnent l'orme, l'acacia, le chêne et le cuir. La société de transports en commun a été créée en 1828, avec cent voitures de quatorze places. En 1834, Moreau-Chaslon, son directeur, mettait au point le système des correspondances ; en 1853, il faisait poser sur le toit des voitures une impériale de dix places qui passera plus tard à douze. Peu après, le gouvernement poussait son Entreprise générale des omnibus à se regrouper avec ses concurrentes les Favorites, Dames-Blanches, Batignollaises, Gazelles, Excellentes et autres Hirondelles, en une unique société anonyme, dorénavant Compagnie générale des omnibus. En 1861, celle-ci gérait trente et une lignes, mettant en œuvre cinq cent quarante voitures, sept cents cochers et six cent cinquante conducteurs dont les primes, s'ils n'avaient pas d'accident, étaient prélevées sur les revenus provenant de la publicité présente dans les voitures.

En 1900, La Chapelle, jadis presque entièrement recouverte de vignes, a les deux tiers de son sol occupés par le transport ferroviaire : voies et ateliers des chemins de fer du Nord, rue des Poissonniers, et de l'Est, rue Pajol, dont les réseaux se raccordent au rond-point où se tenait la foire du Landit et où s'ouvre alors une gare spéciale pour le charbon. S'y ajoutent leur jonction avec la ligne circulaire parisienne, la gare de Pont-Marcadet, au sud, où s'arrêtent les trains de ceinture partant de la gare du Nord, et les trains-tramways de Saint-Ouen et Saint-Denis, et la station de La Chapelle-Saint-Denis au ras des fortifications ; sans compter l'école des chemins de fer du Nord au coin de la rue Doudeauville et de la rue de la Chapelle (aujourd'hui Marx-Dormoy).

Ultime écho de la foire, un marché couvert « de l'Olive », à structure métallique de 1885, au coin des rues de la Martinique et de la Guadeloupe, qui nous rappelle aussi que c'est chez

◁ *Les gazomètres de l'usine à gaz de La Villette, ici en 1905, passèrent de huit à vingt-deux en un demi-siècle.*

François Pauwels, à La Chapelle, successeur de Charles Nepveu à la Compagnie générale de matériel de chemin de fer, que Gustave Eiffel fit ses débuts.

Hermann-Lachapelle, rue Boinod, est passé des machines à vapeur aux moteurs à gaz, et ce ne sont pas les emprises gazières qui manquent non plus dans le quartier : en un demi-siècle, les gazomètres de l'usine dite de la Villette, entre les voies ferrées et la rue d'Aubervilliers, sont passés de huit à vingt-deux, et des milliers de tonnes de houille et de coke y sont chaque jour charriés à dos d'homme, souvent par des Bretons. « C'est au Breton que l'on donne les travaux que personne ne veut, à l'usine, à l'atelier, au chantier ; tout est assez bon pour lui et, comme il vit au jour le jour sans avancer, et que derrière lui se trouve une femme avec quatre, cinq, six enfants, il s'attelle aux besognes les plus infectes, quelquefois même les plus délétères. C'est vraiment le paria de Paris », rapporte un aumônier, à la fin du siècle.

Même la musique est rude, ici, et n'est que bruit de scierie chez les fabricants de pianos ou de mécanismes, qui entre Schwander, rue de l'Évangile, Bord, rue des Poissonniers, et Pleyel, rue des Portes-Blanches, occupent pas loin d'un millier d'ouvriers.

Paul Eluard qui, au troisième étage, droite, du 35, rue de La Chapelle, dans l'appartement qu'il occupait avec Nusch depuis la fin de 1940, a réuni durant la guerre les textes de *L'Honneur des poètes*, s'est vu dédier, en guise de place, un carrefour. La circulation, d'atout, est devenue le fléau de la Chapelle, dont la grande rue prolonge ou initie l'autoroute du Nord. Dix pour cent de la population du quartier est exposée à des nuisances continues dépassant les 80 décibels. Comme ailleurs dans Paris où existent le moutonnement ou les dents de scie d'anciennes messageries ferroviaires, on espère, pour la halle Pajol, sous le voile de béton conservé, tout un tas d'équipements et, enjambant les voies, ces « circulations douces » dont on a perdu de longtemps le souvenir.

△ *L'un des bas-reliefs de l'ancien Institut de la soudure, à l'angle des 32, bd de la Chapelle et 47, rue Philippe-de-Girard.*

▽ *Sous les dents de scie des anciennes messageries ferroviaires de la halle Pajol, ici vues depuis le pont Riquet, on espère...*

De l'Hôtel de Ville à La Villette

Le quartier de l'Hôtel de Ville

La municipalité parisienne émane de la corporation des « marchands par eau », maîtres des échanges sur la Seine, comme en atteste leur blason : un « vaisseau d'argent sur champ de gueules », c'est-à-dire sur fond rouge pour qui ne parle pas l'héraldique. Leur hôtel, Maison de la Marchandise, puis Parloir aux Bourgeois, est depuis maintenant plus de six siècles en place de Grève. Trois événements et trois règnes y sont symboliques des rapports entre Paris et le roi.

▷ La Maison aux Piliers, *reproduction d'une miniature du XVe s. peinte pour le missel du prévôt des marchands, Jean Juvénal des Ursins.*

L'Hôtel de Ville s'installe place de Grève en 1357, quand Étienne Marcel, prévôt des marchands, y acquiert la Maison aux Piliers. C'est l'année où le prévôt joue la « nation », si l'on peut risquer cet anachronisme, contre le roi en imposant au Dauphin, le futur Charles V, la Grande Ordonnance qui met les dépenses royales sous le contrôle des états généraux. Ces derniers s'étant montrés timides, sept mois plus tard, le 22 février 1358, la première journée révolutionnaire parisienne[24] place le Dauphin directement sous la tutelle de la Ville, dont elle lui fait porter la livrée.

Deux siècles plus tard, c'est sous le

24. Voir le chapitre La Cité, page 21.

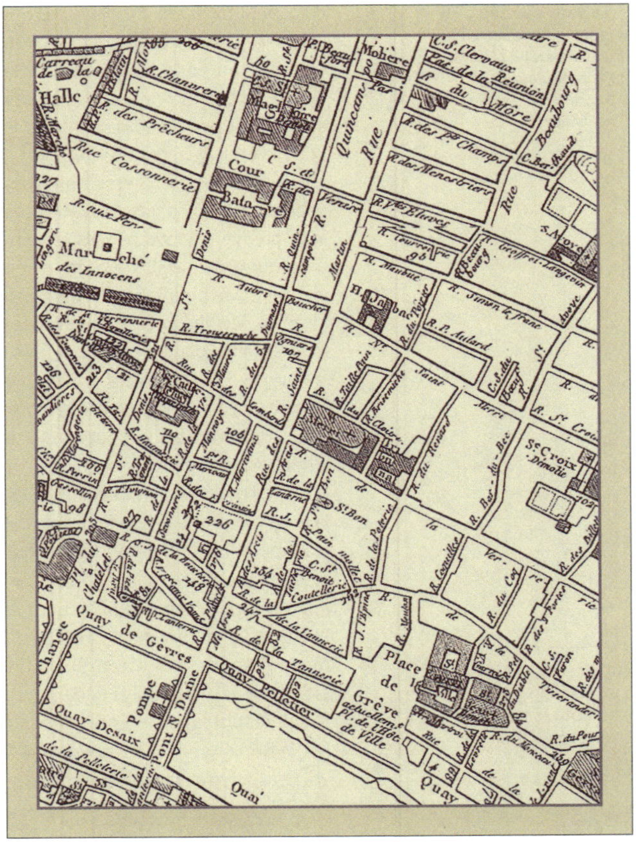

△ *Sur le plan Maire (1808), la petite place de Grève d'avant Haussmann.*
DR

règne de François Ier qu'un Hôtel de Ville digne de la capitale remplace la vieille Maison aux Piliers, grâce au soutien du roi, nécessaire à l'expropriation de tous les bâtiments environnants, y compris la saillie de l'église du Saint-Esprit, et sur les dessins du Toscan Dominique de Cortone, dit Le Boccador, l'un de ces Italiens attirés à la cour. Le nouvel Hôtel de Ville et le nouveau Louvre, logis de plaisance après le vieux donjon, sont donc concomitants, dans un projet royal pour Paris inspiré de la Renaissance transalpine, qui voit aussi la réédification, dans le quartier, de Saint-Jacques-de-la-Boucherie ; un peu plus loin, de Saint-Eustache et de Saint-Germain-l'Auxerrois et, sur l'autre rive, de Saint-Étienne-du-Mont.

La première pierre de l'Hôtel de Ville est donc posée le 15 juillet 1533, en l'absence de François Ier, en voyage dans le Midi, mais sous sa vigilance. S'il a fait beaucoup pour le bâtiment, il est moins libéral en ce qui concerne la commune : dès le 12 août 1536, son gouverneur, le cardinal Jean du Bellay, proroge d'autorité pour deux ans le mandat – qui a toujours été électif – du prévôt des marchands. Ce coup de force ne sera pas renouvelé, mais un précédent se crée. C'est sous le même règne que s'établit la substitution de personne à personne dans les fonctions municipales, prélude à la vénalité de ces charges.

Sinon, le roi fait pour l'agrément et la salubrité de la ville ce que peut faire

▷ *L'un des rares restes (au parc Monceau) de l'ancien Hôtel de Ville du Boccador, contemporain du Louvre de François Ier.*

◁ *La statue de Louis XIV érigée, le 14 juillet 1689, dans la cour de l'Hôtel de Ville (aujourd'hui dans celle du musée Carnavalet).*

un édit : celui qu'il promulgue en novembre 1539 enjoint à chacun de paver devant sa porte, de porter au ruisseau les eaux et les ordures, et d'assurer leur évacuation en jetant derrière elles un seau d'eaux nettes. Le troisième temps, enfin, voit l'érection dans la cour de l'Hôtel de Ville, le 14 juillet 1689, d'une statue de Louis XIV, par Coysevox, pour remercier le Roi-Soleil d'être venu, avec toute sa maison, deux ans plus tôt au banquet donné pour célébrer son rétablissement. Inutile de dire que le prévôt des marchands est maintenant nommé directement par le roi.

L'échafaud resté seul sur la place de Grève

La place de Grève, parvis de l'Hôtel de Ville, est le cirque « du pain et des jeux », traduisez : des fêtes avec leurs « fontaines de vin » et des exécutions capitales. En 1675, le quai Le Pelletier, du pont Notre-Dame à la place de l'Hôtel-de-Ville, vient prolonger celui de Gesvres, en encorbellement sur le fleuve, soutenu par d'audacieuses arcades, et boucle la liaison entre le Louvre et le quartier Saint-Antoine, « l'une des plus grandes commodités et beautés de Paris ». Rose Bertin aura ici sa première boutique. Mais les femmes qui y passent maintenant ne viennent pas pour la mode, même si Mme de Sévigné décrit scrupuleusement la façon dont elles sont vêtues : la marquise de Brinvilliers, « avec une cornette basse et en chemise », la Voisin, « habillée de blanc ; c'est une sorte d'habit pour être brûlée ».

Le 13 juillet 1676, pour l'exécution de la première, Mme de Sévigné est mal placée : « Pour moi, j'étais sur le pont Notre-Dame avec la bonne d'Escars », les maisons du pont leur cachent le bûcher, « jamais il ne s'est vu là tant de monde ; jamais Paris n'a été si ému et si attentif ». La marquise de Sévigné, elle, a l'esprit léger : « Enfin c'en est fait, la Brinvilliers est en l'air, son pauvre petit corps a été jeté après l'exécu-

▽ **La Place de Grève et l'Hôtel de Ville, lors d'une fête publique, vers 1640** *(anonyme). La mort aussi était ici une fête.*
© PMVP/Toumazet

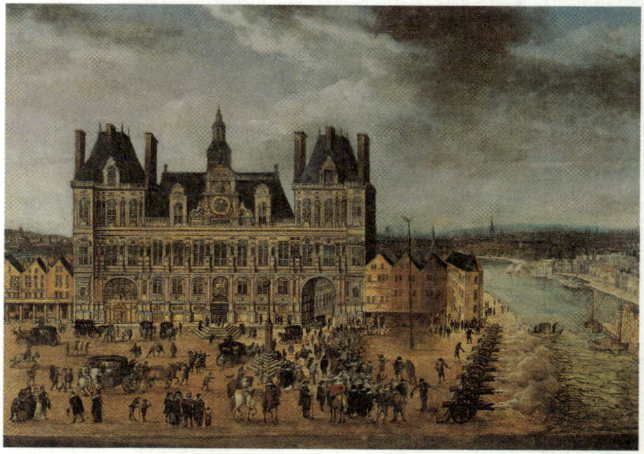

tion dans un fort grand feu et ses cendres au vent, de sorte que nous la respirons, et par la communication des petits esprits, il nous prendra quelque humeur empoisonnante dont nous seront tous étonnés ».

Un siècle passe, aussi impitoyable. Le 28 mars 1757, Damiens qui, sans doute manipulé par le parlement de Paris janséniste, a porté au roi un coup de canif à l'épaule, est châtié de ce « parricide ». Cette fois, c'est le greffier qui témoigne, avec une précision toute judiciaire : « Ledit condamné a été ensuite lié sur l'échafaud, où d'abord il a eu la main brûlée, tenant en icelle le couteau avec lequel il a commis son parricide. Nous nous sommes approché dudit condamné, l'avons exhorté de nouveau à convenir de ses complices… Au même instant, ledit condamné a été tenaillé aux mamelles, bras, cuisses et gras des jambes, et sur lesdits endroits a été jeté du plomb fondu, de l'huile bouillante, de la poix-résine brûlante, de la cire et du soufre fondus ensemble… Ensuite il a été tiré à quatre chevaux, et après plusieurs secousses a été démembré, et ses membres et corps morts ont été jetés sur le bûcher… ».

Quelques dames de la cour assistent à la scène en riant et en se poudrant. « Les vilaines ! », s'exclame Louis XV quand on le lui rapporte. Dix ans encore, et le chevalier de La Barre, qui n'est coupable que de n'avoir pas ôté son chapeau, un jour de pluie, devant une procession passant à cinquante mètres, est soumis à la question et condamné à mort par le parlement de Paris, en vertu de dispositions prises après l'affaire des Poisons, bientôt séculaire, de la Brinvilliers et de la Voisin. C'est l'époque où Léopold Mozart écrit à son ami Hagenauer « qu'ici un domestique est pendu pour un vol de 15 sols ». Dans la décennie suivante, plus de cent condamnations à mort sont prononcées annuellement à Paris. « Tandis que les malheureux souffraient, j'examinais les spectateurs, rapporte Restif de la Bretonne lors de sa 326e nuit de spectateur nocturne. Ils causaient, riaient, comme s'ils eussent assisté à une parade. »

« On ne peut traverser cette place [de Grève], écrit encore Mercier à la veille de la Révolution, sans faire, malgré soi, des réflexions sur notre jurisprudence criminelle qui, par son imperfection, contraste si honteusement avec les lumières de notre siècle. »

◁ **Exécution de la marquise de Brinvilliers** *(gravure sur bois du XIXe s., tirée des* **Causes célèbres** *d'A. Fouquier). Ce jour-là, Mme de Sévigné était mal placée…*
© akg-images

▽ *Exécution de Damiens en place de Grève (gravure sur cuivre d'époque). Le châtiment d'un coup de canif.*
© akg-images

Après la prise de la Bastille, « les aristocrates » seront pendus « à la lanterne », potence d'un réverbère fixée à la tourelle d'angle d'une maison, dans le coin nord-est de la place. Mais un ancien jésuite, devenu médecin et député du tiers état de Paris, « humanise » bientôt la peine capitale, en même temps qu'il y introduit l'égalité de tous les condamnés devant le fonctionnement uniforme d'une machine, qu'on affublera de son nom. La guillotine est inaugurée en place de Grève le 25 avril 1792 pour un condamné de droit commun, et elle ira ailleurs décapiter les politiques. Après quoi elle revint devant l'Hôtel de Ville, en 1795. Elle y était toujours en 1821 quand, le 21 septembre, les quatre sergents de La Rochelle y laissaient leurs têtes de *carbonari*, coupables d'avoir « conspiré » contre Louis XVIII.

« Le fatal couperet relevé triomphait.
Il n'avait rien gardé de ce qu'il avait fait

△ ***Le peuple parisien et les gardes nationaux lors de la prise de l'Hôtel de Ville en place de Grève, le 28 juillet 1830. L'échafaud en sera déplacé.***
© Rue des Archives

▽ ***Exécution des quatre sergents de La Rochelle, le 21 septembre 1821 (gravure, 1875, d'après un dessin de Félix Philippoteaux).***
© akg-images

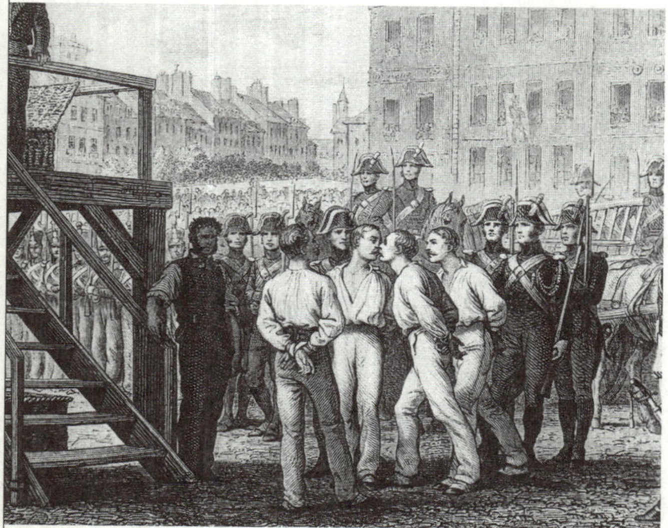

Qu'une petite tache imperceptible
et rouge »

écrira Hugo dans *La Légende des siècles*.

« J'étais là. Je pensais. Le couchant empourprait
Le grave Hôtel de Ville aux luttes toujours prêt,
Entre Hier qu'il médite et Demain dont il rêve.
L'échafaud achevait, resté seul sur la Grève,
Sa journée, en voyant expirer le soleil.
Le crépuscule vint, aux fantômes pareil.
Et j'étais toujours là, je regardais la hache,
La nuit, la ville immense et la petite tache. »

L'après-midi du neuvième anniversaire de l'exécution, de trois à quatre mille abolitionnistes pétitionnaient sur une estrade élevée à l'endroit exact où l'on dressait l'échafaud. Ils obtiendront satisfaction : l'échafaud sera... déplacé ! Parce qu'entre-temps les Trois Glorieuses avaient eu lieu et que, expliquait l'arrêté préfectoral, « la place de Grève ne [pouvait] plus servir de lieu d'exécution depuis que de généreux citoyens y [avaient] si glorieusement versé leur sang pour la cause nationale ».

△ *Au retour de Louis XVI et de la famille royale à Paris, le 6 octobre 1789 (estampe, école anglaise). Tout était parti de l'Hôtel de Ville.*
© Photo RMN/DR

Louison, Rose et Théroigne

« Comment, s'interloquait un peu plus tôt un étranger, sous la Restauration, dans *L'Hermite de la Chaussée d'Antin*, les habitants de cette bonne ville dressent sur la même place des salles de bal et des échafauds ! Ils mêlent, en idée du moins, les sons du violon et les cris d'un patient ! Ils ordonnent, au même lieu et presque en même temps, des fêtes et des supplices ! »

Eh oui, ils l'avaient toujours fait, et les unes avaient été aussi nombreuses que les autres. En 1606, pour Henri IV, « des châteaux d'artifice, comme on disait alors, furent construits sur la place de Grève, sur la berge du fleuve, et dans l'île Louviers, et ils furent attaqués et pris par des sauvages et des satyres, au grand ébahissement de la foule peu initiée encore aux merveilles de la pyrotechnie », écrit La Bédollière dans son *Nouveau Paris*. Près de deux siècles plus tard, le feu d'artifice tiré pour fêter la paix conclue avec l'Angleterre resterait pour longtemps dans les mémoires : la figure de la Paix s'y dessinait, si éblouissante au-dessus de la cité que des femmes s'étaient agenouillées comme elles eussent fait « devant une apparition de la Vierge ».

Il y avait eu aussi sur cette place d'autres femmes, debout, qu'on avait appelées « tricoteuses » et qu'Alphonse Esquiros, dans son *Histoire des Montagnards*, décrivait assez différemment de Chateaubriand les voyant revenir de Versailles, le 6 octobre 1789, ramenant avec elles « le boulanger, la boulangère et le petit mitron »[25].

« Il n'était encore que sept heures du matin : la Grève présente un spectacle extraordinaire. Des marchandes, des filles de boutique, des ouvrières, des actrices, couvrent le pavé. Quatre à cinq cents femmes chargent la garde à cheval qui était aux barrières de l'Hôtel de Ville, la poussent jusqu'à la rue du Mouton et reviennent attaquer les portes. Elles entrent. (...)

« Jamais on n'avait vu une pareille affluence ; sept à huit mille femmes sont réunies sur la place. Ces farouches amazones attachent des cordes aux pièces d'artillerie : mais ce sont des pièces de marine, et elles roulent difficilement. Les voyez-vous arrêtant des charrettes, et y chargeant

◁ *Vue d'un feu d'artifice tiré à Paris devant l'Hôtel de Ville en réjouissance (premier quart du XVIIIe s.). La pyrotechnie y était habituelle depuis 1606.*
© Photo RMN/J.-G. Berizzi

25. Voir le chapitre Chaillot, page 64.

▷ *Expérience de Blaise Pascal (à g.) sur le baromètre à eau, au sommet de la tour Saint-Jacques en septembre ou octobre 1648 (gravure de Gérard, 1892, d'après un dessin de Lix).*

leurs canons qu'elles assujettissent avec des câbles ? Elles portent de la poudre et des boulets, en tout peu de munitions. Les unes conduisent les chevaux, les autres, assises sur les affûts, tiennent à la main une mèche allumée. Au milieu de toute cette foule que personne ne dirige, mais qui paraît obéir au même mobile, on distingue çà et là de poétiques figures. Voici la jolie bouquetière, Louison Chabry, toute pimpante, toute fraîche de ses dix-sept ans. Là, c'est la fougueuse Rose Lacombe ; actrice, elle a quitté le théâtre pour la Révolution, le drame des tréteaux et des papiers peints pour le grand drame de l'humanité. Mais où donc est Théroigne? – Son panache rouge au vent, le sein gonflé, la narine ouverte, elle prophétise sur un canon.
"Le peuple a le bras levé, s'écrie-t-elle; malheur à ceux sur qui tombera sa colère, malheur !" »

Descartes et Pascal discutent du vide

La place de Grève était pourtant quatre fois moins grande que l'actuelle et, en dehors des circonstances patibulaires, elle n'était pas très fréquentée : sous Henri IV, on y avait vu rôder les loups. La vie se réfugiait autour, dans un entrelacs de ruelles du XIIe siècle, parmi lesquelles deux des neuf qui, depuis Saint Louis, devaient contenir dans leurs bordels la galopante prostitution parisienne, savoir les actuelles rues du Renard et Brisemiche, au grand déplaisir du curé de l'église Saint-Merri qu'elles encadraient.
Dans la rue du Cloître se faisaient face, en 1647, de part et d'autre de la rue Taillepain, qui sera absorbée par l'élargissement de la rue Brisemiche, la maison où habitaient Blaise Pascal, sa sœur Jacqueline et leur père, et l'hôtel du duc de Roannès. Au mois de septembre de cette année-là, Pascal, 24 ans, malade, discute le problème du vide avec Descartes et Roberval, professeur de mathématiques au Collège de France, l'homme auquel il a confié la représentation de la machine arithmétique qu'il a inventée. Roberval fait sans doute un démonstrateur et un vendeur des plus qualifiés, mais il a un caractère exécrable, et la conversation tourne à l'aigre, « et là-dessus, voyant à sa montre qu'il était midi, [Descartes] se leva, parce qu'il était prié de dîner au faubourg Saint-Germain, et M. de Roberval aussi, si bien que M. Descartes l'y mena dans un carrosse où ils étaient tous deux seuls, et là ils se chantèrent goguettes, mais un peu plus fort que jeu à ce que nous dit M. de Roberval ». Le lendemain, Descartes, peu rancunier, revient donner à Blaise quelques remèdes qu'il croit utiles : « Il lui conseilla de se tenir tous les jours au lit jusqu'à ce qu'il fût las d'y être, et de prendre force bouillons », raconte Jacqueline.

En août 1648, Paris se couvre des barricades de la Fronde, et les Pascal déménagent le 1er octobre, s'éloignant un peu de l'hôtel du séditieux « roi des Halles »[26]. Mais Pascal reviendra souvent, en face de son ancien logis, chez son ami le duc de Roannès. Pour discuter affaires, entre autres : en 1655, ils sont tous deux actionnaires d'une société d'assèchement des marais poitevins et, en 1662, des premiers omnibus parisiens, les fameux « carrosses à cinq sols ». Surtout, c'est Roannès qui convaincra Pascal de rédiger ses dernières découvertes mathématiques : « Dans le dessein où il était de combattre les athées, rapporte la nièce de Blaise, il fallait leur montrer qu'il en savait plus qu'eux tous en ce qui regarde la géométrie et ce qui est sujet à démonstration, et qu'ainsi, s'il savait se soumettre à ce qui regarde la foi, c'est qu'il savait jusqu'où devaient porter les démonstrations ». Au cabaret de l'Épée-de-Bois, rue Quincampoix, à l'angle de la rue de Venise, c'est une corporation de maîtres à danser qui se réunit, à laquelle Mazarin accorde ses lettres patentes en 1658. Une dizaine d'années plus tard, elle fusionne avec l'Académie royale de musique pour constituer l'Opéra, qui a donc cette origine bruyante et roturière.

On se réunit à l'Épée-de-Bois, mais l'on n'y danse pas : un arrêt du Conseil, de 1667, l'interdit ici comme partout ailleurs. Dans la rue Saint-Martin voisine, on ne songerait pas à se réunir, en face de la rue du Cloître-Saint-Merri, chez Chapelain, si pingre que, quasi octogénaire, il refusera la pièce, comme on le fit au Tortillard des *Mystères de Paris*, pour traverser sur une planche. Il s'avancera hardiment à mi-mollets dans le caniveau engorgé de sa rue, quitte à prendre froid, ce qui advint et le tua. Mais si on ne le fréquente pas, on ne parle que de lui au Mouton-Blanc de la veuve Bervin, cimetière Saint-Jean-du-Marais (auj. place Baudoyer), ou à la Croix-de-Lorraine, que Chapelle met « au Marais » sans autre précision. « Chapelain, Patelain, Pucelain », comme dit Boileau, est la tête de Turc de la bande dudit, ou celle de Molière, ou celle de Racine, on ne sait comment la nommer, elle n'a pas de chef. Mais elle a des règles : partout où elle va, elle commence par poser sur la table *La Pucelle* du soporifique Chapelain, et quiconque fait une bourde doit en lire un nombre de lignes proportionné à sa faute. La lecture du pensum entier correspondrait à la peine de mort !

LA PVCELLE,
AV ROY.
SONNET
Ie ne viens pas, grand Roy, t'offrir la sainte Espée,
Qui du gouffre mortel retira tes Estats,
Quand la France abbatuë, à force d'attentats,
Languissoit sous le ioug, par l'Anglois occupée.

Pour renchaisner la Guerre à ses fers eschappée,
Ton Bras n'a pas besoin du secours de mon Bras,
Il a seul du Lion mis la puissance à bas,
Et de l'Hydre à cent chefs seul la trame couppée.

Le Ciel, qui par miracle aux Humains t'accorda,
Sur ta seule valeur les Miracles fonda,
Par qui la Terre a veu ses fureurs estouffées.

Aussi viens-je, grand Roy, non pour t'offrir les miens,
Mais pour te consacrer le plus beau des trophées,
Pour immoler mes Faits à la gloire des Tiens.

C.

△ *Édition originale de* La Pucelle ou la France délivrée. *Sa lecture était le gage qu'avaient les perdants de « la bande à Boileau, Molière et Racine ».*
© Photo RMN/R.-G. Ojéda

26. Voir le chapitre Halles, p. 239.

◁ *L'affaire Law, vers 1719 (gravure, école française). L'Épée-de-Bois, rue Quincampoix, à l'angle de la rue de Venise, était le fief des agioteurs.*
© Bridgeman Giraudon/ Archives Charmet

Sous la Régence, l'Épée-de-Bois devient le fief des agioteurs, dont la suzeraine est Mme de Tencin, la mère de d'Alembert. La Banque générale de Law a rejoint à l'hôtel de Beaufort, autrement dit du roi des Halles, qu'emportera la rue Rambuteau, la Compagnie de la mer du Sud qui s'y est installée vingt ans plus tôt. La rue entière est alors en proie à la fièvre *mississippienne*, et tout mètre carré s'y vend à prix d'or aux coulissiers en mal de surfaces où faire leurs transactions. Après la banqueroute, le cabaret de l'orgie est celui de la consolation pour Louis Racine, le fils cadet et biographe de son père, et pour Marivaux, l'un et l'autre ruinés dans la spéculation.

En 1782, une ordonnance de police du Châtelet fait à nouveau défense « à tous maîtres à danser et cabaretiers de tenir chez eux des assemblées et salles de bal ». À peine l'interdiction est-elle respectée à l'heure des offices religieux : « Jamais les Français n'ont eu plus envie de se trémousser en cadence », à en croire Mme du Deffand.

Stendhal, Balzac, Hugo, Flaubert et l'affaire de Saint-Merri

Cinquante ans plus tard, le périmètre du domicile de Chapelain, ce gardien de la doctrine classique, est un *topos* de la littérature romantique et réaliste. Il a fallu pour ça que, les 5 et 6 juin 1832, à l'occasion de l'enterrement du général Lamarque, député de l'opposition, toutes les sociétés secrètes, « dans lesquelles se réunissait l'élite de la jeunesse républicaine », aient donné l'ordre du combat. Les insurgés, retranchés rue du Cloître-Saint-Merri (ou Merry) sont décimés par la garde nationale. Un peu moins de deux ans plus tard, suite à l'interdiction des associations, une émeute républicaine éclate le 14 avril 1834, qui se termine par le massacre de la rue Transnonain (auj. Beaubourg). Ce sont deux sursauts de la République après les déconvenues de la révolution de 1830.

▷ **Le Massacre de la rue Transnonain,** *lithographie d'Honoré Daumier. « Depuis ce temps-là, le Gouvernement exaspérait [le Dussardier de* **L'Éducation sentimentale**] *comme l'incarnation même de l'Injustice. »*
© Coll. Roger-Viollet

Ils font les premiers mots du *Lucien Leuwen* de Stendhal, écrits à chaud : « Lucien Leuwen avait été chassé de l'École polytechnique pour s'être allé promener mal à propos, un jour qu'il était consigné, ainsi que tous ses camarades : c'était à l'époque d'une des célèbres journées de juin, avril

◁ **Gavroche n'était tombé que pour se redresser** *(gravure de J. L. Perrichon). Illustration des* **Misérables** *de Victor Hugo.*
© Bridgeman/Lauros-Giraudon

ou février 1832 ou 1834. Quelques jeunes gens assez fous, mais doués d'un grand courage, prétendaient détrôner le roi, et l'École polytechnique (qui est en possession de déplaire au maître des Tuileries) était sévèrement consignée dans ses quartiers. Le lendemain de la promenade, Lucien fut renvoyé comme républicain ».

Michel Chrestien, membre du cénacle de Lucien de Rubempré et d'Arthez, dans *Les Secrets de la princesse de Cadignan* de Balzac, y est ravi à l'amour et à son destin :

« Depuis les affaires de Saint-Merry, je ne l'ai plus revu : il y a péri. La veille des funérailles du général Lamarque, je suis sortie à pied avec mon fils et mon républicain nous a suivis, tantôt derrière, tantôt devant nous, depuis la Madeleine jusqu'au passage des Panoramas où j'allais.

– Voilà tout ?, dit la marquise.

– Tout, répondit la princesse. Ah ! le matin de la prise de Saint-Merry, un gamin a voulu me parler à moi-même, et m'a remis une lettre écrite sur du papier commun, signée du nom de l'inconnu.

– Montrez-la-moi, dit la marquise.

– Non, ma chère. Cet amour a été trop grand et trop saint dans ce cœur d'homme pour que je viole son secret. Cette lettre, courte et terrible, me remue encore le cœur quand j'y songe. »

Gavroche y est mort, comme l'on sait, dans les *Misérables*, tandis que le Dussardier de l'*Éducation sentimentale* y a connu son baptême de révolte : « Un jour – à quinze ans –, dans la rue Transnonain, devant la boutique d'un épicier, [Dussardier] avait vu des soldats la baïonnette rouge de sang, avec des cheveux collés à la crosse de leur fusil ; depuis ce temps-là, le Gouvernement l'exaspérait comme l'incarnation même de l'Injustice ».

Lamartine à l'Hôtel de Ville

L'année de Saint-Merri, le choléra frappe également, qui tue dix-neuf mille Parisiens en trois mois, dont trois cents dans la seule rue de la Mortellerie ; autant dire trois cents Limousins, les mortelliers, maçons du mortier – mot à l'origine du nom de la rue –

▽ **Le Choléra à Paris en 1832.** *Il tua dix-neuf mille Parisiens en trois mois.*
© Coll. Roger-Viollet

△ **La Foire aux maçons place de Grève, en 1869** ***(gravure de Jules Pelcoq). « Dernier vestige du marché aux esclaves de l'Antiquité. »***

étant le plus souvent originaires de cette région. Après l'hécatombe, une pétition demande la suppression d'un nom qui commence de si mauvais augure, et la rue devient celle de l'Hôtel-de-Ville. Les ouvriers du bâtiment ont été installés alentour durant six siècles. Au début de chaque printemps se tenait, place de Grève, la foire aux maçons, « dernier vestige de l'ancien marché aux esclaves de l'Antiquité », selon Martin Nadaud, foire à la main-d'œuvre et aux accessoires.

Nadaud, alias *Léonard, maçon de la Creuse*, qui commence comme « garçon » à 14 ans et demi, vient y acheter « une hotte, une pelle, une calotte bien bourrée de chiffons pour que l'auge ne [lui] blessât pas la tête, puis une blouse et un pantalon de fatigue ». Passé « limousinant » environ trois ans plus tard, il lui faut alors deux auges, une truelle… Le limousinant embauche lui-même, à la Grève, son garçon, auquel il paye la goutte, auquel il avance éventuellement les dix sous de son premier repas. Le maître compagnon y embauche les compagnons. Faire la Grève, c'est y attendre l'embauche, quand on est au chômage, quand son activité connaît sa morte-saison. Les Limousins, qui vivent en garni, ont dans le quartier leurs salles de chausson (ou de savate, c'est-à-dire de boxe française), comme celle, fameuse, de Le Mule, rue de la Vannerie (auj. avenue Victoria, entre la place de l'Hôtel-de-Ville et la rue Saint-Martin) et, après « l'affaire de Saint-Merry », le cours pour adultes fondé dans la maison du cloître où siégeaient les juges-consuls depuis 1570.

L'insurrection de 1832, stoppée à Saint-Merri, arrive finalement jusqu'à

▽ **Lamartine repoussant le drapeau rouge à l'Hôtel de Ville, le 25 février 1848,** ***de Félix Philippoteaux (n. d.). Mais « la République est proclamée ! »***

◁ *Sous le Second Empire, l'Hôtel de Ville était adossé à deux casernes, rue Lobau, et relié à elles par un souterrain.*

l'Hôtel de Ville le 24 février 1848 : c'est au siège de la municipalité de Paris, et non à la Chambre, que la République, deuxième du nom, renaît. Ici que, d'un balcon, Lamartine s'écrie : « La République est proclamée ! ». Quelques ouvriers peignent immédiatement ces mots, le plus grand possible, sur des banderoles, les chargent sur l'épaule, escaladent les corniches pour les accrocher aux quatre horizons. L'un d'eux glisse et s'écrase au sol.

La rue de la Mortellerie a disparu, mais le Second Empire va en supprimer bien d'autres, les noms et les rues avec. La vétusté est l'habituel prétexte. « Les maisons de ces parages étaient tellement vermoulues qu'une d'elles s'écroula subitement, il y a quelques années, écrit La Bédollière en 1860, et qu'elle écrasa dans sa chute ses misérables habitants. » Un décret, daté de « Biarritz, le 29 juillet 1854 », prononce la suppression « des ignobles rues de la Tannerie, de la Vannerie, de la Vieille-Place-aux-Veaux, de la Vieille-Lanterne, de la Tuerie », toutes situées entre la place de Grève et celle du Châtelet, et l'énumération de La Bédollière ne s'arrête pas là, tandis que le même décret ordonne la construction d'un boulevard qui prendra ensuite le nom d'avenue Victoria. Le premier établissement des Parisiens sur la rive droite, autour de l'an mille, sitôt que l'île de la Cité avait débordé, clos dès le XIIe siècle d'une enceinte qui allait du Châtelet à la place Baudoyer par les rues Saint-Merri et Sainte-Croix-de-la-Bretonnerie, se trouve entièrement bouleversé. La place de Grève voit sa superficie quadruplée, l'Hôtel de Ville est adossé à deux casernes, rue Lobau, et reliées à elles par un souterrain.

Un square est dessiné autour du clocher de Saint-Jacques-de-la-Boucherie, et les Parisiens voient arriver vers lui, comme dans *Macbeth*, une forêt qui marche : « Pour la première fois, Paris étonné fut traversé par des arbres centenaires, portés sur des chariots, et, du jour au lendemain, couvrant de leur ombre seigneuriale ces nouveaux jardins », rapporte Édouard André dans le *Paris-Guide* de 1867. « À la tour Saint-Jacques apparurent les premières *Wigandias* en pleine terre, surprenant tout le monde par la beauté inusitée de leur feuillage.

▷ **La Tour Saint-Jacques**, *par Brassaï, 1932-1933. Nicolas Flamel, « surréaliste dans la nuit de l'or », y avait mis des hiéroglyphes en 1389.*

△ **L'Hôtel de Ville incendié, attaqué par les troupes de Versailles,** ***de G. C. R. Boulanger (n. d.). C'est la Semaine sanglante.***
© PMVP

Là furent essayés, peu à peu, les balisiers, les colocases du Brésil et de l'Inde, les bananiers, les palmiers de l'Algérie et de Bourbon, les figuiers de l'Amazone. »

Le 26 janvier 1855, à l'aube – il faisait -18 °C à Paris –, Gérard de Nerval était trouvé pendu rue de la Vieille-Lanterne, à l'angle de la rue de la Tuerie, déjà condamnées l'une et l'autre par le décret impérial et pas encore rasées. Le lieu correspondrait exactement au milieu du rideau de scène du Théâtre de la Ville.

Le Centre national d'art et de culture Georges-Pompidou

Le 4 septembre 1870, la Troisième République est, comme la Deuxième, proclamée à l'Hôtel de Ville. Mais Versailles reprend Paris et la Commune, mourante, incendie le bâtiment. Peu après, le séjour parisien d'Arthur Rimbaud commence par une longue et déréglée tournée des bistrots de Paris, dont la première étape est le Café du Gaz, rue de Rivoli, qui avait été l'annexe du bureau de Verlaine quand celui-ci travaillait à l'Hôtel de Ville.

L'Hôtel de Ville a été reconstruit, en pastichant l'ancien pour sa partie centrale. Au bout de la place anciennement de Grève, des péniches s'amarrent chaque automne perpendiculairement à la berge, jusque sous le pont Louis-Philippe, pour un marché aux fruits d'hiver, pommes et poires, qu'on appelle le Mail, quand la famille de Robert Desnos s'installe rue Saint-Martin, en 1902. Le père est mandataire aux Halles pour la volaille et le gibier, et quand on déménage, en 1913, c'est à côté, rue de Rivoli. Desnos évoquera de son enfance, *Quartier Saint-Merri*, le fabriquant de bonbons, les éplucheuses de queues de cerises, le mendiant de la rue Saint-Bon ou la construction des magasins du BHV.

« Au coin de la rue de la Verrerie
Et de la rue Saint-Martin
Il y a un marchand de mélasse. (…)
Elle s'arrêta un instant rue des Lombards
À l'endroit exact où, par la suite,
Passa le joueur de flûte d'Apollinaire.
Du cloître Saint-Merri naissaient des rumeurs.
Le sang coulait dans les ruisseaux,
Prémisse du printemps et des futures lunaisons
L'horloge de la Gerbe d'Or
Répondait aux autres horloges,

▷ *L'Hôtel de Ville, reconstruit en pastichant l'ancien pour la partie centrale.*

◁ Le Marché aux pommes, quai de l'Hôtel-de-Ville, *d'Émile Guillier, 1879. Il se tenait sur des péniches amarrées perpendiculairement à la berge.*
© PMVP/Berthier

Au bruit des attelages roulant vers les Halles (...)
Liabeuf ou son fantôme maudissait les menteurs
Du côté de la rue Aubry-le-Boucher. »
Jacques Liabeuf, 20 ans, ouvrier cordonnier, grandi sur le Sébasto, se défendra toujours de l'accusation de proxénétisme portée contre lui, et s'en vengera sur la police. Il sera guillotiné devant la Santé, c'est désormais là que ça se passe.

Le 29 mai 1934, tard dans la nuit, Breton sort d'un café de Montmartre avec une inconnue : « Qui m'accompagne à cette heure dans Paris sans me conduire et que, d'ailleurs, moi non plus, je ne conduis pas ? ». Ils marchent au hasard, elle lui donne son bras, le lui retire aux Halles où la circulation est trop dense. « J'étais de nouveau près de vous, ma belle vagabonde, et vous me montriez en passant la Tour Saint-Jacques sous son voile pâle d'échafaudages »...
« À Paris la Tour Saint-Jacques chancelante
Pareille à un tournesol »,
a-t-il écrit assez obscurément pour lui-même, et voilà qu'il réalise la double analogie avec la fleur unique au bout de sa longue tige, et avec le papier réactif qui change de couleur au contact de l'acide, comme on rêve de changer le plomb en or dans l'alchimie qu'évoque une tour liée à Nicolas Flamel. Le papier de tournesol passe de surcroît du bleu au rouge, « les couleurs distinctives de Paris, dont, au reste, ce quartier de la Cité est le berceau, de Paris qu'exprime ici d'une façon tout particulièrement organique, *essentielle*, son Hôtel de Ville que nous laissons sur notre gauche en nous dirigeant vers le Quartier Latin ».

◁ *Centre Georges-Pompidou : un œsophage qui engloutit plus de cinq millions de visiteurs chaque année.*

▽ *Dans l'effondrement du 54, rue Quincampoix, un escalier qui semble annoncer Beaubourg.*
DR

À droite, un trou de mémoire : le Châtelet, prison du peuple quand la Bastille n'était que celle des gens d'épée ou de plume, jusqu'à 1790 nom sinistre de salles de tortures et culs-de-basse-fosse, recouvert par les roucoulades des ténors.
Mais le quartier est trop laid pour la Belle Époque, la rue du Renard y est élargie et la rue Beaubourg rectifiée. Il est trop malsain pour l'entre-deux-guerres : la rue Saint-Merri y perd tout son côté nord, la rue Saint-Martin une bonne trentaine de ses numéros, pairs et impairs, et la rue des Étuves son côté sud. Des étuves pour femmes, à l'enseigne du Lion d'argent, y avaient officié du XIVᵉ au XVIIᵉ siècle. « Là, gaillardement », une matrone – le barbier dans les étuves masculines –, allait vous « tondre maujoinct et raser priapus », comme l'écrivait Clément Marot, c'est-à-dire vous épiler jusqu'aux poils pubiens inclusivement (le maujoinct ou mal joint est l'une des désignations du sexe féminin), mode qui se maintiendra dans l'aristocratie jusqu'à la Révolution. La friche ainsi créée, l'immense parking sauvage désigné comme « plateau Beaubourg », allait rester en l'état durant une quarantaine d'années.
En 1963, une moitié de la maison du XVIᵉ siècle qu'avait occupée l'Épée-de-Bois de Law et de Marivaux s'effondre, révélant un escalier de bois d'époque Henri IV dont les balustrades en Z semblent tout à coup flanquer extérieurement la construction, parti qu'adopteront les architectes du Centre Pompidou. En 1970, cet escalier est abattu. Quelques maisons sont encore démolies pour faciliter l'accès au chantier, et, le 31 janvier 1977, « Beaubourg » est inauguré.
Déjà, pour Beaubourg le quartier, les érudits se partagent entre l'étymologie au pied de la lettre : « joli village », et l'antiphrase : « lieu mal famé » ; c'est dire si pour Beaubourg le Centre, la polémique a été rude, qu'a tranchée, depuis, une fréquentation annuelle supérieure à cinq millions de visiteurs.

Le beau bourg

Saint-Martin

L'axe nord-sud qui traverse la Gaule de part en part prend ici le nom de rue Saint-Martin, qu'il tient de l'un des plus riches prieurés du grand Paris. Reconstruit et fortifié après l'an mille et les destructions des Normands, sa juridiction s'étend sur le bourg dit Beau jusqu'aux murs de Paris au sud et, à l'ouest, aux terres du Temple. C'est l'un des rares territoires parisiens bien approvisionnés en eau, les bénédictins de Saint-Martin-des-Champs possédant une source dans la vallée de Ménilmontant, au lieudit Savies, d'où un aqueduc construit à frais communs avec les Templiers la conduit, dès le début du XIIe siècle aux deux fontaines de l'abbaye et de la rue Maubuée (Simon-le-Franc), alors que la rive droite n'en compte encore que cinq, en tout et pour tout, trois siècles plus tard. Avec de tels atouts, l'abbaye de Saint-Martin a loti son domaine méridional

△ La fontaine Maubuée, reconstruite vers 1733, remontée au 129, rue Saint-Martin après les démolitions de 1934.

◁ L'église Saint-Martin-des-Champs ; autour, l'un des plus riches prieurés du grand Paris.

dès le XIIIe siècle, créant une troisième rue parallèle, entre celles de Saint-Martin et du Temple, et leur quadrillage perpendiculaire, de la rue Michel-le-Comte à la rue au Maire. Il en reste la plus vieille maison de Paris, celle que Nicolas Flamel et Pernelle, son épouse, donnèrent comme refuge aux pauvres, au 51, rue de Montmorency. Il ne lui manque aujourd'hui que le pignon pointu que Balzac pouvait encore voir surmonter la *Maison du Chat-qui-pelote*[27].

Au voisinage de l'enceinte de Philippe Auguste, où les jeux de paume sont la chose qui manque le moins, Montdory s'installe en 1629 dans celui de Jean Berthaud, au cul-de-sac Beaubourg (auj. impasse Berthaud), et révèle Corneille au public parisien en y jouant *Mélite*, la première pièce de l'auteur. Devant le succès, Montdory enchaîne avec *Clitandre* et *La Veuve*, du même Corneille, puis, au jeu de paume de la Fontaine, 25, rue Michel-le-Comte, où il a déplacé sa troupe, avec *La Galerie du palais*, *La Suivante* puis *La Place royale*, son auteur rouennais étant assez habile pour consacrer une pièce à chacun des lieux parisiens à la mode.

△ Maison de Nicolas Flamel, 51, rue de Montmorency. Elle reste la plus vieille maison de Paris si elle a perdu son pignon pointu.

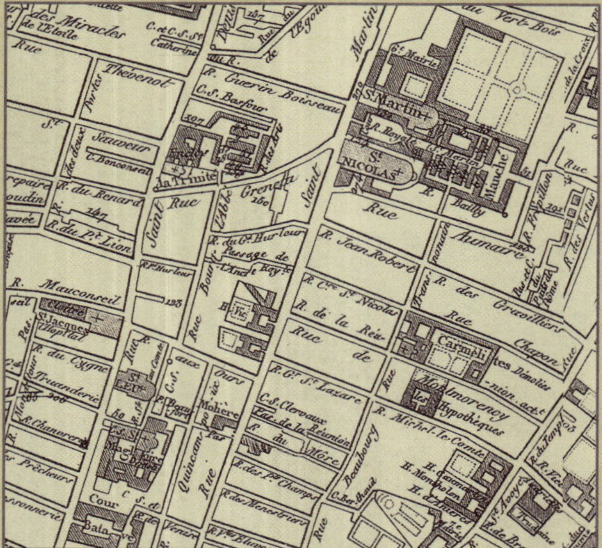

▽ Plan Maire (1808). Le quadrillage du lotissement méridional de l'abbaye y est bien visible.
DR

Pendant qu'on joue *Mélite*, Valentin Conrart, « le secrétaire d'État des belles-lettres », ainsi que le désigne Nicolas Schapira parce que son magistère, qui n'est basé sur aucune œuvre, est tout politique, réunit chez lui, au 135, rue Saint-Martin, dans le corps de logis donnant sur la cour, les neuf premiers membres de la future Académie française. « Elle ne fut d'abord composée que de ses plus chers amis ; sa probité, la douceur de ses mœurs, l'agrément de son esprit les avait rassemblés ; et quoiqu'il ne sût ni grec ni latin, tous ces hommes célèbres l'avaient choisi pour le confident de leurs études, pour le centre de leur commerce, pour l'arbitre de leur goût. Ils lui confièrent même la charge de secrétaire, la seule qui soit perpétuelle dans l'Académie », écrit d'Olivet, son historien. Valentin Conrart sera Théodamas dans le *Grand Cyrus* de Mlle de Scudéry, et l'objet des railleries de Boileau autant que l'est Chapelain.

La circulation des idées nécessite celle des personnes, et Paris est « un peu crotté », comme l'on dit, à en croire Molière, chez la marquise de Rambouillet où fréquente Conrart, « mais nous avons la chaise. – Il est vrai que la chaise est un retranche-

27. Voir le chapitre Sentier, p. 248.

ment merveilleux contre les insultes de la boue et du mauvais temps ». Les fiacres seront davantage encore les vraies « commodités (d'avant) la conversation ». Un nommé Nicolas Sauvage, descendu à l'auberge du Grand-Saint-Fiacre, 212, rue Saint-Martin, a l'idée de voitures de louage et, l'ayant traduite dans les faits, remise ici ses voitures, faisant de l'auberge leur bureau central, et du saint de l'enseigne un nom commun.

La paroisse a saint Nicolas. Le bourg formé au pied de l'abbaye avait son bailli – dont le souvenir se retrouve rue au Maire –, il lui fallait son église, qui ne pouvait être celle des moines réguliers. Dès 1184, la paroisse était constituée ; la construction de l'actuelle Saint-Nicolas commençait, pour la façade, en 1420. Et une paroisse, ce n'est pas rien : il suffit d'ouvrir une porte pour se retrouver dans une autre, et devant les tribunaux. « Au reste, il semble que M. de Beaufort soit destiné à porter la division partout », écrit Madeleine de Scudéry, en pleine Fronde, à propos du roi des Halles, « car il n'a pas plus tôt loué une maison dans la rue de Quinquenpoix, où jamais prince n'a logé, qu'il y a eu division entre deux paroisses, qui prétendent l'avoir toutes deux pour paroissien, l'une parce que de tout temps la maison où il va demeurer a été de Saint-Nicolas, et l'autre qui est de Saint-Leu, parce que M. de Beaufort, voulant être voisin des marchands de la rue Saint-Denis, a fait faire une porte qui y donne, de sorte que, comme cet endroit de la rue Saint-Denis est de la paroisse Saint-Leu, le curé de cette église prétend que, faisant une porte plus grande dans cette rue que n'est l'ancienne porte dans la rue Quinquenpoix, la maison doit changer de paroisse et être de la sienne. On verra ce que les juges en ordonneront ».

L'hôtel de Montmor et l'anneau de Saturne

Rue du Temple, on est déjà dans l'aristocratique Marais des beaux hôtels. C'est au n° 79 – alors rue Sainte-Avoye –, qu'en 1623, Jean Habert – « Montmor le Riche », selon Tallemant des Réaux –, se fait construire l'hôtel fastueux qu'on connaît encore comme l'hôtel de Montmor. Il a pour

◁ Église Saint-Nicolas-des-Champs. L'église paroissiale (la construction de sa façade commença en 1420) à côté de l'église conventuelle.

▷ ▽ Chez le fils de Montmor le Riche, on voit l'abbé Mersenne, Étienne Pascal et son fils Blaise, Roberval, Gui Patin, Campanella, Hobbes, Kepler.

△ **Les Enfants Habert de Montmor,** ***par Philippe de Champaigne, étaient ceux d'Henri-Louis ; le tableau n'était qu'une des pièces de son immense collection.***
© Photo RMN/Bulloz

voisin celui bâti par Le Muet, aux nos 71-75 (auj. Musée d'art et d'histoire du Judaïsme), pour le comte d'Avaux, ambassadeur de Louis XIV, hôtel qui passera ensuite au gendre de Colbert. Son aile gauche est un « mur renard », une façade plaquée, ici contre la muraille de Philippe Auguste sur laquelle vient partout buter le bourg. Un autre hôtel important, celui dit de Jean Bart, où se succèderont divers financiers, s'élève à l'entrée de la rue Chapon, l'une des cinq de la rive droite qui, depuis Saint Louis, ne parvenaient pas à contenir la prostitution.

Henri-Louis Habert, fils de Montmor le Riche, né en 1603 comme Valentin Conrart, est déjà, à 22 ans, conseiller au parlement de Paris. Ses cousins Germain et Philippe sont tous les deux membres de l'Académie, et des familiers de l'hôtel de Rambouillet. Il les y rejoint et « Les Trois Habert » aident à tresser la *Guirlande de Julie*[28], y nouant *Narcisse, Souci, Rose* et *Perce-Neige*. À 31 ans, Henri-Louis est à son tour de l'Académie, et il en héberge les séances durant trois mois dans l'hôtel paternel. Mais son intérêt va davantage aux sciences et il reçoit, au milieu d'une collection de tableaux qui ne regroupe pas moins de cent quatre-vingt-sept pièces, et de manuscrits anciens dont Colbert trouvera soixante-treize dignes de sa bibliothèque, l'abbé Mersenne, Étienne Pascal et son fils Blaise, Roberval, Gui Patin, l'Italien Campanella, l'Anglais Hobbes, l'Allemand Kepler.

Leur père mort, Jacqueline et Blaise Pascal se sont installés 44, rue Beau-

▷ *Hôtel d'Avaux, 71, rue du Temple, bâti par Le Muet, aujourd'hui Musée d'art et d'histoire du Judaïsme.*

bourg, au bord de la muraille, aux deuxième et troisième étages. C'est d'ici que Jacqueline part pour le couvent de Port-Royal : « La veille de ce jour-là, rapporte leur sœur Gilberte, elle me pria d'en dire quelque chose à mon frère le soir, afin qu'il ne fût pas si surpris. Je le fis avec le plus de précaution que je pus ; [...] il ne laissa pas d'en être fort touché. Il se retira donc fort triste dans sa chambre, sans voir ma sœur qui était lors dans un petit cabinet où elle avait accoutumé de faire sa prière. Elle n'en sortit qu'après que mon frère fut hors de la chambre, parce qu'elle craignait que sa vue lui donnât au cœur ».

C'est ici que Blaise connaît sa « période mondaine » : « Il se trouva plusieurs fois à la Cour, où des personnes qui y étaient consommées remarquèrent qu'il en prit d'abord l'air et les manières avec autant d'agrément que s'il y eût été nourri toute sa vie », écrit Gilberte. « Ce fut, conclut-elle, le temps de sa vie le plus mal employé » : Pascal passe beaucoup de temps en compagnie du duc de Roannès, de savants, de « libertins » comme le chevalier de Méré, passionné par le jeu, ou le riche Damien Mitton, et il fait beaucoup de mathématiques.

À l'hôtel de Montmor, Gassendi finit ses jours chez Henri-Louis Habert, auquel il lègue la lunette qu'il a lui-même reçue de Galilée, à condition que son hôte sera l'éditeur de ses œuvres complètes. Henri-Louis fait enterrer son ami à Saint-Nicolas-des-Champs, dans la chapelle de la famille Habert de Montmor, auprès de Guillaume Budé, son grand-oncle, le célèbre helléniste, fondateur du Collège de France, qui s'était éteint en 1540 au 203 bis, rue Saint-Martin.

En 1657, ce qui était une sorte de salon scientifique se formalise et adopte une constitution en neuf règles qui en fait l'Académie Montmorienne. Jean Chapelain, versificateur ennuyeux, mais correspondant de Huyghens, y rend compte des découvertes de ce dernier : l'horloge à balancier, Titan, l'anneau de Saturne...

On donne souvent Chapelain comme le modèle de Molière pour le Philinte du *Misanthrope*, en tout cas, après l'interdiction de *Tartuffe* dès le lendemain de sa création, le 12 mai 1664, c'est devant des membres de l'Académie Montmorienne – Jean Chapelain, Gilles Ménage, l'abbé de Marolles – que Molière en donne une lecture.

C'est encore ici qu'en 1667, deux médecins du roi font la première expérience de transfusion du sang : celui d'un veau sur un malheureux valet de chambre de Mme de Sévigné, amie et voisine des Habert de Montmor.

Paris et l'Internationale

Leur hôtel, acquis par un Fermier général au milieu du XVIIIe siècle, a été refait alors pour devenir l'un des chefs-d'œuvre de l'architecture Louis XV. Au règne suivant, un autre hôtel emblématique s'est édifié non loin, quasiment à l'angle de la rue Michel-le-Comte et de la rue Beaubourg, celui d'Hallwyll, propriété de la banque des Thélusson, où les Necker, leurs alliés, ont vécu jusqu'à la naissance de leur fille, la future Mme de

△ Hôtel d'Hallwyll, 28, rue Michel-le-Comte. Façade sur cour. Les Necker y vécurent jusqu'à la naissance de leur fille Germaine, la future Mme de Staël.

28. Voir le chapitre Louvre, p. 137.

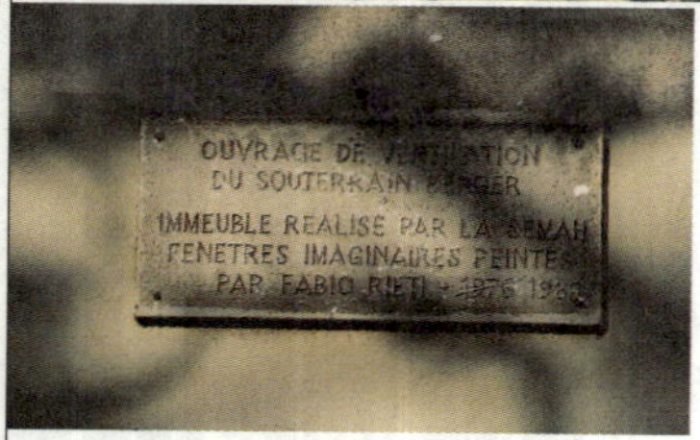

◁△ 29, rue Quincampoix. Le Muet, déjà, avait recours au « mur renard » tandis que Ledoux étendait la vue par le trompe-l'œil.

Staël. L'hôtel est l'œuvre de Ledoux, qui a fait peindre derrière son jardin, pour étendre une vue un peu courte, un paysage en trompe-l'œil sur le mur aveugle d'en face, rue de Montmorency, celui du couvent des carmélites de la rue Chapon. L'hôtel d'Avaux et celui d'Hallwyll, distants d'un bon siècle, anticipent l'un et l'autre le placage et la fausse fenêtre qui vont devenir les caractéristiques du Beaubourg, si démoli, le sommet de l'illusion étant, au 29, rue Quincampoix, l'ouvrage de ventilation déguisé en immeuble par Fabio Reti, sans parler de l'atelier factice de Brancusi sur le parvis, la « piazza », du Centre.

Le privilège des théâtres étant tombé avec l'Ancien Régime, en 1791, Jean-François Boursault[29] crée aussitôt le sien, qu'il place sous le patronage de Molière, et l'inaugure avec le *Misanthrope* – il pressentait sans doute déjà que la méchanceté publique l'appellerait « le prince Merdiflore ». Danton interviendra en faveur de ce « théâtre qui n'a jamais présenté au public que des pièces propres à accélérer les progrès de la Révolution ». Au XIXe siècle, le théâtre était devenu un bal qui aurait été plutôt bien fréquenté « si quelques femmes éhontées de la rue aux Ours ne venaient s'y mêler ». C'est maintenant la Maison de la poésie.

▷ La Maison de la Poésie, rue Quincampoix, dans l'ancien Théâtre Molière de Jean-François Boursault, « prince Merdiflore ».

Au carrefour de la rue Chapon avec la rue Beaubourg, une ancienne indication reste gravée sur le mur d'angle : « rue Transnonain ». L'immeuble du massacre du lundi 14 avril 1834[30] était à l'angle de la rue suivante, celle de Montmorency, adossé à l'ancienne chapelle des carmélites. Aux deux premiers étages étaient installés des

29. Voir le chapitre Nouvelle-Athènes, p. 215.
30. Voir le chapitre Hôtel de Ville, p. 288.

◁ *Le nom de la rue du massacre encore visible au coin de la rue Chapon.*

artisans et de petites entreprises, dont un bijoutier, propriétaire de la « Comédie bourgeoise de la rue Transnonain », un théâtre installé dans les parties hautes de la nef. Hormis ce dernier, qui s'échappe par une fenêtre, presque tous les habitants du n° 12, hommes, femmes et enfants, sont tués au pied de leur lit par la troupe, à coups de baïonnette.

« Dans cette maison, trente "actifs" exercent, pour la plupart sur place, des métiers très divers et se répartissent dans les étages en fonction de leur fortune : au rez-de-chaussée, les boutiquiers ou artisans ; aux premier et deuxième étages, des artisans plus cossus ou des petites entreprises ; aux étages supérieurs, des employés, ouvriers, apprentis et journaliers sont bijoutier, chapelier, doreur sur papier, gainier, monteur sur bronze, peintre en bâtiment, tailleur de pierre, couturière, artiste peintre, peintre-vitrier, polisseuse en pendules ou ravaudeuse », rapportent Luce-Marie Albigès et Martine Illaire de l'examen des pièces du procès de l'année suivante. Le crime est « effacé » par un changement du nom de la rue, devenue Beaubourg en 1851, puis par la démolition de la maison dans l'élargissement de celle-ci en 1897. Le quartier

△ *La petite industrie en chambre au 46, rue des Gravilliers, mitoyen du premier siège de la 1re Internationale.*

Saint-Martin reste celui de la petite industrie en chambre de « l'article de Paris », tandis que les manufactures plus importantes ont occupé les hôtels du Marais. C'est donc assez logiquement qu'on retrouve au 37, rue Michel-le-Comte, dès 1849, l'Union des associations ouvrières, soit cent quatre de celles-ci, animée par Jeanne Deroin, créatrice du journal *L'Opinion des femmes*, Pauline Roland et Gustave Lefrançais ; puis au 44, rue des Gravilliers, le siège de la Ire Internationale.

Dans cette rue dont les hautes et étroites façades, souvent de deux travées seulement, attestent d'une présence laborieuse, la section parisienne en est constituée dès les premiers jours de janvier 1865. Elle compte trois secrétaires : le bronzier Tolain, le passementier Charles Limousin et le graveur-décorateur E. Fribourg. « Un petit poêle de fonte cassé, apporté par Tolain, rue des Gravilliers, une table en bois blanc servant dans le jour d'établi à Fribourg [qui habitait 26, rue Saint-Martin], pour son métier de décorateur, et transformée le soir en bureau pour la correspondance, deux tabourets d'occasion auxquels quatre sièges de fantaisie furent adjoints plus tard, tel fut, pendant plus d'une année, le mobilier qui garnissait un petit rez-de-chaussée exposé au nord et encaissé au fond d'une cour, où se condensaient sans cesse des odeurs putrides. C'est dans cette petite chambre de quatre mètres de long sur trois mètres de large que furent débattus, nous l'osons dire, les plus grands problèmes sociaux de notre époque », écrira E. Fribourg, cité par Jean Maitron.

Les cotillons du prolétariat

Au carrefour des deux saignées toutes fraîches du baron Haussmann, celle de la rue Réaumur (1854) et celle du boulevard de Sébastopol (1858), Jean-Louis-Félix Potin inaugure en 1860 la première grande surface d'épicerie sur deux niveaux, à la façade décorée de couleurs foisonnantes et d'abeilles, symboles du Commerce et de l'Abondance, et rappel du Premier Empire pour faire plaisir au maître du Second. En 1910, le magasin se voit coiffer d'un grand dôme, poivrière obligée de l'immeuble bourgeois de l'époque, tandis qu'au 71, rue Beaubourg, est construit l'immeuble-dortoir de ses employés. Dix numéros plus loin, au 81, la boutique d'Henri Audouin, *Au Cotillon du Prolétariat*, affiche : « Spécialité de drapeaux rouges, bannières, brassards, cordons, draps mortuaires, insignes pour sociétés. Grand choix d'épingles de cravate artistiques représentant les Grands Hommes de la Révolution, Jean Jaurès, la Confédération Générale du Travail, Prolétaires de tous les Pays, unissez-vous... ». Au n° 23 de la rue Pastourelle, maison du culottier Bérard, l'auteur de la *Carmagnole*, au cabaret qui avait déjà eu pour habitués les membres du Tribunal révolutionnaire et du club des Cordeliers, se réunissent les conspirateurs de la Société des Saisons. Le cordonnier Bellemare en part, le 8 septembre 1855, pour aller décharger son fusil sur l'escorte de Napoléon III. En 1900, la salle Bertin, au 35 de la rue, est le lieu habituel des goguettes de la Jeunesse socialiste du 3e arrondissement.

« Comme ils sont émouvants les vieux communards qui occupent les sièges des premiers rangs de la

▷ Syndicat de l'épicerie, 12, rue du Renard. Au fronton : « Tous pour un, Un pour tous ».

▷ Ancien magasin Félix-Potin ; ce fut, en 1860, la première grande surface d'épicerie, sur deux niveaux. Le dôme est de 1910.

▽ En même temps que le dôme de Réaumur-Sébastopol, était construit, 71, rue Beaubourg, l'immeuble-dortoir des employés de Félix Potin.

salle » du palais des Fêtes, à l'angle des rues Saint-Martin et aux Ours, en réalité aux Oies, la rue étant célèbre dès le XIIIe siècle pour la rôtisserie de ces volailles mais, au XIXe, plutôt pour les femmes de mauvaises mœurs qui déparaient au bal du 6, passage Molière. Ce 18 mars 1914, Jean Allemane, Camélinat, Nathalie Lemel... « tous groupés, avec leurs têtes blanches, les traits durcis par les implacables rides de la vieillesse » assistent à une représentation, au Cinéma du Peuple, du film consacré à la Commune de leur jeunesse par Armand Guerra, qui raconte la séance : « Ils sont et continueront à être des révolutionnaires tenaces jusqu'à la mort, malgré leur grand âge, car ils gardent en eux l'impérissable souffle des combats des barricades... ».

Au début des années 1930, on abat le côté nord de la rue aux Ours et le côté sud de celle du Grenier-Saint-Lazare afin de mettre en œuvre le vieux projet haussmannien de prolongement de la rue Étienne-Marcel, quand la Fédération du théâtre ouvrier de France, qui vient de se constituer, installe sa permanence au 68, rue des Archives, tous les samedis de 14 à 17 heures. Sa revue, *La Scène ouvrière*, explique la décision du récent congrès de transformer les troupes de théâtre amateur en groupes d'agit-prop, et leur fournit un répertoire, dont *Aux métallos !*, par exemple, un chœur parlé pour douze à vingt personnes qui s'adresse à ceux de chez Citroën, Renault et Peugeot : « Vive le front unique des travailleurs ! À bas les chefs traîtres réformistes ! À bas la guerre contre l'URSS ! Vive l'unité syndicale de classe CGTU ! ».

◁ *Le coude de la rue Bailly nous conserve le tracé sud-est de l'ancienne enceinte du prieuré royal de Saint-Martin-des-Champs.*

De l'épanchement romantique au Front populaire

Hors les murs, avant d'être entre deux murs, celui de Philippe Auguste, dont le quartier de l'Horloge a détruit ce qui restait en même temps que quatre-vingt-cinq maisons anciennes, dont certaines du XVIe siècle, et la muraille de Charles V que Louis XIV transformera en boulevard, le prieuré royal de Saint-Martin-des-Champs était naturellement fortifié. Le coude de la rue Bailly nous conserve le tracé sud-est de son ancienne enceinte, et la maison du n° 7 sa tour d'angle. Au coin

◁ *À l'intersection des rues Saint-Martin et du Vertbois, la tour nord-ouest de la même enceinte, sauvée par Victor Hugo.*

◁ *Au pied de la tour, une fontaine de 1712. « Démolir la tour ? Non ! Démolir l'architecte ? Oui ! », rageait le poète.*

opposé, à l'intersection des rues Saint-Martin et du Vertbois, la tour nord-ouest avait été donnée à la Ville pour en faire le château d'eau de la fontaine qu'elle édifiait là en 1712. Menacée par de nouveaux aménagements du Conservatoire des Arts et Métiers, cette tour était défendue par la Société des antiquaires et finalement sauvée par Hugo, qui s'écriait : « Démolir la tour ? Non ! Démolir l'architecte ? Oui ! ». Une inscription y rappelle que l'on a cédé au « vœu des antiquaires parisiens », et tait les menaces du poète.

Au début du XVIIIe siècle, les bénédictins avaient fait refaire et agrandir leur maison et, au creux de l'enceinte soulignée par la rue Bailly, ils avaient ouvert, en 1765, un marché pour le poisson, les légumes et les herbages. Le Conservatoire des Arts et Métiers, dérivé de la collection de Vaucanson, qui avait rassemblé puis légué au roi, dès 1783, plus de cinq cents machines, était institué par la Convention nationale en 1794 et, joint aux machines de l'hôtel d'Aiguillon, logé dans le bâtiment de l'ancien prieuré royal cinq ans plus tard. On y garde l'une des machines à calculer signées « Blaise Pascal, d'Auvergne, inventeur ». On peut y voir, au mur de la bibliothèque, une « bouteille de Leyde », cette espèce de condensateur découvert en 1746 par Cuneus et deux de ses collègues, que tient une allégorie de la Physique de Jean-Léon Gérôme, parfaitement anachronique en femme du Moyen Âge. En revanche, les colonnettes qui divisent la salle, l'ancien réfectoire des moines, ont été repeintes comme au XIIIe siècle.

Devant, le square des Arts-et-Métiers était créé à la fin de 1857, et le théâtre municipal de la Gaîté cinq ans plus tard. Si le marché des bénédictins n'avait été supprimé sous le Premier Empire, et remplacé par un autre plus

▽ *Le Conservatoire des Arts et Métiers, issu de la collection de Vaucanson, léguée au roi dès 1783, fut institué par la Convention nationale en 1794.*

au nord, il aurait été emporté, de toute manière, par le Second Empire. Pour le percement de la rue de Turbigo se coalisent les banques de Seillière, Cahen d'Anvers, Dominique André, Mirabaud et Deutsch, associées aux industriels Schneider et Delessert. Elles ne font qu'une bouchée des Madelonnettes, couvent créé en 1620 pour rédimer les filles perdues. « Le despotisme monarchique [avait détourné] l'œuvre pieuse de sa louable destination, écrit La Bédollière, et les Madelonnettes devinrent prison d'État. Des lettres de cachet la peuplèrent de femmes ou de filles détenues par ordre du roi, sur la demande des maris ou des parents. » Ce que la Révolution avait entériné en y enfermant des détenues pour dette, d'autres qui l'étaient par voie de correction paternelle, puis des femmes publiques.

En 1831, les femmes quittaient les Madelonnettes pour Saint-Lazare ; à partir de 1838, c'était une maison d'arrêt qui, une décennie plus tard, accueillerait pas mal de politiques, dont le communiste utopique Cabet, « le vieux camarade » dont Engels donnait des nouvelles à Marx au sortir d'une visite.

△ *La cariatide du 57, rue de Turbigo se taille la part belle dans le court métrage d'Agnès Varda,* Les dites Cariatides *(1984).*

▽ *39, rue Volta, une vaste maison de 1933 à usage industriel et d'habitation, aux appartements équipés d'origine de moteurs électriques.*

L'industrie à domicile n'était déjà, pour le même Marx, que « l'arrière-train de la grande industrie ». En 1933 se bâtit pourtant encore, au 39, rue Volta, une vaste maison à usage industriel et d'habitation, aux appartements équipés d'origine de moteurs électriques, que leur coût destine plutôt aux artisans d'art : six cents francs par an et par cheval-vapeur, en sus du loyer.

Dans la rue Meslay où, un siècle plus tôt, Marie Dorval était raccompagnée à son domicile, au sortir de la première d'*Antony*, d'Alexandre Dumas, par une foule au cœur incendié de la passion brûlante de la pièce, ainsi que le rapporte Théophile Gautier, pleurant et applaudissant, s'élève alors le siège de la Fédération de la Seine du Parti socialiste SFIO, que tient la tendance de la Gauche révolutionnaire, de Marceau Pivert. À l'épanchement romantique a succédé l'exaltation du Front populaire : « Tout est possible ! ».

Nés dans le faubourg

Saint-Denis

Le 16 mars 1562, rouge encore du sang des protestants qu'il a massacrés à Vassy, le duc de Guise entre à Paris, « triomphalement, comme un roi. Le prévôt et les échevins viennent au devant du duc, en corps, jusqu'à la porte Saint-Denis. Paris l'étourdit et le berce de ses acclamations enthousiastes ».

Quand on est reçu comme un roi, c'est à la porte Saint-Denis. Quand on est le roi, le protocole commence plus tôt, dès l'enclos Saint-Lazare. La paix momentanément signée avec les protestants, à Saint-Germain, Charles IX fait son entrée à Paris, le 6 mars 1571. Dès dix heures du matin, le roi arrive « au prieuré Saint-Ladre, assis aux faubourgs Saint-Denis ». On lui a dressé une estrade « couverte de riches tapisseries ; et, au milieu, un haut dais de trois marches, couvert de tapisserie de Turquie, et dessus un

▷ L'Ancienne Porte Saint-Denis, 1483 *(lithographie du XIXe s.). Elle était, sur l'enceinte de Charles V, cinquante mètres au sud de l'arc de triomphe de Blondel.*

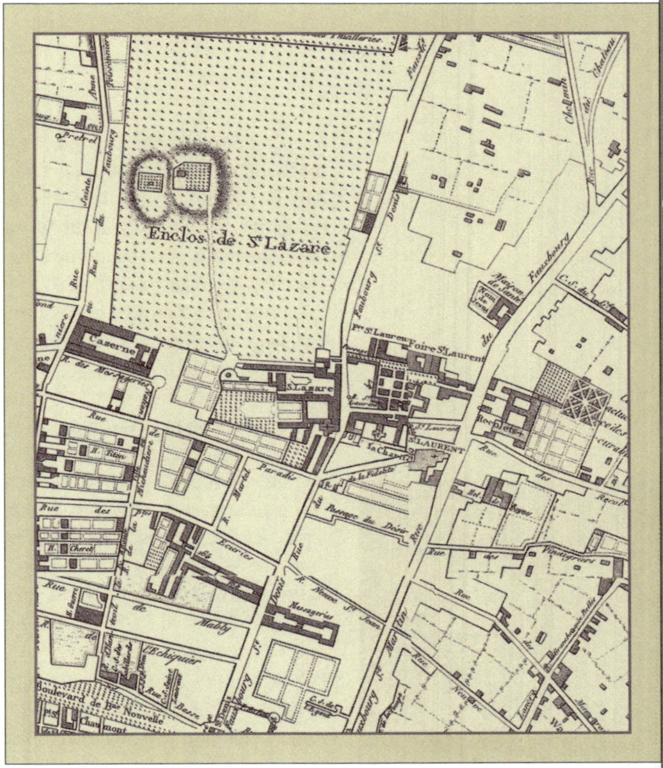

△ *Saint-Lazare : entrée sur la route royale de Saint-Denis pour la gloire, foire sur la route gallo-romaine de Saint-Martin pour le rapport.*
DR

dais tendu de riche valeur, sous lequel était posée la chaise pour recevoir Sa Majesté, couverte d'un riche tapis de velours pers, tout semé de fleurs de lis tissées d'or ».

Défilent devant le roi les quatre ordres mendiants, l'Université, puis le Corps de Ville, précédé de mille huit cents représentants des métiers, les menus officiers de la Ville « au nombre de 150, portant robes mi-parties de rouge et bleu, les chausses de même, chacun tenant un bâton blanc en sa main », les cent arquebusiers de la Ville, les cent archers, les cent arbalétriers, la cavalcade des enfants des plus riches bourgeois de la Ville, qui sont cent à cent vingt, accompagnés de leurs pages, enfin le prévôt, précédé des maîtres des œuvres, du capitaine de l'artillerie et des huit sergents de la Ville, le navire d'argent sur l'épaule, vêtu magnifiquement et montant une mule harnachée de même.

À côté du prévôt marchent plusieurs valets, « dont l'un portait les clefs de la Ville attachées à un gros cordon d'argent et de soie des couleurs du Roi, pendant à un bâton couvert de velours cramoisi, canetillé d'argent », et les quatre échevins. Le prévôt fait sa harangue un genou en terre, baise les clefs, les présente à Sa Majesté, qui les prend et demande au duc d'Anjou, son frère, le futur Henri III, de les confier à une garde écossaise, « qui les rapportera plus tard au Bureau en déclarant que le Roi les renvoie à la Ville, se confiant à eux comme en très bons, très loyaux et fidèles sujets ». Puis la maison du roi se met en cortège, enfin le roi lui-même monte à cheval et se dirige vers la porte Saint-Denis. Là, les échevins présentent à Sa Majesté le ciel de velours, semé de fleurs de lis d'or, et le tiennent au-dessus d'elle jusqu'à l'église de la Trinité[31].

◁ *« Le roi de France, Louis XI, arrivant dans une ville »,* **Abrégé des chroniques d'Enguerrand de Monstrelet.** *Tout commençait dans l'enclos Saint-Lazare.*
© Photo RMN/Bulloz

31. Voir le chapitre Sentier, p. 248.

À cet endroit, les gardes des marchandises les remplacent pour porter le dais, en continuant vers Notre-Dame. Un conflit de préséance avait éclaté préalablement pour savoir qui, des marchands grossiers, épiciers et apothicaires ou des grossiers en draps de soie, joaillerie et mercerie, prenait le premier relais.

En haut du quartier, donc, l'enclos Saint-Lazare, le plus vaste de Paris, sur lequel seront construits et la gare du Nord et l'hôpital Lariboisière, sans compter la gare de l'Est sur le clos Saint-Laurent, qui n'est qu'une dépendance de Saint-Lazare. Au pied du faubourg, les arcs triomphaux des portes Saint-Denis et Saint-Martin. Au milieu, la foire Saint-Laurent.

Les lazaristes, placés sur la route royale de Saint-Denis pour la gloire, avaient leur foire au bord de la grande rue, marchande depuis la Gaule romaine, du faubourg Saint-Martin puis de La Chapelle (auj. Philippe-de-Girard) pour le rapport. Tenue d'abord au jour de la fête de Saint-Laurent, le 10 août, la foire s'était prolongée par ses deux bouts pour finir par durer presque tout l'été, du 1er juillet au 29 septembre.

Comme toutes les foires parisiennes, elle était en dur : « quatre assez spacieuses halles » selon la gazette de Loret, en 1664, des rues les séparant, et quatre portes, deux sur Saint-Laurent, une sur Saint-Martin, une sur Saint-Denis. À l'angle de cette dernière, une fontaine : les eaux venant du Pré-Saint-Gervais, en contournant, par le nord, la butte de Belleville, arrivent à la maladrerie depuis la fin du XIIe siècle ; leur aqueduc est attesté dès ce moment, et l'autorisation donnée par Saint Louis aux Filles-Dieu d'en prélever une partie pour elles, en 1265. La rue de l'Aqueduc en suivra plus tard un nouveau, celui construit en 1808 en raccordement du canal de l'Ourcq : l'eau promise par Napoléon, plus abondante, mais de qualité moindre.

△▷ Immeubles de rapport des lazaristes, 95 à 105 rue du Faubourg-Saint-Denis.

La foire à l'opéra

À la foire Saint-Laurent, outre les marchandises, et parmi diverses attractions, des troupes foraines jouent, dès la fin du XVIe siècle, des pièces mêlées d'ariettes qu'elles donnent ici l'été, et l'hiver sur la rive gauche à la foire Saint-Germain. Les comédiens sédentaires leur ayant interdit le dialogue, elles ont recours à quantité d'expédients : pas plus d'un acteur en scène, des écriteaux ponctuant un jeu uniquement mimé – ce que fera, plus tard, le cinéma muet –, puis, après un compromis passé avec la corporation des musiciens, des airs d'accompagnement, confiés au public, le théâ-

△ **La Parade des Comédiens-Italiens au théâtre de la foire Saint-Laurent, en 1786** *(école française du XVIIIe siècle).*

tre ne fournissant que l'orchestre et les paroles écrites. En dépit de toutes ces embûches, deux troupes parviendront à s'associer et prendront le nom d'Opéra-Comique, dont les tréteaux sont donc les fonts baptismaux. Lesage est leur Molière, et quantité des plus vieux refrains qui ont encore quelque existence dans les mémoires, « la bonne aventure au gué, la bonne a-ven-tu-u-re... », par exemple, naissent ici autour de 1710.

Simon Favart y fait ses débuts d'auteur, et celle qui l'épouse, en 1745, ses débuts de chanteuse. Les Comédiens-Italiens, expulsés en 1697 à la simple annonce d'une farce intitulée *La Fausse Prude*, que Mme de Maintenon croyait dirigée contre elle, sont de retour à la foire Saint-Laurent en 1716. Ils fusionneront avec l'Opéra-Comique en 1762, s'installeront à l'Hôtel de Bourgogne[32], et il ne restera plus ici que des funambules, des acrobates et des montreurs de curiosités. Il faudra l'incendie de la foire Saint-Ovide, place Louis-XV[33], pour relancer à Saint-Laurent le vaudeville et l'opéra-comique.

En 1783, une « Redoute chinoise », ses deux escarpolettes, son café souterrain dans une fausse grotte, son salon de danse au-dessus et sa terrasse donnant sur le préau de la foire, est sa nouvelle attraction. Le roi de Suède, Gustave III, en visite à Paris, s'y rend le 29 juin 1785, et la trouve « fort agréable » ; le peintre Lavreince immortalise la scène. Avec la Révolution, la liberté des théâtres, qui en fait s'ouvrir partout, ruine la foire. Sur le terrain en déshérence, l'Empire fera couler les bronzes de la colonne Vendôme.

À deux pas de la foire, la maison de Saint-Lazare était devenue le lieu d'une claustration involontaire pour de jeunes débauchés ou aliénés qu'une lettre de cachet y retenait, le plus souvent à la demande des familles. À la fin des années 1720, il ne faut pas plus de deux ou trois mois au chevalier des Grieux du *Manon Lescaut* de l'abbé Prévost pour s'en évader, et on ne lui fera même pas grief d'avoir,

▽ **La Redoute chinoise,** *de N. Lavreince (n. d.). Le roi de Suède, Gustave III, en visite à Paris, y fut le 29 juin 1785, et la trouva « fort agréable ».*

32. Voir le chapitre Sentier, p. 249-250.
33. Voir le chapitre Concorde, p. 45.

▷ Le Pillage du couvent de Saint-Lazare, le 13 juillet 1789, *par J.-F. Janinet. Assez de blé et de farine pour en charger cinquante-deux voitures.*
© Bridgeman Giraudon

au passage, tué le portier. Le 8 mars 1785, malgré une première triomphale et soixante-sept représentations d'affilée qui l'ont été tout autant, chose jamais vue, Beaumarchais y est enfermé pour avoir évoqué dans le *Journal de Paris* les « lions et tigres » qu'avait dû vaincre son *Mariage de Figaro* pour parvenir jusqu'au public. Le roi n'avait pas aimé l'allusion, pourtant, cinq jours plus tard, l'auteur était sorti.

Avant même ceux de la Bastille, ce sont ces prisonniers-là que le peuple est allé délivrer, dès le 13 juillet 1789 ; et il a trouvé dans l'enclos Saint-Lazare assez de blé et de farine pour en charger cinquante-deux voitures. Les bâtiments sont vite redevenus prison. André Chénier, pendant son incarcération, y écrit son poème à clé, *La Jeune Captive* :

« Ces chants, de ma prison témoins harmonieux,
Feront à quelque amant des loisirs studieux
Chercher quelle fut cette belle :
La grâce décorait son front et ses discours,
Et, comme elle, craindront de voir finir leurs jours
Ceux qui les passeront près d'elle. »

On sait maintenant qu'elle s'appelait Aimée de Coigny.

En 1823, la maison de Saint-Lazare est réaménagée pour accueillir mille deux cents femmes ; elle est, pour les prostituées, la prison et l'hôpital de leurs visites médicales obligatoires. Il reste de cette reconstruction la chapelle et l'ancienne infirmerie : c'est le « carré historique » en voie de réhabilitation après le départ de l'Assistance publique en 1998.

▽ *Maison municipale de Santé (auj. hôpital Fernand-Widal). Après une vie de bohème, Murger y finit ses jours en janvier 1861.*

Les sœurs de la charité, leurs gardiennes, avaient leur maison mère presque en face, de l'autre côté de la rue du Faubourg-Saint-Denis, au sud de la rue Saint-Laurent. Une partie en était transformée plus tard, aux frais de la Ville, en hôpital payant par le chirurgien Antoine Dubois, d'où son appellation officielle de Maison municipale de santé et, plus courante, de Maison Dubois. Elle sera ensuite transférée au n° 200 de la rue (aujourd'hui hôpital Fernand-Widal). Nombre d'hommes de lettres, d'artistes, de bohèmes en prenaient le chemin dans leurs jours de misère ; Murger y finit les siens en janvier 1861.

L'entre-deux-gares

La cour de la gare de l'Est, la rue de Strasbourg (auj. du 8-Mai-1945), les rues de Metz et de Nancy (disparues dans l'agrandissement de la gare) remplacent le clos de la foire Saint-Laurent à partir de 1833. Des gran-

des gares de Paris, celle de l'Est est la plus ancienne, et la moins rentable quand La Bédollière écrit son *Nouveau Paris* en 1860 : « Non seulement les marchandises sur le réseau de l'Est sont de peu de rapport, mais encore la majorité des voyageurs appartient à une classe peu aisée ». Les provinciaux, souvent, se fixent à Paris à proximité de leur gare d'arrivée. Les Alsaciens Schoelcher habitaient déjà son voisinage, au 132-134, passage Delanos, avant même qu'elle existât. C'est d'ailleurs plutôt vers les Amériques que Victor Schoelcher voyage, au titre de la manufacture de porcelaine paternelle. Secrétaire d'État à la Marine et aux Colonies du gouvernement provisoire de la Deuxième République, en 1848, c'est lui qui fait signer une nouvelle et définitive fois le décret portant abolition de l'esclavage.

L'église Saint-Vincent-de-Paul s'achève à peine, sur le belvédère où le supérieur de Saint-Lazare aimait à méditer, que la gare du Nord commence de s'élever, à partir de 1845, sur des terrains qui avaient presque entièrement appartenu aux lazaristes. On trouve assez naturellement, dans l'entre-deux-gares, au 216, rue du Faubourg-Saint-Denis, les ateliers de François Cavé, mécanicien des chemins de fer, où six cents ouvriers et cent chevaux de force motrice fabriquent des machines à vapeur, et des coques de bateaux en fer, dont celui avec lequel Philippe Suchard, des chocolateries éponymes, sillonnera le lac de Neuchâtel.

En juin 1848, c'est à ces ateliers qu'est prise une pompe à incendie dans l'intention, diront les rapports

△ La gare du Nord, inaugurée en 1864, fut le point de départ de la fête permanente du Second Empire qui battait son plein à Compiègne.

◁ L'église Saint-Vincent-de-Paul, construite sur le belvédère où le supérieur de Saint-Lazare aimait à méditer.

de police, de la transformer en arme, remplie d'essence ou d'acide sulfurique, contre des maisons d'où tire la troupe. À la barrière des Vertus, au débouché de la rue du Château-Landon sur le boulevard de la Chapelle, c'est au "Là, s'il vous plaît", chez le traiteur Boulanger – sans doute un ancien forgeron, d'où l'enseigne reprenant les mots que crie le compagnon qui appelle à frapper sur la pièce rouge qu'il tient dans sa pince –, que l'ancien ouvrier Denis Poulot voit proclamer « empereur des pochards et roi des cochons » un mécano doué d'une force herculéenne, mais capable aussi de dessiner à la pointe à tracer le portrait d'Henri IV dans un carré d'un millimètre de côté.

Les ateliers de Cavé ont été transférés à Clichy quand la gare du Nord, inaugurée en 1864, est devenue le point de départ de la fête permanente du Second Empire qui bat son plein à Compiègne. À l'automne, en toute occasion, en part un train composé de six fourgons pour les malles bossuées et les grands cartons de la princesse de Metternich ou de la comtesse de Pourtalès, six voitures de première classe pour les domestiques, et six wagons-salons pour les invités de Leurs Majestés. Flaubert y case sa massive carcasse après le succès de *Salammbô*, et l'impératrice l'interroge dès son arrivée sur le costume carthaginois dont elle désire porter un modèle au bal. Cinquante ans plus tard, on voit souvent gare du Nord Vladimir Ilitch Oulianov, dit Lénine, une grosse enveloppe à la main, courir vers le wagon postal du train de Saint-Pétersbourg pour y remettre *in extremis* un article en retard. La gare du Nord est celle de l'Eurostar depuis 1994, la première gare européenne, et la troisième du monde après Tokyo et Chicago.

L'entre-deux-portes

« La très belle et très inutile porte Saint-Denis », comme l'écrit Breton dans *Nadja*, est répétée par la porte Saint-Martin, tout aussi belle et tout aussi inutile : l'une et l'autre sont édifiées après que la muraille est tombée et son tracé devenu boulevard. Les portes fonctionnelles, celles de l'octroi, la barrière fiscale remplaçant la fortification défensive, sont reportées plus au nord, aux deux intersections avec la rue du Château-d'Eau, c'est-à-dire aux deux ponts enjambant le Grand Égout. Et, là, ce n'est plus la municipalité qui perçoit les taxes à l'entrée des marchandises, mais l'État, par l'intermédiaire des Fermiers généraux, la Ville ne s'en voyant rétrocéder que le tiers. En ouvrant Paris, Louis XIV l'a mis doublement en son pouvoir.

▷ *« La très belle et très inutile porte Saint-Denis » de Breton : un arc de triomphe.*

C'est entre les deux portes, dans la rue Neuve-d'Orléans qui longe en contrebas le boulevard, que Ledoux a ses bureaux, au n° 16 ; là qu'il publiera, en 1804, sa somme testamentaire, *L'Architecture considérée sous le rapport de l'art, des mœurs et de la législation*. Le segment de boulevard qu'il a sous les yeux, entre la porte Saint-Denis et la porte Saint-Martin, sera celui de « 1848 ». La République y meurt. Le 21 juin, à la fermeture définitive des Ateliers nationaux, les crève-la-faim jetés sur le pavé sont, vers neuf heures du soir, hallucinés, venus échouer ici : « De la porte Saint-Denis à la porte Saint-Martin, cela ne faisait plus qu'un grouillement énorme, une seule masse d'un bleu sombre, presque noir », écrit Flaubert. À l'aube du 4 décembre 1851, après la nuit de fusillade qui a suivi le coup d'État, quand le Frédéric Moreau de *L'Éducation sentimentale* revient de Nogent, « son cocher de fiacre assura que les barricades étaient

△ *Le Théâtre du Gymnase. Nerval venait y admirer Jenny Colon ; il allait fonder pour elle une revue,* Le Monde dramatique, *et y engloutir son héritage.*

◁ *La porte Saint-Martin, pas plus porte que sa voisine, et construite pareillement après l'arasement de l'enceinte.*

dressées depuis le Château-d'Eau jusqu'au Gymnase… ».

Le Gymnase, qui borne le baroud d'honneur populaire, est un théâtre, et la République quarante-huitarde a été de bout en bout théâtrale, incarnée par les deux acteurs les plus populaires du temps : Mélingue, qui a tenu le rôle-titre dans *Le Chevalier de Maison-Rouge*, adaptation par Dumas de *L'Histoire des Girondins* de Lamartine, par ailleurs immense succès de librairie ; et la révolution se fera aux accents de sa chanson de scène, *Le Chœur des Girondins*. Son confrère Bocage, ancien ouvrier-tisseur, héros, au Théâtre de la Porte-Saint-Martin, de plusieurs Dumas, dont *Antony* et *La Tour de Nesle*, ira, dans une délégation envoyée par le *National*, adjurer Lamartine de participer au gouvernement provisoire.

Le Gymnase avait inauguré, juste avant Noël 1820, le « vaudeville de bon ton ». Nerval venait y admirer Jenny Colon, et il fondera, pour la servir, une revue, *Le Monde dramatique*, qui ruinera l'héritage qui l'avait fait presque riche. Réaménagé au coup d'État, le Gymnase devient « une des salles les plus commodes de Paris, en même temps qu'elle est une des plus jolies ». On y joue alors du George Sand : *Le Mariage de Victorine*, *Le Démon du foyer*, *Le Pressoir*, et de l'Alexandre Dumas fils : *Diane de Lys*, *Le Demi-Monde*, *La Question d'argent*…

Coluche s'y installera, c'est le cas de le dire, en novembre 1978 ; il y restera dix-huit mois, durant lesquels il entrera en scène, tous les soirs, à 21 h 08 : huit minutes à faire poireauter la salle pour la chauffer. Six cent mille spectateurs y seront passés, un record, inscrit au livre idoine. Le 30 octobre 1980, à quinze heures, c'est au Gymnase qu'il annonce sa candidature à la présidence de la République ; le 16 mars 1981, à la même heure, au même endroit devenu son QG de campagne, il entame une grève de la faim destinée à le faire recevoir au *Club de la presse* d'Europe 1 et à *Cartes sur table* d'Antenne 2. Son compère et mari pour rire, Thierry Le Luron, lui succède au Gymnase le 16 novembre 1984 : sur un écran géant, défilent les promesses électorales de François Mitterrand, montées en boucle ; devant, travesti en Dalida, Le Luron les accompagne du refrain « Paroles, paroles, paroles… ».

Tous en scène

Le Théâtre de la Porte-Saint-Martin est l'ancien Opéra, construit en moins de trois mois tant l'impatience de la cour était grande après l'incendie du précédent, par Lenoir le Romain, à l'été de 1781. Le dimanche, de la Saint-Martin jusqu'à l'Avent et des Rois au Carême, sans compter les jours entourant le mardi gras, s'y tenait sous Louis XVI, de onze heures du soir à six heures du matin, un grand bal, masqué ou non. À la porte, attendaient les falots.

Dès 1662, un abbé ingénieux avait créé une affaire de porte-lanternes et de porte-flambeaux. Les flambeaux étaient divisés en dix portions, et le paiement s'effectuait à la portion consumée durant le trajet ; la lanterne se payait au quart d'heure, le falot portant à la ceinture un sablier étalonné pour ce laps de temps. « Le falot est tout à la fois une commodité et une sûreté pour ceux qui rentrent tard chez eux, écrit Mercier. Le falot vous conduit dans votre maison, dans votre chambre, fût-elle au septième étage, et vous fournit de la lumière quand vous n'avez ni domestique, ni servante, ni allumettes, ni amadou, ni briquet… À la sortie des spectacles, ces porte-falots sont les commettants des fiacres ; ils les font avancer ou reculer selon la pièce qu'on leur donne. » Ce sont aussi des « mouches », c'est-à-dire des indicateurs de police.

Sous le Consulat, la salle était rebaptisée Opéra du peuple. Devenue Théâtre de la Porte-Saint-Martin, elle accueille, dans les années 1820, une troupe anglaise jouant Shakespeare en version originale. Les romantiques libéraux, dont Stendhal, y courent, comme les jeunes peintres, et résistent vaillamment aux braillards hurlant : « Parlez français ! », « À bas Shakespeare ! C'est un aide de camp du duc de Wellington ! ».

Dix ans plus tard, le 3 mai 1831, c'est la première d'*Antony*, « une scène

▷ *Le Théâtre de la Porte-Saint-Martin : l'Opéra fut construit en moins de trois mois, à l'été de 1781, tant la cour était impatiente après l'incendie du précédent.*

d'amour en cinq actes », dira Dumas ; « insolemment immorale », selon la critique. Marie Dorval au côté de Bocage. « Ce que fut la soirée, se souviendra Gautier, aucune exagération ne saurait le rendre. La salle était vraiment en délire ; on applaudissait, on sanglotait, on pleurait, on criait. La passion brûlante de cette pièce avait incendié tous les cœurs. » On déclara qu'il était impossible d'être beau sans ressembler à Bocage dans *Antony*.

△ *Coquelin aîné dans* Cyrano de Bergerac *d'Edmond Rostand. Théâtre de la Porte-Saint-Martin, 1900.*
© Coll. Roger-Viollet

◁ *Marie Dorval, dans le rôle d'Adèle d'Hervey, et Bocage, dans le rôle-titre d'*Antony *(acte I, scène 6), d'Alexandre Dumas, 1831. Gravure d'Eugène André.*
© Bridgeman/Lauros-Giraudon

Quant à Marie Dorval : « Elle était mieux que jolie, elle était charmante ; et cependant elle était jolie, mais si charmante que cela était inutile. Ce n'était pas une figure, c'était une physionomie, une âme », écrirait George Sand dans *Histoire de ma vie*.

Bientôt, Victor Hugo y rejoint Juliette Drouet, qui a un petit rôle dans sa *Lucrèce Borgia*. Ici, Frédérick Lemaître est Jacques Collin dans *Vautrin*, débuts théâtraux de Balzac. L'acteur s'est fait la tête de Louis-Philippe, et la soirée est houleuse comme une création hugolienne. La pièce est immédiatement interdite et la première du 14 mars 1840 est aussi la dernière. C'est encore dans ce théâtre que Baudelaire, le 18 août 1847, tombe amoureux de Marie Daubrun à la première de *La Belle aux cheveux d'or*, une féerie.

Jeanne de Tourbey, une jeune personne qui a débuté dans la galanterie, que Marc Fournier, le nouveau directeur de la Porte-Saint-Martin, a lancée sous ce nom sur les planches, séduit Flaubert qui signera encore vingt ans plus tard, « Votre vieil amoureux ». De Croisset, à la fin décembre 1860, il lui souhaite pour la nouvelle année « une queue – entendons-nous – une queue de monde qui tous les soirs aille depuis la Madeleine jusqu'à la Porte-Saint Martin, sans compter les rues adjacentes. Afin que vous puissiez avoir des équipages à trente chevaux, des divans en plumes de colibris et que vous commandiez pour Fournier une paire de bottes à clous de diamants ».

Mélingue, qui est aussi sculpteur, boucle le cycle en interprétant sur scène son autre métier dans *Benvenuto Cellini*. Quand le Théâtre de la Porte Saint-Martin, incendié pendant la Semaine sanglante, est reconstruit en 1891, Jeanne de Tourbey est depuis longtemps comtesse de Loynes. Sur la scène neuve, on donne le *Cyrano de Bergerac* d'Edmond Rostand.

Sartre et le boulevard... de Strasbourg

Le Théâtre de la Renaissance, ouvert en 1875, est une scène d'opérette jusqu'en 1893, année où Sarah Bernhardt le prend en charge, avant de le quitter début 1899. Pendant ce temps, André Antoine, après diverses étapes, s'est définitivement fixé au 14, boulevard de Strasbourg, où s'épanouit le naturalisme de son Théâtre-Libre : de vrais quartiers de viande sont pendus dans le décor des *Bouchers*, des poules vivantes picorent dans *La Terre*. Antoine va y monter ainsi quantité de Zola : *Messidor*, *L'Enfant-Roi*, *La Faute de l'abbé Mouret*... À sa mort, la salle est rachetée par Simone Berriau et devient, de la Libération aux premières années 1950, la scène de Sartre : *Morts sans sépulture* et *La Putain respectueuse*, puis *Les Mains sales*. Après Alain Cuny et Michel Vitold, on y voit André Luguet et François Périer, « des comédiens du Boulevard », celui qui s'arrête au Gymnase, mais en venant de la Madeleine, celui « des broutilles et des comédies légères », comme le dit François Périer, un peu honteux. Suivent *Le Diable et le Bon Dieu*, mis en scène par Louis Jouvet deux mois avant sa mort, avec Pierre Brasseur et Jean Vilar, enfin *Nekrassov*, dont Louis de Funès refusera finalement le rôle du directeur de journal. En 1959, *Les Séquestrés d'Altona*, où l'on remarque Serge Reggiani, sont à la Renaissance.

▷ *Le Théâtre de la Renaissance, racheté par Simone Berriau, devint, de la Libération aux premières années 1950, la scène de Sartre.*

▽ *La brasserie Julien : un bar en acajou de Cuba, de Louis Majorelle, les* Quatre Saisons *de Trézel, aux femmes-fleurs inspirées de Mucha...*

Le théâtre d'auteur est passé à l'autre bout du quartier après que Peter Brook eut repris, en 1974, les Bouffes-du-Nord, depuis un siècle caf' conc' et music-hall, même si elles avaient été, un temps, « Théâtre Molière ». C'était l'époque où, à côté du théâtre Antoine chantait L'Eldorado, au 4. Renard, compositeur du *Temps des cerises*, y voisinait avec Suzanne Lagier, la bonne camarade de Flaubert. À la fin du siècle, Mistinguett y fut *gommeuse* – celle qui se montre plus qu'elle ne chante –, dix années durant. La Scala, en face, avait Yvette Guilbert, « la dame rousse aux gants noirs, vêtue de satin vert », ainsi que la décrit Claudine Joannis, sa biographe. Comme ses confrères et consœurs, elle était entourée, sur la scène, d'un aréopage de jeunes femmes, ce que l'on appelait la *corbeille*, censées figurer des auditrices dans un salon bourgeois, mais plutôt présentation de la marchandise pour que les messieurs du parterre puissent faire leur choix.

Dans la salle du Globe au 8, chez Favre, l'unité des socialistes se réalisait lors du congrès de la fin d'avril 1905, entre le Parti socialiste de France (PSDF) de Jules Guesde, le Parti socialiste français (PSF) de Jean Jaurès, le POSR d'Allemane et des fédérations départementales autonomes. Désormais, on était Section française de l'Internationale ouvrière (SFIO), et on s'affirmait « parti de lutte de classe et de révolution ». En 1930, la publicité de la nouvelle direction du Globe se flatterait d'aligner cinquante billards dans « la plus grande salle du monde », sans parler d'un « orchestre de premier ordre ».

Les frères ennemis étaient alors, depuis le 14 juillet 1921, jour où l'annonce en avait été faite dans *L'Humanité* par Armand Salacrou, au 120, rue La Fayette. Le Parti communiste y siégera jusqu'en 1937.

« C'est rue La Fayette au 120
Qu'à l'assaut des patrons résiste
Le vaillant Parti communiste
Qui défend ton père et ton pain »,
écrira Aragon, dans *Aux Enfants rouges*. Il y reste la fédération de Paris.

« Le 4 octobre dernier (on est en 1926, précise André Breton en note pour l'édition de 1962), à la fin d'un de ces après-midi tout à fait désœuvrés et très mornes, comme j'ai le secret d'en passer, je me trouvais rue Lafayette : après m'être arrêté quelques minutes devant la vitrine de la librairie de *L'Humanité* et avoir fait l'acquisition du dernier ouvrage de Trotsky, sans but je poursuivais ma route »...

On dirait que le Mervyn des *Chants de Maldoror* vient à sa rencontre : « Il s'avance dans la rue du Faubourg-Saint-Denis, laisse derrière lui l'embarcadère du chemin de fer de Strasbourg, et s'arrête devant un portail élevé, avant d'avoir atteint la superposition perpendiculaire de la rue Lafayette ». Il est donc boulevard de Magenta, passé la rue des Petits-Hôtels. « Il tire le bouton de cuivre, et le portail de l'hôtel moderne tourne sur ses gonds. Il arpente la cour parsemée de sable fin, et franchit les huit degrés du perron », d'une « aristocratique villa » qui devait se trouver derrière la future librairie de *L'Humanité*.

△ 120, rue La Fayette, premier siège du PCF du 14 juillet 1921 à 1937.

Le dernier cri des faubourgs

Passage Brady, où se sont établis aujourd'hui les « comptoirs de l'Inde », pour le dîner de *L'Os à moelle*, chez Cabouret, se réunissaient tous les mois très régulièrement, jusqu'en 1896, à l'instigation de Maurice Denis : Sérusier « le Nabi à la barbe rutilante », Bonnard le Nabi très japonard, Denis le Nabi aux belles icônes et Cazalis le Nabi Ben Kallyre, c'est-à-dire « à la parole hésitante ». Ils n'y arrivaient pas accompagnés, mais chacun apportait une icône, une image qui serait le point de départ des discussions.

△ Passage Brady, les « comptoirs de l'Inde » là où les Nabis dînaient tous les mois, jusqu'en 1896, à L'Os à moelle.

△ *Un quartier dont le grand magasin avait pour enseigne « Aux classes laborieuses »…*

▷ *4, rue Martel se trouvait, en 1910, le siège des* Échos de l'Exportation, *devenus ici les* Échos *tout court en 1920.*

Sinon, un quartier dont le grand magasin avait pour enseigne « Aux classes laborieuses » était plutôt celui de la production. Déjà les Petites-Écuries royales, à la différence des Grandes en charge des chevaux de selle, s'occupaient ici des voitures et bêtes d'attelage, c'est-à-dire de la fabrication, à compter de 1760, des carrosses et harnais.

La mairie du 10e, où siégea pendant la Commune le Comité central de l'Union des femmes pour la défense de Paris, constitué par Nathalie Lemel et un groupe d'ouvrières sous l'égide de la Commission du travail, affiche les figures allégoriques des Parfums, Comédie, Tragédie, Verrerie, Broderie, Céramique, Orfèvrerie et Fleurs artificielles. On s'attendrait à y trouver aussi la Chaussure, que représentait avantageusement Pinet, et la Fourrure, pour Brunswick, « le fourreur qui fait fureur », comme le chantait Charles Trenet dans une publicité radiophonique des années 1930. Et encore la Coiffure qui, sous la forme « Afro », fait du boulevard de Strasbourg un salon antillais.

▷ *La mairie du 10e arrondissement affiche les figures allégoriques des Parfums, Comédie, Tragédie, Verrerie, Broderie, Céramique, Orfèvrerie et Fleurs artificielles.*

Au fronton du 4, rue Martel, se voient locomotive et machine agricole ; c'était le siège, en 1910, des *Échos de l'Exportation*, qui s'adjoignirent en 1920 l'immeuble du n° 2 quand ils devinrent *Échos* tout court, avant d'annexer aussi le n° 10 de la rue des Petites-Écuries.

Le 1er mai 1919, grande journée de revendication marquée par un arrêt presque complet du travail, « devant la mairie du 10e, faubourg Saint-Martin, une bagarre éclate entre la police et trois douzaines de chômeurs. En face, au 59, une fenêtre s'ouvre, écrit Jules Romain. Un homme maigre vocifère. L'homme s'appelle Montéhus. Avant d'ouvrir sa fenêtre, il a vérifié dans une glace piquée de points noirs le mouvement de sa cravate et de sa chevelure. La voix de Libertad s'est tue à jamais, mais le chansonnier Montéhus crie "Assassins" aux agents ».

La Villette : la partie pour le tout

La Villette, c'est un diminutif de ville à la campagne, dépendant du prieuré de Saint-Lazare, lui-même hors les murs ; un faubourg de faubourg, en quelque sorte. Qui s'appellera d'ailleurs Saint-Ladre-lez-Paris (*lez* signifiant à côté de) ou La Villette-Saint-Lazare jusqu'à la Révolution. Saint-Lazare y possédait des vignes, dont le pressoir se trouvait dans l'actuelle rue de Nantes. La partie nord-est de La Villette (le quartier du Pont-de-Flandre d'aujourd'hui) était dite, au contraire, Villette-Saint-Denis parce que cette abbaye-là y possédait des terres. À partir du début du XVIIIe siècle, on désignera couramment l'une sous le nom de Petite-Villette et l'autre sous celui de Grande. La Villette des pampres a quelques maisons de plaisance comme le château du duc de Roquelaure, qui aime les confins et que l'on retrouvera à Belleville, dont il restait jusque vers 1930, au 152, avenue de Flandre, deux bas-reliefs représentant la Peinture et l'Architecture, sur la rue, et un tympan sculpté au fond de l'ex-jardin. Le maréchal aux *aventures galantes et divertissantes*, assez notables pour avoir été réunies en volume, y meurt en 1683 ; son fils en 1738. La Villette ne compte encore que quelques centaines d'habitants.

La route royale de Strasbourg, qui devient chemin de Meaux en abordant la capitale, s'abouche après un léger

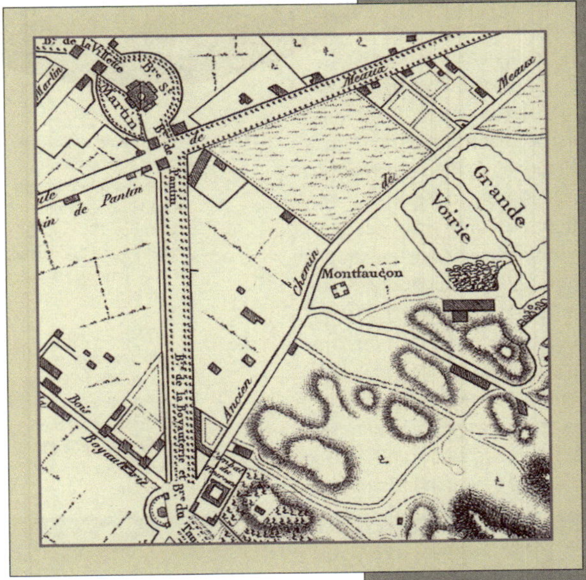

△ *« Tout ce terrain est couvert des restes cadavéreux des animaux et des immondices de cette vaste cité », note Maire sur son plan (1808).*
DR

▷ *Le gibet de Montfaucon au Moyen Âge (gravure de Barnasse, XIXᵉ s.). Ici l'ancien, à seize piliers, situé aux environs de l'actuelle place Robert-Desnos.*

coude à la rue de la Grange-aux-Belles. En 1768, on en fait, sous le nom de rue d'Allemagne, une avenue rectiligne symétrique de celle de Flandre. Ce nouveau tracé s'écarte heureusement du gibet de Montfaucon, rebâti plus au nord, mais toujours au long du même chemin, s'il est passé de son bord gauche à son bord droit. Le Montfaucon neuf est, certes, moins touffu que son prédécesseur, mais il se trouve flanqué des bassins de vidange de la Grande Voirie et du clos de l'équarrissage des animaux malades ou blessés, soit quelque dix mille chevaux chaque année, dont les restes pourrissent alentour. Entre les deux avenues symétriques, Ledoux donne à la rotonde Saint-Martin ses dimensions imposantes parce qu'elle doit relier deux barrières : celle de la Villette, qui mène en Flandre, et celle de Pantin en Allemagne. Dans la nuit du 20 au 21 juin 1791, deux calèches s'y arrêtent au petit jour sans attirer autrement l'attention : elles emportent le roi, sa sœur Madame Élisabeth, la reine, leurs deux enfants, dont le jeune dauphin habillé en fille. Leur retour de Varennes sera moins discret : on ne les laissera pas franchir la porte ; on leur fera longer le mur d'octroi jusqu'à la barrière de l'Étoile pour qu'éclate leur indignité sur les Champs-Élysées. La guillotine va, six mois plus tard, priver Montfaucon de toute utilité.

L'Ourcq est navigable depuis le troisième quart du XVIᵉ siècle : par son cours et par la Marne était arrivé alors en grande pompe, jusqu'au port de Grève, le bois coupé dans la forêt de Villers-Cotterêts. L'idée d'en détourner les eaux pour les faire boire à Paris, qui est toujours en manque, n'est pas neuve quand le Premier consul, le 10 mai 1802, en ordonne l'exécution ; cette fois, elle est suivie d'effet. L'adduction est achevée pour l'essentiel quand, retour de Friedland, de Tilsit, la garde impériale arrive, triomphante, devant la rotonde Saint-Martin.

Mais, effet barrières, les guinguettes et cabarets sont plus nombreux, ici, que les fontaines. C'est dans l'un d'eux, à l'enseigne du Petit-Jardinet, que, le 30 mars 1814, Marmont capitule devant les alliés. Dans la nuit,

▷ **Entrée de la Grande Armée conduite par Bessières à la barrière de La Villette, le 25 novembre 1807, après la campagne de Prusse, de *N. A. Taunay (n. d.).***

▽ ***La rotonde Saint-Martin, imposante parce qu'elle reliait deux barrières : celle de La Villette, porte des Flandres, et celle de Pantin, porte de l'Allemagne.***

Alexandre Ier, tsar de Russie, et Frédéric-Guillaume III, roi de Prusse, du haut de la butte Chaumont, contemplent la capitale, à leurs pieds. Le lendemain, ils font leur entrée dans Paris, accompagnés du grand-duc Constantin et du prince de Schwarzenberg, représentant l'empereur d'Autriche. Des « cris d'allégresse », un « enthousiasme éclatant et sincère » saluent, selon la *Gazette de France*, ces ennemis-amis qui nous ramènent un roi. Ils sont moins de six mille habitants de La Villette à témoigner ainsi leur reconnaissance, à condition encore que la population tout entière ait été dans la rue.

▽ **Panorama de La Villette, ou les lurons chez la mère Radis** *(gravure du XVIIIe s.). « Après avoir franchi le rempart de fange dont ce bouge est environné »...*

À l'effet barrières du vin détaxé, le roulage et les maisons de commission – La Villette est un grand entrepôt –, ont ajouté les auberges. Sous la Restauration, emblématique des abords de la rotonde Saint-Martin est le cabaret de la mère Radig, à l'enseigne de La Providence. Victor-Joseph Étienne « de Jouy », de l'Académie française, en donne en 1816 une description apocalyptique qui commence ainsi : « Après avoir franchi le rempart de fange dont ce bouge est environné, j'entrai dans une première salle, ou plutôt dans un premier cloaque, où cinquante personnes assises, et cent autres debout, s'agitaient, juraient, hurlaient au milieu d'une atmosphère infecte... ». Comme l'écrira La Bédollière, « il prend des ouvriers attablés pour des sauvages et les peint comme tels ».

Paris sous le vent de La Villette

Devant la rotonde, le bassin de La Villette achevé, on y glisse quand l'hiver est assez rude, et l'on s'y fait tirer dans des traîneaux qui sont d'anciennes nacelles bariolées des Montagnes-Russes, de Beaujon ou de Tivoli, dont on a ôté les galets pour les remplacer par des semelles. Le *Journal des Dames* du 20 février 1827 a regardé évoluer ici un couple de patineurs hollandais : « Si la dame portait un pantalon, il devait être fort court ; car quoique le vent agitât le bord de sa robe, nous n'avons vu au-dessus du brodequin qu'une jambe bien tournée ».

Le gibet caduc, les cinq bassins de vidange de la capitale sont toujours au-dessus de l'actuel 46, rue de Meaux, ainsi que les carcasses chevalines en décomposition et les colonies de rats qui les habitent. « L'hydrogène sulfuré, l'hydro-sulfate d'ammoniac et autres vapeurs délétères, se dégageaient en vapeur de ces lacs infects. Les oiseaux qui passaient par-dessus tombaient morts », rapporte La Bédollière sans sourciller. Or, les habitants de Belleville sont sous le vent qui, à Paris, si l'on en croit les décomptes réalisés par François Arago, souffle soixante-quatorze jours par an du nord-ouest et soixante-dix jours par an de l'ouest, soit douze mortelles journées chaque mois, contre pas même deux jours où il vient de l'est. On comprend mieux pourquoi les beaux quartiers poussent à l'ouest, les fumées d'usine à venir n'étant guère plus désirables.

Il faut bien s'occuper, tout de même, d'assainir Montfaucon. À la fin de la monarchie de Juillet se construit un abattoir aux chevaux, la voirie est en cours de transfert à Bondy ; ne reste plus que le dépotoir.

Si, le 11 août 1858, éclate dans la scierie des frères Lombard, 45, rue d'Allemagne, « un incendie si considérable que les Parisiens crurent à

△ *Le bassin de La Villette et les grands bâtiments repris, en 1865, par la Compagnie des entrepôts et magasins généraux de Paris, d'Émile Pereire.*

▷ *Les patineurs du canal de l'Ourcq, avec, au fond, la rotonde de La Villette (gravure, vers 1800).*

△ **Les Ouvriers raffineurs quittant l'usine de MM. Jeanty et Prévost.** ***À l'annexion, La Villette comptait sept raffineries de sucre.***
© PMVP/Degrâces

l'apparition d'une aurore boréale », l'importance même du sinistre atteste de l'industrialisation de La Villette à la date. Dès la fin du siècle précédent, le vieux château de Roquelaure a cédé la place à une raffinerie d'huile. Dans une population qui a décuplé en cinquante ans pour atteindre trente mille habitants, on compte dix mille ouvriers, c'est dire qu'à peu près tous les hommes de la commune le sont.

On est à la veille de l'annexion qui ici, le fait est assez rare, ne passe pas pour une aubaine. À l'enquête de pure forme de la Préfecture, le Conseil municipal, le 7 février 1859, argumente de façon détaillée. Il énumère les dix-sept (17 !) groupes d'industrie qui auraient le plus à en pâtir : les entrepositaires en tête, « qui ne sont venus construire d'immenses immeubles chez nous que pour éviter l'octroi ». Suivent les sept raffineries de sucre : alors que dans Paris toutes, hormis trois, ont disparu, elles « s'accroissent journellement à La Villette. La principale cause de ce fait est l'immunité de droits sur la houille ». On cite encore une « forge à fer avec laminoirs, des fonderies, des ateliers de chaudronnerie de fer », qui emploie cinq cents ouvriers ; la fabrique de pianos Erard, fondée à Paris en 1780 rue du Mail, ainsi qu'une fabrique de chalets et de parquets, toutes installées ici parce que leurs matières premières y sont exemptes de taxes. Enfin, « les distilleries, au nombre de 80 à 100 », qui emploient, réunies, plus de mille personnes.

La nourriture de l'ouvrier devenue plus chère également, continue le plaidoyer, ne faudra-t-il pas augmenter les salaires ? Sans compter que les propriétaires, grevés de charges municipales plus lourdes, ne pourront que les répercuter sur les loyers : alors, ou bien leurs locataires émigreront, en les ruinant, ou il faudra les rendre solvables, ce qui signifie, une fois encore, les payer davantage.

« L'annexion sera une calamité, une ruine pour les négociants, résume l'auteur de *Paris-Atlas 1900* ; la vie devenant plus coûteuse, les salaires devront être augmentés, etc. À quarante années de distance, on se rend compte que ces craintes étaient pure-

▷ *Là étaient les Établissements Barbier, Bénard et Turenne, ingénieurs-constructeurs, responsables de l'optique du phare des Baleines, dans l'île de Ré (1927).*

ment chimériques. » Entendez par là que la vie est effectivement devenue plus coûteuse, mais que les salaires n'en ont pas été augmentés pour autant !

C'est le tango des tueurs des abattoirs

Si Félix Potin installe à La Villette, rue de l'Ourcq, la première fabrique édifiée par un épicier, l'année qui suit l'ouverture de son magasin de l'angle des rues Réaumur et Sébastopol, soit en 1861, après l'annexion donc, sa distillerie et sa chocolaterie n'emploient ici que cent cinquante ouvriers. Quand il leur adjoindra, en 1880, un immense entrepôt, des chais, des cuves à liqueur, un laboratoire et une parfumerie qui porteront bientôt son personnel à près de mille cinq cents personnes, ce sera à Pantin.

Les sucriers de la rue de Flandre, Lebaudy au 19, Sommier au 145, n'ont pas quitté La Villette. Ils sont passés au gaz, dont ils sont parmi les plus gros utilisateurs parisiens ; ils ont fait appel à une main-d'œuvre essentiellement féminine et étrangère : en 1882, sur quelque trois cent cinquante ouvriers de Sommier, on compte cent soixante-quinze Français, cent Allemands, quatre-vingts Belges et six Italiens. La colonie allemande a diminué de moitié depuis la guerre de 1870, quand Paris était la troisième ville allemande après Berlin et Hambourg, mais elle compte encore quelque trente mille personnes dont, fait exceptionnel dans les immigrations, deux tiers de femmes. Et les sucriers ont diminué les salaires ! C'est pendant la grève des « casseuses », consécutive à une baisse de leur rémunération de 16,66%, que Séverine, la « belle camarade » de Jules Vallès, tente, déguisée en ouvrière, de rapporter ce qui se passe à l'intérieur des raffineries en 1889, centenaire de la Révolution.

Les métiers du bois et du fer sont restés aussi : les pianos Erard, route de Flandre, et la chaudronnerie Egrot,

▷ Saint-Joseph-Artisan, 214, rue La Fayette, église des Allemands. Jusqu'à 1870, Paris n'était dépassée, pour leur nombre, que par Hambourg et Berlin.

◁ En 1861, Félix Potin installa à La Villette, aux 83-89, puis 95, rue de l'Ourcq, la première fabrique édifiée par un épicier.

▽△ Devant les entrepôts, le pont levant de la rue de Crimée, fruit d'une participation entre Cail et la Compagnie de Fives-Lille en 1885.

rue Mathis, qui fait les bateaux-poste en tôle du canal de l'Ourcq et les appareils de distillerie dont la demande est forte sur place. Le trafic du port passe de 1,11 million de tonnes en 1860, à plus de 2 millions en 1900. Il ne cessera de croître jusqu'en 1914, quand la route d'Allemagne sera rebaptisée Jean-Jaurès.

Quai de la Seine et quai de la Loire l'encadraient de grands bâtiments repris en 1865 par la Compagnie des entrepôts et magasins généraux de Paris, d'Émile Pereire, dont l'un a eu les honneurs du *Diva* de Jean-Jacques Beineix. Malgré l'incendie de 1991, leur symétrie sera rétablie. Le pont levant de la rue de Crimée, qui leur sert de porche, est, depuis 1885, fruit d'une *participation* entre Cail et la Compagnie de Fives-Lille. Le franchit, après avoir dépassé la provinciale place de Bitche, ce qui est sans doute l'une des premières liaisons inter-banlieues, reliant Saint-Denis et Aubervilliers aux Lilas et à Romainville, au long de laquelle s'échelonnent de nombreuses communautés, dont une importante colonie chinoise.

Marché aux bestiaux et abattoirs occupent, à compter de 1867, la moitié de la Petite-Villette. Marchands en longue blouse bleue et bouchers en tablier blanc y parlent le « loucherbem » (prononcer « louchébème »,

▷ Marchands en longue blouse bleue et bouchers en tablier blanc parlaient alors le « loucherbem » (prononcez « louchébem »).

▽ Marché aux bestiaux et abattoirs occupaient, à compter de 1867, la moitié de la Petite-Villette ou Villette-Saint-Denis.

△ *Au bout du canal de Saint-Denis s'étendait le Dépotoir. À la Belle Époque, de trois cents à quatre cents voitures de vidange venaient, chaque nuit, y verser leur collecte.*

seuls les sons comptent), cet argot, ce verlan dont ils sont les premiers inventeurs, et qui consiste à commencer tous les mots par un *l*, à renvoyer au bout du mot la lettre que ce *l* a remplacée, et à y ajouter encore une terminaison qui peut-être, au choix, *-ème*, *-ji*, *-oque* ou *-muche*. C'est ainsi qu'avec « boucher » on obtient « loucherbem », et avec « fou », « loufoque ».

Hélas, les bouchers de La Villette ne se bornent plus, à la fin du siècle, à jouer de l'anagramme, ils se sont mis à la tige d'acier gainée de bambou, emmanchée dans un pommeau du même métal, gros comme une boule de billard, le tout pesant cinq bons kilos et baptisé « canne antisémite ». Le marquis de Morès a recruté parmi eux les gros bras de sa Ligue antisémitique, et de ses complots monarchistes que financent Boni de Castellane et le duc d'Orléans, auquel on fait tâter des biceps à la hauteur des sommes qu'on lui réclame.

Le 20 août 1898, les bouchers descendent en ville pour dégager Jules Guérin, leur chef, retranché dans son Grand Occident de France, au 51, rue de Chabrol. « Les amis de Morès (...) mille cinq cents chevillards et garçons bouchers de La Villette, disciplinés, armés, déterminés », rapporte le Préfet de police Lépine dans ses *Souvenirs*, « allaient-ils s'engouffrer en masse (...) jusqu'au fort Chabrol, délivrer Guérin ? C'était évidemment leur dessein et ils ne se seraient arrêtés qu'à l'Élysée ».

La garde à cheval aura finalement raison des putschistes supposés, mais, si l'on en croit les chiffres du préfet, à une époque où trois mille personnes y travaillent, c'est la moitié des abattoirs de La Villette qui sert chez les nervis antidreyfusards.

▽ **Aux abattoirs de La Villette,** *Eli Lotar, 1929. « Le sang ne nous fait pas peur, c'est notre métier », criaient les nervis antisémites de Jules Guérin.*
© Photo CNAC/MNAM Dist. RMN et © Jacques Faujour

Il y a Villette et Villette

Au sud des abattoirs, le long du bassin qui termine le canal de Saint-Denis, s'étend le Dépotoir. À la Belle Époque, de trois cents à quatre cents voitures de vidange viennent chaque nuit y verser leur collecte dans de vastes réservoirs. De Montfaucon, La Villette a gardé l'excrétion, et la mort : au 104, rue d'Aubervilliers, se construit de 1873 à 1906, sur un hectare et demi, le Service municipal des pompes funèbres. « Le sang ne

◁ *104, rue d'Aubervilliers, les Pompes funèbres des premières « Nuits Blanches » parisiennes attendent leur requalification culturelle.*

nous fait pas peur, c'est notre métier », se vante-t-on alors dans les troupes de choc de Guérin.

C'est dans cette cité industrielle que vient buter l'élan du Front populaire ; ici que le 11 juin 1936, dans un gymnase, au 87, avenue Jean-Jaurès, Thorez répond indirectement à Marceau Pivert qu'« Il faut savoir terminer une grève dès que satisfaction a été obtenue... ».

Après la Libération, c'est près de la rotonde Saint-Martin, sur la place devenue celle de la Bataille-de-Stalingrad, que tombe, au cours des manifestations contre la venue à Paris de « Ridgway la Peste », le premier mort de la guerre froide, qui est aussi un ouvrier algérien, Belaïd Hocine. Roger Vailland en fait le récit le lendemain, en première page de *Libération*, sous le titre « J'ai vu la police tirer !... » : « Je me dis : "C'est extraordinaire qu'ils aient osé tirer sur nous"... Je comptais les coups de feu : il y en eut entre trente et quarante... Nous continuions d'avancer. Et nous étions fiers d'être vainqueurs. Et sûrs que le peuple français mettrait Ridgway à la porte. Nous n'avions rien dans les mains que nos pancartes. J'en suis témoin. Je le jure. De nouveaux coups de feu claquèrent. Et soudain je vis ce que je n'avais pas vu depuis la guerre : je vis mon voisin porter sa main à son ventre – ou à sa cuisse, je ne sais plus – et tomber d'un bloc. »

C'est par la filière du sucre, par un officier radié pour avoir collé des affiches contre le général américain Ridgway, devenu ouvrier chez Lebaudy et syndicaliste dans une branche dont la grande majorité du personnel masculin était algérienne, que passent les premiers réseaux de l'aide directe au FLN de ceux qu'on appellera « les porteurs de valise ».

△ *Les lions de Nubie, venus ici de la fontaine du Château-d'Eau en 1867.*

En 1969, les abattoirs sont refaits à neuf, dans le genre grandiose, celui à 3,12 milliards de francs. On avait simplement oublié que les transports frigorifiques rendaient inutile d'amener des bêtes sur pied à Paris. Cinq ans après leur ouverture, ils étaient désaffectés. Un dragon apparaissait le premier dans la friche, fait de bobines de câbles à haute tension, toboggan de terrain vague pour les gosses du coin. Il répondait, de loin, aux lions de Nubie centenaires venus de la fontaine du Château-d'Eau en 1867.

Au cours de deux décennies, entre Cité des Sciences et Cité de la Musique, allait s'élaborer un ensemble qui

◁ *Entre Cité de la Musique et Cité des Sciences, un ensemble qui tient du palais de la Découverte, du parc d'attractions et du jardin public.*

◁ *Le Zénith, flanqué d'un beffroi qui est la cage du monte-charge de l'ancien abattoir.*

tient du palais de la Découverte, du parc d'attractions et du jardin public. Des « jeunes des cités », syntagme figé, y font leurs acrobaties hip-hop sur un coin de pelouse et des enfants sages la queue au toboggan maintenant ripoliné. Les salles qui « vous plongent au cœur de l'action », Géode et Cinaxe, passent le relais, l'été, au cinéma de plein air. Le Zénith, flanqué d'un beffroi qui est la cage du monte-charge de l'ancien abattoir, a beau gonfler son enveloppe de ballon, il reste tout petit face à l'ex-chambre froide babylonienne qui abrite la Cité des Sciences et de l'Industrie.

Les Pompes funèbres des premières Nuits Blanches parisiennes attendent leur requalification culturelle. Du côté de la place du Maroc, des « jardins d'Éole » doivent suturer la coupure entre Chapelle et Villette tracée par les voies de chemin de fer. Il y a plus d'une Villette, mais toutes peinent à exister, le nom étant depuis si longtemps accaparé par le seul quart nord-est du quartier. Quand Proust écrit « La Villette », cela ne désigne que la bande d'excités des abattoirs, prêts à en découdre pour n'importe quoi : « L'affaire Michel-Ange [la récente découverte d'un grand amour de celui-ci pour une femme] me semble tout indiquée pour passionner les snobs et mobiliser La Villette », assure Brichot dans *La Prisonnière*. Et quand une publicité radiophonique contemporaine nous affirme que « Ça viiiibre à La Villette ! », c'est encore au même endroit, du côté du Parc.

◁ *Les salles qui « vous plongent au cœur de l'action », Géode et Cinaxe, passent le relais, l'été, au cinéma de plein air.*

De Saint-Paul à Belleville

Saint-Paul, le premier à l'Est

Le quartier Saint-Paul est celui du flux qui le traverse incessamment pour s'aller déverser en place de Grève. Limite est : la porte Saint-Antoine de l'enceinte de Philippe Auguste, l'une des quatre principales de Paris, à la hauteur de l'actuel lycée Charlemagne ; puis le cours, à la mode quand cette porte est repoussée devant la Bastille ; enfin le faubourg, pour ne rien dire de l'antique voie romaine par Melun. Limite ouest : dès qu'est construit l'Hôtel de Ville, l'arcade Saint-Jean, goulot de la rue Saint-Antoine qui prend ici le nom du Martroi après avoir longé Saint-Gervais.

« L'arcade Saint-Jean, attenant à l'Hôtel de Ville, est une arcade aussi triste que dangereuse, et par où cependant doit défiler tout ce qui descend de la belle rue Saint-Antoine. Ce passage est extrêmement incommode, et vous jette dans une rue tortueuse et inégale, jusques vis-à-vis le beau portail Saint-Gervais, que l'on n'aperçoit qu'à moitié », se plaint Mercier à la veille de la Révolution. « Il faudrait du moins un trottoir pour les gens de pied sous cette maussade arcade, où il n'y

◁ L'Arcade Saint-Jean, rue Monceau-Saint-Gervais, *lithographie de Lemercier (n. d.). Le goulet de Paris.*

▷ *À la hauteur du lycée Charlemagne était la porte Saint-Antoine. Le tracé de l'enceinte de Philippe Auguste y est encore visible.*

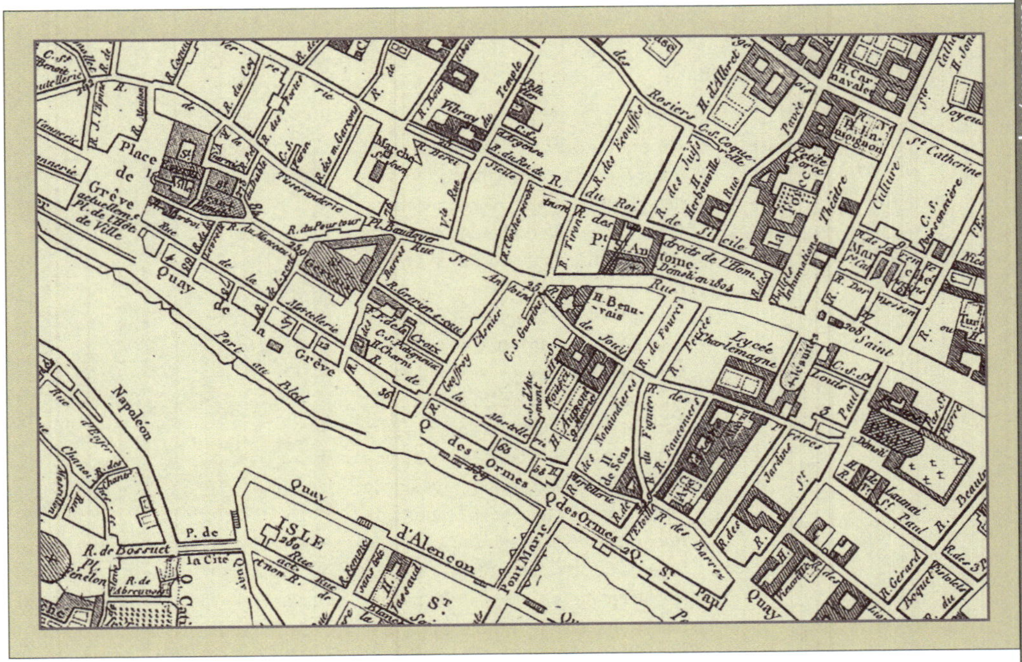

a aucun refuge contre les voitures. » Rien n'a changé après un demi-siècle : « Les deux puissantes murailles de l'arcade Saint-Jean étaient revêtues à six pieds de hauteur d'un manteau de boue permanent produit par les éclaboussures du ruisseau », écrit Balzac dans *Splendeurs et Misères des courtisanes*. « Ce détail peut faire comprendre l'étroitesse de l'arcade Saint-Jean et combien il était facile de l'encombrer. Qu'un fiacre vînt à y entrer par la place de Grève, pendant qu'une marchande dite des quatre-saisons y poussait sa petite voiture à bras pleine de pommes par la rue du Martroi, la troisième voiture qui survenait occasionnait alors un embarras. »

Il y a là un de ces points de Paris où la réalité comme la fiction posent leurs collets, où les lignes du destin se nouent, se ratent, se brisent. La voiture de Fouquet s'y trouve empêchée par le passage, en sens inverse, d'un fourgon escorté de soldats. Le surintendant enrage de ces précieuses minutes perdues : il se rend au Châtelet pour sauver ses amis, MM. Lyodot et d'Emerys, que Colbert a fait arrêter. Quand il y arrive enfin, on lui dit qu'il est trop tard : il réalise que le fourgon qui lui a bloqué le passage était celui qui les menait pendre.

C'est une histoire de Dumas, dans *Le Vicomte de Bragelonne*, mais cent trente ans plus tard, dans la réalité, à la prise de la Bastille, c'est ici que le gouverneur de Launay, déjà très blessé, se retourne contre l'un de ses tourmenteurs afin qu'ils l'achèvent au plus vite.

Le 9 août 1792, la révolte gronde et le marquis de Mandat a réparti la douzaine de canons dont il dispose, par moitié « au Pont-Neuf et à l'Arcade Saint-Jean, derrière l'Hôtel de ville, pour arrêter les émeutiers à leur descente des faubourgs ». L'irrésolution royale le désarmera.

△ ***C'est à l'arcade Saint-Jean que, le 9 août 1792, furent placés les canons « pour arrêter les émeutiers à leur descente des faubourgs ».***
DR

▷ *L'ancienne prison de la Force, rue du Roi-de-Sicile (gravure d'Ed. Renard, 1814). C'était celle de Vautrin, de Thénardier.*
© Coll. Roger-Viollet

« C'était autrefois dans le faubourg Saint-Antoine, depuis l'arcade Saint-Jean-de-Grève jusqu'à la barrière de Picpus », que le défilé des masques et des voitures du carnaval était le plus nombreux. Étienne de Jouy, *L'Hermite de la Chaussée d'Antin*, voit le trajet passer de mode au profit des boulevards, du Temple à la Madeleine, dans son feuilleton du 15 février 1812. Ce sont dorénavant les détenus de la prison de la Force qui défilent là, une bonne partie des personnages de la *Comédie humaine*. « Lucien de Rubempré se cachait pour éviter les regards que les passants jetaient sur le grillage de la sinistre et fatale voiture, dans le trajet qu'elle faisait par la rue Saint-Antoine pour gagner les quais par la rue du Martroi, et par l'arcade Saint-Jean sous laquelle on passait alors pour traverser la place de l'Hôtel-de-Ville. Aujourd'hui cette arcade forme la porte d'entrée de l'hôtel du préfet de la Seine dans le vaste palais municipal. »

« Au moment où la première voiture qui contenait Jacques Collin [nom véritable de Vautrin] atteignit à l'arcade Saint-Jean, passage étroit et sombre, un embarras força le postillon d'arrêter sous l'arcade. Les yeux du prévenu brillaient à travers la grille comme deux escarboucles, malgré le masque de moribond qui la veille avait fait croire au directeur de la Force à la nécessité d'appeler le médecin. »

▽ **Le Carnaval des rues de Paris,** *d'É. Jeaurat (1757). Son trajet : de l'arcade Saint-Jean-de-Grève à la barrière de Picpus.*
© PMVP/Berthier

« Icigo » et « icicaille », qui tous deux veulent dire « ici »

À l'autre bout du quartier, la vieille porte, sur la rue Saint-Antoine, est démolie en 1382. À partir de là, et passé son extrémité tortueuse qui sera rebaptisée François-Miron en 1865, la rue s'élargit en un cours magnifique, promenade à la mode jusqu'à l'ouverture du Cours-la-Reine. Le 1er juin 1540, Charles Quint, autorisé à traverser la France avec son armée pour aller mater les Flandres, y est accueilli par les corps constitués, entre des maisons dont les façades ont été drapées de riches tapisseries, après que la Bastille voisine a tiré une salve de huit cents coups de canon.

◁ *Entrée de Charles Quint et François Ier avec le cardinal Alexandre Farnèse, en 1540, par le cours Saint-Antoine (palais Farnèse, Rome).*
© Bridgeman Giraudon

Les fêtes et les tournois qui, en 1549, suivent l'entrée solennelle d'Henri II ont pareillement lieu ici, seul endroit de Paris à offrir assez d'ampleur à un moment où les Tuileries n'existent pas et où la place de Grève, comme son nom l'indique, est pour l'essentiel une berge en pente douce. Dix ans plus tard, c'est encore ici que se déroule le carrousel meurtrier où le roi trouve la mort. Et, un siècle après, c'est toujours par la rue Saint-Antoine qu'entrent solennellement Louis XIV et la jeune reine Marie-Thérèse.

Au sud de cette ancienne porte, Rabelais était mort, au début d'avril 1553, au 8 de la rue des Jardins-Saint-Paul, le nez sur le mur de Philippe Auguste, lui qui en avait raillé le côté branlant[34] avec d'autant plus de tranquillité qu'il pensait, comme Agésilas, « que les villes et les cités ne sauraient avoir des murailles plus sûres et plus solides que la vertu des citoyens et des habitants ».

Jean-Baptiste Poquelin habitera la maison voisine, au n° 6, pendant les huit premiers mois de 1645, parce qu'en face, au 15, rue de l'Ave-Maria, il y a un jeu de paume, celui de la Croix-Noire, comme il est fréquent au long de la muraille, où il a logé son Illustre-Théâtre, avant qu'endetté jusqu'au cou, à 23 ans, il ne fuie Paris pour n'y revenir Molière qu'une douzaine d'années plus tard.

De l'autre côté de la rue Saint-Antoine, au nord de l'ancienne porte, « le passant qui s'arrête rue Culture-Sainte-Catherine (auj. de Sévigné), après la caserne des pompiers, devant la porte cochère de la maison des Bains, voit une cour pleine de fleurs et d'arbustes en caisses, au fond de laquelle se développe, avec deux ailes, une petite rotonde blanche égayée par des contrevents verts, le rêve bucolique de Jean-Jacques. Il n'y a pas plus de dix ans, au-dessus de cette rotonde s'élevait un mur noir, énorme, affreux, nu, auquel elle était adossée. C'était le mur du chemin de ronde de la Force », écrit Hugo dans *Les Misérables*, en 1862.

Depuis une heure du matin, Thénardier, évadé, est allongé sur l'arête d'un autre pan de ce mur, d'une hauteur de trois étages, donnant rue du Roi-de-Sicile, sans plus pouvoir rien faire

△ *Mur de Philippe Auguste, rue des Jardins-Saint-Paul. Rabelais mourut, au début d'avril 1553, au n° 8 de la rue.*

34. Voir le chapitre Butte des Moulins, p. 149.

qu'attendre d'être repris. 4 heures sonnent, le jour va poindre, et voilà qu'il distingue des voix au-dessous, mais… ce n'est pas la police ! « Ces deux mots, *icigo* et *icicaille*, qui tous deux veulent dire "ici", et qui appartiennent, le premier à l'argot des barrières, le second à l'argot du Temple, furent des traits de lumière pour Thénardier. À *icigo* il reconnut Brujon, qui était rôdeur de barrières, et à *icicaille* Babet, qui, parmi tous ses métiers, avait été revendeur au Temple. L'antique argot du grand siècle ne se parle plus qu'au Temple, et Babet était le seul même qui le parlât bien purement. Sans *icicaille*, Thénardier ne l'aurait point reconnu, car il avait tout à fait dénaturé sa voix. »

Mouton-Blanc et grandes orgues

Chez la veuve Bervin, à l'enseigne du Mouton-Blanc, sis au cimetière Saint-Jean-du-Marais, celui de l'église Saint-Jean qui s'élevait alors sur l'arrière de l'actuel Hôtel de Ville et la rue Lobau, Racine, 25 ans, Boileau qui en a trois de plus, et le « vieux » Furetière toujours jeune et parodiste exercé, s'amusent beaucoup à écrire leur *Chapelain décoiffé*[35]. Colbert a confié au dédicataire le soin de choisir les auteurs que le roi pensionnera, alors l'argument de leur drame burlesque est simple : Chapelain s'est vu accorder une pension, que lui dispute son rival La Serre, qui le provoque en lui arrachant sa perruque. Cela donne, en pastiche du *Cid* : « CHAPELAIN, seul :
Ô rage! ô désespoir! ô Perruque m'amie !

△ *La nef de l'église Saint-Paul-Saint-Louis (ex-Saint-Louis des jésuites). Dedans, la voix de Bossuet ; celle de Bourdaloue, qui vous « ôte la respiration ».*

N'as-tu donc tant duré que pour cette infamie ? (…)
Nouvelle pension fatale à ma calotte !
Précipice élevé qui te jette en la crotte ! (…)
Faut-il de ton vieux poil voir triompher La Serre ?
Ou te mettre crottée, ou te laisser à terre ?»

C'est attablé au même endroit que Racine écrit encore quatre ans plus tard, en 1668, sa seule comédie, *Les Plaideurs*, à laquelle Furetière prête la main. Pendant que perce au cabaret le rire sous cape d'un petit courant sceptique et libertin, la grande éloquence des sermons emplit la nef

35. Voir le chapitre Hôtel de Ville, p. 287.

de l'église Saint-Louis des jésuites ; pour le Vendredi saint, les laquais y retiennent la place de leurs maîtres depuis le mercredi ! La voix de Bossuet, durant dix ans, après qu'il a été appelé à Paris par Vincent de Paul, en 1659, et, à la décennie suivante, celle de Bourdaloue, le logicien dont la dialectique implacable vous prend dans son étau et vous « ôte la respiration », selon Mme de Sévigné, auditrice assidue sauf quand « la presse était à mourir ». Étouffée, oui, mais si c'est par le prédicateur !

Puis tonnent les grandes orgues : Marc Antoine Charpentier prend la maîtrise de la musique des jésuites, celle qui connaît son apothéose à la Saint-Louis, le 25 août, fête du Roi-Croisé qui partage son nom avec le Roi-Soleil. Dans le même temps, François Couperin, dit le Grand, succède à la tribune de Saint-Gervais à son oncle et à son père et y compose, avant d'avoir 20 ans, ses deux premières *Messes*.

Mme de Sévigné, mariée à Saint-Gervais, est fidèle à Saint-Louis : « L'après-midi nous fûmes à l'église des jésuites de la rue Saint-Antoine pour entendre le sermon de l'évêque de Valence [Daniel de Cosnac, premier aumônier de Monsieur, frère du roi]. Le roi, la reine, M. le cardinal et la plupart des grands de la cour y assistèrent. Tout autour de l'église, on voyait plus de quatre mille cierges allumés, outre les chandelles dont l'autel, fait en forme de ciel et rempli de figures d'anges, était éclairé. Les armes du Roi et de la Reine y étaient représentées, soutenues de ces petits corps ailés ; et par des machines et des ressorts, on faisait descendre l'hostie jusque dans les mains de l'évêque. Il y eut aussi une magnifique musique composée des meilleures voix de celle du roi et aidées de celles de l'église même qui est très excellente. »

△ L'église Saint-Gervais-Saint-Protais. François Couperin, dit le Grand, y succéda, à la tribune, à son oncle et à son père.

◁ Les grandes orgues de l'église Saint-Paul-Saint-Louis. Marc Antoine Charpentier eut la maîtrise de la musique des jésuites.

▷ Hôtel de Sens, 1, rue du Figuier. La reine Margot, qui s'y installa en 1605, fit couper le figuier.

Saint-Jean était paroisse dès 1212, malgré l'extrême proximité de Saint-Gervais, qui la précédait de sept siècles, ayant été créée avec le premier établissement des Parisiens sur la rive droite. Saint-Jean détient « l'hostie miraculeuse » qui a résisté aux multiples profanations tentées sur elle rue des Billettes ; Saint-Gervais a le portail que nous lui connaissons, dont Louis XIII a posé la première pierre le 24 juillet 1616, avant de soutenir la construction de Saint-Louis. « Le portail de Saint-Gervais, chef-d'œuvre d'architecture, auquel il manque une église, une place, et des admirateurs, et qui devrait immortaliser le nom de Desbrosses, encore plus que le palais du Luxembourg, qu'il a aussi bâti », écrit Voltaire dans son *Temple du Goût*.

De la place, il y en aura quand Haussmann aura mis l'Hôtel de Ville en terrain découvert avec pour seuls voisins deux casernes. Quant aux admirateurs ! « Aux deux derniers siècles on admirait fort cette façade qui nous laisse aujourd'hui assez froids », écrit le *Paris-Atlas* de 1900. Les jugements de Voltaire étaient, sauf concernant ce portail, assez loin d'être partagés par son temps ; le 6 mai 1733, quelques mois après la parution de son livre, il écrit à Cideville : « Je vais demeurer vis-à-vis le seul ami que le *Temple du Goût* m'a fait, vis-à-vis le portail de Saint-Gervais ».

Vis-à-vis était aussi l'orme séculaire sous lequel se rendait la justice au Moyen Âge, bien visible encore sur le plan de Jaillot de 1762, lequel affirme qu'il « offusque le portail et gêne la voie publique ». L'orme est repris en fer forgé sur les balcons de premier étage des maisons qui, sur l'emmarchement du « pourtour Saint-Gervais », remplacèrent en 1732, au bénéfice de la fabrique de l'église, des constructions du XVe siècle, parmi lesquelles la maison natale de François Couperin. Il est le plus touffu sur la plus imposante, de Jacques Ange Gabriel. Un orme véritable a été replanté en 1912.

▽ Orme repris en fer forgé aux balcons des maisons du « pourtour Saint-Gervais ». Il est le plus touffu sur celle de Jacques Ange Gabriel.

Les estafiers de Jean sans Peur

Un autre arbre aussi vénérable, devant l'hôtel de Sens, un énorme figuier du temps de Saint Louis, donnait son nom à la rue. Il céda la place, après quatre siècles, à la reine Margot dont il gênait le carrosse. Reléguée en Auvergne durant vingt ans, la première épouse d'Henri de Navarre avant qu'il fût Henri IV avait besoin de bouger quand, en 1605, elle s'installa dans l'ancien hôtel des archevêques. Cet hôtel de Sens est le seul monument civil antérieur au

XVIe siècle qui reste à Paris, avec la tour de Jean sans Peur et le portail de l'hôtel de Clisson sur cette rive, et l'hôtel de Cluny sur l'autre.

De l'époque classique, le quartier a son lot. Quand, le 26 août 1660, Louis XIV fait son entrée solennelle à Paris, son cortège passe, rue aujourd'hui François-Miron, devant l'hôtel de Beauvais qu'on inaugure précisément pour l'occasion. Au balcon, la reine mère, Anne d'Autriche, et le cardinal de Mazarin, son mari secret ; Cateau la Borgnesse, sa femme de chambre, qui déniaisa le jeune roi, élevée au baronnage en même temps que son mari, ex-marchand de ruban à la galerie du Palais, et maîtresse de la maison ; enfin, Turenne, tout frais nommé, en avril, maréchal général des camps et armées du roi !

△ *Hôtel d'Aumont, rue de Jouy, construit par Le Vau, refait par Mansart. Le 5e duc le revendit vers 1750 ; le Marais passait de mode.*

Dans le même temps, s'achève la réfection par Mansart de l'hôtel de la rue de Jouy, construit par Le Vau, dont le duc d'Aumont est devenu propriétaire, tandis qu'Amelot de Bisseuil prend possession de son hôtel « si beau, si riche et si orné » de la rue Vieille-du-Temple, édifié sur celui de Rieux devant lequel était née, le soir du 23 novembre 1407, la guerre civile de trente ans des Armagnacs et des Bourguignons[36].

Les porte-couteaux, « estafiers » dans la vieille langue, de Jean sans

36. Voir le chapitre Sentier p. 246.

◁▽ *Hôtel de Beauvais, 68, rue François-Miron. Celui de Cateau la Borgnesse, femme de chambre de la reine mère, qui avait déniaisé le jeune Louis XIV.*

Peur sont à l'affût depuis bien huit jours, dans une maison vide, « à l'image Notre-Dame », qu'ils ont louée en face. Peu après huit heures du soir, le duc d'Orléans sort de l'hôtel Barbette où la reine, sa belle-sœur et sa maîtresse, accouche d'un énième enfant. Le duc est gai, tête nue dans une houppelande de damas noir fourrée de martre, il joue avec ses gants et chantonne, faiblement accompagné de quelques porteurs de torches, pages et valets. Les assassins, près d'une vingtaine, armés d'épées, de casse-tête, de demi-lances, d'arcs et de flèches, frappent à tour de bras ; ils mettent le feu à leur repaire et filent au galop par la rue des Blancs-Manteaux, obligeant chacun à moucher ses chandelles sur leur passage, et jetant derrière eux des chausse-trappes. Devant l'hôtel de Rieux, on ramasse le corps de Louis d'Orléans pour le porter à l'intérieur : une main en est coupée, le bras gauche arraché, la moitié de la cervelle a coulé dans le ruisseau ; on emporte également son page. Un valet, grièvement blessé, a trouvé refuge dans une maison du coin de la rue des Rosiers.

Prévenus par le prévôt de Paris, les princes, c'est-à-dire les deux oncles du roi, ducs de Berry et de Bourbon, et son cousin germain, duc de Bourgogne, commanditaire du meurtre, se réunissent aussitôt, avec quelques membres du grand conseil du roi, à l'hôtel d'Anjou, chez le roi de Sicile, la maison angevine régnant sur Naples et ses possessions depuis 1266…

En 1955, la *Fièvre au Marais* conduit Nestor Burma à ce qu'il croit une tour de l'hôtel Barbette. L'échauguette, en réalité celle de l'hôtel Hérouët, est endommagée par un bombardement de 1944 et l'on a envisagé de la démolir. « À l'angle de la rue Vieille-du-Temple, elle montait la garde, dressant sa silhouette élancée contre le fond étoilé de la nuit printanière. Un toit de tuiles grises, tout neuf, coiffait les ruines qu'on s'apprêtait peut-être à restaurer. De-ci de-là, des meurtrières s'ouvraient dans la maçonnerie grossière constituant la façade du rez-de-chaussée. […] Les fenêtres du premier étage, à l'encadrement sculpté, étaient obturées par des briques. Celles du dessus béaient sur le noir. […] L'asphalte résonna sous un talon de fer. Ce n'était pas un des estafiers de Jean sans Peur. »

Hortalez et Cie, 47, rue Vieille-du-Temple

Dans la chapelle de l'hôtel autrefois de Rieux, le culte protestant est célébré fréquemment par le chapelain de l'ambassade de Hollande, d'où la désignation future du lieu comme hôtel

△ La tour de l'hôtel Hérouët, qu'on prit longtemps pour celle de l'hôtel Barbette d'où sortait le duc d'Orléans le soir de son assassinat.

◁ L'hôtel dit des Ambassadeurs hollandais. La future Mme de Staël y fut baptisée, Beaumarchais y installa sa maison de commerce d'armes.

des Ambassadeurs hollandais. Valentin Conrart s'est marié ici, en 1634, selon le rite réformé ; Germaine Necker, future Mme de Staël, y est baptisée de même en 1766. Beaumarchais y installe, dix ans plus tard, les bureaux de Rodrigue Hortalez et Cie, sa maison de commerce d'armes à destination des « insurgents » américains, montée avec un million de livres de fonds publics que Vergennes, le ministre des Affaires étrangères, a mis à sa disposition. Il y vivra avec Marie-Thérèse de Willer-Mawlaz, et leur fille Eugénie, qui y naît, jusqu'à ce qu'il fasse construire par Lemoyne sa somptueuse résidence des environs de la Bastille.

C'est au 47, rue Vieille-du-Temple, donc, que Beaumarchais écrit *Le Mariage de Figaro*, qu'il lance l'édition des œuvres complètes de Voltaire sitôt la mort du philosophe, qu'il écrit encore *Tarare*, livret d'opéra moquant le despotisme oriental, destiné à la musique de Salieri. Mozart vient de créer, à Vienne, ses *Noces de Figaro*, ce Mozart qui lors de son premier voyage à Paris, avec Marianne, sa sœur, et leur père, était si petit qu'il ne pouvait voir le jardin suspendu, au-dessus des stalles prévues pour dix-huit chevaux, dans la cour de l'hôtel de Beauvais qu'occupait alors l'ambassadeur du royaume de Bavière.

Point n'est besoin de révolution pour changer la dévolution des lieux. La culture Sainte-Catherine, riche enclos d'un prieuré fondé en 1229 par les sergents d'armes de Philippe Auguste en accomplissement d'un vœu fait à Bouvines, est rachetée par le roi en 1767 pour l'édification d'un marché. La prison de la Grande Force, qui doit

▷ ***À la Petite Force, qui laissa de son mur dans l'ex-hôtel de Lamoignon, furent détenues, après le 10 août 1792, les fidèles de Marie-Antoinette.***

© Coll. Parigramme

remplacer celle du For-l'Évêque, est établie en 1780 dans l'hôtel des ducs de La Force dont elle prend le nom, successeurs ici des rois de Sicile. Une Petite Force suivra, aux dépens de terrains de l'hôtel de Lamoignon, contre lequel elle a laissé un pan de son mur. Le dernier agrandissement de l'hôtel datait de 1624 et de Charles de Valois, bâtard du roi Charles IX et de Marie Touchet, sa favorite, dont la maison serait celle d'une cour du 22 bis, rue du Pont-Louis-Philippe. La famille de Lamoignon avait quitté les lieux vers 1750 ; le quartier passait de mode, et le 5e duc d'Aumont revendait lui aussi, au spéculateur Sandrié, qui lotissait alors à la Chaussée d'Antin.

Quant aux jésuites, ils ont été chassés de France dès 1762, laissant leur maison professe et leur église, dont Richelieu avait dit la première messe ; où avait été enterré, le 20 novembre 1703, sous l'identité de Marchiali, ce Masque de fer dont La Bédollière pense qu'il était le fils né du mariage

◁ Le cloître (de 1427) des frères hospitaliers de la Charité-Notre-Dame, ou « billettes », leur habit étant orné de cette figure héraldique.

▷ Un passant marche le long d'un mur couvert d'affiches « en langue juive » et en français, dans le quartier juif du Marais, en 1947.

secret d'Anne d'Autriche avec le cardinal de Mazarin.

À la Petite Force sont détenues, après le 10 août 1792, les fidèles de Marie-Antoinette : la princesse de Lamballe, Mme de Tourzel qui dirigea la fuite à Varennes, et sa fille Pauline dont la robe avait déguisé le dauphin. Ces deux dernières seront sauvées par la chute de Robespierre ; la princesse de Lamballe, le 3 septembre 1792, devant le guichet d'entrée de la Grande Force, la gorge plaquée sur la borne d'angle de la rue du Roi-de-Sicile et de la rue des Ballets (auj. l'extrémité sud de la rue Malher), a été décapitée au couteau.

L'Empire installe le lycée Charlemagne dans la maison professe des jésuites, et il affecte l'église des Billettes au culte réformé. Du couvent attenant, élevé en expiation du sacrilège commis sur l'hostie, il reste le seul cloître médiéval de Paris, dont les voûtes flamboyantes furent terminées en 1427. Un agrandissement de la Petite Force se fait encore, en 1834, au détriment de l'aile droite de l'hôtel de Lamoignon, avant que les deux prisons ne soient fermées et leurs huit cent quarante détenus transférés, en mai 1850, à Mazas, ouverte en 1841, sur le modèle américain (plan en étoile, miradors, cellules individuelles), près de la gare de Lyon. Pendant ce temps, la rue de Rivoli efface celle de la Tisseranderie puis, des rues Mahler à Sévigné, le côté nord de la vieille rue Saint-Antoine.

Le Russe et le Limousin

Le 62, rue de la Tisseranderie (auj. place Baudoyer) est le point de chute de *Léonard, maçon de la Creuse*, alias Martin Nadaud : un garni où son père a déjà passé, en son temps, les trois saisons de chaque année durant lesquelles il y a du travail à Paris, dans le bâtiment. C'est au quatrième étage ; « dans cette chambre, il y avait six lits et douze locataires », tous du même village de la Creuse, Soubrebost, ou, au pire, du village voisin, Pontarion. La vie de ces saisonniers célibataires préfigure ici, dès le début du XIXe siècle, celle de bien d'autres immigrés à venir.

Il y avait déjà, à la fin du XIIIe siècle, assez de juifs pour que l'on pût accuser l'un d'eux d'avoir percé, fait rôtir puis bouillir une hostie, et une rue des Juifs qui, curieusement, va cesser de l'être précisément à l'époque où ils n'y ont jamais été aussi nombreux, en 1900. Au terme de la route romaine de l'Est, est-ce hasard si, dès 1883, se réunit au café Trésor, à l'angle des numéros pairs des rues du Trésor et Vieille-du-Temple, une Société des

ouvriers juifs russes – « en réalité des ouvriers juifs de Pologne et de Roumanie », précise Charles Rappoport, populiste russe, diplômé de philosophie en Suisse et futur meilleur propagandiste du PC, débarqué à Paris au 50, rue des Francs-Bourgeois –, et si bientôt s'y tient, au soussol, en yiddish, la permanence du Syndicat des casquettiers ?

Propriétaires de leur machine à coudre, ils sont de six à huit ouvriers en moyenne, au mieux de quinze à vingt, chez cent soixante fabricants dont deux seulement chôment le samedi. Importatrice de casquettes, le couvre-chef de ses ouvriers, jusqu'en 1890, la France en devient exportatrice avec le développement des ateliers juifs. La communauté a sa bibliothèque ouvrière, 27, rue des Écouffes, et son *Fourneau économique*, 22, rue des Juifs, cette rue qui prend le nom du préfet Ferdinand Duval juste avant que les premières affiches « en langue juive », comme dit encore Rappoport, n'apparaissent dans le quartier à l'occasion des élections de 1902. La chose ne passe pas inaperçue des journalistes du *Temps*.

Le *Fourneau économique*, de six cent cinquante à sept cents portions qu'il servait chaque jour, grimpe à mille huit cents portions « après Chisinau ». Le pogrom qui a frappé la ville de Bessarabie en 1903 a suscité un exode massif. De nouveaux groupes d'ouvriers juifs, tailleurs, casquettiers, ébénistes, mais aussi forgerons, cordonniers, sculpteurs, mécaniciens, ferblantiers, serruriers, chaudronniers, confectionneurs en fourrure, viennent s'installer dans les 4e et 10e arrondissements. Au cœur du Pletzl, la « petite place » comme se désigne en yiddish le quartier, au 10 de la rue Pavée, pour l'association russo-polonaise Agoudas Hakehilos, regroupement de neuf sociétés très orthodoxes, Hector Guimard construit une synagogue modern style.

Dans le quartier Saint-Paul, où un long pan de la muraille de Philippe Auguste évoque immanquablement le mur des Lamentations, la guerre allait faire ajouter, au Mémorial du Martyr juif inconnu, un « Mur des noms » qui en compte soixante-seize mille.

△ 10, rue Pavée, la synagogue d'Hector Guimard. Le mobilier, le décor végétal de staff, les garde-corps de fonte lui sont également dus.

▽ Rue des Jardins-Saint-Paul, environ quatre-vingts mètres de l'enceinte de Philippe Auguste, dont une tour entière.

△ *15, rue des Blancs-Manteaux, l'ex-Pizza du Marais où Renaud griffonna* Laisse béton *au dos d'un paquet de cigarettes.*

Les rafles de Vichy s'étaient trouvées relayer le souhait de l'administration, pendant depuis les années 1920, de vider « l'îlot insalubre n° 16 » de ses occupants. Il s'agissait alors de le raser afin d'y bâtir une cité administrative cohérente en prolongement de l'Hôtel de Ville puis, sous l'Occupation, l'État français étant plus passéiste que la République, seulement de pouvoir le cureter. Mais les maisons une fois privées de leurs habitants, juifs ou non, furent si bien et si impunément pillées, des boiseries aux tuyaux de plomb en passant par les planchers, portes et fenêtres, qu'il ne resta plus qu'à les démolir. L'objectif de destruction du Marais ne céda la place à celui de sa préservation que dans les années 1960.

Le lien du café-théâtre à l'humour juif n'est pas évident, mais au Chapelain décoiffé, pourquoi pas ? Le quartier est, en tout cas, l'un des hauts lieux du genre. À la Pizza du Marais, 15, rue des Blancs-Manteaux, Font et Val donnent, en 1974, leur Sainte Jeanne du Larzac : pendant les manœuvres de printemps, la belle Jeanne Duret « pompe l'armée pour la rendre inoffensive » ! L'année suivante, Renaud y partage l'affiche avec Yvan Dautin et ils ont quinze spectateurs chacun.

En 1975, la troupe du Vrai Chic parisien, abandonnée par Coluche, retrousse ses manches – il est d'usage alors de construire soi-même son local –, s'adjoint Gérard Lanvin, et transforme une ancienne menuiserie du 7, rue Sainte-Croix-de-la-Bretonnerie, en un café-théâtre à l'enseigne de La Veuve Pichard. Martin Lamotte en est le principal fournisseur de textes, à commencer, l'année suivante, par *La Revanche de Louis XI*, puis *Le Secret de Zonga*, où l'on verra Renaud faire l'acteur. Mais à la Pizza du Marais, il a griffonné *Laisse béton* au dos d'un paquet de cigarettes ; c'est un tube ! Il ne suffisait pas de s'habiller en Gavroche ; pour être un vrai Parigot, faut aussi chanter en argot, *icicaille* et *icigo*.

◁ *7, rue Sainte-Croix-de-la-Bretonnerie, l'ex-Veuve Pichard où s'illustra le Vrai Chic parisien, abandonné par Coluche, mais rejoint par Gérard Lanvin.*

Le Temple, la faute à Voltaire

△ *Le Temple de Paris dans son enceinte et la rue Royale en 1450. Extrait de* Paris à travers les âges *(fin du XIXe s.).*

« Entre la vieille et la nouvelle rue du Temple, il y avait le Temple, sinistre faisceau de tours, haut, debout et isolé, au milieu d'un vaste enclos crénelé. » Plus sinistre encore, l'Échelle du Temple, c'est-à-dire le gibet, haut de seize mètres, qui donnait son nom à l'actuelle rue des Haudriettes et que Hugo omet. « Voilà le Paris que voyaient du haut des tours de Notre-Dame les corbeaux qui vivaient en 1482. »

Curieux corbeaux. Ignorant un gibet – un comble ! –, ils ratent, cela va sans dire, bien d'autres choses. Si le Temple était dès 1148, avant même la construction de sa grosse tour, l'endroit le plus sûr de Paris, celui où Philippe Auguste déposa son trésor en partant pour la croisade, ce n'était pas qu'une forteresse. Le donjon et ses tourelles n'y occupaient que l'espace s'étendant aujourd'hui de la rue Perrée à l'aile nord de la mairie, en recouvrant la rue Eugène-Spuller et l'angle contigu du square. Pour le reste, l'enclos du Temple était surtout un asile sûr pour les débiteurs, qui, fait unique, le restera jusqu'à la Révolution quand tous les espaces conventuels auront perdu ce privilège dès la fin du Moyen Âge. Et une zone franche pour les artisans, qui pouvaient s'y établir sans avoir été reçus maîtres, ce qu'interdisait ailleurs la loi des corporations.

Ces oiseaux distraits négligeaient pareillement, un peu plus bas, l'hôtel d'Olivier de Clisson, pourtant l'un des plus riches de sens de la capitale.

△ *L'hôtel de Clisson datait de 1370 ; les Guise l'acquirent cent cinquante ans plus tard. C'est ici que se trama la Saint-Barthélemy.*

◁ *Henri de Guise pendant la journée des Barricades (bois, 1850). « Le 9 mai [1588], c'était un héros ; le 12 au soir, ce fut un dieu » (Michelet).*
© akg-images

C'était alors l'hôtel du tyran de Paris et ce serait, quand les Guise l'auraient repris, l'hôtel du « roi de Paris », durant la Ligue.

Clisson, compagnon d'armes de Du Guesclin, fait bâtir son hôtel vers 1370 ; c'est le moment où la vieille enceinte de Philippe Auguste, remplacée, est démolie et offre du terrain à bon marché ; le temps aussi où le séjour du roi Charles V à l'hôtel Saint-Paul attire la noblesse au Marais. L'hôtel est bâti depuis dix ans quand éclate à Paris la révolte dite des Maillotins, suscitée par un impôt de trop et, retour de la guerre de Flandre, Charles VI désarme les Parisiens, abolit leur gouvernement municipal, les fait emprisonner par centaines, pendre les uns et confisquer les biens de ceux que l'on ne pend pas. C'est Clisson qui a suggéré au roi, pas même âgé de 15 ans, le désarmement de Paris : il fait arracher toutes les portes de la ville, et les coucher par terre, devant, afin que les piétinent chaque jour les hommes et les bêtes. Paris reste ainsi ouverte à tous les vents durant neuf années, si bien que Froissart pourra écrire que Clisson avait, au sens propre, ouvert la porte à ses assassins quand il sera, dans la nuit du 13 au 14 juin 1391, assailli devant son hôtel par Pierre de Craon et une quarantaine de ses hommes, qui sans cela n'auraient jamais pu pénétrer en ville.

Laissé pour mort, le connétable se remettra pourtant de ses blessures. C'est en chevauchant vers l'Anjou, où s'était sans doute fomenté l'attentat, pour en tirer vengeance que, le 5 août, comme l'armée débouche en plaine dans une soudaine fournaise, au sortir de la forêt du Mans, le roi Charles VI est frappé d'une crise de démence, la première, qui le fait se jeter l'épée à la main sur ses compagnons. Les trois oncles du roi, les ducs de Berry, de Bourgogne (le père de Jean sans Peur) et de Bourbon, et son frère Louis d'Orléans, ont désormais le champ libre pour leurs querelles dynastiques qui aboutiront, quinze ans plus tard, à un autre attentat, réussi, pas même deux cents mètres plus bas, à peine dépassée la rue des Blancs-Manteaux.[37] Condamné par le Parlement, enfermé dans la tour du Louvre, Pierre de Craon dont l'hôtel, au coin des rues du Bourg-Tibourg et de la Verrerie, doit être mis à bas, obtient finalement du roi des lettres d'abolition tandis que les oncles dépossèdent Olivier de Clisson de sa charge et le font bannir par le Parlement.

Un siècle et demi plus tard, les Guise acquièrent l'ex-hôtel de Clisson, et François de Guise s'inquiète d'abord du maintien de son alimentation par les eaux de Savies, l'un de ses atouts.

▷ *Le 13 juin 1391, Clisson fut assailli devant son hôtel sur l'ordre de Pierre de Craon. Extrait des Chroniques de Jean Froissart (Bruges, XVe s.).*
BnF

Les autres épisodes sont plus sanglants. Quand Paris, après un premier massacre de protestants, à Wassy, accueille et escorte comme un roi François de Guise[38], c'est jusqu'ici. C'est encore dans cet hôtel que se trame peut-être l'assassinat de Coligny, sûrement la Saint-Barthélemy. Le 9 mai 1588, malgré la défense du roi, le fils aîné des Guise, Henri le Balafré, rentre à Paris, c'est-à-dire toujours ici, rue alors du Chaume. Trois jours plus tard, au petit matin, l'Université se couvre de barricades, qui n'arrivent qu'à la mi-journée autour de son hôtel. Il joue l'étonné : « Je dormais quand tout commença », écrira-t-il. « Et en effet, raconte Michelet, il se montra le matin à ses fenêtres en blanc habit d'été, dans le négligé d'un bon homme qui à peine s'éveille et demande : "Eh ! que fait-on donc ?" ». Puis, se posant en médiateur, « sans armes, une canne à la main, il parcourait les rues, recommandant la simple défensive ; les barricades s'abaissaient devant lui. Il renvoya les gardes au Louvre ; il rendit les armes aux Suisses. Tous l'admiraient, le bénissaient.

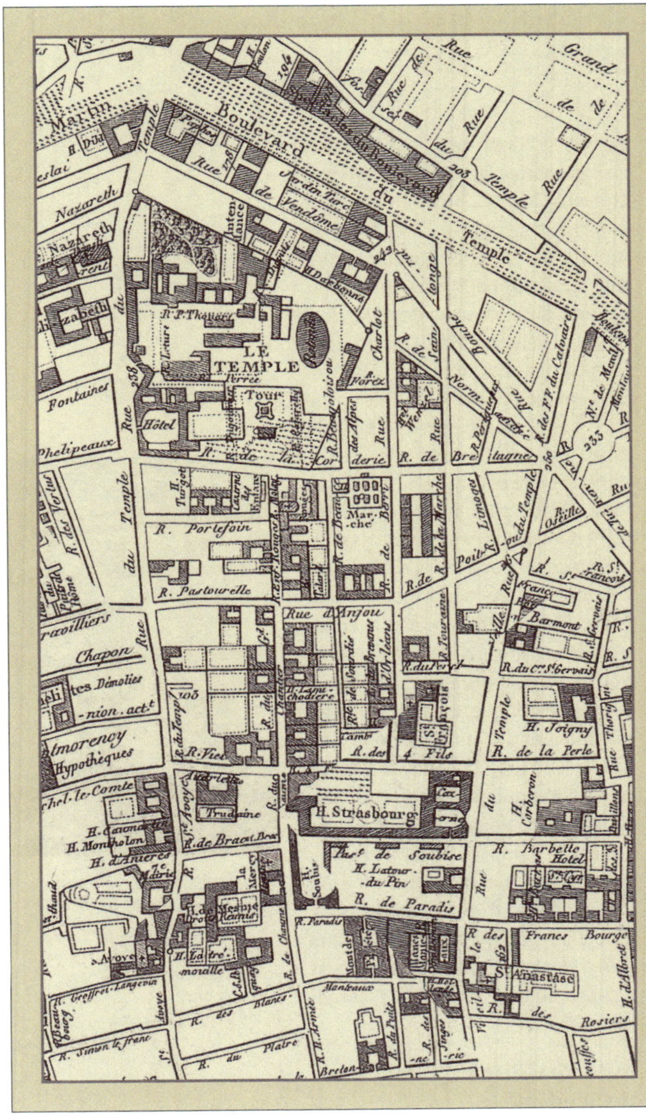

△ *Dans l'enclos du Temple sont visibles sur le plan Maire (1808) le palais du Grand Prieur, le donjon – prison de la famille royale –, la rotonde marchande.*
DR

37. Voir le chapitre Saint-Paul, p. 337-338.
38. Voir le chapitre Faubourg Saint-Denis, p. 306.

Jamais sa bonne mine, sa belle taille, sa figure aimable, souriante dans ses cheveux blonds, n'avaient autant charmé le peuple ». Et Michelet le montre aussi habile à rendre leurs manières aux bourgeois qu'à serrer les mains crasseuses des pauvres, tournant vers les uns un œil d'autant plus compatissant que sa balafre le fait larmoyer, et vers les autres un œil ravi. « Le 9 mai, c'était un héros ; le 12 au soir, ce fut un dieu. »

La reine mère est chez Henri de Guise lorsque son plus intime confident vient dire au duc : « Le roi est parti ». Le roi fuyard parviendra néanmoins à le faire assassiner, à Blois, et son frère, le cardinal de Lorraine, avec. Le troisième frère, Charles de Lorraine, duc de Mayenne, devient à son tour le chef de la Ligue. En 1591, c'est lui qui fait pendre dans la salle des Cariatides[39] les dirigeants de la Ligue parisienne qui ont pendu Barnabé Brisson, le premier président du parlement de Paris ; la rupture entre la Ligue nobiliaire et la Ligue urbaine est consommée. En 1593, il échoue à se faire élire roi par les états généraux qu'il a convoqués dans la capitale, et il se soumettra à Henri IV après la reddition de Paris.

Mlle de Guise et Madeleine de Scudéry

Un demi-siècle plus tard, une autre sédition est déjà à l'œuvre : la Fronde. Bussy-Rabutin, le cousin de Mme de Sévigné, loge alors depuis deux ans au Temple, dans un appartement que son oncle, le Grand Prieur de France des chevaliers de Malte, ordre auquel a été dévolu l'enclos après les templiers, a mis à sa disposition. « La veille des rois de 1649... la cour partit la nuit, du Palais-Royal, et se retira à Saint Germain. Pour moi qui logeais au Temple, je ne sus rien de la sortie du roi, que le lendemain que l'on faisait garde aux portes, et qu'il n'était presque pas possible de sortir : cependant je trouvai le moyen de passer à la porte Saint Martin, et bien m'en prit. »

△ *Le père de Blaise Pascal mourut au 13, rue de Saintonge, le 24 septembre 1651. « Si je l'eusse perdu il y a six ans, je me serais perdu »...*

Tout a commencé par la « cabale des Importants », à laquelle ont bien participé Henri II de Guise, le petit-fils du Balafré, et Mlle de Guise, sa sœur, par l'intermédiaire de son prétendant le comte de Montrésor, mais la cabale, cette fois, était dirigée par un nouveau roi de Paris, le « roi des Halles »[40]. Et Mazarin l'a liquidée en quatre mois.

Les Pascal sont installés depuis le 1er octobre 1648 rue de Saintonge, l'une des rues neuves que le spéculateur Claude Charlot a ouvertes sur les coutures du Temple en profitant de ce projet de semi-circulaire « place de France » dont rêvait Henri IV, et qui aurait fait peut-être se développer Paris dans d'autres directions. Mais le poignard de Ravaillac a tranché ces possibles, et il ne reste que la courbure de la rue Debelleyme et des noms de provinces au coin des autres. C'est d'ici que Blaise, 25 ans, est allé renouveler à la tour Saint-Jacques les expériences qu'il avait demandé à son beau-frère, Florin Perier, d'effectuer à Clermont-Ferrand : « Je fis l'expérience ordinaire du vide au haut et au bas de la tour de Saint-Jacques-de-la-Boucherie, haute de

39. Voir le chapitre Louvre, p. 136.
40. Voir les chapitres Halles, p. 239, et Saint-Martin p. 297.

24 à 25 toises ». Les troubles de la Fronde amènent les Pascal à quitter Paris dès le mois de mai 1649. Ils ne reviendront au 13, rue de Saintonge qu'au mois de novembre de l'année suivante. Leur père y meurt le 24 septembre 1651. « Si je l'eusse perdu il y a six ans, je me serais perdu, écrit Pascal à sa sœur Gilberte, et quoique je croie en avoir à présent une nécessité moins absolue, je sais qu'il m'aurait été encore nécessaire dix ans, et utile toute ma vie. »

On voit passer les Enfants rouges, ces orphelins à l'habit coloré « comme le feu de la charité chrétienne », regagnant leur hôpital installé près de l'enclos du Temple depuis François Ier, avec sa laiterie dont on entend meugler les vaches, à côté du marché qui, établi dès les années 1620, est le plus ancien de Paris encore en activité.

À l'invitation des Guise, Pierre Corneille, académicien, mais toujours normand, vient profiter du nouveau régime vigoureusement mis en place par le jeune Louis XIV, en s'installant à Paris avec son frère Thomas, dans leur hôtel. Autour s'élèvent maintenant de beaux hôtels, comme celui d'Assy, que l'architecte Pierre Le Muet achève juste avant de passer à son chef-d'œuvre, l'hôtel d'Avaux (aujourd'hui musée d'Art et d'Histoire du Judaïsme). Michelet, après qu'il aura été nommé à la tête de la section historique des Archives, en 1831, y occupera durant vingt-cinq ans un bureau aux boiseries très simples autour d'une glace élégamment encadrée.

Les beaux balcons aux consoles massives de l'hôtel Lelièvre font face, rue de Braque, au portail d'Olivier de Clisson. Plus haut, dans l'actuelle rue des Archives, François Mansart bâtit l'hôtel de Guénégaud, que le bénédictin Germain Brice, dans le premier guide touristique parisien, publié en 1684, décrira ainsi : « Le devant est orné d'architecture, avec des refends, et des vases sur l'entablement, qui font ensemble une décoration agréable » (aujourd'hui musée de la Chasse et de la Nature). Bullet a en charge un hôtel pour les Amelot de Chaillou, vicomtes de Bisseuil, qui en font construire un autre par Cottard, celui que l'on appelle maintenant des Ambassadeurs de Hollande.

◁ Marché des Enfants-Rouges. Établi dès les années 1620, c'est le plus ancien de Paris encore en activité.

▽ L'hôtel Lelièvre de la rue de Braque (anc. des Boucheries-du-Temple), et son balcon donnant sur le portail d'Olivier de Clisson.

© Coll. Parigramme

◁ L'hôtel du 5, rue Béranger (anc. de Vendôme), réuni à son voisin du n° 3, comme lui de 1720, par Bergeret de Frouville, directeur des finances du roi.

Dans son immense hôtel, Mlle de Guise, Marie de Lorraine, entretient une musique d'une quinzaine d'exécutants pour lesquels compose Marc Antoine Charpentier, avant de tenir parmi eux la partie de haute-contre. Charpentier, qui est naturellement son pensionnaire, y écrit, dans les années 1680, un ballet pour *Polyeucte* comme des intermèdes pour la reprise d'*Andromède*, l'une et l'autre de Pierre Corneille. Seule la mort de Mlle de Guise mettra fin à un séjour de près de vingt ans, qu'il quittera pour devenir le maître de musique des jésuites.

À l'angle des rues de Beauce et des Oiseaux, où Madeleine de Scudéry est venue s'établir après la dispersion de l'hôtel de Rambouillet, on attife la grande Pandore, qui donne le style des robes d'apparat, et la petite, qui renseigne sur le petit négligé ou déshabillé du matin. Ces deux poupées mannequins, ambassadrices de la dernière mode de Paris, vont partir pour Londres, puis l'Italie – « À l'entrée de chaque saison, se souviendra Goldoni dans ses *Mémoires*, on voit à Venise, dans la rue de la Mercerie, une figure habillée que l'on appelle la Poupée de France ; c'est le prototype auquel les femmes doivent se conformer et toute extravagance est belle d'après cet original » –, enfin les poupées atteignent l'Allemagne et la Russie.

À la fin du siècle, sur des terrains proches de l'ex-enceinte cédés par le Grand Prieur, Philippe de Vendôme, s'ouvre un assez vaste lotissement dont la rue Béranger est la principale. S'y élèvent les hôtels Peyrenc de Moras, et de La Haye, qui seront réunis par le financier Bergeret de Frouville, où mourra Béranger le 16 juillet 1857. Il était né rue Montorgueil,

« Dans ce Paris plein d'or et
de misère,
En l'an du Christ mil sept cent
quatre-vingt,
Chez un tailleur, mon pauvre et vieux
grand-père ».

Il avait été admis, en 1813, comme membre du Caveau Moderne, ou Rocher de Cancale, qui se réunissait chez le marchand d'huîtres de la rue ; il avait été, sous la Restauration, « un poète libéral, le seul vrai », dirait Sainte-Beuve. Au moment où il meurt, d'autres chansonniers, dont Louis-Charles Colmance, se réunissent dans une goguette de la rue, dite Les Épicuriens. Et au n° 10 habite Frédérick Lemaître.

La société du Temple

L'hôtel des Guise, au début du XVIIIe siècle, est passé aux mains de François de Rohan, prince de Soubise. Comme il a besoin de jouer aux petits soldats, laissant « sa femme, à la cour, se mêler du grand, des grâces et des établissements de sa famille » en sa qualité de maîtresse royale, l'architecte lui fait une vaste cour d'honneur, propice aux revues militaires, entre un

porche monumental ouvert sur la rue des Francs-Bourgeois et le mur latéral du palais des Guise rhabillé en façade principale. Au bout du jardin, l'un de leurs fils, celui qui, sans doute, l'est « naturellement » du roi, se fait construire un hôtel par le même architecte, qui appelle Robert Le Lorrain à sculpter ici *Les Chevaux du Soleil* au fronton des écuries comme il allonge, de l'autre côté du parc mitoyen, *La Gloire* et *La Magnificence* au sommet du corps central de la façade.

À ce moment, au Temple, écrivent Gaston Capon et Robert-Charles Yve-Plessis, « bâti par Mansart en 1667, restauré et agrandi par Oppenordt, architecte du Régent, le palais du Grand Prieur était une demeure quasi royale, très distincte des monuments conventuels du reste de l'Enclos et ne conservant rien de ce qui pouvait leur garder un caractère religieux sinon monastique. On y pénétrait, de la rue du Temple, par un portail, ouvert dans un enfoncement arrondi et donnant sur une grande cour en fer à cheval, entourée d'une allée de tilleuls taillés en arcades ».

Derrière le palais du Grand Prieur, s'étendait un vaste parc où Bussy-Rabutin, avant qu'on l'exilât, a pu être de quelques fêtes : « Il y avait un assez grand rond d'arbres, aux branches desquelles on avait attaché cent chandeliers de cristal ; dans un des côtés de ce rond, on avait dressé un théâtre magnifique, dont la décoration méritait bien d'être éclairée comme elle l'était (...). D'abord la comédie commença qui fut trouvée fort plaisante ; après ce petit divertissement, vingt-quatre violons ayant joué des ritournelles jouèrent des branles, des courantes et des petites danses ».

▷ △ *Pour François de Rohan, prince de Soubise, le mur latéral du palais des Guise fut rhabillé en façade principale. Au premier étage, le salon de Marie de Lorraine, dont Marc Antoine Charpentier dirigeait la musique.*

◁ Les Chevaux du Soleil, *de Le Lorrain, au fronton des écuries de l'hôtel de Rohan.*

C'est dans cet hôtel qu'à jours fixes les Sully, les deux princes de Vendôme, le duc et le Grand Prieur, explique le baron Dacier, « le brillant abbé de Chaulieu, chantre et compagnon de leurs plaisirs, La Fare, qui suit le torrent, La Fontaine qui n'y résiste pas, malgré la crainte des reproches de son ami Racine, calomnient la doctrine d'Épicure par la licence des mœurs, et semblent préluder aux bacchanales de la régence, tandis que la hardiesse de leurs opinions, leur mépris absolu des préjugés, annoncent un nouveau siècle, dont Voltaire, leur avide et jeune disciple, sera la merveille et le génie ».

Voltaire, encore Arouet, est en effet introduit dans la société du Temple par Châteauneuf, son protecteur, vers 1706 : il a 12 ans ! Élève du collège Louis-le-Grand, il n'est au Temple que les jours de congé et durant les vacances, mais, dès la fin de sa scolarité, il est assidu chez tous les familiers du Grand Prieur. « Comment exiger de lui, demande Gustave Desnoiresterres, au sortir des hôtels de Boisboudrand et de Sully, après ces nuits passées dans l'orgie et les débauches de l'esprit, qu'il prêtât une oreille empressée et attentive au latin pédantesque et plein de solécismes » de l'école de droit où son père l'a placé ?

S'être fait un nom a mené Voltaire bien loin, à Ferney, tandis qu'ici le Grand Prieur est désormais Louis François de Conti, qui, dans le grand salon d'assemblée dit des Quatre-Glaces, au rez-de-chaussée de son hôtel, entre la salle de billard et la salle des Nobles, reçoit pendant plus de vingt ans tout ce qui compte à Paris. Un tableau de Michel Barthélemy Olivier y montre, en 1766, l'un de ces thés à l'anglaise dont la maison est coutumière où, se passant de domestiques, les dames font elles-mêmes le service. Les Goncourt, dans *La Femme au 18e siècle*, réussissent à en nommer tous les personnages. « Cette charmante femme au bonnet blanc et rose, au fichu blanc, à la robe d'un rose vif, au tablier à bavette de tulle uni mettant sur le rose la trame blanche d'une rosée, cette jolie servante qui sert de ce plat posé sur ce réchaud, s'appelle la comtesse de Boufflers. (...) Cette petite personne qui passe, au premier plan du tableau, portant un plat, tenant une serviette ; avec son petit chapeau de paille aux bords relevés, ses rubans d'un violet pâle au chapeau, au cou, au corsage, aux bras, son fichu blanc, sa robe d'un gris tendre, son grand tablier de dentelle, elle semble une bergère d'opéra sur le chemin du petit Trianon : c'est la comtesse d'Egmont jeune, née Richelieu. (...) Le maître de la maison lui-même, si connu pour sa répugnance à se laisser peindre, est là représenté : par

△ **Le Thé à l'anglaise servi dans le salon des Quatre-Glaces au palais du Temple,** ***en 1766, de M. B. Olivier. Au clavecin, Mozart.***

grande faveur, il a permis au peintre, pour que le tableau fût complet, de montrer sa perruque et de le faire ressemblant de dos, tandis qu'il cause avec Trudaine. Du côté du prince de Conti un clavecin est ouvert que touche un enfant tout petit sur un grand fauteuil : cet enfant sera Mozart. Et près de l'enfant, Jélyotte chante en s'accompagnant de la guitare. »

Dans cette maison où Voltaire fit ses débuts, Jean-Jacques trouve une oreille plus sévère. Bachaumont note au 15 Janvier 1768 : « M. Rousseau de Genève étant venu à Paris avec son Opéra des *Neuf Muses*, que les nouveaux Directeurs lui ont demandé, il s'en est fait une répétition chez le Prince de Conti au Temple, où l'on a conclu que cet Opéra n'était pas jouable ».

De la ville dans la ville à Paris unifié

L'enclos du Temple, avec son église, son couvent, son cloître, ses vastes cours meublées d'hôtels particuliers et de maisons d'artisans, reste une ville à part dans Paris, presque un État, jouissant de privilèges spéciaux, d'une justice, d'une police, d'une voirie particulières. C'est de ces atouts qu'entend profiter la spéculation qui y construit « La Rotonde » en 1788, galerie ovale de quarante-quatre arcades s'ouvrant devant des boutiques dont le logement est à l'entresol, tandis que les étages supérieurs sont faits de petits appartements.

Mais la Révolution bouleverse les plans les mieux pensés, et c'est la famille royale qu'on amène, le 13 août 1792, dans la partie moyenâgeuse de l'enclos, le donjon massif dans son carré de tourelles à poivrières. Louis XVI y reste enfermé jusqu'au 21 janvier 1793, date de son exécution. Marie-Antoinette y demeure sept mois encore après la mort de son époux. Le dauphin y disparaît le 8 juin 1795, à 10 ans ; Madame Élisabeth, sa tante, est alors guillotinée depuis treize mois. Seule Madame Royale, sa sœur, en réchappera, échangée contre des prisonniers livrés par Dumouriez, le 18 décembre 1795.

Les Archives nationales, créées par l'Assemblée constituante, qui ont connu la salle des Feuillants puis le couvent des Capucins, sont déposées au palais de Soubise en 1808 ; doivent les y rejoindre celles de tous les pays de l'Empire napoléonien. De l'hôtel de la maison de Guise il ne reste plus qu'un escalier à la double croix de Lorraine. L'imprimerie royale de Richelieu, après les Tuileries et le Louvre, est devenue nationale à l'hôtel de Toulouse, en l'an II, avant de gagner l'hôtel de Rohan en 1811.

▽ **La Famille royale à la prison du Temple en 1792,** ***d'E. M. Ward (1851).***

△ *Marché du Temple. Les encadrements de pierre des entrées latérales actuelles sont des vestiges de l'ancienne rotonde.*

Le donjon du Temple a été abattu dans le même temps et quatre hangars construits devant la rotonde, faisant de l'ensemble un colossal marché aux puces : on les désigne des sobriquets pittoresques de *Palais-Royal* pour la mode, *Pavillon de Flore* pour le meuble, *Pou-Volant* pour la ferraille, et *Forêt-Noire* pour la chaussure. On n'y parle à peu près que l'argot, et « être à court d'argent » s'y dit, au choix, « nib de braise » ou « nisco braisicoto ».

Louis XVIII fait don de l'hôtel du Grand Prieur à la princesse de Condé qui y installe des assomptionnistes. Madame Royale, rentrée avec la Restauration, a voulu, dit-on, honorer la mémoire de ses parents en plantant des cyprès et un saule pleureur à l'emplacement de la tour de leur captivité. Ce saule n'aurait disparu de l'actuel square du Temple qu'autour de l'année 2000. Mais La Bédollière, qui décrit le jardin public juste après sa création, ne cite « qu'un saule pleureur de 400 ans, et un groupe de tilleuls, lieu de repos favori de Louis XVI qui, dans les beaux jours de l'automne 1792, faisait, à leur ombre, répéter ses leçons au dauphin ». Haussmann, son commanditaire, est encore plus sec dans ses *Mémoires* : « Il contient quelques vieux arbres, conservés avec soin, et une pièce d'eau qu'alimente une cascade tombant d'un rocher factice ».

Le pouls du quartier se prend au Jardin turc, de ce côté-ci du boulevard du Temple, et, de toute évidence, il est faible. Jouy, dans les années 1810, est frappé du contraste avec l'autre trottoir : « Ici, tout était calme, sang-froid, gravité ; c'était l'assemblée des oisifs du Marais : les uns, assis en cer-

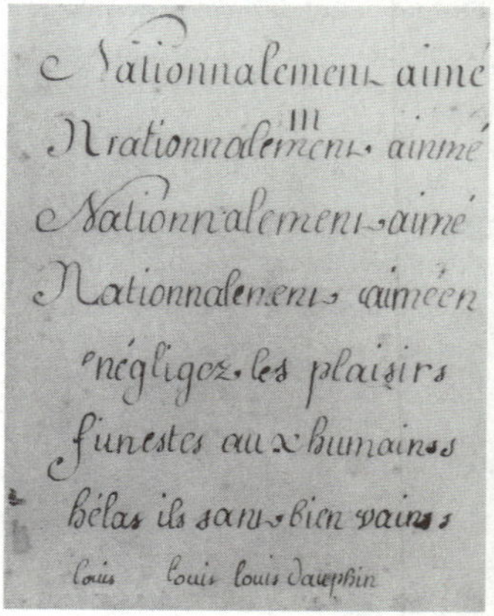

▷ *Cahier d'écriture du dauphin Louis XVII au Temple.*

cle, discutaient un exemple de longévité, sur la foi de la gazette de Presbourg, et le plus grand nombre, regardant jouer au billard, attendait l'occasion de donner son avis sur un carambolage équivoque ». Un guide de 1830 assure encore que « les dames du Marais y viennent pour se distraire du silence et de l'ennui qui règnent dans leur quartier désert ».
Et voilà que très tard dans la soirée du 1er décembre 1851, Maxime Du Camp voit arriver chez lui un ami, très préoccupé : il est passé vers minuit devant l'Imprimerie nationale, rue Vieille-du-Temple, et il l'a vue entourée par une compagnie de la garde municipale, ce qui ne présage rien de bon. Ce qu'il n'a pu voir, c'est, dedans, chaque ouvrier placé entre deux gendarmes, qui, dans le silence obligatoire, compose un tout petit fragment de texte sans signification. Le puzzle se reconstitue le lendemain matin sur tous les murs de Paris : l'Assemblée nationale est dissoute.

Le restaurant Bonvalet est à côté du Jardin turc. C'est là que Hugo a rendez-vous avec Michel de Bourges et d'autres députés qui croient encore que tout n'est pas perdu. « Tout à coup, quelqu'un me poussa le bras, raconte Hugo. C'était Léopold Duras, du *National*. – N'allez pas plus loin, me dit-il tout bas. Le restaurant Bonvalet est investi. »
À l'occasion de l'Exposition universelle de 1867, dans le *Paris-Guide* que préface Victor Hugo l'exilé, Paul de Kock prend acte de l'unification de Paris : « C'est au boulevard du Temple que commence le quartier que l'on appelait jadis le Marais. Paris avait alors trois quartiers bien distincts, bien tranchés : le faubourg Saint-Germain, la Chaussée d'Antin et le Marais. Le premier avait la prétention d'être habité par la noblesse, le second par la finance, le troisième par la bourgeoisie. Maintenant, toutes ces distinctions n'existent plus. Grâce aux démolitions de ces vieilles ruelles que

△ ***Promenade dans le Jardin turc, boulevard du Temple, en 1810 (gravure de J. P. M. Janizet).***

△ *La 1re Internationale, 14, rue de la Corderie : « au troisième étage, une salle grande et nue comme une classe de collège... ».*

◁ *Au 3, rue de Braque, grille ornée de pommes de pin, décoration traditionnelle des cabarets.*

l'on appelait des rues, grâce aux constructions modernes, aux voies nouvelles, aux boulevards qui traversent et relient ensemble les quartiers les plus opposés, il n'y a plus qu'un Paris, et l'on trouve des maisons aussi élégantes sur le boulevard Beaumarchais que sur le boulevard Malesherbes, et dans la rue de Rivoli que dans la rue de Lyon ».

Il y avait par là dans ce quartier / Le siège de la Première Internationale

Unifié, Paris ? Déjà au Bal Montier, au premier étage du 6, place de la Corderie-du-Temple (auj. 14, rue de la Corderie), se réunissent trois soirs par semaine des chansonniers ouvriers de la société des Enfants du Temple. Quand, entre mars et décembre 1869, se forme une Chambre fédérale des sociétés ouvrières, qu'anime Eugène Varlin, elle siège dans ce même bâtiment de la « Corderie ». À la guerre renaît la section parisienne de l'Internationale, et c'est encore ici : « Connaissez-vous, entre le Temple et le Château d'eau, pas loin de l'Hôtel de Ville, une place encaissée, tout humide, entre quelques rangées de maisons... au troisième étage, une salle grande et nue comme une classe de collège ?... », demande Jules Vallès, dans *Le Cri du peuple* du 27 février 1871.

Chez Bonvalet, le patron des lieux, élu de Paris, s'efforce encore avec le poseur de papiers peints Héligon, membre de l'Internationale, avec Tolain, élus eux aussi, de trouver un terrain d'entente entre l'Assemblée, qui siège maintenant à Versailles, et le Comité central de la garde nationale. En vain.

Après la Commune, le cabaret sans nom qui occupe le rez-de-chaussée de la Corderie, connu dans tout l'arrondissement comme L'Assommoir, même s'il n'a pas d'enseigne, inspire Zola, dont le roman est aussitôt

accusé « d'insulter la classe ouvrière » et voit sa publication en feuilleton, dans *Le Bien public* du chocolatier Émile Menier, interrompue.

À deux pas, au 49, rue de Bretagne, dans un ancien immeuble de rapport édifié en 1778 sur une parcelle de l'hôpital des Enfants-Rouges, un café de la garde nationale est devenu la gargote de l'Union des coopérateurs socialistes, et la bâtisse la Maison commune du 3e arrondissement. Au premier étage, une salle tout en longueur dotée d'une petite scène. On y voit Lénine, dans les années 1910, conférencier ou auditeur d'« *une goguette révolutionnaire*[41] avec des *chansonniers*[42] ». À la fin de novembre 1911, il représente le Parti ouvrier social-démocrate russe aux funérailles de Paul et Laura Lafargue, née Marx, dont le cortège funèbre, chargé d'immortelles rouges, part de la Corderie, mené par Jean Longuet, le fils de Jenny Marx, deux des filles de Karl ayant épousé des internationalistes parisiens. « Le dernier proudhonien et le dernier bakouniniste, que le diable les emporte ! », bougonnait le papa. C'est 49, rue de Bretagne qu'en janvier 1921, Louis Aragon et André Breton viennent adhérer au tout jeune parti communiste.

« *Il m'eût fallu une âme bien mesquine*
Pour ne pas me sentir cet hiver-là saisi
Quand au Congrès de Tours parut Clara Zetkin
D'un frisson que je crus être la poésie (...)
Cet après-midi-là je fus rue de Bretagne (...)
Le ciel gris de Paris au sortir du local
J'errais. Il y avait par là dans ce quartier
Le siège de la Première Internationale
On vient de loin, disait Paul Vaillant Couturier »,

se souviendra Louis Aragon dans *Les Yeux et la Mémoire*.

41 et 42. En français dans le texte d'une lettre à sa sœur.

◁ *49, rue de Bretagne. C'est là qu'en janvier 1921, Louis Aragon et André Breton vinrent adhérer au tout jeune parti communiste.*

Quelque temps plus tard, c'est Hô Chi Minh qui vient profiter ici des goguettes de chaque premier dimanche des mois d'octobre à mai, où il retrouve ses amis Voltaire et Renan, vrais prénoms d'état civil des fils du gérant des lieux. Boulevard du Temple, et jusqu'au coin de la rue Charlot, le Jardin turc et le restaurant Bonvalet viennent d'être remplacés par le restaurant et la brasserie de l'Union des coopératives au bas de la Maison de la coopération.

Le canal Saint-Martin, quartier latin de la rive droite ?

▷ *À compter de la monarchie de Juillet, le canal Saint-Martin voua la zone qu'il traverse au commerce et à l'industrie.*

À traverser son épaisseur temporelle, le territoire de l'actuel canal Saint-Martin est d'abord parcouru durant trois siècles, du XIVe au XVIIe, par un axe tragique, celui des rues des Récollets et de la Grange-aux-Belles, tronçon de la route de Meaux « desservant » les deux gibets de Montfaucon, l'annexe et le principal. Au siècle suivant et à l'autre bout, le même espace est, au contraire, marqué par un axe bachique : la rue du Faubourg-du-Temple, la basse Courtille de Ramponneaux que l'on « descend », dans la folie du carnaval, jusqu'en 1838.

La diagonale du canal Saint-Martin, ouverte à la navigation et dotée d'un entrepôt des douanes à peu près au même moment, voue ensuite au commerce et à l'industrie toute la zone intermédiaire. C'est parce qu'ici il n'y avait rien qu'Henri IV, en son temps, y avait fait bâtir l'hôpital Saint-Louis, loin de la ville, pour les malades de la lèpre. Le canal en fait le faubourg industriel du XIXe siècle. Mais le même canal, qui les a pour ainsi dire fait naître, fournit aux ouvriers insurgés « une ligne de défense formidable » : en juin 1848, « il fallut du canon pour emporter les barricades élevées sur

◁ *Henri IV fit bâtir l'hôpital Saint-Louis, loin de la ville, pour les malades de la lèpre.*

▷ *La caserne du Prince-Eugène, le nouveau verrou qui remplaçait le goulet de l'arcade Saint-Jean pour tenir les faubourgs.*

les deux rives à l'entrée du faubourg du Temple » ; les troupes de Lamoricière n'y parvinrent qu'au bout de cinq jours, se rappelle La Bédollière. L'actuelle place de la République devient le nouveau verrou des faubourgs dangereux, qui remplace la Bastille et l'arcade Saint-Jean de l'époque où le faubourg de la menace était celui de Saint-Antoine. Le Second Empire installe donc ici la vaste caserne du Prince-Eugène en même temps qu'il couvre la partie sud du canal pour permettre à sa cavalerie de galoper sans entrave.

En 1312, Philippe le Bel avait fait dresser sur la levée dite Montfaucon, à gauche de la rue de la Grange-aux-Belles, un peu avant d'arriver sur l'actuelle place du Colonel-Fabien, les fourches patibulaires. Ce n'étaient pas des potences isolées, mais une sorte de charmille : seize piliers unis par des poutres, et des crochets et des chaînes de fer, car il s'agissait plus d'y suspendre que d'y pendre. Davantage qu'un outil d'exécution, c'était un étal, indéfiniment. À preuve, en 1408, ce prévôt de Paris qui, ayant outrepassé son pouvoir en faisant exécuter deux clercs, était contraint de les dépendre quatre mois plus tard pour « les baiser à la joue ». Ou ce Laurent Garnier qui, réhabilité, était décroché au bout d'un an et demi !

À la Saint-Barthélemy, on avait vu sur cette route d'Allemagne, au lieu des habituels marchands, des groupes parfumés et pommadés sous la soie et l'or : Catherine de Médicis, sa cour, son fils Charles IX, se distrayant des restes suspendus de l'amiral de Coligny, moignons informes d'un corps traîné trois jours durant au long des rues et atrocement mutilé. Comme certains se pinçaient le nez, le roi les moqua, en reprenant Vitellius : « Le corps d'un ennemi sent toujours bon ! ».

▽ *Couvent des Récollets. Marie de Médicis en posa la première pierre. La Convention le joindra à la maison de retraite créée par saint Vincent de Paul.*

De l'autre côté de la route, de 1607 à 1619 se bâtissait l'hôpital Saint-Louis : doubles cours entourées d'une double enceinte de murailles pour cantonner la contagion autant que faire se pouvait. Le couvent des Récollets est son contemporain, dont Marie de Médicis pose la première pierre. La Convention le fusionnera avec la maison de retraite créée par saint Vincent de Paul, au Saint-Nom-de-Jésus, pour quarante vieillards, et portera l'ensemble à cinq cents places. Pendant le Consulat, l'établissement,

devenu celui des Incurables, était confié à « des entrepreneurs qui spéculèrent honteusement sur la vie et la santé des vieillards ».
La modernité atteint l'hôpital Saint-Louis dès Louis XVIII : trois cents becs de gaz s'y allument le 1er janvier 1818, et l'usine installée sur place en fait le premier établissement public éclairé par ce moyen. Les temps sont balzaciens. « Du Tillet, instruit des intentions du gouvernement concernant un canal qui devait joindre Saint-Denis à la haute Seine, en passant par le faubourg du Temple, acheta les terrains de Birotteau pour la somme de soixante-dix mille francs. [...] Au commencement de l'année 1822, le canal Saint-Martin fut décidé. Les terrains situés dans le faubourg du Temple arrivèrent à des prix fous. Le projet coupa précisément en deux la propriété de du Tillet, autrefois celle de César Birotteau. La compagnie à qui fut concédé le canal accéda à un prix exorbitant si le banquier pouvait livrer son terrain dans un temps donné. »

△ *« Un caillebot au minium,/Et deux pots de géranium/Pour la Picarde, en bas, qui trôle. » (Paul-Jean Toulet).*

« Sur le canal Saint-Martin glisse... »

« Sur le canal Saint-Martin glisse,
Lisse et peinte comme un joujou,
Une péniche en acajou,
Avec ses volets à coulisse »,

écrit Paul-Jean Toulet dans *Les Contrerimes* un siècle plus tard. À l'Hôtel du Nord, la famille d'Eugène Dabit va héberger durant vingt ans quantité de « gueules d'atmosphère » ; et quelques maisons derrière, le local de la CGT, « la Grange-aux-Belles », est là depuis 1905. Eugène Dabit, parti en URSS en compagnie d'André Gide, n'en est pas revenu, il y est mort subitement. André Gide en est revenu, et comment ! et il l'a écrit. C'est à la Grange-aux-Belles, comme l'on dit familièrement, que l'association des Amis de l'Union soviétique, Jean Lurçat et Fernand Grenier en tête, répond à son *Retour de l'URSS*.
Pendant qu'à la centrale électrique de la Compagnie parisienne d'air comprimé du quai de Jemmapes, le charbon, tiré des péniches, avance sur le convoyeur jusqu'aux silos en entonnoir des générateurs, à la Maison des syndicats du fond de l'impasse Chausson, au-dessus de l'imprimerie de la *Voix du peuple*, l'hebdo confédé-

▷ *À l'Hôtel du Nord, la famille d'Eugène Dabit hébergea vingt ans durant quantité de « gueules d'atmosphère ».*

ral, Léon Jouhaux, ouvrier à la manufacture d'allumettes d'Aubervilliers, casquette, barbiche et moustache Napoléon III, cravate lavallière, pantalons bouffant aux genoux et serrés aux chevilles, a succédé au cordonnier Victor Griffuelhes. Puis, au deuxième congrès du parti communiste SFIC, on entend ici les représentants des peuples colonisés, N'Guyen Aït Quoc, le futur Hô Chi Minh, et Hadj Ali Abdel Kader, qui sera le premier président de l'Étoile nord-africaine.
À l'imprimerie de la *Voix du peuple*, le correcteur Daniel Guérin croise Eugène Hénaff qui, dans les années 1930, porte toujours les larges pantalons de satin noir et la casquette du cimentier. Le travail fini, il n'a que quelques pas à faire pour rejoindre le groupe de la *Révolution prolétarienne* au 96, quai de Jemmapes. Depuis janvier 1911, presque au coin de la rue de la Grange-aux-Belles, les amis de Pierre Monatte se réunissent dans une petite boutique grise, la Librairie du Travail, et son appartement au-dessus.

△ À la pointe des rues des Vinaigriers et Jean-Poulmarch, un lion toise le canal.

▽ La tour de l'élévateur démolie, la centrale électrique fut reconvertie pour les vêtements Labor, puis pour Clairefontaine-Exacompta.

« Cette boutique ferma le 2 août 1914. Et pourtant, certains soirs d'automne, vers 9 heures, les policiers pouvaient constater qu'une vie furtive y brillait, que des conspirateurs, l'un après l'autre, s'y glissaient. J'y ai plus d'une fois participé. On se bornait à tisonner tristement les restes refroidis de l'Internationale ; à dresser, d'une mémoire amère, la liste immense de ceux qui avaient failli ; à entrevoir, avec une clairvoyance inutile, la longueur d'une lutte d'usure où seule serait vaincue la civilisation », écrira Raymond Lefèbvre. Parmi les conspirateurs, Losovsky, l'ancien secrétaire du Syndicat des casquettiers, qui sera le dirigeant de l'Internationale Syndicale Rouge, et Léon Trotski.
Chaque jour, Pierre Monatte va jusqu'à la place de la République acheter le *Journal de Genève*, qui publie le feuilleton de Romain Rolland, « Au-dessus de la mêlée ». Autour du kiosque, quelques personnes le commentent à haute voix. C'est ainsi que Pierre Monatte rencontre Marcel Hasfeld, qui fera survivre plus tard la Librairie du Travail dans les locaux de L'Égalitaire, la coopérative de la rue de Sambre-et-Meuse, fondée, après la Commune, par des membres de la Ire Internationale.
Nestor Burma enquête ici en 1956, accompagnant, une fois n'est pas coutume, Hélène, sa secrétaire : « Pour rien au monde, je n'aurais laissé Hélène s'aventurer seule dans ce coin-là ». Il lui faut pourtant lâcher son bras : « nous traversâmes le canal en empruntant l'étroite passerelle à fleur d'eau, construite au sommet des vantaux de l'écluse, permettant tout juste le passage d'une seule

△ *La rue du Faubourg-du-Temple, vers 1900. Entre six et sept heures du soir, une marée humaine passait ici, montant du cœur de Paris vers le faubourg.*
© LL/Roger-Viollet

personne à la fois [...] le silence était total. Une auto qui passa sur le pont tournant et disparut par la rue de Lancry, le troubla à peine. [...] Un peu après l'Hôtel du Nord, en face du poste de police entouré d'arbres dénudés et de buissons rachitiques, la Chope des Singes répandait sur le trottoir une chiche lumière jaune ».

Plus haut sur le quai de Valmy, la Fédération communiste libertaire vient de quitter, sous le coup des saisies, des amendes et des peines de prison, sa « librairie sociale », siège du *Libertaire* où Georges Brassens était venu, dix ans plus tôt, apporter les textes qu'il signait Géo Cédille.

Faubourg du Temple : tout le monde le descend !

« Au débouché de la rue du Temple rien de plus pittoresque à voir, entre six et sept heures du soir, que le spectacle de la marée humaine qui monte du cœur de Paris pour rentrer au faubourg », assure le *Paris-Atlas* de 1900. Cette montée quotidienne est pourtant éclipsée, dans l'imagerie du faubourg, par la fameuse « descente de la Courtille », qui n'est pourtant qu'annuelle, le mercredi des Cendres, mais quelle journée ! et après quelle nuit ! « La nuit de ce jour-là donc, une fois minuit passé, les danseurs de l'Opéra, des Variétés, etc., montaient s'encanailler avec les débardeurs et les mamelucks de la barrière de Belleville, on buvait, on sautait, on faisait tapage tous ensemble, c'était l'égalité dans l'orgie ; puis, dès six heures du matin, fiacres, cabriolets, chars-à-bancs, tous les véhicules enfin étaient envahis par cette foule en délire, et toujours hurlant, toujours vociférant, elle commençait un défilé qui, jusqu'au boulevard, avait lieu au petit pas, mais à dix heures du matin tout devait être rentré dans l'ordre. »

Comme le carrosse de Cendrillon, la Courtille des plaisirs, à dix heures tapantes, redevient le Paris du travail. À la mi-XVIIIe siècle, Jean Ramponneaux, qui avait bâti sa gloire sur le prix de sa pinte, et sur le fait d'avoir gagné un procès contre ceux qui lui avaient

△ **Chez Ramponneaux, cabaretier à la mode, à la Courtille** *(aquarelle, fin du XVIIIe s.). En son Tambour-Royal, une clientèle mêlée.*
© Coll. Roger-Viollet

fait signer, après boire, un engagement dans une troupe foraine[43], avait déjà en son Tambour-Royal une clientèle mêlée, et pareillement le Cabaret de la Courtille de Gilles Desnoyers, presque en face. Nobles et courtisans aimaient, en carnaval comme aux jours moins gras, fréquenter les guinguettes populaires : Mme de Genlis, préceptrice des enfants du futur Philippe Égalité, y avait dansé, dit-on, avec un valet de chambre. C'est cette Courtille-là que chantait Jean Joseph Vadé, le « Corneille des Halles », dans *La Pipe cassée* :

« Voir Paris, sans voir la Courtille,
Où le peuple joyeux fourmille,
Sans fréquenter les Porcherons (...)
C'est voir Rome sans voir le pape ».

À la construction du mur des Fermiers généraux, Ramponneaux était si glorieux qu'une barrière y était ouverte à son nom, mais les guinguettes passaient de l'autre côté, sur la pente montant vers le village de Belleville. Les restaurants qui les remplaçaient dans la basse Courtille étaient plutôt chics, témoin Les Vendanges de Bourgogne, au coin du canal : de ses balcons, c'est au champagne qu'on asperge la descente de la Courtille plutôt qu'à la farine et aux œufs. Les bals Chicard, qui s'y tiennent sous la monarchie de Juillet, du nom de leur promoteur, négociant en cuir du faubourg Saint-Antoine, sont à dix francs la carte, sur invitation. Néanmoins, les costumes chicards de carnaval continuent d'imiter ceux du peuple, avec comme types Balochard, « l'ouvrier tapageur et spirituel », Pétrin, le boulanger, etc. Milord l'Arsouille, patronyme hybride, symbole du riche encanaillé, conduira les descentes de la Courtille jusqu'à la dernière et sa ruine. Vingt ans plus tard, la touche de « mixité sociale » est encore nette dans le récit de Privat d'Anglemont : « Savez-vous pourquoi le faubourg du Temple est un des plus gais, des plus vivants et des moins pauvres de Paris ? C'est qu'il tient au boulevard du Temple, qui touche au marché du Temple, c'est-à-dire aux endroits où le peuple s'amuse, où il travaille, où il s'habille, où il s'enrichit. Aussi est-ce un des quartiers les plus amalgamés de la ville. Voyez donc : le bourgeois y coudoie l'ouvrier, le comédien, le peintre en décors (...) C'est une sorte de pays libre, de Quartier latin de la rive droite ».

Un peu avant la cour de la Grâce-de-Dieu, que le patron d'un théâtre du boulevard du Temple, c'est-à-dire du Crime, a baptisée d'un de ses succès, au 107, rue du Faubourg-du-Temple, habite alors Henri Tolain. Le bronzier-ciseleur accepte, à l'automne de 1861, de rencontrer le prince Jérôme-Napoléon, dit « Plon-Plon », le cousin

◁ **La Descente de la Courtille**, *de C.-G. Nanteuil (vers 1842). Une fois l'an, le mercredi des Cendres, mais quelle journée ! et après quelle nuit !*
© PMVP/Berthier

43. L'église avait fait valoir qu'on ne pouvait forcer un homme à se damner en montant sur les planches.

de l'empereur, qui favorise l'envoi de délégations ouvrières aux Expositions universelles. Celles-ci, comme le *Manifeste des Soixante*, rédigé par Tolain et ses camarades du Temple, en relation avec Proudhon, seront à l'origine de l'Internationale.

Le théâtre quarante-huitard

Le bronze, c'est l'atelier Barbedienne au 63, rue de Lancry, où travaillent trois cents personnes. L'un des hauts faits du coup d'État prend place ici : « Devant le magasin de Barbedienne, relate Victor Hugo dans *Histoire d'un crime*, un officier faisait admirer à ses camarades son arme, qui était une arme de précision, et disait : "Avec ce fusil-là, je fais des coups superbes entre les deux yeux". Cela dit, il ajustait n'importe qui, et réussissait ». Barbedienne assure maintenant les fournitures de l'Hôtel de Ville, en même temps qu'il moule les candélabres du Louvre de Napoléon III. Avec Christofle et ses mille quatre cents ouvriers, au 56, rue de Bondy (auj. René-Boulanger), ce sont les deux usines de l'arc de théâtres qui encadrera la Bourse du travail.

Au 35, rue de Lancry, habite Bocage. Il a été sur les barricades de 1830, y a fait le coup de feu contre la garde royale. Sa fille n'est pas baptisée. Après février 1848, sollicité de toute part, il s'est interrogé : « Vous savez que je suis prêt à donner ma vie pour la République ; cela ne suffit pas pour être entendu à l'Assemblée nationale. J'ai beaucoup lu, beaucoup vu, mais je n'ai pas assez approfondi les grandes questions qui vont être agitées. Vous le savez aussi, jusqu'à 18 ans, j'ai été ouvrier tisserand à Rouen, ma ville natale. À cet âge seulement je suis sorti des ateliers, et, pour ma nouvelle profession, pour l'art si difficile du théâtre, j'ai, selon mes forces, étudié le cœur humain. Ce livre-là prenait tout mon temps... Croyez-vous que mon énergie, mon simple bon sens, une probité bien éprouvée, une volonté ferme d'appliquer maintenant toutes mes facultés, toutes mes forces, à l'étude de la science politique et sociale, puissent être utiles au sein

▷ *Terrassiers grévistes en assemblée à la Bourse du travail (Paris, 1914).*

△ Le Théâtre de l'Ambigu-Comique et le boulevard Saint-Martin, *de G. Canella (1830). Paul Foucher, le beau-frère de Victor Hugo, y adapta* Notre-Dame-de-Paris.

de la Constituante à cette République que j'ai tant désirée ? ». Lamartine a répondu, naturellement, oui à « l'illustre citoyen qui a pris le romantisme et la République sous son patronage ».

À l'occasion de la rentrée de Bocage, et de l'Exposition universelle de 1855, Paul Meurice, le disciple de Hugo, demeuré pour faire entendre la voix de l'exilé, donne à la Porte-Saint-Martin *Paris*, vaste fresque historique, des Gaulois au Palais de l'Industrie, dans laquelle Bocage est successivement Merlin, Abélard et Molière. À l'Ambigu, la salle de deux mille places qu'Hittorff a construite 2 ter, boulevard Saint-Martin, après qu'elle eut brûlé sur le boulevard du Crime, le même Paul Meurice écrit pour Mélingue un *Fanfan la Tulipe*, tandis que Paul Foucher, le beau-frère de Hugo, y adapte *Notre-Dame de Paris*. Cent ans plus tard, élément de sa campagne contre Ridgway la Peste, le PCF y produit entièrement une pièce de Roger Vailland : *Le colonel Foster plaidera coupable*. Grâce à la vente d'avance des billets aux associations et aux syndicats, et à la sous-location de la salle en dehors des heures de spectacle aux organisations démocratiques ou aux ambassades des Républiques populaires, Loleh Bellon et Frédéric O'Brady, dans une mise en scène de Louis Daquin, peuvent donner une représentation que le Préfet de police ne laissera pas se renouveler.

Derrière la fontaine du Château-d'Eau et ses huit lions de fonte, un Vauxhall d'été, à l'imitation de celui lancé à Londres par un M. Vaux, a été créé pour

◁ La Fontaine du boulevard Saint-Martin *(lithographie de Benoist Philippe, vers 1840). Ses lions sont aujourd'hui à la Villette.*

concurrencer la Redoute chinoise de la foire Saint-Laurent. C'est un « lieu charmant, distribué avec élégance », selon le *Conducteur de l'étranger à Paris* de 1815. En 1860, un Café-Parisien de Charles Duval lui a succédé, « aussi vaste et plus somptueux que la plupart des théâtres ». Au nouveau Tivoli Vauxhall voisin, se forme par étapes, en février et mars 1871, le Comité central de la garde nationale où, à côté de rares figures militantes comme Assi, Varlin, Ranvier et Lullier, tous les autres sont sortis du rang. « Tous pour chacun, chacun pour tous » est sa devise.

Les ateliers et les peintres

Le baron Taylor, premier soutien du romantisme, auquel on doit *Hernani* et l'obélisque de Louksor, habite le 68, rue de Bondy, une maison du XVIIIe siècle qui sera, de 1842 à sa mort, en 1879, un haut lieu de la vie intellectuelle et artistique de Paris. Une rue Taylor sera percée un peu plus tard sur un hôtel voisin, celui construit pour le banquier génois Octave Marie Pie Giambone par Lenoir le Romain. À côté, au n° 40, au théâtre des Folies-Dramatiques, se font tous les succès de l'opérette, avec Lecocq et les autres : *La Fille de Mme Angot*, *Les Cloches de Corneville*, etc. Puis c'est ici l'Opéra populaire.

◁ *68, rue René-Boulanger (de Bondy), le domicile. Les « dîners Taylor » avaient lieu au restaurant Notta, ancienne maison de Louis Trouard, rue du Faubourg-Poissonnière.*

▷ *La Bourse du travail, le 1er mai 1906. Paris était un camp retranché de soixante mille soldats, et les leaders syndicaux étaient en prison.*
© Coll. Cedias-Musée social

En 1867, la fontaine du Château d'eau et ses lions ont été expédiés à La Villette, dont le bassin les abreuvait déjà : il fallait agrandir la place devant la caserne du Prince-Eugène. La place est celle de la République depuis 1879, pourtant un cordon d'infanterie, épaule contre épaule, en entoure les terre-pleins, tandis que des rangs de cavaliers, échelonnés de dix mètres en dix mètres, tournent tout autour comme les pales d'une hélice. C'est qu'une banderole est tendue sur toute la façade de la Bourse du travail : « À partir du 1er mai 1906 nous ne travaillerons que 8 heures par jour ». La Bourse du travail, que la Ville de Paris a remise aux délégués des Chambres syndicales le 22 mai 1892, a déjà été fermée, occupée par la troupe, enfin la CGT en a été expulsée au mois de novembre précédent (ce qui l'a fait s'installer à la Grange-aux-Belles). En cette veille de 1er mai

1906, Paris est un camp retranché de soixante mille soldats, et les leaders syndicaux sont en prison.

À cause de la Bourse du travail, comme de la Grange-aux-Belles, la majorité des dirigeants syndicaux habitent le quartier, à proximité de leurs lieux de délégation. Tandis que de l'autre côté du boulevard Magenta, que sillonnent les tramways à air comprimé qui relient la Bastille à Clignancourt et au cimetière de Saint-Ouen, et les tramways à accumulateurs de Pantin et d'Aubervilliers, se réunissent au n° 6, salle Jules, un groupe de poètes et chansonniers, parmi lesquels Jean-Baptiste Clément, la veuve d'Eugène Pottier, Sébastien Faure, ou Constant Marie, dit le père Lapurge, l'auteur de *La Muse rouge*, une chanson qui deviendra leur emblème.

Le 14 juillet 1936, plusieurs centaines de milliers d'ouvriers parisiens célèbrent le Front populaire place de la République. Les peintres du Parti communiste y parsèment le défilé de reproductions géantes de toiles des maîtres progressistes : « Le musée, nous le portions dans la rue, et c'est nous qui, en reproduisant à des proportions colossales la *Rue Transnonain* ou le *Tres de Mayo*, avons rendu au peuple la connaissance de ses images les plus hautes ». Et on lui fait voir aussi la tête de ces maîtres-là : par exemple, peint par Boris Taslitzky, Daumier, le mémorialiste de la *Rue Transnonain*.

La peinture a regagné les galeries, et les ateliers sont désormais ceux des peintres sur les bords réhabilités du canal, après que le quartier a failli périr d'un Mai 68 renversé de l'administration qui, à l'opposé des brûleurs de voitures, voulait faire de la voie d'eau une autoroute Orly-Le Bourget à douze mille véhicules/heure ! C'est la seconde moitié du *Canal Saint-Martin* de Paul-Jean Toulet, plus intello et plus exotique, qui exprime le mieux maintenant le quartier :

« Un caillebot au minium,
Et deux pots de géranium
Pour la picarde, en bas, qui trôle.
Je rêve d'un soir rouge d'or,
Et d'un lougre hindou qui s'endort :
– siffle la brise... eh toi ! Créole. »

◁ Tramway, système Purrey à air comprimé, « Cimetière de Saint-Ouen-Bastille », en passant par Clignancourt (Paris, 1908).

Les Buttes-Chaumont :
des carrières bien remplies

Ce qui a permis le retournement d'un mont chauve en Buttes-Chaumont vertes comme un paysage suisse, c'est, paradoxalement, qu'il tenait à sa nature de gypse d'être incultivable et, cela compte davantage encore, à son exploitation minière d'être inconstructible. Lors de l'annexion, Paris hérite ici d'un vaste ensemble de carrières épuisées ou en voie de l'être, dont une seule, celle dite d'Amérique, emploie encore, sur trois hectares, une centaine d'ouvriers. Le sol qui les recouvre étant impropre à la spéculation, ne reste que la solution du parc public, ou les pavillons lilliputiens de la Mou-

▷ Parc des Buttes-Chaumont. « Une oasis qui dépassera en beauté celle de la sultane Fatime, la fille chérie du Prophète. »

zaïa qui vont se construire précautionneusement au-dessus d'une superposition de galeries de mine.
Vues de la plate-forme de l'église de Belleville, quand celle-ci est consacrée en 1859, les Buttes-Chaumont sont encore, aux yeux de La Bédollière, « d'une sauvagerie si pittoresque ». À leur pied, « le Combat », qui n'a pris fin que sous la monarchie de Juillet, était d'une sauvagerie tout court. Dans une arène de bois assez délabrée, on lâchait des chiens écumants sur un taureau, un sanglier, un ours, un âne, un verrat. La boucherie se terminait par un feu d'artifice ou un lâcher de ballon dont un chien occupait la nacelle. En 1792, le procureur général du département avait demandé sa suppression, mais, en 1840, on percevait toujours le droit des pauvres sur ce spectacle. Enfin, les animaux de combat avaient été remplacés par des chevaux de trait, rangés dans un ordre parfait aux écuries, entre remises et magasins, de l'Entreprise générale des voitures de place. Dans ce vaste édifice, les vociférations ne venaient plus des spectateurs enfiévrés du Combat, mais des passagers se plaignant d'un cocher, le bureau central des réclamations étant situé là.
Au milieu de la « sauvagerie si pittoresque » des Buttes-Chaumont, que traverse une seule rue, celle de Crimée, il y a pourtant déjà une église et elle est luthérienne. La communauté allemande, nombreuse à proximité de la route arrivant de Mayence, possède au n° 93 son temple plaqué de bois comme un chalet de la Forêt-Noire, et son école. À la guerre de 1914, quand la rue d'Allemagne deviendra l'avenue Jean-Jaurès, les locaux passeront à l'institut russe orthodoxe Saint-Serge, tandis qu'une nouvelle église évangélique sera construite au 55, rue Manin, où l'architecture de bois est, cette fois, toute intérieure.

△ *Le quartier de la Mouzaïa doit ses maisonnettes à une carrière de gypse de vingt-cinq hectares dont les galeries avaient sapé la butte de Beauregard.*

▷ *L'église évangélique du 55, rue Manin était destinée à la communauté allemande, nombreuse à proximité de la route arrivant de Mayence.*

△ ◁ *Le hameau du Danube, du promoteur Paul Fouquiau (auteur des immeubles au cordeau des rues Simart et Eugène-Sue à Montmartre), primé au concours de façades de 1926.*

Dans ses *Mémoires*, Haussmann revendiquera « l'idée, bizarre au premier aspect » d'avoir voulu convertir vingt-cinq hectares appartenant à la société dite des Carrières du Centre en une promenade publique. Avait-il d'autres choix ? En tout cas, les travaux y dureront de 1864 à 1867, et à peine étaient-ils commencés que la *Revue de Paris* écrivait qu'on était là-bas « en train de faire une oasis qui dépassera en beauté celle de la sultane Fatime, la fille chérie du Prophète ». Si cette comparaison très orientale vient à l'idée du rédacteur, c'est sans doute que le territoire où vont prendre place ces jardins, dont il signale qu'on les désigne déjà comme « les Tuileries du peuple », est l'image même du désert.

Un plâtrier bien encombré de sa carrière de la butte de Beauregard, qui ne rend plus, propose à la municipalité parisienne d'y établir un nouveau marché aux chevaux et au fourrage pour venir à la rescousse de celui du faubourg Saint-Marcel, et trois rues sont percées en 1875 pour aboutir à une place, celle aujourd'hui de Rhin-et-Danube, sur laquelle doivent s'élever les deux grandes halles. Mais la faillite est au bout. Puis, en 1889, quelques promoteurs, dont Paul Fouquiau qui a déjà à son actif les rues Simart et Eugène-Sue à Montmartre, vont commencer à vendre, bâties ou nues, des parcelles redécoupées pendant près de quarante ans pour s'adapter à ce terrain fragile, jusqu'à être primés, pour le hameau du Danube, au concours de façades de 1926.

C'est le quartier que l'on appelle Mouzaïa, à l'orée duquel sont venus habiter, rue Arthur-Rozier, aussi bien le couple de Victor Griffuelhes que les Monatte qui, au début de 1915, reçoivent dans leur trois-pièces, au premier étage d'un pavillon, Léon Trotski que Martov a préféré amener directement ici plutôt qu'à la Librairie du Travail.

Bientôt, les surréalistes plaçaient le « nouvel esprit qui les liait » « dans la marge la plus favorable à la liberté, qui nous semblait cette grande banlieue équivoque autour de Paris, cadre des scènes les plus troublantes des romans-feuilletons et des films à épisodes français, où toute une dramatique se révèle ».

▷ *Gaumont, rue du Plateau. Le reste de la Cité Elgé, phonétiquement L.G., les initiales de Léon Gaumont.*

◁ *Vue depuis la butte Bergeyre, cachée dans un triangle formé par la rue Manin et les avenues Mathurin-Moreau et Simon-Bolivar.*

Dans cette marge, rue des Alouettes, Léon Gaumont a installé, dès 1895, son comptoir de photographie. C'est là qu'il a produit ses premiers petits films pour un public qui découvre alors le cinématographe. Deux cents ouvriers travaillent dix ans plus tard, à côté du dépôt de celluloïd, dans un vaste studio moderne, baptisé Cité Elgé, phonétiquement LG, initiales de Léon Gaumont.

Rien d'étonnant à ce que Louis Aragon, André Breton et Marcel Noll, un soir d'accablement, vers la fin de 1924, parient sur les Buttes-Chaumont. « À l'instant où ils constatent que la porte des Buttes est ouverte, on imagine l'état d'esprit des trois compagnons. (...) il ne semble pas croyable qu'on puisse aller la nuit au Belvédère, le Belvédère et le lac, et l'invraisemblable diversité de cette construction de vallons et d'eau vive. Il est neuf heures vingt-cinq, et une brume épaisse est descendue sur toute la ville. Les hauts becs de gaz comprimé qui éclairent le parc forment de grandes traînées sulfureuses dans cette double nuit où montent les troncs d'arbres. Quelques garçons en casquette sortent des Buttes et s'éloignent sans chanter. » Mais voilà qu'une femme dont Aragon marche la tête toute pleine – dessinatrice et peintre américaine, il l'aime, platoniquement parce qu'elle est la maîtresse de son ami Drieu la Rochelle, depuis déjà deux ans –, voilà qu'Élisabeth de Lanux, dite Eyre, l'appelle à elle pendant qu'il donne à une revue, par épisodes, le compte rendu de cette expérience nocturne : *Le Sentiment de la nature aux Buttes-Chaumont*. « Vais-je poursuivre à présent cette description mensongère d'un parc où trois amis un soir ont pénétré ? À quoi bon : tu t'es levée sur ce parc, sur les promeneurs, sur la pensée. Ta trace et ton parfum, voilà ce qui me possède. » Elle continuera

pourtant, « la dame des Buttes-Chaumont », de hanter pour nous les bosquets comme les pages du *Paysan de Paris*.

Eugène Dabit est alors locataire d'un atelier d'une HBM du boulevard Sérurier, dont les fenêtres donnent sur la butte du Chapeau-Rouge. En 1913, la commémoration de la Commune au mur des Fédérés ayant été interdite, cent cinquante mille personnes s'étaient retrouvées là autour de Jean Jaurès, sur le talus des Fortifs, pour protester contre la guerre qu'on sentait venir et la loi des « 3 ans » de service militaire qui la préparait. Dabit y regarde, un 1er mai ordinaire, la foule « des militants, des vendeuses d'insignes, des crieurs de journaux »...

△ *Un village miniature se bâtit sur les emprises de la Compagnie des Petites-Voitures. Ici, la rue Georges-Lardennois qui y grimpe.*

◁ *Le siège du PCF, place du Colonel-Fabien, construit en 1970 par Oscar Niemeyer, l'architecte de Brasília, assisté de Jean Deroche et Paul Chemetov.*

Sur les emprises de la Compagnie des Petites-Voitures a été ouvert le stade Bergeyre, puis le village miniature qui tient dans les méandres de la rue Georges-Lardennois. Plus bas s'est installée, après la scission syndicale, la Maison des syndicats CGTU avec, « en haut des marches de ciment », la salle de l'Avenir social et le Pavillon des Soviets, le siège de l'Université ouvrière, fondée en décembre 1932 sous le patronage d'Henri Barbusse et de Romain Rolland. Jacques Prévert vient y rencontrer le groupe de théâtre ouvrier qui réunit Raymond Bussières, Ida Lods, belle-sœur de Léon Moussinac, et quelques autres, et qui sera assez vite connu comme le groupe Octobre.

En 1970, Oscar Niemeyer, l'architecte de Brasília, assisté de Jean Deroche et Paul Chemetov, construit ici le bâtiment ondoyant comme un drapeau qui sera le nouveau siège du PCF. Les studios de l'ORTF avec leurs deux mille cinq cents salariés, scénaristes, comédiens, artistes, décorateurs et techniciens, sont, à ce moment encore, là où était Gaumont, au bord du parc des Buttes-Chaumont. Au croisement de la rue des Alouettes et de la rue Carducci, un Centre d'art contemporain, le Plateau, a maintenant la charge de ramasser en son seul nom la totalité de ces souvenirs.

Belleville, le sens de la pente

Belleville est la source de Paris, la seule de la Ville, c'est-à-dire de la rive droite. Dès le XIIe siècle, les eaux du versant de la butte opposé à la capitale sont dirigées vers la maladrerie de Saint-Lazare ; celles de son versant parisien vont, pour la source de Savies vers le prieuré de Saint-Martin-des-Champs et le Temple, et pour celles du flanc ouest au service public, soit de plus en plus, et exclusivement après 1773, l'hôpital Saint-Louis.

◁ Regard de la Lanterne. Belleville était la source de Paris, alimentant la maladrerie de Saint-Lazare, le prieuré de Saint-Martin-des-Champs et le Temple.

Un regard en rotonde, surmonté d'une lanterne qui lui donne son appellation courante, à l'angle des rues Compans et de Belleville, est la tête d'un aqueduc souterrain long de plus d'un kilomètre, haut de près de deux mètres sous la voûte, au fond duquel l'eau coule dans une rigole creusée dans les dalles du sol, après quoi des conduites forcées de plomb ou de poterie prennent la suite. Ce Regard de la Lanterne, rebâti de 1583 à 1613, était encore muni à son pourtour, jusqu'à il y a peu, des anneaux auxquels l'escorte du prévôt et des échevins, lors de leur inspection annuelle, attachait ses montures. Il faut imaginer dételant ici avec M. Glain, le maître des fontaines, au mois de mai 1634, après que Gassendi, qui devait se joindre à l'expédition, lui a fait faux bond, le père Mersenne, trait d'union entre tous les savants de son temps,

◁ *Et, dans les jeux de mots, de la chute... Inscription de Ben, place Fréhel.*
© Adagp, Paris 2006

qui va faire mille cinq cents pas en terre dans l'aqueduc afin de pouvoir répondre à une question que lui a posée, depuis sa Provence, Peiresc, l'élève de Galilée, sur les techniques de répartition de l'eau.

Sinon, il n'y a pas foule sur ces hauteurs : une « petite maison » sans doute, à l'emplacement du 188, rue de Belleville, celle du duc de Roquelaure, « le plus grand blasphémateur du royaume », selon Tallemant, et pis que cela à en croire Gui Patin rapportant une surenchère, alors qu'il était question de lever une armée pour l'Italie, entre Liancourt qui se faisait fort d'y amener dix mille jansénistes, Turenne vingt mille huguenots, et Roquelaure « dix mille athées ». Des mémoires apocryphes prêtent à ce duc de Roquelaure, on l'a vu, des aventures de toute sorte[44].

Au siècle suivant, la colline est une villégiature on ne peut plus fleurie : « d'immenses cultures de groseilliers », de « magnifiques bosquets de lilas » et peut-être, rue de Calais (auj. Pixérécourt), ce Champ de Roses où, depuis le début du XVIe siècle, la jeune fille la plus vertueuse avait planté, chaque année, « la Rose nommée » en son hommage. Rien que dans cette dernière rue, on trouve un hôtel ou château des Savies, quelques jardins en terrasses offrant « un des plus beaux panoramas du monde », et la maison de Cassanéa de Mondonville, maître de musique de la Chapelle royale depuis 1740, compositeur d'opéras et de grands motets, qui mourra ici en 1772. À cette date, la rue aujourd'hui de Belleville est devenue rectiligne jusqu'à son sommet. Elle butait auparavant sur l'extrémité nord du parc du château des Saint-Fargeau, parcelle désormais vendue, qu'elle longeait alors par un chemin qui est l'actuelle rue de Romainville.

« Le jeudi 24 octobre 1776, je suivis après dîner les boulevards jusqu'à la rue du Chemin-Vert par laquelle je gagnai les hauteurs de Ménilmontant, et de là prenant les sentiers à travers les vignes et les prairies, je traversai jusqu'à Charonne le riant paysage qui sépare ces deux villages, puis je fis un détour pour revenir par les mêmes prairies en prenant un autre chemin »,

▽ **Vue cavalière de Paris, prise au-dessus de Belleville,** *de C.-L. Grevenbroeck (1741). « Un des plus beaux panoramas du monde ».*
© PMVP/Abdourahim

44. Voir le chapitre La Villette, p. 319.

raconte Rousseau dans ses *Rêveries du promeneur solitaire*. « Depuis quelques jours on avait achevé la vendange ; les promeneurs de la ville s'étaient déjà retirés ; les paysans aussi quittaient les champs jusqu'aux travaux d'hiver. La campagne encore verte et riante, mais défeuillée en partie et déjà presque déserte, offrait partout l'image de la solitude et des approches de l'hiver. (...)

« J'étais sur les six heures à la descente de Ménilmontant presque vis-à-vis du Galant-Jardinier, quand des personnes qui marchaient devant moi s'étant tout à coup brusquement écartées je vis fondre sur moi un gros chien danois qui, s'élançant à toutes jambes devant un carrosse, n'eut pas même le temps de retenir sa course ou de se détourner quand il m'aperçut. » Le dogue de Louis Le Pelletier de Saint-Fargeau, président du parlement de Paris (le grand-père du futur conventionnel), renverse Jean-Jacques, qui retombe sur le visage sans avoir pu amortir sa chute des mains, s'évanouit et ne revient à lui que plus d'une heure après. « Je demandai où j'étais ; on me dit, à la Haute-Borne ; c'était comme si l'on m'eût dit au mont Atlas. »

Cartouche et la toile cirée

La Haute-Borne, c'est le lieudit séparant Belleville de Ménilmontant, léger vallon qui a été un demi-siècle plus tôt témoin d'un autre fait divers : l'arrestation de Cartouche. Le 15 octobre 1721, le bandit le plus célèbre de l'époque, symbole aussi bien des vices de la Régence que de la misère qu'ils ont engendrée, est arrêté avec quelques-uns de ses hommes à l'auberge du Pistolet, sise à peu près au n° 33 de l'actuelle rue des Couronnes. Cinq jours plus tard, Arlequin joue déjà un *Cartouche*, farce de Riccoboni, au petit Théâtre italien ; un jour de plus et le Théâtre-Français met à son tour en scène sa vision du personnage, celle de Marc-Antoine Legrand, acteur et auteur. La légende ne fait que commencer : viendra le poème de Granval père, *Cartouche ou le Vice puni*, indéfiniment réédité, et Frédérick Lemaître connaîtra l'un de ses premiers triomphes dans le rôle. À l'annexion de Belleville et des autres villages, un nouveau *Cartouche* est à l'affiche de la Gaîté depuis janvier 1859.

Cartouche, qui avait subi la question – les terribles « brodequins » – sans parler, ayant finalement donné sa bande en constatant qu'elle n'était pas au rendez-vous de la place de Grève pour le sauver de la roue, c'est quelque cinq cents de ses complices – on a parlé de deux mille hommes dans son « armée » –, qui étaient encore détenus au Châtelet en juillet 1722 !

△ ***L'arrestation de Cartouche, le 15 octobre 1721 à l'auberge du Pistolet, au n° 33 de l'actuelle rue des Couronnes (gravure française du XVIIIe s.).***

En septembre 1792, le télégraphe est installé pour essais dans l'un des angles du domaine des Saint-Fargeau, et sa tour optique deviendra la tête de la ligne Paris-Strasbourg. Un cimetière y sera ouvert en 1809 sur une superficie plus conséquente ; à cette date, Belleville compte deux mille habitants.

△ ▷ *Repère d'altitude au cimetière de Belleville : 128,5 mètres. Expériences du télégraphe de Chappe dans le parc de Saint-Fargeau à Ménilmontant en juillet 1793 (*Le Petit Journal*, 1901).*
© Coll. Roger-Viollet

◁ *Cimetière de Belleville, ouvert en 1809 ; à cette date, Belleville comptait deux mille habitants.*

La Restauration, le début de la monarchie de Juillet, sont la grande époque de la Courtille, au bas de la côte. Entre les cabarets du Bœuf-Rouge, du Coq-Hardi, du Sauvage, de la Carotte-Filandreuse, de l'Épée-de-Bois, la circulation est interdite aux voitures. « Un beau dimanche du printemps ou de l'été, tout est confondu dans la rue, depuis la barrière jusque auprès de l'entrée du bourg. Ouvriers, bourgeois, militaires, hommes décorés, femmes en bonnet, femmes en chapeau, marchands de fruits, de petits pains, tout circule, tout monte ou descend confusément, sans se presser, sans se heurter ; et chacun cherche, sans être troublé, l'enseigne de la guinguette où l'on vend du bon petit vin à dix ou douze sous le litre, ou quinze sous la bouteille ; du bon veau, de l'excellente gibelotte de lapin, de l'oie, soit en double soit rôtie, etc. », assure en 1826 la *Vie publique et privée des Français*. « La jeunesse de l'intérieur de Paris, qui travaillait en chambre, privée d'air pendant la semaine, y accourait en foule », comme le constate Martin Nadaud qui cinq mois durant, en 1834, travaille à des terrassements chez le grand marchand de vin Dénoyez, 8, rue de Paris (auj. de Belleville), en face de la salle Favié, au n° 13, aménagée pour accueillir trois mille danseurs sur onze cents mètres carrés. Les commerçants retirés des affaires habitent plus haut, dans le bourg, rue de Calais (auj. Pixérécourt), par exemple, comme les parents de Virginie, la *Pucelle de Belleville*, qui

▷ *Rue Dénoyez s'élevaient les cabarets du Bœuf-Rouge, du Coq-Hardi, du Sauvage, de l'Épée-de-Bois...*

étaient dans la plume et le crin, ou les Vauxdoré, leurs amis, qui faisaient dans la toile cirée.

Paul de Kock, l'auteur du roman, Bellevillois jusqu'à sa mort, loge généralement ses rentiers modestes autour de la place des Fêtes, ouverte en 1836. Ceux-ci, comme les habitants plus riches de la rue de Calais, ont leur théâtre, bâti rue de Belleville par les inévitables frères Seveste. Seveste père, acteur du Vaudeville, ayant permis de localiser les restes de Louis XVI et Marie-Antoinette, s'était vu récompenser par Louis XVIII du privilège, pour lui et ses fils, et leur vie durant, de l'exploitation théâtrale de toutes les localités circonvoisines de Paris.

C'est du théâtre de Belleville qu'est sorti Mélingue, fournisseur d'émotions du gavroche des *Trois Sommations* d'Alphonse Daudet, avant le choc de la bataille de rue : « Non, voyez-vous, jamais M. Bocage, jamais M. Mélingue ne m'ont donné un battement de cœur pareil à celui que j'avais en voyant là-bas, au bout de la rue, dans l'espace resté vide, le commissaire s'avancer avec son écharpe... ».

Une mairie dans une guinguette

Pour les 19 ans de Nadaud – même s'il écrit un bon demi-siècle plus tard –, la descente de la Courtille est une procession de quartier réservé, et elle est hebdomadaire ! Les « femmes de mœurs légères », venues de tous les coins de Paris, s'y rassemblent le dimanche, et « les lundis matins, ces milliers de femmes échevelées et sans pudeur descendaient dans Paris au bras de leurs cavaliers en état d'ivresse, se culbutant les uns sur les autres, narguant le public, lui adressant des propos orduriers ».

Pour d'autres mémorialistes, les bals de la Courtille ne seront le rendez-vous des souteneurs et des filles publiques que postérieurement à la Commune.

En tout cas, sur la pente, le Moulin de la Galette, au-dessus de la rue Piat, ferme ses portes en 1845, et l'Île d'Amour, en face de l'église, l'année suivante. La mairie s'y installe peu après et, durant trente ans, les nœuds d'amour de la décoration primitive et les cœurs percés de flèches gravés au couteau y resteront visibles sous le badigeon.

Dès le début du Second Empire, et que commence la destruction des quartiers industriels et populeux du centre de Paris, la municipalité de Belleville s'inquiète de voir arriver ceux qui en ont été délogés, dont elle croit savoir qu'ils viennent « avec la pensée secrète de ne pas payer leurs loyers » ; et elle demande, en conséquence, la simplification des formalités d'expulsion !

△ *Le bal populaire de la Courtille, au XIXe s. « On les entendait s'écrier à chaque rigodon : Secouez les abattis ! Changez de viande ! »*

△ *Rue de Tourtille. On croirait voir encore le « Commerce de Vins » du 40, rue Ramponeau figurant sur le dessin de Robida.*

L'annexion écartèle Belleville, qui compte alors quatre-vingt mille habitants, entre deux arrondissements, met l'église d'un côté et la mairie de l'autre. Les rentiers partent en banlieue, morcèlent leurs propriétés, vendent à des artisans, des travailleurs manuels. Les maisons avec jardin, qui étaient de règle, se raréfient ; pour trouver une guinguette champêtre, il faut maintenant arriver aux Fortifs, au « bal du lac de Saint-Fargeau », lac, buttes et vallons artificiels, qui seront encore en 1900, selon *Paris-Atlas*, le « rendez-vous bruyant des noces démocratiques, des banquets et des clubs politiques, plus bruyants encore ».

Pour l'heure, c'est à la Courtille, au Bal Dénoyez, que Gambetta, Flourens, Vallès prononcent la plupart de leurs discours ; à la salle Favié que se réunissent les Montagnards de Belleville sitôt que la Commune l'a « réquisitionnée » à un patron enrichi sous l'Empire. Trois mois plus tard, c'est de la barricade située en face, défendue par deux pièces de 12, qu'est tiré à midi le dernier coup de canon fédéré. La dernière barricade de la Commune tombe une heure plus tard, ce 28 mai 1871. Est-ce celle de la rue de Tourtille, comme l'affirme la légende d'un dessin de Robida, habitant de Belleville ? Sise au carrefour Ramponeau, dont Lissagaray a peut-être été le dernier défenseur ? Celle de la rue Rébeval ? Ce qui est sûr, c'est que la Commune meurt à proximité de l'ancienne barrière de Belleville.

Après l'amnistie, Louise Michel, Jean Allemane, Édouard Vaillant retrouveront le chemin de la salle Favié. C'est ici que le dimanche 5 août 1888, au cours d'une réunion de soutien à une grève des terrassiers et des verriers,

▷ *La dernière barricade prise par les Versaillais le 28 mai 1871, à treize heures, au carrefour Tourtille-Ramponeau (dessin de Robida).*

△ *Au parc de Belleville : le fronton du dispensaire La Goutte de lait, une vigne souvenir, et un panorama.*

Eudes, ancien général de la Commune, qui la préside, en train de s'écrier « Honte aux riches ! Honte aux traîtres ! Honte à la bourgeoi... », tombe sur le pupitre, les bras en avant, la tête sur la carafe d'eau, expire dans le jardin où on l'a transporté. À son domicile du 135, rue de Belleville, Camélinat, l'ex-directeur de la Monnaie de la Commune, qui avait réussi à faire frapper cinquante mille francs de pièces portant sur leur tranche « Travail, Garantie Nationale », racontera ses souvenirs à André Marty, le mutin de la mer Noire.

La salle Dénoyez s'appelle maintenant Folies-Belleville, c'est la plus grande salle de bal de Paris. La salle Favié est devenue le Palais du Travail. Au théâtre de Belleville, le peintre Eugène Carrière vient sur le motif du Paris ouvrier. Du haut de l'église de Belleville, on domine toujours « un des plus magnifiques panoramas que puisse rêver l'imagination du touriste : l'immense capitale, le fort de Vincennes et les villages qui s'étendent le long de la Marne ». De la porte de Romainville, « on aperçoit l'immense plaine de Pantin, les trains de l'Est lancés à toute vitesse, la haie de peupliers qui ombrage le canal de l'Ourcq, et, tout à fait au fond, le peu de bois qui reste de la forêt de Bondy et les riantes hauteurs du Raincy ».

Belleville au-dessus du vide

« À Belleville, de puissantes entreprises fabriquent la chaussure. Beaucoup de femmes y travaillent », écrira encore Dabit au début des années 1930. C'est le versant qui donne du côté des abattoirs de la Villette et de leurs cuirs. La manufacture Dressoir et Pemartin ne va cesser de s'y étendre, sur les terrains avantageux qu'offre la liquidation de l'usine à gaz de la rue Rébeval : elle compte mille deux cent trente ouvriers en 1907. Une Cordonnerie ouvrière, coopérative de production, est sa voisine, en face de l'usine des jouets Meccano. Sur l'arête du coteau passent « deux wagons exigus réunis par une plate-forme sur laquelle, derrière un appareil à sonnerie, se tenait le receveur », se rappelle Eugène Dabit. « Le *funi* descen-

▽ *L'ancienne usine Meccano au 80, rue Rébeval.*

◁ *« Le funi descendait sagement de l'église Saint-Jean-Baptiste à la place de la République... » (Eugène Dabit).*

▷ *Portail de la villa Ottoz dans le parc de Belleville.*

dait sagement de l'église Saint-Jean-Baptiste à la place de la République, remontait lentement, stationnait sur une voie de garage... ».

Au carrefour avec la rue Mélingue, au 24, rue Fessart, imprimerie et siège de *l'anarchie*, c'est Victor Serge, prétendu inspirateur de « la Bande à Bonnot », que l'on arrête, le 31 janvier 1912, sur cette butte où l'on eut raison de Cartouche. Le procès a lieu douze mois plus tard, et il y écope de cinq ans de réclusion assortis de cinq ans d'interdiction de séjour.

Place des Fêtes, un monument-pyramide évoque aujourd'hui, peut-être malgré lui, l'un de ces obélisques en charpente qui, au point le plus haut de Paris – 128,5 mètres rue du Télégraphe, au bord du cimetière de Belleville –, servait à la mi-XIXe siècle à la triangulation, c'est-à-dire à la cartographie, de la capitale. C'est la seule construction qui rappelle encore quelque chose dans ce coin-là.

Du côté de la Haute-Borne, le parc de Belleville contient quelques vestiges : le portail de la villa Ottoz et le fronton du dispensaire La Goutte de lait, une vigne souvenir. Villa Castel, rue du

▽ *Place des Fêtes, un monument-pyramide : rappel de l'un de ces obélisques en charpente qui servaient à la triangulation, c'est-à-dire à la cartographie de Paris ?*

Transvaal, « *Jules et Jim sont assis à une table du jardin, discutent et se lèvent précipitamment pour aller accueillir trois jeunes femmes qui descendent un escalier et vont à leur rencontre. La troisième femme descend plus lentement, puis, pour exa-*

miner et les lieux et les deux hommes, relève la voilette de son chapeau... ».

La scène se déroule en 1907, mais le tournage de François Truffaut se fait ici en 1961.

« Je propose, dit Jules, que, pour abolir une fois pour toutes les monsieur, madame, mademoiselle et cher ami, on boive fraternité avec mon vin favori "Nussberger". Pour éviter le geste traditionnel d'entremêler nos bras, les pieds des buveurs se toucheront sous la table. »

Voix, *off* : « Entraîné par sa joie, Jules ôta vite les siens..., ceux de Jim restèrent un moment accolés à un pied de Catherine qui, la première, écarta doucement le sien ».

Un léger vertige comme en procurent, ici, quelques échappées sur des pentes spectaculaires.

De la place des Vosges à Ménilmontant

Précieuse

place des Vosges

À l'est des murs de Philippe Auguste, et bientôt compris entre ceux-ci et l'enceinte nouvelle qui, ébauchée par Philippe Martel, s'achève avec le règne de Charles V au début des années 1380, s'étend le séjour des Valois. Dès son avènement, Charles V, à qui le palais de la Cité ne rappelle que de pénibles souvenirs[45], achète toutes les grandes demeures du faubourg pour en composer « l'hôtel de Saint-Paul, hôtel solennel et de grands ébattements », vaste conglomérat de bâtiments, de

▷ Le Palais des Tournelles, face à l'hôtel Saint-Paul *(gravure anonyme, fin du XIXe s.). Un grand nombre de petites tours qui lui valent son nom.*

cours et de jardins ornés de fontaines que relient des galeries, avec un air d'Alhambra, où les appartements du roi occupent à peu près l'emplacement de l'actuelle École Massillon.

Cet aspect de palais oriental est accentué par la ménagerie des lions du roi, qui se trouvait rue Froidmantel, derrière le Louvre, et qui arrive ici avec Charles VI. Durant le règne de celui-ci, qui s'éteindra à l'hôtel Saint-Paul à la fin d'octobre 1422, et jusqu'à François Ier, on y entendra rugir. Sous Charles VII, c'est une femme qui a la charge des fauves, peu nombreux. Sous Charles VIII, « l'hôtel des lions » est refait à neuf, et un « garde et gouverneur des lions du roi » s'y occupe de cinq ou six mâles et de deux jeunes femelles. Assez mal, toutefois, pour que, le mercredi des fêtes de Pentecôte de 1490, ils s'échappent du jardin clos de murs destiné à leurs jeux et, d'un coup de patte, aillent transpercer de leurs griffes la cuisse d'un bonhomme du voisinage.

Un ensemble du même modèle que l'hôtel Saint-Paul, aux murs extérieurs ponctués d'un grand nombre de petites tours qui lui valent son nom de Tournelles, est ensuite constitué plus loin de l'égout décidément trop infect, de l'autre côté de la rue Saint-Antoine. Sur cette arène, la joute de Charles VI et des grands seigneurs de sa cour, au début de février 1415, est, comme celle qui vit quatre Français s'opposer à quatre Anglais devant Charles VII, le 26 septembre 1439, restée célèbre. Les Tournelles sont le séjour et la dernière demeure de Louis XII. François Ier se défait donc de l'hôtel Saint-Paul, de moins en moins fréquenté, qu'il lotit en 1543.

C'est devant les Tournelles qu'Henri II est mortellement blessé en tournoi par le capitaine de sa garde écossaise, qu'on a contraint à affronter son roi, en 1559. Catherine de Médicis se vengera sur le bâtiment de la perte de son époux, en attendant d'en rattraper l'adversaire, quinze ans plus tard, pour le livrer à la torture et à l'exécution en place de Grève. Le vaste champ de ruines est devenu le champ d'honneur où a lieu, entre beaucoup d'autres, un terrible duel des mignons d'Henri III.

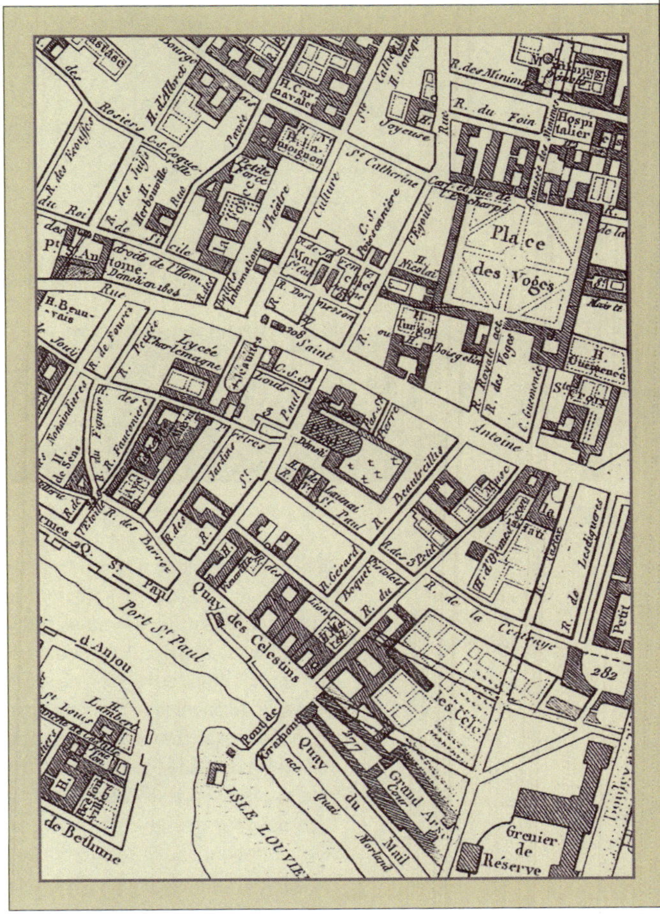

△ *Sur le plan Maire (1808), l'hôtel Fieubet est dit Mareuil, le nom des propriétaires de 1769 à 1818.*
DR

45. Voir le chapitre Cité, p. 21.

△ *La place Royale (devenue des Vosges). Un projet d'Henri IV inauguré solennellement par sa veuve, Marie de Médicis, en 1612.*

Sur le terrain vague laissé par les Tournelles, Henri IV, après avoir songé à y élever des manufactures, décide de la place Royale, qui sera inaugurée solennellement par sa veuve, Marie de Médicis, en 1612. Et ce quartier viril, brutal, empli du rugissement des lions, de la cavalcade des chevaux, du choc des lances sur les écus et du cliquetis des épées, va devenir un quartier féminin, le « réduit », comme l'on dit pour désigner l'écrin de la conversation, des Précieuses. On y entendra Ninon de Lenclos affirmer « qu'il faut cent fois plus d'esprit pour bien faire l'amour que pour commander aux armées ».

Elle loge à la Place... Quelle place ?

Les femmes n'ont été introduites à la cour que sous François Ier, rappelle Henri Sauval, qui écrit vers 1650 et assure que « depuis peu, elles ont commencé à se rendre visite et même à souffrir celle des hommes, premièrement à Paris ».

Les dames qui s'avancent sous les arcades de la place Royale, « soit pour se garantir du hâle, soit par modestie pour n'être point vues, soit parce que "le noir du velours des masques fait paraître davantage la blancheur de la gorge" », portent des masques carrés ou, un peu plus tard, des loups qui vont du front au menton et que l'on tient, entre les dents, en mordant un bouton ou un fil d'archal (un genre de laiton). À la porte, le marteau est emmailloté pour que le bruit du heurtoir ne trouble pas, dit-on, la conversation. Elles se démasquent en entrant, gagnent le premier étage, au-dessus des appartements de monsieur qui sont généralement en bas.

▷ *Les dames qui s'avançaient sous les arcades de la place Royale portaient des masques ou des loups.*

▽ *Le réduit de Félicie, comme on nommait en préciosité la comtesse de Fiesque, au n° 4.*

△ *La ruelle de Néophise, Mme de Nouveau, s'ouvrait, au n° 12, dans un hôtel décoré par Le Brun et Le Sueur.*

Dans la chambre de madame, le lit, le chevet contre le mur du fond, fait face à la fenêtre ; il est éventuellement sur une estrade couverte de tapis de Turquie, voire dans une alcôve. De chaque côté, une ruelle ; l'une où l'on s'adresse à ses domestiques, l'autre où les amies siègent selon leur importance sur des fauteuils, des chaises, des tabourets. La maîtresse des lieux se tient couchée ou assise au pied du lit ; les hommes, qui se sont découverts, sont couchés aux pieds des dames sur leurs manteaux, comme ils en sont coutumiers sous les armes, ou assis sur des pliants. Une balustrade sépare le lit ainsi entouré du reste de la pièce.

Félicie, comme on la nomme en préciosité, comtesse de Fiesque, reçoit au n° 4, et les messieurs qui fréquentent ici sont dits chevaliers de la Moquette à cause de celle qui garnit son estrade. Galinte, la princesse de Guéménée, « la plus illustre protectrice des savants », à laquelle un professeur enseigne l'hébreu, a, au n° 6, la plus grande alcôve de Paris. La ruelle de Néophise, Mme de Nouveau – dont Somaize, dans son *Dictionnaire des Précieuses*, rappelle l'une des définitions qu'on lui doit : « Se marier : "donner dans l'amour permis" » –, s'ouvre, au n° 12, dans un hôtel décoré par Le Brun et Le Sueur. Galatée, comtesse de Saint-Gérand, est au n° 24 dès 1623 ; « sa maison sera toujours un réduit cet hiver », écrit encore cinquante ans plus tard Mme de Sévigné, et Dorinice, qui serait la jeune Mlle d'Aumale, si l'on en croit les clés

▽ *L'hôtel du duc de Mayenne, fils de François de Guise, et chef de la Ligue après l'assassinat de son frère, fut refait au XVIII*e *s. par Boffrand.*

que fournit Charles-Louis Livet pour traduire Somaize, en est une habituée. Le n° 5 est habité aussi bien par Madonte, comtesse de More, qui, sexagénaire, fait du jour la nuit et de la nuit le jour, dînant à cinq heures du soir et soupant à deux heures après minuit, que par Diothime, Madeleine de Souvré...

« Chez Marion Delorme, la soirée débute par la lecture du dernier roman de Madeleine de Scudéry, *Clélie*, suivie d'un long divertissement pastoral avec ballet, comprenant notamment un sonnet dit par un berger. Fontrailles assure à tous que Cinq-Mars va se joindre à la conspiration ; comme il l'a prédit, Cinq-Mars arrive bientôt. Il déclare que le roi ne contrôle plus totalement le pays et que l'éviction du cardinal est une mission juste ; la guerre civile est imminente... » C'est la description que donne de la soirée Cinq-Mars, l'opéra de Gounod, mais rien n'interdit de penser qu'au n° 6 ou au n° 11, on ne sait trop, elle se soit déroulée ainsi.

« Elle loge à la Place et son nom est Lucrèce. » « Quelle place ? », demande Dorante, personnage du *Menteur* de Corneille qui, en 1642, manifeste ainsi qu'il est un provincial fraîchement débarqué. La Place majuscule, celle qui n'a besoin d'aucun autre qualificatif, ne peut être que la place Royale, la *place Dorique* dans le langage des Précieuses.

Les hommes sont chez la Coiffier, « cette célèbre pâtissière qui fut la première qui s'avisa de traiter par tête », selon Tallemant, à l'enseigne de La Fosse aux Lions, 3, rue du Pas-de-la-Mule. Le savant Peiresc la recommande dans une lettre de 1625. Le badin Voiture, Valère en préciosité, la met naturellement en vers :

« Chez la Coiffier une demi-douzaine
Des nourrissons de l'enfant de Silène,
Se trouveront ce soir assurément.
N'y manquez pas, diable emporte qui ment,
L'affaire est faite, et la chose certaine.
Vous y verrez une table bien pleine,
Tous les poissons jusques à la baleine
Iront ce soir, voguant horriblement
Chez la Coiffier.
Nous chanterons jusqu'à perte d'haleine,
Nous y dirons mille bons mots sans peine ;
Car là Phébus est en son élément ;
Et si ces vers ne coulent doucement,
Nous en ferons d'une meilleure veine
Chez la Coiffier. »

Charles Sorel la cite encore dans son *Francion* : « Phébus étant à souper à six pistoles par tête chez la Coiffier... ». La vogue de cette table cesse pourtant vers 1635, la versatilité étant déjà de règle en matière d'adresses gastronomiques.

Le « Tartuffe » de Ninon de Lenclos

Ninon de Lenclos est enfermée au couvent des Madelonnettes, au *quartier de Léoli*, comme on appelle chez les Précieuses le Marais du Temple, par ordre d'Anne d'Autriche. Elle en est tirée à la demande de l'ex-reine Christine de Suède – *Clorinde, reine des Scythes* sera son nouveau nom –, en visite à Paris, en 1657. « Quand la reine Christine vint à Paris, raconte Jules Janin, elle voulut voir Mlle de L'Enclos comme une des plus singu-

△ **Molière lisant Tartuffe chez Ninon de Lenclos,**
de N. A. Monsiau.

lières merveilles de ce temps si fécond en merveilles ; et la reine déchue trouva cette autre reine en tête-à-tête, je vous laisse à penser avec qui ? Avec le bon, le froid, le méthodique, le savant Huyghens qui, en l'honneur de sa passion, tira de sa cervelle un quatrain presque aussi ridicule mais presque aussi excusable que le fameux distique de Malebranche sur le beau temps.

« Elle a cinq instruments dont je suis amoureux :
Les deux premiers, ses mains ; les deux autres, ses yeux ;
Pour le plus beau de tous, le cinquième qui reste,
Il faut être fringant et leste. »

Huyghens abondait ainsi dans le sens de sa maîtresse qui soupirait : « Combien seraient de merveilleux amants s'ils avaient le corps aussi solide que l'esprit ».

Nidalie ou Ligdamise a bientôt sa ruelle, vaste comme le monde de son temps, entre les actuels 28, rue des Tournelles et 23, boulevard Beaumarchais. En 1669, « le chef-d'œuvre de tous les siècles, *Tartuffe*, fut jugé pour la première fois dans le salon de Mlle de L'Enclos, poursuit Jules Janin, et même on rapporte, et c'est Molière qui le raconte, que Ninon, à la première lecture de *Tartuffe*, fut tellement émue et indignée qu'elle traça de verve un autre portrait de l'hypocrisie religieuse. "Il y avait, dit Molière, dans ce portrait, une si grande quantité de traits fins et moqueurs, d'indignation railleuse et spirituelle, que si

△ ◁ *En 1726, au sortir de l'hôtel de Sully, une volée de coups de bâton attendait Voltaire : la vengeance du chevalier de Rohan-Chabot.*

ma pièce n'eût pas été faite, je ne l'aurais jamais entreprise, tant je me serais cru incapable de rien mettre sur le théâtre d'aussi parfait que ce Tartuffe de Mlle de L'Enclos" ».

Le 22 février 1680, Sophronie, la marquise de Sévigné – Ninon a été successivement la maîtresse de son mari puis de son fils – regarde conduire au bûcher une empoisonneuse d'une autre espèce, la Voisin, de la terrasse de l'hôtel de Sully où elle se trouve en compagnie de Clidaris, Mme de Chaulnes, de Félicie, la comtesse de Fiesque, et de « bien d'autres ». « Elle était fort rouge et on voyait qu'elle repoussait le confesseur et le crucifix avec violence. »

L'année de sa mort, en 1705, Ninon « découvre » encore dans sa « chambre jaune » le jeune Arouet, le fils de son notaire, dont elle entend les premiers vers et à qui elle donne de l'argent pour s'acheter des livres. L'abbé de Châteauneuf, son protecteur, racontera à Voltaire que ses longs soupirs n'avaient été exaucés que lorsque Ninon avait atteint 70 ans !

Le 12 septembre 1715, Louis XV, petit roi de 5 ans, entre à Paris par la porte Saint-Antoine, cet arc de triomphe de Blondel, contemporain de la porte Saint-Denis. Bignon, prévôt des marchands, y prononce à genoux une harangue au nom du corps de la Ville. Le 30 décembre, à l'instigation du Régent, qui réside au Palais-Royal, l'enfant-roi s'installe aux Tuileries ; c'est le retour du trône à Paris : la cour était à Versailles depuis quarante-trois ans.

Les travaux de réfection de l'Arsenal, interrompus par la mort de Louis XIV, reprennent bientôt. L'hôtel des grands maîtres de l'artillerie – charge qu'occupe alors le duc du Maine –, construit pour Sully, est augmenté d'une façade sur la Seine par Boffrand. La duchesse du Maine ne supportait des lieux qu'un petit pavillon, à l'emplacement de l'ancienne tour de Billy, dans un bastion d'angle, d'où elle voyait Paris se refléter dans la Seine. Elle habitait beaucoup plus volontiers à Sceaux. Le jeune Arouet fit ici et là ses débuts dans le grand monde, écrit Christianne Mervaud, « paya son écot en improvisations poétiques, y créa sans doute ses deux premiers contes en prose, *Le Crocheteur borgne*, un rêve érotique dans un cadre oriental inspiré des *Mille et Une Nuits*, *Cosi-Sancta*, une "nouvelle africaine", qui mêle allégrement allusions religieuses et polissonnes, des contes en vers comme *Le Cadenas* ou *Le Cocuage* ».

Le tsar Pierre le Grand, en visite à Paris, est alors, en 1717, l'hôte du maréchal de Villeroy à l'hôtel de Lesdiguières, dans la toute proche rue de la Cerisaie.

En 1726, Voltaire, puisque tel est le nom qu'il a pris désormais, dîne chez le duc de Sully, en son hôtel ; un billet qu'on lui remet l'appelle en bas, dans la rue Saint-Antoine, sans plus attendre. Là, c'est une volée de coups de bâton qui l'accueille, administrée par les laquais du chevalier de Rohan-Chabot, chargés par leur maître de venger un mot d'esprit. Quelques jours plus tôt, dans la loge d'Adrienne Lecouvreur, héroïne de son *Œdipe*, Voltaire, au chevalier prenant de haut ce bourgeois « qui n'a même pas un nom », a répliqué : « Mon nom, je le commence, et vous finissez le vôtre ! ».

Voltaire souhaite réparation et se met à fréquenter une salle d'armes, mais on ne se bat pas avec un manant ; pour toute réponse, il est à nouveau envoyé à la Bastille et, s'il veut en sortir, doit accepter l'exil, en Angleterre.

L'Arsenal ou la boutique romantique

René-Louis d'Argenson, qui a été le condisciple de Voltaire à Louis-le-Grand, devenu secrétaire aux Affaires étrangères, fait revenir vingt ans plus tard l'exilé à la cour, et l'on voit à nouveau Voltaire chez la duchesse du Maine, à l'Arsenal. Mais déjà le philosophe est loin, à nouveau, quand le fils du ministre, Antoine-René d'Argenson, marquis de Paulmy, nouveau grand maître de l'artillerie, installe à l'Arsenal la bibliothèque dont il est plus féru que d'armes à feu. Il la cédera au comte d'Artois, frère de Louis XVI, en 1785, et ses collections s'en trouveront considérablement augmentées. Elles le seront encore, après la Révolution, des archives de la Bastille.

Napoléon Premier consul a dévolu au culte protestant l'église bâtie en 1630 par François Mansart pour les religieuses de la Visitation-Sainte-Marie. On pourrait y voir une sorte de répara-

△ *L'église de la Visitation-Sainte-Marie, bâtie en 1630 par François Mansart, fut dévolue au culte protestant par le Premier consul.*

◁ De l'hôtel Fieubet d'avant la surcharge, Mme de Sévigné guetta Fouquet que d'Artagnan conduisait à son procès, à l'Arsenal.

tion. Le 28 janvier 1563, à deux ou trois heures de l'après-midi, la grange aux poudres de l'Arsenal de la Ville, dans l'actuelle rue de Sévigné, explosait, tuant trente-deux personnes, détruisant trente-cinq maisons pour l'essentiel rue Saint-Antoine ; une porte de la Bastille et son pont-levis en étaient endommagés. La population, déjà éprouvée par un hiver terrible et par l'épidémie, cherchait des boucs émissaires qu'elle trouva chez les protestants, dont elle tua quelques-uns rue Saint-Antoine ; c'était pourtant près de dix ans avant la Saint-Barthélemy.

Napoléon empereur a fait bâtir sur une partie de l'ancien arsenal un grenier d'abondance, sur trois cent cinquante mètres de long, destiné à recevoir trois mois de réserves pour le pain de Paris. Balzac décrit l'abord du quartier qui en résulte, dans sa *Femme de trente ans* : « Vous apercevez la longue nappe blanche du canal Saint-Martin, encadré de pierres rougeâtres, paré de ses tilleuls, bordé par les constructions vraiment romaines des Greniers d'abondance ». L'hôtel Fieubet, construit par Jules Hardouin-Mansart à l'emplacement du logis du roi de l'hôtel Saint-Paul, est alors occupé par une raffinerie de sucre ; à côté, l'usine des « Eaux clarifiées » filtre au sable et au charbon de bois, pour ses abonnés, l'eau de la Seine qu'elle leur livre en tonneaux scellés.

Charles Nodier est nommé à la tête de cette bibliothèque de l'Arsenal qui a été ouverte au public en 1797, puis rendue au comte d'Artois par la Restauration. De son appartement de fonction donnant sur l'île Louviers, plantée de hauts peupliers – elle ne sera réunie à la rive que vingt ans plus tard –, il va faire la « boutique romantique », le repaire ou plutôt le moulin

▽ Le Salon de Charles Nodier, *à l'Arsenal, de Tony Johannot, 1832. De g. à dr. :* Nodier, Hugo, Auguste Jal, Jules Janin, Marie Nodier et Paul Foucher.

du Cénacle, puisqu'on entre sans se faire annoncer dans les pièces remaniées en 1637 pour la maréchale de La Meilleraye, et décorées par Germain Boffrand, passé la salle de spectacle de la duchesse du Maine.

Les réceptions plénières n'ont lieu, au salon, que le dimanche. À huit heures, Charles Nodier va s'adosser à la cheminée ; les mains dans les poches, il raconte des histoires de lutins, des contes de fées, des souvenirs de jeunesse ou les mœurs des insectes. Il invite Hugo à dire son texte quand il vient d'en terminer un, ou il laisse la place à Lamartine qui arrive de son château de Saint-Point. Naturellement, on commente les attaques des journaux qu'on lit à haute voix : « Auger, à l'Académie, ce 24 avril 1824 : "Un nouveau schisme littéraire se manifeste aujourd'hui (...) La secte est nouvelle, et compte encore peu d'adeptes déclarés ; mais ils sont jeunes et ardents" ».

À dix heures précises, on pousse chaises et fauteuils, Marie, sa fille, se met au piano, Nodier gagne la table d'écarté où il s'assied face au baron Taylor, tandis que les peintres que celui-ci emploie à illustrer ses *Voyages pittoresques et romantiques dans l'ancienne France* – Bonington, Devéria, Isabey, Carle et Horace Vernet – dansent plus que les poètes romantiques. La secte, en partant par la rue du Petit-Musc, passe devant le quartier de cavalerie installé dans l'ancien monastère des Célestins, fondé par Charles V, mais désaffecté bien avant la Révolution, et les pans de murs d'une chapelle qui rivalisait avec Saint-Denis pour la magnificence de ses tombeaux.

◁ *La statue équestre de Louis XIII datant de 1639 fut remplacée, en 1825, par celle « qui a un tronc d'arbre sous le ventre ».*

Théophile Gautier, habillé « ogive et cathédrale », ce qui est de règle pour les jeunes gens après le succès d'*Henri III*, et Gérard de Nerval, de trois ans son aîné, sont élèves au lycée Charlemagne. L'un a déjà publié ses *Élégies nationales*, l'autre se destine à la peinture et fréquente l'atelier de Rioult, près du temple Sainte-Marie ; c'est un volume des *Orientales*, de Victor Hugo, trouvé parmi les chevalets, qui lui fera choisir les lettres. La famille Gautier laisse l'hôtel du XVIIe siècle où elle logeait, 4, rue du Parc-Royal (aujourd'hui de Béarn), pour un appartement du n° 8 (aujourd'hui 6 bis), place des Vosges. Les fenêtres donnent sur un jardin déjà « défiguré, selon La Bédollière, par une statue de Louis XIII, qui a un tronc d'arbre sous le ventre ». Cela tombe bien, on ne les ouvre plus, le père de Théophile ayant bouclé son fils dans sa chambre pour le forcer à écrire son *Mademoiselle de Maupin*.

Victor Hugo a remis sur le devant de la scène et, peut-on déjà dire, immortalisé *Marion Delorme* quand il s'installe place des Vosges dans un bâtiment qu'elle a peut-être habité. Les

▽ *Maison de Victor Hugo. Au deuxième étage du n° 6, des fenêtres mitoyennes de celles de Théophile Gautier.*

◁ *Rue Sainte-Anastase, les domiciles successifs, en 1836 au n° 14 puis en 1845 au n° 12, dans un rez-de-chaussée avec « un petit jardin à fleurs et à fruits », de Juliette Drouet.*

Hugo ont maintenant, au deuxième étage du n° 6, des fenêtres mitoyennes de celles des Gautier, mais, plus que par la place, le dieu du Cénacle est intéressé par la sortie discrète donnant sur l'impasse Guéménée, qui lui permet de gagner l'hôtel meublé de La Herse d'or, rue du Petit-Musc, où il rencontre une commerçante du quartier. Il utilisera bientôt la même issue pour rejoindre Juliette Drouet, qui habite la proche rue Sainte-Anastase.

Sous le Second Empire, le comte de La Valette fait incruster les façades de l'hôtel Fieubet de trophées, guirlandes, dieux termes, satyres, faunesses et cartouches aux noms, parfois controuvés, des propriétaires des lieux, et il couronne le tout de lucarnes surchargées d'ornements, d'un style que, dans la péninsule ibérique, on dirait plateresque ou manuélin. Labrouste dote la bibliothèque de l'Arsenal, où la secte n'est plus, d'un escalier monumental et d'un vestibule néo-grecs. « Ces lieux sont tristes et solitaires, s'étonne La Bédollière, bien qu'à deux pas du boulevard et du bureau des omnibus de la Bastille, qu'assiège incessamment une foule tumultueuse. » Après la Commune, la Compagnie générale des Omnibus, outre les bureaux de la place, occupera presque tout l'espace du grenier d'abondance sans que le quartier s'anime pour autant, hormis du bruit des chantiers.

Le 14, place des Vosges, de Le Vau et Le Brun, occupé successivement par la mairie, puis par une école, voit sa partie arrière démolie pour la construction de la synagogue de la rue des Tournelles. Le percement du boulevard Henri-IV, en 1877, coupe en deux l'enclos des Célestins dont il restait peu de chose, mais emporte le somptueux hôtel de Lesdiguières. Les travaux du métro exhument, en revanche, le soubassement de la tour de la Bastille dite de la Liberté, qu'on remonte, de façon quelque peu fantaisiste, dans le square du quai des Célestins. Sous les arcades, le heurtoir emmailloté fait place au marteau sonore de l'artisan, la métaphore des Précieuses à la trivialité de la boutique. On trouvait place des Vosges un magasin de location de skis et de chaussures !

Et le Pavillon de l'Arsenal tient le décompte des disparitions et des réapparitions, des flux et des reflux, au Centre d'information, de documentation et d'exposition, d'urbanisme et d'architecture de la Ville de Paris.

◁ *Le soubassement de la tour de la Bastille dite « de la Liberté », retrouvé lors des travaux du métro et remonté square Henri-Galli.*

Le Marais de Mme de Sévigné

Les Tournelles étaient magnifiques, elles ne suffisaient pourtant pas à fixer alentour les grands seigneurs, la cour des Valois restant essentiellement itinérante. De surcroît, le palais avait été détruit et la reine veuve était allée à l'autre bout de Paris se faire bâtir les Tuileries. Henri IV aurait eu tous motifs de parcourir le chemin inverse : la Saint-Barthélemy l'avait rencogné au Louvre, en très mauvaise posture, pendant que le sang de ses coreligionnaires, pour lesquels son mariage avait servi d'appât, ruisselait jusque dans la chambre de la nouvelle épousée.

Devenu roi, il n'avait pas pour autant négligé le Louvre, mais il avait voulu, à l'est de Paris, la place Royale et la place de France. Son assassin avait tué cette dernière dans l'œuf, l'autre allait faire lever le Marais. Le cocasse, c'est que si le vieux Sully y entretenait le culte – « Tous les jours quand il habitait rue Saint-Antoine, écrit Tallemant, on pouvait le rencontrer sous les arcades de la place Royale, vêtu à la mode du temps d'Henri IV, paré de chaînes d'or et d'enseignes en diamant. Souvent il s'arrêtait, prenant de ses mains tremblantes une large médaille d'or qui pendait à son cou, frappée de l'effigie de son ancien maître, et la baisait dévotement » –, la préciosité ambiante était l'exacte antithèse des manières à la fois bonhommes et frustes qui étaient celles de sa cour.

La carte, non pas du Tendre, mais de la Pierre dessine au Marais les figures d'un maçon de la Creuse, Michel Villedo, troquant un canal contre des droits à bâtir ; de Nicolas Fouquet, le fastueux surintendant dont la chute redistribuera les titres de propriété de quelques-uns des plus beaux hôtels ; de Mme de Sévigné, incarnation même du Marais, née sur la Place, qui aima Fouquet, mais sut l'obliger à n'être qu'un ami ; de Scarron, le poète burlesque, infirme sans aigreur, pensionné de Fouquet ; de Montdory et de sa troupe, bien plus talentueux que les Comédiens du roi.

△ Mme de Sévigné, incarnation même du Marais, était née sur « La » Place.

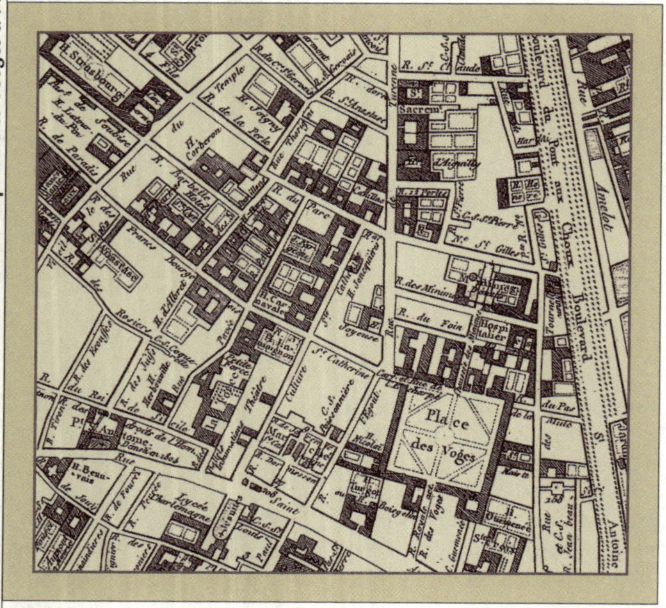

△ Maire, en 1808, désigne l'hôtel dit du Grand Veneur comme d'Aiguilly au lieu d'Ecquevilly.
DR

Au mois d'octobre 1627, le jeune Paul Scarron, gai comme on l'est à 17 ans, ingambe, se cherche un déguisement dans le petit logis que son camarade Armand de Pierrefuges occupe rue Beautreillis. Le bal masqué a un thème antique, mais les ressources de l'appartement lui font choisir le diable : il s'enduit de miel, se roule dans le duvet d'une couette, se passe le visage à la suie, ajoute au tout cornes et queue de carton, attrape un crochet qui servira de fourche et, dans cet équipage, arrive chez la baronne de Soubise, rue des Tournelles. Il y fait de l'effet, excite assez la verve de Vénus et de ses nymphes pour qu'elles se mettent à le plumer. La plaisanterie prend mauvaise tournure, il s'enfuit, est traqué par la valetaille, il est pieds nus, dans un assez simple appareil, il fait froid, le miel lui bouche les pores de la peau, il étouffe et grelotte à la fois, caché sous un appentis des heures durant. Paul Lacroix, dit le bibliophile Jacob, raconte ainsi les événements. La biographie succincte indique qu'il lui fallut entrer dans les ordres, et suivre au Mans son évêque.

« Adieu beau quartier des Marets
C'est avecque mille regrets
Qu'aujourd'hui de vous je
m'éloigne (...)
Vous me verrez revenir,
Car longtemps ne me veux tenir
Si loin de la Place Royale (...)
Adieu beau quartier favori,
Des honnêtes gens tant chéri,
Adieu l'église des Minimes
Où l'on commet autant de crimes
Contre Dame Religion
Qu'en la Morisque Région »...

Le couvent des Minimes, grâce au père Mersenne, est l'un des premiers laboratoires de physique quantitative de son temps ; c'est sans doute là le « crime contre la religion » que dési-

▷ Le couvent des Minimes ou l'« Académie parisienne », cercle de savants groupés autour de Mersenne, qui voit « la naissance du mécanisme ».

◁ *Les « petits » comédiens du roi (par opposition aux « grands » de l'Hôtel de Bourgogne) font la réclame de leur théâtre, rénové après l'incendie de 1644.*
© Coll. Roger-Viollet

gne Scarron ironiquement. On n'est sans doute pas aussi savant au palais épiscopal où, huit ans durant, il devra ronger son frein. Pendant ce temps, la troupe de Montdory s'installe au jeu de paume du Marais, rue Vieille-du-Temple, au revers de l'hôtel Salé. Paris ne compte alors que deux salles de théâtre et deux troupes permanentes : les Comédiens du roi, de Bellerose, installés à l'Hôtel de Bourgogne[46], et le Théâtre du Marais. Bellerose, à en croire Tallemant, « était un comédien fardé, qui regardait où il jetterait son chapeau, de peur de gâter ses plumes. Ce n'est pas qu'il ne fît bien certains récits et certaines choses tendres, mais il n'entendait point ce qu'il disait ». Montdory est, selon l'abbé d'Aubignac, « le premier acteur de [son] temps » ; il sait donner à l'interprétation de la comédie le ton « d'honnêteté », et à la tragédie classique celui de grandeur et de noblesse qu'attend alors l'élite de « la Cour et de la Ville ».

Corneille lui confie son *Illusion comique* à l'hiver de 1635-1636, et *Le Cid*, en janvier 1637 ; Montdory y interprète Rodrigue. La France est en guerre avec l'Espagne, le public en entend des résonances dans la pièce, le succès est inouï. *Le Cid* « est si beau », écrit Montdory dès le 18 janvier à Guez de Balzac, « qu'il a donné de l'amour aux dames les plus continentes, dont la passion a même plusieurs fois éclaté au théâtre public. On a vu seoir en corps aux bancs de ses loges ceux qu'on ne voit d'ordinaire que dans la chambre dorée et sur le siège des fleurs de lys. La foule a été si grande à nos portes et notre lieu s'est trouvé si petit, que les recoins du théâtre qui servaient les autres fois comme de niche aux pages ont été des places de faveur pour les cordons bleus [de l'ordre du Saint-Esprit] et la scène a été d'ordinaire parée de croix de chevaliers de l'Ordre ».

La cité des douze portes

Malheureusement, Montdory, acteur passionné, est atteint sur scène en septembre d'une « apoplexie à la langue », dit Tallemant, sans doute d'une hémiplégie qui l'oblige à renoncer à la scène. Cette même année 1637, Michel Villedo, « maçon de la Creuse », mais de bonne bourgeoisie rurale, pas exactement un pauvre hère, signe avec le bureau des finances le « traité » qui lui confie les travaux d'un canal de dérivation destiné à réguler les crues de la Seine. Il a déjà à son actif l'église de la Visitation-Sainte-Marie de François Mansart, mais son grand projet, auquel il a réussi à intéresser le Père Joseph, l'Éminence grise, et par conséquent le rouge cardinal de Richelieu lui-même, c'est la reviviscence du bras mort de la Seine par le creusement et l'élargissement du ruisseau de Ménilmontant, qui en est un vestige, depuis l'Arsenal jusqu'à l'extrémité du Cours-la-Reine, au large de l'enceinte des « fossés jaunes » dont la construction vient de s'achever.

46. Voir le chapitre Sentier, p. 249-250.

△ *Marques de censive du fief des coutures Saint-Gervais (FCSG) sur l'angle des communs de l'hôtel Salé.*

La surintendance des finances se dédit et Villedo est nommé, à titre de compensation, « général des œuvres de maçonneries et ouvrages de Sa Majesté ». Il mène à son terme la construction de l'église Sainte-Élisabeth de la rue du Temple, entamée par le maître maçon Louis Noblet, devenu son gendre, et achève l'hôtel d'Aumont en respectant l'ordonnance primitive de François Mansart. Dans le lotissement que réalise Le Jay, président au parlement de Paris, des terrains cultivés, cultures ou coutures des hospitalières de Saint-Gervais, Villedo construit avec le charpentier Claude Dublet, bâtisseur des maisons du pont Marie, tout le côté des numéros pairs de la rue Neuve-Saint-Louis (aujourd'hui de Turenne) entre les rues Saint-Gilles et Saint-Claude.
Il est ainsi l'entrepreneur des 52 et 54, où la bibliothèque des Amis de l'instruction, organisée par des artisans et des ouvriers sous le Second Empire, occupe un local depuis 1884 ; du 56, où l'on retrouvera Scarron ; du 60, un hôtel qui sera plus tard celui du « Grand Veneur », et qui a retrouvé

▽ *L'hôtel du Grand Veneur, 60, rue de Turenne, a retrouvé un état proche de sa réfection de 1735.*

▽ *Les 52 et 54, rue de Turenne, dus à Villedo, où la bibliothèque des Amis de l'instruction occupe un local depuis 1884.*

◁ *La maison, prédestinée aux lettres, du coin des 56, rue de Turenne et 17, rue Villehardouin, eut pour locataires Scarron, Crébillon puis Lesage.*

◁ *Hôtel de Hesse, 62, rue de Turenne, dû également à Michel Villedo, associé au charpentier Claude Dublet.*

▷ *Au 16, rue Saint-Claude, la maison vendue par Villedo à Étienne Papot, maître du Pavé du roi.*

un état proche de sa réfection de 1735 ; de l'hôtel de Hesse au n° 62, et, au n° 64, de l'hôtel Méliand, construit pour François Petit, maître d'hôtel ordinaire du roi ; au 66-68, de celui de Pierre Boulin, trésorier du Marc d'or (un droit qui se lève sur tous les offices de France à chaque changement de titulaire) ; du 68 bis, enfin, où Turenne vécut une quinzaine d'années, que l'église Saint-Denys-du-Saint-Sacrement a remplacé.

Il faut y ajouter, rue Saint-Claude, la maison du n° 16, vendue à Étienne Papot, maître du Pavé du roi et, hors du lotissement, une maison rue du Pont-aux-Choux, sans compter, au bas de la rue de Turenne, au n° 35, l'immeuble qu'il s'était réservé et qui a été remanié après sa mort. Mais le plus saisissant, c'est, dans la partie orientée est-ouest de l'actuelle rue Villehardouin, les douze maisons de rapport uniformes, hautes de deux étages et d'un comble, larges de quatre travées, s'élevant sur des parcelles identiques de cent quarante-quatre mètres carrés, qui lui donnaient alors le nom de rue des Douze-Portes.

Paul Scarron a été atteint, en 1638, d'un rhumatisme tuberculeux, conséquence lointaine, à suivre Paul Lacroix, de sa folle nuit d'octobre 1627. Il est revenu du Mans paralysé des jambes, la nuque raidie, déformé, condamné à la chaise, « avec la douleur que donne [un] derrière pointu qui n'a plus d'embonpoint ». Mais pas plus sinistre pour autant :

▽ *Maison Louis XVI, au débouché de la rue du Pont-aux-Choux, pour le sculpteur marbrier Jacques-Charles Martin (son chiffre, JCM, figure sur les vantaux).*

◁ *Douze maisons de rapport identiques valaient à la partie orientée est-ouest de l'actuelle rue Villehardouin le nom de « rue des Douze-Portes ».*

« Revenez mes fesses perdues,
Revenez me donner un cul,
En vous perdant j'ai tout perdu.
Hélas ! qu'êtes-vous devenues ?
Appui de mes membres perclus,
Cul que j'eus et que je n'ai plus... »

En 1652, il arrache à la misère, en l'épousant, une jeune orpheline très belle, Françoise d'Aubigné, qui sera un jour Mme de Maintenon. À l'angle de la rue Neuve-Saint-Louis et de la rue des Douze-Portes, Scarron accueille les hommes les plus en vue de l'intervalle heureux qui sépare la dictature de Richelieu de l'absolutisme de Louis XIV, des libertins comme d'Elbène ou le maréchal d'Albret.

Désormais, quand il s'éloigne, toujours à regret, du Marais, c'est que s'impose une cure. Ninon, pendant ce temps-là, prête sa « chambre jaune » à Mme Scarron et à Villarceaux.

« Adieu région courtisée
De tous Messieurs les Fainéants,
Les Madame est-elle céans ?
Qui vont frappant de porte en porte
Étendus à la chèvre morte,
Dans les carrosses de velours
Qui font tant de poussière au Cours... »

Au grand hôtel de la Bastille

Le Cours, c'est encore la rue Saint-Antoine dans son extrémité large, celle des carrousels et des tournois, mais déjà pointe le Nouveau Cours : depuis 1646, le roi a cédé à la Ville le front bastionné qui s'étend de la porte Saint-Antoine à la poterne Saint-Louis, au débouché de la rue du Pont-aux-Choux, soit, en gros, le futur boulevard Beaumarchais. Dès les premiers mois de 1670, il sera aménagé, planté d'arbres ; la forte pente des rues Saint-Gilles et Saint-Claude rappelle qu'il est construit sur l'escarpe.

△ *L'hôtel d'« Aubert des Gabelles » qui, de 1632 à 1656, eut le quasi-monopole de la Ferme générale des taxes sur le sel, auquel il doit son nom d'hôtel Salé.*

Scarron meurt quand commence le pouvoir personnel de Louis XIV, non sans faire des mots. Il rédige son épitaphe :

« Celui qui ci maintenant dort
Fit plus de pitié que d'envie
Et souffrit mille fois la mort
Avant que de perdre la vie.
Passant, ne fais ici de bruit !
Garde que ton pas ne l'éveille
Car voici la première nuit
Que le pauvre Scarron sommeille »

pendant que ses amis libertins retardent, autant qu'ils le peuvent, l'administration des derniers sacrements. Il dirait encore, sur son lit de mort : « Je vais enfin aller mieux ! ».

Son patron, Nicolas Fouquet, était fastueux à faire pâlir le Roi-Soleil ; cela ne pouvait durer. Quand il est arrêté, on retrouve dans ses cassettes des lettres de Mme de Sévigné, en mauvaise place, mêlées à celles de maîtresses et d'espionnes. Les amis, Ménage, Mlle de Scudéry, *Sapho* en préciosité, viennent à la rescousse pour la défendre des rumeurs malveillantes qui circulent.

Ils sont quelques-uns, dans le sillage du surintendant, à loger maintenant à la Bastille pendant que leurs biens sont saisis. C'est le cas de Claude Boislève, pour lequel François Mansart a refait l'hôtel Carnavalet, l'un des premiers du Marais, construit à la jonction des règnes de François Ier et d'Henri II, sans doute par Pierre Lescot et avec le concours de Jean Goujon. C'est le cas du gabelou Aubert de Fontenay, dont « l'hôtel salé » est confisqué ; celui de Claude de Guénégaud qui, malgré l'appui de Turenne, son voisin, devra se défaire de l'hôtel que nous connaissons comme celui du Grand Veneur.

Quant à Louis Bruant, le premier commis de Fouquet, il s'est enfui, a été condamné à mort par contumace. Il réussira pourtant à rentrer en grâce, et retrouvera un hôtel rue de la Perle, dans le dernier fief privé loti en 1683-1685 par son frère, l'architecte des Invalides, Libéral Bruant. Mais toute la rive nord de la rue sera abattue dans les premières années 1930 sous prétexte de « rue Étienne-Marcel prolongée »[47]. Reste sur l'autre rive le n° 1, par exemple, destiné à son usage personnel par Libéral Bruant, et qui sera l'hôtel de Perronet pendant que l'ingénieur construira le pont de la place Louis-XV (aujourd'hui de la Concorde).

Après trois ans d'instruction, s'ouvre devant une chambre *ad hoc*, installée à l'Arsenal, le procès de Fouquet que Mme de Sévigné suit avec anxiété du 14 novembre, où il commence, jusqu'au verdict, qui tombe le 20 décembre 1664. Un jour, enfin, elle réussit à l'apercevoir, sur le trajet de la Bastille, sans doute depuis l'hôtel Fieubet. « Imaginez-vous que des dames m'ont proposé d'aller dans une maison qui regarde droit dans l'Arsenal, pour voir revenir notre pauvre ami. J'étais masquée, je l'ai vu venir d'assez loin. M. d'Artagnan était auprès de lui ; cinquante mousquetaires derrière, à trente ou quarante pas. Il paraissait assez rêveur. Pour moi, quand je l'ai aperçu, les jambes m'ont tremblé, et le cœur m'a battu si fort, que je n'en pouvais plus. En s'approchant de nous pour rentrer dans son trou, M. d'Artagnan l'a poussé, et lui a fait remarquer que nous étions là. Il nous a donc saluées, et a pris cette mine riante que vous connaissez. Je ne crois pas qu'il m'ait reconnue. »

Bouleversée, elle s'en retourne rue Sainte-Avoye (aujourd'hui du Temple), où elle est venue loger, veuve à 25 ans, à la fin de sa période de deuil. À la mort de Turenne, le 30 juillet 1675, elle habite rue des Trois-Pavillons

◁ *Mme de Sévigné habitait rue des Trois-Pavillons (auj. 14, rue Elzévir) au moment de la mort de Turenne, le 30 juillet 1675.*

47. Voir le chapitre Bourg Saint-Martin, p. 303.

(aujourd'hui 14, rue Elzévir). « Tout le monde se cherche pour parler de M. de Turenne ; on s'attroupe ; tout était hier en pleurs dans les rues, le commerce de toute autre chose était suspendu… Jamais un homme n'a été regretté aussi sincèrement ; tout ce quartier où il a logé, et tout Paris, et tout le peuple étaient dans le trouble et dans l'émotion. »

Enfin, le 7 octobre 1677, elle écrit à sa fille : « Vous m'attendrissez pour la petite (…) Ne pourriez-vous point l'amener ? Vous auriez de quoi la loger au moins ; car, Dieu merci, nous avons l'hôtel de Carnavalet. C'est une affaire admirable : nous y tiendrons tous, et nous aurons le bel air ; comme on ne peut pas tout avoir, il faut se passer des parquets et des petites cheminées à la mode ; mais nous aurons du moins une belle cour, un beau jardin, un beau quartier, et de bonnes petites filles bleues[48], qui sont fort commodes, et nous serons ensemble, et vous m'aimez, ma chère enfant ».

48. Celles du couvent contigu des Annonciades célestes.

△ *« Dieu merci, nous avons l'hôtel de Carnavalet. C'est une affaire admirable » (Mme de Sévigné à sa fille, le 7 octobre 1677).*

▽ *Au square Georges-Cain, dépôt lapidaire du musée Carnavalet, se trouve, entre autres, un fronton du palais des Tuileries.*

Place aux pensions

Pour le siècle des Lumières, le Marais, c'est Louis XIII, autant dire le Moyen Âge, le gouvernement des cardinaux, un foyer d'obscurantisme. Mercier assure qu'on « y appelle les philosophes des "gens à brûler" », et brosse le portrait d'une terrible bigote : « Peu à peu elle s'échauffe, parle de l'horrible dépravation des autres quartiers, de l'irréligion qui marche le front levé dans le faubourg Saint-Germain, et de la damnation éternelle, qui attend tous ceux qui n'entendent pas la messe aux capucins du marais ». De très conservateurs capucins ont donc pris le pas sur des minimes à la pointe de la science. Mercier concède pourtant que « de jolies maisons s'élèvent vers la chaussée d'Antin, et vers la porte Saint-Antoine, que l'on a abattue. Il était question de renverser l'infernale Bastille », mais seule la ville s'est ouverte, pas la prison.

Au XIXe siècle, le Marais est devenu une espèce de pensionnat, parcouru de potaches en rangs que leurs « gâcheux » conduisent à Charlemagne, ou dont ils les ramènent devant le répétiteur qui fait repasser les leçons. Charlemagne, comme Bonaparte (aujourd'hui Condorcet), est dépourvu d'internat ; les provinciaux sont condamnés aux « institutions », sans compter les Parisiens que leurs parents veulent bien encadrés. Les grands hôtels du Marais sont devenus des maisons d'éducation plus que toute autre chose. On trouvera bien la fabrique à l'hôtel d'Alméras, cet écho des pavillons de la place des Vosges, ou le commerce à l'hôtel de Donon, d'époque Henri III, mais s'il y eut un bronzier à l'hôtel Salé, c'est

△ *L'hôtel d'Alméras, 30, rue des Francs-Bourgeois, comme un écho aux pavillons de la place des Vosges.*

△ *10, rue Elzévir, le toit en carène de bateau de l'hôtel de Marle, presque contemporain de Carnavalet, est caractéristique de Philibert Delorme.*

l'École centrale des Arts et Manufactures qui marqua le plus les lieux, tandis que celle des Ponts et Chaussées passait de l'hôtel Libéral Bruant, domicile de Perronet, son fondateur, à l'hôtel Carnavalet.

Puis Carnavalet n'abritera pas moins de deux pensions, comme aura la sienne l'hôtel de Marle, presque son contemporain, au toit en carène de bateau caractéristique de Philibert Delorme, l'architecte des Tuileries. Baudelaire n'aura pas le temps, en un trimestre, d'y user ses fonds de culotte. Dans l'hôtel des Saint-Fargeau, de 1686, que la famille du conventionnel avait occupé jusqu'à la fin de l'Empire, l'institution Jauffret accueillait les fils Hugo, le romancier Edmond About, Louis Ulbach, le futur directeur de la *Revue de Paris*. Durant la Deuxième République, Pierre Larousse y était répétiteur de français et de latin pour les classes élémentaires. Sous la Troisième, Émile Durkheim y rencontrait Jean Jaurès préparant comme lui le concours d'admission à l'École normale supérieure. L'un sera le plus connu des sociologues français ; l'autre, le grand leader du mouvement socialiste.

Au 41, rue de Turenne, accolée à l'une des « quinze nouvelles fontaines de la ville et des faubourgs de Paris » de l'arrêt royal de 1671 – remplacée environ deux siècles plus tard par celle dont le décor aquatique évoque les eaux de l'Ourcq –, « La pension [Lepître] était installée à l'ancien hôtel Joyeuse, où, comme dans toutes les anciennes demeures seigneuriales, il se trouvait une loge de suisse. Pendant la récréation qui précédait l'heure où le gâcheux nous conduisait au lycée Charlemagne, les camarades opulents allaient déjeuner chez notre portier, nommé Doisy », raconte Balzac. « Déjeuner avec une tasse de café au lait était un goût aristocratique expliqué par le prix excessif auquel montèrent les denrées coloniales sous Napoléon. (…) Vers la fin

△ *41, rue de Turenne, la fontaine, dont le décor aquatique évoque les eaux de l'Ourcq, remplaça celle de 1671.*

◁ *29, rue de Sévigné, l'hôtel des Saint-Fargeau, de 1686, que la famille du conventionnel occupa jusqu'en 1814, fut le siège de l'institution Jauffret.*

de la deuxième année, mon père et ma mère vinrent à Paris. (...) J'avais à déclarer cent francs de dettes contractées chez le sieur Doisy, qui me menaçait de demander lui-même son argent à mes parents. (...) Mon père pencha vers l'indulgence. Mais ma mère fut impitoyable, son œil bleu foncé me pétrifia, elle fulmina de terribles prophéties. (...) Après avoir subi le choc de ce torrent qui charria mille terreurs en mon âme, mon frère me reconduisit à ma pension, je perdis le dîner aux Frères Provençaux et fus privé de voir Talma dans *Britannicus*. Telle fut mon entrevue avec ma mère après une séparation de douze ans. »

L'une des principales antichambres de Charlemagne, l'institution Massin, légua au lycée, quand elle ferma, le bronze de *Silène et Dionysos* qui s'y trouve toujours, au chevet de l'église Saint-Paul-Saint-Louis. Dans l'ancienne infirmerie du couvent des minimes, placée dans le pavillon ouest du portail projeté par François Mansart, seul vestige qui nous soit resté après la démolition du cloître au profit de l'agrandissement de la caserne, en 1925, quatre cents élèves ont connu, à en croire Ernest Lavisse dont les souvenirs ont le sérieux de l'historien professionnel, le régime du bain de pieds collectif et mensuel ! Cela a-t-il fait d'Auguste Blanqui, qui y fut élève dès ses 13 ans, un révolutionnaire ? Ce n'était pourtant pas le genre de la maison, ni du quartier, quoique...

« Vainement on chercherait dans Paris une rue plus paisible que la rue Saint-Gilles, au Marais, à deux pas de la place Royale. Là, pas de voitures, jamais de foule. À peine le silence y est rompu par les sonneries réglementaires de la caserne des Minimes, par les cloches de l'église Saint-Louis ou par les clameurs joyeuses des élèves de l'institution Massin à l'heure des récréations. Le soir, bien avant dix heures, et quand le boulevard Beaumarchais est encore plein de vie, de mouvement et de bruit, tout se ferme », raconte Émile Gaboriau dans *L'Argent des autres* en 1872.

Ajoutons au tableau de la classe le lycée Victor-Hugo, créé à la fin du siècle pour les jeunes filles, et l'École centrale rabbinique, transférée en 1860 de Metz à l'hôtel de Vigny. Rue du Parc-Royal, les uniformes noirs portant un palmier violet brodé au col de l'habit ou de la redingote renforcent les effectifs studieux du quartier.

C'est dans cet hôtel de Vigny que le Marais eut, exactement un siècle plus tard, son (auto) révélation : une propriété nationale, tranquillement promise à la démolition, recélait sous l'enduit d'admirables plafonds peints. Le mouvement d'opinion qui s'ensuivit déboucha sur la loi concernant les secteurs sauvegardés, qui replaçait conservation et restauration dans un cadre plus ample, André Malraux rappelant « qu'en architecture, un chef-d'œuvre isolé risque d'être un chef-d'œuvre mort ». Le Marais de Mme de Sévigné devenait le Marais de tous.

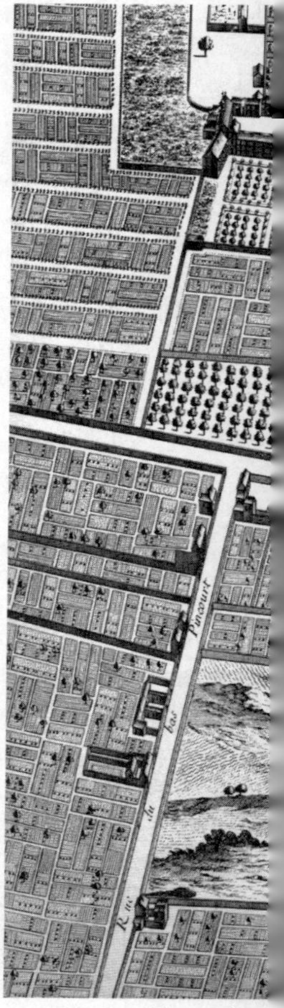

Popincourt

des Métallos

◁ *Sur le plan Turgot (1739), les Annonciades de Pincourt, en bas à droite, et les Hospitalières de la Roquette, en haut à gauche.*
DR

Autour du manoir de Jean de Popincourt, président du parlement de Paris de 1403 à 1413, s'est constitué sous Charles VI, au sud du chemin de Ménilmontant qui est l'actuelle rue Oberkampf, le hameau éponyme. Popincourt ne fait guère parler de lui au siècle suivant que dans la mesure où les huguenots s'y réunissent, ce qui ne leur est possible qu'en dehors de Paris. Il semble établi qu'en décembre 1560 un nommé Lestang prêche la Réforme à Popincourt devant six mille personnes en dépit d'une pluie battante et, le 26 février de l'année suivante, devant vingt-cinq mille, tous chiffres sans commune mesure avec la population du hameau.

Deux jours après « le vacarme de Saint-Médard », ainsi que l'on nomme les exactions dont les protestants ont été victimes au bas de la rue Mouffetard[49], le connétable de Montmorency

49. Voir le chapitre Saint-Victor, Saint-Médard, p. 481.

△ ◁ *Derrière les marguerites des rideaux de fer, l'authentique ou le toc, rue Oberkampf ? Le passage de la Fonderie, dans la rue Jean-Pierre-Timbaud.*

les réitère à Popincourt en venant avec sa troupe y mettre à sac le second des deux temples autorisés dans les faubourgs. Restauré après qu'un édit a réaffirmé la légitimité de l'exercice du culte réformé à l'extérieur de la ville, il est pourtant la cible d'une nouvelle expédition punitive de Montmorency, qui fait cette fois un si grand bûcher des débris du saccage que le feu s'en communique au temple qu'il réduit en cendres.

Sous Louis XIII, alors que le hameau devient faubourg, rattaché à celui de Saint-Antoine, s'établissent à Popincourt les annonciades du Saint-Esprit, autour de leur chapelle qui deviendra l'église Saint-Ambroise et, à l'ouest de la Folie de Regnault où se sont installés les jésuites, les hospitalières de la Charité-Notre-Dame que l'on dira bientôt de la Roquette. À la même époque, au nord du chemin de Ménilmontant, existe déjà la Folie de Moricaut ou Moricourt, on ne sait trop, dont le nom se fixera en Méricourt.

Le *Livre commode des adresses de Paris pour 1692*, d'Abraham du Pradel, « philosophe et mathématicien », recommande les « baignoires et étuves vaporeuses de nouvelle invention qui se tiennent en jardin médicinal de Pincourt [ainsi que l'on désigne le plus communément Popincourt], entre la porte Saint-Louis et la porte Saint-Antoine ». Il s'émerveille de la pension pour les malades, « au milieu de cette grande et belle rue [à l'actuel n° 20 de la rue de la Folie-Méricourt], à l'opposite du cours planté sur le rempart, dont elle n'est séparée que par de vastes marais bien cultivés, ce qui forme le plus bel aspect du monde. Outre la face et les deux ailes du principal corps de logis, il y a encore au bout d'un grand jardin au-dessus d'une haute terrasse en parterre, un pavillon de Belvédère, d'où l'on découvre de tous côtés des vignobles, des plaines, des collines, des jardins et des maisons de plaisance ». Il vante enfin la bibliothèque « qui est ouverte seulement les dimanches après vêpres, en faveur des médecins, des chirurgiens et des apothicaires artistes, qui confèrent en même temps sur les nouvelles découvertes qui se font dans les sciences naturelles et dans les arts qui en dépendent ».

Il se trouve qu'Abraham du Pradel est le pseudonyme de Nicolas de Blégny,

▷ *5, rue Crespin-du-Gast, le musée de la môme Piaf, née, dit la légende, sur les marches du 72, rue de Belleville (en fait, à l'hôpital Tenon).*

△ *Sur le plan Maire, datant de 1808, Popincourt d'avant le canal Saint-Martin.*
DR

propriétaire de la pension, de la bibliothèque et du jardin médicinal, qui ne saurait être mieux servi que par lui-même.

Parmi ces maisons de plaisance visibles du belvédère de Blégny, aperçoit-on « rue de la Roquette, à droite en montant, au fond d'une cour d'honneur encadrée de parterres fleuris, décoré de sculptures emblématiques, de groupes d'Amours et de bustes appariés sans autre souci que l'effet décoratif, le coquet hôtel bâti par l'architecte Dulin pour Nicolas Dunoyer, secrétaire du roi, ancien greffier en chef au parlement de Paris » ? « C'est là, assure Gaston Capon, que, le 10 juin 1721, le Régent triompha des fragiles scrupules de Sophie de Brégy, comtesse d'Averne. »

Olympe, dite Pimpette, la nièce de Nicolas Dunoyer, a été le premier amour d'Arouet alors âgé de 19 ans. Sans doute, c'est en Hollande qu'il l'a connue, mais, devenu Voltaire, il est en tout cas assez familier de la Roquette pour se faire le porte-plume de la nouvelle maîtresse du Régent et envoyer à celui-ci des vers : *À SAS Mgr le duc d'Orléans, régent, au nom de Mme d'Averne au sujet d'une ceinture qu'elle avait donnée à ce prince*. Des maîtresses, le Régent en compte quatre ou cinq rien que parmi les dames de qualité : la marquise de Prie, par exemple, qui a « beaucoup d'agrément dans le visage, dans l'esprit et dans toutes les manières, selon Mathieu Marais, parle italien à merveille et chante de même », ou la comtesse de Parabère – « elle est grande, la taille bien prise, le visage brun, car elle ne se farde pas ; elle a de beaux yeux, une bouche charmante et peu d'esprit ; en un mot, c'est un bon morceau de chair fraîche », assure la princesse Palatine. L'une et l'autre sont vues souvent, à l'autre bout du faubourg, au Cabaret des Marronniers.

Qu'il fera beau, ce soir, sous les grands marronniers…

L'une des circonvallations de Paris est le cercle en pointillé de ces barrières que l'octroi fait rouler en travers des axes convergeant vers le cœur de la ville. Il en est une rue de la Folie-Méricourt. De l'autre côté de la barrière, deux rues partent en V vers Belleville,

△ *La rue du Faubourg-du-Temple et la rue de la Fontaine-au-Roi partent en V vers Belleville. Dans le triangle : la Courtille.*

celle du Faubourg-du-Temple, et celle de la Fontaine-au-Roi. Dans le triangle qu'elles forment avec la rue Saint-Maur, l'une des rares tangentes de la capitale, celle qui joint l'abbaye de Saint-Denis à celle de Saint-Maur-des-Fossés, est né un village de guinguettes au milieu des « courtils », ces jardins du dimanche éloignés du logis citadin : la Courtille.

Le fleuron en est le Cabaret des Marronniers. La mémoire de ce rendez-vous des amants sera vivace jusqu'à la veille de la Révolution, et les marronniers du *Mariage de Figaro* y feraient allusion. Ils sont le mot de passe du piège tendu au comte Almaviva :

« La comtesse :

– Je mets tout sur mon compte. [Suzanne s'assied, la comtesse dicte.] Chanson nouvelle, sur l'air : ... Qu'il fera beau, ce soir, sous les grands marronniers... Qu'il fera beau, ce soir...

Suzanne écrit :

– "Sous les grands marronniers..." Après ?

La comtesse :

– Crains-tu qu'il ne t'entende pas ? »

Le cinquième acte de *La Folle Journée*, son sous-titre, s'y déroule tout entier, et s'y dénoue : « Le théâtre représente une salle de marronniers, dans un parc ; deux pavillons, kiosques ou temples de jardin, sont à droite et à gauche ; le fond est une clairière ornée, un siège de gazon sur le devant ».

À la Roquette, après le duc de Noailles qui y fait jouer force comédies, après le savant Réaumur qui s'y intéresse aussi bien à l'acier qu'aux invertébrés, « en 1753, M. le comte de Clermont qui cherchait une retraite discrète loin des regards curieux en devient propriétaire, écrit Capon. Il y fit peu de changements, et sur l'emplacement des laboratoires de son docte prédécesseur s'éleva un théâtre élégant ».

Dans une autre de ses maisons de campagne, à Berny, au sud de Paris, le comte a déjà fait « construire un théâtre en forme de chapelle, pour sauvegarder les apparences, transformé ses officiers en utilités, ses aides de camp en premiers rôles, s'est mis à jouer des comédies et, ce qui est plus grave, selon Jules Cousin, à en composer lui-même ».

« Les représentations au théâtre intime de la rue de la Roquette étaient très recherchées, poursuit Capon, les grandes dames assistaient aux œuvres égrillardes sans se cacher ; elles les entendaient et les jouaient même à visage découvert, pourvu, bien entendu, que ce fut dans leur monde. »

Mlle Duc, ex-danseuse à l'Opéra, ex-maîtresse en titre du comte de Clermont, devenue marquise de Tourvoye, a sa maison de campagne rue

△ *Vue du théâtre de l'Ambigu-Comique (lithographie du XVIIIe s.). Il y avait là une troupe d'enfants que la du Barry fit venir devant le roi pour le distraire.*
© Selva/Leemage

Popincourt face aux annonciades. Le duc de Fronsac, fils du maréchal de Richelieu, est son voisin puisqu'il a fait sa « petite maison » dans l'ancienne propriété de Blégny, dotée naturellement d'un théâtre, qu'on connaît comme la « Comédie bourgeoise de Popincourt ».

Boulevard du Temple, côté faubourg, les salles sont ouvertes à des spectacles et des publics plus variés. On y applaudit, à partir de 1760, les « grands sauteurs et danseurs de corde » de la future Gaîté, et « les petits enfants » de l'Ambigu-Comique, troupes que la du Barry fera venir, l'une et l'autre, devant le roi pour le distraire de son humeur maussade ; les écuyers du Cirque-Olympique, les prestidigitateurs des Délassements-Comiques. Ces théâtres, entremêlés de cafés, dont le plus célèbre restera l'Épi-Scié, prospèrent à Popincourt davantage que la foi : le couvent des annonciades y périclite et doit vendre en 1781.

Rue de la Roquette, le « théâtre de (la bonne) société » est toujours aussi couru. « Le marquis de Montalembert, écrit Capon, maréchal des camps et armées du Roi, d'une famille où l'esprit semble être héréditaire, avait le goût des représentations dramatiques ; il n'hésita pas à former », dans l'hôtel où était mort Louis de Bourbon-Condé, comte de Clermont, « une société pour jouer ce qu'on appelait alors des comédies mêlées d'ariettes, et ce qu'on nomme aujourd'hui des opéras-comiques ».

Au premier frémissement de la Révolution, dans ce faubourg dont la principale industrie semble être alors une sparterie, c'est-à-dire une manufacture d'objets en fibre végétale comme le jonc, c'est au milieu des théâtres que le peuple s'assemble, pour prendre au spectacle des figures de cire de l'Allemand Curtius les bustes de Necker, le ministre disgracié, et du duc d'Orléans, qu'il va porter en triomphe jusqu'aux Tuileries.[50]

▽ *Le Cirque d'hiver reprit les exercices équestres de l'ancien Cirque-Olympique du « boulevard du Crime ».*

Boulevard du Crime

La parade, devant les salles, appelle les spectateurs à entrer ; elle a ses célébrités dont Bobèche, veste rouge, perruque de filasse, bicorne gris au-dessus duquel un papillon vibre au bout d'une tige de fil de fer. C'est sur le chemin de Charles Nodier, qui habite boulevard Beaumarchais sous l'Empire, et en est si fasciné que ses perpétuels retards au ministère de l'Instruction publique lui valent une remontrance. Il avoue ses interminables stations devant les tréteaux.

50. Voir le chapitre Concorde, p. 46.

« Monsieur, lui répond le ministre, vous voulez m'en imposer, je ne vous y ai jamais vu. »
La liberté des théâtres a permis à quelques-unes de ces salles de se consacrer à l'art dramatique, avec bientôt un répertoire très spécifique. Le *Moine*, de Lewis, est adapté par Pixérécourt dès l'année suivant sa parution en Angleterre et connaît quatre-vingts représentations à la Gaîté, en 1797, alors que le roman attendra 1840 pour être traduit. Les *Pénitents noirs*, d'Ann Radcliffe, qui, eux, bénéficieront d'une traduction plus rapide, y ont été aussitôt joués. C'est boulevard du Temple que la première génération romantique se met à l'école du fantastique anglo-saxon. Cette admiration pour le roman noir anglais est restée vivace à la génération suivante, chez Pétrus Borel qui, avec son ami Jules Vabre, loge un moment « sous la voûte d'une cave à demi effondrée dans une maison de la rue Fontaine au Roi ». On peut donc penser que la description qui clôt son *Passereau, l'écolier*, mise à part une haie d'ossements qui ressortit sans doute au fantastique, est celle, fidèle, d'un habitant. « Demain matin, vous irez rue des Amandiers-Popincourt [le haut de l'actuelle rue du Chemin-Vert] ; à l'entrée, à droite, vous verrez un champ terminé par une avenue de tilleuls, enclos par un mur fait d'ossements d'animaux et par une haie vive, vous escaladerez la haie, vous prendrez alors une longue allée de framboisiers, et tout au bout de cette allée vous rencontrerez un puits à rase terre. »
« Sous l'austère Restauration, la mode vint, on ne sait comment, avoue le *Paris-Atlas* de 1900, d'aller achever les orgies du mardi gras à la Courtille : la nuit s'y passait à boire, et au matin du mercredi des Cendres, c'était, pour les bourgeois vertueux, un divertissement incomparable que d'assister à "la descente de la Courtille". » Cette mode se maintiendra une vingtaine d'années. Pendant ce temps, sur l'enclos des hospitalières de la Roquette, s'élève une maison d'éducation correctionnelle, destinée aux mineurs de moins de 16 ans sur décision judiciaire, et aux mineurs quel qu'en soit l'âge sur requête paternelle. En face, la prison servant de dépôt des condamnés qui vient remplacer Bicêtre.
C'est au moment où s'ouvrent – si l'on

△ **Prison de la Petite Roquette, vue à vol d'oiseau,** ***aquarelle de L. H. Le Bas. Sur l'enclos des hospitalières, une maison d'éducation correctionnelle.***

▷ ***Square de la Roquette, le guichet de la maison de correction des mineurs. Celle-ci fut affectée aux femmes en 1935.***

peut dire – les prisons que le boulevard du Crime mérite son nom. Aux Folies-Dramatiques triomphe Frédérick Lemaître, « le comédien du peuple, l'ami du peuple, adopté et créé par le peuple ». Face aux « comédiens ordinaires du roi des Français », écrit Jules Janin en 1835, c'est le « comédien des faubourgs, comédien de toutes les passions aux joues rubicondes, aux bras nerveux, aux reins solides, qui vont le voir, l'admirer et l'applaudir ! » *La Vie et la Résurrection de Robert Macaire*, poursuit Janin, est son *Mariage de Figaro* : « Figaro, Macaire, deux hommes qui ont existé, deux hommes révoltés contre la société chacun à sa manière, l'un avec son esprit, l'autre avec son poignard ; deux escrocs tous les deux, l'un dans le salon, l'autre sur le grand chemin ; deux hommes d'esprit et qui font rire tous les deux ».

À côté, les Funambules sont le croissant de lune où s'assied Pierrot, alias Gaspard Debureau, et pour la première d'une pantomime de Champfleury, *Pierrot, valet de la mort*, « il y avait épars dans les loges, aux galeries, dans l'orchestre, selon *L'Écho* du 27 septembre 1846, Théophile Gautier, Gérard de Nerval, Théodore de Banville, Henri Murger, Baudelaire-Dufays, Privat d'Anglemont, Pierre Dupont… ». Faisant le coin avec la rue du Faubourg-du-Temple, le Théâtre-Historique de Dumas y connaîtra une brève existence, mais il durera ce que dure la gestation d'une révolution, celle de 1848 à laquelle le *Chevalier de Maison-Rouge* fournit son hymne :

« Mourir pour la Patrie, (bis)
C'est le sort le plus beau, le plus digne d'envie ! (bis) »

◁ *Dalle marquant l'emplacement de la guillotine (rues de la Croix-Faubin et de la Roquette), devant le dépôt des condamnés qui remplaça Bicêtre.*

La réalité, comme chacun sait, dépasse la fiction. À partir de 1851, un spectacle véritablement sanglant se donne au petit jour devant la Roquette. Chez Flaubert, qui vient de quitter son troisième étage du 42, boulevard du Temple, dont les fenêtres donnaient sur le Jardin turc, Maxime Du Camp a invité Tourgueniev à l'y accompagner. Rendez-vous est pris pour le lendemain soir à onze heures, devant la statue du prince Eugène (aujourd'hui place Léon-Blum), d'où l'on montera jusqu'à la prison toute proche. Comme ils y arrivent, une vague d'émotion parcourt la foule, qui attend là soir après soir. « On vous prend pour le bourreau », explique Du Camp au géant russe, qui en a la stature. Les deux hommes gagnent les bureaux du commandant de la place, ressortent avec lui voir assembler la guillotine, puis remontent à l'appartement directorial où l'on somnole entre le punch et le chocolat, qui est servi à l'arrivée de l'aumônier, à six heures du matin. À six heures vingt, un groupe de quatorze personnes se dirige vers la cellule du condamné, pour quarante minutes d'un cérémonial absurdement compliqué, avant que finalement la tête ne tombe.

Du Camp et Tourgueniev hèlent ensuite un *sapin*, comme on appelle les fiacres, jamais si bien nommés

△ **L'Exécution de Jean-Baptiste Troppmann** ***(gravure française du XIXe s.). Parmi les spectateurs, Du Camp et Tourgueniev.***
© Bridgeman Giraudon/Archives Charmet

qu'aujourd'hui, et ils rentrent sans naturellement pouvoir parler d'autre chose. À quatre heures de l'après-midi, Tourgueniev est déjà 5, rue Gay-Lussac, chez George Sand, à laquelle il raconte évidemment la fin de l'assassin Troppmann.

La barricade du Temps des cerises

Les sept théâtres contigus qui faisaient le boulevard du Crime ont été démolis au profit du percement de l'avenue des Amandiers (aujourd'hui de la République) et du boulevard du Prince-Eugène (aujourd'hui Voltaire), qui a emporté au passage l'église Saint-Ambroise, reconstruite plus en arrière par Ballu, et le bel hôtel de Montalembert. Les pierres de la guillotine ont été descellées, et ses bois brûlés devant la mairie du 11e par le 137e bataillon de la garde nationale, au début d'avril 1871.

Deux mois plus tard, sur la barricade de la Fontaine-au-Roi, l'une des dernières de la Commune de ce côté-ci de la barrière de Belleville, avec celle de la rue Oberkampf, tiennent encore Jean-Baptiste Clément, Théophile Ferré, délégué à la Sûreté générale et son frère Hippolyte ; Varlin, un garibaldien... « Au moment où vont partir leurs derniers coups, une jeune fille venant de la barricade de la rue Saint-Maur arrive, leur offrant ses services. Ils voulaient l'éloigner de cet endroit de mort, elle resta malgré eux. À l'ambulancière de la dernière barricade et de la dernière heure, Jean-Baptiste Clément dédia longtemps après la chanson des Cerises », écrira Louise Michel.

À l'annexion, le 11e arrondissement dans son ensemble ne comptait en tout et pour tout que deux églises. Napoléon III y avait fait ajouter par Ballu l'église Saint-Joseph, « fort belle

▷ *Le percement du boulevard du Prince-Eugène (auj. Voltaire) emporta l'église Saint-Ambroise, qui fut reconstruite plus en arrière par Ballu.*

◁ *Napoléon III fit ajouter une église – Saint-Joseph – à un 11e arrondissement qui n'en comptait que deux.*

– nous dirions presque trop belle, en raison de la ferveur de la population pour laquelle elle a été faite, car cette ferveur est des plus tièdes », commente le *Paris-Atlas* de 1900. La ferveur iconoclaste, à l'inverse, est intense, qui a poussé, le 20 août de l'année précédente, de jeunes anarchistes à mettre l'église à sac.

Début décembre, au gymnase Japy, un Congrès général des organisations socialistes tente de regrouper ces dernières après l'inquiétude née de l'affaire Dreyfus. C'est ici que *L'Internationale*, qui menait une vie souterraine depuis bientôt vingt ans, éclate au grand jour. « J'étais à côté de Jaurès au moment où l'on chanta *L'Internationale*, il grimaça quand on en arriva à nos balles qui sont pour nos propres généraux », raconte Charles Rappoport. La *Marseillaise* et la *Carmagnole* sont, de ce jour, définitivement supplantées dans le mouvement ouvrier français.

Popincourt est ce que le voit *Paris-Atlas* le boulevard franchi : « Nous voici définitivement entrés dans le Paris du travail, la ruche ouvrière des laborieuses abeilles (pourquoi faut-il qu'il s'y mêle tant de nuisibles guêpes !) », ajoute l'archiviste-paléographe dans son style inimitable. Chez Bariquand et Marre, la plus importante firme de machines-outils française, au 127, rue Oberkampf, les frères Wilbur et Orville Wright sont venus, le 6 novembre 1907, demander qu'on monte en puissance le moteur de leur avion, et rue des Murs-de-la-Roquette, dont l'équerre longeait le coin de l'enclos des hospitalières de la Charité-Notre-Dame (aujourd'hui rues Auguste-Laurent et Mercœur), le chocolatier suisse Suchard emploie trois cent soixante ouvriers.

Voilà le Front populaire, et à l'Alhambra, 50, rue de Malte (aujourd'hui démoli), Gilles et Julien chantent « *La Belle France* : il était question de

▷ *C'est au gymnase Japy que* L'Internationale *supplanta définitivement* La Marseillaise *et la* Carmagnole *dans le mouvement ouvrier français.*

▷ 18, rue du Faubourg-du-Temple, une pépinière d'entreprises sous le pont roulant des Grands Travaux Parisiens.

▽ La Maison des Métallos. En 1936, la CGT racheta la fabrique d'instruments de musique Gautrot-Couesnon.

◁ L'ancienne manufacture Dutertre, construite en 1853 pour ces peintres doreurs sur porcelaine au 10, cité d'Angoulême.

bleuets et de coquelicots, on aurait dit du Déroulède », ironise Simone de Beauvoir, mais aussi *La Chanson des 40 heures*. La CGT métaux rachète rue d'Angoulême (aujourd'hui Jean-Pierre-Timbaud), cette rue dont les barricades couplées à celles de la rue des Trois-Bornes avaient, le 23 juin 1848, mis deux généraux et trois cents soldats de Cavaignac hors de combat, la fabrique d'instruments de musique Gautrot-Couesnon pour en faire la Maison des Métallos.

Le 14 mai 1941, cinq mille juifs de Paris sont convoqués au gymnase Japy, à la caserne des Minimes, rue de la Grange-aux-Belles ou rue Édouard-Pailleron, antichambres du voyage sans retour de leur déportation.

Ce qui reste du monde des métallos a été sauvé par la mode au sens textile, comme la pépinière d'entreprises placée 18, rue du Faubourg-du-Temple, sous le pont roulant des Grands Travaux parisiens, ou par la mode au sens courant, rue Oberkampf, autour du Café Charbon ou du Mécano Bar, qui oscillent entre la réalité et le décor de studios de cinéma. Les fresques que la faïencerie Loebnitz avait faites pour le pavillon des Beaux-Arts de l'Exposition universelle de 1878, puis rapportées sur sa façade, 4, rue de la Pierre-Levée, abritent désormais des lofts ; l'architecte Jean Nouvel s'est installé dans l'ancienne manufacture Dutertre, au fond de la cité d'Angoulême ; l'agence Magnum est passée par l'ancienne usine Springcourt du 5, impasse Piver.

▷ Pendant plus d'un siècle, jusqu'au milieu des années 1980, Springcourt a fabriqué ici bottes de caoutchouc et chaussures de tennis.

▷ Le Café Charbon, dans une rue Oberkampf oscillant entre réalité et décor de studio.

En remontant Ménilmontant

◁ *La Bellevilloise, la grande coopérative fondée dès 1876 par vingt ouvriers, irrigua tout Belleville.*

▽ *Le regard de l'aqueduc dit de Savies, peut-être déjà romain, retrouvé et refait par les Templiers et les moines de Saint-Martin-des-Champs.*

Historiquement, Ménilmontant n'était qu'un hameau de la commune de Belleville ; l'annexion a fait de la partie le tout, donnant Ménilmontant comme nom au 20e arrondissement dans son ensemble, dont Belleville n'est plus qu'un quartier. Puis l'administration a baptisé « station de Ménilmontant » la gare de petite Ceinture située entre les deux pentes jumelles, tandis que le mouvement ouvrier appelait sa « maison du peuple » du 20e, sise administrativement dans le quartier Saint-Fargeau, la Bellevilloise. En parisien courant, Belleville et Ménilmontant sont à peu près interchangeables, et chacun englobe également l'autre.

Le versant Ménilmontant de la colline de Belleville est celui dont l'onomastique atteste le plus du ruissellement des eaux, avec ses rues des Rigoles, des Cascades ou de la Mare. Son réseau d'adduction est sans doute le plus ancien, qui partait d'une source appelée Savies, localisable à l'est de la rue de l'Ermitage, pour rejoindre l'abbaye Saint-Martin-des-Champs, sa propriétaire, dès le XIe ou XIIe siècle. Passant sur les terres de la commanderie du Temple, l'aqueduc avait été construit à frais communs par les religieux de l'une et l'autre institutions, comme le regard sur lequel, si l'on y devine encore à peine saint Martin coupant son manteau, l'écusson des Templiers est totalement effacé. Refait en 1633, alors qu'il était pratiquement tari depuis trente ans, il le sera à nouveau au XVIIIe siècle.

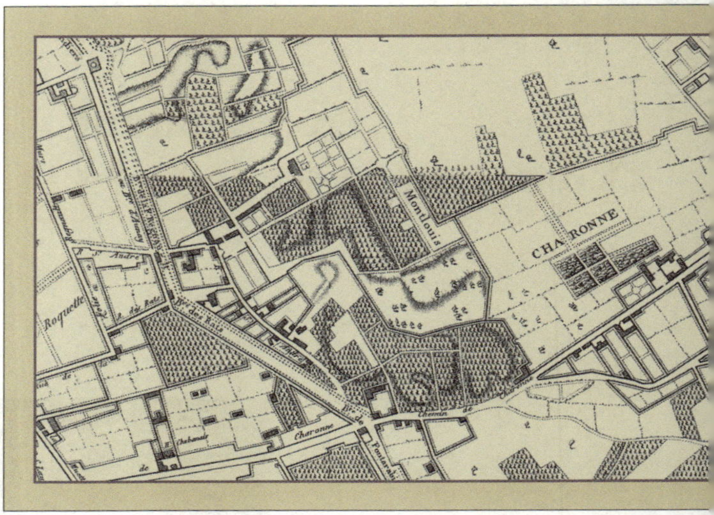

La Mare avait été le bassin d'où partait ce « ruisseau de Ménilmontant » qui, réoccupant un bras mort de la Seine, fera fonction de dépotoir pour la ville à partir du XIVe siècle, avant d'en devenir le Grand-Égout. Un autre lac, au-dessus du Retrait, au bord du chemin des Partants, ne sera siphonné qu'en 1853 par le creusement du tunnel ferroviaire de petite Ceinture.

En 1626, les jésuites de la maison professe de la rue Saint-Antoine, disent les cartulaires, « obligés à l'étude continuelle » et ayant besoin de ce fait « d'un lieu hors la ville pour y prendre l'air », achètent la maison « appelée Montlouis, au lieudit la Folie-Regnault ». C'est de chez eux que Louis XIV, âgé de 14 ans, suit le 2 juillet 1652 l'un des tournants de la Fronde. Au faubourg Saint-Antoine, Condé est coincé entre les troupes royales, commandées par Turenne, et la muraille de Paris. Mlle de Montpensier, la Grande Mademoiselle, le fait entrer à la Bastille : « Il était, rapporte-t-elle, tout couvert de poussière et de sang, quoiqu'il n'eût pas été blessé ; sa cuirasse était pleine de coups, et il tenait son épée nue à la main, en ayant perdu le fourreau. En entrant il se jeta sur un siège et fondit en larmes ; il pleurait ses amis tués ou blessés à ses côtés ». La séditieuse nièce de Louis XIII ranime son courage, et il retourne au combat, mais sans beaucoup plus de succès. Mademoiselle fait alors ouvrir la porte Saint-Antoine : les soldats de Condé s'y précipitent en désordre ; des remparts, la princesse fait tirer des mousquetaires sur les royalistes qui les talonnent, et le canon de la Bastille sur le gros des troupes de Turenne qui suivent.

« Voilà, dit Mazarin, un coup de canon qui vient de tuer son mari. » Mademoiselle espérait encore en effet, en dépit de tout, épouser le roi, quoiqu'elle fût

△ Sur le plan Maire (1808), la rue et la barrière des Rats ; des rats des champs, assurément.
DR

◁ Vue générale de Paris prise des hauteurs de Ménilmontant depuis la maison de campagne du père La Chaise vers 1730 (estampe de Jacques Rigaud).

◁ *La chapelle à l'emplacement de laquelle s'élevait la maison du père La Chaise.*

◁ *Les sépultures de Molière et de La Fontaine constituèrent des « produits d'appel » pour le cimetière du Père-Lachaise.*

beaucoup plus âgée que lui. Elle a tué aussi un Parisien : Louis XIV gardera une rancune tenace à la ville des frayeurs qu'il vient d'éprouver.

Près d'un quart de siècle plus tard, le père jésuite La Chaise devient son confesseur. Pour lui, grâce à la faveur royale, Montlouis est agrandi, la maison reconstruite. Prenez tous les arbres et les fleurs de l'enclos actuel, retirez-en les tombes, ajoutez-y tous les fruitiers du sol français, une orangerie, des vignes, et vous aurez une idée de l'agrément du lieu, d'où la meilleure vue sur Paris s'étendait jusqu'à la tour de Montlhéry. Dans ce séjour enchanteur naîtront pourtant de bien noirs projets : la conversion forcée des huguenots à grand renfort de dragonnades, la révocation de l'édit de Nantes, les proscriptions de jansénistes.

Le domaine sera vendu en 1763, à l'expulsion des jésuites de France, pour payer les créanciers de l'ordre. Les propriétaires privés successifs n'arrivant pas à faire face aux dépenses nécessaires à son entretien, il est racheté par la Ville. L'expression dit d'habitude « la bourse ou la vie », l'architecte Brongniart aura eu les deux, la Bourse et le cimetière de l'Est. Il conserve de Montlouis la double allée de tilleuls montant du bas de la colline à la maison du père La Chaise, qui s'élevait à l'emplacement de l'actuelle chapelle, et l'essentiel des grands arbres du parc. Le cimetière de l'Est est inauguré en 1804 avec quelque solennité par le transfert des sépultures de Molière et de La Fontaine, puis celle, récente, de Beaumarchais, mort en 1799, enterré

dans sa propriété devant la porte Saint-Antoine.

▽ *Le mythique tombeau d'Héloïse et Abélard fut installé là, en 1816, par Alexandre Lenoir, fondateur du musée des Monuments français.*

En 1816, Alexandre Lenoir, fondateur du musée des Monuments français, y fait installer le mythique tombeau d'Héloïse et Abélard qu'il avait acquis au Paraclet. Trois ans plus tard, le Rastignac de Balzac y suit les tristes funérailles du père Goriot, locataire comme lui de la pension Vauquer, abandonné de ses filles qu'il avait si richement dotées ; il lui a fallu payer l'enterrement à leur place. « Rastignac, resté seul, fit quelques pas vers le haut du cimetière et vit Paris tortueusement couché le long des deux rives de la Seine, où commençaient à briller les lumières. Ses yeux s'attachèrent presque avidement entre la colonne de la place Vendôme et le dôme des Invalides, là où vivait ce beau monde dans lequel il avait voulu

pénétrer. Il lança sur cette ruche bourdonnant un regard qui semblait par avance en pomper le miel, et dit ces mots grandioses :
– À nous deux maintenant ! »

L'air d'un temple grec avec son bois sacré

Au moment où s'ouvrait le « cimetière de l'Est », que la langue vernaculaire ne nomme jamais autrement que « le Père-Lachaise », soit que la chaise et le repos s'appellent spontanément, soit que chaque mise en terre soit ainsi l'occasion d'enfouir avec elle, symboliquement, l'hydre toujours menaçante de l'intolérance qu'incarnait le personnage ; au moment de cette inauguration, donc, l'héritière de Louis-Michel Le Pelletier de Saint-Fargeau lotissait le château de Ménilmontant que la famille possédait depuis plus d'un siècle.

Il était plus vaste encore que l'actuel Père-Lachaise, barrait la rue de Ménilmontant comme celle de Belleville ; la rue de Charonne, aujourd'hui Pelleport, en longeait le mur ouest, le coude de la rue du Surmelin garde la trace du bassin de son parc, les rues Saint-Fargeau et Haxo se superposent à des allées. Sur l'emplacement du grand château s'élèveront, après l'annexion, les réservoirs étagés de Ménilmontant, qui reçoivent l'eau de la Marne prise à Saint-Maur au niveau inférieur, et celle de la Dhuis au-dessus.

Ici, Louis XV venait parfois se désennuyer des orgies routinières de sa petite maison du parc aux Cerfs de Versailles. « Le roi avait quarante-sept ans. Ses excès de vin, de mangeaille, lui avaient fait un teint de plomb. La bouche crapuleuse dénonçait plus que le vice, le goût du vil, l'argot des petites canailles, qu'il aimait à parler », écrit Michelet qui brosse le portrait de Louis XV en 1756. « C'était un personnage funèbre au fond, il parlait volontiers d'enterrement, et si on lui disait : "Un tel a une jambe cassée", il se mettait à rire. Sa face était d'un croque-mort. Dans ses portraits d'alors, l'œil gris, terne, vitreux, fait peur. »

La dépouille du conventionnel Louis-Michel Le Pelletier de Saint-Fargeau, assassiné au Palais-Royal, avait eu droit au Panthéon. 1795 l'en avait retirée et un tombeau, dans son parc, l'avait accueillie.

À l'ouest de la rue des Pyrénées, à l'angle de la rue de Ménilmontant, une Folie palladienne, « dont le portique à colonnes, ouvert sur un parc plein d'ombre et de ramages, a l'air d'un temple grec avec son bois sacré », construite par Pierre-Louis Moreau-Desproux, co-lauréat du prix de Rome avec Charles de Wailly, pour Nicolas Carré de Baudoin, est devenue l'hôtel Favart. Les époux vedettes de l'Opéra-Comique y forment un nouveau ménage à trois, après celui qui les a unis au maréchal de Saxe, avec l'abbé Voisenon, abbé galant et poète épicurien, ami de Voltaire, successeur de Crébillon père à l'Académie française. Commentant les *Mémoires de Favart*, Grimm, dans sa *Correspondance littéraire*, écrit : « Il n'est pas permis de méconnaître l'abbé Voisenon dans *cet homme respectable par son état..., qui m'honore de son amitié et d'une confiance intime*. Quant aux mœurs de l'auteur, Favart les dit également *respectables*. Si l'épithète ne va pas très bien à celles de l'abbé, il

◁ *Le pavillon Nicolas Carré de Baudoin : les frères Goncourt y passèrent leurs vacances d'enfants.*

faut se souvenir que c'est un ami qui écrit, et qu'il n'avait pas là-dessus des données aussi certaines que sa femme ».

De ses 6 à ses 14 ans, Edmond de Goncourt, bientôt avec son jeune frère, passe ici ses vacances chez les Lebas de Courmont, comme il se le rappelle pour y trouver la source de ses goûts de chineur. « En ces temps, qui remontent à l'année 1836, un de mes oncles possédait une propriété à Ménilmontant, une grande habitation en forme de temple, avec un théâtre en ruine, au milieu d'un petit bois : l'ancienne petite maison donnée par un duc d'Orléans à Mademoiselle Marquise. L'été, ma mère, ma tante et une autre de ses belles-sœurs, dont le fils, l'un de mes bons et vieux amis, est aujourd'hui ministre plénipotentiaire de France en Bavière, habitaient, toute la belle saison, cette propriété : les trois ménages vivant dans une espèce de communauté de tout le jour. Moi j'étais à la pension Goubaux, et tous les dimanches où je sortais, voici à peu près quel était l'emploi de la journée : vers les deux heures, après un goûter qui était, je me rappelle, toujours un goûter de framboises, les trois femmes, habillées de jolies robes de mousseline claire, et chaussées de ces petits souliers de prunelle, dont on voit les rubans se croiser autour des chevilles, dans les dessins de Gavarni de « la Mode », descendaient la montée, se dirigeant vers Paris. Un charmant trio que la réunion de ces trois femmes : ma tante, avec sa figure brune pleine d'une beauté intelligente et spirituelle, sa belle-sœur, une créole blonde, avec ses yeux d'azur, sa peau blanchement rosée et la paresse molle de sa taille ; ma mère, avec sa douce figure et son petit pied. Et l'on gagnait le boulevard Beaumarchais et le faubourg Saint-Antoine. »

Un peu plus haut sur la pente que descendaient les petits pieds enrubannés, une quarantaine de ces saint-simoniens, disciples d'Enfantin ne portant que des vêtements boutonnés dans le dos pour manifester l'interdépendance humaine, faisaient retraite dans une belle demeure aux jardins très étendus. Félicien David y écrivait :

« Voltigez, hirondelles,
Voltigez près de moi,
Et reposez vos ailes
Au faîte des tourelles,
Sans effroi... »

▽ *La maison des Saint-Simoniens, 145, rue de Ménilmontant, vers 1829-1831 (dessin de 1869).*
© Coll. Roger-Viollet

△ *La principale rue de l'ancien village de Ménilmontant figure sur les plans dès 1672 (gravure du XVIIIe ou XIXe s.).*

La tolérance au Père-Lachaise

La rue de Ménilmontant, alors bordée de beaux arbres, conduisait au bois de Romainville. En bas, les guinguettes des amours modestes, des gentils dîners sous la tonnelle et des dimanches en famille, qu'on opposait parfois à celles de la rue de Belleville (alors de Paris) où les souteneurs et les filles étaient plus visibles. Aux Barreaux-Verts, non loin de ce Galant-Jardinier vis-à-vis duquel Jean-Jacques Rousseau s'était fait renverser, « quand un cavalier entrait au bal, on lui donnait à la porte une rose artificielle qu'il mettait à sa boutonnière, écrit La Bédollière ; voulait-il danser, il allait présenter cette rose à la demoiselle qui lui convenait, et celle-ci, prenant la fleur, l'attachait à son corsage, ce qui signifiait dès lors qu'elle était invitée ».

Au Ratrait, aujourd'hui Retrait, de gracieux coteaux, penchés au midi et richement cultivés, étaient semés de ces villas qu'une multitude de petits rentiers y avaient fait construire, pseudo-castels crénelés, mini-Trianons blanc nougat ou colombages rustiques comme on en voit encore à Deauville ou au Bas-Meudon. Après l'annexion, « le tour, la lime et la varlope ont tout envahi ». La Société coopérative immobilière des ouvriers de Paris, qui regroupe un ébéniste, un carrossier, un tabletier, un tailleur, un modeleur, un ferblantier, un ciseleur et un menuisier, faisait bâtir les vingt-quatre maisons individuelles de la cité des Pavillons, aujourd'hui partiellement disparue. La même coopérative ouvrait ensuite une villa des Rigoles, ensemble de maisons groupées par deux, flanquées de leurs jardinets également mitoyens, qui n'ont pas survécu aux années 1970.

L'ancien boulevard extérieur de la Courtille au Trône était une espèce de très longue foire aux puces, avec ses marchands de nippes et ses chiens savants, interrompue seulement, à l'ex-barrière des Amandiers, par ces cabarets quasi spécialisés où l'on allait manger le pain et le fromage de condoléances, et faire l'oraison funèbre du pauvre défunt. Au-delà du mur, toutes les religions se côtoyaient : un carré israélite, inauguré dès 1810, n'était plus en 1881 séparé du reste du cimetière par une clôture ; un carré musulman s'y était ajouté en 1856, à la demande du sultan ottoman, ainsi qu'une mosquée. Peu utilisé, il laissera la place, en 1894, sur une partie de son emprise, à un columbarium ;

▷ *Peu utilisé, le carré musulman laissa la place, en 1894, à un columbarium.*

la mosquée sera démolie en 1914. Un crématoire avait été ouvert en 1889 pour ceux qui ne croient pas en la résurrection des corps.

Au Père-Lachaise pouvaient s'exprimer des opinions interdites partout ailleurs. En 1853, « Vingt mille prolétaires en tenue du dimanche », comme l'écrivit Marx qui y vit le signe important d'un réveil politique contre l'Empire, accompagnaient le corps de Mme Raspail, décédée sans les secours de son mari emprisonné quatre ans plus tôt. Le 18 décembre 1876, autour de la tombe de Mlle Raspail cette fois, plusieurs dizaines de milliers de citoyens avaient acclamé la Commune et réclamé une amnistie.

La Commune avait connu ici sa fin tragique. Dans l'après-midi du 26 mai, cinquante otages tirés de la Roquette : trente-six gardes de Paris, arrêtés pour

la plupart le 18 mars, lors de la prise des canons de Montmartre, dix ecclésiastiques, et quatre civils, censément d'anciens mouchards de la police, étaient passés le long du Père-Lachaise, sur le boulevard Ménilmontant, poussés par des fédérés et une foule exaspérée par la défaite. Quand ils avaient été fusillés, quelques heures plus tard, devant le 2e secteur de l'enceinte de Paris, celui qui avait en charge les bastions 12 à 24, dans ce qu'on appelait cité de Vincennes et aujourd'hui villa des Otages, ça ne s'était pas entendu du Père-Lachaise. Même là-haut, sur les lieux, les détonations du peloton s'étaient mêlées « au sifflement des balles et au déchirement des obus » de la bataille toute proche, aux « airs de valse que [jouaient], à quelque cent mètres du glacis de l'enceinte, les musiques allemandes » laissant passer les Versaillais.

Entre les tombes, on avait résisté les derniers, toute la nuit du 26 au 27 mai, et toute la journée du lendemain encore, comme André Alavoine, ancien membre du Comité central, le raconte à Maxime Vuillaume, sur place, aux obsèques d'un vieux camarade, dix-sept ans plus tard : « Quel spectacle !... Tout Paris, au-dessous de nous, flambait comme une gigantesque fournaise... La moitié de la ville disparaissait sous un nuage colossal. Noir, noir, plus noir que de la poix... À cette heure-là, on ne se battait pas... Quel silence !... Je montai, une cinquantaine de pas à peine, jusqu'à la pyramide blanche – tu sais, le monument de Beaujour. La porte du caveau circulaire était grande ouverte. Une dizaine d'artilleurs ronflaient sur des tas de couronnes jaunes... ».

◁ Un crématoire fut ouvert en 1889 pour ceux qui ne croient pas en la résurrection des corps.

△ Monument de Beaujour. « Une dizaine d'artilleurs y ronflaient sur des tas de couronnes jaunes... »

◁ Les obsèques de Mme Raspail, en 1853, puis celles de Mlle Raspail, fin 1876, furent l'occasion de manifestations politiques.

Le mur des Fédérés, la Bellevilloise et un Zèbre

Belleville (ou Ménilmontant) prend ici la figure qu'il aura pour un siècle, avec ses deux pôles : le mur des Fédérés, et ses commémorations, là où une théorie de tombereaux ruisselants de sang est venue déverser des milliers de corps fauchés par les cours martiales de la Roquette, de la place Voltaire, de partout ; et la Bellevilloise, la grande coopérative fondée dès 1876 par vingt ouvriers, dont dix-huit mécaniciens des maisons Cornély et Bariquand, et deux cordonniers.

△ **« Quand je revois ma petite gare Où chaque train passait joyeux... »** ***(Charles Trenet). Carte postale colorisée, années 1900.***
© Coll. Kharbine-Tapabor

▷ ***La passerelle de la gare de Ménilmontant, classée monument historique, récemment nettoyée en même temps que les talus.***

◁ ***Le mur des Fédérés. « Le cadavre est à terre, mais l'idée est debout » ; Lissagaray mit l'alexandrin de Hugo en épigraphe à son*** **Histoire de la Commune.**
© Coll. Parigramme

Depuis la rue Boyer, elle irriguera tout Belleville à travers deux dispensaires dont un dentaire, une pharmacie, treize épiceries, neuf boucheries, six charcuteries, trois triperies, un magasin de nouveautés, de chaussures et d'articles de ménage, un café, un restaurant et brasserie, un chantier à charbon. Sans compter la bibliothèque, une Harmonie de soixante-cinq exécutants et une Symphonie de soixante-sept, des salles pour les concerts et le cinéma – André Gide y assistera, le 20 décembre 1934, à la projection de *Potemkine* et de *La Ligne générale* : « Gide ! Parmi les ouvriers en costume de travail – beaucoup gardaient la casquette sur la tête –, parmi les vestons étriqués et les tricots à col roulé, Gide... », raconte Pierre Courtade –, un patronage qui réunira jusqu'à trois cent cinquante enfants, de 8 à 16 ans.

Eugène Dabit, quand il vient voir sa grand-tante maternelle, descend avec sa mère à la gare de Ménilmontant. Une passerelle enjambe la voie ferrée, rue de la Mare, cette rue qui est un vrai *shtetl*, un village juif d'Europe centrale, selon Raymond Kojitsky, petit communiste héréditaire qui habite là, et qui en retrouve d'autres, dont Henri Krasucki, au patronage de la Bellevilloise. Le Yiddisher Arbeiter Sporting Club (YASC) est alors le quatrième plus gros club de foot de Paris. Ici, on tape le ballon en yiddish comme on fait de

▷ ***Devant le Concert du XXe siècle, 138, boulevard de Ménilmontant, où Georgius avait débuté en 1908, la Résistance fit ses premiers lancers de tracts.***

la résistance en yiddish, et Raymond Kojitsky sera Pivert dans la MOI (Main-d'Œuvre Immigrée) avec Henri Krasucki pour premier chef.

De ces FTP-MOI, la rue du Groupe-Manouchian conserve le souvenir. « L'affiche rouge », qui stigmatisait ces « terroristes étrangers » – un Arménien, un Espagnol, un Italien, deux Juifs hongrois, cinq Juifs polonais –, tirée à plus de quinze mille exemplaires, avait été placardée sur les murs de Paris le 1er mars 1944.

« Vous aviez vos portraits sur les murs de nos villes
Noirs de barbe et de nuit, hirsutes, menaçants.
L'affiche qui semblait une tache de sang
Parce qu'à prononcer vos noms sont difficiles
Y cherchait un effet de peur sur les passants »

chantera Louis Aragon par la voix de Léo Ferré.

△ ***Maurice Chevalier, né en 1888 rue Julien-Lacroix, se promenant à Belleville.***
© Gaston Paris/Roger-Viollet

▽ ***Le Berry, devenu Zèbre, a résisté, grâce peut-être à* Monsieur Malaussène *et à Daniel Pennac.***

Les premiers lancers de tracts résistants avaient eu lieu, boulevard de Ménilmontant, devant le cinéma XXe Siècle, aujourd'hui disparu. Boulevard de Belleville, le Berry, devenu Zèbre, a résisté, grâce peut-être à *Monsieur Malaussène* et à Daniel Pennac ; il réunissait des salles combles, dès 1945, devant le catalogue exhaustif des films musicaux égyptiens. « Belleville, un quartier que j'aime pour son côté salutairement cosmopolite, disait l'auteur à la sortie de son roman, en 1995. Belleville, où la parole circule, est en seizième position dans les arrondissements de Paris en matière de délinquance. À Belleville, il y a un échange moral entre les gens. »

En 1952, Jacques Becker y avait encore trouvé, 44, rue des Cascades, une maison où tourner avec quelque vraisemblance des scènes de *Casque d'or* situées à la Belle Époque. La nostalgie de Ménilmontant, celle, douce-amère, de Charles Trenet, avait commencé dès avant la guerre :

« Ménilmontant, mais oui, madame
C'est là que j'ai laissé mon cœur
C'est là que je viens retrouver
mon âme
Toute ma flamme
Tout mon bonheur...
Quand je revois ma petite gare
Où chaque train passait joyeux
J'entends encor dans le tintamarre
Des mots bizarres
Des mots d'adieux... »

Le pavillon Carré de Baudoin, de Favart et des Goncourt, l'une des rares Folies du XVIIIe siècle qui restent à Paris, a été sauvé par un rachat municipal. Il abritera la première « Maison de la laïcité » et, probablement, un musée.

De la Bastille au bois de Vincennes

Bastille,
de la prise aux reprises

La Bastille avait commencé banalement en porte fortifiée entre deux tours de l'enceinte de Paris, pour se retrouver presque aussitôt prison d'État. Hugues Aubriot qui, en sa qualité de prévôt des marchands, avait posé la première pierre d'un ouvrage utilitaire, devait s'y voir incarcérer l'un des premiers. À travers lui, c'est Paris que le pouvoir royal emprisonne : à preuve, quand ces Parisiens révoltés qu'on appellera Maillotins[51] se dressent contre le roi, en mars 1382, ils tirent Aubriot de For-l'Évêque, où il a été transféré, pour lui demander de prendre leur tête. Dès l'année suivante, Charles VI a doté la Bastille de quatre autres tours. Louis XI la pourvoira abondamment des victimes de sa cruauté, Richelieu y enverra ses ennemis politiques, Louis XIV les tenants de la liberté de pensée : protestants, rédacteurs de nouvelles à la main et pamphlétaires. « Si ce n'était la place la plus forte, c'était du moins la plus redoutable de l'Europe », écrira encore Sainte-Foix

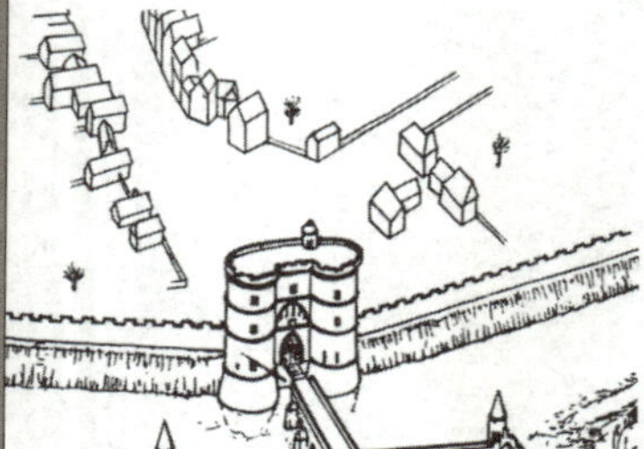

◁ Emprise au sol de la Bastille. L'assaut de 1789 fut donné par l'entrée de l'avant-cour située sur l'actuel n° 5, rue Saint-Antoine.

▷ La Bastille avant 1370, restitution de J.-L. Baritou, dans Sous les pavés de la Bastille *(CNMHS, 1985). Une simple porte fortifiée entre deux tours.*

51. Voir le chapitre Temple, p. 344.

dans ses *Essais sur Paris*, en 1766, un demi-siècle après l'enfermement qu'y avait subi Voltaire. On frissonnait quand on passait dans son ombre immense.

L'imprudent Arouet s'était vanté d'être l'auteur d'un texte anonyme ; malheureusement, c'était devant des espions de police et, la conversation amenée par eux sur le sujet du Régent, il s'était emporté : « Comment, vous ne savez pas ce que ce bougre m'a fait ? Il m'a exilé parce que j'avais fait voir au public que sa Messaline de fille était une... ». Il s'écoulera peu de temps avant que, le 16 mai 1717, des exempts frappent à sa porte.

« Or ce fut donc par un matin, sans lune,
En beau printemps, un jour de Pentecôte,
Qu'un bruit étrange en sursaut m'éveilla. (...)
Fallut partir. Je fus bientôt conduit
En coche clos vers le royal réduit
Que près Saint-Paul ont vu bâtir nos pères
Par Charles Cinq. Ô gens de bien, mes frères,
Que Dieu vous gard' d'un pareil logement ! (...)
Me voici donc en ce lieu de détresse,
Embastillé, logé fort à l'étroit. »

Pour être précis, dans la tour dite de la Basinière, correspondant au débouché du boulevard Henri-IV, côté impair, sur la place de la Bastille.

Il y sera détenu onze mois, jusqu'au 5 avril 1718. Il mettra ce temps à profit, bien que privé de papier et d'encre, pour composer les premiers chants de sa *Henriade*, soit en les écrivant au crayon entre les lignes d'un livre, soit en se les récitant pour les retenir par cœur, car il a plus tard raconté l'une et l'autre versions. Le souvenir de sa prison est toujours à vif dans le quatrième chant de cette épopée à la gloire d'Henri IV ; il y transparaît dans « cet affreux château, palais de la vengeance », qu'une note de l'édition de 1723 explicite : « la Bastille » !

Huit ans plus tard, bastonné par la valetaille du chevalier de Rohan-Chabot[52], Voltaire veut obtenir réparation en duel ; il croit l'affaire conclue, mais c'est encore la police qui est au rendez-vous : le 17 avril 1726, il est de nouveau à la Bastille. Cette fois, tout Paris est au courant car, à présent, il est Voltaire, et des consignes arrivent avec lui : « Le sieur de Voltaire est d'un génie à avoir besoin de ménagement.

◁ ***Voltaire, emprisonné à la Bastille, de mai 1717 à avril 1718, y versifia* La Henriade *(gravure du XIXe s. d'après François Bouchot).***

52. Voir le chapitre Place des Vosges, p. 387.

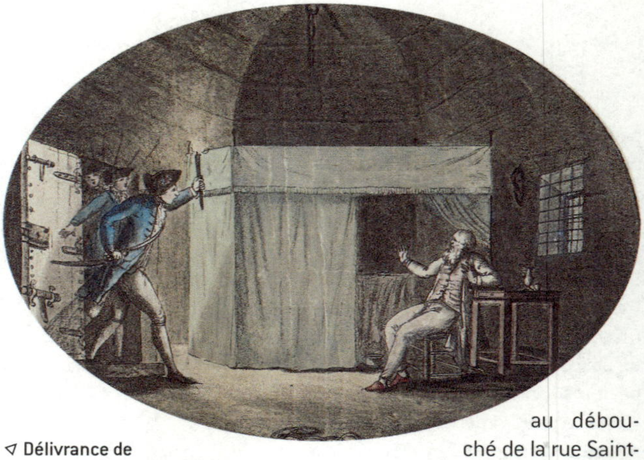

▽ **Délivrance de M. le comte de Lorges, prisonnier à la Bastille depuis 32 ans** ***(anonyme, n. d.). Un gouffre d'oubli où vous précipitait l'arbitraire royal.***
© PMVP/Ladet

SAR a trouvé bon que j'écrivisse que l'intention du roi est que vous lui procuriez les douceurs et la liberté de la Bastille, qui ne seront point contraires à la sécurité de sa détention ».
Par hasard, Mme de Tencin a été incarcérée en même temps que lui, mais les accusations portées contre elle dans la lettre qu'a laissée La Fresnaye[53] sont graves, et si Voltaire mange à la table du gouverneur, reçoit tant que le lieutenant général de police doit préciser que la permission donnée ne saurait tout à fait transformer la Bastille en salon, il ne peut la voir. Dès le 2 mai, Voltaire est expédié vers un exil anglais. Sitôt arrivé à Calais, il écrit à une amie commune : « Ayez la bonté d'assurer Mme de Tencin qu'une de mes plus grandes peines, à la Bastille, a été de savoir qu'elle y fût. Nous étions comme Pyrame et Thisbé : il n'y avait qu'un mur qui nous séparât, mais nous ne nous baisions point, par la faute de la cloison ».

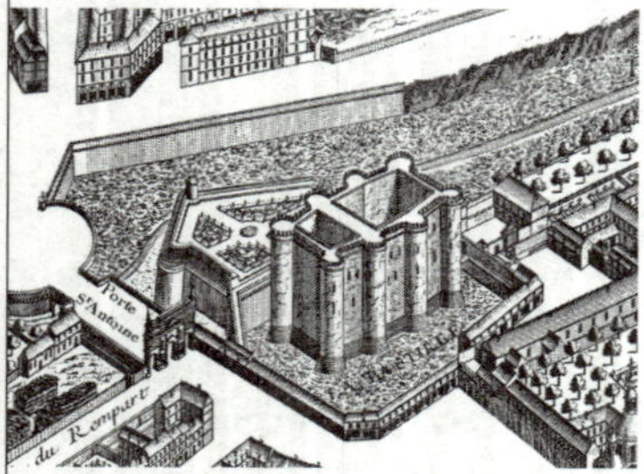

◁ ***Plan Turgot (1739). La colonne de Juillet est à l'emplacement du petit rond que l'on voit au centre des massifs, sur le bastion.***
DR

« La liberté de la Bastille », oxymoron qu'emploie le lieutenant général de police, est toute relative. Il y a bien dans cette prison une tour dite de la Liberté[54] (qui serait située aujourd'hui au débouché de la rue Saint-Antoine sur la place, au milieu de la chaussée), pour les prisonniers qui ont droit à la promenade, encore ce droit leur est-il retiré sous Louis XVI, le marquis de Launay en ayant confisqué l'endroit pour s'en faire un jardin. Le dernier gouverneur de la Bastille loue ses fossés comme potagers, le pied de ses murs pour y adosser des boutiques et, malgré cela, rogne à son profit les sommes qu'on lui alloue pour l'entretien des prisonniers. Surtout, les conditions de détention seraient-elles les plus agréables du monde, les tours de la Bastille n'en resteraient pas moins ce gouffre d'oubli où vous précipite l'arbitraire royal, sans jugement comme sans traces.
Linguet, sorte de Casanova ou de Beaumarchais malchanceux, rapportera, dans ses *Mémoires sur la Bastille*, que le gouverneur avait nié sur sa parole d'honneur, devant plusieurs témoins, qu'il l'eût pour prisonnier. Dans les archives de la prison, on retrouvera une note du lieutenant de police concernant un autre détenu : « se garder de dire même si ce prisonnier existe ou non » !
Linguet, poète, historien, journaliste poursuivi par l'Académie, avocat radié du barreau, avait été embastillé vingt

53. Voir le chapitre Tuileries, p. 97.
54. Voir le chapitre Place des Vosges, p. 390.

mois, de l'automne 1780 au printemps 1782, pour une critique adressée au duc de Duras, académicien, premier gentilhomme de la chambre et maréchal de France. Ses *Mémoires*, publiés à Londres l'année de son élargissement, allaient connaître un retentissement considérable.
Depuis longtemps, le lieu faisait horreur. Le cardinal de Retz notait pendant la Fronde parlementaire, à la date du 25 mars 1649 : « Je ne me pus empêcher de sourire sur ce que des conseillers s'avisèrent de dire, en pleine assemblée des chambres, qu'il fallait raser la Bastille ». Après l'affaire Linguet, l'administration royale semblait elle-même l'envisager, mais rien n'a bougé quand Mercier publie son *Tableau de Paris* : « Il était question de renverser l'infernale Bastille ; mais ce monument odieux en tout sens choque encore nos regards ».

La prise de la Bastille ou l'unanimisme

« La journée du 14 juillet 1789, écrit Louis de Loménie dans *Beaumarchais et son temps*, le trouva occupé à faire construire, juste en face et tout près de la Bastille, comme pour narguer ce château-fort, une superbe et charmante habitation. » Ici s'achève le prologue, et le duel à fleurets mouchetés ; sonne maintenant l'heure de la poudre.
Victor Hugo brossait un tableau du Paris de 1482 vu du haut des tours de Notre-Dame. Michelet décrit Paris insurgé, le 14 juillet 1789, du haut des tours de la Bastille. Vers onze heures trente, Thuriot, délégué du district de Saint-Louis-la-Culture, a pénétré au culot dans la forteresse ; le gouverneur lui ayant affirmé que les canons pointés sur Paris ont été retirés, Thuriot veut s'en assurer et grimpe, suivi par Launay, au sommet des tours. « Les canons étaient reculés, masqués, toujours en direction, écrit Michelet. La vue de cette hauteur de cent quarante pieds était immense, effrayante ; les rues, les places, pleines de peuple ; tout le jardin de l'Arsenal, comble d'hommes armés… Mais voilà de l'autre côté une masse noire qui s'avance… C'est le faubourg Saint-Antoine. Le gouverneur devint pâle. (…) Au même moment, la sentinelle approche, aussi troublée que le gouverneur, et s'adressant à Thuriot : "De grâce, monsieur, montrez-vous ! Il n'y a pas de temps à perdre ; voilà qu'ils s'avancent… Ne vous voyant pas, ils vont attaquer". Il passa la tête aux créneaux ; et le peuple, le voyant en vie, et fièrement monté sur la tour, poussa une immense clameur de joie et d'applaudissements. »

△ **Prise de la Bastille. Arrestation de M. de Launay, le 14 juillet 1789** ***(anonyme). L'axe des deux ponts-levis est celui du boulevard Henri-IV.***
© PMVP/Briant

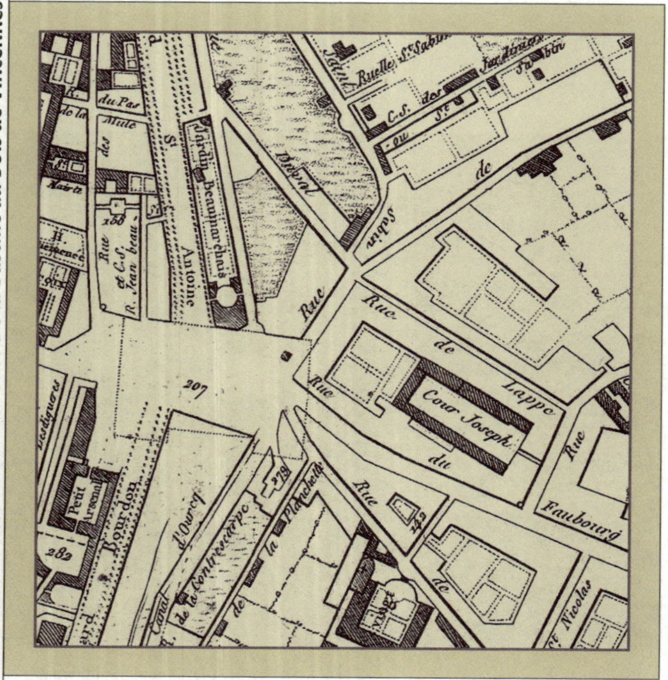

△ *Chez Beaumarchais, on distingue le pavillon à Voltaire (en haut à d.), le temple de Bacchus, la maison précédée de sa colonnade circulaire.*
DR

S'élancent à l'assaut, sans armes ou presque, le cabaretier Rossignol, le perruquier L'Hertier, le garçon boulanger Morin, le comédien de seconds rôles Giroust qui, surpris par la nouvelle de l'insurrection alors qu'il représentait *Polyphème*, était accouru du Marais sans se démaquiller, avec son œil postiche de cyclope collé au milieu du front, les chômeurs des ateliers de charité de Montmartre, toute la maison du banquier Delessert : enfants, commis et domestiques. Hulin, horloger de Genève devenu chasseur, dit-on, du marquis de Conflans ou bien employé à la buanderie de la reine, va sous les balles tenter de briser à coups de hache les chaînes du pont-levis. Comme on leur conseille d'attendre le renfort des gardes françaises et de leurs canons, les plus héroïques répondent que, s'ils tombent, leurs corps serviront à combler le fossé pour la ruée des autres.

« J'ai assisté à la prise de la Bastille, écrit le chancelier Pasquier dans ses *Mémoires*. (...) Parmi [les spectateurs] se trouvaient beaucoup de femmes très élégantes : elles avaient, afin de s'approcher plus aisément, laissé leurs voitures à quelque distance. J'étais appuyé sur l'extrémité de la barrière qui fermait, du côté de la place de la Bastille, le jardin longeant la maison de Beaumarchais et sur lequel il fit mettre, peu de jours après, l'inscription suivante : *Ce petit jardin fut planté l'an premier de la liberté*. À côté de moi était Mlle Contat, de la Comédie-Française, jolie autant qu'on peut l'être ; nous restâmes jusqu'au dénouement et je lui donnai le bras jusqu'à sa voiture, qui était place Royale. »

Miss Williams, qui visite l'année suivante la marquise de Genlis (la belle-mère de la comtesse pédagogue), dans sa Folie du 28, rue des Amandiers-Popincourt (aujourd'hui 76, rue du Chemin-Vert), lui voit cet intéressant bijou : « Cette dame porte à son cou un médaillon fait d'une pierre polie de la Bastille. Au milieu du médaillon est écrit en diamants : *Liberté*, entre le signe du zodiaque et la lune tels qu'ils étaient le 14 juillet 1789, tandis que des lauriers y couronnent la cocarde nationale, formée de pierres précieuses aux trois couleurs de la nation ».

Michelet se fait le chantre de cet unanimisme : « Les vieillards qui ont eu le bonheur et le malheur de voir tout ce qui s'est fait dans ce demi-siècle unique, où les siècles semblent entassés, déclarent que tout ce qui suivit de grand, de national, sous la République et l'Empire, eut cependant un caractère partiel, non unanime, que le seul 14 juillet fut le jour du peuple entier. Qu'il reste donc, ce grand jour, qu'il reste une des fêtes éternelles du genre humain, non seulement pour avoir été le premier de la délivrance, mais pour avoir été le plus haut dans la concorde ! ». Son enthousiasme fut partagé par l'Europe entière.

Destination flonflons

Beaumarchais ne vint habiter sa maison qu'en 1791. Sur le boulevard, jusqu'à l'actuelle rue du Pasteur-Wagner, un mur surmonté d'une terrasse plantée d'arbres, dans le genre de la terrasse du bord de l'eau des Tuileries, accueillait à son extrémité un temple dont le dôme était surmonté d'un globe terrestre piqué d'une grande plume dorée qui, au vent, l'entraînait dans sa course. Il était dédié « À Voltaire » et marqué de ce vers de la *Henriade* : « Il ôte aux nations le bandeau de l'erreur ». Le souvenir de « l'an premier de la liberté » était à l'entrée du jardin donnant sur la rue Amelot.

On se pressait pour visiter cette Folie, le duc d'Orléans aussi bien que Mirabeau, sans compter des gens moins notables, comme cette charmante épistolière : « Monsieur, Je suis choisie dans ce moment par toute ma famille pour vous présenter une requête. Une requête ! direz-vous. Oh ! n'allez pas vous effrayer, elle se bornera à vous demander à voir votre jardin. On aurait bien pu charger quelqu'un qui vous eût demandé cette permission avec plus de grâce ; mais on m'a rassurée, en me disant que vous étiez indulgent, que vous aviez trop d'esprit pour laisser votre censure s'arrêter sur ma lettre, et que vous vous mettriez aisément à la place d'une jeune personne de seize

△ **Intérieur du jardin Beaumarchais** *(aquarelle de F.-J. Bélanger) : le pont chinois et, en amorce, le temple de Bacchus.*
BnF

◁ **Maison de Beaumarchais** *(estampe de C. Motte et C. Renoux, n. d.). L'entrée – sur l'actuelle rue du Pasteur-Wagner – et le pavillon à Voltaire.*
© PMVP/Degrâces

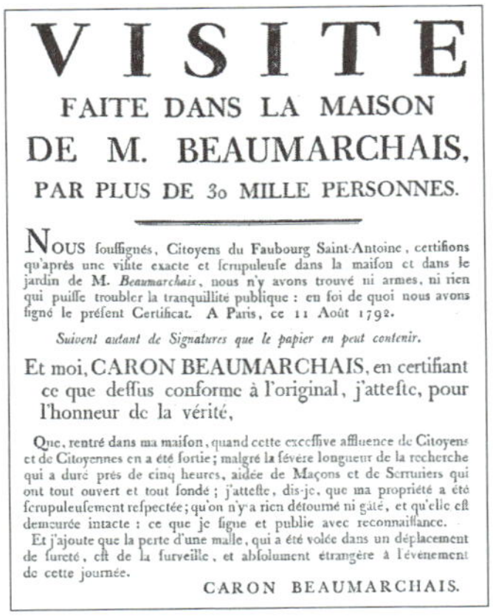

VISITE
FAITE DANS LA MAISON
DE M. BEAUMARCHAIS,
PAR PLUS DE 30 MILLE PERSONNES.

NOUS foussignés, Citoyens du Faubourg Saint-Antoine, certifions qu'après une visite exacte et fcrupuleufe dans la maifon et dans le jardin de M. *Beaumarchais*, nous n'y avons trouvé ni armes, ni rien qui puiffe troubler la tranquillité publique : en foi de quoi nous avons figné le préfent Certificat. A Paris, ce 11 Août 1792.

Suivent autant de Signatures que le papier en peut contenir.

Et moi, CARON BEAUMARCHAIS, en certifiant ce que deffus conforme à l'original, j'attefte, pour l'honneur de la vérité,

Que, rentré dans ma maifon, quand cette exceffive affluence de Citoyens et de Citoyennes en a été fortie ; malgré la févère longueur de la recherche qui a duré près de cinq heures, aidée de Maçons et de Serruriers qui ont tout ouvert et tout fondé ; j'attefte, dis-je, que ma propriété a été fcrupuleufement refpectée ; qu'on n'y a rien détourné ni gâté, et qu'elle eft demeurée intacte : ce que je figne et publie avec reconnaiffance.

Et j'ajoute que la perte d'une malle, qui a été volée dans un déplacement de fureté, eft de la furveille, et abfolument étrangère à l'événement de cette journée.

CARON BEAUMARCHAIS.

◁ *Certificat de la visite d'inspection de la maison de Pierre Augustin Caron Beaumarchais faite par les citoyens révolutionnaires le 11 août 1792.*
© Rue des Archives

◁▽ *La colonne de Juillet : un anneau pour chacune des Trois Glorieuses, et 736 noms des héros de 1830 et de février 1848.*

ans, obligée d'écrire à quelqu'un qui possède ce talent au premier degré. Je requiers donc votre indulgence pour me lire, votre complaisance pour acquiescer à ma demande, et je suis, pour la vie, votre servante. Rose Perrot. Rue des Tournelles, n° 65 ».

Quelques milliers d'habitants du faubourg se précipitèrent dans le jardin du père de Figaro le 11 août 1792 en y mettant beaucoup moins les formes : on soupçonnait le trop habile trafiquant de retenir chez lui des fusils qu'il aurait déjà dû livrer ; on fouilla les lieux de fond en comble durant cinq bonnes heures.

Après différents projets destinés à remplacer la Bastille abattue, Napoléon, qui à l'instar du dieu biblique se voulait celui qui de Paris aurait étanché la soif, opta pour une fontaine, à l'aval de ces eaux de l'Ourcq qu'il amenait en ville, sous la forme d'un gros éléphant coulé dans le bronze des canons pris à l'ennemi. Sa maquette en plâtre, grandeur nature, allait s'effriter sur un coin de la place pendant plus de trente ans ; on se rappelle qu'elle a été l'abri de fortune de Gavroche.

Puis Louis-Philippe voulut qu'on célébrât ici les Trois Glorieuses qui l'avaient porté au pouvoir. Mais le canal Saint-Martin, dont le percement avait emporté la maison de Beaumarchais, et qui passait sous la place, n'offrait pas une résistance suffisante pour une glorification par le marbre. Il fallut se contenter d'accommoder les restes : les galeries déjà creusées pour la fontaine à l'éléphant fourniraient une crypte, la voûte pouvait supporter une colonne creuse, au fût de laquelle, en trois anneaux, un pour chaque journée, s'étageraient les cinq cent quarante noms des héros ensevelis dessous. Finalement, au son de sa *Grande Symphonie funèbre et triomphale* que Berlioz dirigeait lui-même, la colonne de Juillet n'était inaugurée qu'au dixième anniversaire de l'événement.

Il ne faudra pas attendre aussi longtemps pour que Louis-Philippe doive s'enfuir. Son trône, arraché aux Tuileries, venait s'échouer au pied de la colonne le 24 février 1848, après avoir tangué tout au long des Grands Boulevards sur les épaules des insurgés qui, place de la Bastille, en faisaient un feu de joie. Autour, ils entamaient une ronde enfantine, jusqu'à ce que des voix énergiques, les ramenant au but de la révolution, appellent : « À l'Hôtel de Ville ! À l'Hôtel de Ville ! ».

Le 4 mars 1848, le gouvernement provisoire de la Deuxième République fai-

◁ *Le peuple brûle le trône de Louis-Philippe au pied de la colonne de Juillet (estampe d'Arnout et Victor-Jean Adam).*
© PMVP/Andreani

sait ajouter aux morts de juillet 1830 les cent quatre-vingt-seize corps des victimes de février. Le 24 mai 1871, la Commune agonisant, un cortège qui, à la lueur des torches, menait la dépouille de Jaroslaw Dombrovski de l'Hôtel de Ville au Père-Lachaise, faisait halte à la Bastille, déposait la bière au pied de la colonne de Juillet et, témoignera Lissagaray, « les fédérés vinrent l'un après l'autre mettre un baiser sur le front du général ».
Au XXe siècle, le 14 juillet, ici, c'était le bal, et l'on y venait regarder le peuple danser comme on l'avait regardé prendre la Bastille, ainsi que s'en souvient Jean Cocteau : « Le 14 juillet, nous dînions, la comtesse de Noailles, Mme Scheikévitch [née d'un prince russe exilé, et belle-sœur de Feydeau par son premier mari], Jules Lemaître et moi, place de la Bastille, aux Quatre-Sergents de La Rochelle, la fenêtre ouverte sur les bals populaires. C'était un rite ». Edmond Rostand s'était joint à l'un de ces dîners au restaurant du 3, boulevard Beaumarchais. Il avait brûlé la nappe avec sa cigarette, ne savait comment s'excuser auprès du maître d'hôtel : « Mais c'est bien simple, lui dit Jules Lemaître, signez le trou ».
L'après-midi du 14 juillet, était parti d'ici le défilé commémoratif et revendicatif du mouvement ouvrier qui s'opposait à la célébration officielle des Champs-Élysées. La Bastille était, toute l'année, l'une des têtes du triangle des manifs avec la République et la Nation. Au moins une fois par mois, on est ici à pied, en cortège ; tous les dimanches, on y prend le train, en bande. Depuis le 22 septembre 1859, le chemin de fer de Vincennes et de La Varenne-Saint-Maur part de la place de la Bastille ; depuis 1875, il poursuit

▽ *Le viaduc du chemin de fer de Vincennes et de La Varenne-Saint-Maur, celui de* Nogent, Eldorado du dimanche *et de* Joinville-le-pont, pon, pon.

jusqu'à Brie-Comte-Robert. Un train à impériale de vingt-quatre voitures, toujours bondé, mène à « Nogent, Eldorado du dimanche », comme Carné titra son documentaire de 1929, où les filles sont belles sous les tonnelles quand on y boit le petit vin blanc. En 1952 encore, on ira à Joinville-le-Pont, pon ! pon ! guincher chez Gégène, avec Roger Pierre. C'est le même train qui, de 1945 à 1956, conduit à la « Fête de *L'Huma* », qui se tient alors au bois de Vincennes. Un Opéra, inauguré avec du Berlioz, bien sûr, a remplacé, pour le bicentenaire du 14 juillet 1789, la gare de la ligne aux flonflons. Peut-être avait-il été projeté dès le soir du 10 mai 1981 chez Bofinger, où l'aréopage des arts, des lettres et du spectacle, comme plus tôt Cocteau aux Quatre-Sergents de La Rochelle, regardait le peuple qui, cette fois, fêtait la victoire de François Mitterrand. Le 8 janvier 1996, un dernier carré de fidèles se réunissait à nouveau au même endroit, en hommage funèbre rendu au président défunt. Trois mois après, l'Opéra Bastille était emmailloté de filets protecteurs pour éviter que sa façade croulante ne tue quelqu'un ; dix ans plus tard, il l'était toujours. Peut-être avait-il été construit trop vite, pour être à l'heure à l'anniversaire de la destruction de la Bastille ?

△ L'Opéra-Bastille fut inauguré, comme la colonne de Juillet, avec du Berlioz.

◁ Construit trop vite pour le bicentenaire du 14 juillet 1789, l'Opéra n'a pas tardé à voir tomber son revêtement...

▷ Bofinger, ouvert avant la guerre de 1870, rénové après celle de 1914-1918 ; une table très politique.

Charonne, un village du 20e

La rue de Lappe recèle encore un escalier du XVIIe siècle au-dessus du Balajo. C'est tout ce qu'il y a de « classieux » en ces lieux argotiques. Au XIXe siècle, on était ici chez les ferrailleurs. Dans le parler ouvrier, une machine bonne pour la casse, c'était « une seringue pour la rue de Lappe », de même que se consacrer à des projets sans lendemain était « travailler pour la rue de Lappe ». C'est sans doute à cause de cette proximité de la rue de Lappe que la Foire aux jambons, qui écoulait allégrement ses trois mille tonnes de cochonnailles autour de la « gare d'eau » de l'Arsenal, pendant la semaine sainte, leur avait ajouté la ferraille quand elle s'était installée sur l'amorce du boulevard Richard-Lenoir, après la couverture du canal.

▷ ▽ L'alliance de la cabrette, ou musette, des Auvergnats et de l'accordéon des Italiens amena jusqu'à quinze bals dans la rue de Lappe.

▷ *Les escaliers des 134 et 136, rue de Bagnolet sont dus à un abaissement de la chaussée destiné à adoucir la pente.*

À la fin du XIXe siècle, l'alliance de la cabrette ou musette des Auvergnats et de l'accordéon des Italiens amène jusqu'à quinze bals dans la rue de Lappe, que fréquentent, dans les années 1920, des apaches en tricot de marin, gigolette au bras et surin dans la poche. Ce n'est pas hasard si le commissaire Maigret de Simenon habite boulevard Richard-Lenoir, et son ami le docteur Pardon boulevard Voltaire. Sur le chemin de la Boule-Rouge, on croise des affiches de la CGTU écrites en italien, qui appellent à une réunion de la Grange-aux-Belles.

Ici se pratique encore, dans les années 1930, le « Passez la monnaie », sorte de juke-box vivant : l'orchestre joue quelques mesures d'intro et, si on veut danser, on paye d'un jeton, qu'on a acheté à raison de quatre pour 1 franc. L'orchestre enchaîne ainsi trente danses à l'heure ! Et déjà, pour les bourgeois qui viennent s'encanailler, et les touristes, on fournit du fait divers factice : pendant qu'une tôle imite les prémices de l'orage, le patron fait vaciller la lumière ; dans l'obscurité, un coup de pistolet (à pétards) retentit, suivi de ce cri qui vous glace : « Ah, la vache, y m'a crevé ! ».

C'est, d'une certaine façon, la même mise en scène « bas quartiers » et « vieux Paris », avec sa crasse en aérosol vaporisée tous les matins sur le décor bougnat reconstitué, qu'on a vu ressurgir quand la Bastille s'est branchée, puis la rue Oberkampf à son tour.

La rue de Charonne a commencé sous de tous autres auspices : dès le XVIIe siècle, riche en couvents et en hôtels, elle est « aussi aristocratique que la rue Saint-Dominique du fau-

▽ *Sur le plan Maire (1808) : l'hôtel Mortagne de Vaucanson, les Filles-de-la-Croix de Cyrano de Bergerac, le Bon-Secours où étaient installés Richard et Lenoir.*
DR

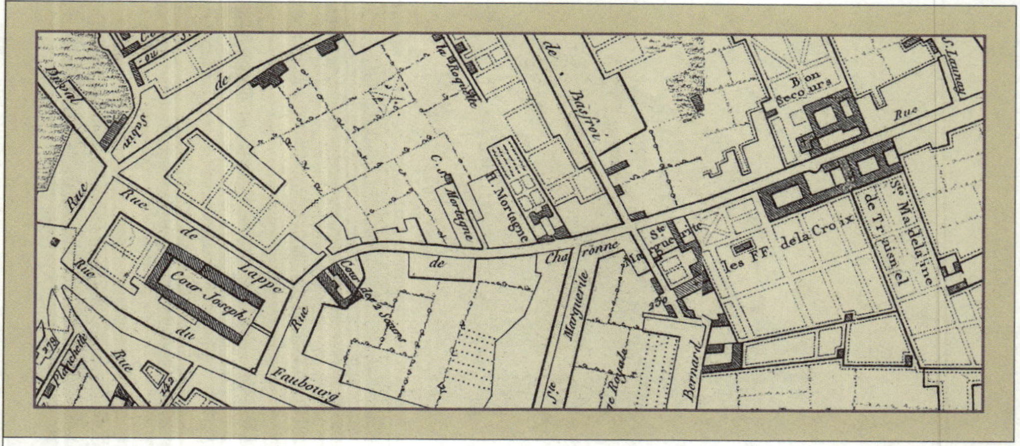

bourg Saint-Germain », à en croire *Paris-Atlas*. C'est un peu la rue des Orléans, que l'on retrouve dès son extrémité initiale, à l'hôtel de Mortagne, construit vers 1650 par Delisle-Mansart pour quelqu'un de leur maison, et à l'autre bout, passé le village de Charonne, dans ce château de Bagnolet, de quatre-vingts hectares, dont il nous reste le pavillon de l'Ermitage. Bientôt, l'hôtel du duc de Mortagne est loué à Vaucanson, qui y installe ses automates, ses machines et y mène une existence passablement libertine avec sa belle-sœur, sa nièce et, dit-on, « la *Religieuse* de Diderot ». N'a-t-on pas pris pour elle, à travers la vitre, l'une des poupées automates ? La religieuse qui a servi de modèle à Diderot, Suzanne Simonin, ayant perdu son procès, n'a pas pu quitter son couvent, seule la créature de roman s'en est échappée. Mais celle-ci est apparue si vraie aux yeux d'un lecteur, le marquis de Croismare, qu'il a pris toutes les dispositions nécessaires pour la recueillir chez lui. D'autres ont pu croire la voir chez Vaucanson.

Après la mort de Vaucanson, son cabinet, légué au roi et placé sous le patronage de l'Académie des sciences, sera ici ouvert au public. Puis les locaux seront mis gratuitement à la disposition d'inventeurs dont, en 1814, Grégoire et sa manufacture de velours. D'un Napoléon à l'autre, « au milieu des masures, des chantiers, des cours immenses, se dressent comme des colonnes monumentales, les cheminées rondes des usines », ainsi que les décrit La Bédollière en 1860. « Comme des colonnes » ou en guise de clochers car, de ces derniers, au moment de l'annexion, il n'y a que deux pour tout le faubourg, de Popincourt à Saint-Antoine, et l'observance a toujours été, ici, sans aucun rapport avec le nombre des couvents.

Si l'on a élevé au rang paroissial, en 1712, l'église Sainte-Marguerite que le curé de Saint-Paul avait fait bâtir, près d'un siècle plus tôt, comme sépulture pour les membres de sa famille, et succursale de l'église mère, c'était pour mettre fin à une situation intolérable : « les libertins et les nouveaux réunis [les huguenots ramenés de force au catholicisme], qui

▽ **L'Église Sainte-Marguerite à Paris,** ***de Maurice Utrillo (huile sur toile, vers 1910). Elle fut élevée au rang paroissial dès 1712.***

◁ *Tombe présumée du dauphin de France, censément Louis XVII, dans le cimetière attenant à Sainte-Marguerite, côté nord.*

sont en très grand nombre dans le faubourg, n'étant pas veillés de près, se dispensent même du devoir pascal sans crainte d'être connus, parce qu'ayant la liberté de satisfaire à ce devoir à Saint-Paul ou à Sainte-Marguerite, on ne peut y découvrir ceux qui y manquent. Cette même liberté d'aller à Saint-Paul ou à Sainte-Marguerite fait que les enfants dudit faubourg ne sont ni à l'une ni à l'autre de ces deux églises, et ne reçoivent aucune instruction ».

C'est dans le cimetière attenant à Sainte-Marguerite, côté nord, que sera inhumé le dauphin mort au Temple. C'est dans l'église paroissiale que sera transporté, au moment de la destruction de l'église Saint-Landry de la Cité, le beau monument élevé par Girardon à la mémoire de sa femme.

Au lever du rideau, des sœurs vont et viennent dans le parc

Le couvent de Notre-Dame-de-Bon-Secours, fondé en 1648, aura eu, tellement les veuves qui en avaient fait leur séjour étaient joyeuses, une salle de bal construite vers 1770 par Louis, l'architecte du Grand-Théâtre de Bordeaux, qu'auront pu voir, remontée au pavillon français, les visiteurs de l'Exposition universelle new-yorkaise de 1939. En 1802, Richard et Lenoir y installaient leur manufacture. Les deux hommes avaient réussi à fabriquer le « basin anglais », cette étoffe à la chaîne de fil et à la trame de coton, que l'on devait auparavant importer. « Nous avons mené les uns et les autres une rude guerre à l'Angleterre, mais jusqu'ici le fabricant a été plus heureux que l'empereur », les félicita Napoléon lors d'une visite.

François Richard, à la mort, prématurée, de son associé Joseph Lenoir-Dufresne, décida d'en perpétuer le souvenir en accolant son nom au sien pour s'appeler désormais François Richard-Lenoir. Il mourut ruiné par la Restauration qui avait supprimé les droits de douane sur les produits anglais. C'est peut-être pourquoi, à l'inauguration d'un boulevard, en décembre 1862, alors qu'on lui proposait pourtant de rendre hommage à sa mère, la reine Hortense, Napoléon III avait insisté pour que lui fût attribué le nom « d'un ancien ouvrier » qu'avait apprécié son oncle.

La manufacture Richard-Lenoir avait possédé des annexes, au temps de ses succès, en face, dans les quarante-deux hectares de l'ancien couvent des Filles-de-la-Croix et dans celui, tout aussi vaste, que les religieuses de la Madeleine-de-Traisnel occupaient depuis 1654, un bâtiment en façade. À la Restauration, les Filles-de-la-Croix avaient réintégré leur couvent, fondé en 1639, où Cyrano de Bergerac était peut-être mort à l'époque où sa tante Catherine en était la prieure. Le cinquième acte d'Edmond Rostand s'y déroule tout entier : « Ragueneau, ne pleure pas si fort ! (...) Qu'est-ce que tu deviens, maintenant, mon confrère ?

– Je suis moucheur de... de... chandelles, chez Molière.
– Molière !
– Mais je veux le quitter, dès demain ;
Oui, je suis indigné !... Hier, on jouait *Scapin*,
Et j'ai vu qu'il vous a pris une scène !
LE BRET
– Entière !
– Oui, Monsieur, le fameux : " Que diable allait-il faire ?... "
(...)
– Oui, ma vie
Ce fut d'être celui qui souffle – et qu'on oublie ! (...)
C'est justice, et j'approuve au seuil de mon tombeau :
Molière a du génie et Christian était beau ! »

À l'emplacement du couvent, un hôtel s'est construit au début du XXe siècle, dont l'Armée du Salut a fait un Palais de la Femme de sept cent quarante-trois chambres à la fin des années 1920.

« Mlle de Vichy de Champron était pensionnaire au couvent de la Madeleine de Traisnel, au faubourg Saint-Antoine ; elle était jolie comme un ange, et n'était pas alors âgée de plus de seize ans, assure Mme de Créquy. M. d'Argenson, le Garde-des-Sceaux, connaissait la supérieure de cette maison, qui était une fille d'esprit et de mérite, et qui s'appelait, je me souviens parfaitement du nom, Mme de Véni d'Arbouze. C'était un grand événement, dans une communauté, qu'une visite de M. le Garde-des-Sceaux, qui n'en faisait à personne, et qui n'allait jamais qu'au pas dans les rues, tout seul au fond d'un grand carrosse et sur un fauteuil à bras, escorté par ses hoquetons et suivi par un autre carrosse avec la cassette où l'on gardait les sceaux de France, et de plus, par trois Conseillers Chauffe-Cire, qui ne le quittaient non plus que son ombre ou sa croix du Saint-Esprit. La Supérieure vint le recevoir au parloir.
– Je n'ai pas le temps de m'arrêter, lui dit-il en la saluant, vous avez ici la fille du comte de Champron ? – Oui, Monseigneur. – Je vous conseille de la renvoyer à ses parents secrètement,

▷ *Au Bon Secours, les ateliers de Richard-Lenoir, devenus École des Arts industriels et du Commerce en 1832, hospice en 1846.*

▽ *À l'emplacement de l'ancien couvent des Filles-de-la-Croix, le Palais de la femme de l'Armée du Salut.*

sans bruit et le plus tôt possible ; je n'ai voulu dire ceci qu'à vous-même. Adieu, Madame. » Il s'agissait de mettre à l'abri des griffes du Régent celle qui deviendra la célèbre salonnière et épistolière Mme du Deffand.

Quand Jean-Baptiste Grenouille, le héros du *Parfum* de Patrick Süskind, est confié à Mme Gaillard dont la pension jouxte les bénédictines de la Madeleine-de-Traisnel, la duchesse d'Orléans, épouse du Régent, a loué le pavillon que Marc-René d'Argenson s'était finalement fait construire dans l'enceinte conventuelle pour être auprès de la prieure que, sans doute, il connaissait bibliquement. L'enfant nez va faire ici son éducation olfactive en essayant d'isoler les odeurs de chaque chose sous celle de « l'eau-de-vie de lavande » que commercialisent les religieuses et qui recouvre tout.

La chapelle des bénédictines a été, en 1971, l'atelier parisien de recréation de clavecins de Reinhard von Nagel et William Dowd, et l'endroit où on les entendait en concert, tandis que l'ancienne porcherie du couvent servait à exposer ces instruments décorés par Chagall, Pierre Alechinsky, Jiri Kolar, Olivier Debré. Des cours d'interprétation y étaient donnés.

Plus haut, entre les numéros 157 et 161, la maison de santé de Jacques Belhomme, ouverte vingt ans avant la Révolution, permettra durant la tourmente à quelques personnes ayant assez de moyens pour qu'on les déclare « malades » d'échapper au sort commun : la veuve de Philippe Égalité, Linguet, dont les *Mémoires* ont ébranlé la Bastille, ou Jean Ramponneaux, le traiteur de la Courtille et des Porcherons.

Quand une église neuve se bâtit au bout de la rue de Charonne, en 1873, elle est destinée aux immigrés des Flandres belges ou françaises, qu'appelle ici le travail du meuble, et le culte s'y célèbre dans leur langue.

Ce qui va tragiquement alourdir le nom de Charonne, jusque-là vide de tout sens et sans autre exemple dans la toponymie française, c'est le 8 février 1962. Après une « nuit bleue » d'attentats de l'OAS – qui ont laissé une enfant de quatre ans défigurée –, à l'appel du Comité Audin, de tous les partis de l'opposition et des syndicats hormis Force Ouvrière, cinq rassemblements, formés non loin, tentent de converger vers la Bastille. Une partie de ce cortège disloqué, pas plus de trois mille ou quatre mille personnes, remonte vers la Nation, dépasse la mairie du 11e et arrive à la hauteur de la station de métro Charonne à dix-neuf heures trente. La police barrant la chaussée, on s'arrête ; lecture est faite d'une déclaration unitaire, et la dispersion annoncée. Les forces de l'ordre chargent soudain la tête du cortège, composée d'élus communistes

▽ Le « pavillon Colbert » derrière l'ex-maison de santé de Jacques Belhomme, qui permit à quelques faux malades fortunés d'échapper à la guillotine.

△ *Le 13 février 1962, entre cinq cent mille et un million de personnes suivirent jusqu'au Père-Lachaise les funérailles des quatre Parisiens tués au métro Charonne.*

ceints de leur écharpe, et d'autres compagnies d'intervention de la Préfecture de police viennent prêter main forte à des matraquages sauvages ; une partie de la foule bascule dans les escaliers du métro, s'y étouffe d'autant mieux que la police jette sur elle des grilles d'arbre en fonte. Il y aura neuf morts, tous syndiqués CGT, huit d'entre eux membres du PCF.

Le 13 février 1962, de cinq cent mille à un million de personnes suivront jusqu'au Père-Lachaise les funérailles des quatre victimes parisiennes, les cinq autres étant enterrées à Montreuil.

Des plantes plutôt rares pour un pays élevé

À la veille de la Révolution, la vigne, que coupe ici ou là un rideau de peupliers, que ponctue quelque noyer solitaire, occupe encore près de quatre-vingts pour cent du sol de Charonne, et plus de la moitié de celui de la voisine Belleville. Sans compter, sur la superficie restante, la place occupée par les prairies. « Je m'amusais à les parcourir avec ce plaisir et cet intérêt que m'ont toujours donnés les sites agréables, et m'arrêtant quelquefois à fixer des plantes dans la verdure. J'en aperçus deux que je voyais assez rarement autour de Paris et que je trouvai très abondantes dans ce canton-là. L'une est le *Picris hieracioïdes* de la famille des Composées, et l'autre le *Buplevrum falcatum* de celle des Ombellifères. Cette découverte me réjouit et m'amusa très longtemps et finit par celle d'une plante encore plus rare, surtout dans un pays élevé, savoir le *Cerastium aquaticum* que, malgré l'accident qui m'arriva le même jour [le jeudi 24 octobre 1776[55]], j'ai retrouvé dans un livre que j'avais sur moi et placé dans mon herbier », confesse Jean-Jacques Rousseau

▷ *La fontaine Trogneux, à l'angle de la rue de Charonne et de la rue du Faubourg-Saint-Antoine, bâtie vers 1720, fut reconstruite à l'identique en 1810.*

55. Voir le chapitre Belleville, p. 372-73.

dans ses *Rêveries*. Charonne ne compte alors pas même six cents âmes.

Les particularités de l'exploitation de la vigne à Paris – pleine propriété, avec une stricte égalité dans l'héritage (mêmes conditions d'exposition et de pente) – aboutiront à des lanières de plus en plus étroites encore visibles dans le parcellaire, au sud de la place de la Réunion, par exemple.

À l'été 1830, Martin Nadaud arrive de Villemomble avec son père par l'actuelle rue d'Avron. « Nous rentrâmes dans Paris par la barrière de Montreuil. C'était le 31 juillet ; ai-je besoin d'ajouter que mon émotion fut grande en voyant barricades sur barricades jusqu'à la Bastille ? Mais il nous fut impossible d'aller plus loin. Quel tableau pour un enfant [il a 14 ans et demi] qui sortait de son village ! (...) la population entière, combattants et non-combattants, était dehors, criant à pleins poumons : « Vive la Charte ! À bas les Bourbons !... »

△ ▽ L'église Saint-Germain-de-Charonne : de puissants contreforts autour d'une base du XIIIe s. et un cimetière attenant.

Mais rue d'Avron, au Petit-Charonne, il n'y avait rien eu à voir : la rue, alors de Montreuil, n'est à cette date constituée que de cabarets, dont le plus tapageur, à la barrière, est celui des Quatre-Drapeaux ; elle ne commencera d'être habitée qu'après 1830.

La vie communale est au Grand-Charonne, relié à son cadet par la rue de la Réunion qui en tire son nom. Son église, avec de puissants contreforts autour d'une base du XIIIe siècle, et un cimetière attenant, est celle d'un village et, aujourd'hui, le seul exemple de ce type restant à Paris. Immédiatement après, le château des Bragelongne s'étendait alors jusqu'à l'actuelle rue Ligner. Henri IV y était venu, Richelieu en était familier. Le bâtiment s'étirait à l'emplacement de l'actuelle rue des Pyrénées, le parc se prolongeait au nord jusqu'au clos Montlouis ; c'est à la jonction des deux, là où s'élève à présent le mur des Fédérés, que Louis XIV a vu Paris s'ouvrir à Condé et tirer sur les troupes royales.

La rue des Orteaux est encore, en 1830, l'Ancienne Avenue de Madame, la duchesse d'Orléans, qui entre deux rangées d'ormes mène à son château de Bagnolet. Le pavillon de l'Ermitage en est, à Charonne, une dépendance. Habité en 1792 par la comédienne Grandmaison, il sera le siège de la conspiration du baron de Batz, son amant, qui se propose d'enlever Louis XVI pendant sa marche vers l'échafaud. La Grandmaison en paiera l'échec de sa vie, et la Révolution aura

△ *La Flèche d'or : par le biais d'un train, l'évocation des Apaches du quartier et de Casque d'or.*

cette conséquence inattendue pour Charonne que les arbres de son orangerie, joints à ceux des serres des couvents et des petites maisons, que les émigrés vendent à l'encan, vont y donner naissance à une culture de l'oranger, sinon pour les fruits, essentiellement pour les fleurs et les feuilles, plus rentables. Une vaste carrière à plâtre, qui termine ici l'arc de gypse parti de Montmartre, a été, à la fin de son exploitation, reconvertie dans le champignon et la barbe-de-capucin, cette salade d'hiver blanche, de la famille de la chicorée sauvage. Au lieu-dit Fontarabie, le seul établissement notable, Les Noces de Cana, est un cabaret gentiment familial.

Dès le Second Empire, les démolitions opérées au centre de Paris font refluer ici la population ouvrière ; la vente de terrains devient la principale activité de Charonne ; c'est alors que son château disparaît. La gare de marchandises de la petite Ceinture y attire vite de nombreuses industries : parfumeries, savonneries, l'une des plus importantes fabriques de bougies stéariques de la capitale, rue Aumaire (aujourd'hui partie haute de la rue Vitruve) ; l'usine de Houy-Navarre qui, à la Croix-Saint-Simon, confectionne papiers et toiles abrasifs, et celles qui font des ressorts pour crinolines, des tissus de caoutchouc, des couleurs, des boutons, ou l'usine à gaz dite de l'Est, au bord du cours de Vincennes. Charonne compte quinze mille habitants à l'annexion. En 1866, la petite Ceinture ouverte au trafic voyageurs, c'est-à-dire ici aux déplacements de la main-d'œuvre, fait circuler cinquante-six trains chaque jour, dans les deux sens, avec un premier départ à quatre heures cinquante du matin. Ces ouvriers payeront un lourd tribut à la Semaine sanglante, et le mur surplombant le presbytère, au petit cimetière Saint-Germain-de-Charonne, est un autre mur des Fédérés, au pied duquel de nombreux restes, retrouvés près de trente ans plus tard de l'autre côté du chemin, ont été enterrés. Au-dessus d'un tronçon de voie morte, la gare de Charonne est redevenue, à partir de 1995, un lieu vivant à l'enseigne de La Flèche d'or, ferroviaire sans doute, mais dans laquelle on peut voir une double allusion par la flèche aux Apaches et par l'or à une blonde fameuse qu'interpréta Simone Signoret.

Le 6 janvier 1902 était découvert, rue des Haies, un véritable arsenal, nécessaire à régler le différend qui opposait la bande des Popincourt, commandée par Leca, à celle des

◁ *Le pavillon de l'Ermitage, dépendance, à Charonne, du château de Bagnolet appartenant à Madame, duchesse d'Orléans.*

Orteaux, dirigée par Manda (de son vrai nom Joseph Pleigneur), à propos de Casque d'or[56]. C'est pour en qualifier les membres que le journaliste Arthur Dupin lança le mot d'*Apaches*. Dans la rue des Orteaux, les Fratelli Crosio fabriquaient ces accordéons qui font tourner la tête de Simone Signoret qui, à l'envers de la valse, revient se river au regard de Serge Reggiani. Les Italiens sont nombreux, vivant le plus souvent en hôtels meublés, dans cette rue, celle de Buzenval, celle des Haies.

D'autres peuvent profiter des avantages de lois récentes pour créer, en 1907, une Société coopérative d'habitations à bon marché, La Campagne à Paris, et lotir une ancienne carrière à plâtre désaffectée. Le site a été remblayé, mais bien au-delà de son état initial, en créant un promontoire que rien n'étaye, très fragile et ne pouvant supporter que des pavillons. C'est pourquoi il a pu être acquis par des souscripteurs dont soixante pour cent exercent un métier manuel. La moitié de sa centaine de maisons individuelles a été achevée à l'été 1914, l'autre en 1928. À côté du quartier des Apaches, La Campagne à Paris, autour des rues Irénée-Blanc, Jules-Siegfried et Paul-Strauss, semble une réserve, isolée en haut de ses escaliers.

▷ △ La Campagne à Paris : une centaine de pavillons construits, autour de la guerre de 1914-1918, sur d'anciennes carrières.

Derrière l'église Saint-Germain, le couvercle du réservoir semble le conservatoire du mètre carré étalon du gazon millimétré, tandis que le « Jardin naturel », au 120, rue de la Réunion, est un musée de l'état sauvage ; Rousseau pourrait revenir y herboriser.

▷ Au sortir du cimetière du Père-Lachaise, une mare, une prairie, un sous-bois ; pas d'arrosage, ni de tonte...

56. Voir le chapitre Quartier de l'Europe, p. 163.

Saint-Antoine,
faubourg de l'autre bois

La préhistoire du faubourg Saint-Antoine commence avec quatre pirogues néolithiques retrouvées en parfait état en 1991, mais on ne remontera pas plus loin que la communauté de filles repenties dont il tire son nom. Celle-ci, depuis Saint Louis, est une abbaye royale dont la supérieure a droit de haute, moyenne et basse justice sur les populations dépendantes ; la loi des corporations s'arrête à ses murs fortifiés, entourés d'hommes d'armes : les artisans s'y établissent librement. C'est, avec celle de Montmartre, l'une des plus riches abbayes de femmes du grand Paris.

Elle est placée sur la route de Vincennes. Charles V est né au château en 1337 et il aime à y retourner ; Charles IX y est mort en 1574, hanté par les images de cette Saint-Barthélemy qu'il avait encouragée. Dans la forêt dont les murs, jusqu'à la Révolution, cantonnent le gibier, les rois vont courre ; Henri IV a un pavillon de chasse à son orée, au début de la rue de Picpus.

Dès le début du XVIIe siècle, le faubourg Saint-Antoine est la route qui compte, pleine du monde et de monde. C'est la promenade à la mode sous Louis XIII – « quand nous sor-

◁ Les quatre pirogues néolithiques, retrouvées en parfait état en 1991, donnèrent son nom à une « rue des Pirogues-de-Bercy ».

tions de la Ville, pour aller au Cours, jusqu'au bois de Vincennes », se souvient, nostalgique, le *Francion* de Charles Sorel – et le *Roman bourgeois* de Furetière renchérit au début du règne personnel de Louis XIV : les élégants qui s'y montrent ont maintenant le chapeau sous le bras, un peigne à la main, et la perruque blonde.

C'est la porte d'entrée de toutes les nations du monde : le protocole fait faire aux ambassadeurs étrangers antichambre dans le faubourg. Ceux des puissances catholiques attendent, dans une salle du couvent de Picpus dite, pour cela, « des Ambassadeurs », de recevoir les compliments des princes et princesses du sang pour pénétrer en ville ; ceux des autres nations séjournent à hôtel des Quatre-Pavillons, chez les Rambouillet protestants, où, au jour de leur présentation, viennent les prendre les carrosses de la cour.

△ Vue de la Bastille de Paris, de la Porte Saint-Antoine, et d'une partie du Faubourg *(avec la caserne des Mousquetaires Noirs), gravure de J. Rigaud.*
BnF

△ Incendie et destruction du temple de Charenton, vers 1685 *(gravure française). Sitôt l'édit de Nantes révoqué…*
© Bridgeman Giraudon

La route de Genève est celle, austère et souvent douloureuse, des réformés vers le temple de Charenton. L'édit de Nantes de 1598 a repoussé l'exercice de leur culte à cinq lieues, Henri IV leur accorde néanmoins Charenton, qui n'est qu'à deux lieues. Dès 1607, un temple y est construit par Jacques II Androuet du Cerceau, l'architecte, avec Louis Métezeau, du nouveau Louvre du roi. Il est flanqué d'un cimetière, et passent aussi sur cette route les morts que l'on porte en terre comme y oblige le même édit : de nuit, sans cortège et sous la surveillance d'un archer du guet.

Il suffit pourtant que le duc de Mayenne, neveu du duc de Guise et fils de son successeur à la tête de la Ligue, ait été tué au siège de Montauban, pour que des huguenots revenant de Charenton soient attaqués au faubourg, le 26 septembre 1621. Le lendemain, leurs agresseurs partent en nombre vers leur temple pour y mettre le feu. Il est reconstruit, agrandi, par Salomon de Brosse. Les voyageurs hollandais De Villers qui, le 28 janvier 1657, vont y entendre prêcher Jean d'Aillé, y trouvent « autant de monde qu'à notre Cloosterkerck à La Haye. La plupart des gens de condition de notre religion, venant à Paris ou pour affaires ou pour faire leur Cour, en augmente le nombre ». Ce flot ne tarira pas avant qu'en 1685 l'édit de Nantes soit révoqué, et le temple aussitôt détruit pierre à pierre.

En attendant, Carnaval ramène nos voyageurs au même faubourg quelques jours plus tard, car c'est entre l'arcade Saint-Jean-de-Grève et la barrière de Picpus que la mascarade bat son plein. « Nous fûmes avec l'abbé de Sautereau au cours de la Porte Saint-Antoine, où nous vîmes quantité de masques tant à pied qu'à cheval et plus de trois mille carrosses. En cette grande foule d'hommes et de chevaux il ne se peut qu'il ne se forme un grand embarras, et la pluie qui survint le rendit extrême parce que tout le monde voulait rentrer à la fois dans la ville, et cette confusion fit qu'à neuf heures du soir, il y en avait encore hors de la porte. »

Carnaval ne bougera pas de là jusqu'en 1812. Le bornage de Louis XV, posé en 1727 aux environs de l'actuelle rue du Docteur-Goujon, sera à peine déplacé par les Fermiers généraux soixante ans plus tard. L'écart entre les deux barrières est moindre ici que presque partout ailleurs autour de Paris. Sur le plan Maire de 1808, la rue de Picpus reste, de toutes, la plus bâtie ; la forêt de Vincennes arrive jusqu'au dos de ses couvents, remontant d'un côté jusqu'à la place du Trône, de l'autre jusqu'au carrefour des rues de Reuilly et Montgallet.

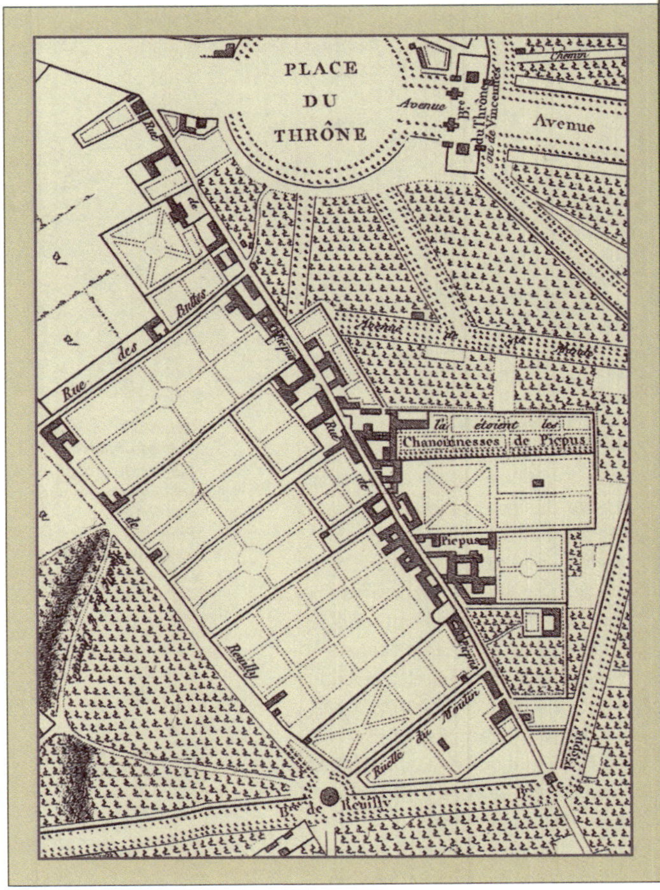

△ *Sur le plan Maire de 1808, la rue de Picpus reste, de toutes, la plus bâtie ; la forêt de Vincennes arrive jusqu'au dos de ses couvents.*
DR

◁ *La plaque du bornage de Louis XV, posée en 1727 au 88, rue de Picpus, fut remontée au 304, rue de Charenton.*

△ *Louis XIV et Marie-Thérèse d'Autriche, sur le trône royal, reçoivent l'hommage de tous les corps constitués (gravure de Marot, XVIIe s.).*

Tout le faubourg autour du trône

Là où Henri IV avait sa muette, ainsi que l'on désigne ces rendez-vous de chasse par déformation du mot meute, Ninon de Lenclos a une maison de campagne. Ce n'est même pas pour elle que le marquis et mari de Mme de Sévigné s'y fait tuer en duel, mais pour Mme de Gondran ! Ninon reçoit ici la reine Christine de Suède, qui écrira au cardinal de Mazarin « qu'il ne manque rien au roi que la conversation de cette rare fille pour le rendre parfait ».

Louis XIV a choisi précisément cet endroit entre faubourg et forêt pour présenter à ses sujets, le 26 août 1660, retour du sacre de Reims, sur un trône d'apparat dont la barrière conservera le nom, leur nouvelle reine, l'infante Marie-Thérèse qu'il vient d'épouser en application du traité des Pyrénées. Pourquoi ici ? Peut-être parce que c'est dans cette vallée de Fécamp, dont l'actuelle rue Rottembourg portait autrefois le nom, que le Grand Condé, alors loyal, avait, le 9 février 1649, fait fuir presque sans combat quarante mille Parisiens armés par la Fronde parlementaire.

Arrivent sur la place du trône, pour ne parler que du faubourg, tout ce qui habite le château de Bercy, immense rectangle de neuf cents arpents s'étendant le long de la Seine, de la Folie Rambouillet aux premières maisons de Conflans et, en largeur, du fleuve à la rue de Charenton, où des jardins de Le Nôtre entourent un bâtiment de Le Vau. Les suivent les gens de Nicolas de Rambouillet, « franc nouveau riche » comme le décrit son neveu Tallemant, dont l'hôtel des Quatre-Pavillons a de vastes jardins, encore pleins l'instant d'avant du public auquel les ouvre celui qui est « l'amateur de tulipes » des *Caractères* de La Bruyère.

Les ouvriers de la manufacture installée à Reuilly par Colbert, où l'on étame et polit les glaces fondues à Tourlaville et Saint-Gobain, côtoient devant le trône ceux de la proche brasserie de l'Hortensia, appelée à passer à l'histoire de la Révolution. On distingue dans la foule les robes brunes et les capuchons rond des Picpus, comme on appelle les religieux du tiers ordre de Saint-François, venus de leur fondation royale datant de feu Louis XIII, et les robes de serge blanche revêtues d'un rochet de toile fine, sous le voile noir, de leurs voisines, ces chanoinesses de Notre-Dame-de-la-Victoire-de-Lépante qui ont pour culte particulier la célébration de la défaite des Turcs. Les chétifs pensionnaires des maisons d'éducation, de santé, se mêlent aux robustes bouchers et aux bavardes marchandes de la Petite-Halle de la pointe Montreuil, aux innombrables dépendants de l'abbesse de Saint-Antoine-des-Champs.

L'arc de triomphe inachevé, mi-parti de blocs mégalithiques et de vil plâtre, qui commémorera ensuite pour cinquante ans l'aurore du Roi-Soleil, laisse incrédules les mousquetaires, « noirs » de leurs chevaux, qui passent, comme les Enfants-Trouvés qui regagnent leur hospice, sous la conduite des sœurs de Saint-Vincent. Cartouche aurait pu s'y cacher, comme Gavroche dans l'éléphant de la Bastille, s'il n'avait préféré la Grande-Pinte, agglomération de cabarets, au bout de la rue de Charenton, dotée d'un puit aux issues multiples. Et si le Régent n'avait eu pour première préoccupation de faire, place du Trône, le vide de tout souvenir.

La société se montre maintenant au balcon du bord de l'eau. Orry de Fulvy, ministre d'État et contrôleur général des Finances, a fait paver le chemin menant de la porte Saint-Antoine à la maison du duc de Gesvres qu'il vient de racheter pour en faire le « Petit-Bercy ». La Seine reflète le bâtiment illuminé avec la plus grande magnificence, les éclats de la fête, les brillants soupers, avant l'embrasement des feux d'artifice. Au Grand-Bercy, dont Charles-Henri de Malon a vendu une parcelle aux frères Antoine et Claude Pâris, ses collègues en finance, ceux-ci ont fait bâtir à la pointe du triangle (aujourd'hui 5, rue Nicolaï) dont la base est le fleuve, un château carré aux coins coupés, surmonté d'une terrasse, qu'en domine une autre entourant la lanterne, sans qu'aucune cheminée apparente ne vienne gêner une vue ponctuée de la chaude couleur de la vaste orangerie, à l'est du jardin. Sa compacité en fait familièrement le Pâté-Pâris.

La maison d'Orry est passée à Mme Parabère, l'une des maîtresses du Régent ; au Pâté-Pâris, Méhémet Effendi, l'ambassadeur de la Sublime Porte qui, comme le veut le protocole, attend une semaine au faubourg Saint-Antoine avant de faire son entrée officielle, le 16 mars 1721, retrouve un peu de l'Orient : outre les orangers innombrables, des lauriers roses, des myrtes, des jasmins, un palmier dattier, trois oliviers, dix grenadiers, des pistachiers…

△ *Le château de Bercy au XIXᵉ s. (anonyme). Des jardins de Le Nôtre y entouraient un bâtiment de Le Vau.*
BnF

La guillotine à la barrière Renversée

Ici, Louis XV viendra quelquefois, et Stanislas Leczinski, le père de la reine, souvent. Au même moment, la rue du Faubourg-Saint-Antoine voit passer Rousseau un jour sur deux. Après un mois au donjon de Vincennes, Diderot est prisonnier sur parole ; Jean-Jacques l'y va voir dès le 25 août et jusqu'à sa libération début novembre. « Cette année 1749, l'été fut d'une chaleur excessive. On compte deux lieues de Paris à Vincennes. Peu en état de payer des fiacres, à deux heures après-midi j'allais à pied quand j'étais seul, et j'allais vite pour arriver plus tôt. Les arbres de la route toujours élagués à la mode du pays [tous les étrangers, dont le Suisse Rous-

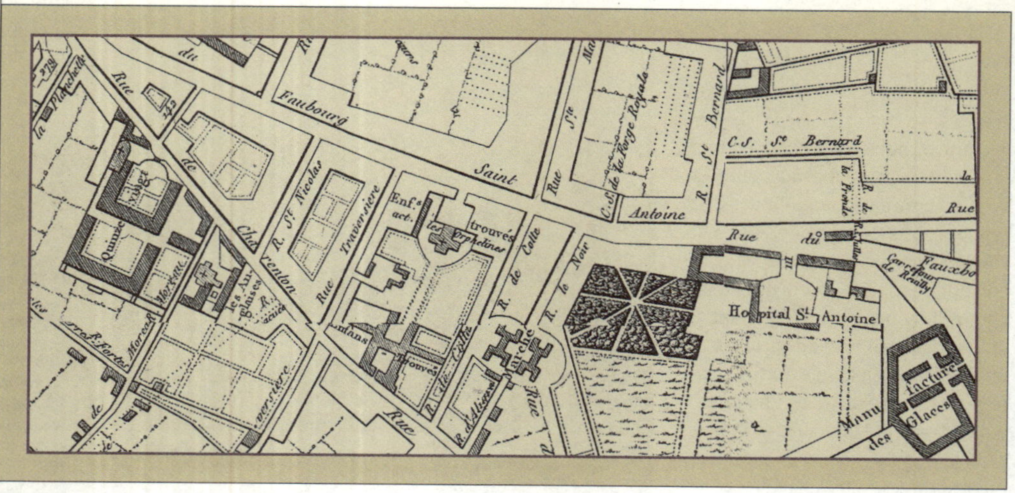

△ *Sur le plan Maire, la place ovale de Lenoir le Romain, entre la manufacture des glaces, future caserne de Reuilly, et les Quinze-Vingts.*
DR

seau, notent ce particularisme], ne donnaient presque aucune ombre, et souvent, rendu de chaleur et de fatigue, je m'étendais par terre n'en pouvant plus. »

À la mort de Maximilien Titon, directeur général des manufactures et magasins royaux d'armes, sa Folie qui s'étendait de la rue de Montreuil à celle des Boulets, dont « le fond est terminé par une grande perspective peinte, écrivait Brice, qui fait voir un péristyle corinthien, au travers duquel se découvre un lointain d'une grande étendue », a été morcelée. Vers 1760, le sieur Réveillon y loue « un emplacement assez considérable » où il aura « successivement quarante, cinquante, soixante et quatre-vingts ouvriers » pour faire des papiers veloutés.

Santerre, 20 ans, né dans le faubourg, achète le 29 août 1772 la brasserie de l'Hortensia entre le 11, rue de Reuilly et la rue du Faubourg-Saint-Antoine. Lenoir le Romain vient de reconstruire les bâtiments de l'abbaye Saint-Antoine-des-Champs et, sur des terrains cédés par celle-ci, un nouveau quartier se dessine dont il est l'architecte en chef, autour d'un marché qu'on appellera Beauvau, du nom de l'abbesse, inscrit avec sa fontaine et ses corps de garde dans une place ovale. Le corps des Mousquetaires Noirs a été supprimé, et leur caserne de la rue de Charenton est vide. Le cardinal de Rohan y installe les aveugles des Quinze-Vingts afin de revendre à prix d'or le terrain qu'ils occupaient au Carrousel, derrière le Louvre, depuis Saint Louis : la cécité des premiers était une conséquence de la septième croisade.

À l'été 1783, se font chez Réveillon les expériences de la machine aérostatique, en papier, de MM. Montgolfier frères, devant « un concours immense

▽ *L'hôpital des Quinze-Vingts fut transféré du Carrousel du Louvre dans la caserne vide des Mousquetaires Noirs.*

d'amateurs ». En janvier 1784, son établissement est Manufacture royale. En avril 1789, le bruit se répand qu'il va y diminuer les salaires. C'est peut-être une manœuvre de la cour qui a besoin de troubles pour concentrer des troupes à Paris, ou les premières escarmouches financées par le duc d'Orléans contre le pouvoir de son royal cousin, toujours est-il que la foule qui a envahi les lieux y laisse cent cinquante morts.

◁ *Rue de Cotte, l'ancien lavoir du marché Lenoir, aujourd'hui d'Aligre.*

On sait la suite. Le 10 août 1792, le brasseur Santerre conduit les habitants du faubourg à l'assaut des Tuileries ; il aura la garde du roi prisonnier au Temple puis le conduira à l'échafaud. Le 14 juin 1794, et jusqu'au 27 juillet, la guillotine de la Terreur est installée devant les colonnes de Ledoux au sud de la place dite maintenant, cela va de soi, du Trône-Renversé. Mille trois cent six personnes y seront exécutées.

Les corps sont déversés dans des

◁ *Les corps des guillotinés de 1794 furent déversés dans des fosses creusées dans le jardin des chanoinesses de la rue de Picpus.*

▷ *L'abbaye de Saint-Antoine-des-Champs est devenue un hôpital et son église a été démolie.*

fosses creusées dans le jardin des chanoinesses de la rue de Picpus. Au mois de mars précédent, un nommé Coignard a ouvert, dans la demeure de Ninon de Lenclos, une maison de santé dans le genre de celle de Jacques Belhomme[57] ; le marquis de Sade y séjourne pendant quelques semaines de ce mois de juillet, pour ainsi dire au bord de la fosse, au spectacle de la cruauté.

Les immeubles industriels et la trôle

L'abbaye de Saint-Antoine-des-Champs est devenue un hôpital, et son église a été démolie. Des religieuses de l'Adoration perpétuelle ont pris, au début de l'Empire, la succession des chanoinesses de Picpus. Le Petit-Bercy, inondé par une crue subite de la Seine, est revendu à un propriétaire qui, le premier ici, en fait un entrepôt destiné aux marchands de vin.

En 1824, Jean Valjean, Cosette dans les bras, poursuivi par Javert, saute au hasard par-dessus un mur. À la clarté de la lune, un jardinier est venu, de crainte du gel, couvrir ses melons. Les deux hommes réalisent

57. Voir le chapitre Charonne, p. 436.

▷ *La caserne de Reuilly, qui abritait près de trois mille hommes, s'installa dans la manufacture des glaces, dont le matériel avait été transféré à Saint-Gobain.*

▽ *« La Fayette, nous voici! », s'écria le colonel Stanton sur la tombe du cimetière de Picpus le 4 juillet 1917.*

qu'ils se connaissent. Un détail intrigue Valjean :

« – Et qu'est-ce que c'est que cette sonnette que vous avez au genou ? (...)

– Ah, dame ! il n'y a que des femmes dans cette maison-ci ; beaucoup de jeunes filles. Il paraît que je serais dangereux à rencontrer. La sonnette les avertit. Quand je viens, elles s'en vont. (...)

Les souvenirs revenaient à Jean Valjean. Le hasard, c'est-à-dire la providence, l'avait jeté précisément dans ce couvent du quartier Saint-Antoine où le vieux Fauchelevent, estropié par la chute de sa charrette, avait été admis sur sa recommandation, il y avait deux ans de cela. Il répéta comme se parlant à lui-même : – Le couvent du Petit-Picpus! » Cosette et lui y resteront cachés cinq ans. Et près des fosses de la Terreur, La Fayette sera inhumé en 1834, dans une terre mêlée à celle d'Amérique envoyée tout exprès.

Dans les années 1840, le double ruban argenté du chemin de fer, qui un jour atteindra Lyon, fend sur toute sa longueur le château de Bercy que les fortifications de Thiers viennent déjà de tronçonner. Le marché de Lenoir disparaît dans une reconstruction, comme s'effacera le nom de l'architecte, vingt ans plus tard, de la voie qui y mène, au profit de celui d'Aligre, l'une des fondatrices des Enfants-Trouvés. Et la manufacture des glaces voit son matériel transféré à Saint-Gobain pour devenir une caserne de près de trois mille hommes.

C'est que le faubourg ne cesse de gronder : aux grèves de septembre 1840 succèdent, en octobre 1846, des émeutes de subsistance « comme on n'en a pas connu depuis 1789 », selon *La Réforme*. Après l'expulsion de Karl Marx, Friedrich Engels a continué de militer parmi les « ours du faubourg », ces vingt mille ébénistes dont de nombreux immigrés allemands, qui feront de lui leur délégué, le 14 novembre 1847, au congrès communiste de Londres.

▷ *Les fortifications de Thiers tronçonnèrent le château de Bercy qui s'étendait de la Folie Rambouillet aux premières maisons de Conflans.*

Le lundi matin 26 juin 1848 – la veille, à seize heures, l'archevêque de Paris venu s'interposer a été tué « par une balle perdue » –, la troupe, pour enlever les soixante-cinq barricades qui s'échelonnent de la place de la Bastille à la place du Trône, doit recourir à un déluge de boulets et de mitraille qui crible les maisons de l'entrée du faubourg. Mais au coup d'État de Napoléon III, à l'aube du 3 décembre 1851, le député Baudin tombe sur une barricade symbolique, presque de convenance. Le faubourg, qui en a trop vu, est sans ressort. C'est la fin de son histoire révolutionnaire. Peut-être parce qu'il est resté le fief du bois alors qu'arrive le règne du fer, et celui du travail individuel quand la grande entreprise commence d'enrégimenter.

△ *D'abord attirés par le chantier de la gare de Lyon, plus de vingt mille Italiens travaillant dans le bâtiment s'installèrent dans le faubourg.*

◁ *« Ces trois éléments essentiels de l'habitation de l'ouvrier – logement, atelier, force motrice » sont réunis, rue des Immeubles-Industriels.*

De l'artisanat à domicile, le faubourg offre deux exemples : la rue des Immeubles-Industriels à un bout, à l'autre la trôle, dans l'avenue Ledru-Rollin, entre le débouché de la rue Traversière et la rue de Lyon. La rue des Immeubles-Industriels réunit « ces trois éléments essentiels de l'habitation de l'ouvrier – logement, atelier, force motrice », selon *L'Illustration*. Logée sous la chaussée, une machine à vapeur de deux mille chevaux, construite par Cail et Cie, distribue l'énergie motrice jusqu'au premier étage, à raison de soixante-quinze centimes par poste et par jour. Entre les artisans et leurs familles, deux mille personnes y logent vers 1881. La trôle, le samedi, est un marché du meuble théoriquement réservé aux ouvriers en chambre pour la vente directe de leur production. En réalité, n'y vendront bientôt que leurs propriétaires, après qu'ils se seront accaparé le travail de leurs locataires en échange du vivre et du couvert quand ils sont marchands de vin ou, au mieux, d'une rémunération en bons d'achat valables dans leur seule boutique quand ils sont épiciers.

Pains d'épices et têtes de bois

Si des milliers de Belges travaillent au faubourg, dans les métiers du meuble, aux côtés des Allemands toujours nombreux, ce sont des Italiens que l'immense chantier de la gare de Lyon attire à la fin du siècle. Derrière le haut beffroi et le hall monumental, l'emprise des voies s'élargit maintenant sur plus de trois cents mètres. Les Transalpins, bientôt plus de vingt mille, resteront dans le secteur du bâtiment ; ils s'installent au long de la rue de Montreuil. Les ébénistes juifs qui arrivent après Chisinau[58], s'ils travaillent dans le faubourg, logent plutôt rue Saint-Bernard, rue de la Forge-Royale et square Trousseau. De sorte que le quartier croît au nord tandis qu'il se vide au sud. À la Révolu-

58. Voir le chapitre Saint-Paul, p. 341.

△ *Rue des Pirogues-de-Bercy, les anciens chais Lheureux, rescapés des entrepôts vinicoles.*

▷ *Les cochons en pain d'épices sont une allusion au privilège de l'abbaye de Saint-Antoine de laisser ses porcs en liberté sur la voie publique.*
© Roger-Viollet

tion, qui en fit une commune séparée de Conflans, Bercy ne comptait que mille trois cent cinquante-huit habitants ; l'annexion lui en trouvera quinze mille, mais en 1900 ce chiffre est tombé à neuf mille : ici, l'extension des entrepôts vinicoles comme de la Compagnie du chemin de fer de Lyon dévore de l'habitat.

Malgré l'annexion, l'entrepôt a continué de bénéficier de l'extraterritorialité fiscale et, après la terrible inondation de 1875, les caves, les pavillons ont été refaits, et Bercy a été réaménagé par la Ville. Le Pâté-Pâris est renversé par les tonneaux, mais il nous reste les chais Lheureux comme ceux de la cour Saint-Émilion.

▷ *À l'inauguration du* Triomphe de la République, *de Jules Dalou, « 500 000 travailleurs acclament le socialisme » place de la Nation, le 19 novembre 1899.*

Le 19 novembre 1899, « nous regardâmes refluer pendant des heures cette foule ouvrière qui venait de défiler sur la place du Trône, devant le *Triomphe de la République*, le bronze de Dalou qu'on inaugura ce jour-là. Je doute que 1848, illustre par ses fêtes, je doute que 1790, au jour des Fédérations, aient mis en mouvement des masses plus nombreuses et plus puissamment possédées par l'esprit de la Révolution », écrira Daniel Halévy. « 500 000 travailleurs acclament le socialisme » titrera tout simplement, sur six colonnes, la *Petite République* du surlendemain. Le pli de la manif au faubourg est pris, pour longtemps.

Autre événement qui remplit les rues : la Foire aux pains d'épices qui, née en 1719 à l'intérieur de l'abbaye de Saint-Antoine, est passée sur la voie publique en 1806, à compter du jour de Pâques, pour occuper pratiquement tout le faubourg dans les années 1880 : la place de la Nation et les rues qui l'étoilent dont le cours de Vincennes, la rue Philippe-Auguste, le boulevard Voltaire jusqu'à la mairie du 11e et le boulevard Diderot jusqu'à

△ *L'immeuble industriel des contre-plaqués Boutet, 22, rue Faidherbe, a été reconverti en bureaux d'études de la RATP.*

la rue de Reuilly, sans compter le boulevard de Charonne. Elle s'appellera plus tard Foire du Trône avant de sauter finalement le périph' et d'atterrir, en 1965, sur la pelouse de Reuilly.

À travers de multiples avatars, le quartier est ainsi resté vaguement fidèle à lui-même. Des artisans ont fait retour dans les arcades du viaduc des Arts, sous la promenade plantée mince comme un fil de vert, et les bureaux d'études de la RATP ont su réhabiliter, aux 22-24, rue Faidherbe, l'immeuble industriel des contre-plaqués Boutet, « bois de pays », « bois exotique », comme l'affiche une mosaïque de lettres bleues et or, tranchant sur un fond ocre.

Au sud, la cour Saint-Émilion est à peu près disposée sur la ligne des guinguettes de barrière. Certes, ses commerces sont plutôt haut de gamme, mais Bercy était historiquement l'entrepôt des bourgogne, vins chers. Le bord de Seine est resté feuillu comme les vieilles Folies, avec huit cents platanes sauvegardés pour le Parc, et il n'est pas jusqu'au Palais Omnisports qui n'imite une taupinière géante bosselant la pelouse dont il est recouvert. Au bout, le ministère des Finances semble un embarcadère, un peu perso sans doute et surdimensionné, en des lieux où accostaient les canotiers, pour ne rien dire des pirogues préhistoriques.

▽ *La maison du cinéma dans le bâtiment de Frank O. Gehry édifié, à l'origine, pour l'American center.*

▽ *Le palais Omnisports de Bercy, un bâtiment qui, littéralement, sort de terre.*

◁ *Le ministère de l'Économie et des Finances, un ponton haut perché.*

Le bois de Vincennes, exotique

Le bois de Vincennes est célèbre pour la justice de Saint Louis comme pour l'illumination de Jean-Jacques Rousseau, l'une et l'autre sous un chêne. Dans les années 1240, c'est Saint Louis : « maintes fois il advint qu'en été il allait s'asseoir au bois de Vincennes après sa messe, et s'accotait à un chêne, et nous faisait asseoir autour de lui. Et tous ceux qui avaient affaire venaient lui parler, sans empêchement d'huissier ni d'autres gens », assure Joinville. Cinq siècles plus tard, il faut à Rousseau, sur le chemin du château, trouver le moyen de marcher moins vite pour ne pas risquer le coup de chaleur. « Je m'avisai, pour modérer mon pas, de prendre quelque livre. Je pris un jour le *Mercure de France*, et tout en marchant et le parcourant, je tombai sur cette question proposée par l'Académie de Dijon

▷ *Le château de Vincennes resta intact de 1380 à son utilisation en caserne au XIXe siècle.*

◁ *Cette pyramide rappelle que la forêt de Vincennes fut entièrement reboisée, par ordre de Louis XV, en 1731.*

pour le prix de l'année suivante : *Si le progrès des sciences et des arts a contribué à corrompre ou à épurer les mœurs*. À l'instant de cette lecture je vis un autre univers et je devins un autre homme. »

L'inspiration qui le visite soudainement est aussi brutale que le coup de chaleur redouté : étourdissements, palpitations, crises de larmes. « En arrivant à Vincennes j'étais dans une agitation qui tenait du délire. Diderot l'aperçut : je lui en dis la cause, et je lui lus la prosopopée de Fabricius, écrite en crayon sous un chêne. Il m'exhorta de donner l'essor à mes idées, et de concourir au prix. Je le fis, et dès cet instant je fus perdu. Tout le reste de ma vie et de mes malheurs fut l'effet inévitable de cet instant d'égarement. »

Jusqu'à la Révolution, le bois est interdit aux « chariots, charrettes, fourgons et autres voitures publiques » ; seuls les « gens de pied » sont admis à y passer, à leurs risques et périls si la chasse bat son plein. Le château est contemporain de la Bastille et, comme elle, prison d'État de Louis XI à 1784. Il était resté intact depuis sa réfection de 1380, malgré l'ordre donné par Louis XVI de le vendre ou de le démolir, et c'est le XIXe siècle qui, en l'attribuant à l'armée, l'a dénaturé. En 1860, l'État impérial, désireux d'affirmer son sens de l'équilibre, décide de réitérer au bord des faubourgs populeux ce qui vient de se faire au bois de Boulogne. Il cède à la Ville ces mille hectares d'arbres, si l'on y inclut le polygone affecté aux manœuvres militaires qui les coupe en deux et est aussi dénué de feuilles que le bois d'une crosse de fusil. Au bord de cette zone désertique, la présence d'une pyramide rappelant

△ *C'est Louis XV qui ouvrit au public un bois de Vincennes qu'il faisait reboiser.*

▷ *Alphand transforma en parc anglais les pelouses et les espaces vides qu'il relia par des chemins sinueux et trois lacs.*

que la forêt de Vincennes avait été entièrement reboisée par ordre de Louis XV en 1731 semblait légèrement ironique. C'est moins vrai depuis que le Parc floral, en 1969, y a été installé. Il reste des arbres de Louis XV un exemplaire près du lac artificiel des Minimes, dont une île, qui l'est tout autant, s'est vue ornée de vestiges du couvent fondé par Louis VII le Jeune en 1155.

Destin des lieux : il est curieux de penser que le bois de Saint Louis, le roi croisé qui passa sept années à guerroyer d'Égypte en Tunisie, allait devenir, six ou sept siècles plus tard, le bois de Lyautey, le bois de l'expansion coloniale. Sur un fond de jardin à l'anglaise avec ruisseaux, cascades et lacs dus à l'ingénieur Alphand, les fleurons du bois de Vincennes, hormis le vaste champ de courses installé dans la plaine de Gravelle en 1863, nous viennent presque tous du temps des colonies. Le jardin tropical dont la Ville de Paris vient de récupérer une partie, est l'ex-« jardin colonial », établissement public industriel et commercial chargé de recherches agronomiques sur les pays chauds, fondé en 1899 et installé ensuite dans les pavillons du Maroc, de la Tunisie, du Congo et de l'Indochine rapatriés de l'Exposition coloniale de Marseille de 1906.

Le réseau routier tracé à travers le bois, son éclairage électrique sont des vestiges de l'Exposition coloniale de Paris de 1931. En dépit des tracts du Secours rouge international, en dépit de ceux que distribuent les surréalistes : « Ne visitez pas l'Exposition coloniale » ; malgré l'action de la CGTU et d'une Ligue contre l'oppression coloniale que préside Albert Einstein, plus de cinq cent mille visi-

◁ La Porte chinoise de l'ex-« jardin colonial », établissement public de recherches agronomiques sur les pays chauds, devenu Jardin tropical de la Ville de Paris.

teurs, en six mois, vont parcourir cette exposition que le ministre des Colonies, Paul Reynaud, a inaugurée en affirmant que « l'idée coloniale doit désormais faire partie intégrante de l'idée de citoyen ».

« La vérité sur les colonies », la contre-expo organisée par la CGTU et Einstein dans l'ancien pavillon soviétique de l'exposition des Arts Déco de 1925, n'en accueillera, du 19 septembre au 2 décembre, que quatre mille cinq cents. S'en est-on consolé en se disant que les gens allaient à Vincennes surtout pour le Parc zoologique, qui vit affluer cinquante mille visiteurs dès le premier dimanche ? Un zoo strictement colonial, lui aussi, réservé à la faune de nos territoires africains, donc sans tigres, ces félins-là appartenant à la couronne britannique.

L'immense rocher artificiel de près de soixante-dix mètres de haut nous vient de l'Expo de 1931, comme le Temple bouddhique tibétain, comme, bien sûr, le musée des Arts d'Afrique et d'Océanie, où se voit encore le salon de Lyautey, commissaire général de l'Exposition.

◁ Autour d'un « rocher » de soixante-dix mètres de haut, le zoo abrite uniquement des animaux des anciennes colonies françaises d'Afrique.

◁ Le Palais de la Porte-Dorée, où l'on voit encore le salon de Lyautey, commissaire général de l'Exposition coloniale de 1931.

De 1945 à 1956, la « Fête de *l'Huma* » se tint chaque année au bois de Vincennes, sur les cinquante-cinq hectares de la clairière de Reuilly. En 1946, ce rassemblement festif sera dit, dans la presse communiste, constituer « la deuxième ville de France » ; le nombre des participants en fera encore « la quatrième ville française » en 1952.
Il y a donc dès la Libération, et pour une décennie, une nouvelle capitale des ouvriers à côté de Paris qui a cessé de l'être. D'autant que la capitale est passée au parti gaulliste RPF aux élections municipales de 1951. Un RPF qui va disputer au Parti communiste le bois de Vincennes, en y organisant, de 1947 à 1953, une « Fête de la jeunesse, du travail et du sport », qui accueille, comme l'autre, des stands de Renault, de Citroën, de la Snecma, d'Alsthom, d'EDF, d'Hispano-Suiza ou de la SNCF. Le 5 octobre 1947, le RPF y réunit sept cent mille personnes, à l'en croire (cent cinquante mille, selon la police), tandis que le PC en avait rassemblé un million le 8 septembre (de cent cinquante à deux cent mille, selon la police).
À compter de 1952, la vignette d'entrée à la « Fête de *l'Huma* » fait participer à une tombola, dotée d'une 4 CV Renault comme premier prix, qui en fait vendre cinq fois plus que l'année précédente.
Un Parc floral a succédé, en 1969, à l'ancien polygone d'artillerie de 1796, et, dans la cartoucherie de Vincennes, s'est installé le Théâtre du Soleil. « Nous ne sommes ni une communauté contemplative ni un groupe de gens "différents" », assure Ariane Mnouchkine, sa fondatrice. « Nous n'avons de vie communautaire que dans le travail. Nous avons les mêmes buts, nous poursuivons les mêmes intérêts et nous avons choisi le même genre de vie. »
En 1970, cette troupe y donne *1789 – La révolution doit s'arrêter à la perfection du bonheur*, dont les narrateurs sont des bateleurs qui

▷ Un centre de pyrotechnie est installé en 1874 à la cartoucherie. Cent ans plus tard, le Théâtre du Soleil et quatre autres troupes ont pris la relève.

◁ ***Le bois de Vincennes, un jardin à l'anglaise avec ruisseaux, cascades et lacs dus à l'ingénieur Alphand.***

racontent au peuple ce qu'ils ont appris. En 1972, c'est *1793 – La cité révolutionnaire est de ce monde*, où ce sont les sectionnaires de Mauconseil qui font le récit des événements ; en 1975 vient *L'Âge d'or. Première ébauche*.

Le professeur Bernard Dort est, un jour, dans leurs murs, avec ses étudiants de la Sorbonne, pour assister au travail collectif. Ariane Mnouchkine, qui n'est pas comme lui une intellectuelle de haute volée, mais une femme de terrain, force le vieux théâtrologue brechtien, s'il veut pénétrer sa méthode, à improviser avec la troupe, et tenez, par exemple, à mimer un chien. Ça ne va évidemment pas de soi pour le digne théoricien, mais il s'efforce consciencieusement de grogner, gratter, lever la patte et frétiller, jusqu'à finir par mordre à belles dents dans les fesses de la dramaturge. Après quoi, il téléphone à la fac pour modifier, tout en continuant de japper, l'intitulé de sa communication à un prochain colloque : « Un chien dans le théâtre de Brecht ».

L'anecdote n'est sûrement pas à prendre au pied de la lettre, c'est seulement ainsi que Philippe Caubère l'amplifie jusqu'au burlesque dans *Ariane*, le pénultième épisode de *L'Homme qui danse*.

La rive ou

Quay Malaquest
Pont neuf
Quay de
Foire S. Germain
Place St Sulpice
Carmes Dechaussés
Palais du Sénat
LUXEMB
Jardin du Sénat
PÉPINIERE
Hotel Fleury
Les Carmelites
Boulevard du Mt Parnasse
Bre du Mont Parnasse
Val de Grace

gauche
l'université
Quay de Gèvres
Place de Grève
Quay de la Grève
Place des Voges
Quai Napoléon
Q. des Ormes
Quay d'Alençon
Quay d'Anjou
Port St Paul
Quay de Bethune
Quay de la Tournelle
Grenier de Réserve
Isle Louvier
Chantiers
Lycée Napoléon
Col. Boncourt
la Doctrine
Congrégation
Rue Neuve St Etienne
Rue Copeau
Ménagerie
Jardin des Plantes
Pont d'Austerlitz
Seine
Quai St Bernard
Place Valhubert
Quai de l'Hôpital
la Miséricorde
R. Tripelet
Ste Pélagie
la Pitié
R. de Buffon
Rivière de Bièvre
Rue de Poliveau
Entrée
St Médard
Clamart
Marché
Jardin des Apothicaires
R. Mouffetard
Rue Censier
Boulevard
R. du Foin
Lycée Charlemagne

La rive gauche ou l'Université

De Maubert à la BNF

Maubert, l'écolier et la cloche

« La rue du Fouarre, mot qui signifiait autrefois rue de la Paille, fut au treizième siècle la plus illustre rue de Paris. Là furent les écoles de l'Université, quand la voix d'Abélard et celle de Gerson retentissaient dans le monde savant », écrit Balzac.

Quand Abélard avait quitté l'école épiscopale du cloître Notre-Dame, au début du XIIe siècle, il avait, en effet, choisi cette rive gauche bien déserte, et la communauté d'étudiants et professeurs rassemblée sous le nom d'Université avait reçu ici, de Philippe Auguste, ses premiers statuts un siècle plus tard. « Là furent les écoles », sans doute, à condition d'appeler école la paille de fourrage sur laquelle s'asseyaient les étudiants, en plein air. Les collèges n'étaient alors que des pensions ; on ne commencera d'y répéter le soir les cours de la journée qu'à partir du milieu du XIIIe siècle, et à y dispenser un enseignement abrité des intempéries qu'à la fin du XIVe. Le petit prieuré accueillant aux pèlerins, dédié plus tard à saint Julien l'Hospitalier, dit aussi le Pauvre, logeait naturellement, dans ses maisons ou hôtelleries, une partie des élèves et des professeurs de la faculté des Arts.

C'est dans le dernier quart du XVe siècle seulement, que la faculté de médecine a quitté l'air libre de la rue

◁ Les vestiges des deux premières travées du vaisseau central et du bas-côté gauche de Saint-Julien-le-Pauvre devant la nouvelle façade du XIXe siècle.

△ *La statue d'Étienne Dolet, place Maubert, « a toujours tout ensemble attiré et causé un insupportable malaise » à André Breton.*

du Fouarre pour s'installer au coin de la rue de la Bûcherie et de la rue de l'Hôtel-Colbert. Les examens qu'on passait, jusque-là, au domicile des maîtres, trouvent alors au premier étage du bâtiment principal le décor qui convient au cérémonial de la licence. Licence « de purger, saigner et tuer impunément par toute la terre », que Molière raillera dans son *Malade imaginaire*. C'est dans le rôle du Bachelier, comme il prononçait le serment d'acceptation : « Je jure », en latin naturellement, qu'il sera terrassé.

« Pantagruel, ayant en mémoire la lettre et les conseils de son père, voulut un jour mesurer son savoir. Effectivement, à tous les carrefours de la ville, il afficha les thèmes des neuf mille sept cent soixante-quatre conclusions qu'il proposait sur tous les sujets et qui touchaient les points les plus obscurs dans toutes les sciences. Et premièrement, rue du Fouarre, il affronta tous les professeurs, les étudiants ès arts et les orateurs et les laissa tous sur le cul. »

Cela étant fait, Rabelais, en février 1537, assiste au banquet offert par des humanistes, au premier rang desquels Guillaume Budé, à Étienne Dolet, à l'occasion de sa levée d'écrou. Il était poursuivi pour homicide volontaire et a été pardonné par François Ier. Neuf ans plus tard, l'accusation d'athéisme, beaucoup plus grave, ne pardonne pas et Dolet y perd la vie, au moment où le *Tiers Livre* que publie Rabelais est jugé, lui aussi, « farci d'hérésies ».

« Savez-vous, en effet, amis et compagnons, pourquoi dans la première partie du seizième siècle, le Typographe Dolet fut pendu sur la place Maubert et son cœur jeté dans les flammes ? », demandera Pierre Leroux au Banquet typographique de Londres, le 23 septembre 1851. « Parce qu'à Toulouse, il avait défendu contre le Parlement d'Aquitaine, teint du sang des vaudois, le droit d'association (...) : premier crime ! Parce qu'à Lyon, il avait pris la défense des ouvriers imprimeurs contre leurs exploiteurs ; parce qu'il avait voulu le maintien des salaires : second crime ! Parce que, enfin, dans son grand ouvrage sur la langue latine, il avait défendu l'art typographique contre les moines, les encapuchonnés, qui voulaient détruire cet art dont ils redoutaient la puissance : troisième crime ! »

△ Le Petit-Pont
et le Petit-Châtelet
(anonyme, vers 1660) : une prison dès 1398, sous Charles VI.

À l'ouest des lieux du savoir, se dresse le Petit-Châtelet, qui garde l'accès au Petit-Pont. Hugues Aubriot l'a fait reconstruire en pierres sous Charles V, en 1369. Surmontant un long couloir voûté, enjambant la rue Saint-Jacques, muni d'une herse en son milieu, il semble, après que l'enceinte de Philippe Auguste a été élevée, plus destiné à protéger la Cité de sa rive gauche que de tout ennemi étranger. Il est d'ailleurs une prison dès 1398, sous Charles VI. C'est aussi le couloir qu'emprunte la châsse de sainte Geneviève lors d'innombrables processions propitiatoires[59]. Ce Petit-Châtelet sera constitutif du paysage de Maubert jusqu'en 1782.

À son extrémité est, l'enceinte est bornée par le château de la Tournelle, partie intégrante du système défensif. Il a été rebâti en 1554, et Vincent de Paul obtient que les galériens attendent là leur départ plutôt qu'à la sinistre Conciergerie. À côté, Louis XIV fera remplacer la vieille porte Saint-Bernard, en 1674, par un arc de triomphe, de Blondel, qui restera l'autre repère monumental du quartier Maubert jusqu'en 1787.

Dans ce décor, rue de la Huchette, passent à l'ancien hôtel des abbés de Pontigny, devenu l'Auberge de l'Ange, les ambassadeurs de Maximilien, sous Louis XII, ceux du dey d'Alger, sous Henri II, ceux de la Sérénissime quand s'ouvre le règne de François II, en 1559.

Barricades. Une. Première.

Dans la soirée du 11 mai 1588, le roi Henri III a fait venir au cimetière des Innocents plusieurs compagnies et milices de quartier jugées fidèles, avec l'ordre de se tenir prêtes à toute éventualité. Mais les comploteurs de la « Ligue au nom de la Sainte Trinité pour restaurer et défendre la Sainte Église catholique, apostolique et romaine » en débauchent la plupart

59. Voir le chapitre Cité, p. 24.

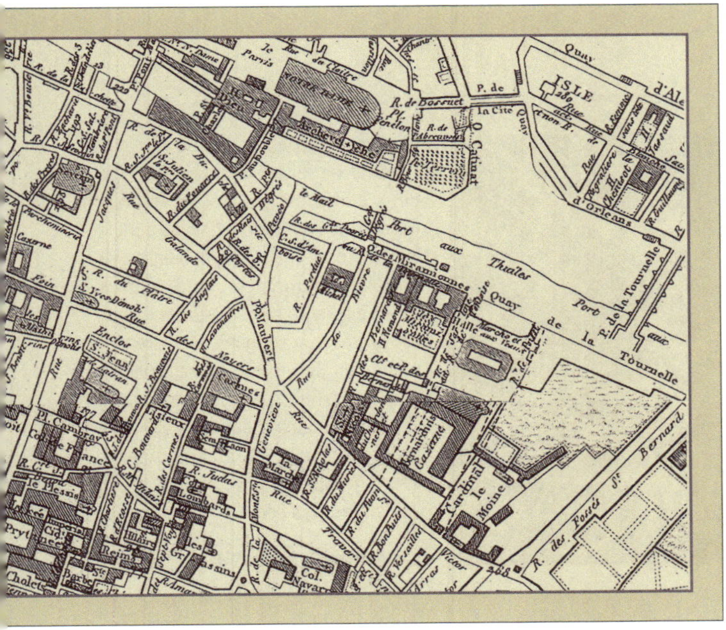

△ *Sur le plan Maire (1808), les Bernardins sont déjà occupés par une caserne, alors que les rues de Poissy et de Pontoise sont en projet.*
DR

et les envoient rue Saint-Honoré et, sur la rive gauche, rue du Fouarre. Tôt le matin du 12, les troupes royales, dont quatre mille Suisses, entrent à Paris, violant ainsi un privilège de la capitale où aucune troupe étrangère ne doit séjourner. Elles vont occuper plusieurs points stratégiques, dont le Petit-Pont. Elles trouvent la place Maubert occupée par les ligueurs, derrière des barriques chargées de pavés et de sable. Au charnier Saint-Séverin, trois docteurs en théologie, revêtus de cuirasses, exhortent les écoliers à combattre pour la liberté de la Ville et de l'Église. Près du pont Saint-Michel, un coup de feu éclate et une soixantaine de gardes, en représailles, sont aussitôt massacrés par la foule. Ici et là, beaucoup de soldats se rendent aux émeutiers.

Durant toute la nuit, le peuple catholique de Paris reste sur le qui-vive ; le comte de Brissac, fervent ligueur, qui a pris le Petit-Châtelet, a fait armer de sept cents à huit cents écoliers et moines en vue d'attaquer le Louvre. Au matin du 13 mai, une délégation d'échevins, conduite par le prévôt des marchands, vient demander au roi de faire sortir les troupes de la ville. « Dites au roi que j'ai enfin trouvé mon élément », s'exclame Brissac, dont les capacités militaires avait été raillées par le souverain. « Si je ne vaux rien ni sur *terre*, ni sur *mer*, je suis bon du moins sur le *pavé*. »

Henri III assure que ses troupes s'éloigneront sitôt que seront levées ces « barricades », qui trouvent, ce jour-là, leur désignation, tirée des tonneaux dont elles sont faites. Dans l'après-midi, le roi s'enfuit. La « journée des barricades », première du nom, a eu raison de lui.

La Ligue ne s'éteint pas pour autant. Le 15 novembre 1591, quelques-uns des Seize, ses chefs, font pendre sans façons au Petit-Châtelet le président

▷ *Journée des Barricades du 12 mai 1588 : le peuple catholique chasse Henri III de la ville (gravure de l'*Histoire populaire de la France*, vers 1885).*
© Bianchetti/leemage

◁ La Porte Saint-Bernard, *de Lievin Gruyl. Cet arc de triomphe de Blondel, sera, de 1674 à 1787, l'autre repère monumental du quartier Maubert.*
BnF

du Parlement, Barnabé Brisson, et deux conseillers[60].

Sous le règne réconcilié d'Henri IV s'est ouvert, au début de la rue de la Huchette, le cabaret du Petit-More. Théophile de Viau y compose son *Cabinet satyrique* au milieu de Boisrobert, futur protégé de Richelieu, du jeune Sorel, auteur à 20 ans du *Roman comique de Francion*, de Des Barreaux. Est-ce là que, mangeant une omelette au lard un vendredi (au moins en Carême, voire le Vendredi saint), ce dernier se serait exclamé, lorsqu'un grand coup de tonnerre se fit entendre : « Voilà bien du bruit pour une omelette ! » ? Le recueil suivant, le *Parnasse satyrique*, collectif, s'ouvre par un sonnet, qu'on sait de Théophile, où, « récemment blessé dans un voyage à Cythère, il faisait en termes obscènes le vœu de n'aller plus qu'à Sodome », comme l'écrit Perrens, l'historien des libertins, avec un sens admirable de la litote. En vers, cela donnait (les points de suspension sont ceux de l'édition originale) :

« Phyllis, tout est ...outu, je meurs de la vérole (...)
Mon Dieu, je me repens d'avoir si mal vécu
Et si votre courroux à ce coup ne me tue
Je fais vœu désormais de ne ...tre qu'en cul. »

Le père jésuite Garasse n'a aucun sens de l'humour, qui poursuit le soi-disant sodomite en tant que « chef des athées secrets », d'une petite bande qui fréquente ces « cabarets à deux pistoles par tête » que sont « la Pomme de Pin et Cormier[61] » – les deux établissement forment, chez Garasse, un syntagme figé qui sent le fagot à lui seul –, et l'on dit bientôt, en parisien courant : « impie comme Théophile ». On sait ce que cela signifie : l'auteur est condamné, heureusement par contumace, à être brûlé vif, il l'est en effigie ; sa peine commuée, il passera deux années dans la basse fosse d'une tour de la Conciergerie, avant de mourir à 36 ans, en 1626, des suites de sa captivité.

△ *17, rue des Bernardins, des balcons, une galerie à l'air andalou là où s'élevait l'hôtel de la famille de Torpanne.*

La première bastille tombe à Maubert

Les étudiants ont migré vers la hauteur de la montagne Sainte-Geneviève, et le pied de celle-ci s'est transformé. On y admire alors l'hôtel qui sera, plus tard, celui de la famille de Torpanne, à l'emplacement des 17 et 19, rue des Bernardins, très belle construction de la Renaissance dont ne subsistent que quelques arcades dans le jardin de l'École des Beaux-Arts. En face de Saint-Julien-

▷ *« Le fronton, sculpté d'une Thémis, rappelle qu'elle fut l'hôtel seigneurial d'un magistrat, le sieur Isaac de Laffemas », écrit Huysmans.*

60. Voir le chapitre Temple, p. 346.

61. Voir le chapitre Cité, p. 24, pour la Pomme de Pin ; Cormier est rue des Fossés-Saint-Germain-l'Auxerrois, auj . Perrault.

le-Pauvre, au nouveau portail classique, l'hôtel Louis XIII de Laffemas, gouverneur du Petit-Châtelet, contraste heureusement avec le lieu où officie son propriétaire. Du magnifique hôtel dit Colbert, du milieu du XVIIe siècle, emporté par la rue Lagrange, nous n'avons plus que le nom.

Quai de la Tournelle, l'hôtel du surintendant du prince de Condé, François-Théodore Nesmond, et celui de Miramion, peut-être construit par Le Vau pour un riche traitant, sont l'exemple du bon voisinage : le fils du premier épouse la fille de la seconde maison, devenue le siège d'une communauté. Les miramionnes[62], comme on les appellera, sont nées du vœu de chasteté éternelle d'une veuve de 20 ans, épouse à 15 ans et mère l'année suivante, après que Bussy-Rabutin eut espéré forcer par l'enlèvement une réponse positive à ses vœux ardents. Les miramionnes, qui visitaient les malades, préparaient ici drogues et onguents ; la Pharmacie centrale des hôpitaux leur succédera en 1812. Ici, on faisait des contrepoisons ; à l'hôtel de Nesmond, une distillerie produisait du tord-boyaux.

Les alambics bouillonnent tout aussi fort dans l'atelier de l'alchimiste Godin, au n° 4 de l'impasse Maubert.

△ En 1837, Saint-Séverin récupéra le portail de l'église Saint-Pierre-aux-Bœufs de la Cité, démolie par le percement de la rue d'Arcole.

◁ Quai de la Tournelle, l'hôtel du surintendant du prince de Condé, François-Théodore Nesmond.

Tant et si bien qu'ils y explosent, le 30 juillet 1674. Le feu épargne, malheureusement pour elle, une correspondance fournie de la marquise de Brinvilliers. Paris ne parlera durant deux années[63] que de « l'affaire des Poisons », ces « poudres de succession » accélératrices d'héritage.

Avec la fin du siècle, le chœur de Saint-Séverin perd son aspect gothique pour se voir décoré d'après des dessins de Le Brun, et l'on retrouve le peintre à Saint-Nicolas-du-Chardonnet, au

62. Voir le chapitre Seine, p. 13.

63. Voir le chapitre Hôtel de Ville, p. 282-83.

bas-côté droit, au-dessus de l'autel et au plafond du chœur, dans l'inspiration du tombeau de sa mère, sans compter qu'y est placé son monument funéraire par Coysevox. Dix ans après son décès, Boffrand construira l'hôtel du 49, rue du Cardinal-Lemoine pour un sien neveu, qui y hébergera les dernières années de Watteau, sensible à la vue splendide qui s'offrait depuis sa terrasse.

△ *Dû à Boffrand, l'hôtel d'un neveu, Le Brun, qui hébergea 49, rue du Cardinal-Lemoine, les dernières années de Watteau.*

En janvier 1714, le jeune Voltaire, arraché à Pimpette[64], entre comme clerc dans l'étude de maître Alain et tente de faire de celle-ci la poste restante de leur relation secrète : « rue Pavée-Saint-Bernard, près les degrés de la place Maubert », aujourd'hui rue des Grands-Degrés.

À l'autre bout du siècle, quatre ans après la mort du philosophe, Mercier veut voir dans la démolition du Petit-Châtelet, en 1782, un premier effet des Lumières et une préfiguration de la suppression de la Bastille : « enfin, ce vieil édifice qui avait quelque chose de hideux, barbare monument du siècle de Dagobert, construction monstrueuse au milieu de tant d'ouvrages de goût, où le conseil des Seize fit arrêter et pendre Brisson, Larché et Pardif, ce gothique et lourd bâtiment dont on avait fait une prison, vient de tomber et de céder son terrain à la voie publique. J'ai passé sur ses débris : mais quel aspect ! Les voûtes entrouvertes, des cachots souterrains qui recevaient l'air pour la première fois depuis tant d'années, semblaient révéler aux yeux effarés des passants les victimes englouties dans leurs ténèbres. Un frémissement involontaire vous saisissait en plongeant la vue dans ces antres profonds, et on se disait : est-ce donc dans un pareil gouffre, au fond de la terre, dans un trou à mettre les morts qu'on a logé des hommes vivants ? (...) Puissent les dernières traces de la barbarie s'effacer ainsi sous la main vigilante d'un gouvernement sage ! ».

Le pipo et le clodo

Mercier n'avait pas été exaucé et il avait fallu que le peuple prît la Bastille. Bonaparte, suspendu depuis le 6 août 1794, rongeait son frein dans une chambre du Cadran-Bleu, quatrième ou cinquième étage, côté Seine, un hôtel situé au 8 ou 10, rue de la Huchette, quand Barras était venu le chercher pour lui confier la charge de réprimer l'insurrection royaliste du 13 vendémiaire[65]. Napoléon est empereur lorsque l'École polytechnique, créée par la Convention en 1794, se translate dans l'an-

64. Voir le chapitre Popincourt, p. 403.

65. Voir le chapitre Tuileries, p. 101.

◁ △ Le portail de l'École polytechnique, encadré de deux hauts-reliefs ; en détail, celui qui symbolise son versant civil : former des ingénieurs « mines-ponts ».

cien collège de Navarre qu'avait fondé, en 1304, la reine Jeanne, épouse de Philippe le Bel. On doit aux polytechniciens, non seulement d'avoir fait rêver des générations de mères qui, aux jours de sortie du mercredi et du dimanche, rêvaient de voir les prestigieux uniformes descendant les pentes de la montagne Sainte-Geneviève sur les épaules de leur fils chéri ou au bras de leur fille à marier, mais encore d'avoir baptisé l'un des attributs de la France : la pomme de terre coupée en parallélépipèdes rectangles avant d'être jetée dans l'huile bouillante. Dans l'argot des *pipos*, en effet, les salsifis étaient les *frits* et les patates les *frites* ou *frites femelles*. Pour inventer la frite, il y avait besoin d'avoir fait Polytechnique.

L'îlot de l'intelligence était battu par un océan de misère. Balzac, autour de 1830, poursuit ainsi l'évocation de la rue du Fouarre qu'il commençait avec l'évocation d'Abélard : « Elle est aujourd'hui l'une des plus sales rues du douzième arrondissement, le plus pauvre quartier de Paris, celui dans lequel les deux tiers de la population manquent de bois en hiver, celui qui jette le plus de marmots au tour des Enfants-trouvés, le plus de malades à l'Hôtel-Dieu, le plus de mendiants dans les rues, qui envoie le plus de chiffonniers au coin des bornes, le plus de vieillards souffrants le long des murs où rayonne le soleil, le plus d'ouvriers sans travail sur les places, le plus de prévenus à la Police correctionnelle ».

On ne s'étonnait donc pas de trouver alors, rue du Fouarre, une maison assez vieille pour que sa réfection elle-même datât de François Ier. « S'il est permis de hasarder ce mot, elle a comme un ventre produit par le renflement que décrit son premier étage affaissé sous le poids du second et du troisième, mais que soutient la forte muraille du rez-de-chaussée. (…) À droite de cette porte, sont trois croisées revêtues extérieurement de grilles en fer à mailles si serrées qu'il est impossible aux curieux de voir la destination intérieure des pièces humides et sombres »…

La maison avait tenu pour rien : le percement de la rue Lagrange, en 1887, emportait toute la moitié nord de la rue du Fouarre. Un marché des Carmes, dans le genre de celui de Saint-

Germain, remplaçait déjà un carmel de 1254 ; le magasin de vente des épaves domaniales, à l'angle des rues des Écoles et du Cardinal-Lemoine, avait succédé au collège des Bons-Enfants, de 1250, dont Calvin avait été l'élève, aussi bien que Vincent de Paul, plus tard son principal. Une caserne de pompiers occupait, depuis 1845, le collège des Bernardins, datant de Saint Louis, côté rue de Poissy, tandis que, côté rue de Pontoise, on avait logé cinq ans plus tard la Fourrière, dans toutes ses acceptions : contrôle des véhicules de transport en commun aussi bien que des chiens perdus.

Pour avoir été aussi vigoureusement « nettoyé », le quartier, quand Huysmans le décrit en 1898, n'en est pas moins exactement aussi miséreux que du temps de Balzac. Place Maubert, on voit « des négociants en mégots qui portent des musettes de soldats, en toile, sur des habits teints avec le jus délayé des macadams ; presque tous ont des barbes en mousse de pot-au-feu répandues autour de figures cuites ». Au 42, rue Galande, la crémerie Alexandre, en face du sinistre Château-Rouge, et comme lui repaire de truands, est assez ironiquement ornée d'un bas-relief provenant du vieux prieuré, montrant saint Julien faisant traver-

ser le Christ. Les maisons Louis XIII du début de la rue Saint-Victor recèlent un « hôtel à la corde », ainsi nommé parce que les pauvres n'y ont pour oreiller, et d'ailleurs pour tout lit, que cette corde à laquelle, alignés sur un banc, ils appuient leur tête sur

△ **Le Marché des Carmes, place Maubert, *d'É.-A. Guillier (n. d.).***

▽ ◁ ***Le collège des Bernardins, datant de Saint Louis, côté rue de Poissy.***

▷ *Dans le square René-Viviani, le robinier de 1601 : le plus vieil arbre de Paris.*

◁ *42, rue Galande, la crémerie Alexandre s'ornait d'un bas-relief, montrant saint Julien faisant traverser le Christ, qui provenait du vieux prieuré.*

leurs bras croisés. Ce n'est même pas à l'Hôtel-Dieu, c'est dans les *cagnards*, soubassement voûté, sur la Seine, de l'annexe qui s'étire depuis 1602 le long du quai de Montebello, que finissent les vagabonds.

C'est la Maub' que connaît le petit Jacques Prévert, né en 1900, quand il vient goûter le dimanche après-midi chez ses grands-parents paternels, 2, rue Monge. Question goupillon, la famille est du côté du manche : le grand-père, marguillier de Saint-Nicolas-du-Chardonnet, a sa place au banc d'œuvre, est directeur de l'Office central des pauvres de Paris ; le père de Jacques est son employé, enquêteur chargé de distinguer le pauvre digne de secours du pauvre tant-pis-pour-lui.

Le quartier n'a pas changé quand les Dadas y lancent la balade nulle, l'antivisite de cet *anus Parisi* qu'est Saint-Julien-le-Pauvre, le jeudi 14 avril 1921, à trois heures, sous une pluie battante qui ruisselle sur les monocles d'André Breton et de Tristan Tzara. Ils sont appuyés sur leur canne, comme Benjamin Péret, et comme le robinier, le plus vieil arbre de Paris (1601), sur ses attelles. Les entourent Aragon, petite moustache, croix de guerre et serviette de cuir, Gabrielle Buffet, la femme de Francis Picabia, Roger Vitrac, René Crevel, Arp, Eluard, Georges Ribemont-Dessaignes, Jacques Rigaut et Philippe Soupault.

Le prix « bête et méchant »

À la même époque, à l'Hôtel du Mont-Blanc, au 28, rue de la Huchette, Elliot Paul, resté à Paris après la Grande Guerre, correspondant du *Chicago Tribune* et du *New York Herald*, se fait le chantre du Quartier latin. Un personnage de détective dilettante, Homer Evans, va l'y aider au fil de quatre romans policiers. On verra Hemingway, Henry Miller et quantité d'Américains de la génération perdue faire la navette entre sa chambre et le bal nègre du n° 11 de la rue, fameux dans l'entre-deux-guerres.

▷ *Hemingway, la génération perdue, Henry Miller allaient de la chambre d'Elliot Paul, au Mont-Blanc, au bal nègre du 11, rue de la Huchette.*

▷ ▽ *La maison de la Mutualité occupe une partie de l'emplacement du séminaire de Saint-Nicolas-du-Chardonnet.*

Le 1er juillet 1936, le groupe Octobre présente dans cette maison de la Mutualité qui occupe, maintenant, une partie de l'emplacement du séminaire de Saint-Nicolas-du-Chardonnet, « le meilleur spectacle de variétés de la saison (actualités, chœurs parlés, tours de chant, acrobatie, jazz, musette, etc.) », qui sera suivi du *Tableau des Merveilles*, adapté de Cervantès par Jacques Prévert. « Réductions pour les membres de la Maison de la Culture et de l'Université Ouvrière. » C'est à la Mutualité que Maurice Thorez a donné la conférence de presse annonçant un soutien du Parti communiste sans participation au gouvernement de Front populaire. Depuis, les adhésions n'ont cessé d'affluer, et il faut maintenant la vaste Mutualité pour les moindres réunions d'information ou comptes rendus des travaux du Comité central.

Quand son 47e anniversaire y est célébré en grande pompe, le 28 avril 1947, Maurice Thorez, « fils du peuple, guide ferme et clairvoyant de la Nation française », n'en a plus que pour une semaine à être ministre d'État d'un gouvernement dans lequel de Gaulle l'a fait entrer à la Libération. Le Général est revenu aux affaires depuis cinq ans et, dans les caves de La Question, une boîte de l'angle des rues du Haut-Pavé et Frédéric-Sauton, le 29 novembre 1963, *Hara-Kiri* remet son premier « Prix bête et méchant » à Jean-Christophe Averty, le réalisateur dont les *Raisins verts* agacent les papilles des téléspectateurs de l'ORTF le samedi soir à vingt et une heures trente. Face à la presse, le lauréat, cou et mains dans un carcan, se voit mettre sous le nez un cœur de bœuf bien saignant, « le cœur d'une mère déchirée » dans lequel il fait mine de mordre pour la photo.

Une génération va se faire les dents sur la montagne Sainte-Geneviève. C'est chez Bernadette, rue des Bernardins, qu'un Michel Colucci, qui interprète Boris Vian entre les tables en s'accompagnant à la guitare, se voit baptiser Coluche par la patronne.

Le nouveau-né monte ensuite avec le même répertoire à La Méthode, 2, rue Descartes ; sur la placette, devant, un Stéphanois nommé Bernard Lavilliers chante ses textes en exhibant ses biceps, et Gérard Depardieu, débarqué de Châteauroux, l'observe depuis la terrasse du Polytech, sa permanence quand il n'est pas à un cours d'art dramatique. Et puis Coluche, bombardé programmateur de La Méthode, y fait venir Romain Bouteille, et c'est le début d'une aventure qui fera du chanteur sans avenir un comique à succès.

À l'automne 1972, les éditions du Square, éditrices de *Hara-Kiri*, de *Charlie-Hebdo* et du mensuel de même prénom qui, à eux trois, totalisent alors quatre cent mille exemplaires, s'installent 10, rue des Trois-Portes sur cinq cents mètres carrés. Des banquettes rouges y ont été disposées « pour allonger les filles », parce qu'après la réunion de rédaction du lundi, on tire au sort « bouffe ou baise » : les fruits de mer chez Dodin-Bouffant, à côté, ou les call-girls de luxe qui remplacent maintenant les filles du Sébasto du temps de la dèche. La mode post-soixante-huitarde attire aux canards caustiques, entre autres groupies, une bande d'hôtesses de l'air qu'on voit descendre la rue Monge sur ces patins à roulettes qu'on n'appelle pas encore des rollers. Rue de la Huchette, c'est Pablo Neruda, l'ambassadeur de Salvador Allende, qui a fait de l'Hôtel du Mont-Blanc son point de chute habituel à Paris.

◁ *« Shakespeare and Company », la légendaire librairie de Sylvia Beach tenue, rue de la Bûcherie, par George Whitman, petit-fils de Walt Whitman.*

Dès sa fondation, en 1900, la Commission du Vieux Paris s'est battue pour que le réfectoire et le cellier du XIVe siècle de l'ancien couvent des Bernardins aient une attribution mieux adaptée que l'hébergement d'une caserne de pompiers, mais si la rue de Bièvre, par exemple, la pire du quartier jusque dans les années 1950, a pu devenir coquette à mesure qu'elle logeait un futur puis avéré président de la République, la caserne demeura aux Bernardins avant comme pendant. S'il y a des invariants de la Maub', de Pantagruel à Coluche, et de Théophile à *Charlie*, l'inébranlabilité de l'administration en est un.

◁ ***Ainsi appelée dès le XIIIe s. parce qu'elle n'avait que trois maisons, la rue des Trois-Portes eut ensuite, au n° 10, trois journaux satiriques.***

Saint-Victor, Saint-Médard
dans les bras de la Bièvre

▽ ◁ ▷ *La rue de Bièvre, et la statuette de l'archange, au numéro 12, emplacement de l'ancien collège Saint-Michel.*

La rive gauche n'a connu qu'une muraille défensive : sous Charles V, on s'est contenté de parfaire le vieux rempart de Philippe Auguste en le ceignant d'un fossé. La dérivation, connue comme canal des Victorins, qui entrait dans l'Université parallèlement à la rue éponyme de Bièvre, s'est alors vu détournée dans ce fossé jusqu'à la Tournelle. La Bièvre se trouvait désormais entièrement hors de la ville, toute sur les terres de Saint-Victor, son bras principal serpentant entre la ligne des rues Censier et Buffon au nord, et celle des rues du Fer-à-Moulin et Poliveau au sud.

Quant à ses eaux ! Panurge, pour se venger, ayant enduit les vêtements

◁ *Au sous-sol du bureau de poste de la rue du Cardinal-Lemoine, le passage du canal de dérivation de la Bièvre sous l'enceinte de Philippe Auguste.*

d'une « dame Parisienne » d'une certaine substance, elle se trouva bientôt suivie de « plus de six cent mille et quatorze chiens » qui, lorsqu'elle se crut à l'abri chez elle, « pissèrent si bien sur la porte de sa maison, que leurs urines firent un ruisseau où les canes auraient bien nagé ; c'est celui qui à présent passe à Saint-Victor, dans lequel Gobelin teint en écarlate, grâce à la vertu spécifique de ces pisses de chien ».

Guillaume de Champeaux, le maître d'Abélard, s'était retiré ici au début du XIIe siècle ; l'abbaye de Saint-Victor était constituée dès 1115. Sa magnifique bibliothèque était ouverte au public trois jours par semaine durant toute la journée. Rabelais l'évoque en reproduisant, au *Deuxième Livre*, cent trente-neuf titres censément tirés de son catalogue où, à côté de quelques vrais, dont un de Jean Gerson, les autres sont évidemment burlesques : *L'Apparition de sainte Gertrude à une nonne de Poissy qui était en couches* ; Bricot : *Des différentes sortes de pain à tremper la soupe* ; *Minutes de dix semaines de débats au concile de Constance sur cette question hyperpointue : savoir si une Chimère bourdonnant dans le vide peut se nourrir d'intentions secondes* ; Mouillegroin, docteur chérubin : *Sur l'origine des tartuffes et sur les rites des grenouilles de bénitiers* (sept volumes), etc. Malgré de si solides garde-fous, l'observance de la règle se relâche, et l'abbaye de Saint-Victor, réformée en 1624, ne se distingue plus après cette date de celle de Sainte-Geneviève. Mais il est à Paris un autre savoir encore, et des profès d'une autre congrégation, celle des *Coteaux*, terme qui semble désigner à la fois des experts du fisc, capables de distinguer à coup sûr si le vin provient de vignes situées en amont (les « vins de Bourgogne ») ou en aval (les « vins français ») du pont de Sens, et des connaisseurs.

▽ *Sous Charles V, le canal de dérivation de la Bièvre remplira les fossés Saint-Victor et Saint-Bernard dont on voit les rues sur le plan Maire (1808).*
DR

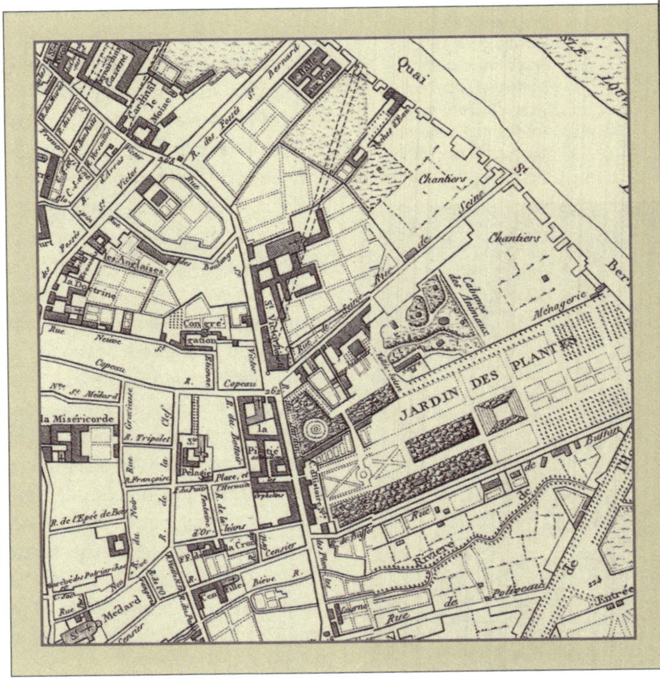

▷ *Le jardin des Plantes. Antoine de Jussieu y soigna les pousses de caféiers offertes à Louis XIV par le bourgmestre d'Amsterdam.*

◁ *Le cèdre du Liban planté en 1734 par Bernard de Jussieu peu avant l'ouverture au public du Cabinet d'histoire naturelle.*

« Savent tous les coteaux où croissent les bons vins
Et leur goût leur ayant acquis cette science
Du grand nom de Coteaux on les appelle en France »,

affirme une comédie représentée à l'Hôtel de Bourgogne, bien sûr, le 10 janvier 1665 sous ce titre : *Les Coteaux, ou les Marquis friands*. Boileau fait allusion à leur ordre gourmand dans sa troisième *Satire*.

Dès cette date existe au bord des Fossés-Saint-Bernard, sur un terrain cédé par l'abbé de Saint-Victor, une Halle aux vins. Napoléon nourrira tôt le projet grandiose d'une cité vineuse s'étendant de la place Maubert à la rue Cuvier, avec ses entrepôts francs pour l'export, l'ensemble se situant dorénavant à l'intérieur de l'enceinte fiscale des Fermiers généraux. L'abbaye Saint-Victor et son église, désaffectées en 1793, sont rasées à cet effet et quand la chute de l'Empire arrête les travaux, on compte déjà huit magasins coupés de six rues sur une superficie de quatorze hectares. « Jussieu », comme on appelle le campus des universités Paris-VI et Paris-VII, les a remplacés au tournant des années 1960-1970.

▽ *La rue des Boulangers et ses maisons ventrues ; au fond, la « tour Zam », longtemps dénommée d'après le nom du doyen Marc Zamanski.*

« Le petit monde des cygnes et des bananiers »

Les Jussieu, c'était une dynastie : Antoine avait soigné au jardin des Plantes les pousses de caféiers offertes à Louis XIV par le bourgmestre d'Amsterdam, puis les avait confiées, sous la Régence, aux colons de Martinique et de Guyane ; Bernard, son cadet, avait planté en 1734 sur la pente du grand labyrinthe le premier cèdre du Liban en France, peu avant l'ouverture au public du Cabinet d'histoire naturelle. Le vieux « Jardin du roy », où les médecins de Louis XIII avaient commencé de cultiver des simples envi-

◁ *Le platane de Buffon. Le naturaliste fut intendant du Jardin du roi pendant un quasi-demi-siècle.*

ron cent ans plus tôt, allait voir son étendue doublée pendant le quasi-demi-siècle où Buffon devait, jusqu'à sa mort, en être l'intendant. La butte de gravats, sur laquelle tournait un moulin au XIIe siècle, s'ornait maintenant d'une gloriette en bronze, fabriquée dans ses forges, qui affichait : « Je ne compte pas les heures, à moins qu'elles ne soient sereines ». Sonnait déjà celle de la Révolution.

Les choses allaient très vite. Mme Roland, l'égérie des Girondins, arrêtée au deuxième étage du 51, rue de la Harpe où le couple s'est établi après que Roland eut abandonné son ministère, est conduite à Sainte-Pélagie, ce couvent où l'on n'enfermait que les filles de mauvaise vie, dont la Terreur a fait une prison sans exclusive. Elle est située dans le quadrilatère des rues Lacépède, de la Clef, Larrey et de Quatrefages. Mme Roland avait reçu en face, rue de Navarre, au couvent des Filles de la Congrégation Notre-Dame, dès ses 11 ans, une éducation supérieure à celle de la plupart des jeunes filles de son temps. Dans sa prison, le naturaliste Bosc lui apporte des fleurs du jardin des Plantes, prises en passant chez le jardinier en chef, son savant ami, André Thouin, auquel il succèdera. Mme Roland y écrit ses *Mémoires*, dont il sera l'éditeur.

Elle a déjà été guillotinée quand ses anciens compagnons de détention, entendant le geôlier chasser son chien en le traitant de Robespierre, réalisent qu'il s'est passé quelque chose : Thermidor.

Quelques mois plus tard, raconte Chateaubriand dans ses *Mémoires d'outre-tombe*, « loin des criailleries du forum et de la tribune, Bonaparte se promenait le soir au jardin des Plantes avec Junot. Junot lui racontait sa passion pour Paulette, Napoléon lui confiait son penchant pour madame de Beauharnais : l'incubation des événements allait faire éclore un grand homme. Madame de Beauharnais avait des rapports intimes avec Barras : il est probable que cette liaison aida le souvenir du commissaire de la Convention, lorsque les journées décisives arrivèrent ». On a vu Barras venir chercher Bonaparte rue de la Huchette le 13 vendémiaire[66].

◁ *Couronnant une ancienne butte de détritus, la « gloriette de Buffon » du jardin des Plantes fut fabriquée dans les forges du savant à Montbard.*

66. Voir le chapitre Maubert, p. 468.

△ *Bernardin de Saint-Pierre, successeur de Buffon, réclama en 1793 la ménagerie royale de Versailles pour le Jardin des Plantes.*

Quand Bernardin de Saint-Pierre, successeur de Buffon, qui en 1793 avait réclamé la ménagerie royale de Versailles pour le jardin des Plantes, meurt, la coalition de l'Angleterre, la Russie, la Prusse, l'Autriche et la Suède est déjà aux portes de Paris. « On se précipitait au jardin des Plantes que jadis aurait pu protéger l'abbaye fortifiée de Saint-Victor : le petit monde des cygnes et des bananiers, à qui notre puissance avait promis une paix éternelle, était troublé », raconte encore Chateaubriand. « Du sommet du labyrinthe, par-dessus le grand cèdre, par-dessus les greniers d'abondance que Bonaparte n'avait pas eu le temps d'achever, au-delà de l'emplacement de la Bastille et du donjon de Vincennes [lieux qui racontaient notre successive histoire], la foule regardait les feux de l'infanterie au combat de Belleville. [...] Les derniers héros furent les cent cinquante jeunes gens de l'École polytechnique, transformés en canonniers dans les redoutes du chemin de Vincennes. Environnés d'ennemis, ils refusaient de se rendre ; il fallut les arracher de leurs pièces : le grenadier russe les saisissait noircis de poudre et couverts de blessures ; tandis qu'ils se débattaient dans ses bras, il élevait en l'air avec des cris de victoire et d'admiration ces jeunes palmes françaises et les rendait toutes sanglantes à leurs mères. »

Le jardin des Plantes reste, sous la Restauration, un lieu d'intense fermentation intellectuelle. De Weimar, Goethe suit avec passion, presque heure par heure, impatient du courrier et des revues, la controverse sur le transformisme qui oppose ici Cuvier et Geoffroy Saint-Hilaire. Chateaubriand a démissionné de son ambas-

▷ *Au 14, rue Cuvier, la plus vieille glycine de Paris croît, naturellement, en face du jardin des Plantes.*

◁ *La maison de Cuvier au jardin des Plantes. C'est là que, le 1er mars 1896, Henri Becquerel mit en évidence la radioactivité.*

▷ *La fontaine dédiée à Georges Cuvier, et son lion qui s'étonne de ce que le crocodile soit capable de se tordre le cou…*

sade romaine pour protester contre le ministère Polignac, le voilà la coqueluche des libéraux. Et il est amoureux ; il a plus de 60 ans, elle n'en a pas la moitié. Pendant l'hiver, brûlant pour lui, de 1829-1830, il a rendez-vous sur le pont de fer d'Austerlitz avec Hortense Allart, sa dernière passion ; ils se promènent dans les allées du jardin des Plantes, au hasard : l'hôtel de Magny, la maison où mourut Buffon, le grand amphithéâtre dessiné par Verniquet, les deux serres carrées dont la construction commence…

« Le vacarme de Saint-Médard »

Quatre ans plus tard, la passion est éteinte quand Chateaubriand visite Armand Carrel, à Sainte-Pélagie, « dans une cour humide, sombre, étroite, encerclée de hauts murs comme un puits. D'autres républicains se promenaient aussi dans cette cour : ces jeunes et ardents révolutionnaires, à moustaches, à barbes, aux cheveux longs, au bonnet teuton ou grec, au visage pâle, aux regards âpres, à l'aspect menaçant, avaient l'air de ces âmes préexistantes au Tartare avant d'être parvenues à la lumière : ils se disposaient à faire irruption dans la vie ».

Prison politique, « Pélago » verra passer tous les républicains, dont un certain nombre s'échappent le 12 juillet 1834 grâce à un souterrain, « préparé

◁△ *Le grand amphithéâtre dessiné par Verniquet ; Chateaubriand l'admira avec Hortense Allart, sa dernière passion. Les deux serres carrées étaient en construction durant l'hiver de 1829-1830, brûlant pour eux, des rendez-vous au jardin des Plantes.*

△ *L'hôtel Louis XV du 7, rue Lacépède, dans le jardin duquel débouchèrent, le 12 juillet 1834, les républicains évadés de « Pélago ».*

▽ *Les « arènes de Lutèce », amphithéâtre gallo-romain mis au jour en 1869, lors de travaux d'ouverture d'un dépôt d'omnibus.*

par un long et pénible travail de deux mois », donnant dans le jardin d'un petit hôtel Louis XV sis au 7, rue Lacépède. La république advenue, il n'est plus besoin de tunnel ; Proudhon écrit le 28 septembre 1849 : « Je sors une fois par semaine, ainsi que la plupart des détenus politiques qui se trouvent dans les prisons de Paris ». Au « 18 Brumaire de Louis-Napoléon », il est précisément de sortie, mais comme il a donné sa parole qu'il regagnerait sa cellule, il confie à Victor Hugo son indisponibilité pour la riposte au coup d'État. C'est dans l'aile gauche de Sainte-Pélagie que tous les députés arrêtés le 2 décembre 1851 seront logés ; Martin Nadaud y aide Proudhon à allumer son poêle, jusqu'à ce que *L'Officiel* leur apprenne qu'ils sont condamnés à un exil perpétuel. Pour ceux qui restent – et ce seront ici beaucoup de condamnés pour délit de presse –, le règlement, sous le Second Empire, s'est durci.

En 1869, les travaux d'ouverture d'un dépôt d'omnibus, au n° 49 de la récente rue Monge, mettent au jour l'amphithéâtre gallo-romain qu'avait

fini de remblayer le creusement des Fossés Saint-Victor (haut de l'actuelle rue du Cardinal-Lemoine), et dont on avait, depuis des siècles, perdu la trace. La guerre de 70 interrompt des fouilles à peine entamées et, pour vingt ans, l'alléluia archéologique entonné reste sans écho. Il faudra des sollicitations pressantes de Victor Hugo pour que le Conseil municipal se résolve à voter des crédits.

La Municipalité décide, presque en même temps, de supprimer les trois prisons parisiennes : avec Sainte-Pélagie, Mazas et la Roquette. « Pélago » disparaît donc en 1898. Le quartier avait aussi connu, longtemps, l'enfermement des pauvres et des mendiants. Louis XIII le premier en avait donné l'ordre : avant même que le jardin des Plantes n'ait vraiment pris corps, s'élevait déjà en face, dès 1612, la Pitié. En 1900, c'était un hôpital de sept cents lits. De 1922 à

1926, la Grande Mosquée se construisait à son emplacement.
Exactement entre ces deux dates, Hô Chi Minh publiait les trente-huit numéros du *Paria*, « Tribune des populations des colonies » puis « Tribune du prolétariat colonial ». Au 3, rue du Marché-des-Patriarches, on verra apporter leurs articles le leader syrien Rachid Rida, Marcel Cachin, et Hadj Ali Abdel Kader, quincaillier dans le quartier, premier candidat communiste pour les peuples des colonies aux législatives de 1924, qui fondait, afin de « défendre les intérêts matériels, moraux et sociaux des Musulmans nord-africains », l'Étoile nord-africaine dont Messali Hadj prendrait la direction.
Le bourg Saint-Médard, où la présence de la Mosquée, côté Saint-Victor, est symbole de tolérance, avait été à son autre bord, dans l'angle formé par la rue Mouffetard et la Bièvre, le lieu des persécutions religieuses. En 1561, la maison dite des Patriarches, par l'intermédiaire d'un gendre de la famille Gobelin, calviniste, était l'un des deux temples autorisés avec celui de Popincourt. Encore fallait-il qu'on pût y entendre le prêche, ce que Saint-Médard empêchait, le 27 décembre, par un carillonnement délibéré. On en vint aux mains : les calvinistes mirent à sac l'église ; le lendemain, le connétable de Montmorency vint le leur rendre au centuple.
Le bourg était depuis trois ans annexé à Paris quand mourut, en 1727, le diacre de Saint-Médard, un janséniste. La persécution des siens battait son plein ; le diacre Pâris, ascétique, était décédé, à 36 ans, des mortifications qu'il s'infligeait. Aussitôt, sur sa tombe et à son exemple, ceux qu'on appellera les « convulsionnaires de Saint-Médard » martyrisèrent leur chair sans mesure, et ils incarnèrent ici, ouvertement durant cinq ans, puis de façon plus secrète ensuite, les tourments qu'on leur destinait jusqu'à ce que leurs instigateurs, les jésuites, fussent expulsés de France en 1762.
Juste avant 1968, à La Vieille-Grille, l'ancienne épicerie-buvette de la rue du Puits-de-l'Ermite, en face de la Grande Mosquée, Bouteille donne un monologue, *Je m'appelle Harri Dave* : « Déjà, les racistes, je n'aime pas tellement ; mais alors les nègres !... ». Coluche est dans la salle. Au même endroit, il voit Higelin et les Bayot, puis Higelin en trio avec Rufus et Brigitte Fontaine. Quand *Rock & Folk* lui demandera : « Tout ce que tu sais faire, de qui l'as-tu appris ? », il répondra aussitôt : « Rufus, Bouteille ; Higelin aussi : c'était le plus fort quand il faisait encore le comique ». Et Pierre Barouh renchérit : « J'affirme que Coluche s'est inspiré d'Higelin dans une certaine mesure ».
Dans les années 1980, l'Institut du monde arabe naît d'un partenariat entre la France et dix-neuf États. Le bâtiment de Jean Nouvel est une des plus belles réussites de l'architecture de la fin du XXe siècle.

◁ *De 1922 à 1926, la Grande Mosquée se construisit à l'emplacement de l'ancien hôpital de la Pitié, de 1612.*

▽ *L'Institut du monde arabe, né d'un partenariat entre la France et dix-neuf États, installé en bordure de Seine dans un bâtiment de Jean Nouvel.*

◁ *39, rue Daubenton, la porte du cimetière de Saint-Médard fut murée pour interdire son accès aux « convulsionnaires ».*

Le pauvre faubourg Saint-Marcel

Au sortir du jardin des Plantes[67], Chateaubriand et sa récente conquête se dirigent vers le cabaret faisant l'angle de la rue Buffon et du boulevard de l'Hôpital, comme le raconte Hortense elle-même : « C'est à l'Arc-en-Ciel que j'allais dîner avec M. de Chateaubriand au retour de nos promenades (...) On nous servait vite et bien. (...) Il demandait du vin de Champagne pour animer, disait-il, ma froideur »...

Pour une bonne compréhension de la suite, précisons qu'ils dînent dans une

67. Voir le chapitre précédent, p. 479.

salle du premier étage. « Dans cet état, il était plus amoureux, plus vif ; il me disait que je lui donnais les plaisirs les plus charmants, m'appelait séductrice, etc., et, dans cet endroit solitaire, il faisait ce qu'il voulait. »

S'ils s'étaient plutôt mis à la fenêtre, il n'y avait devant que la Salpêtrière ; sur le quai, la pompe à feu qui ne serait démolie qu'en 1844 et, à côté, la barrière de la Gare (fluviale). Ni Chateaubriand ni Hortense ne viendront plus à l'Arc-en-Ciel quand commencent les travaux de la gare du Chemin de fer d'Orléans, après 1835 ; quand est transférée derrière son embarcadère la prison de la Garde nationale qu'on surnomme « l'Hôtel des Haricots ».

Les artistes, comme tous les bourgeois de Paris, doivent faire, dans la garde, des périodes, mais ils sont généralement désinvoltes. Sanctionnés, ils bénéficient de la fameuse cellule n° 14 que les romantiques ont noircie de courbes et de rimes, de Devéria et Gavarni à Gautier et Musset :

« Et ces cachots n'ont rien de triste,
Il s'en faut bien :
Peintre ou poète, chaque artiste
Y met du sien.
De dessins, de caricatures
Ils sont couverts.
Çà et là quelques écritures
Semblent des vers. »

◁△◁ ***Les travaux de la gare du Chemin de fer d'Orléans (auj. d'Austerlitz) commencèrent en 1835. Le métro (détail d'un pilier) la traverse depuis 1906.***

Pendant les trente ans qu'y demeurera l'Hôtel des Haricots, le quai d'Austerlitz se remplit d'importants établissements industriels, et quand cette prison particulière cède la place, en 1867, la très belle vue que l'on avait depuis son premier étage ne l'est plus autant.

Devant Chateaubriand et Hortense, en 1830, il n'y a donc que la Salpêtrière. Un siècle plus tôt, Des Grieux y retrouvait Manon prisonnière, l'en faisait évader. Le plan consistait à la déguiser en homme. Avec son complice, ils s'étaient réparti, enfilées pardessus les leurs, toutes les pièces d'un vêtement masculin, mais, au moment propice, le chevalier se rendait compte qu'il y avait tout, « excepté la culotte, [qu'il avait] malheureusement oubliée » ! Ils en riraient volontiers si l'heure n'était pas aussi grave. « Je pris mon parti qui

△ **La Conduite des filles de joie à la Salpêtrière : le passage près de la porte Saint-Bernard,** ***d'Étienne Jeaurat, vers 1757.***

fut de sortir moi-même sans culotte. Je laissai la mienne à Manon. » Heureusement, Des Grieux porte un surtout assez long ; à l'aide de quelques épingles, il peut en tenir les basques fermées sur son indécence.

Si la salle de l'Arc-en-Ciel est, pour les amoureux, solitaire à souhait, c'est que la Salpêtrière, cette « gynépole », sert depuis bientôt cent quatre-vingts ans de repoussoir à Paris. Son ampleur, la répulsion qu'inspirait sa population de mendiants, prisonniers et prostituées a bloqué le développement de la ville à l'est. Balzac envoyant, à l'époque où notre couple s'y promène, le Raphaël de la *Peau de chagrin* au jardin des Plantes, situe celui-ci « entre la Halle aux vins, immense recueil de tonneaux, et la Salpêtrière, immense séminaire d'ivrognerie ».

En 1656, un édit de Louis XIV avait mis dans la corbeille de l'Hôpital général « le Refuge sis au faubourg Saint-Victor », ancienne fabrique de Salpêtre. En 1679, La Reynie[68] disposait d'un corps d'archers spécialisés pour la remplir ; l'église Saint-Louis et les premiers bâtiments de la Salpêtrière s'achevaient. Hurtaut et Magny, en 1779, décrivent « ce vaste édifice qui de loin ressemble à une petite ville », situé « hors la barrière du marché aux chevaux [boulevard de l'Hôpital] et celle de Saint-Bernard [à l'extrémité du quai de ce nom], quartier de la place Maubert » selon la nouvelle division administrative de 1702.

L'aménagement de son étrange église, aux quatre nefs en croix entre les bras de laquelle se rencognent quatre grandes chapelles, n'est pas encore achevé. Si son autel, central, est visible de huit côtés à la fois, c'est que la Salpêtrière réunit des enfants au-dessous de 4 ans, des femmes de

68. Voir le chapitre Sentier, p. 250.

▷ *L'ancien arsenal de la Salpêtrière (aujourd'hui la buanderie de l'hôpital) et les bâtiments où étaient hébergés les archers.*

◁▷ *Saint-Louis de la Salpêtrière. Sous le dôme, son autel central, visible de huit côtés à la fois.*

▽ *Les bancs du bon air où l'on enchaînait les folles.*

tout âge, même infirmes ; dans deux grandes salles, mille six cents filles qui travaillent et, dans deux cent cinquante petites chambres, de vieux couples indigents. Le logement des folles et des femmes imbéciles est dans une cour séparée, tandis qu'un autre bâtiment isolé est une maison de force pour filles et femmes débauchées qu'on y met en correction : elle se compose de quatre prisons différentes selon que les enfermées le sont par décision familiale, lettre de cachet, condamnation judiciaire, ou pour prostitution. Soit, au total, dix mille personnes !

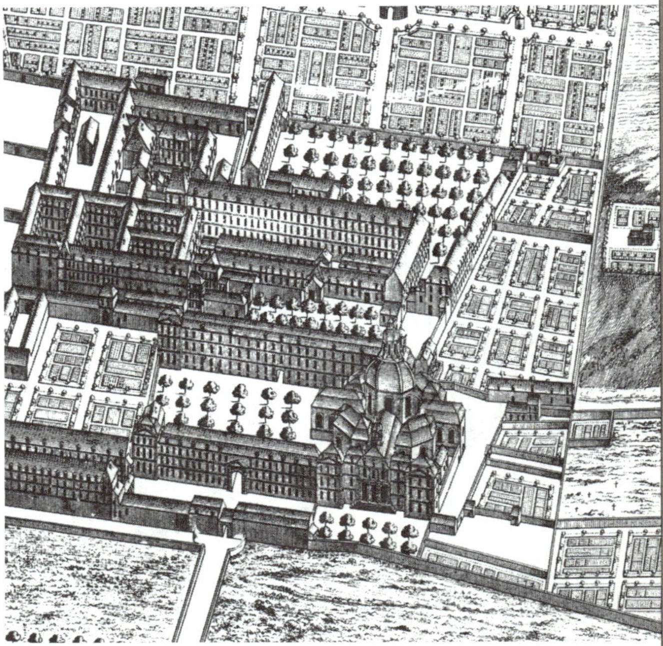

▷ *Le plan Turgot (1739) montre bien les quatre nefs en croix entre lesquelles se rencognent quatre grandes chapelles.*
DR

La médecine ne fait son apparition dans cet hospice qu'à la veille de la Révolution. C'est le moment où se construit le mur des Fermiers généraux, qui avance la barrière des bords de Seine à cette gare fluviale entreprise en 1769, vite délaissée, appelée pourtant à donner son nom à un quai, un boulevard, un quartier du 13e arrondissement. Le chirurgien et médecin Tenon, en 1786, met en garde contre les dangers de la vieille gare à bateaux alors qu'on va transférer ici les aliénés de l'Hôtel-Dieu : « Au-dessus de la Salpêtrière est une espèce de lac creusé pour y former une gare ; cette gare abandonnée est remplie dans les crues d'eaux, altérées pendant les sécheresses ; ses eaux croupies méritent attention. Il serait, si je ne me trompe, de la plus grande importance pour la maison de la Salpêtrière, et même pour la Ville de Paris, qu'on s'occupât de remplir cette excavation, aujourd'hui surtout qu'on vient d'élever un hôpital de malades précisément dans le voisinage de cet amas d'eaux ».

Les brutalités en guise de soins aux aliénées ont commencé à céder ici avec Pinel ; Esquirol a fondé à la Salpêtrière un enseignement spécialisé en 1817, et réalisé même des essais de musicothérapie. L'écho des concerts donnés aux étés de 1824 et 1825 par des « musiciens très distingués, secondés par les élèves du Conservatoire », à quatre-vingts femmes aliénées dans le dortoir dit « des convalescentes » parvenait peut-être jusqu'à l'Arc-en-Ciel.

Barbara qui vécut 23 ans, 5 mois et 28 jours

Chateaubriand et son Hortense quittent le faubourg Saint-Marcel en voiture, « dans des tendresses sans fin », c'est dire qu'ils n'auront rien vu quand ils en descendront pour se séparer place Maubert : l'amour est aveugle. Les bêtes qui les tirent, elles, auront sans doute frémi au voisinage du marché aux chevaux. Celui-ci aligne depuis 1687, entre le boulevard de l'Hôpital et la rue aujourd'hui Geoffroy-Saint-Hilaire, sur près de deux hectares, le marché proprement dit, une esplanade pour l'essai des che-

▽◁ Les 11 et 13, rue Geoffroy-Saint-Hilaire, et, au 5, le pavillon de surveillance du marché aux chevaux, élevé entre 1760 et 1762.

▽ △ *L'hôtel Scipion-Sardini. Des figures de femmes et de guerriers sont représentées sur les médaillons de terre cuite.*

vaux de trait et une dernière partie destinée à la vente des voitures.

Dans son prolongement, le vieux bourg Saint-Marcel, dont la rue des Fossés marque encore la limite de l'enclos fortifié, en finit tout juste avec quinze siècles d'histoire funéraire. Près du gué où la route romaine venant de Lyon franchissait la Bièvre, s'élevait, dès la fin du IIIe siècle, la plus importante nécropole paléochrétienne de la capitale. Un jardinier y découvrait en 1753, sur un sarcophage, un « rappelle-toi, Barbara » du Ve siècle : « Ma très douce épouse Barbara qui vécut 23 ans, 5 mois et 28 jours »... Dans une sépulture proche, et un temps également, avait été inhumé Marcel ou Marceau, l'évêque qui avait débarrassé Paris du dragon hantant le marais de la Bièvre, le plus parisien des saints, le seul natif. Dans cette rue de la Calandre que le boulevard du Palais haussmannien a rayée de la Cité, le clergé de Notre-Dame a fait station durant des siècles, à chaque fête de l'Ascension, devant sa maison natale présumée.

Sur les lieux du miracle, à un oratoire succédait une église, dès la première moitié du XIe siècle, qui passait collégiale en 1158. Autour se constituait un bourg fortifié, dans le coude de la Bièvre, juste au sud, donc, de celui de Saint-Médard. Bientôt, de belles demeures profiteront de la rive droite de la rivière, et les églises se multiplieront : Saint-Martin symétriquement à Saint-Marcel, de part et d'autre d'un cloître et, de l'autre côté de la rue Mouffetard (aujourd'hui avenue des Gobelins), Saint-Hippolyte, qui sera l'église de la manufacture.

Mais, dès 1656, l'hôtel Scipion-Sardini des riants bords de Bièvre est attribué à l'Hôpital général en même temps que la Salpêtrière et, devant lui, sur des terrains de l'hôtel de Clamart, s'ouvre, pas même vingt ans plus tard, le cimetière de l'Hôtel-Dieu, le plus grand de Paris, celui des pauvres. La physionomie des lieux s'en trouve vite changée. En 1758 – l'ancien bourg a été rattaché à Paris en 1724 –, Edmond, le *paysan perverti* de Restif de la Bretonne, peut écrire :

▽ *Trois églises dans la boucle de la Bièvre : Saint-Marcel, Saint-Martin et Saint-Hippolyte.*
DR

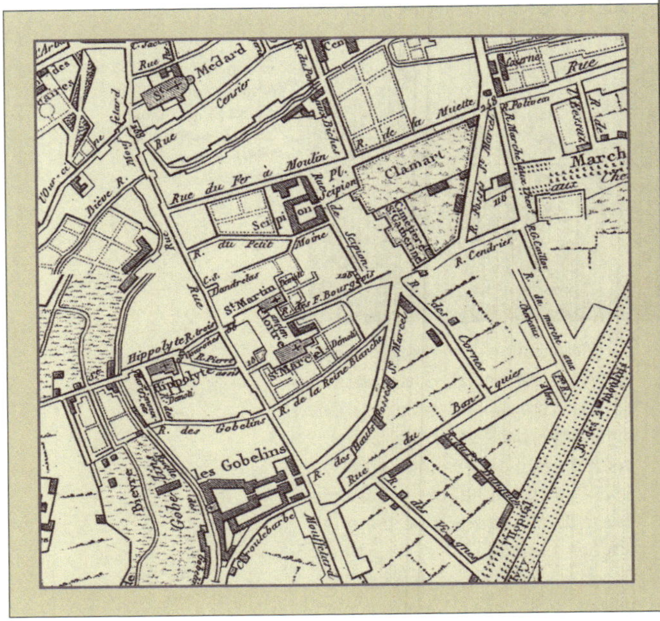

▷ *L'hôtel de la mystérieuse « Reine Blanche ».*

« Je me suis caché dans la plus basse populace : je me suis logé dans le faubourg saint Marceau, chez une blanchisseuse ». Un quart de siècle plus tard, Mercier décrit la nécropole : « Les corps que l'Hôtel-Dieu vomit journellement sont portés à Clamart : c'est un vaste cimetière, dont le gouffre est toujours ouvert. Ces corps n'ont point de bière ; ils sont cousus dans une serpillière ».

« Il n'y a là, poursuit Mercier, ni pyramides, ni tombeaux, ni inscriptions, ni mausolées : la place est nue. Cette terre grasse de funérailles est le champ où les jeunes chirurgiens vont la nuit, franchissant les murs, enlever des cadavres pour les soumettre à leur scalpel inexpérimenté : ainsi, après le trépas du pauvre, on lui vole encore son corps ; et l'empire étrange que l'on exerce sur lui ne cesse enfin que quand il a perdu les derniers traits de la ressemblance humaine. »

◁ *L'ancien amphithéâtre d'anatomie, installé de 1833 aux années 1960, 17, rue du Fer-à-Moulin.*

L'administration perpétuera la tradition en ouvrant, en 1833, sur une partie de son emplacement – le cimetière du Montparnasse a pris le relais de ceux du faubourg Saint-Marcel en 1824 –, l'amphithéâtre d'anatomie qui y demeurera jusque dans les années 1960.

Pendant que Mercier dressait son tableau s'adjoignait encore, à Clamart, le cimetière des catherinettes, ces religieuses qui se chargeaient des corps échouant à la morgue, auxquels s'ajouteront ceux des suppliciés, quand, à compter de 1790, ils auront droit à une sépulture décente ; enfin, tous les morts ordinaires de la rive gauche. Les funérailles de Restif de la Bretonne, suivies par mille huit cents personnes, s'y déroulent en 1806. Cette année-là, l'administration napoléonienne démolit Saint-Marcel et Saint-Martin, tandis que l'arasement de Saint-Hippolyte est en bonne voie.

Sur le bord de la rivière des Gobelins, un papillon couleur de brique

Saint-Hippolyte avait été l'église de Jean Gobelin comme de Jean de Julienne. La famille Gobelin avait quitté la Bièvre au moment de son anoblissement, en 1554 ; son affaire était passée aux Canaye puis aux Hollandais Gluck qui, sous Louis XIV, dirigeaient les Manufactures de draps fins et écarlates des Gobelins sises au n° 3 de la rue du même nom. C'était là cette Folie qui attirait Pantagruel : « Pantagruel, un jour, pour se distraire de ses études, se promenait vers le

◁ *L'orangerie de la Folie Gobelin, 3 bis, rue des Gobelins, constitua plus tard la galerie des nombreux Watteau que possédait Jean de Julienne.*

faubourg Saint-Marceau, car il voulait voir la Folie Gobelin ».

Jean Gluck épouse la fille d'un concurrent, François de Julienne qui, rue de la Reine-Blanche et 259, rue Mouffetard, tient manufacture pour les draps fins, façon d'Espagne, d'Angleterre et de Hollande. Jean de Julienne, neveu des deux hommes, réunit les entreprises désormais alliées dans les murs de la Folie-Gobelin, qui s'étend jusqu'à ces bâtiments habituellement désignés comme hôtel de la Reine Blanche. Jean de Julienne est, de tous les amis de Watteau, celui qui possède le plus grand nombre de tableaux du peintre, accrochés ici avec d'autres pièces dans sa galerie de grand collectionneur, et jusqu'à sa mort, en 1766, octogénaire et paralytique, il continuera de s'y faire porter.

Plus au sud, après que la fabrique royale des tapisseries, établie par François Ier à Fontainebleau, a été transportée sur les bords de la Bièvre en 1622, Louis XIV et Colbert y réunissent tous les ouvriers du roi : brodeurs, orfèvres, fondeurs, graveurs, lapidaires, ébénistes, teinturiers, carrossiers, dans un hôtel acheté avec ses prés, ses aunaies et ses bois baignés par la rivière, « sur la principale porte duquel hôtel, indique le roi, sera posé un marbre au-dessus de nos armes, dans lequel sera inscrit : *Manufacture royale des meubles de la couronne* ». Et le signataire ajoute : « La conduite particulière des manufactures appartiendra au sieur Le Brun, notre premier peintre, sous le titre de directeur, suivant les lettres que nous lui avons accordées le 8 mars 1663 ».

◁ △ ▽ *Le Mobilier national, la manufacture des Gobelins et les 70 toises et 4 pieds de Bièvre dont la plaque lui rappelle l'obligation d'entretien.*

△ ***Médaillons illustrant les étapes de la fabrication de la tapisserie, sur l'avenue des Gobelins.***

Douze maisons, tout autour, sont réservées aux ouvriers et exemptes d'avoir à loger les militaires. Le directeur de la manufacture – après Le Brun viendra Mignard – peut faire établir des brasseries de bière à l'usage de ses ouvriers sans se soucier de la corporation des brasseurs. Le 13 décembre 1720, l'architecte Robert de Cotte étant directeur, la miniaturiste italienne Rosalba Carriera peut visiter ici « la fabrique de carrosses et de Phaétons et non celle des vernis », sans doute ceux dits Martin, vernis à la résine et laques dans le goût chinois destinés aux chaises à porteurs, meubles et lambris.

Soufflot assure la direction des Gobelins quand Bernardin de Saint-Pierre, de part et d'autre de son intendance au jardin des Plantes, habite rue de la Reine-Blanche, où il achève *Paul et Virginie* en 1786. Ce côté du quartier n'a décidément rien à voir avec le côté Salpêtrière ; ici, il peut, pour ses *Études de la nature*, observer le mimétisme défensif des insectes : « Au mois de mars dernier, je vis sur le bord de la rivière des Gobelins un papillon couleur de brique, qui se reposait les ailes étendues sur une touffe d'herbes. Je m'approchai de lui et il s'envola. Il fut s'abattre à quelques pas de distance sur la terre qui, en cet endroit, était de sa couleur. Je m'approchai de lui une seconde fois : il prit encore sa volée, et fut se réfugier sur une semblable lisière de terrain. Enfin, je ne pus jamais l'obliger à se reposer sur l'herbe, quoique je l'essayasse souvent, et que les espaces de terre qui se trouvaient entre les touffes de gazon fussent étroits et en petit nombre ».

Concernant la couleur, non des papillons, mais des étoffes, le vieux mythe de l'écarlate obtenue par l'acide uri-

▷ ▽ **La Bièvre vive longeant les bâtiments et le chevet de la chapelle de la Manufacture.** ***Sur une aquarelle (BnF) de 1823, et aujourd'hui.***

que a la vie dure depuis qu'il a été lancé par Rabelais[69]. Peut-être les dispositions de l'édit louis-quatorzien en matière de brasseries, la bière étant connue comme diurétique, l'ont-elles renforcé ? En 1823, encore, un condamné à mort écrit au directeur des Gobelins : « Monsieur, J'ai entendu dire, plusieurs fois, que l'on admettait dans la maison dont vous avez la direction des personnes condamnées à des peines graves, afin qu'étant nourries par des aliments irritants, elles procurent plus sûrement l'urine pour les écarlates que l'on y fabrique. *Me trouvant, malheureusement, condamné à la peine capitale, je désirerais terminer ma carrière dans votre maison* ; veuillez donc, Monsieur, avoir la bonté de m'instruire s'il est vrai que l'on y admette *ces sortes de condamnés*, et quelle serait la marche à suivre pour y entrer ? ».

La Savonnerie rejoint les Gobelins en 1825. En janvier 1860, un projet d'élargissement de la rue Mouffetard, qui entraînerait le déplacement de la manufacture, est vivement combattu par la presse du temps du fait qu'il néglige « l'importance qu'elle donne à un quartier de Paris, à un faubourg peu favorisé dont elle est la vie et l'orgueil ». À cette date, à la Folie Gobelin est installée une fabrique de châles.

Ça n'empêche pas d'exister

« Les Polonais, règle générale, sont tous du faubourg Saint-Marceau », affirme *L'Éducation sentimentale*. Ils y sont arrivés nombreux, en effet, après l'échec de leur révolution de 1830-1831.

Le 25 juin 1848, c'est au faubourg qu'une révolution meurt. Dans ses derniers soubresauts, le général Bréa est venu parlementer barrière d'Italie, on s'est saisi de lui et on l'a fusillé. Ils étaient là deux mille cinq cents insurgés derrière sept barricades. Sur vingt-cinq personnes qui seront traduites devant un conseil de guerre, on compte deux cordonniers, un contremaître tanneur, un marchand de chevaux et deux apprentis dans ce métier, un charpentier, un maçon et un garçon maçon, un carrier, un terrassier. Un employé de librairie est le seul employé du lot. Cinq seront condamnés à mort, et deux finalement guillotinés, le 17 mars 1849, à cette même barrière, devant plus de dix mille hommes de troupe, et quatre canons braqués sur les principaux axes de circulation.

Exécuté le premier, Henri-Joseph Daix, 44 ans, demeurait 34, rue Poliveau. Trépané, suicidaire, borgne, c'était un administré de Bicêtre depuis un accident qui lui avait fait perdre, de plus, l'usage d'un bras et d'une jambe. Nicolas Larr, 29 ans, « homme d'une grande énergie et d'une force herculéenne », était l'un de ces trois frères wurtembergeois, maçons travaillant sous les ordres de Martin Nadaud à la construction de la nouvelle mairie du 12e arrondissement, place du Panthéon. Il portait des boucles d'oreilles qui l'avaient fait reconnaître. Sa femme tenait un commerce de vin à la barrière des Deux-Moulins (aujourd'hui place Pinel), côté Ivry, au sud de ce petit hameau dit aussi d'Austerlitz, annexé à Paris par le boulevard de la Gare en 1818. Nadaud publiera une

69. Voir le chapitre Saint-Victor, p. 475.

△ *L'ENSAM occupe l'emplacement de l'abattoir de Villejuif.*

lettre pour témoigner que Larr, gagné comme beaucoup aux idées bonapartistes, « avait marché au combat aux cris réitérés de "Vive Napoléon !" ». En vain.

Napoléon III, soucieux comme on sait de *l'extinction du paupérisme*, dote, en 1865, *le faubourg souffrant* d'une Halle aux cuirs, marché des peaux brutes comme des objets manufacturés, en liaison directe avec l'une de ses activités traditionnelles. Le centre universitaire Censier est aujourd'hui sur son emplacement, comme l'École nationale supérieure des Arts et Métiers sur celui de l'abattoir de Villejuif. C'est pour intégrer cet abattoir dans les limites de l'octroi, et non pour annexer le hameau des Deux-Moulins dont on n'avait cure, que le tracé du mur des Fermiers généraux a été rectifié, et créé le boulevard de la Gare.

△ ***Publicité française de 1928 pour les voitures Delahaye.***
© Rue des Archives/PVDE

En 1928, Delahaye fabrique, rue du Banquier et dans l'ancien hameau des Deux-Moulins, des voitures de classe moyenne réputées pour leur solidité, et la révolution est surréaliste. La revue de ce nom célèbre, en mars, le cinquantenaire de l'hystérie, « dont le type parfait nous est fourni par l'observation de la délicieuse X. L. entrée à la Salpêtrière dans le service du docteur Charcot le 21 octobre 1875, à l'âge de 15 ans ».

Dix ans après cette date, « en octobre 1885 », rappelle Freud dans *Ma vie et la psychanalyse*, « j'entrai comme élève à la Salpêtrière, mais j'y fus, au début, perdu parmi tous les élèves accourus de l'étranger, donc peu considéré. Un jour, j'entendis Charcot regretter que le traducteur allemand de ses leçons n'eût plus donné signe de vie depuis la guerre. (...) Je lui écrivis pour m'offrir à lui, (...) Charcot m'agréa, m'introduisit dans son intimité et, depuis lors, j'eus ma pleine part de tout ce qui avait lieu à la clinique. (...) Charcot répondait toujours à nos objections avec affabilité et patience, mais aussi avec beaucoup de décision ; dans l'une de ces discussions, il laissa tomber ces mots : "ça n'empêche pas d'exister", paroles qui devaient s'imprimer en moi de façon inoubliable ».

En 1918, André Breton a fait fonction d'interne provisoire à la Pitié, construite autour de 1910 sur une partie des terrains de la Salpêtrière, dans le service de Babinski, l'élève préféré de Charcot, le grand patron d'une nouvelle neurologie. L'ensemble Pitié-Salpêtrière est, aujourd'hui, le plus grand centre hospitalo-universitaire de France.

▷ **Une leçon clinique sur l'hystérie à la Salpêtrière, service du professeur Charcot, *d'André Brouillet, Salon de 1887.***
© akg-images/Erich Lessing

Autour de la BNF, la rive gauche de l'est

Le quartier administrativement nommé « de la Gare » – même si c'était en référence à un garage à bateaux – s'est trouvé justifier pleinement, par la suite, son titre de hasard : pendant cent cinquante ans, il a été l'arrière-pays de la gare du Chemin de fer d'Orléans. À plus d'un titre. D'abord, la gare proprement dite a pu enfler et se dégonfler, prendre en 1867 des proportions grandioses puis, en 1900, se voir ravaler au rang de sous-station par le déplacement du terminus jusqu'au quai alors d'Orsay, l'arrière-gare, marchandises et ateliers, est restée sa base solide le long de la rue du Chevaleret, occupant mille ouvriers dès les années 1860. Ensuite, la gare d'Orléans (aujourd'hui d'Austerlitz) a naturellement drainé à Paris des natifs de l'Orléanais qui, comme souvent les immigrés provinciaux, se sont établis aux environs de leur point d'arrivée. Sensibles à la grande campagne du souvenir de Jeanne d'Arc menée par l'évêque de leur ville d'origine, Mgr Dupanloup, ces Orléanais ont fait mettre leur nouveau quartier aux couleurs de la Pucelle et de ses compagnons d'armes : Dunois, Lahire, Xaintrailles, sans compter Patay, lieu d'une victoire sur les Anglais. L'église Notre-Dame-de-la-Gare, créée par la commune d'Ivry après que les fortifications de Thiers eurent accentué la coupure entre les paroissiens des hameaux de la Gare et des Deux-Moulins et leur église mère, dont ils étaient déjà bien éloignés, s'en est trouvée communément rebaptisée, aujourd'hui encore, en église Jeanne-d'Arc.

◁ *L'église Notre-Dame-de-la-Gare, communément appelée église Jeanne-d'Arc, dans ce quartier voué à la Pucelle d'Orléans.*

▽ *45, rue Jeanne-d'Arc, Habitation économique de la Société philanthropique de Paris, 1888.*

△ *Des religieuses polonaises chassées de Wilno par les Russes s'installèrent au 119, rue du Chevaleret en 1846.*

Alors, certes, il existe un passé viticole des lieux, dont attestent une rue des Vignes (Rubens depuis l'annexion), plus au nord, et un parcellaire en lanières fines dans une allée de la rue de Patay ou d'autres de la rue Albert, mais il s'agit là de la préhistoire du quartier, même si elle s'est prolongée jusqu'à la première moitié du XIXe siècle.

À côté des Orléanais, les Polonais sont, on le sait, du faubourg Saint-Marceau[70] au sens large, en l'espèce du hameau de la Gare, commune d'Ivry. Des religieuses chassées de Wilno par les Russes se sont installées rue du Chevaleret en 1846 et, devenues Filles de la Charité, ont ouvert pour leurs compatriotes, qui arrivent nombreux après chaque insurrection nationale, un orphelinat, une école qui se maintiendra jusqu'en 1960, etc. Le poète, dramaturge, peintre et sculpteur Cyprian Norwid, qui vivra l'essentiel de son exil à Paris, « risquant trois fois sa tête » durant la Commune en s'opposant à la profanation d'églises et à la destruction de la colonne Vendôme, passera auprès d'elles, en reclus, les six dernières années de son existence.

En face, d'autres Filles de la Charité, à la demande de la compagnie du Paris-Orléans, créent un réfectoire destiné aux cheminots, un centre scolaire réservé aux enfants de ceux-ci, et assurent les soins aux malades. Appuyées sur la foi, le paternalisme ou la mutualité, les œuvres sociales du chemin de fer irriguent le quartier. Une « Société des habitations économiques du quartier de la Gare » associe, en 1890, la Société philanthropique de Georges Picot, rapporteur pour le logement ouvrier du groupe d'économie sociale à l'Exposition universelle internationale de l'année précédente, aux compagnies de chemins de fer d'Orléans et du PLM. L'immeuble du 123, rue du Chevaleret, ceux des 10 et 12, rue Dunois, qui en sont issus, auront pour successeurs jusqu'à aujourd'hui les Habitations à Loyer Modéré (HLM) de La Sablière, bailleur de la SNCF qui gère cinq mille deux cent neuf logements à Paris, dont sept cent soixante-dix-huit dans le 13e arrondissement.

▷ *L'immeuble, au 123, rue du Chevaleret, de la « Société des habitations économiques du quartier de la Gare ».*

70. Voir le chapitre précédent, p. 491.

◁ *Une loco à vapeur orne le fronton de la Mutuelle des cheminots, place de l'Abbé-Georges-Hénocque.*

▷ *Des usines Panhard et Levassor, il ne reste plus, rue Nationale, que des bureaux d'études.*

Georges Picot, magistrat, secrétaire perpétuel de l'Académie des sciences morales et politiques, sera l'auteur de *La Lutte contre le socialisme révolutionnaire* ; ses Habitations à Bon Marché (HBM) sont l'un des moyens de cette dernière. Trente ans avant la publication de son vade-mecum, l'« Association fraternelle des employés et des ouvriers de la Compagnie du chemin de fer métropolitain », créée en 1865 par ceux des ateliers de la Compagnie d'Orléans, était à l'origine des vingt-six maisons des alentours de la place des Peupliers (aujourd'hui de l'Abbé-Georges-Hénocque). En 1885, cette association comptait quarante mille cotisants.

Le quartier, qui avait voté le plus massivement « communeux », juste derrière Belleville, en mars 1871, avait pourtant élu, environ vingt ans plus tard, un député du « parti national » boulangiste, Paulin-Méry, et la Ville pouvait alors dédier, ici, une rue à « Albert » en le dépouillant de son titre d'ouvrier. Il n'existe pourtant pas d'Albert dans les annales. Le pseudonyme choisi par Alexandre Martin, membre de la société secrète des Saisons avec Blanqui et Barbès, était « l'ouvrier Albert ». « L'ouvrier Albert » avait été nommé au gouvernement provisoire de février 1848, et c'est quand « l'ouvrier Albert » en avait été exclu que le prolétariat parisien avait envahi l'Assemblée nationale, le 15 mai 1848.

▽ *Les maisons de cheminots, rue des Peupliers, se terminaient en 1908 – innovation du ciment armé – par un toit-terrasse rehaussé depuis.*
© Coll. Parigramme

De « la casserie » à Chinatown

Avec le nouveau siècle, le quartier de *la* Gare bénéficie même de *deux* gares, l'autre étant celle des marchandises dite des Gobelins, presque un embranchement privé desservant les usines Panhard et quelques autres

▷ *La dalle du « Village des Olympiades ». Édifiée entre 1968 et 1975, censée devenir un petit Manhattan, elle s'est vite transformée en Chinatown.*

▽ *Familières dans le 13e arrondissement, les petites annonces en idéogrammes.*

du voisinage, rattaché à la petite Ceinture. Au-dessus, la dalle des Olympiades, censée devenir un petit Manhattan, s'est recyclée en Chinatown, et l'ancienne gare, désaffectée en 1990, est devenue son Rungis, une plateforme logistique pour tous les distributeurs, restaurateurs et autres commerçants asiatiques des environs. Des ateliers Panhard, il ne reste que des bureaux d'études et, de la marque, des véhicules militaires, blindés légers dont des éléments étaient encore testés, naguère, sur des moignons de voies, entre la rue Nationale et l'avenue d'Ivry.

Mlle Élisabeth Panhard avait créé dans les années 1920, rue Xaintrailles, un centre d'évangélisation pour ces drôles de paroissiens qu'étaient les ouvriers du sucre, dont bon nombre logeaient rue Jeanne-d'Arc dans la cité de ce nom construite pour eux par la Ville en 1908. L'autre mastodonte du quartier, en effet, avec les ateliers de la gare, c'était la raffinerie Say. Au 123, boulevard de la Gare (auj. Vincent-Auriol), elle comptait cinq cents ouvriers en 1864, date à laquelle elle absorbait sa concurrente, la raffinerie Régis Bonnet. Au sortir de la Commune, le personnel avait pratiquement doublé ; il était presque exclusivement masculin à cette époque où l'entreprise ne détaillait pas le sucre raffiné à moins du pain. La découpe, pour la vente du « sucre en morceaux », longs ou cubiques, à la fin du siècle, sera confiée à une main-d'œuvre féminine : en juin 1908, l'inspection du travail dénombre deux mille quatre-vingt-quatre personnes dans l'usine – l'une des plus grosses de Paris –, dont onze cent trente et une jeunes filles et femmes, soit 54,3 % du total.

À la « casserie », comme on appelle l'atelier de découpage, derrière le dos des femmes, les « rouleurs » chargés du service des chariots sont des Kabyles, qui représentent un bon quart du personnel de l'usine. Dans les années 1920, ils sont rejoints par des Arméniens, nombreux de la rue Mouffetard au Kremlin-Bicêtre et Alfortville, en passant par les portes d'Italie et de Choisy.

En 1931, les « charges de flics à la cité Jeanne-d'Arc » ont déjà été suffisamment spectaculaires pour que le film consacré aux manifestations du 1er Mai, projeté en ouverture du 6e Congrès de la CGTU, le 8 novembre, leur donne la vedette. Le 1er mai 1934, quand le cortège revient du rassemblement syndical de la clairière de

△ *Les Grands Moulins de Paris reconvertis en Université Paris-VII Denis Diderot.*

Reuilly sans Monjauvis, le député de la circonscription, interpellé avec quelques-uns de ses camarades, la cité s'embrase. Lorsque la police intervient, lui dégringolent sur la tête des bouts de maçonnerie – les étages supérieurs, insalubres, sont en cours de démolition – et du mobilier abandonné par les locataires récemment expulsés ou évacués. Les forces de l'ordre font le siège de la cité toute la nuit, tirant « en l'air » à les en croire, « dans les fenêtres » selon le Parti communiste, et quelques coups de feu leur reviennent en riposte. Au petit matin, on arrête, « au hasard », une quinzaine de personnes.

◁ *Dans l'entrelacs des voies ferrées, durant la dernière guerre, se trouvait l'un des trois camps parisiens annexes de Drancy.*

La cité Jeanne-d'Arc sera rasée quelques années plus tard. La raffinerie, qui lui avait fourni nombre de ses locataires, fermera en 1968. La famille Say connaîtra davantage de pérennité grâce aux frères salésiens du 20, rue Domrémy, toujours présents sur le terrain qu'elle leur a donné après qu'ils eurent dû cesser d'être les enseignants de l'école communale du 33, place Jeanne-d'Arc à la suite des mesures de laïcisation de 1879.

Le tombeau du Président ?

Pendant la Deuxième Guerre mondiale, dans l'entrelacs des voies ferrées, entre les papeteries Bergès, un entrepôt de la source Vichy-État, un autre des forges de Châtillon-Commentry et les Grands Moulins de Paris, des uniformes de la Wehrmacht et de ses supplétifs de l'armée Vlassov surveillent l'un des trois camps parisiens annexes de Drancy. Au 43, quai de la Gare, dans les dépôts n° 5 et 6 des Magasins généraux, le long de la Halle aux farines reconvertie aujourd'hui en bâtiment universitaire et qui n'est que de 1950, environ quatre cents internés juifs trient, depuis le 1er novembre 1943, le contenu de camions qui ont déménagé du sol au plafond les appartements de juifs arrêtés ou absents. Ces objets, classés, parfois remis en état – un atelier de réparation de pianos existera au camp Austerlitz –, en repartent par wagons entiers en tant que « dons des Français pour les sinistrés allemands ».

Le 10 août 1944, dans les ateliers de la rue du Chevaleret, le colonel Fabien s'adresse aux cheminots qui vont déclencher les premiers « la grève générale insurrectionnelle ». Le 24 août, guidée par un Arménien d'Antony, la colonne Dronne ou plutôt la *nueve*, neuvième compagnie de la 2e DB, composée à 80 % d'Espagnols, arrive porte d'Italie à 20 h 41 et pénètre dans le quartier par la rue Baudricourt puis la rue Nationale. En traversant le boulevard de la Gare, elle voit l'usine Say occupée par les FTP de Fabien depuis trois jours ; place Pinel, elle longe l'arrière des ateliers des Automobiles Delahaye-Delage qu'elle retrouve au bout de la rue Esquirol. Puis, par le boulevard de l'Hôpital, elle atteint l'Hôtel de Ville à 21 h 22. Là, un reporter de la radio clandestine se précipite sur le premier libérateur pour lui faire dire son émotion à retrouver le sol national, et s'entend répondre : « Señor, soy español ». Le 26 août 1944, le camp Austerlitz, vide de ses internés ramenés à Drancy, est entièrement détruit dans un bombardement allié.

Au début des années 1950, la population active du quartier se compose de 43 % d'ouvriers (contre 31 % en moyenne pour Paris), 27 % d'employés et 11 % de commerçants. Le périphérique n'a pas encore établi une frontière étanche avec la banlieue. En avril 1950, ce sont les sirènes municipales de Gentilly qui appellent à la rescousse pour soutenir les ouvriers de la Snecma du 13e que la police fait évacuer de leur usine occupée. Et c'est en venant renforcer les rangs de grévistes parisiens que les jeunes de banlieue sont matraqués. C'est contre la Mairie de Gentilly, au chef de l'utilisation de ses sirènes municipales, que le parquet ouvre une information pour « provocation à la rébellion ».

Dès 1971, les anciens entrepôts frigorifiques du 91, quai de la Gare (auj. Panhard-et-Levassor) sont squattés par environ deux cent cinquante artisans et artistes qui, précurseurs de la « nouvelle rive gauche » et du « nouveau quartier latin », se verront finalement attribuer des baux en bonne

▷ *« Les Frigos », anciens entrepôts frigorifiques squattés par environ deux cent cinquante artisans et artistes dès 1971.*

Grands Moulins de Paris, nouvelle adresse de l'Université Paris-VII et, passant la rue Watt, qui sembla longtemps et paradoxalement dédiée à l'inventeur de l'obscurité, arrivent à l'ancienne usine de l'Air comprimé (Sudac) où l'École d'architecture sera à l'aise. L'Institut national des langues et civilisations orientales est un peu plus à l'ouest, de l'autre côté de ce qu'il reste de voies.

La BNF se caractérise par son architecture fouisseuse : la vérité, et ses chercheurs, ont été mis au fond du puits. La végétation est encagée et les haies écrasées en herbiers. Quand vous vous enfoncez ici à cinquante mètres sous terre, il vous semble descendre dans un tombeau pharaonique. Celui d'un président qui se voulait l'ami des lettres ? Dans ce cas, l'épitaphe s'est déjà effacée : il était difficile à la langue d'ajouter un nom propre à un intitulé aussi immense que Bibliothèque nationale de France.

et due forme quand, vingt ans plus tard, le projet de remplacer cent trente hectares d'emprises ferroviaires par quinze mille habitants permanents et quatre-vingt-dix mille séjournants diurnes, aura pris corps.

À compter de 1997, partant des quatre tours angulaires en forme de livres ouverts de la BNF, que la passerelle Simone-de-Beauvoir relie maintenant au parc de Bercy, des « îlots ouverts » essaiment vers les anciens

△ *Les quatre tours angulaires, en forme de livres ouverts, de la Bibliothèque nationale de France, site François-Mitterrand.*

△ *Les arbres dont on fait toute la mémoire du monde.*

▷ *L'ancienne usine de l'Air Comprimé (Sudac), s'apprêtant à accueillir l'École d'architecture de Paris-Val de Seine.*

La rive gauche ou l'Université

De la Sorbonne à Montsouris

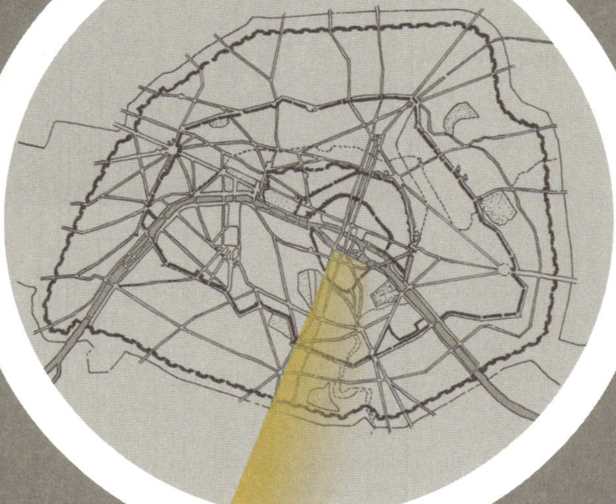

La Sorbonne, sous le latin, la plage

▷ *À Saint-Étienne-du-Mont, la sépulture de sainte Geneviève voisina d'abord avec celle de Clovis, de Clotilde, sa veuve, et de Clotilde, leur fille.*

C'est sur la rive gauche que les Romains avaient établi les éléments distinctifs de leur civilisation, forum, amphithéâtre et thermes ; il était donc logique que le latin demeurât ici, pour des siècles, une langue vive et courante, la seule autorisée aux professeurs, aux élèves et même aux valets dans ces collèges qui furent légion du XIIIe au XVIIIe siècles, et dont une quarantaine sont restés notoires.

Julien, qui sera plus tard l'Apostat, prince philosophe et préfet des Gaules en charge de la frontière nord-est, y prend ses quartiers en 358. C'est sur le mont Lucotitius, aujourd'hui montagne Sainte-Geneviève, dans un palais dont on a longtemps cru que les thermes de Cluny étaient partie constituante, qu'il se dérobe un temps à l'insistance de ses soldats qui, admirant sa valeur devant les Alamans, veulent le proclamer empereur. Paris n'en sera pas moins largement détruit une quinzaine d'années plus tard par les Grandes Invasions, sans que cela signifie un retrait total de sa rive romaine, l'île de la Cité ne pouvant à elle seule contenir ses quelque vingt mille habitants.

Sur l'éminence même où Julien a finalement revêtu la pourpre impériale, Clovis fait construire, cent cinquante ans plus tard, dans le prolongement du forum antique, de son temple et de sa basilique civile, une nécropole familiale qu'il place sous l'invocation des saints apôtres. Sainte Geneviève venant à mourir sur ces entrefaites, sa sépulture y rejoindra celles du roi des Francs, de Clotilde sa veuve, et de Clotilde leur fille qui avait été l'épouse d'Amalaric, roi des Wisigoths. Dès le IXe siècle, le nom de sainte Geneviève prévaut sur celui des saints apôtres Pierre et Paul, mais c'est le temps des invasions normandes qui, de 845 à 885, laissent peu de choses debout sur leur passage. Paris, cette fois, se replie dans son île pour un bon siècle.

En 1210, l'enceinte de Philippe Auguste, du pont de la Tournelle à la place de la Contrescarpe, et du pont des Arts à la place Edmond-Rostand, en passant par la place de l'Estrapade, englobe l'abbaye formée autour de l'église Sainte-Geneviève, riche et indépendante, la plus puissante de Paris après celle de Saint-Germain. Elle entoure encore la chapelle et l'hospice des pèlerins de Saint-Jacques-de-Compostelle – qui donneront plus tard le nom de leur patron à l'antique *Via Superior* – et, à l'exception des arènes, les vestiges de la ville romaine.

△ ***Vestiges des thermes de Cluny. Sans doute municipaux, ils étaient alimentés par un aqueduc venant d'Arcueil et de Rungis.***

◁ ***En 1210, rive gauche, l'enceinte allait du pont de la Tournelle à la place de la Contrescarpe, et du pont des Arts à la place Edmond-Rostand.***

Autour de l'actuel n° 20 de la rue Soufflot, s'élève ce qui avait peut-être été le temple romain, puis ce Parloir aux Bourgeois qui n'arrivera en place de Grève qu'en 1357[71] ; au bord de l'ancienne *Via Inferior*, aujourd'hui boulevard Saint-Michel, sont les vestiges de thermes sans doute municipaux, alimentés alors par un aqueduc venant d'Arcueil et de Rungis, et qui seront en bien mauvais état quand l'abbé de Cluny les rachètera vers 1335. Paris compte, à cette date, deux cent mille habitants.

De ce quartier latin à tous les sens du terme, l'écolier archétypique est sans doute François Villon, élevé dès ses 8 ou 9 ans dans le sérail, au cloître de Saint-Benoît-le-Bétourné, mitoyen de la Sorbonne dans ses dimensions réduites d'alors. Orphelin de père, il a été confié à cet âge au chapelain du cloître, qui lui sera « plus que père » et dont il adoptera le nom. Entré à 13 ans à la faculté des arts, bachelier à 18, licencié et maître à 21, quand il se livre à des tours pendables, c'est,

71. Voir le chapitre Hôtel de Ville, p. 280.

△ *Vestiges des Mathurins (7, rue de Cluny), chef-lieu de l'Université postérieurement à Saint-Julien-le-Pauvre.*

▽ *Le « pigeonnier » d'où Calvin s'échappa par les toits des maisons voisines est toujours visible dans la cour du 21, rue Valette.*

si l'on peut dire, « dans la cour de récréation » comme, au soir de Noël 1456, ce vol avec escalade, effraction et usage de fausses clés au collège de Navarre. Peut-être l'a-t-il arrosé, avec ses complices, au cabaret du 163 bis, rue Saint-Jacques, aujourd'hui celui du Port-du-Salut, où des moulages de plâtre des habitués font la tête le long des murs.

Entre fuites, prisons et bannissement, Villon n'a guère été à Paris au-delà de ses 25 ans. Il est pourtant impossible de découvrir dans son œuvre la plus petite évocation champêtre, le moindre sentiment de la nature : le poète est totalement de Paris. La ville qui, finalement, l'engloutit compte déjà près de trois cent mille âmes.

Le français s'invite au Quartier latin

À la Renaissance, le chef-lieu de l'Université, ainsi que se nomme la collectivité légale des maîtres et des élèves, quittant Saint-Julien-le-Pauvre, passe aux Mathurins. L'église de cet ordre comblé par Saint Louis – son général l'avait suivi aux croisades – était déjà le symbole du pouvoir de la rive savante : c'est là qu'on avait inhumé solennellement ces pendus que le prévôt de Paris, toute honte bue, avait été contraint de rendre après en avoir baisé les cadavres[72]. C'est donc à l'angle des rues des Mathurins (auj. du Sommerard) et Saint-Jacques que se tiennent maintenant les assemblées de l'Université et des Nations, ces confréries d'élèves placées sous la bannière de l'origine géographique : France, Normandie, Picardie et Allemagne. Là sont signés les actes solennels, de là partent les cortèges en grande cérémonie.

La Faculté de théologie n'est qu'une partie de l'Université, mais c'est la partie qui compte en ces temps où Rome n'est plus le siège de l'empire, mais de la papauté, et la langue du Quartier latin celle de l'Église. Du collège de Sorbonne où elle siège, de cette humble maison de la rue Coupe-Gueule (auj. de la Sorbonne) donnée trois siècles plus tôt par Saint Louis à son chapelain afin qu'il y logeât quelques étudiants pauvres, et devenue toute-puissante, elle qualifie d'hérétique l'étude du grec, la langue des Évangiles !

Dans ce quartier, le savoir est pouvoir, et la politique linguistique. Au mois de mars 1530, François Ier, à l'instigation de Guillaume Budé, crée son Collège royal, « la trilingue et noble académie » comme l'écrit Clément Marot, où l'hébreu et le grec seront enseignés à côté de l'éloquence latine, et les lecteurs (professeurs), ne dépendant que de lui, payés directement sur ses deniers.

L'un des premiers auditeurs de ces lecteurs royaux, installés pour l'heure dans les collèges de Cambrai et de Tréguier, au sud de la place aujourd'hui Marcelin-Berthelot, est Jean Calvin qui, pour les entendre, descend, depuis le collège Fortet où il loge, la rue des Sept-Voies (auj. Valette) puis la rue du Puits-Certain (auj. de Lanneau), l'une des plus animées du quartier avec sa douzaine de librairies et le collège de Coqueret.

Noël Béda, le syndic de la Sorbonne, vient d'être exilé pour avoir censuré

72. Voir le chapitre Canal Saint-Martin, p. 357.

△ *Sur le plan Maire (1808), la symétrie du bâtiment opposé à l'école de droit, voulue par Soufflot, est déjà tracée.*
DR

un ouvrage de la sœur du roi, Marguerite de Navarre, quand Calvin rédige, dans sa petite chambre posée sur son escalier comme un nichoir en haut de son mât, le discours exposant les idées des réformateurs que prononcera aux Mathurins son ami Nicolas Cop, qui vient d'être élu recteur de l'Université. Mais, bientôt, le roi doit se soumettre aux bulles papales dirigées contre le progrès de l'erreur, Béda est rappelé, tous les suspects d'idées nouvelles doivent se cacher. Calvin n'a plus qu'à s'enfuir par les toits de cette chambre qui faisait, alors, face au collège de Montaigu où Érasme, professeur, avait fini par tomber malade, victime du régime « de pouillerie » de l'établissement.

Henri II succède à François Ier quand Jean Dorat est nommé principal du collège de Coqueret. Ronsard a déjà pu apprécier l'enseignement de l'humaniste chez Baïf, son petit-cousin. En novembre 1547, abandonnant à 23 ans son emploi « d'écuyer d'écurie » à la cour, suivi de son parent de 15 ans et de Du Bellay, Ronsard et la Brigade qu'il forme avec les deux autres se cloîtrent dans le collège du coin de la rue, aujourd'hui impasse, Chartière, y entrent en grec comme en religion. La nuit ne tombe jamais sur le champ de bataille de la Brigade ; sous la chandelle toujours allumée, le relais se passe à deux heures du matin, comme le rappellera le plus jeune :

« *Quand c'est que, mangeant sous Dorat d'un même pain*
En même chambre nous veillions, toi tout le soir
Et moi, devançant l'aube, dès le grand matin. »

Après la guerre du grec vient la guerre du français. Le roi a décidé de remplacer le latin par le français dans les actes officiels, il s'agit maintenant de

▷ *La porte du collège de Coqueret, photographiée par Atget en 1900. Le cloître de la Brigade, future Pléiade, de Ronsard, du Bellay et Baïf.*
BnF

△ *L'ancien portail du collège des Grassins, 12, rue Laplace. « Les Grassins, d'où sortira Boileau, Louis-le-Grand, d'où sortira Voltaire », écrit Hugo.*

donner à la langue de l'enregistrement ses lettres de noblesse. La Brigade confie à Du Bellay le soin de rédiger son manifeste, la *Défense et Illustration de la langue française* : composer en français, mais à l'imitation des Anciens, et donner ainsi à notre langue une grande littérature, tel est le programme.

Dix ans plus tard, la Brigade est devenue la Pléiade, à l'instar des sept poètes alexandrins du IIIe siècle avant notre ère. Dix années encore et Jeanne d'Albret, reine de Navarre, nièce de François Ier et mère du futur Henri IV, visite, ce 21 mai 1566, l'atelier de la rue du Clos-Bruneau, à l'emplacement du 17, rue Jean-de-Beauvais, d'où est sorti le *Nouveau Testament* en français de Lefèvre d'Étaples. Robert Estienne met à la presse, sous les yeux de la reine, le quatrain qu'elle a improvisé en l'honneur de l'imprimerie :

« Art singulier, d'ici aux derniers ans
Représentez aux enfants de ma race,
Que j'ai suivi des craignant Dieu
la trace,
Afin qu'ils soient les mêmes pas
suivant. »

Puis l'on tire pareillement le sonnet en réponse d'Estienne.

Une affiche, sur sa porte, promet fièrement une récompense à l'écolier qui dénicherait une coquille dans les livres qu'il publie. Ce qui ne vaut que pour les langues anciennes, le français n'étant pas fixé. Son orthographe est alors, dans l'écriture cursive, à peu près phonétique. C'est l'imprimerie qui la re-latinise en lui rajoutant des lettres censément étymologiques ; c'est ici que sont fabriquées bien de ses difficultés d'aujourd'hui.

Le Collège de France et « mon collège »

Quand Dorat est nommé lecteur au Collège royal, la vedette en est Ramus, dont l'éloquence dirigée contre Aristote attire une foule mondaine. Embrassant la Réforme, il doit abandonner sa chaire, et il en profite pour proposer un plan de... réforme de l'Université. Lui qui, pauvre, avait dû attendre l'âge de 12 ans et devenir le valet d'un riche étudiant du collège de Navarre pour accéder aux études, s'élève contre le coût de l'enseignement, principalement en médecine et en théologie, et recommande que tous les professeurs soient, comme au Collège royal, payés par le roi et non par leurs élèves.

La paix d'Amboise le ramène parmi les lecteurs royaux, mais les querelles philosophiques ou linguistiques sont, au Quartier latin, tout sauf anodines. Au troisième jour de la Saint-Barthélemy, un groupe de régents et d'écoliers le découvrent dans son cabi-

▷ *L'auberge du Puits-Certain, 11, rue de Lanneau, voisinait depuis 1627 avec une douzaine de librairies et le collège de Coqueret.*

net de travail du collège de Presles, le massacrent, jettent le corps par la fenêtre du 6, rue des Carmes, le traînent ensuite du vieux collège fondé par un secrétaire de Philippe le Bel jusqu'à la Seine, où ils s'en débarrassent. Aux fanatiques succèdent des misérables, qui croient trouver des fortunes dans la maison de cet homme si célèbre et n'y voient « que quelques gouttes de vin blanc dont il se lavait la barbe, un vieux manteau d'hiver et deux ou trois volumes grecs tachés de sang. Ces livres étaient les seuls instruments avec lesquels Ramus, durant trente ans, remua les esprits ».

En dépit des succès de la Sorbonne, l'indépendance du Collège royal se maintient. Sous Henri III, qui introduit l'arabe au collège des Trois-Langues, un autre adversaire d'Aristote, le philosophe italien Giordano Bruno, y est nommé. Il loge alors chez Gilles Gourbin (ou Corbin), à l'enseigne de L'Espérance, dans la rue Saint-Jean-de-Latran, recouverte aujourd'hui par la place Marcelin-Berthelot, et partage l'édition de ses ouvrages mnémotechniques, de comédies et comédies bouffes, entre celui-ci et Gilles Gilles, à l'enseigne des Trois-Couronnes, même rue. L'Inquisition finira par conduire le panthéiste au bûcher, mais ce sera à Rome.

△ La chapelle du collège des Lombards, 15, rue des Carmes, d'après le Bernin : c'est tout ce qui subsiste du premier collège des Irlandais.

▽ La cour du lycée Louis-le-Grand. « C'est mon collège ! », dit le Roi-Soleil en août 1674, après une représentation théâtrale.

Le Collège royal est déjà nommé « de France » quand Blaise Pascal rédige, en 1645, la notice publicitaire de sa machine arithmétique : « Les curieux qui désireront voir une telle machine s'adresseront, s'il leur plaît, au sieur de Roberval, professeur ordinaire ès mathématiques au Collège royal de France, qui leur fera voir succinctement et gratuitement la facilité des opérations, en fera vendre et en enseignera l'usage. Le dit sieur de Roberval demeure au Collège Maistre Gervais, rue du Foing, proche les Mathurins. On le trouve tous les matins jusques à 8 heures, et les samedis toute l'après-dînée ».

En août 1674, le Roi-Soleil assiste à une représentation théâtrale donnée par les élèves du collège de Clermont, où Molière a été cinq ans avec pour condisciples Chapelle, le prince de Conti et Cyrano de Bergerac, et dit : « C'est mon collège ! ». Huit ans plus tard, des lettres patentes autorisent l'établissement des jésuites de la rue Saint-Jacques à s'appeler Louis-le-Grand. L'opéra avec ballet, auquel participent les violons du roi, devient habituel ici où se donne, par exemple, le *David et Jonathas* de Marc Antoine Charpentier.

En 1709, le règne est à son couchant, l'astre presque froid. Au collège Louis-le-Grand, les jeunes gens aisés qui ne sont point des grands seigneurs sont

△ La Cour de l'ancienne Sorbonne, *d'E. Lansyer (1886). La cour d'honneur de la nouvelle, dont la première pierre venait alors d'être posée, en garda exactement le tracé.*
© PMVP/Berthier

à cinq par chambre avec un préfet. Cette année-là, l'hiver est horrible, et l'on grelotte à qui mieux mieux au coin d'un méchant feu. L'épreuve est rude pour le frileux Arouet qui, passé la Saint-Jean, se rapproche habituellement de la cheminée. Les frères d'Argenson, futurs ministres l'un et l'autre, arrivent à ce moment chez les jésuites. L'aîné, qui a le même âge qu'Arouet, ne commence qu'alors ses études, à 15 ans ; le futur Voltaire est entré ici à 10. Il n'importe, c'est assez pour que se noue une relation aussi durable qu'utile : « Voltaire, que j'ai toujours fréquenté depuis le temps que nous avons été ensemble au collège », écrira le marquis dans ses *Mémoires*.
Voltaire qui point déjà sous Arouet. Un jour de cet hiver de glace qu'il n'arrive pas à rejoindre le poêle, étroitement cerné, il menace l'un de ses camarades plus jeunes :
« Range-toi, sinon je t'envoie chauffer chez Pluton.
– Que ne dis-tu en enfer ?, réplique celui-ci. Il y fait encore plus chaud.
– Bah, l'un n'est pas plus sûr que l'autre. »
Le collège, dont Camille Desmoulins comme Robespierre seront également élèves, deviendra le chef-lieu de l'Université en 1763, à l'expulsion des jésuites.

Chassés-croisés au Panthéon

La *Rôtisserie de la reine Pédauque*, au milieu du XVIIIe siècle, est placée par Anatole France au lieu de l'enfance de Villon : « Son auvent s'élevait vis-à-vis de Saint-Benoît-le-Bétourné, entre madame Gilles, mercière aux Trois-Pucelles, et M. Blaizot, libraire à l'Image Sainte-Catherine, non loin du Petit-Bacchus,

dont la grille, ornée de pampres, faisait le coin de la rue des Cordiers » (cette dernière était parallèle, au nord, à la rue Cujas).
« J'allai loger », confesse Rousseau, arrivant de Lyon sur ses 30 ans, à l'automne de 1741, « à l'hôtel Saint-Quentin, rue des Cordiers, proche la Sorbonne, vilaine rue, vilain hôtel, vilaine chambre, mais où cependant avaient logé des hommes de mérite » – soit, outre le membre de l'Académie de Lyon qui lui en a donné l'adresse, un jésuite défroqué, le philosophe sensualiste Condillac et son frère l'abbé de Mably – « malheureusement, je n'y trouvai plus aucun. » Mais, tout de même, un « hobereau boiteux » grâce auquel, de fil en aiguille, il fera la connaissance de Diderot.
L'abbé Jérôme Coignard de la *Reine Pédauque* avait enseigné les arts libéraux au collège de Beauvais avant d'avoir quelques soucis à cause d'une femme qui « tenait une boutique de librairie, à la Bible d'or, sur la place, devant le collège. J'y fréquentais, feuilletant sans cesse les livres qu'elle recevait de Hollande ». Rousseau passe nombre de ses après-midi au café de Maugis, rue Saint-Séverin, où il affronte « tous les grands joueurs d'échecs de ce temps-là », les mêmes que Diderot décrit à la Régence[73]. Mais ce que note un rapport de police, chez Maugis, c'est « depuis neuf heures du matin jusques aux heures indues grande assemblée d'avocats, procureurs, libraires et nouvellistes, qui y montrent et lisent toutes sortes de libelles diffamatoires. On y parle hautement de toutes sortes d'affaires d'État, de finances et étrangères, vérifiées et assurées par les libraires qui ont correspondance en Angleterre, Hollande et Genève ».
En mars 1745, reprend Rousseau dans ses *Confessions*, « je retournai loger à mon ancien hôtel Saint-Quentin, qui, dans un quartier solitaire et peu loin du Luxembourg, m'était plus commode pour travailler à mon aise que la bruyante rue Saint-Honoré. (...) Nous avions une nouvelle hôtesse qui était d'Orléans. Elle prit pour travailler en linge une fille de son pays, d'environ vingt-deux à vingt-trois ans, qui mangeait avec nous ainsi que l'hôtesse. (...) La première fois que je vis paraître cette fille à table, je fus frappé de son maintien modeste, et plus encore de son regard vif et doux, qui pour moi n'eut jamais son semblable ». Elle s'appelait Thérèse Le Vasseur.

▷ ***Du collège de Dormans-Beauvais, de 1370, subsiste la chapelle avec sa flèche gothique.***

73. Voir le chapitre Louvre, p. 141.

△ *Sous le dôme culminant à 83 mètres, la crypte destinée aux religieux de l'abbaye de Sainte-Geneviève allait devenir le Panthéon des grands hommes.*

En accomplissement d'un vœu vieux de trente ans, Louis XV pose, en 1764, la première pierre d'une nouvelle église de l'abbaye de Sainte-Geneviève ; on travaille alors depuis quasiment dix années à ses fondations sur un sol miné par des carrières d'argile gallo-romaines. La construction s'achèvera quand commencera la Révolution.

Le 2 avril 1791, proposition est faite à l'Assemblée nationale d'y placer, dans la crypte destinée aux sépultures des chanoines, la dépouille de Mirabeau, mort le matin même. Puis viendra la translation du corps de Voltaire, deux mois plus tard ; Rousseau le rejoindra sous l'inscription : « Aux grands hommes, la Patrie reconnaissante », à l'automne de 1794. Entre-temps, Mirabeau aura été remplacé par Marat, qui ne s'y éternisera pas non plus.

Le Panthéon est rendu au culte par Napoléon, tout en continuant d'emmagasiner des hommes dont la taille est question d'appréciation. Sainte-Geneviève est consacrée solennellement sous la Restauration, Voltaire et Rousseau ayant été repoussés pour ce faire à la lisière du saint périmètre. En 1830, Louis-Philippe en refait le Panthéon, y fait sceller dans la muraille quatre tables de bronze portant la liste des victimes des journées de Juillet.

Le Collège royal de France, flambant neuf – les bâtiments refaits par Chalgrin jusqu'à la veille de la Révolution viennent d'être agrandis –, est, dès le début des années 1840, le foyer de l'opposition démocratique à la monarchie de Juillet, menée par un trio de professeurs, Adam Mickiewicz,

▷ *Le Collège de France. Refait par Chalgrin à la veille de la Révolution, il fut agrandi sous la monarchie de Juillet.*

◁ C'est au moment de « jeter le grand plafond de la salle des mariages de la mairie » que Martin Nadaud apprit qu'il était « représentant du peuple ».

Edgar Quinet et, co-auteur avec lui des *Jésuites*, Jules Michelet. La suspension de leurs cours est l'occasion d'autant de manifestations. Le maçon Martin Nadaud, qui habite place du Panthéon, dans une maison adjacente à cette école de droit que Soufflot a dessinée pour mettre en valeur sa Sainte-Geneviève, les voit se répéter, toujours plus nombreuses.

Baudelaire a été renvoyé de Louis-le-Grand au bout de trois ans, mis en pension dans un établissement dit des Hautes-Études, chez Lévêque et Bailly, 11, place de l'Estrapade. Son condisciple du collège de la rue Saint-Jacques, Louis Ménard, accueille dans deux petites chambres du cinquième étage, dont un balcon s'avance au-dessus du 3, place de la Sorbonne, les premiers rendez-vous d'un groupe poétique.

La place du Panthéon, en pleins travaux, où la bibliothèque Sainte-Geneviève de Labrouste est en train de remplacer le collège de Montaigu de sinistre mémoire ; où le collège Sainte-Barbe, juste derrière, est en pleine réfection ; où ont commencé enfin les travaux d'une nouvelle mairie pour le 12ᵉ arrondissement [aujourd'hui le 5ᵉ], est redevenue le forum antique. Étudiants et professeurs y conspuent le ministère et la dynastie sous les yeux des compagnons et garçons qui, perchés sur les grandes échasses soutenant les échafaudages, ne perdent rien de leurs discours ni de leurs affrontements avec la police.

C'est alors qu'il travaille sur le chantier de la mairie, dont Hittorff est devenu l'architecte après une longue interruption, que Nadaud, qui n'est même pas allé faire campagne dans sa Creuse, apprend qu'il est élu un matin de 1848 : « Au moment où j'étais occupé à prêter la main à mes camarades pour jeter le grand plafond de la salle des mariages de la mairie, Antoine, mon garçon, nous arriva tenant à la main une lettre que ma femme venait de lui remettre au pied de l'échelle, pour me la monter. Il riait de toutes ses forces. L'enveloppe portait : "Citoyen Nadaud, représentant du peuple". (...) Les jours suivants, on venait de toute part me complimenter, tant cela paraissait étrange alors de voir arriver à la Chambre des députés un simple ouvrier maçon ».

Une université populaire à côté de la Sorbonne

Le 21 mars 1851, un rassemblement dans la cour de la Sorbonne en faveur de Michelet, à nouveau suspendu par le prince-président Louis Napoléon Bonaparte, est dispersé par les sergents de ville ; il part en manifestation vers le boulevard du Montparnasse prier Edgar Quinet de reprendre la chaire à laquelle il a renoncé bien que la révolution de 1848 la lui eût rendue.

Napoléon III, naturellement, refait du Panthéon une église. La Troisième République redonne au bâtiment le rôle que la Révolution lui avait assigné, y place les restes de Victor Hugo.

▽ Dans la nouvelle Sorbonne, qui tripla son emprise, il ne reste du XVIIe s. que la chapelle de Richelieu, contenant son tombeau par Girardon.

Cette même année 1885 est posée la première pierre de la nouvelle Sorbonne ; du XVIIe siècle, il ne restera que la chapelle de Richelieu, contenant son tombeau par Girardon.

Comme le siècle s'achève, le bâtiment bas d'une imprimerie et librairie, à l'emplacement de l'actuel square Paul-Painlevé, est démoli pour faire place à une maison de rapport de sept étages, qui écraserait de sa masse et l'hôtel de Cluny, qu'on avait pu admirer sans encombre quatre siècles durant, et l'entrée de la nouvelle Sorbonne sur la rue des Écoles. Une mobilisation énergique permet le rachat du terrain par l'État et par la Ville.

Sur le flanc de la grande Sorbonne, au 8 de la rue, Charles Péguy s'installe en compte à demi avec Charles Guieysse, un polytechnicien qui a démissionné de l'armée pour protester contre la condamnation de Drey-

fus, et s'est consacré au mouvement des Universités populaires. Ouvrant sur la rue, la boutique des *Cahiers de la Quinzaine* ; dans un petit bureau sur la cour, la rédaction de *Pages libres*, « université populaire écrite », selon le mot de Pierre Monatte. Les syndicalistes révolutionnaires, Alphonse Merrheim comme lui-même, doivent beaucoup aux rencontres faites ici : les auteurs des *Cahiers*, Georges Sorel et, installés dans le bureau voisin, Jeanne Maritain et Robert Debré, les rédacteurs de *Jean-Pierre*, l'équivalent des *Cahiers* pour les enfants.

◁△ Celui des abbés de Cluny, de la fin du XVe siècle, est le plus ancien témoin parisien d'un hôtel particulier entre cour et jardin. Derrière un mur aveugle, du côté de la ville, le corps de logis enferme la cour de ses deux ailes en retour.

◁ Construction symétrique pour la nouvelle Sorbonne où les lettres s'opposent aux sciences : ici la tour astronomique, rue Saint-Jacques.

Un poète praguois de 26 ans, Rainer Maria Rilke, arrive à Paris vers la fin d'août 1902, conscient que « ses regards ne sont pas au point ». Il est venu rencontrer Rodin qui lui permettra, pense-t-il, d'affiner sa perception. Il descend à l'hôtel du 11, rue Toullier, d'où sont datés les *Cahiers de Malte Laurids Brigge*. « J'apprends à voir », répète-t-il et, bientôt, il sait le faire en peintre : « Le boulevard Saint-Michel était vide et vaste, et l'on marchait facilement sur sa pente douce. Des battants de fenêtres s'ouvraient très haut, avec un clair son de verre, et leurs reflets volaient comme des oiseaux blancs par-dessus la rue. Une voiture aux roues d'un rouge vif passa et, plus bas, quelqu'un portait un objet d'un vert lumineux. Des chevaux trottaient dans leurs harnais luisants sur la piste sombre et fraîchement arrosée de la rue ».

Anatole France, garde-barrière du *Parnasse contemporain*, qui y a refusé les envois de Verlaine, organise par personnage d'« auteur célèbre » interposé, une visite de Saint-Étienne-du-Mont. L'église était celle de la paroisse, jouxtant l'église de l'abbaye, devant laquelle s'était élevée la Sainte-Geneviève neuve. Il y avait eu trois églises à la fois au sommet de

△ ▽ Saint-Étienne-du-Mont, le lycée Henri-IV, et sa « tour Clovis », clocher de l'ancienne église de l'abbaye de Sainte-Geneviève.

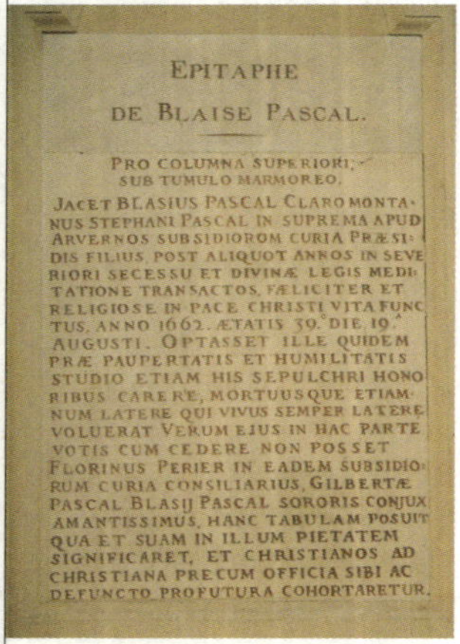

la Montagne, jusqu'à ce que Napoléon fît démolir la vieille, n'en épargnant que l'ainsi dite « tour de Clovis » : le clocher du XIIe siècle et sa tourelle d'escalier refaite au XVe.

À Saint-Étienne-du-Mont, « montrant à des confrères l'épitaphe de Racine, scellée dans le mur, en Parisien curieux des antiquités de sa ville, [l'auteur célèbre] rappelait l'histoire de cette pierre ; (...)

– Je voudrais bien savoir, par exemple, quels sont les goujats stupides qui ont scellé cette pierre dans ce mur. *Hic jacet nobilis vir Johannes Racine*. Ce n'est pas vrai ! Ils font mentir l'épitaphe de l'honnête Boileau. Le corps de Racine n'est pas à cette place. Il a été déposé dans la troisième chapelle à gauche en entrant. Quels idiots !

Et, soudain tranquille, il montra la pierre tombale de Pascal.

– Elle provient du musée des Petits-Augustins. On n'aura jamais assez de louanges pour Lenoir, qui, sous la Révolution, recueillit, conserva...

Il improvisa un second cours familier d'archéologie lapidaire, plus brillant que le premier, fit de l'histoire de Pascal un drame amusant et terrible, et disparut. Il était resté en tout dix minutes dans l'église. »

« Vous ne savez pas ce que c'est qu'un poète ? Verlaine... Rien ? Pas de souvenir ? Non. Vous ne l'avez pas distingué de ceux que vous connaissiez », s'étonne Malte Laurids Brigge. Le 8 janvier 1896, cinq mille personnes accompagnent pourtant le cercueil de Verlaine du 39, rue Descartes, son dernier domicile, à l'église Saint-Étienne-du-Mont voisine, puis jusqu'au cimetière des Batignolles. Philippe Soupault est le témoin d'une « scène douloureuse », dans la chambre d'André Breton, à l'Hôtel des Grands-Hommes, de l'autre côté de la place du Panthéon, quand les parents de son ami, venus de leur domicile de la route d'Aubervilliers à Pantin, reprochent à leur fils d'aban-

◁ Le dernier jubé de Paris, édifié en marbre blanc autour de 1530, dans l'église Saint-Étienne-du-Mont.

donner des études de médecine garantes de promotion sociale, et lui coupent les vivres.

Le 3 mai 1968, cent dix-sept ans après celui en faveur de Michelet, un rassemblement dans la cour de la Sorbonne allait inaugurer ce mouvement qui voulait qu'il fût interdit d'interdire. Ce qui n'était pas plus paradoxal que « l'ignorante Sorbonne » interdisant, au temps de Rabelais, que l'on apprît le grec.

Le Val-de-Grâce, berceau du gamin de Paris

De l'autre côté de l'enceinte dont la rue des Fossés-Saint-Jacques garde le souvenir, la piété jamais en repos de la reine Anne d'Autriche a couvert la pente méridionale de la montagne Sainte-Geneviève, entre 1620 et 1650, d'innombrables cloîtres de religieuses. Aux ursulines succèdent les feuillantines, que jouxtent les bénédictines du Val-de-Grâce, auprès desquelles la mère de Louis XIV se retirera quand son fils règnera seul.

Elle s'y est éteinte lorsque Molière chante la « Gloire » dont Mignard a décoré le dôme de Mansart, Lemercier, Le Muet et Le Duc :

« Dis-nous, fameux Mignard, par qui te sont versées
Les charmantes beautés de tes nobles pensées ;
Et dans quel fonds tu prends cette variété,
Dont l'esprit est surpris, et l'œil est enchanté. »

◁ *L'enceinte dont la rue des Fossés-Saint-Jacques garde le souvenir, et, au 172, rue Saint-Jacques, la plaque de la porte démolie en 1684.*

C'est, dans la seule coupole baroque de Paris, à peu près l'unique fresque qui ait été tentée en France après celles du XVIe siècle à Fontainebleau. Mais « la fresque est pressante », rappelle Molière :

« La sévère rigueur de ce moment qui passe,
Aux erreurs d'un pinceau ne fait aucune grâce.
Avec elle il n'est point de retour à tenter ;
Et tout au premier coup se doit exécuter. »

◁ *L'église du Val-de-Grâce. Sous le dôme de Mansart, Lemercier, Le Muet et Le Duc, une fresque de Mignard.*

Hélas, Mignard, qui manquait d'expérience en ce domaine, retoucha plusieurs fois ses quelque deux cents figures, à la détrempe et même au pastel. Ces repentirs n'ont pas résisté au temps et les couleurs des bienheureux nous sont parvenues plus fades que ne les a vues Molière.

La peinture nous conserve pourtant des pigments autrement incongrus. Depuis Anne d'Autriche jusqu'au Régent, à l'exception de ceux de Louis XIII et Louis XIV, les cœurs des princes et princesses de la maison royale de France avaient été déposés au Val-de-Grâce : trente-six au total. La Révolution, pour fondre leurs châsses, s'en débarrassa. Des peintres, Martin Drolling, par exemple, en fabriquèrent, avec l'hémoglobine de leur « sang bleu », des coloris inédits.

En 1808, « revenue à Paris pour les études de ses enfants, Mme Hugo se logea dans le quartier des études ; elle cherchait une maison du côté de l'église Saint-Jacques-du-Haut-Pas ».

L'abbé de Saint-Cyran, directeur de conscience des religieuses de Port-Royal, « le dimanche, ne pouvant plus célébrer la messe à cause de ses infirmités, venait à Saint-Jacques du Haut-Pas, sa paroisse, où il se mêlait, non sans quelque ostentation, à la foule des laïques. Avec eux, il allait à la sainte table. Un surplis rappelait toutefois sa dignité et faisait éclater sa condescendance », assure Henri Brémond. Cent soixante-dix ans plus tard, on est surtout ici sur le versant résidentiel et magnifiquement vert de la colline studieuse. Mme Hugo y trouva une première maison, dont le jardin lui fit oublier qu'elle n'était pas habitable, et enfin la bonne, chez « un nommé Lalande, qui avait acheté le couvent des Feuillantines quand la

▷ *« Mme Hugo se logea dans le quartier des études ; elle cherchait une maison du côté de l'église Saint-Jacques-du-Haut-Pas. »*

Révolution l'avait repris aux religieuses. Il en occupait une partie et louait l'autre ».

« Ce n'était pas un jardin, racontera sa bru, l'épouse de Victor Hugo, c'était un parc, un bois, une campagne. » Les trois frères Hugo « s'en emparèrent à l'instant même, courant, s'appelant, ne se voyant plus, se croyant égarés, ravis ! Ils n'avaient pas d'assez grands yeux ni d'assez grandes jambes ; ils faisaient à chaque instant des découvertes. – Sais-tu ce que j'ai trouvé ? – Tu n'as rien vu ? – Par ici ! Par ici ! Il y avait une allée de marronniers qui servirait à mettre une balançoire. Il y avait un puisard à sec qui serait admirable pour jouer à la guerre et pour donner l'assaut. Il y avait des fleurs autant qu'on en pouvait rêver, mais il y avait surtout des coins qu'on n'avait pas cultivés depuis longtemps et où poussait tout ce qui voulait, herbes, plantes, buissons, arbustes, une forêt vierge d'enfant. Il y avait tant de fruits qu'on ne ramassait pas ceux qui tombaient des branches. C'était la saison du raisin ; le propriétaire autorisa les garçons au pillage des treilles, et ils revinrent ivres ».

Dans cette « ivresse », l'une des créatures fantastiques dont leur imagination peuple le jardin, c'est « le sourd ». Il n'en faut pas chercher bien loin le sobriquet : l'Institution des sourds-muets est placée, depuis 1794, dans l'ancien séminaire des oratoriens, juste à côté. « À peine revenu de l'école, Victor disait à Eugène : Allons au sourd ! et vite, jetant leurs cahiers, sans donner à leur mère le temps de les embrasser, ils se précipitaient, roulaient dans le puisard, écartaient les ronces, ôtaient les briques, fouillaient les trous. – Je le tiens ! – Le voilà ! et étaient fort désappointés lorsque,

◁ L'Institution des sourds-muets, vue depuis la rue de l'Abbé-de-l'Épée. Elle donna à Victor Hugo des idées pour son « gamin de Paris ».

▽ Sur le plan Maire (1808), un quartier cher à Hugo. « Il y a des perce-oreilles dans les chantiers des Ursulines, il y a des mille-pieds au Panthéon. »
DR

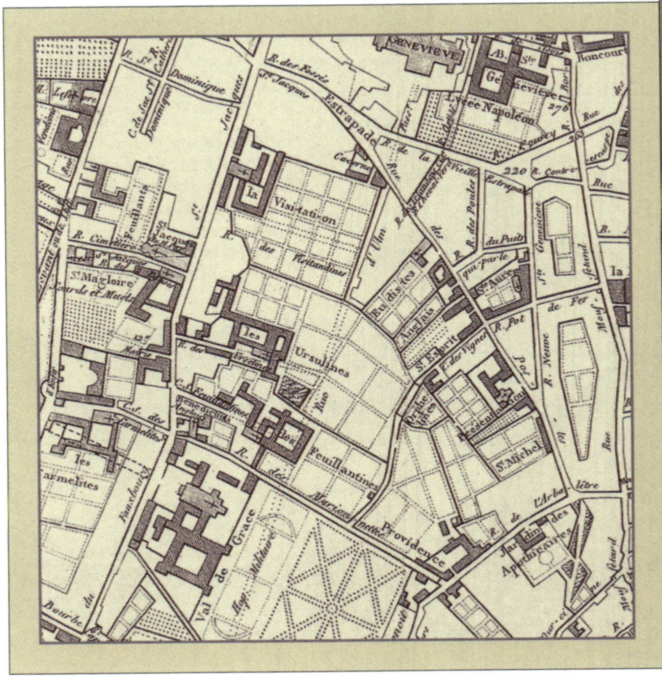

après une heure de recherches acharnées, ils n'avaient pas trouvé cette bête qu'ils savaient ne pas exister. » Les Feuillantines, par leur nom même, par leur jardin enchanté, sont le symbole de ce quartier aux vastes frondaisons débordant de hauts murs mystérieux. De ses jeux, des mots qu'il y invente, Victor Hugo n'hésitera pas, dans les *Misérables*, à faire les attributs éternels du « gamin de Paris » archétypique : « il a sa faune à lui, qu'il observe studieusement dans des coins. [...] Il a son monstre fabuleux qui a des écailles sous le ventre et qui n'est pas un lézard, qui a des pustules sur le dos et qui n'est pas un crapaud, qui habite les trous des vieux fours à chaux et des puisards desséchés, noir, velu, visqueux, rampant, tantôt lent, tantôt rapide, qui ne crie pas, mais qui regarde, et qui est si terrible que personne ne l'a jamais vu ; il nomme ce monstre "le sourd". Chercher des sourds dans les pierres, c'est un plaisir du genre redoutable. Autre plaisir, lever brusquement un pavé, et voir des cloportes. Chaque région de Paris est célèbre par les trouvailles intéressantes qu'on peut y faire. Il y a des perce-oreilles dans les chantiers des Ursulines, il y a des mille-pieds au Panthéon, il y a des têtards dans les fossés du Champ-de-Mars ».

△ L'ancien hôtel de la communauté de Sainte-Aure, 27, rue Lhomond. La Juliette Drouet de Victor Hugo y avait été pensionnaire.

◁▽ Le collège des Irlandais, de Bélanger, où les étudiants de cette nation sont établis depuis 1775. Son portail est surmonté d'une harpe celtique.

Adèle Foucher, épouse Hugo, « témoin de sa vie », ne raconte pas l'enfance de Victor aux Feuillantines, de ses 6 ans à ses 11 ans, par ouï-dire, mais en puisant dans ses souvenirs personnels. Le dimanche, passant peut-être par l'ancienne rue du Cheval-Vert que Napoléon vient de rebaptiser « des Irlandais » en l'honneur de ces étudiants établis depuis 1775 dans le bâtiment de Bélanger, Mme Foucher rend visite à Mme Hugo mère, « impasse des Feuillantines, au n° 12 » et amène avec elle ses enfants, dont Adèle, que les frères Hugo font balancer sous les marronniers ou voiturent dans une brouette, les yeux bandés, en multipliant les tours et les détours avant de lui faire deviner où ils l'ont déposée.

△ ◁ *La pension Vauquer « est située dans le bas de la rue Neuve-Sainte-Geneviève, à l'endroit où le terrain s'abaisse par une pente si brusque et si rude »...*

Le quartier le plus inconnu

Quand on n'a pas été enfant dans le quartier, on n'est guère sensible au charme toujours actuel de l'ancienne rue des Postes (qui évoque de manière déformée les Pots d'argile gallo-romains, et devenue Lhomond) ; à l'hôtel de la communauté de Sainte-Aure dont Juliette Drouet, l'amante, la muse de Victor Hugo a été la pensionnaire ; à la chapelle voisine des Spiritains, construite par Chalgrin. On ne voit ici, comme Balzac, qui y place sa pension Vauquer, que la limite occidentale du pauvre faubourg Saint-Marcel : « les deux locataires du second n'y payaient que soixante-douze francs par mois, bon marché qui ne se rencontre qu'entre la Bourbe et la Salpêtrière ». La Bourbe, c'est l'ancienne abbaye de Port-Royal, et donc le nom par lequel on désigna une prison sous la Révolution, l'hospice de la Maternité depuis la Restauration.

« La maison où s'exploite la pension bourgeoise appartient à madame Vauquer. Elle est située dans le bas de la rue Neuve-Sainte-Geneviève [auj. Tournefort], à l'endroit où le terrain s'abaisse vers la rue de l'Arbalète par une pente si brusque et si rude que les chevaux la montent ou la descendent rarement. Cette circonstance est favorable au silence qui règne dans ces rues serrées entre le dôme du Val-de-Grâce et le dôme du Panthéon, deux monuments qui changent les conditions de l'atmosphère en y jetant des tons jaunes, en y assombrissant tout par les teintes sévères que projettent leurs coupoles. Là, les pavés sont secs, les ruisseaux n'ont ni boue ni eau, l'herbe croît le long des murs. L'homme le plus insouciant s'y attriste comme tous les passants, le bruit d'une voiture y devient un événement, les maisons y sont mornes, les murailles y sentent la prison. Un Parisien égaré ne verrait là que des pensions bourgeoises ou des Institutions, de la misère ou de l'ennui, de la vieillesse qui meurt, de la joyeuse jeunesse contrainte à travailler. Nul quartier de Paris n'est plus horrible, ni, disons-le, plus inconnu », affirme le *Père Goriot* en 1835.

Le père Bullier, ancien garçon du bal de la Grande-Chaumière du boulevard du Montparnasse, quand il se met à son compte, un peu plus tard, « près

▽ *La chapelle des Spiritains, construite par Chalgrin, dans l'ancienne rue des Postes (devenue Lhomond), au n° 28.*

▷ *Le « bassin aux Ernest », depuis 1847 dans la cour de l'École normale supérieure de la rue d'Ulm.*

de la sortie du jardin du Luxembourg qui regarde l'Observatoire » (auj. avenue Georges-Bernanos), le fait à l'enseigne de La Grande-Chartreuse, peut-être à cause d'un voisinage ici essentiellement monastique. C'est Privat d'Anglemont, si l'on en croit Théodore de Banville, qui lui souffle celle de Closerie des Lilas. Bientôt, « Le boulevard où l'on coudoie / La jeune fille au long cou d'oie », l'un de ces boulevards du Midi qu'avait voulus Louis XIV pour faire pendant à ceux tracés rive droite sur l'ancienne enceinte, mène les grisettes chez Bullier.

Là est en vogue Nini Mouton, que l'on retrouvera sous son nom véritable d'Eugénie Krantz en maîtresse avare du vieux Verlaine, là danse Henriette, dont Maxime Vuillaume s'émerveille durant la Commune, cantinière à l'une des compagnies du 248e, « courant à travers les balles et les éclats d'obus avec la même désinvolture que lorsqu'elle trottait à travers les bosquets du père Bullier ».

Le quartier s'est loti avec le percement des rues Claude-Bernard et Gay-Lussac, et George Sand, dont le pied-à-terre parisien était 97, rue des Feuillantines, possède maintenant un « charmant local sur le Luxembourg » 5, rue Gay-Lussac, plus près de l'Odéon et de Magny. Entre le restaurant et le théâtre, quand Flaubert l'accompagne, on a le temps de remonter à pied chez elle, d'y fumer et d'y causer une heure.

Dans l'angle des deux rues, l'École normale supérieure a, depuis 1847, son bassin aux Ernest, variété de poissons strictement locale, ses thalas qui vont-à-la messe (avec une graphie hellénique comme dans thurne ou... khon), son intendant dit le Pot, ses caciques, sortis premiers des concours. Dans la scène des *Hommes de bonne volonté* que décrira Jules Romains, quelqu'un a persuadé des thalas que l'Intendance, plus pingre que jamais, était responsable de récentes baisses de tension dans l'éclairage par ses achats d'un courant de qualité médiocre. « Figurez-vous que nos thalas, dans l'état où je les avait mis, sont allés chercher des thalas scientifiques, pour leur faire constater la panne de lumière. Les autres sont venus, ont vu, n'ont rien compris. Preuve qu'un physicien, touché par la superstition, devient aussi stupide en face d'une ampoule électrique qu'un homme des bois. Bref, tous ces jobards sont entrés en ébullition contre le Pot – qu'hier encore ils appelaient M. l'Économe. Ils ont propagé un esprit d'émeute, que je me suis gardé de contrarier. Comme le Cacique général, sans être un pur

▽ *George Sand posséda un « charmant local sur le Luxembourg », 5, rue Gay-Lussac, proche de l'Odéon et du restaurant Magny.*

▷ *L'École municipale de physique et de chimie industrielles, auj. place Alfred-Kastler, où Pierre et Marie Curie découvrirent le radium.*

thala, a des sympathies obscurantistes, et que par chance le ragoût, ce soir, a une franche odeur de tinettes, nous sommes, messieurs, à l'instant qui précède un "Quel Khon au Pot". » La cérémonie ainsi nommée, parfaitement ritualisée, consiste à hurler à l'unisson, sur une cadence très lente, « Queeelll... Khon ! » et, sur ce dernier mot, à fracasser au sol toutes les assiettes.

Des argousins dans la cour aux Ernest ?

C'est à présent Jane Avril qui débute, à 18 ans, dans la salle surélevée du père Bullier, précédée de son escalier majestueux. Jean Grave, en longue blouse noire de typo, celle qu'il ne quittera jamais, imprime à l'autre bout du quartier *La Révolte* que lui a confiée Élisée Reclus, au 140, rue Mouffetard, dans « une vieille maison un peu basse du vieux Paris, comme la décrit *L'Illustration*, percée de fenêtres irrégulières, dont quelques-unes ont un étranglement de meurtrières. Et c'est tout au sommet, dans cette mansarde qui fait une petite maison, qu'est posé ce nid d'anarchistes, en plein vent et en plein ciel, comme un nid d'hirondelles... ». Ici s'annoncent bientôt les *Temps nouveaux* – un titre trouvé par Kropotkine – et leur supplément littéraire, auquel collaborent Lucien Descaves, académicien Goncourt, et les camarades artistes que sont Signac, Pissarro ou Luce.

C'est dans un bistrot de la rue Mouffetard qu'on trouve les « chevaliers de la cloche », confrérie, non de clochards – ce mot n'est pas encore usité –, mais de « déménageurs » prêts à aider leur prochain à transférer ses pénates « à la cloche de bois ». À côté, au n° 76, dans la salle de la coopérative La Prolétarienne, se réunit l'Union Mouffetard, université populaire où enseignent des coopérateurs comme Xavier Guillemin et Alfred Hamelin, le philosophe Marcel Mauss, l'ingénieur agronome Philippe Landrieu, Georges Sorel, en un mot les rédacteurs de la revue *Le Mouvement socialiste*.

À l'École de physique et de chimie industrielles, qui a remplacé au coin des rues Lhomond et Vauquelin le collège Rollin, lui-même successeur d'une institution d'anciens de Sainte-Barbe, Pierre et Marie Curie ont découvert le radium.

▽ **Le Bal Bullier, *de Sonia Delaunay, s'appela d'abord* Tango au Bal Bullier. Mouvement, couleur, profondeur *(1913)*.**

△ *L'ancienne chapelle de la prestigieuse école des jésuites de la rue des Postes est devenue l'église maronite Notre-Dame-du-Liban.*

« Plus loin, rue Saint-Jacques, un grand bâtiment avec une coupole, écrit Rilke, alias *Malte Laurids Brigge*. Le plan indique : Val de Grâce, hôpital militaire. Je n'avais d'ailleurs pas besoin de ce renseignement, mais peu importe. La rue commença à dégager de toutes parts des odeurs. Autant que je pouvais distinguer, cela sentait l'iodoforme, la graisse de pommes frites, la peur. »

« Le célèbre bal Bullier est fermé », note Trotski à l'été 1916 ; l'armée a réquisitionné la vaste salle pour y faire tailler les uniformes qui habillent les prolos en poilus.

Dans les années 1920, les amicales de Montparnos y donnent leurs bals d'entraide, comme ce « Bal banal » de l'Union des artistes russes, au profit de sa caisse de secours. À l'École normale, Sartre et Nizan, qui se connaissent depuis leur classe de 5e à Henri-IV, partagent la même chambre, sont donc coturnes. En juillet 1929, pour préparer l'oral de l'agrégation, ils font trio avec Simone de Beauvoir, ainsi qu'elle le raconte dans ses *Mémoires d'une jeune fille rangée* : « Je visitai les dortoirs et les turnes de l'École normale, je grimpai rituellement sur les toits », qui sont ici les habituels jardins sous la lune...

Le 8 novembre 1933, le Parti communiste remplit Bullier de trois mille deux cents personnes (chiffres de la police), qui ont payé un franc comme au bal sous le Second Empire, « pour défendre l'Union soviétique et sauver Dimitrov et ses compagnons », arrêtés par les nazis après l'incendie du Reichstag. À la tribune, André Gide, Jacques Duclos, Paul Vaillant-Couturier, Jacques Doriot, mais surtout la vieille maman du leader du Komintern. Le Front populaire naît ici un an plus tard, quand Thorez y évoque, pour la première fois, un « large Front populaire contre le fascisme ». Après la Seconde Guerre mondiale, le séminaire polonais a trouvé refuge dans les locaux du Collège des Irlandais ; Karol Wojtyla, le futur Jean-Paul II, y séjourne. L'ancienne chapelle de la prestigieuse école des jésuites de la rue des Postes est devenue l'église maronite Notre-Dame-du-Liban.

Le 10 mai 1968, la rue Gay-Lussac est le principal champ de bataille de la nuit des barricades, et la rue d'Ulm le sanctuaires de ses combattants : le Premier ministre et le Préfet de police sont tous deux archicubes (anciens normaliens), ils ne laisseront jamais leurs argousins fouler en chaussures à clous la cour aux Ernest !

▷ *La Schola Cantorum. Le bâtiment construit en 1674 par des bénédictins anglais, et qui appartient toujours aux évêques catholiques de ce pays.*

Faubourg Saint-Jacques, l'alouette et l'épine

Le faubourg est traversé par les deux traits rectilignes des voies romaines descendant au sud, les sinuosités dédoublées de la Bièvre, et encore, à quelques pas sous terre, l'aqueduc qui, pour la première fois le 19 mai 1623, avait amené jusqu'à la Maison du fontainier les eaux d'Arcueil et de Rungis. Ce ne sera pas le moins fréquenté : dans sa conduite voûtée en berceau, courbés sous le poids de leurs marchandises, des files de contrebandiers se glisseront sous le mur d'octroi des Fermiers généraux.

Dans la courbe de la Bièvre, Marguerite de Provence, épouse du roi Louis IX qu'elle avait accompagné à la septième croisade, avait donné aux cordelières l'assez vaste château de Lourcine où Saint Louis aimait se retirer. La reine finit là ses jours, ce pourquoi elle est dite, dans les dictionnaires, morte en 1296 à « Saint-Marcel, près de Paris ». L'une des princesses, devenue Blanche de Castille, y avait, veuve, pris l'habit. C'est l'une des Blanche dont l'on convoque le souvenir pour l'étymologie de ce domaine « de la Reine Blanche » voisin des Gobelins.

◁ *La Maison du fontainier, 42, avenue de l'Observatoire, plus vieille maison (1619) du 14e arrondissement de Paris et ancien aqueduc des eaux de Rungis.*
© Jacques Lebar

En 1625, quittant leurs champs de la vallée de Chevreuse pour se rapprocher de Paris, les religieuses de Port-Royal s'installent assez naturellement entre la route de Chartres et celle d'Orléans. Les libéralités de la duchesse de Guéménée, de la marquise de Sablé, leur permettent de racheter l'hôtel qui a été celui de Pierre Lescot, architecte de l'aile Renaissance du Louvre et abbé de Clagny, et d'y ajouter le cloître dont le logis de l'une forme un pan, et sur lequel donne une fenêtre de l'autre, en surplomb de la salle capitulaire. Le 5 juin 1653, Blaise Pascal assiste à la profession de sa sœur Jacqueline dans la chapelle dessinée par Lepautre, où s'achève la construction du chœur des religieuses. Agenouillé à la table de communion en fer forgé, au milieu des boiseries évoquant l'une des deux précieuses reliques de Port-Royal, une amphore ayant servi aux noces de Cana, Pascal n'éprouve pour l'abbaye qui lui a pris sa sœur préférée depuis un an et demi que des sentiments plutôt tièdes.

Et puis le 24 mars 1656, Marguerite Périer, sa nièce, atteinte d'une fistule oculaire, guérit miraculeusement près de la grille toujours visible au contact de la seconde relique : une sainte Épine de la couronne du Christ. « Ma fille était filleule de mon frère, écrira Mme Périer ; mais il fut plus sensiblement touché de ce miracle par la raison que Dieu y était glorifié, et qu'il arrivait dans un temps où la foi dans la plupart du monde était médiocre. La joie qu'il en eut fut si grande qu'il en fut tout pénétré ; et comme son esprit ne s'occupait jamais de rien sans beaucoup de réflexions, il lui vint à l'occasion de ce miracle particulier plusieurs pensées très importantes sur les miracles en général, tant de l'Ancien que du Nouveau Testament. »

Les dames de l'abbaye parisienne ont été dispersées quand se dessine une construction scientifique, rigoureusement déterminée par son objet, l'Observatoire. Il sera exactement à cheval sur la méridienne de Paris, ses quatre faces orientées en direction des quatre points cardinaux, aussi élevé au-dessus du sol que profond en dessous grâce à un emplacement choisi sur une carrière, ce qui ménagera, du haut en bas, une cheminée

△ Le cloître de Port-Royal, dont le logis de la duchesse de Guéménée formait un pan, et sur lequel donnait, en surplomb, une fenêtre de la marquise de Sablé.

▽ À l'Observatoire, Hugo, voyant un ballon, dit à Arago : « Voici l'oeuf qui plane, en attendant l'oiseau ; mais l'oiseau est dedans et il en sortira ».

centrale de cinquante-cinq mètres de haut à l'expérimentation. De la pierre et rien que de la pierre : ni fer, pour ne pas perturber les aiguilles magnétiques, ni bois, pour ne pas risquer de voir détruits par le feu les résultats. Ce qui en aura fait, à tout le moins, le plus ancien observatoire du monde encore en service, depuis les derniers aménagement apportés en 1683 au projet confié par Colbert à Claude Perrault, l'auteur de la colonnade du Louvre.

Les données de la « Condition humaine »

De la révolution de Juillet au Second Empire, les exécutions capitales se déroulent publiquement place Saint-Jacques[74]. Le Marius des *Misérables*, descendant la rue du Faubourg-Saint-Jacques, tourne ici sur le boulevard intérieur de l'enceinte des Fermiers généraux et, passé la rue de la Santé, celle de la Glacière, tombe, un peu avant d'arriver à la petite rivière des Gobelins, sur « une espèce de champ, qui est, dans toute la longue et monotone ceinture des boulevards de Paris, le seul endroit où Ruisdael serait tenté de s'asseoir. (...) Un pré vert traversé de cordes tendues où des loques sèchent au vent, une vieille ferme à maraîchers bâtie du temps de Louis XIII avec son grand toit bizarrement percé de mansardes, des palissades délabrées, un peu d'eau entre des peupliers, des femmes, des rires, des voix ; à l'horizon le Panthéon, l'arbre des Sourds-Muets [un orme, qui atteindra quarante-cinq mètres en 1900], le Val-de-Grâce, noir, trapu,

△ *« Mais après ce mot : l'Alouette, Marius n'avait plus entendu. Il y a de ces congélations subites dans l'état rêveur qu'un mot suffit à produire. »*

▷ *Dans l'ancien noviciat des capucins, au 111, boulevard de Port-Royal, Cochin, curé de Saint-Jacques-du-Haut-Pas, ouvrit un hospice.*

▽ *Vestiges de l'abbaye des Cordelières, remploi du château de Lourcine où Saint Louis aimait se retirer, aujourd'hui dans l'enceinte de l'hôpital Broca.*

fantasque, amusant, magnifique, et au fond le sévère faîte carré des tours de Notre-Dame ».

On répond à ses questions qu'il est au Champ de l'Alouette. L'oiseau est le petit nom, le seul sous lequel il connaisse Cosette. Dès cet instant, pour lui, c'est ici le pays de la jeune fille qu'il a perdue depuis si longtemps. Il y revient chaque jour, réellement ou par la pensée. « Il habitait le Champ de l'Alouette plus que le logis de Courfeyrac. Sa véritable adresse était celle-ci : boulevard de la Santé, au septième arbre après la rue Croulebarbe. » Au point où cette rue de Croulebarbe rencontre l'actuelle rue Corvisart, il y a même, alors, un très vieux moulin dont les dernières réparations datent de 1773.

Au-dessus, l'abbaye des Cordelières, devenue « Maison de refuge et de travail pour l'extinction de la mendicité », est pleine, en cette année 1832, des orphelins si nombreux qu'a laissés l'épidémie de choléra. La construction du quartier d'Orléans, confiée à l'architecte Théodore Charpentier par les Javal, habituels associés du banquier Jacques Laffitte, avance alors à grands pas au sud de l'hospice de La Rochefoucauld. Il nous en reste une place en hémicycle et ses onze maisons accolées et, derrière elles,

74. Voir le chapitre Hôtel de Ville, p. 280.

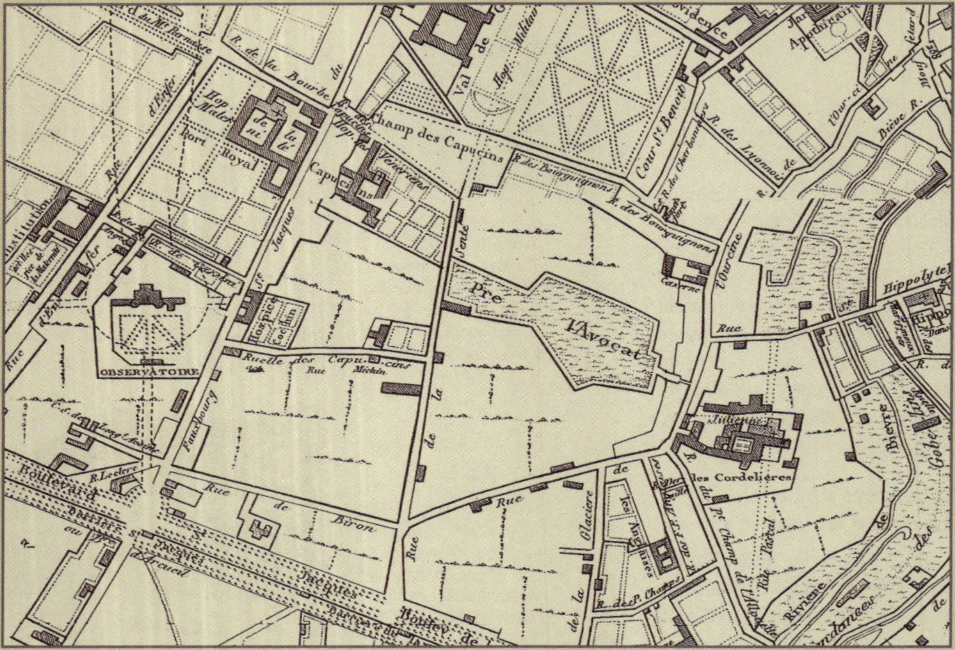

△ *Visible sur le plan Maire de 1808, la maison de campagne du peintre Jules Le Cœur, qui partagea avec Renoir l'amour de deux modèles, Clémence et Lise Tréhot.*
DR

la villa Hallé, à l'origine simple impasse de desserte des jardins de ce square anglo-saxon.

Balzac, son entreprise d'imprimerie en faillite, vient de se réfugier, sous le nom de Surville, le nom d'épouse de sa sœur Laure, entre la maternité qu'est devenue Port-Royal et l'Observatoire. Au 1, rue Cassini, dans un petit immeuble de trois niveaux, souligné à l'arrière d'un large balcon soutenu par des colonnes, il fait sa mue. *La Peau de chagrin*, ce « conte philosophique » dont l'originalité réside en ce qu'il inscrit le fantastique dans le cadre du Paris de son époque, voit son tirage épuisé en quatre jours. C'était, à 32 ans, son premier livre signé Honoré de Balzac.

C'est rue Cassini que s'esquisse un projet qu'il croit alors pouvoir mener à bien en quatre ou cinq années de travail : *La Comédie humaine*. Ici, encore, qu'il répond à la première lettre, reçue chez son éditeur, d'une comtesse polonaise, sa cadette de six ans, qui s'ennuie dans un lointain château d'Ukraine : Eve Hanska.

Sa *Physiologie du mariage*, cette « macédoine de saveur mordante et graveleuse » selon Sainte-Beuve, a

▷ *La villa Hallé était, à l'origine, une simple impasse de desserte des jardins d'un « square » anglo-saxon.*

été facilement documentée : Balzac a sous le nez et la physiologie, et les risques de la sexualité non conjugale. Sur le trottoir d'en face, rue du Faubourg-Saint-Jacques, l'hospice ouvert autour de 1780 par Jean-Denis Cochin, le curé de Saint-Jacques-du-Haut-Pas, pour ses paroissiens bien éloignés de l'Hôtel-Dieu, a prospéré. À peine plus au nord, l'Hôpital du Midi, voulu par Louis XVI pour accueillir « les pauvres de tout âge, de l'un et l'autre sexe, attaqués du mal vénérien », sur des terrains libérés un peu plus tôt par les capucins, est tout juste en train de mettre à part les femmes syphilitiques, dans l'ancienne abbaye de la rue de Lourcine, aujourd'hui Broca.

Sans compter qu'à l'autre bout de la rue Cassini, sur la rue alors d'Enfer, la maison du Bon-Pasteur est ce « refuge plutôt que couvent, où la religion donne un asile aux jeunes pécheresses ». C'est derrière ses hauts murs que se trouve désormais enfermée la Maison du fontainier, logement de fonction de l'intendant général des eaux et fontaines du roi, dont les derniers Francini, de cette dynastie d'hydrauliciens auxquels on doit les grandes eaux de Versailles, avaient joui de 1766 à 1784. Au sous-sol, les eaux apportées par l'aqueduc se répartissent entre trois bassins respectivement du Roi, de la Ville et des Carmélites ou des Entrepreneurs.

La Société des gens de lettres

La prison de la Santé – son nom lui vient de celui de la rue, lui-même dû à l'hôpital aujourd'hui Sainte-Anne – inaugure ses cinq cents cellules au

◁ « La rue Dolent [anc. de Biron] et son lugubre mur d'enceinte carcéral ». C'est celui de la prison de la Santé, inaugurée pour l'Exposition de 1867.

moment de l'Exposition de 1867. Un lotisseur habile prend la précaution d'en masquer la vue, pour une réalisation qu'il a en cours – neuf pavillons précédés chacun de son jardin –, en intercalant un immeuble. Si bien que « la rue Dolent et son lugubre mur d'enceinte carcéral » sont invisibles depuis l'allée Verhaeren, et réciproquement. Aussi quand Jay, le personnage des *Cités intérieures* d'Anaïs Nin, lira « sur une plaque de métal, *Rue Dolent*, rue dolente, ce qui se réfractait pour lui en dolorous, doliente, douleur », ne verra-t-il que le siège de la Ligue des droits de l'homme, dans l'ancien hôtel du lotisseur au n° 27, et, au n° 23, la petite maison de campagne du XVIIIe siècle, déjà présente sur le plan Maire, qui, au tournant des années 1860-1870, avait appartenu à la famille Le Cœur.

Le peintre Jules Le Cœur et Pierre Auguste Renoir étaient amoureux de deux sœurs, leurs modèles, Clémence et Lise Tréhot. Charles, le frère de Jules, architecte des lycées Condorcet, Fénelon, Montaigne et Louis-le-

△ Au 27, rue Jean-Dolent, le siège de la Ligue des Droits de l'homme occupe l'ancien hôtel du lotisseur de l'allée Verhaeren.

▷ *88 bis, boulevard de Port-Royal, le premier immeuble avec bow-window, en 1884.*

Grand, allait procurer à Renoir sa première commande décorative dans une maison qu'il construisait pour le prince Georges Bibesco. Et voilà que Renoir se mettait à courtiser Marie, 16 ans, la fille de son bienfaiteur…
L'Exposition universelle de 1878 offrit ses restes aux vingt-neuf ateliers de la Cité fleurie du boulevard Arago, la première de ce type, avant la Ruche ou le Bateau-Lavoir. Jean-Paul Laurens, auteur de fresques de la Sorbonne, de la *Mort de sainte Geneviève* au Panthéon, et du salon Lobau du nouvel Hôtel de Ville, avait bénéficié, à l'Expo, d'une rétrospective individuelle ; il se transporta assez naturellement dans l'atelier n° 22 de la cité. André Gide sera un habitué de sa maison, le fils du peintre, Paul-Albert, est un condisciple de l'École alsacienne et le compagnon de son premier voyage en Afrique du Nord. Le Mexicain Angel Zarraga occupe l'atelier n° 9 où il reçoit Modigliani. Daniel de Monfreid prête le sien à Gauguin en escale, puis y réceptionne les toiles expédiées de Tahiti.
Jean-Paul Laurens déménage plus tard pour le 5, rue Cassini, l'un des trois ateliers d'artistes que viennent de construire Louis Süe et Paul Huillard. Les Fournier, leur fils Henri, leur fille Isabelle et son mari, Jacques Rivière, s'installent en face, au quatrième étage du n° 2, au printemps 1910. Cinq ans plus tôt, le 1er juin 1905, jour de l'Ascension, comme il descendait les marches du Petit

◁ *7, rue Méchain, un immeuble de Mallet-Stevens, vers 1930.*

▽ *Rue Cassini. De g. à d., le n° 1, qui remplaça l'immeuble où Balzac écrivit* La Peau de chagrin *; le n° 3 ; les 3 bis, 5 et 7, ateliers d'artistes bâtis par Louis Süe et Paul Huillard.*

◁ *L'hôtel de Massa, transporté des Champs-Élysées au 38, rue du Faubourg-Saint-Jacques, fut attribué à la Société des gens de lettres fondée par Balzac et Hugo.*

Palais en sortant du Salon de la Nationale, Henri Fournier a croisé une grande jeune fille blonde portant un ample manteau marron. Il l'a suivie jusqu'à l'embarcadère du Cours-la-Reine, puis sur le bateau-mouche dans lequel elle est montée, enfin, à distance, jusqu'à sa maison du boulevard Saint-Germain... Henri Fournier, sous le demi-pseudonyme d'Alain-Fournier se met ici, pour de bon, à l'écriture du *Grand Meaulnes*, qui paraît en 1913. Son ordre de mobilisation lui arrive rue Cassini.

En juillet 1910, Jacques Liabeuf, qu'évoque Robert Desnos dans l'un de ses poèmes[75], a été exécuté, comme tous les condamnés à mort désormais, devant la prison de la Santé. Jean Jaurès est à demi assommé dans les échauffourées qui s'ensuivent ; un agent y est tué.

À l'Observatoire, une horloge parlante commence à dire l'heure qu'il sera exactement « au quatrième top ».

Dans l'atelier n° 18 de la Cité fleurie, en face des jardins très vastes des Dames Augustines, des écrivains allemands montent une bibliothèque de titres brûlés par les nazis. Huit ans plus tôt, l'hôtel de Massa[76], dont un épicier s'est défaussé sur l'État afin de réaliser un coup immobilier juteux aux Champs-Élysées, a été transporté pierre à pierre au 38, rue du Faubourg-Saint-Jacques, et attribué à la Société des gens de lettres fondée par Balzac et Hugo. Il restera, dans les années 1970, à préserver la Cité fleurie en la faisant racheter par une société d'HLM, et à sauver la Cité verte qui, un peu plus au sud, s'était ouverte vers 1900 sur des terrains de la congrégation des « fidèles compagnes de Jésus ».

▽ *6, rue Cassini : dans cette dépendance de Port-Royal, du XVIIe s., habita Émile Chartier, dit Alain.*

75. Voir le chapitre Hôtel de Ville, p. 293.
76. Voir le chapitre Champs-Élysées, p. 56.

Sous la Butte-aux-Cailles et sous Montsouris

Quand on arrive à Paris par le chemin de Turin, qu'on appellera plus tard la route de Fontainebleau, quand on gagne la capitale par la route d'Orléans, qui prend au faubourg le nom de rue de la Tombe-Issoire, on progresse entre des chevalements de puits de mine, dont les grandes roues remontent de lourdes pierres à bâtir, quand ce n'est pas de la lignite, ce « charbon de terre » comme on dit alors, autour du croisement des actuelles rues Broussais et Cabanis.

La plaine de Montrouge est riche en *cliquart*, une pierre de soixante centimètres d'épaisseur ; la Butte-aux-Cailles fournit de la *roche*, plus épaisse de cinq centimètres, au grain plus gros, aux coquillages moins nombreux. *L'Encyclopédie* de Diderot et d'Alembert supposait le cliquart épuisé, mais Jean Rondelet, qui édifia le dôme de Sainte-Geneviève dessiné par Soufflot, décrit sous l'Empire les lieux précédents comme toujours productifs.

Plus tard, l'avenue d'Italie, départ de la nationale 7, comme l'avenue d'Orléans, début de la nationale 20 qui a détrôné la rue de la Tombe-Issoire, ne seront plus bordées, de cinq cents mètres en cinq cents mètres, que des bornes de fonte rapportant la distance au point zéro du parvis de Notre-Dame. Dessous, le gouffre est toujours là. En 1777, une maison de la rue d'Enfer y a dégringolé, vingt-huit mètres plus bas ; en 1784, une bonne longueur de l'aqueduc d'Arcueil s'y est engloutie ; en 1869, sous les yeux de Napoléon III venu l'inaugurer, le lac du parc Montsouris s'y vide comme un lavabo mal bouché. L'entrepreneur, à l'instar de Vatel, s'en suicide.

Dans le grand vide souterrain, l'Inspection des carrières a pourtant tracé, à compter de 1823, afin de pouvoir intervenir plus efficacement, tout un réseau de rues symétrique de l'autre, une ville en négatif. « Dans nos travaux, écrit Héricart de Thury, nous

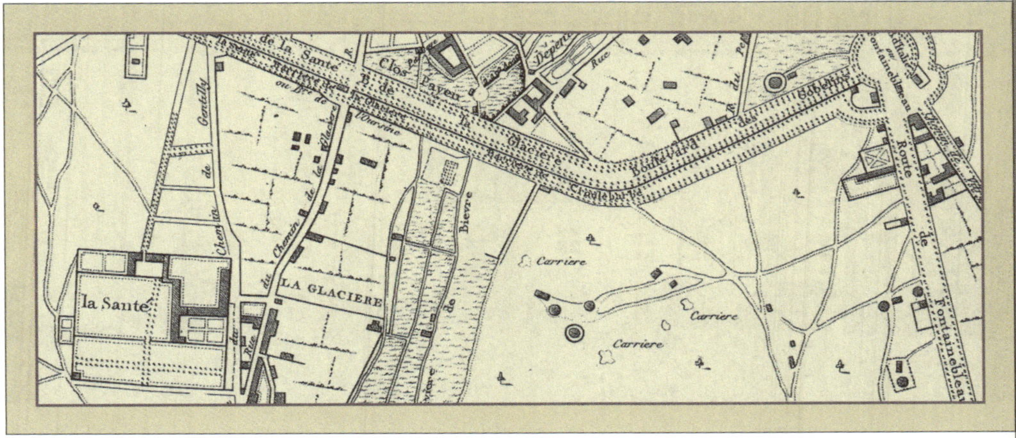

△ *Sur le plan Maire (1808) sont signalés les chevalements de puits de mine, dont les grandes roues remontaient de lourdes pierres à bâtir.*
DR

nous sommes particulièrement attachés à établir (…) la corrélation la plus intime et la plus réciproque des détails de la surface et de l'état des vides, (…) à fixer les limites des propriétés au-dessous de celles de la surface ; à tracer, à plus de 80 pieds de profondeur, le milieu des murs mitoyens sous le milieu même de leur épaisseur ; à rapporter le numéro de chaque maison exactement au-dessous de celui de la propriété ; enfin, je le répète, à établir un tel rapport entre le dessous et le dessus, qu'on peut en voir et en vérifier la rigoureuse correspondance sur les plans de l'inspection. » On a même prolongé sous terre, pour faire obstacle aux contrebandiers, le mur des Fermiers généraux.

À ce trou sous ses pieds, Paris doit en partie sa sauvegarde – le PC de Rol-Tanguy et des Forces françaises de l'intérieur se dissimulait, pendant la semaine de l'insurrection, près de la galerie conduisant à l'ossuaire –, la Butte-aux-Cailles sa préservation : son sol n'était pas apte à supporter beaucoup plus que des maisonnettes.

▷ ▽ *Maisonnettes du quartier de la Butte-aux-Cailles, et la Petite Alsace de la rue Daviel.*

△ *C'est Tenon qui imagina de transformer la Santé Sainte-Anne, voulue par Anne d'Autriche, en établissement pour les aliénés curables.*

Sous l'hôpital Sainte-Anne, où existe, comme partout ici, un réseau de galeries et de salles, la plus grande de celles-ci avait été transformée, durant la dernière guerre mondiale, en salle de chirurgie.

La Santé du XIIIe siècle, son ancêtre, œuvre de Marguerite de Provence, était établie à proximité du futur cloître du Val-de-Grâce. Elle devint une gêne pour celui-ci, qu'affectionnait Anne d'Autriche. « Aujourd'hui quinzième de juin 1647, le Roy étant à Amiens, désirant favoriser l'établissement de l'hôpital qui doit être construit entre les faubourgs Saint-Jacques et Saint-Marcel, hors lesdits faubourgs, pour tenir lieu de celui sis au faubourg Saint-Marcel, appelé la Santé, qui servait à recevoir les malades de la peste en temps de contagion lorsque celui de Saint-Louis était rempli et lequel a été transféré hors lesdits faubourgs pour éviter le préjudice que la santé de la Reine régente, mère du Roi, aurait pu recevoir à cause qu'il est situé proche et joignant les murs de clôture de l'abbaye du Val de Grâce, où ladite dame fait souvent des visites, Sa Majesté, de l'avis de la Reine régente, sa mère, accorde audit hôpital nouveau la jouissance d'un pouce d'eau faisant 144 lignes de celle des fontaines de Rungis à prendre dans le regard le plus proche de l'hôpital. »

Un pouce d'eau équivalait à un peu moins de vingt mètres cubes par vingt-quatre heures. Sans rapport avec ceci, à la fin de l'Ancien Régime, la Santé Sainte-Anne – du nom de la patronne de la Reine régente –, n'avait à peu près jamais servi à l'hospitalisation des contagieux, et avait peu servi tout court. Tenon imagina d'en faire un établissement pour les aliénés curables ; les bâtiments commencèrent d'être démolis pour cela, puis le projet fut abandonné. Dans ce qu'il en restait fut installée la laiterie des hôpitaux. Sous la monarchie de Juillet, on y mit aux champs, les traitant par le travail de la terre, des aliénés de Bicêtre. En 1867, enfin, Haussmann inaugurait là sa ville des fous flambant neuve, en même temps que la prison proche qui dérobait à l'autre son très ancien nom.

Jacques Lacan, qui y avait été interne en 1931, entamait à Sainte-Anne, le 18 novembre 1953, ses premières leçons publiques, un séminaire auquel participait Michel Foucault, deux ans psychologue à l'hôpital dans le service du professeur Delay. Une décennie plus tard, le séminaire se poursuivait dans les locaux de l'École normale supérieure où l'accueillait Louis Althusser. Enfin, le 16 novembre 1980, on amenait à Sainte-Anne le caïman de la rue d'Ulm, qui venait d'étouffer sa femme sous un oreiller. Rien n'avait pu empêcher cet abîme de s'ouvrir.

◁ *Au 46, rue des Cinq-Diamants, le siège des « Amis de la Commune », la plus ancienne association française, créée en 1882.*

« Bien creusé, vieille taupe »

Sur la Butte-aux-Cailles, des chiffonniers, hotte d'osier sur le dos, crochet à la main, fouillent le sol :

« Gens harcelés de chagrins
de ménage,
Moulus par le travail et tourmentés
par l'âge,
Éreintés et pliants sous un tas
de débris,
Vomissement confus de l'énorme
Paris »,

ainsi que les décrit Baudelaire. Ces débris, le chiffonnier les écoule auprès de fabricants de carton et papier, d'entreprises qui en font du sel ammoniac et, dans le meilleur des cas, chez les revendeuses du marché du Temple. Du *Chiffonnier de Paris*, première incarnation puissante de Frédérick Lemaître au théâtre de la Porte-Saint-Martin, Félix Pyat, futur quarante-huitard, membre de l'Internationale et communard, fait le symbole même du prolétaire. Louis Blanc l'accueille d'un « Enfin, nous avons le drame socialiste ! », tandis qu'un article l'inscrit dans la lignée des pièces de sape : « *Tartuffe* contre l'autel, *Figaro* contre le trône et le *Chiffonnier* contre le coffre ».

Évidemment, la Butte-aux-Cailles est, pendant la Commune, « l'une des citadelles de la révolte », tenue par les gars du légendaire 101e, « tous enfants du 13e et du quartier Mouffe-

◁ *Du* Chiffonnier de Paris, *Félix Pyat, futur quarante-huitard, membre de l'Internationale et communard, fit le symbole même du prolétaire.*

△ *« Relier par une transition progressive cette pauvre vallée de la Bièvre aux fraîches grâces du parc de Montsouris, voilà le but » (*Paris-Atlas 1900*).*

tard, indisciplinés, indisciplinables, farouches, rauques, habits et drapeaux déchirés, n'écoutant qu'un ordre, celui de marcher en avant », tels que les décrira Lissagaray. Pourtant, le maillage des maisons, ici, n'est pas assez serré et les barricades élevées sur les axes seront tournées par les Versaillais à travers les jardins.

Blanqui n'avait pas pu participer à la Commune : « l'Enfermé » était – il le sera la moitié de sa vie – en prison. Quand il en sort, c'est chez son ami Granger, au 25 du boulevard qui porte aujourd'hui son nom, qu'il trouve refuge, et de la chambre du quatrième étage – qui sera sa chambre mortuaire – qu'il lance un nouveau et dernier journal : *Ni Dieu ni Maître*.

La butte est restée, au début du XXe siècle, ce « fief de la misère » que l'auteur de *Paris-Atlas* invite la municipalité à conquérir : « Quelles merveilles aurait pu faire le génie d'un Alphand, de la Butte-aux-Cailles, si on lui avait donné libre carrière pour la transformer ! Soit qu'on installât sur ses pentes, de moins en moins escarpées aujourd'hui, les verdures d'un parc, soit qu'on abattît les masures qui la couronnent pour percer des rues montant en lacet, bordées de maisons modestes, mais coquettes, ombragées d'un jardinet. [...] Relier par une transition progressive cette pauvre vallée de la Bièvre aux fraîches grâces du parc de Montsouris, voilà le but ; lorsqu'il sera atteint, l'ancien *faubourg souffrant* n'existera plus ».

Autour des grâces du parc Montsouris, c'est pourtant alors une nouvelle génération de « carriers » qui est en train de saper les fondements du vieux monde. « Bien creusé, vieille taupe », disait Marx, parodiant Hamlet, à chaque avancée de la lutte. Rosa Luxemburg, fondatrice du parti social-démocrate de Pologne et de Lituanie, venue à Paris s'occuper de l'impression, impossible sur place, de l'organe du parti, *La Cause ouvrière*, a trouvé un point de chute, le 18 mars 1895, dans une chambre meublée du 7, ave-

▷ *La plaque qui, au mur du 4, rue Marie-Rose, rappelait qu'avaient séjourné ici, de juillet 1909 à juin 1912, Lénine, sa femme et sa belle-mère, a été ôtée.*

◁ *Les réservoirs de la Vanne, en 1874, les plus vastes du monde, entièrement construits sur d'anciennes carrières souterraines.*

nue Reille, au troisième étage d'une maison particulière que lui a indiquée une compatriote qui en est locataire, Wanda Wojnarowska.

Lénine débarque 24, rue Beaunier à la fin de 1908, avec sa sœur, sa femme et sa belle-mère et, dans ses valises, les caractères cyrilliques nécessaires au tirage du *Social-Démocrate* et du *Prolétaire*, qui se fera 8, rue Antoine-Chantin puis 110, avenue d'Orléans. Sa sœur rentrée en Russie, il emménage dans un appartement plus petit, mais au confort plus moderne, 4, rue Marie-Rose. Zinoviev, futur président du soviet de Petrograd, loge lui aussi aux abords de ces réservoirs de la Vanne ornés d'un édicule en fer tout neuf, rue Leneveux. Kamenev, futur président du soviet de Moscou, et Lounatcharski, qui sera commissaire du peuple à l'Instruction publique, habitent de l'autre côté du parc Montsouris, l'un le deuxième, l'autre le troisième étage du 11, rue Roli.

Leurs enfants connaissent par cœur la mire de Napoléon, le palais du bey de Tunis, reproduit pour l'Expo de 1867, dans lequel est installée la météorologie de la marine ; les pères ne voient rien, si l'on en croit cette anecdote de Lénine croisant Lounatcharski qui pousse du ventre – ses mains sont occupées à tenir sa lecture – une voiture d'enfant dont l'occupant est presque enseveli sous des journaux, des brochures et des livres. Le groupe bolchevik se réunit souvent au premier étage du café Les Manilleurs, 11, avenue d'Orléans, et un congrès du Parti ouvrier social-démocrate de Russie se tiendra, du 3 au 9 janvier 1909, en présence de Jaurès et d'Édouard Vaillant, au restaurant du 99, rue d'Alésia.

Lénine, à bicyclette, emprunte celle-ci, puis la rue de Tolbiac qui la suit, sur la liaison tracée de la Seine à la Seine par la Troisième République. Il laisse à sa gauche les superstructures du puits artésien de la Butte-aux-Cailles,

▷ *L'eau, à 28 °C, du puits artésien, recueillie à 582 mètres de profondeur, alimente la piscine de la Butte-aux-Cailles depuis 1924.*

▷ *La villa de Walter Guggenbühl, élevée par André Lurçat, rue Nansouty. Les fenêtres, plus rares à l'origine, étaient disposées irrégulièrement sur la façade.*

achevé au bout de vingt-sept ans de travaux par le même ingénieur qui fora celui de la raffinerie Say, avant de tourner avenue de Choisy pour aller y donner une conférence à l'Alcazar, au n° 190.

C'est à bicyclette que, se rendant à la Bibliothèque nationale, il voit les Parisiens faire la queue pour visiter les Catacombes, la ville d'os s'étendant de la place Denfert-Rochereau jusqu'à l'actuelle rue Rémy-Dumoncel. Nicolas Frochot, préfet de la Seine de 1800 à 1812, a eu l'idée de faire décorer de frises de tibias et de crânes les carrières où, depuis 1786, s'est vidé le contenu des cimetières désaffectés du centre de Paris : les restes de quelque six millions de personnes.

À la fin de 1914, c'est dans une petite pension du début de la rue de l'Amiral-Mouchez, que Trotski, devenu correspondant de guerre de la *Kievskaïa Mysl*, se fait rejoindre par sa famille.

▽ *La maison-atelier construite par Le Corbusier pour Amédée Ozenfant, au 53, avenue Reille, était, à l'origine, éclairée par un toit d'usine en « dents de scie ».*

Le cubisme après le léninisme

L'avant-garde architecturale prend possession des abords de Montsouris avec la maison-atelier que Le Corbusier construit en 1923 pour son ami Amédée Ozenfant, 53, avenue Reille. Les deux hommes ont rédigé ensemble un manifeste, *Après le cubisme*, destiné à lutter contre le danger décoratif qui guette le mouvement. Ils développent leurs idées communes dans une revue, *L'Esprit nouveau* : « L'esprit constructif est aussi nécessaire pour créer un tableau ou un poème que pour bâtir un pont ».

André Lurçat, avec l'appui de son frère, le peintre Jean Lurçat, alors très pénétré de l'influence cubiste, construit villa Seurat un ensemble d'ateliers d'artistes d'une architecture qu'on remarque. Il leur ajoute la villa Guggenbühl de la rue Nansouty, quand Auguste Perret, déjà auteur du n° 7 bis de la villa Seurat, bâtit l'atelier de Georges Braque, celui par qui le cubisme est arrivé. « M. Braque est un jeune homme fort audacieux, écrivait alors Louis Vauxcelles. Il méprise la forme, réduit tout, sites et figures et maisons à des schémas géométriques, à des cubes. » Mais Georges Braque, au 6 de la rue qui prendra son nom, n'est plus un jeune homme, il a désormais 45 ans.

C'est à la Cité internationale universitaire, et non pas à Normale Sup', que Simone de Beauvoir rencontre d'abord Sartre, à la fin des années 1920 : à la Fondation Deutsch de la Meurthe, dont il a été l'un des premiers résidents, sitôt après son ouverture.

△ *Auguste Perret bâtit l'atelier de Georges Braque, au 6 de la rue aujourd'hui éponyme, en 1927.*

▷ *Les débuts dans l'habitat collectif de Le Corbusier et Pierre Jeanneret avec la Fondation Suisse, inaugurée le 7 juillet 1933.*

« J'étais un peu effarouchée quand j'entrai dans la chambre de Sartre ; il y avait un grand désordre de livres et de papiers, des mégots dans tous les coins, une énorme fumée. Sartre m'accueillit mondainement ; il fumait la pipe. Silencieux, une cigarette collée au coin de son sourire oblique, Nizan m'épiait à travers ses épaisses lunettes, avec un air d'en penser long. Toute la journée, pétrifiée de timidité, je commentai *le discours métaphysique* », écrit-elle dans les *Mémoires d'une jeune fille rangée*.

« Je revins chaque jour, et bientôt je me dégelai. (...) Nous travaillions surtout le matin. L'après-midi, après avoir déjeuné au restaurant de la Cité, ou "chez Chabin", à côté du parc Montsouris, nous prenions de longues récréations. Souvent la femme de Nizan, une belle brune exubérante, se joignait à nous. Il y avait la foire, porte d'Orléans. On jouait au billard japonais, au football miniature, on tirait à la carabine, je gagnai à la loterie une grosse potiche rose. »

▷ *18, villa Seurat. Henry Miller y écrivit, sous les yeux d'Anaïs Nin, son* Tropique du Cancer, *récit d'un « piéton de Paris » américain.*

Henry Miller, débarquant deux ans plus tard de Brooklyn avec son rire de « marsouin céleste », est accueilli par son ami Michael Fraenkel dans un atelier du fond de la villa Seurat, au n° 18. Il y écrit ses premiers textes que publie sans nom d'auteur Carrefour Press, l'éditeur du mouvement de Fraenkel et Walter Lowenfels, un communiste américain, prônant le

▷ *Grâce à un don de John D. Rockefeller, la maison internationale de la Cité universitaire s'habilla en Louis XIII.*

total anonymat de l'art. Il y écrit surtout, sous les yeux d'Anaïs Nin qu'il rencontre ici, son *Tropique du Cancer*, transcription immédiate du flux de la vie, dans tous ses aspects, d'un « piéton de Paris » américain.
Dans son atelier, Amédée Ozenfant prépare la peinture murale des *Quatre Races* du Petit-Palais ; Le Corbusier est en train de bâtir, à la Cité universitaire, la Fondation suisse. Dans la proche banlieue, André Lurçat édifie, pour la municipalité de Villejuif, ce groupe scolaire Karl-Marx qui lui vaut une invitation à Moscou. Au bord de la Bièvre, Auguste Perret entame le bâtiment du Mobilier national, qui voisine aujourd'hui avec une réhabilitation du château de la Reine Blanche en pastiche des greniers à claire-voie des vieilles tanneries. C'est le moment où Le Corbusier superpose ses cubes de couleurs primaires au refuge de l'Armée du Salut, dans le quartier de la Gare, tandis que, grâce à un don de John D. Rockefeller, la Maison internationale de la Cité universitaire s'habille en Louis XIII.
Quand Le Corbusier y entreprend la Maison du Brésil, à la fin des années 1950, tout dignitaire soviétique en visite officielle – et cela continuera tant qu'il y aura une URSS – fait insérer dans son emploi du temps un détour par la petite rue Marie-Rose et son minuscule musée Lénine.

◁ *Le rez-de-chaussée, dégagé par les pilotis, de la Maison du Brésil, de Le Corbusier associé au Brésilien Lucio Costa, inaugurée le 24 juin 1959.*

De Saint-André-des-Arts à Vaugirard

Saint-André-des-Arts

et les prophètes du Procope

Saint-André-des-Arts est l'église des nouveaux Parisiens que la muraille de Philippe Auguste sépare soudain du bourg Saint-Germain. Au départ de l'enceinte, de ce côté-là, s'élève la fameuse tour de Nesle que ressuscitera le XIXe siècle, Dumas puis Zévaco, en attendant que le cinéma prenne la relève dans les années 1950. En 1832, Bocage était Buridan pour cinq cents représentations successives ; en 1955, c'est Pierre Brasseur qu'Abel Gance a choisi pour interprète. « Où est » – et, surtout, qui est ? – « la reine qui ordonna que Buridan fût jeté en un sac en Seine ? » Le mystère que nous a légué Villon reste entier. Un peu plus au sud s'ouvrait, dans la muraille, la porte que Périnet Leclerc livra en 1418 aux Bourguignons, accueillis ici aux cris de : « Noël ! Vive

▷ *Affiche de René Renneteau pour le film* Buridan, héros de la tour de Nesles *(1951), d'Émile Couzinet, d'après le roman de Michel Zévaco.*
DR

◁ *Cour du Commerce-Saint-André, un vestige de cette enceinte de Philippe Auguste qui retint les huguenots dans la nasse lors de la Saint-Barthélemy.*

le duc de Bourgogne, qui abolit les impôts ! ». Il en était resté une sorte de jeu de massacre en dur, qu'ignore exceptionnellement le Jehan Frollo de *Notre-Dame de Paris* lorsqu'il se rend chez son frère l'archidiacre pour lui soutirer de l'argent : « Il ne prit pas même le temps de jeter une pierre en passant, comme c'était l'usage, à la misérable statue de ce Périnet Leclerc qui avait livré le Paris de Charles VI aux Anglais, crime que son effigie, la face écrasée de pierres et souillée de boue, a expié pendant trois siècles au coin des rues de la Harpe et de Buci, comme à un pilori éternel ».

À la Saint-Barthélemy, le 24 août 1572, cette porte et ses voisines, dûment cadenassées, retinrent dans la nasse, sous le poignard et sous le mousquet, les huguenots qui espéraient trouver refuge dans « la Petite Genève »[78], de l'autre côté du mur. Les vestiges du rempart qui les a livrés à la mort sont encore nombreux rue Mazarine, rue Guénégaud et cour de Rouen (Rohan).

Henri IV a en projet, au début du siècle nouveau, la création de deux « cités résidentielles pour aristocrates », selon l'expression de Natacha Coquery, afin de « donner soulagement » aux gentilshommes de la cour, « si pressés et logés si chèrement ». La première, rive droite, autour de la place Royale, sera un succès ; celle de la rive gauche, prévue au débouché du Pont-Neuf, de la rue des Grands-Augustins à celle des Saints-Pères, verra le mur se mettre en travers, autant que les épouses du roi. Margot comme Marie de Médicis installent les pôles d'aimantation de leurs hôtels royaux plus à l'ouest et plus au sud, mais l'aristocratie aurait, sans elles, choisi le large plutôt qu'une zone située pour moitié en ville. Seul Henri de Guénégaud sera, en quelque sorte, fidèle au vieux projet quand il rachètera, près d'un demi-siècle plus tard, l'hôtel de Nesle, devenu de Nevers.

▽ *Pascal s'installa au long du fossé du rempart, rue des Francs-Bourgeois-Saint-Michel (54, rue Monsieur-le-Prince) par « dégoût du monde ».*

C'est par « dégoût du monde » que Pascal s'installe, le 1er octobre 1664, au long du fossé du rempart, rue des Francs-Bourgeois-Saint-Michel (54, rue Monsieur-le-Prince). C'est ici, peu après, dans la nuit du 23 novembre, qu'a lieu l'illumination que le *Mémorial* enregistre : « Joie, joie, joie, pleurs de joie. (...) Renonciation totale et douce ». C'est ici qu'il écrit les *Provinciales*, « le premier livre de génie qu'on vit en prose », selon Voltaire, qui ajoute : « Il faut rapporter à cet ouvrage l'époque de la fixation du langage ».

Le secrétaire d'État, puis garde des Sceaux, Henri de Guénégaud alias Anaxandre ou Alcandre, et sa femme Élisabeth, Amalthée en préciosité, reçoivent en leur hôtel Mme de Sévigné, Mme de La Fayette, et Arnaud d'Andilly. C'est dans leur salon que Boileau lit ses premières satires et cor-

78. Voir le chapitre Saint-Germain-des-Prés, p. 591.

△ *1665 vit tomber la tour de Nesle, qui ferait place au collège des Quatre-Nations de Mazarin, futur Institut de France.*

rige, peut-être, la première tragédie de Racine, qui ne sera pas mieux reçue pour autant : cette *Thébaïde*, d'une épouvantable noirceur. Racine en tire vite la leçon, et son *Alexandre*, qu'entendent ensuite ici les hôtes, exact contre-pied de la précédente, a opté pour le genre optimiste et galant. Le succès est d'autant plus au rendez-vous que l'auteur a donné l'exclusivité de sa pièce... et à Molière et, clandestinement, à l'Hôtel de Bourgogne !

L'année d'*Alexandre* voit tomber la tour de Nesle, qui fait place au collège des Quatre-Nations que Mazarin destinait à soixante jeunes gens d'Alsace, de la Flandre, de l'Artois et du Hainaut. Le salon d'Amalthée est entraîné dans la chute de Fouquet : les Guénégaud ont eu à peine le temps de demander à Jules Hardouin-Mansart une extension de l'hôtel construit par ce François Mansart dont leur nouvel architecte s'inspire au point d'avoir accolé son nom au sien, qu'il ne leur reste déjà plus qu'à se retirer sur leurs terres de Fresnes.

Comme sur la rive droite, les fossés ajoutés par Charles V au rempart de Philippe Auguste sont le règne de la paume. L'abbé Pierre Perrin ayant obtenu de la reine un « Privilège pour l'établissement des Académies d'opéra pour y représenter et chanter en public des opéras et représentations en musique et vers français, pareilles et semblables à celles d'Italie », il fait doter la « ruelle allongée » du jeu de paume de la Bouteille d'un parterre et de trois étages de loges verticales. La première salle d'opéra est inaugurée le 3 mars 1671 par la création de *Pomone*, pastorale dont l'abbé a écrit le livret et Robert Cambert la musique. La faillite est pourtant au bout de cent quarante-six représentations triomphales, et le privilège tombe dans l'escarcelle de Lully. Quand le musicien l'aura évincée du Palais-Royal, la troupe orpheline de Molière s'installera dans l'ancien jeu de paume devenu Théâtre Guénégaud. Elle y sera rejointe par celle du Marais, après quoi le roi ordonnera la fusion des deux avec celle de l'Hôtel de Bourgogne et donnera ainsi, et ici, naissance à la Comédie-Française.

Le même roi a décidé que Paris ne serait plus un château fort. La porte de Buci, au bas de la rue de la Basoche ; la porte, beaucoup plus récente, qu'a nécessitée le percement de la rue Dauphine, à l'autre extrémité de la même rue [aujourd'hui Mazet], enfin la muraille sont mises à bas. On n'est pas sorti du Moyen Âge pour autant puisque perdure le cabaret, « l'ignoble cabaret où, sous Louis XIV, se roulait la jeunesse entre les tonneaux et les fines », assure Michelet. Voltaire a insisté sur le rôle civilisateur du carrosse[79], Michelet pointera celui du café : « Le cabaret est détrôné », écrit-il de ce temps béni où Procope s'installe rue des Fossés-Saint-Germain, son emplacement toujours actuel. « Moins de chants avinés la nuit. Moins de grands seigneurs au ruisseau. La boutique élégante de causerie, salon plus que boutique, change, ennoblit les mœurs. Le règne du café est celui de la tempérance. »

Le café et le barbier

Le café, c'est un excitant intellectuel, servi dans un cadre raffiné en même temps que civique. Chez Procope, il y a des miroirs aux murs et des lustres de cristal au plafond : « Le luxe est une garantie de la bonne qualité des consommations », y affirme la carte. Les « nouvelles à la main », un peu l'équivalent des « lettres confidentielles » d'aujourd'hui, dont des gens bien informés font commerce, sont ici affichées sur les tuyaux du poêle : Procope, s'est attaché quelques-uns de leurs rédacteurs. Enfin, le breuvage lui-même « donne de l'esprit à ceux qui en prennent : au moins, de tous ceux qui en sortent [de chez Procope, que nomme la table des matières des *Lettres persanes*], il n'y a personne qui ne croie qu'il en a quatre fois plus que lorsqu'il y est entré ».

Et l'on attribue à Montesquieu ce persiflage : « Si j'étais le souverain, je fermerais les cafés car ceux qui fréquentent ces endroits s'y échauffent fâcheusement la cervelle. J'aimerais mieux les voir s'enivrer dans les cabarets. Au moins, ne feraient-ils du mal qu'à eux-mêmes ; tandis que l'ivresse que leur verse le café les rend dangereux pour l'avenir du pays ».

La Comédie-Française, invitée à quitter le Théâtre Guénégaud, trop proche du collège des Quatre-Nations qui s'apprête à recevoir ses premiers élèves, acquiert le jeu de paume de l'Étoile, en face de chez Procope, et en fait un théâtre de mille cinq cents places – dont aucune sur la scène –, qu'elle inaugure en 1689 avec une reprise du *Médecin malgré lui*. Molière y critiquait, comme souvent, la médecine, c'est-à-dire la Sorbonne et son latin assassin.

Or, dans le quartier Saint-André-des-Arts, se réunissent, un peu plus bas, des gens ostracisés par l'Université, des « encyclopédistes » avant l'heure pourrait-on dire, des praticiens qui n'ont pas fait d'études pédantes, mais

▽ « Le luxe est une garantie de la bonne qualité des consommations », affirmait la carte du Procope dès la Régence.

79. Voir le chapitre Cité, p. 28.

▽ *L'amphithéâtre de l'école de chirurgie du collège Saint-Côme, 5, rue de l'École-de-Médecine. C'était un « barbier » qui avait guéri Louis XIV.*

△ *Le cloître des Cordeliers reçut la clinique de l'École de Santé, appellation sous laquelle la Convention avait unifié médecine et chirurgie.*

un apprentissage, qui ne savent pas le latin mais qui connaissent l'anatomie, qui n'ont pas droit à la robe longue des médecins mais qui soignent : les barbiers – c'est-à-dire les chirurgiens – de la confrérie de Saint-Côme. Les rois, comme tout un chacun, aspirent à vivre, mais eux seuls ont le pouvoir d'empêcher l'Université et ses médecins de tuer. Charles IX, qui lui devait d'avoir gardé l'usage de son bras, avait, à la Saint-Barthélemy, caché sous son lit, pendant deux jours, son barbier, protestant et fort peu latiniste, Ambroise Paré. Alors qu'en mars 1656, Gui Patin, doyen de la faculté de Médecine de Paris, se réjouissait encore de l'interdiction faite aux chirurgiens de porter le titre de docteur en médecine, Louis XIV, qui avait dû imposer par décret la théorie de Harvey sur la circulation sanguine, allait appuyer la création de l'école de chirurgie du collège Saint-Côme et de son nouvel amphithéâtre. Entre-temps, c'était son chirurgien qui l'avait guéri de sa fistule[80].

L'hiver terrible de 1709 a tué vingt mille Parisiens. Les financiers, qui s'en savent l'objet, demandent aux Comédiens français de ne pas donner le *Turcaret* de Lesage, et ils obtiennent facilement gain de cause. Jusqu'à ce que le roi, bien aise de détourner sur d'autres le mécontentement général, impose que la pièce soit jouée. Un Turcaret – le personnage est vite devenu le nom commun des gens de finance –, c'est quelqu'un qui, pour un souper de quatre personnes, commande vingt-quatre bouteilles de ce champagne qui a, pour la première fois, les honneurs de la scène, et cent bouteilles de vin de Suresnes pour abreuver ses musiciens !

Les prophètes assemblés dans l'antre du Procope

Après la cuisante bastonnade de l'hôtel de Sully[81], c'est chez Procope que Voltaire rumine sa vengeance : c'est « par un garçon de Procope qu'il avait accommodé de façon à s'en servir comme d'un second », qu'il fait porter son cartel au chevalier de Rohan. Celui-ci accepte le duel pour le lendemain et, dans la nuit, le fait enfermer à la Bastille.

Symboliquement, si ce n'est de fait, Voltaire ne va plus quitter le café : « Né à Paris [et baptisé à Saint-André-des-Arts], ses ouvrages semblent tous avoir été faits pour la capitale », affirmera Mercier qui, lui, a été l'élève du collège des Quatre-Nations. « Il l'avait principalement en vue lorsqu'il écrivait ; en composant, il regardait l'Académie française, où étaient ses prô-

80. Voir le chapitre Tuileries, p. 95.
81. Voir le chapitre Place des Vosges, p. 387.

neurs, le parterre de la Comédie, le café de Procope, et un cercle de jeunes mousquetaires ; il n'a guère eu d'autres points de vue. »

La Comédie-Française et Procope se font face, comme l'on sait, et le feront jusqu'en 1770 ; l'Académie française, à son tour, rejoindra le quartier, au collège des Quatre-Nations, en 1807. Bref, Voltaire écrit pour Saint-André-des-Arts, identifié alors au Paris qui compte.

Un cabaret à l'ancienne coexiste encore avec le café moderne : au 4, rue de Buci, chez le traiteur Landelle, qui prêtait sa salle trois ans plus tôt à la première loge maçonnique de Paris, celle de Saint-Thomas-au-Louis-d'Argent, se donnent, le 1er et le 16 de chaque mois, à partir de 1733, les dîners du Caveau. Cette société bachique autant que chantante regroupe, autour de Piron, le jeune Crébillon fils, le peintre Boucher, qui n'est pas beaucoup plus âgé, et Jean-Philippe Rameau, déjà quinquagénaire, mais encore débutant pour ce qui est de l'opéra. Helvétius se joindra parfois à eux. Chacun y doit, à son tour, fournir une chanson ou une épigramme, et si l'on reste « sec », ou si elle est jugée faible, on est condamné au verre d'eau.

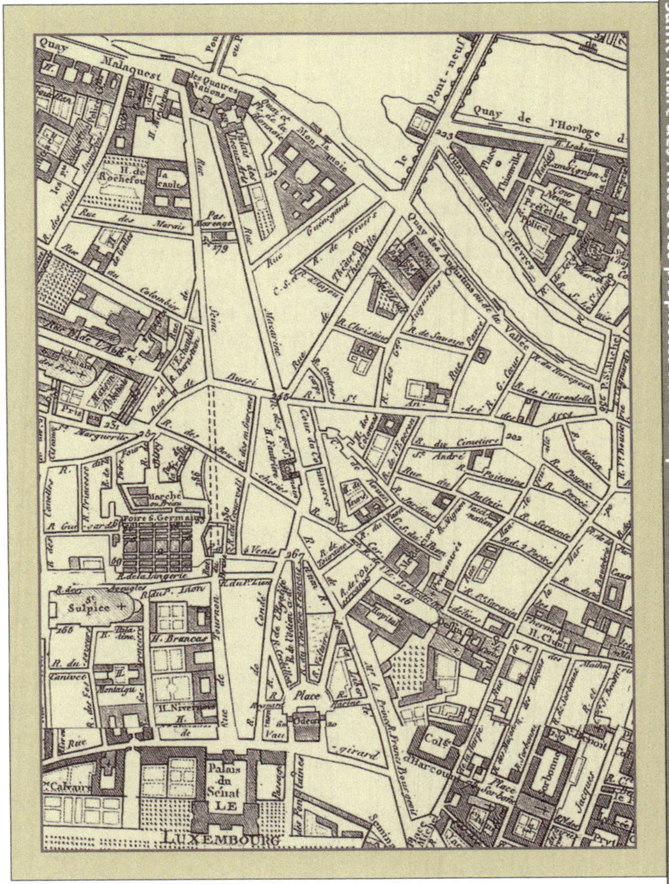

△ *Sur le plan Maire (1808), la diagonale de l'enceinte encore visible avant la saignée orthogonale Saint-Michel/Saint-Germain.*
DR

◁ *Le marché Saint-Germain, qui délogea l'Opéra-Comique du préau de la foire.*

D'ici, Piron fournit en voisin l'Opéra-Comique qui, délogé du préau de la foire Saint-Germain pour cause de construction du Nouveau Marché, a fait bâtir un théâtre dans l'ancien jeu de paume de la Diligence, au n° 12. À ses *Crédit est mort* et *L'Enrôlement d'Arlequin* succèdera, rue de Buci, la première pièce de Favart, le 22 mars 1734.

Le 2 mai 1760, c'est la première des *Philosophes*, de Charles Palissot, à la Comédie-Française, devant une salle comble comme n'en ont jamais connue ni Racine, ni Molière, ni Voltaire. Le personnage de Crispin, à quatre pattes sur scène pour brouter une

▷ *L'hôtel des Monnaies (façade sur cour) remplaça celui des Guénégaud, échu aux Conti, en une première affirmation du style Louis XVI.*

laitue, moque Rousseau et son retour à l'état de nature. On y reconnaît aussi Diderot, Helvétius ; sous le rôle de Cidalise, Mme Geoffrin, et dans « la mère fouettard », Mme d'Épinay.
Deux ans plus tard, pour le deuxième essai de Palissot, la cinquantaine de siffleurs de la claque du chevalier de la Morlière, qui traîne au Procope, traverse la rue et descend la pièce à bout portant. « Tout ce que je vois jette les semences d'une révolution qui arrivera immanquablement, et dont je n'aurai pas le plaisir d'être témoin, écrira Voltaire. La lumière s'est tellement répandue de proche en proche qu'on éclatera à la première occasion ; et alors, ce sera un beau tapage. Les jeunes gens sont bien heureux : ils verront de belles choses. » Et Michelet de renchérir : « Les prophètes assemblés dans l'antre du Procope virent le futur rayon de 89 ».
Le 27 avril 1784, Beaumarchais attend anxieusement chez Procope l'accueil réservé à son *Mariage de Figaro*, qui se donne à l'Odéon : la Comédie-Française a cessé d'être en vis-à-vis du café. Au 12 de l'actuelle rue de l'École-de-Médecine, s'achèvent les magnifiques bâtiments de l'Académie de chirurgie, voulus par Louis XV, continués par Louis XVI, qui, après le Roi-Soleil, ont favorisé les efficaces chirurgiens. Thomas Jefferson écume les bouquinistes, y achète tout ce qui peut exister concernant les États-Unis. « Depuis des siècles, le lierre des feuilles savantes s'est attaché sur les quais de la Seine », écrira Walter Benjamin, « Paris est la grande salle de lecture d'une bibliothèque que traverse la Seine ». Sur sa rive, l'hôtel des Monnaies a remplacé celui des Guénégaud, passé entre-temps aux Conti, et le ministre François de L'Averdy occupe la construction ajoutée autrefois par Hardouin-Mansart. À l'étage du cloître des Cordeliers, à côté de l'ancien amphithéâtre de chirurgie, l'architecte Verniquet et une cinquantaine d'ingénieurs dressent le plan de Paris voulu par le roi.
Le couvent fermé par la Révolution,

▽ *Les bâtiments de l'Académie de chirurgie, voulus par Louis XV, continués par Louis XVI, 12, rue de l'École-de-Médecine.*

Camille Desmoulins, qui habite place de l'Odéon, à l'angle de l'actuelle rue Crébillon, y loge son Club des cordeliers, populaire, composé d'habitants et non d'élus, qui acquittent un droit d'entrée minime. Marat, retour d'un exil londonien dû à ses attaques contre Necker et La Fayette, s'y inscrit. C'est en grande partie sous son influence qu'est portée au Champ-de-Mars, le 17 juillet 1791, la pétition exigeant qu'on destitue le roi.

◁ *Danton habita l'endroit où, sur la place, est érigée sa statue. « Ma demeure ? Bientôt dans le néant, ensuite dans le Panthéon de l'Histoire ! »*

Marat et les quelques personnes attachées à la confection et au pliage du journal s'activent autour de l'*Ami du Peuple*, au premier étage de l'ex-30, rue des Cordeliers, qui correspond au pan coupé du bâtiment de l'École de médecine donnant sur l'actuelle place Henri-Mondor. Danton habite à deux pas, près de l'endroit où, sur la place, est érigée sa statue. Billaud-Varenne, son secrétaire, loge 45, rue Saint-André-des-Arts, à l'angle de la rue Gît-le-Cœur. Hébert est au 5, rue de Tournon.

Le bataillon des Marseillais, qui a fait connaître *La Marseillaise* aux Parisiens, est cantonné aux Cordeliers. Le 13 juillet 1793, Marat est assassiné, dans l'appartement à la fenêtre duquel, ouvertes les deux croisées en verre de Bohême, il se penchait quand Danton, au passage, le hélait. « S'il faut un successeur à Marat, s'il faut une seconde victime à l'aristocratie, elle est toute prête, c'est moi », assure le Hébert du *Père Duchesne*, un temps président du Club des cordeliers. Moins de neuf mois plus tard, Danton est arrêté ; son ancien secrétaire, « le tigre à perruque jaune », requiert contre lui. Au questionnaire d'identité, Danton répond : « Ma demeure ? Bientôt dans le néant, ensuite dans le Panthéon de l'Histoire ! M'importe peu ! Ancien domicile : rue et section Marat ».

La Laiterie du paradoxe

Charles Baudelaire est né à deux pas, au milieu de maisons à tourelles du XVIe siècle dont le quartier était encore rempli en 1821. Sa maison natale, rue Hautefeuille, emportée par le boulevard Saint-Germain, se situait à l'angle sud-est du carrefour de ces deux voies, entre les hôtels toujours debout des abbés de Fécamp et de Bullion, mais d'autres tourelles dressaient leurs poivrières rue de l'École-de-Médecine et rue du Jardinet.

L'église des Cordeliers avait été détruite par le Consulat ; le cloître avait reçu la clinique de l'École de Santé, appellation sous laquelle la Convention avait unifié médecine et chirurgie. La théorie, en face, dans les bâtiments Louis XV, avait retrouvé le latin : « Les examens seront publics ; deux d'entre eux seront nécessairement soutenus en latin ». Mais La

▽ *Des nombreuses maisons à tourelles du XVIe s. que connut Baudelaire, enfant du quartier, reste l'hôtel de Fécamp, 5, rue Hautefeuille.*

▽ *La cour de Rohan (en fait, de Rouen). Cette enfilade de trois courettes datant du XVIe s. est bien visible sur le plan Maire.*

Bédollière écrira en 1860 : « Si cette dernière prescription a jamais été suivie, il y a longtemps qu'elle ne l'est plus, et nous n'appréhendons pas qu'on la fasse revivre ».

C'est un étudiant en médecine qui fait adhérer Martin Nadaud et quelques-uns de ses amis maçons à la Société des droits de l'homme. Dans la section de la rue des Boucheries-Saint-Germain (à l'est et à l'ouest de la rue de Seine, à l'emplacement du boulevard actuel), ils côtoieront, une fois par semaine, « des jeunes gens instruits et charmants », et Nadaud rappellera dans ses mémoires « les services que le peuple reçut de la part de la jeunesse des écoles de droit et de médecine ». Dans le quartier s'édite aussi, 11, rue Pavée-Saint-André-des-Arts (auj. rue Séguier), *L'Atelier*, le journal des catholiques sociaux dans lequel nos maçons lisent le sculpteur Corbon, le serrurier Giland, le typographe Henri Leneveu et Agricol Perdiguier, « Avignonnais la Vertu » en compagnonnage.

« Imberbe alors, sur les vieux bancs de chêne, où l'enfant boit, dix ans, l'âpre lait des études », Baudelaire lit avec passion ce *Volupté* que Sainte-Beuve a écrit à l'Hôtel meublé de Rouen, au n° 4 de l'actuel passage du Commerce, dans les deux chambres du quatrième étage où il recevait Adèle, Mme Victor Hugo. C'est donc assez naturellement à Sainte-Beuve que Baudelaire fait porter, en 1843, ses premiers vers, dans les dépendances de cet Institut que Napoléon a installé dans le collège des Quatre-Nations, où loge Sainte-Beuve maintenant qu'il est bibliothécaire à la Mazarine.

Au soir du 24 février 1848, on voit Baudelaire sur une barricade du carrefour de Buci, parmi un groupe qui vient de piller un armurier, muni d'un beau fusil à deux coups et d'une superbe cartouchière de cuir jaune, appelant à « aller fusiller le général Aupick ! », son beau-père, commandant de l'École polytechnique. Quelques jours plus tard, dans la salle de l'étage du Café de la Rotonde, au coin des rues de l'École-de-Médecine et Hautefeuille, avec Champfleury, Charles Toubin et Gustave Courbet, qui en dessine le logo, il crée *Le Salut public*, journal qu'il vend lui-même rue Saint-André-des-Arts, en blouse blanche d'ouvrier du bronze. Et qui ne dépassera pas le numéro 2.

Le territoire du groupe qui se forme ici a pour borne, au sud, la rue de l'École-de-Médecine et le cours de Lecoq de Boisbaudran, que fréquentera Henri Fantin-Latour, de quinze ans leur cadet, dans cette école de dessin gratuite qui remonte à Louis XV et avait été installée par le roi dans l'ancien amphithéâtre de l'École de chirurgie sitôt que cette dernière avait pu occuper ses nouveaux locaux. La brasserie Andler, le « temple du réalisme », est à deux pas, où entre pipe, bock et billard, Descamps, Corot, Daumier entendent Paul Chenavard exposer ses projets grandioses pour la décoration du Panthéon que lui a commandée le gouvernement provisoire : une histoire de l'humanité et de son évolution morale, depuis le déluge destructeur de dinosaures jusqu'aux temps modernes, en passant par la guerre de Troie. L'atelier de Courbet est pratiquement porte à porte avec la brasserie Andler d'où s'échappe par-

◁ Haussmann remplaça le « cloaque des eaux des rues de la Harpe, de la Huchette, Saint-André-des-Arts et de l'Hirondelle » par la fontaine Saint-Michel.

fois l'hymne réaliste, *La Soupe au fromage*, et il a disparu comme elle dans l'agrandissement de l'École de médecine jusqu'au côté pair de la rue Hautefeuille, après 1878.

Au nord, Baudelaire lit ses textes dans la salle étroite et un peu sombre de la Laiterie du paradoxe, entre le portrait de Raspail, celui de Washington, un épisode de la révolution belge et quelques autres gravures baillant hors de leurs cadres. La crèmerie de la rue Saint-André-des-Arts, en face du débouché de la rue Pavée (auj. Séguier), tenue par une femme, accueille le gargantuesque Nadar, Asselineau, le groupe de créoles de la Guadeloupe formé par Privat d'Anglemont et ses amis, enfin Poulet-Malassis, le futur éditeur des *Fleurs du mal*, qui va ouvrir sa boutique sitôt après au 4, rue de Buci, là où s'était maintenu le Caveau jusqu'à la Révolution.

L'autel d'Épicure, desservi par un vivandier de renom

Haussmann avait été étudiant au Quartier latin, comme tant d'autres, mais lui, en marchant, remodelait déjà Paris. « Par le pont Saint-Michel, il me fallait franchir la pauvre petite place où se déversaient, comme dans un cloaque, les eaux des rues de la Harpe, de la Huchette, Saint-André-des-Arts et de l'Hirondelle ».

Il n'y a donc à peu près plus de rue de la Harpe et la fontaine Saint-Michel coule depuis peu quand Gavarni, pour prolonger ses retrouvailles avec Sainte-Beuve, décide d'un rendez-vous régulier au restaurant Magny. Les Goncourt y invitent Flaubert qui doit demander l'adresse – 3, rue Contrescarpe-Dauphine (auj. Mazet) – de l'établissement fameux où Rossini a créé son tournedos. « On paye dix francs par tête ; le dîner est médiocre. On fume beaucoup ; on parle en criant à tue-tête, et chacun s'en va quand il veut », écrira George Sand quand elle s'y joindra après qu'on l'eut priée durant trois ans. *Manette Salomon*, le cinquième roman des Goncourt, est dédié « à la table de Magny » – « autel d'Épicure, desservi par un vivandier de renom », autour duquel « se sont formés en couronne Messieurs les beaux athées », raille le catholique Louis Veuillot.

Les femmes embauchées par les patrons de la typographie parisienne pour remplacer les grévistes s'organisent à leur tour, comme la relieuse Nathalie Duval, épouse Lemel, que l'on voit à la Chambre syndicale du 20, rue de Savoie. Avec Varlin, membre comme elle de l'Internationale, elle monte, en 1868, la « marmite » de la

▽ La Chambre syndicale du 20, rue de Savoie, où l'on voyait la relieuse Nathalie Duval-Lemel, initiatrice, avec Varlin, des « marmites » coopératives.

rue Larrey (face à l'École de médecine, absorbée par le boulevard Saint-Germain). Elle a quitté son mari, loge sur place, consacre tout son temps au restaurant coopératif où se retrouvent le soir, parmi quelque huit mille adhérents, les militants révolutionnaires et des chansonniers.

Pierre Dupont, l'auteur du *Chant des ouvriers*, la « *Marseillaise* du travail », comme l'écrit Baudelaire, fréquente la pension Laver de la rue des Poitevins (à l'emplacement du n° 3 de l'actuelle rue Danton), où il retrouve Gustave Courbet, Jules Vallès, André Gill, le dessinateur et caricaturiste qui sera l'administrateur du musée du Luxembourg sous la Commune, et Maxime Vuillaume. Quand ce dernier refera un *Père Duchesne* destiné aux communards, il trouvera encore facilement, pour s'en inspirer, des exemplaires de l'original dans les boîtes des bouquinistes.

À l'automne 1871, le météorite Rimbaud traverse le quartier. Pas plus tôt hébergé dans l'appartement-laboratoire de Charles Cros, au 13 de la rue Séguier, Arthur s'y torche avec les œuvres de son hôte. Théodore de Banville lui propose une chambre de bonne au-dessus de chez lui, 10, rue de Buci ; Arthur se déshabille devant la fenêtre ouverte, jette dehors ses vêtements en loques et s'épouille, nu comme un ver, dans la croisée. On ne le supportera pas plus de huit jours. Reste le Cercle zutique établi, à l'arrivée des rues Racine et de l'École-de-Médecine sur le boulevard Saint-Michel, dans une grande salle de l'Hôtel des Étrangers, à l'entresol. Il y a là un piano droit, l'alcool que renouvelle Ernest Cabaner, le pianiste et secrétaire du cercle, le haschisch qu'y apportent ses membres, et un livre d'or, *L'Album zutique*, qui garde trace du passage d'Arthur parmi les griffonnages de Charles Cros et de ses frères Antoine et Henri, d'André Gill, de Germain Nouveau, Jean Richepin, Camille Pelletan.

△ ***11-13, rue Séguier, l'appartement-laboratoire où Charles Cros hébergea Rimbaud.***

Une quinzaine d'années plus tard, Verlaine, le veuf, l'inconsolé qui, à 40 ans, en paraît maintenant plus de 60, descend puis remonte les cafés du boulevard Saint-Michel, du François-Ier, que remplacera bientôt la gare du Luxembourg, au Cluny, en passant par le Vachette, fief du symbolisme, au n° 27 du boulevard. Au François-Ier, « il siégeait de onze heures à midi, raconte Paul Valéry, dans un arrière-café qui s'achevait, je ne sais pourquoi, en grotte de rocaille. Verlaine, jamais seul, était visible à travers le vitrage. Les verres, sur le marbre, tenaient une onde verte, qu'on eût dit puisée dans la nappe émeraude d'un billard, bassin de cette nymphée ».

En attendant les rats de cave

Dans l'atelier du 3, rue des Grands-Augustins, Robert Delaunay peint ses *Fenêtres*, « des phrases colorées, vivifiant la surface de la toile de sortes de mesures cadencées... ». Guillaume Apollinaire les met aussitôt en mots :

« Du rouge au vert tout le jaune se meurt (...)
La fenêtre s'ouvre comme une orange
Le beau fruit de la lumière ».

Puis ce *Cri* (plus tard *Zone*) qui sera placé en ouverture d'*Alcools*, en avril 1913, comme une proclamation :

« À la fin tu es las de ce monde ancien Bergère ô tour Eiffel le troupeau des ponts bêle ce matin ».

Sonia Delaunay, dans ses robes de « couleurs simultanées », prépare le « premier livre simultané » : des couleurs au long d'un ruban de deux mètres de long – et le tirage de cent cinquante exemplaires numérotés et signés atteindra ainsi la hauteur de la tour Eiffel –, *La Prose du Transsibérien et de la petite Jehanne de France* de ce Blaise Cendrars qui, retour de la guerre, traversera plus qu'il n'habitera une chambre de la rue de Savoie.

△ ***Robert Desnos et Youki, la « neige rose » de Foujita, sa sirène, habitèrent au deuxième étage du 19, rue Mazarine.***

◁ ***3, rue des Grands-Augustins, Robert Delaunay peignit ses*** **Fenêtres,** ***« phrases colorées, vivifiant la surface de la toile de sortes de mesures cadencées ».***

Quand Aragon rentre à Paris, démobilisé, vers la mi-juin 1919, Breton l'entraîne à La Source, un café du boulevard Saint-Michel, et lui lit les quatre premiers chapitres des *Champs magnétiques* : « Notre bouche est plus sèche que les plages perdues ; nos yeux tournent sans but, sans espoir. Il n'y a plus que ces cafés où nous nous réunissons pour boire ces boissons fraîches, ces alcools délayés et les tables sont plus poisseuses que ces trottoirs où sont tombées nos ombres de la veille »...

« J'écoutais donc, se souviendra Aragon. Cela était inscrit sur des cahiers d'écolier. André s'était placé de façon à ce que, d'où j'étais, je ne puisse voir l'écriture, savoir par l'écriture de qui était cette phrase, ce passage. Ils avaient écrit [Soupault et Breton] cela ensemble. André craignait apparemment que j'en eusse quelque agacement... » Et Aragon, effectivement agacé sans doute, de se mettre à son tour, dans ce même café, à l'écriture automatique.

Desnos l'ex-« prophète », Breton dixit, du surréalisme a quitté le groupe depuis cinq ans quand il emménage avec Youki, la « neige rose » de Foujita, sa sirène, rue Mazarine. C'est au deuxième étage du n° 19 qu'il écrit, pendant la guerre, les *Trente Chantefables pour les enfants sages*, dont la *Fourmi* :

« Une fourmi de dix-huit mètres,
Avec un chapeau sur la tête,
Ça n'existe pas, ça n'existe pas ».

Dans les deux cents mètres carrés du grenier que Jean-Louis Barrault loue au 7, rue des Grands-Augustins, le groupe Octobre répète, avec les petits Mouloudji, *Le Tableau des merveilles*, une adaptation par Prévert d'un intermède de Cervantès ; Picasso y peint son *Guernica*.

Sartre et Leiris sont entrés ensemble au Comité national des écrivains en février 1943. À la suite de l'arrestation d'un des membres du groupe Combat, Sartre et Simone de Beauvoir se réfugient chez les Leiris, au 53 bis, quai des Grands-Augustins. Du 15 au 26 août 1944, ils vivent ensemble, et avec Picasso, la libération de Paris, dont Sartre raconte dans *Combat* la rue « redevenue, comme en 89, comme en 48, le théâtre des grands mouvements collectifs et de la vie sociale ».

△ Juliette Gréco et Anne-Marie Cazalis au Tabou de la rue Dauphine, à Saint-Germain-des-Prés, le 10 octobre 1947.

© Rue des Archives

◁ 7, rue des Grands-Augustins, le grenier loué par Jean-Louis Barrault, où Picasso peignit ensuite son Guernica.

Un an plus tard, Jean-Louis Barrault qui recherche Desnos apprend qu'à la libération du camp de Terezín, mourant, il a été identifié par deux étudiants tchèques férus de surréalisme grâce à la photo de lui figurant dans le *Nadja* de Breton.

Juliette Gréco a déniché, dans une imprimerie de la rue Dauphine, un bar ouvert à peu près toute la nuit. Devenus des familiers du lieu, Roger Vadim, Roger Pierre, Jean-Marc Thibault en ont débarrassé la cave et c'est devenu un club, le Tabou. Les chemises à carreaux, les jeans, les baskets arrivés dans les bagages des Américains sont désormais la tenue de be-bop des « rats de cave ». Albert Camus, qui adore danser, est au Tabou tous les soirs, avec Jean Genet, les trois frères Vian, Raymond Queneau.

Quand Juliette Gréco se met à chanter, elle n'a que trois titres à son répertoire, tous trois mis en musique par Joseph Kosma, dont *La Fourmi* :

« Une fourmi parlant français,
Parlant latin et javanais,
Ça n'existe pas, ça n'existe pas ».
Saint-André-des-Arts n'existe plus non plus, effacé par Saint-Germain-des-Prés.

Chester Himes est le premier Américain de l'après-guerre à le revivifier quand il descend chez Mme Rachou, rue Gît-le-Cœur. C'est chez elle qu'il s'oriente vers la Série Noire, pour laquelle le réclame Marcel Duhamel ; il lui donne *La Reine des pommes*, qui le consacre en France. Une dizaine d'années plus tard, la *Beat Generation*, avec un bel ensemble, débarque dans l'hôtel du 9, rue Gît-le-Cœur chez la « mère aux cheveux bleus de nous tous ». Jack Kerouac, le premier, suivi par Allen Ginsberg, chambre 25 ; Gregory Corso, qui écrit dans la chambre 41 son poème le plus connu, *The Bomb*, William S. Burroughs, Brion Gysin.

« Je me retirais avec William Burroughs, raconte ce dernier, dans la chambre n° 15 du Beat Hôtel pendant le froid printemps de 1958 pour mettre au point nos techniques d'écriture. Des pages du manuscrit du *Festin nu* de tous les âges et de toutes les conditions flottaient dans la chambre hermétiquement close tandis que Burroughs, déambulant dans un nuage ectoplasmique de fumée, interprétait les rôles gargantuesques du Doc. Benway, d'À.J., de Clem & Jody, et de centaines d'autres qu'il n'avait jamais le temps d'engranger dans la machine à écrire. "Suis-je une pieuvre?", avait-il coutume de gémir alors qu'il s'embourbait dans les hauts-fonds de tapuscrits avec toutes ses tentacules s'agitant dans l'air subaquatique. »

« Je marchais dans les rues de la Rive Gauche en songeant qu'Apollinaire ou Rimbaud ou Baudelaire avaient descendu les même rues, écrira Allen Ginsberg. Vous ne pouvez échapper au passé à Paris, et ce qui est le plus extraordinaire à ce sujet, c'est que le passé et le présent s'entremêlent de façon si impalpable que ce n'est pas du tout un poids. »

△ ***La* Beat Generation *tout entière fréquenta l'hôtel, alors sans étoiles, du 9, rue Gît-le-Cœur, chez la « mère aux cheveux bleus de nous tous ».***

◁ *La place Saint-André-des-Arts. L'église des funérailles d'Ambroise Paré et du baptême de Voltaire s'y élevait.*

Le Luxembourg, un jardin et davantage

◁ *Médaillon représentant Marie de Médicis, veuve d'Henri IV, mère de Louis XIII, régente, sur le Petit Luxembourg.*

À l'origine du quartier du Luxembourg, il y a Marie de Médicis. Non pas une reine répudiée, comme Margot, pour ainsi dire reléguée sur la rive gauche, mais la veuve du roi Henri IV, la mère du roi Louis XIII, et la régente. Vint-elle chercher ici la proximité des Gondi, maison comme la sienne d'origine florentine et parmi les rares de la haute aristocratie à avoir franchi la Seine ? Suivit-elle la Galigaï, sa sœur de lait qui venait, avec Concini son mari, de s'installer rue de Tournon ? Quoi qu'il en soit, elle distribuera ensuite l'hôtel de Gondi à Henri II de Bourbon-Condé, le « petit Luxembourg » à Richelieu, tandis que le jeune Louis XIII récompensera Luynes, qui l'a aidé dans l'assassinat[82] de Concini devenu Premier ministre, en lui donnant l'hôtel de leur victime. Le palais de la reine échoira ensuite à Monsieur, à la Grande Mademoiselle ; un quartier serait né à moins.

Partant du rempart, s'évasant vers le sud-ouest entre la ligne des rues de Buci, du Four et de Sèvres d'un côté, et la rue d'Enfer (boulevard Saint-Michel) de l'autre, il est incorporé à la ville en 1702. L'incroyable est que lui soit resté attaché, comme au palais, et malgré tant d'hôtes beaucoup plus illustres, le nom de ce duc de Luxembourg qui n'avait pas eu son hôtel ici plus de vingt ans, au XVIe siècle.

Sur l'emplacement du camp des légions qui avaient revêtu Julien l'Apostat de la pourpre impériale, Marie de Médicis a donc acquis, outre

82. Voir le chapitre Louvre, p. 135.

◁ *Le palais du Luxembourg. Sur la rue de Vaugirard, il devait rappeler à la reine le palais Pitti de son enfance.*

l'hôtel de Piney-Luxembourg, un certain nombre de propriétés champêtres bordant la rue de Vaugirard entre le couvent des chartreux, aussi vaste que les Tuileries, et dont le potager couvre à lui seul cinquante hectares, et celui des carmes, que des émissaires génois de l'ordre sont tout juste en train d'établir ici.

Pour agrandir ses jardins vers l'ouest, la reine procède avec les chartreux à un échange de terrains qui accroît encore leur immense domaine puis, après l'aménagement de l'hôtel existant, les travaux du palais neuf commencent par le parc. Le fontainier toscan Tommaso Francini, dont le fils s'illustrera à Versailles, entreprend pour l'irriguer un aqueduc de treize kilomètres de long, sur le tracé de l'ancien ouvrage romain, des sources de Rungis à la rue d'Enfer. Flanqué d'un périmètre de protection de trente mètres de large, muni de regards de visite régulièrement espacés, il laissera une marque durable dans le paysage.

Les bossages du palais construit par Salomon de Brosse sur la rue de Vaugirard doivent rappeler à la reine le palais Pitti de son enfance ; pour que le parc lui évoque les jardins Boboli, une grotte ferme, à l'est, la perspective de la grande allée longeant l'arrière du bâtiment. Peut-être sur un dessin de Rubens, que Marie de Médicis appelle à Paris pour décorer deux galeries du palais, la grotte sera transformée en une fontaine flanquée des figures du Rhône et de la Seine. Richelieu, surintendant de la maison de la reine, dirige les travaux, secondé par l'abbé Maugis, aumônier de Marie de Médicis et l'un des grands collectionneurs du temps, et par l'humaniste Peiresc. C'est là qu'il se forme le goût. Quand Rubens, fuyant la peste, revient d'Anvers installer les panneaux qu'il y a réalisés, les ambassadeurs extraordinaires se voient désormais attribuer pour résidence l'ancien hôtel des Concini. Rubens est lui-même un officieux, mais très efficace, ambassadeur de Hollande et Richelieu, voyant en lui quelque chose comme un espion, lui fait retirer la décoration de la deuxième galerie prévue, celle d'Henri IV. Et pour Marie de Médicis, c'est l'exil.

▽ *Une grotte, comme aux jardins Boboli, devenue fontaine, peut-être sur un dessin de Rubens.*

« Voilà Luxembourg à Mademoiselle », écrit une quarantaine d'années plus tard, en 1672, Mme de Sévigné alors que la duchesse de Montpensier, héritière d'une moitié du palais vient de racheter l'autre, « et nous y entrerons. Elle avait fait abattre tous les arbres du jardin de son côté, rien que par contradiction ; ce beau jardin était devenu ridicule ; la Providence y a pourvu. Il faudra le faire raser des deux côtés et y mettre Le Nôtre pour y faire comme aux Tuileries. »

Ce « nous y entrerons » n'indique ni un privilège ni une innovation : Molière, dix ans plus tôt, au troisième acte des *Fâcheux* faisait déjà dire de Caritidès qu'« au Mail [c'est-à-dire devant l'Arsenal], à Luxembourg et dans les Tuileries, Il fatigue le monde avec ses rêveries… ».

Quand Louis XIV vient sur la rive gauche, c'est au spectacle et, par exemple, jusqu'à l'Opéra que Lully a transféré du jeu de paume de la Bouteille de la rue Mazarine à celui du Bel-Air, plus au sud le long du fossé du rempart, 13, rue de Vaugirard. C'est parce qu'il ravit ici le roi que Lully obtient l'autorisation de prendre la place des comédiens de Molière dans la salle du Palais-Royal.

Mme de Sévigné est plus souvent à l'angle de la rue Férou, chez l'auteur de la *Princesse de Clèves* : « Le jardin de Mme de La Fayette est la plus jolie chose du monde : tout est fleuri, tout est parfumé ; nous y passons bien des soirées, car la pauvre femme n'ose pas aller en carrosse ». Il n'a certes pas les dimensions « de Luxembourg » comme on dit alors, sans article, mais « il y a un jet d'eau, un petit cabinet couvert ; c'est le plus joli petit lieu du monde pour respirer à Paris ». Mme de Sévigné a gardé l'habitude d'y dîner – « c'étaient des perdrix d'Auvergne, des poulardes de Caen » – au moment où La Bruyère se voit loger avec les domestiques au Petit Luxembourg : il est devenu l'un des cinq précepteurs du fils de Monsieur le Prince, Henri-Jules de Bourbon-Condé.

La princesse Palatine, Charlotte Élisabeth de Bavière, se retrouve à son tour au Petit Luxembourg, « exilée » par une cour qui ne l'aime guère, veuve de Monsieur, Philippe d'Orléans, le frère cadet de Louis XIV. Elle fait rebâtir l'hôtel par Boffrand ainsi que ses dépendances, de l'autre côté de la rue de Vaugirard. C'est là qu'elle continue de rédiger sa correspondance dans le ton si direct qu'on lui connaît, bien qu'elle sache « à n'en pas douter que l'on ouvre et lit les lettres ». Chez Procope, depuis ses noces, on sert sous le nom de *Bavaroise* le thé en carafe, sucré au sirop de capillaire ; pourtant, elle avoue dans ses lettres trouver au thé un « goût de foin et de paille pourrie », et au café « un goût de suie et de lupin ».

▽ À l'angle de la rue Férou et de la rue de Vaugirard, « le jardin de Mme de La Fayette est la plus jolie chose du monde ».

◁ *Servandoni imagina comme parvis à l'église Saint-Sulpice une place aux façades ordonnancées.*

Le parapluie de Saint-Sulpice

Quand Jean-Jacques Rousseau, 30 ans, les projets sur lesquels il comptait pour conquérir Paris ayant échoué, tue le temps qui lui reste avant de regagner sa province au jardin du Luxembourg, les enfants y ont encore dans les yeux l'émerveillement causé par six mois de parade des janissaires ou, comme dirait Molière, *mamamouchis* de Saïd Méhémet Pacha venus du proche hôtel des Ambassadeurs extraordinaires. « Tous les matins, vers les dix heures, j'allais me promener au Luxembourg, un Virgile ou un [Jean-Baptiste] Rousseau dans ma poche, et là, jusqu'à l'heure du dîner, je remémorais tantôt une ode sacrée et tantôt une Bucolique, sans me rebuter de ce qu'en repassant celle du jour je ne manquais point d'oublier celle de la veille. »

▷ *L'hôtel de Louis de Brancas, 6, rue de Tournon. Le duc fut l'incarnation de la curiosité encyclopédique de son temps.*

◁ *Le projet de Servandoni n'alla pas plus loin que sa propre maison, au n° 6, ni plus haut que les rez-de-chaussée des maisons contiguës.*

Les interminables travaux de l'église Saint-Sulpice s'achèvent enfin, et Servandoni lui imagine comme parvis une place aux façades ordonnancées, une place non pas royale, mais commerciale ; de remettre, en un mot, les marchands autour du Temple, bien que le curé de Saint-Sulpice jugeât que la « misérable foire » Saint-Germain, si proche, était « le plus grand abus de Paris et le plus honteux de notre religion ». La foire Saint-Germain était, en effet, si proche que quand elle brûla, en mars 1762, l'incendie se propagea jusqu'à la chapelle de la Vierge de l'église Saint-Sulpice, dont Charles de Wailly se vit confier la réfection. Le projet de Servandoni n'était pas allé plus loin que sa propre maison, au n° 6, ni plus haut que les rez-de-chaussée des maisons contiguës.

Un hôtel voisin de celui des Ambassadeurs extraordinaires, reconstruit par Pierre Bullet, a désormais pour propriétaire, rue de Tournon, le duc Louis de Brancas, un homme tout aussi extraordinaire à nos yeux, qui n'illustre peut-être, pourtant, que la curiosité encyclopédique de son épo-

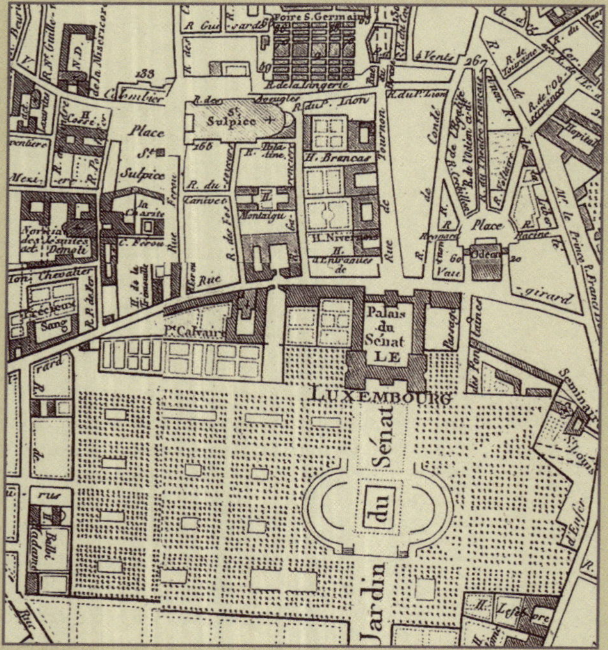

△ *Le plan Maire (1808) montre la rue attribuée, sous Louis XVI, à Voltaire, peu de temps après son décès.*
DR

que. Taquinant les muses, il est encore, outre l'accoucheur et le disséqueur qu'on découvrira dans la lettre de sa maîtresse, un fanatique « inoculateur » comme l'on dit dans les débuts de la vaccination. Sophie Arnould, la maîtresse en question, et « l'esprit de Paris » selon les Goncourt, profite d'une absence du duc si bien doué pour rompre avec lui : « Monsieur mon cher ami, Vous avez fait une fort belle tragédie, qui est si belle que je n'y comprends rien, non plus qu'à votre procédé. Vous êtes parti pour Genève afin de recevoir une couronne de lauriers du Parnasse de la main de M. de Voltaire, mais vous m'avez laissée seule et abandonnée à moi-même. J'use de ma liberté, de cette liberté si précieuse aux philosophes, pour me passer de vous. Ne le trouvez pas mauvais, je suis lasse de vivre avec un fou qui a disséqué son cocher et qui a voulu être mon accoucheur, dans l'intention sans doute de me disséquer aussi moi-même. Permettez donc que je me mette à l'abri de votre bistouri encyclopédique. J'ai l'honneur d'être votre Sophie Arnould. »

Rue de Condé, c'est un Beaumarchais associé avec le financier Pâris-Duverney dans une série d'affaires, dont l'exploitation de la forêt de Chinon, qui s'installe avec sa famille au n° 26. Le 3 janvier 1773, son *Barbier de Séville* est reçu à la Comédie-Française ; le 11 février, Beaumarchais a une altercation avec le duc de Chaulnes, qui l'accuse de lui ravir sa maîtresse, l'actrice Mlle Ménard, et il doit quitter son domicile pour la prison du For-l'Évêque. Pendant qu'il s'y morfond, l'héritier et neveu de Pâris-Duverney fait casser les dispositions du testateur : Beaumarchais est ruiné. Il ne sort de prison, le 8 mai, que pour se voir chassé aussi de sa maison. Le *Barbier de Séville* attendra encore deux ans avant d'accéder à la scène.

▷ *Beaumarchais, associé au financier Pâris-Duverney dans une série d'affaires, s'installa avec sa famille au 26, rue de Condé.*

Le grand séminaire de Saint-Sulpice, dont le bâtiment obstrue pratiquement le portail de l'église, là où Servandoni rêvait d'une place, est un séjour peu agréable pour les 18 ans de Talleyrand. « J'étais arrivé à l'âge des mystérieuses révélations de l'âme et des passions, écrit-il dans ses *Mémoires*. Plusieurs fois j'avais remarqué dans une des chapelles de l'église Saint-Sulpice une jeune et belle personne dont l'air simple et modeste me plaisait extrêmement. (...) Je devins plus exact aux grands offices. Un jour qu'elle sortait de l'église, une forte pluie me donna la hardiesse de lui proposer de la ramener jusque chez elle, si elle ne demeurait pas trop loin. Elle accepta la moitié de mon parapluie. Je la conduisis rue Férou où elle logeait ; elle me permit de monter chez elle, et sans embarras, comme une jeune personne très pure, elle me proposa d'y revenir. J'y fus d'abord tous les trois ou quatre jours ; ensuite plus souvent. »

Mlle Luzy, la « jeune personne très pure », de sept ans plus âgée que lui et depuis neuf ans déjà sur les planches, habite rue Férou un hôtel décoré par Marie-Joseph Peyre où l'a installée un admirateur cinq ans plus tôt.

Les terrains de l'hôtel de Condé, sur les jardins duquel donnaient les fenêtres de Beaumarchais, se retrouvent libres, Henri de Bourbon ayant choisi de résider désormais au Palais-Bourbon. Le roi décide de faire construire sur leur emplacement un théâtre pour ses Comédiens français qui n'occupent la salle des Machines des Tuileries qu'à titre provisoire, parce que leur théâtre de la rue des Fossés-Saint-Germain (auj. de l'Ancienne-Comédie) menaçait ruine. Charles de Wailly, pressenti avec Marie-Joseph Peyre, s'en ouvre à Voltaire ; le philosophe a aménagé un théâtre à peu près partout où il s'est trouvé : à Cirey, chez la marquise du Châtelet, dès 1735, comme dans sa maison de la rue Traversière (auj. Molière), pour Le Kain, quinze ans plus tard.

Le séjour de Condé, très étendu, offrait de multiples possibilités ; Louis XVI décide, en 1779, que le théâtre sera placé au plus près possible du palais du Luxembourg, qu'il a donné à Monsieur, son frère, le comte de Provence, et à Madame, l'épouse de celui-ci, afin qu'il « soit un nouvel agrément pour leur habitation, en même temps que pour nos sujets qui, avant d'entrer, ou en sortant du spec-

◁ Mlle Luzy habitait 6, rue Férou, un hôtel décoré par Marie-Joseph Peyre, où l'avait installée un admirateur.

▽ Louis XVI décida, en 1779, que le théâtre (de l'Odéon) serait placé au plus près possible du palais du Luxembourg, qu'il avait donné à Monsieur.

tacle de la Comédie-Française, auront à proximité une promenade dans les jardins du Luxembourg ».

La salle de deux mille places, la plus grande de Paris, financée par le lotissement de l'hôtel de Condé et celui de la pointe occidentale des jardins du Luxembourg, dans laquelle est ouverte la croisée des rues Madame et de Fleurus, est inaugurée le 9 avril 1782. La reine, Monsieur, Madame, y assistent à un divertissement qui moque les modes du jour, dont le goût pour une presse incarnée alors dans le *Journal de Paris*. Le 28 avril, on y reprend *Les Philosophes* ; la scène où Crispin / J.-J. Rousseau broute une laitue[83] est tant huée que, dès le lendemain, l'interprète ne se risque plus à rentrer sur scène à quatre pattes. Le 26 juillet, c'est la première de *L'Écueil des mœurs*, le nouveau titre sous lequel Palissot fait passer ses *Courtisanes* interdites jusque-là. Au premier rang du balcon, Sophie Arnould, la Guimard, la Dervieux, la Raucourt, la Duthé s'y voient avec amusement clouer au pilori. Sur la scène, Louise Contat, hier petite lingère de 22 ans rue Saint-Denis, s'y révèle dans le rôle de Rosalie. Elle sera la Suzanne de la *Folle Journée*.

Les morts debout devant l'Odéon

Le 27 avril 1784, c'est un succès fou, au sens propre, pour *Le Mariage de Figaro* ou *La Folle Journée*. La Comédie-Française, seul théâtre de Paris dégagé comme un monument, est littéralement cernée. « Dès dix heures

△ ***Les maisons à plusieurs locataires qui jalonnent la patte d'oie de la place de l'Odéon, conçue par Charles de Wailly.***

du matin, soit huit heures avant la représentation, quatre ou cinq mille personnes se pressaient aux abords du théâtre et tentaient déjà d'en forcer les grilles, écrit Frédéric Grendel. Jusqu'à la Seine des files ininterrompues de carrosses stationnent et créent dans les rues avoisinantes un encombrement et une paralysie dont les conducteurs d'aujourd'hui ne peuvent avoir idée. À midi, les grilles cédèrent enfin sous la pression de la foule et la garde imposante dut reculer. Trois candidats au parterre moururent étouffés, impossible de les dégager. Debout, perdus dans l'indescriptible cohue, les trois morts semblaient attendre comme les autres le début du spectacle. (...) La salle fit un sort à la plupart des répliques, applaudissant sans cesse, au point que le spectacle dura plus de cinq heures. » Et cette première représentation fut suivie de soixante-sept autres d'affilée, ce qui ne s'était jamais vu.

Les files ininterrompues de carrosses stationnaient rue du Théâtre-Français (de l'Odéon), le long de trottoirs, cette trouvaille anglaise qui fait ici son apparition à Paris, et devant les maisons à plusieurs locataires qui jalonnent la patte d'oie conçue par

83. Voir le chapitre Saint-André-des-Arts, p. 545-46.

Charles de Wailly. Une place en demi-cercle redouble le théâtre d'un second, symbolique, d'autant mieux que la façade du monument, reliée par des arcades à deux annexes latérales, semble la fermer d'un mur de scène à l'antique. Ces nouvelles rues consécutives au lotissement de l'hôtel de Condé s'appellent, à l'exception de la rue centrale, Molière, Regnard, Crébillon, Voltaire, Racine et Corneille. Pour la première fois, leurs noms sont des dédicaces et non plus l'indication des hôtels aristocratiques, congrégations ou enseignes desservis ; les rues, pas seulement des moyens de viabiliser la propriété foncière, mais un espace public dont jouir. Ces premières rues à flâner de Paris sont placées, de surcroît, sous le patronage des lettres et de la philosophie, Voltaire, à peine mort, se retrouvant en puissance tutélaire bien avant que la Révolution n'en fasse son héros.

Le nouvel agencement du triangle de l'ex-hôtel de Condé, entre la rue du même nom, la rue Monsieur-le-Prince et celle de Vaugirard, fait partie d'un plan d'urbanisme que Charles de Wailly complètera, en 1789, par un projet d'embellissement de la ville de Paris. Mais 1792 voit surtout la reconversion du Luxembourg en prison, non seulement pour les nobles du

◁ *1792 vit la reconversion du Luxembourg en prison pour Danton, Hébert, Camille Desmoulins. En face, le mètre révolutionnaire, 36, rue de Vaugirard.*

faubourg Saint-Germain, mais aussi pour Danton et ses amis, Hébert et les siens, Camille Desmoulins, tandis que les massacres de septembre se traduisent au couvent des carmes par celui de plus de cent prêtres réfractaires.

Sitôt après Thermidor, Barras, président du Directoire exécutif, fait du Luxembourg sa résidence et annexe à ses jardins la pépinière du couvent fermé puis démoli des chartreux. On ne voit plus jusqu'au 18 Brumaire, sous les bocages et les lambris, autour des tables des banquets que préside Mme Tallien, que les parvenus de la jeunesse dorée, des incroyables et des merveilleuses à demi nues.

Le Théâtre-Français, fermé depuis 1793 à cause de dissensions entre les comédiens, a rouvert en 1798 sous le nom d'Odéon. Napoléon, pas plus que Bonaparte, ne s'intéresse au Luxembourg. La Restauration y installe un musée des peintres vivants et, surtout, la Chambre des pairs,

▽ *Les premières rues à flâner de Paris furent placées, de surcroît, sous le patronage des lettres et de la philosophie (Voltaire était du lot).*

grâce à quoi la modernité aura toujours pour adresse la rue de l'Odéon. La première munie de trottoirs, elle est aussi la première éclairée au gaz, un grand référendaire de la Chambre des pairs, principal actionnaire de la compagnie nouvellement créée par Winsor, ayant exigé que l'on commençât par le Luxembourg. La petite usine à gaz qui s'installe à côté va alimenter la rue comme la galerie marchande logée sous le pourtour de l'Odéon. Ces arcades « bondées de livres » le

◁ *L'hôtel Châtillon, 2, rue de Tournon, au dernier étage duquel Horace de Saint-Aubin, pas encore Balzac, se rêva éditeur.*

sont des romans de Walter Scott. On n'y voit pas encore le nom de Hugo quand Victor épouse Adèle Foucher à Saint-Sulpice, le 12 octobre 1822, et pas davantage celui de Balzac qui, littérairement, n'est encore qu'Horace de Saint-Aubin, et se rêve éditeur au dernier étage de l'hôtel Châtillon du 2, rue de Tournon.
Mais, bientôt, les romantiques sont dans la salle pour y applaudir Shakespeare en version originale, et c'est à une représentation d'*Hamlet* que Berlioz s'éprend d'Ophélie, en l'occurrence une jeune actrice irlandaise, Harriett Smithson, qui deviendra sa femme. Un peu plus tard, l'Odéon affiche *Amy Robsart*, un brouillon que Victor Hugo a donné à Paul Foucher, son beau-frère, et dont Delacroix a dessiné les costumes.
La Liberté guidant le peuple, que les Trois Glorieuses ont mise au musée du Luxembourg, a été rendue à Delacroix quand Alphonse de Gisors double à l'identique, côté jardin, le palais de Marie de Médicis. Mais Delacroix, fils putatif de Talleyrand, auquel les commandes publiques, de ce fait, n'ont jamais fait défaut, est déjà en train de peindre, dans la bibliothèque, un *Triomphe d'Alexandre* et un *Élysée des grands hommes* inspiré de Dante.

La faim dans les jardins du Luxembourg

Mimi, au bras de Murger, a vu au Luxembourg Victor Hugo lever son chapeau en la croisant ; elle en est encore rose de fierté, rue des Canettes, quand elle pousse la porte de l'Hôtel Merciol. Naturellement, le « cénacle des buveurs d'eau » a droit au récit, comme les lecteurs du *Corsaire-Satan* quelques jours plus tard. Le feuilleton des *Scènes de la vie de bohème* y transpose à peine les anecdotes vécues par l'auteur, alias Rodolphe, par Alexandre Schanne, le compositeur de la *Soupe au fromage*, qui devient ici Schaunard, par Marc Trapadoux, à l'éternel manteau vert aussi rempli de livres et de papiers qu'un bureau, sous le pseudonyme de Colline, par Musette inspirée, pour partie, de Mme Pierre Dupont.

Bocage a été nommé directeur de l'Odéon, qui est privé maintenant des arches enjambant les rues Molière et Corneille. Il y fait monter, il y interprète *François le Champi*, de George Sand, puis *Claudie*. « Moi-même j'ai pleuré en vous écoutant, écrit l'auteure. Je ne savais plus de qui était la pièce... Merci ! C'est beau, c'est bien, c'est bon ! » Surtout, il excite les étudiants, paraît-il, à entonner tous les soirs la *Marseillaise*, ce qui lui vaut sa révocation.

Néanmoins, au Luxembourg, en face, le 1er mars 1848, dès neuf heures du matin, raconte Martin Nadaud qui a laissé pour cela son chantier, « environ 200 ouvriers, sur les sièges précédemment occupés par les pairs de France », viennent constituer la « Commission du gouvernement pour les travailleurs », sous la présidence de Louis Blanc, secondé par l'ouvrier Albert. La révolution de Février est passée par là.

Le Second Empire fait du palais du Luxembourg la demeure du Sénat. Vers 1865, Haussmann décide, cette fois sans aucune raison ni stratégique, ni hygiéniste, ni monumentale, mais simplement pour réaliser une opération financière, d'aliéner la pépinière des chartreux dont Barras avait augmenté le parc, soit toute la pointe méridionale de celui-ci. Dans ce qui était la plus aimable des promenades, où Victor Hugo aimait tant à rêver, serait ouverte la rue Auguste-Comte et transformée en avenue l'allée de l'Observatoire, de sorte de pouvoir bâtir la rive sud de la première et les deux de la seconde. La jeunesse du Quartier latin proteste avec les moyens qui sont les siens : menée par Georges Cavalier, dit Pipe-en-Bois, un polytechnicien que l'on retrouvera, sous la Commune, directeur des promenades et plantations, elle fait tomber une pièce des Goncourt que l'on dit imposée par la princesse Mathilde. Sans rapport de cause à effet, les comptes d'Haussmann se soldent par un échec total : la pépinière saccagée reste à l'état de terrain vague, l'avenue de l'Observatoire ne sera achevée que plus de dix ans après la fin de la Commune.

△ Mimi, au bras de Murger, a vu, au jardin du Luxembourg, Victor Hugo lever son chapeau en la croisant.

▽ Haussmann décida, cette fois sans aucune autre raison que spéculative, de lotir les actuelles rue Auguste-Comte et avenue de l'Observatoire.
© Coll. Parigramme

Le palais du Luxembourg est alors devenu le siège du Conseil municipal, auquel Martin Nadaud est élu par le 20e arrondissement, le 29 novembre 1871. À la même période, Rimbaud est invité au dîner des Vilains Bonhommes, au premier étage du café de la place Saint-Sulpice qui fait le coin avec la rue Bonaparte. « Vilains Bonhommes », c'est le qualificatif attribué par la presse aux parnassiens le lendemain de la première du *Passant*, de François Coppée, à l'Odéon ; ils l'ont repris comme un étendard. Rimbaud leur lit son *Bateau ivre*. L'enthousiasme des petits parnassiens est tel – les grands : Coppée, Catulle Mendès, J. M. de Heredia sont moins chauds – qu'ils emmènent aussitôt le prodige jusqu'à la rue de Buci, chez Banville, pour un bis. Rimbaud en sort en marmonnant « Vieux con ! » : le maître s'est montré réservé sur la question de faire parler un bateau ; « vaisseau » lui semblait d'ailleurs mieux approprié à un poème.

Ernest Flammarion est en apprentissage chez l'un des nombreux libraires des arcades de l'Odéon. « En vérité, ces quelques mètres carrés constituent l'un des plus immenses domaines de la pensée », s'enthousiasmera encore en 1900 l'auteur du *Paris-Atlas*. De l'autre côté de la rue, la constitution de 1875 a mis le Sénat au Luxembourg et fait du Petit Luxembourg la résidence de son président. De l'autre côté de la place, Verlaine retrouve au café Voltaire ses voisins de pages dans le premier *Parnasse contemporain*, ceux qu'il côtoie le samedi chez Leconte de Lisle, Catulle Mendès et les jeunes directeurs d'une nouvelle revue, *Paris-moderne*, dont l'un se fait appeler Courteline.

Le 23 février 1891, ses amis, dont Mallarmé, offrent ici à Gauguin un dernier banquet avant son départ pour Tahiti. Le musée du Luxembourg est maintenant installé dans l'orangerie. « Mieux valait crever un peu de faim en lisant dans le jardin du Luxembourg que manger à ma faim et dessiner des bielles jusqu'à ne plus pouvoir penser à rien », écrit Victor Serge qui, chassé de Belgique, renonce ici à l'aliénation du travail, à la fin de 1909. « J'aurais voulu savoir l'endroit exact où l'on avait, en 1871, fusillé ici le Dr Tony Moilin, qui avait été le professeur de médecine de Paul Lafargue et l'auteur d'un récit d'anticipation progressiste, *Paris en l'An 2000*, pour avoir soigné les blessés de la Commune. » Maxime Vuillaume lui répond sans le savoir, en publiant au même moment ses *Cahiers Rouges* : « C'est adossé au piédestal de l'un des lions de pierre (celui de gauche) qui ornent l'entrée de l'Observatoire que fut fusillé, le matin du 28 mai, le docteur Tony Moilin ».

▽ *L'orangerie du Luxembourg accueillit, à la fin du XIXe siècle, le musée des artistes vivants créé sous la Restauration.*

◁ *12, rue de l'Odéon, était la bibliothèque-librairie de Sylvia Beach,* Shakespeare and Company.

Les dames du quartier

Victor Serge n'est pas le dernier qui trompera sa faim au Luxembourg. Hemingway prend le relais au début des années 1920. « Quand vous aviez renoncé au journalisme et n'écriviez plus que des contes dont personne ne voulait en Amérique, et quand vous aviez expliqué chez vous que vous déjeuniez dehors avec quelqu'un, le meilleur endroit où aller était le jardin du Luxembourg car l'on ne voyait ni ne sentait rien qui fût à manger tout le long du chemin, entre la place de l'Observatoire et la rue de Vaugirard. Une fois là, vous pouviez toujours aller au musée du Luxembourg et tous les tableaux étaient plus nets, plus clairs et plus beaux si vous aviez le ventre vide et vous sentiez creusé par la faim. »

Du Luxembourg, on peut descendre tout droit jusqu'à la bibliothèque-librairie de Sylvia Beach, 12, rue de l'Odéon, ou bifurquer à gauche en direction du 27, rue de Fleurus et du salon de Gertrude Stein. À la devanture de *Shakespeare and Company*, les nouveautés et, « aux murs, les photographies d'écrivains célèbres, morts ou vivants. Les photographies semblaient être toutes des instantanés, et même les auteurs défunts y semblaient encore pleins de vie ». James Joyce y passe « généralement très tard dans l'après-midi ». « Nous avons été présentés l'un à l'autre, me semble-t-il, il y a de cela quelque temps, rue de l'Odéon, chez Mlle Monnier, vous lisiez un numéro des *Soirées de Paris* », rappelle Aragon à Breton quand ils se retrouvent déguisés en pioupious, en septembre 1917. *Littérature*, la revue qu'ils fondent après l'armistice avec l'argent réuni par Philippe Soupault, sera naturellement en dépôt géné-

▷ *27, rue de Fleurus, Gertrude Stein assura à Hemingway : « Vous autres, jeunes gens qui avez fait la guerre, vous êtes tous une génération perdue ».*

◁ ***« Nous avons été présentés l'un à l'autre, rue de l'Odéon, chez Mlle Monnier, vous lisiez un numéro des** Soirées de Paris **», rappela Aragon à Breton.***
© Roger-Viollet

ral chez Adrienne Monnier, à la *Maison des amis des livres* du 7, rue de l'Odéon. Jacques Lacan, à 20 ans, fréquentait l'un et l'autre trottoirs : il a rencontré Breton et Soupault chez Adrienne Monnier, il a écouté passionnément la lecture de l'*Ulysse* de Joyce chez Sylvia Beach.

Quand il est chez Gertrude Stein, entouré de la *Femme au Chapeau*, de Matisse ; du portrait de l'hôtesse, qui lui valut quatre-vingt-dix séances de pose et, du même Picasso, de la *Fille au panier de fleurs* qu'il se rappelle bien, Hemingway, pour goûter les délicieuses eaux-de-vie de *quetsche*, de *mirabelle* ou de *framboise* que versent les carafons de cristal taillé, doit supporter le couplet sur « la génération perdue ».

« Elle avait eu des ennuis avec l'allumage de la vieille Ford T qu'elle conduisait, et le jeune homme qui travaillait au garage et s'occupait de sa voiture – un conscrit de 1918 – n'avait pas pu faire le nécessaire, ou n'avait pas voulu réparer en priorité la Ford de Miss Stein. De toute façon, il n'avait pas été *sérieux* et le *patron* l'avait sévèrement réprimandé après que Miss Stein eut manifesté son mécontentement. Le *patron* avait dit à son employé : "*Vous êtes tous une génération perdue*".

"C'est ce que vous êtes. C'est ce que vous êtes tous, dit Miss Stein. Vous autres, jeunes gens qui avez fait la guerre, vous êtes tous une génération perdue [...] exactement comme l'a dit le garagiste". »

Le café du coin, au n° 1, sans être une galerie du niveau du salon de Gertrude Stein, a tout de même des panneaux peints par Corot, et par quelques élèves de l'atelier Gleyre.

En mai 68, Clément, son chauffeur, pousse pour la vicomtesse Marie-Laure de Noailles la porte de l'Odéon occupé[84]. Son mari et elle ont été, en 1930, les commanditaires de *L'Âge d'or* de Luis Buñuel ; à deux ans de mourir, elle est toujours curieuse des avant-gardes.

Au cours de quelques journées de la fin d'octobre 1974, place Saint-Sulpice, Georges Perec, dans une *Tentative d'épuisement d'un lieu parisien*, note « ce que l'on ne note généralement pas, ce qui ne se remarque pas, ce qui n'a pas d'importance : ce qui se passe quand il ne se passe rien, sinon du temps, des gens, des voitures et des nuages ».

Depuis 1978, l'antique foire Saint-Germain joue ici les phénix chaque mois de juin. « Entièrement gratuite, polymorphe et avant tout culturelle, elle est constituée de six salons [d'art contemporain, d'antiquités, de poésie, de théâtre et édition théâtrale, de bibliophilie et de céramique] et de plus d'une centaine de spectacles. »

84. Voir le chapitre Chaillot, p. 67.

Montparnasse, la tour en guise de mont

La présence ici d'un monticule, naturel ou pas, est attestée dès 1529 ; le surnom de Parnasse lui est donné un siècle et demi plus tard, sans doute par des écoliers du Quartier latin qui venaient s'y enivrer à l'écart : dans la tradition antique dont ils étaient familiers, le mont en question avait été bachique avant que d'accueillir les muses.

Les interminables travaux du boulevard du Midi qui, au milieu du XVIIIe siècle, ouvre une liaison entre le Val-de-Grâce et les Invalides, en arasant la butte firent disparaître le nom. Lui en fallait-il un, à cet endroit inhabité ? Jusqu'aux années 1840, le boulevard ne sera ni pavé ni éclairé, et on devra attendre 1858 pour voir une misérable église de bois s'édifier au bas de la rue de Rennes ! Il y avait bien, de longtemps, une rue Notre-Dame-des-Champs, mais comme il y avait une rue de Vaugirard, parce qu'elles menaient à l'une ou l'autre de ces destinations, en l'occurrence à un carmel situé près du Val-de-Grâce. L'église a pris ici le nom de la rue, et pas l'inverse, preuve du caractère récent de la paroisse. Pour que la Notre-Dame-des-Champs actuelle, en dur, s'élève au bord du boulevard du Montparnasse, près de vingt ans encore seront nécessaires !

Le Mont Parnasse, en dépit de son aplatissement, avait fait retour dans la toponymie avec la mode antiquisante de l'Empire. Aux abords du boulevard, on ne trouve guère alors de notable que le bal de la Grande-Chaumière, ouvert avant la Révolution, et

▽ L'église Notre-Dame-des-Champs, bien postérieure à la rue que l'on suppose nommée d'après elle.

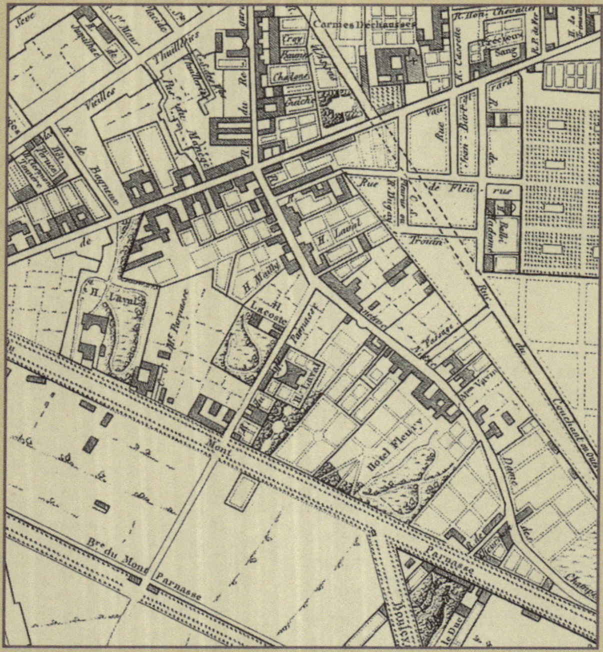

△ *En 1808, sur le plan Maire, entre le boulevard du Montparnasse et le mur d'octroi (actuel boulevard Edgar-Quinet), rien.*
DR

l'hospice des Enfants trouvés, dans l'ancien noviciat des prêtres de l'Oratoire. Pour organiser l'abandon d'enfants, qui concernait chaque année quelques milliers de ceux-ci, l'Empire a décidé d'un hospice par arrondissement, et d'un « tour » par hospice, le tour étant une espèce de passe-plat pivotant pour nourrisson. À 6 ans, l'enfant trouvé était mis en pension chez un agriculteur ou un artisan ; à 12, il était à la disposition du ministre de la Marine.

À la Restauration, dans l'ancien hôtel Fleury, un collège devient Stanislas – l'un des prénoms de Louis XVIII. Chateaubriand, qui a loué l'invasion comme une délivrance, est nommé pair de France et ministre d'État. Il a été exclu du gouvernement quand, avec son épouse, ils s'installent à côté des Enfants-Trouvés. Madame crée dans la propriété une institution charitable destinée aux prêtres âgés, l'infirmerie Marie-Thérèse ; Monsieur prépare la publication de ses *Mémoires d'outre-tombe*, dans lesquels il ne soufflera mot de sa dernière conquête, Hortense Allart.[85]

Le repas de noces de celui que Chateaubriand a qualifié d'*enfant sublime* a lieu dans la salle des délibérations de l'hôtel des Conseils de guerre, 37, rue du Cherche-Midi. M. Foucher, le père de la mariée, est le greffier en chef du tribunal placé dans l'ancienne demeure de Mme Vérue, cette fille du duc de Luynes qui, maîtresse officielle du prince régnant, a été durant une douzaine d'années la quasi-reine de la Savoie. C'est ici, chez ses beaux-parents, que Victor Hugo donnera lecture de son *Cromwell* et de sa préface manifeste.

Mais le véritable Q. G. du romantisme sera établi rue Notre-Dame-des-Champs où emménagent Victor, Adèle et leurs deux premiers enfants, dans une maison derrière laquelle un jardin, avec sa pièce d'eau et son pont rustique, sous les grappes jaunes des faux ébéniers, s'étend jusqu'à la rue Duguay-Trouin. C'est là que, la dernière réplique de *Marion Delorme* à peine sortie de sa bouche, à deux heures

▷ *Le collège fondé dans l'ancien hôtel Fleury devint, à la Restauration, Stanislas – l'un des prénoms de Louis XVIII.*

du matin, Dumas, le géant, attrape Hugo à bras-le-corps et le soulève au-dessus des vivats de Balzac, de Delacroix, de Vigny, de Musset, de Sainte-Beuve, de Mérimée, de Boulanger, des Devéria, qui lui font un triomphe. C'est là que dans la chambre au « lys d'or » – trophée du jeune poète de 17 ans –, près de soixante admirateurs s'écrasent pour l'entendre lire *Hernani* ; là que plus de quatre-vingts jeunes conspirateurs viendront prendre le mot de passe de la bataille.

Quand la petite troupe n'est pas sur

le pied de guerre, elle va manger des galettes au Moulin de beurre du hameau de Plaisance, à Vaugirard. Franchie la barrière du Montparnasse, on passe, rue de la Gaîté, devant le théâtre des Seveste ; on aperçoit, dépassant les murs du cimetière, le moulin de la Charité qui a été un fameux cabaret. Un dimanche, Abel Hugo perçoit de la musique et la remonte jusqu'à sa source, rue Saint-Médard (auj. du Texel) : c'étaient « les vagues violons de la mère Saguet » qui, dans sa guinguette, cuisinait pour vingt sous deux œufs frais, du poulet sauté à la sauce piquante, avec du fromage et du vin blanc à volonté. La patronne peut bientôt mettre sur son enseigne : « Au Rendez-Vous des Romantiques, Saguet, Marchand de Vins, Traiteur, Bon Vin à 15 sous ».

« Hugo demeurait alors rue Notre-Dame-des-Champs, n° 11, et moi, j'étais son proche voisin encore : je demeurais même rue, au n° 19, écrira Sainte-Beuve. On se voyait deux fois le jour. » Mais quand Victor est au Rendez-Vous des Romantiques, ou quand, par la porte de son jardin, il a rejoint la pépinière du Luxembourg et sa collection de vignes autour du puits des Chartreux, c'est Adèle que voit Sainte-Beuve.

« Et là, vous trouvant seule, ô mère
et chaste épouse,
Et vos enfants au loin épars sur
la pelouse,
Et votre époux absent et sorti pour
rêver... »

△ ***« Hugo demeurait alors rue Notre-Dame-des-Champs, n° 11, écrivait Sainte-Beuve, (...) je demeurais même rue, au n° 19. On se voyait deux fois le jour ».***

◁ ***Au cimetière du Montparnasse, le moulin de la Charité, qui fut un fameux cabaret.***

85. Voir les chapitres Saint-Victor, Saint-Médard, p. 479 et Faubourg Saint-Marcel, p. 482-86.

La plus belle femme de la Troisième République

Plaisance, c'était bon l'été ; l'hiver, on se repliait en ville. La Société des Joyeux, qui fréquentait chez la mère Saguet, se transformait alors en Société des Frileux et prenait ses quartiers à l'angle de la rue de Sèvres et de la rue Saint-Placide. À la Grande-Chaumière, raconte Houssaye, Gautier, le frêle romantique devenu une espèce de colosse à force de boxe française, de canne, d'équitation et de canotage, « prenait violemment la première fille venue, même au bras d'un étudiant. On disait, en voyant ses longs cheveux soulevés par le vent : c'est celui-là qui devrait représenter le saule de Sainte-Hélène ». Rue de la Gaîté, aux Mille-Colonnes toutes neuves, un Bal des gigoteuses tentait de concurrencer le bal Chicard[86]. « Les corsages montaient et les jupes descendaient le moins possible, assure La Bédollière ; des pas qui paraissaient risqués aux Vendanges de Bourgogne étaient presque modestes aux Mille-Colonnes. » Jusqu'à ce qu'un jour la police y mît le holà.

Pendant toute la période où il mène l'opposition démocratique, de 1840 à 1851, Edgar Quinet habite 32, rue du Montparnasse ; le coup d'État l'en chasse. La mère Saguet est bien loin, et la Grande-Chaumière a fermé ses portes, où Clara Fontaine, la reine des étudiantes, avait été l'une des créatrices de la danse échevelée.

Anticipant l'annexion, le Théâtre Montparnasse augmente la capacité de la salle jusqu'à huit cents places ; les Mille-Colonnes construisent de

△ Pendant toute la période où il mena l'opposition démocratique, de 1840 à 1851, Edgar Quinet habitait 32, rue du Montparnasse.

quoi abriter les bals d'hiver et les banquets, et leur jardin double sa surface. À côté s'est installé Richefeu, dont la vaste cuisine alimente des milliers d'ouvriers. La Californie, vaste hangar, pareil aux maisons de bois des premiers colons américains, dans l'angle de la rue du Départ et du boulevard de Vanves (auj. Edgar-Quinet), possède son propre abattoir : chez le père Cadet, qui débite certains jours jusqu'à cinq mille portions de viande, on ne rencontre que « des ouvriers gênés, des chiffonniers, des gens sans place, des bohémiens littéraires ». L'une de ses cours donne sur la chaussée du Maine et ses assommoirs, rendez-vous des buveurs des faubourgs Saint-Jacques et Saint-Marceau.

Autour de l'actuel carrefour Vavin-Raspail, emplacement supposé du mont par qui le Parnasse arriva, ne sont établis, à la fin du Second Empire, que des peintres reconnus : Carolus-Duran rue Jules-Chaplain, William Bouguereau 75, rue Notre-Dame-des-Champs et Jean-Léon Gérôme un peu plus bas, au 70 bis. À l'exception de Paul Cézanne, bien sûr, qui, à 24 ans, du 5, rue de Chevreuse, fait en 1863 son premier envoi – le premier d'une longue série d'échecs –, auprès du Salon officiel.

86. Voir le chapitre Canal Saint-Martin, p. 361.

« Carolus-Duran est un adroit, assure Zola ; il rend Manet compréhensible au bourgeois, il s'en inspire seulement jusqu'à des limites connues, en l'assaisonnant au goût du public. Ajoutez que c'est un technicien fort habile, sachant plaire à la majorité. » Dans les années 1880 et 1890, le jeudi matin, de neuf à onze heures, le maître s'adresse au public des amateurs ; il corrige gratuitement, les mardis et vendredis, des élèves qui ne paient qu'une participation au chauffage et à la location des modèles, et dont les deux tiers sont anglais ou américains. Parmi eux, John Singer Sargent et James Carroll Beckwith, qui logent au 73, rue Notre-Dame-des-Champs, dans le même hôtel que leur compatriote Elizabeth Gardner, la future Mme Bouguereau.

Gérôme a, lui aussi, ses Américains dont Alexander Harrison, bientôt adonné aux marines nocturnes d'une facture symboliste, tandis que John Singer Sargent, à la manière de son maître, fait le portrait de *Madame X*, soit Mme Gautreau, censément la plus belle femme de la Troisième République, une Américaine de Louisiane qui a épousé un très riche armateur breton.

Rien d'étonnant à ce que l'American Art Association ouvre, au 131, boulevard du Montparnasse, ses salles de lecture, d'exposition, son gymnase ; à ce que l'American Students and Artists Center, au 261, boulevard Raspail, se construise sur une partie du parc de l'infirmerie Marie-Thérèse. L'American Girl's Club suit bientôt 4, rue de Chevreuse.

▽ *Pour les Alsaciens chassés par la guerre de 1870, le Gymnasium de Strasbourg se transporta 109, rue Notre-Dame-des-Champs.*

Pour les Alsaciens exilés « à l'intérieur » par la guerre de 1870, le Gymnasium de Strasbourg a trouvé un prolongement au 109, rue Notre-Dame-des-Champs.

« – Premier, Gide !, commença Dietz qui donnait le résultat du classement [dans les premiers mois de 1888]...

« Je sentis se diriger vers moi tous les regards. Je fis, pour ne pas rougir, un effort énorme, qui me fit rougir davantage ; la tête me tournait ; mais je n'étais point tant satisfait de ma place, que consterné à l'idée de mécontenter Pierre Louis. Comment prendrait-il cet affront ? S'il allait me haïr ! En classe je n'avais d'yeux que pour lui ; il ne s'en doutait pas, assurément ; jusqu'à ce jour je n'avais pas échangé avec lui vingt paroles ; il était

◁ *75, rue Notre-Dame-des-Champs, l'atelier de William Bouguereau, premier président de la Société des artistes français.*

△ *17 bis, rue Campagne-Première, d'où Eugène Atget partait photographier le « vieux Paris ».*

très exubérant, mais j'étais déplorablement timide, perclus de réticences, paralysé de scrupules... »
Pierre Louis, qui sera Louÿs, habite alors avec son frère juste à côté de l'école, au n° 105. Gide doit traverser le Luxembourg : « J'avais croisé un groupe d'élèves, de l'école communale sans doute, pour qui les élèves de l'École alsacienne représentaient de haïssables aristos. Ils étaient à peu près de mon âge, mais sensiblement plus costauds. (...)
– Qu'est-ce... qu'est-ce que vous me voulez ? (...)
– Tiens ! Voilà ce que je veux !, dit-il en m'envoyant son poing dans l'œil. »
Partant de son studio du 17 bis, rue Campagne-Première, c'est ce « vieux Paris »-là qu'Eugène Atget commence à photographier. Il en commercialise le résultat comme « Documents pour artistes », et il sollicite aussi les établissements publics afin qu'ils lui passent commande d'inventaires systématiques de tous les aspects de la capitale.

Le Lion de Belfort avait de la paille sale dans la gueule

En ce début de janvier 1895, il n'aura pas le loisir de capter sur les murs les affiches qui annoncent *Gismonda*, la pièce de Victorien Sardou, avec Sarah Bernhardt : elles en ont été découpées au rasoir par ceux qui avaient, pour les acheter, fait en vain le siège de l'imprimeur. Le Morave Alphonse Mucha, à 30 ans, mangeait de la vache enragée à la crèmerie Charlotte, avant de traverser la rue de la Grande-Chaumière pour partager, au n° 8, un atelier avec Gauguin, retour de sa première équipée tahitienne. Le voilà célèbre, du jour au lendemain ; la divine Sarah lui signe un contrat d'exclusivité de six ans pour sa publicité, ses costumes et ses décors.
Strindberg est arrivé dans la même rue, quatre numéros plus bas, à l'été 1894 : « J'écoute ce que l'on chuchote dans la grande usine des intelligences, à Paris ». Il s'est remis à la peinture, son *Plaidoyer d'un fou* paraît au Mercure de France, il donne à la *Revue blanche* un article, « De l'infériorité de la femme », qui fait, à juste titre, un certain bruit. « Dans la grande usine des intelligences », le premier procès du capitaine Dreyfus est en cours à l'hôtel des Conseils de guerre. À Gauguin, qui lui a demandé de préfacer le catalogue de la vente nécessaire à un nou-

▷ *« Le Lion de Belfort avait, on ne savait pourquoi, de la paille sale dans la gueule » ; c'était la guerre de 1914-1918.*

veau voyage, Strindberg envoie cette lettre, qui en tiendra lieu : « Bon voyage, Maître ! Seulement revenez me trouver. J'aurais peut-être appris à mieux comprendre votre art... Je commence aussi à sentir un besoin immense de devenir sauvage et créer un monde nouveau... ».

Strindberg, lui, est tôt revenu, 62, rue d'Assas, cette fois. « L'Hôtel Orfila, avec son aspect de cloître, est une pension pour les étudiants du cercle catholique », écrit-il directement en français dans *Inferno*. « Le silence, l'ordre, les bonnes manières règnent ici. Et, ce qui me soulage même après tant de tracas, les femmes ne sont pas admises... Il y a dans ce bâtiment une atmosphère de mysticisme qui m'a attiré depuis longtemps. »

Quand il arrivera à Paris pour la première fois, en 1928, Henry Miller se rendra aussitôt rue d'Assas pour voir la chambre où l'auteur vécut un *Inferno* que ne laisse en rien présager les quelques lignes qui ont trait au silence, à l'ordre et aux bonnes manières.

À l'académie qu'a ouverte le sculpteur Filippo Colarossi peu avant la Commune, au 10, rue de la Grande-Chaumière, l'enseignement du Norvégien Christian Krohg attire, à partir de 1902, de nombreux étudiants scandinaves. Le couloir est, l'hiver, une manière de bureau de placement pour les modèles, qui se transporte, l'été, au bas de la rue, sur le trottoir du boulevard : des familles italiennes entières, des grands-parents aux petits-enfants, s'y proposent aux artistes.

Dans un appartement du 4, rue Lalande fonctionne une popote de l'Iskra, l'organisation marxiste russe formée autour du journal illégal qui s'imprime alors à Munich, à Londres ou à Genève. Trotski, 23 ans, en transit entre ces deux villes, y rencontre l'étudiante Natalia Sedova ; ils s'installent rue Gassendi. « Il nous arriva de contempler ensemble le tombeau de Baudelaire que l'on apercevait derrière le mur du cimetière Montparnasse », racontera-t-elle.

Henri-Pierre Roché est le premier acheteur de Marie Laurencin, et elle est le premier peintre avec lequel il commence sa « chère petite collection ». Quand il se lie avec Franz Hessel, venu rejoindre la colonie allemande, les deux garçons sont bientôt les Jules (et Jim) de Marie. « – Elle nous aime un peu, tous les deux, dit [Franz]. – Oui, dis-je. – Elle a dit : Nos jeux à vous et à moi [Franz] se suffisent, nous jouons pour jouer. Tandis qu'avec lui tout est une pente vers être prise. – Elle joue mieux avec vous, dis-je. – Elle couche mieux avec vous, dit-il. – Vous préférez jouer. – Vous préférez coucher », note Roché dans son journal, au 99, boulevard Arago où il conservera toujours une chambre chez sa mère, à la date du 13 décembre 1906.

◁ L'enseignement du Norvégien Christian Krohg attirait depuis 1902 de nombreux étudiants scandinaves au 10, rue de la Grande-Chaumière.

▽ « Il nous arriva de contempler ensemble le tombeau de Baudelaire », écrivit Natalia Sedova, dont le « nous » englobait Trotski.

△ *L'Académie russe, que dirigeait Marie Vassiliev, au 21, avenue du Maine, accueillait aussi bien « les artistes [que] les socialistes politiciens ».*

L'Académie russe, que dirige Marie Vassiliev au 54, avenue du Maine, accueille aussi bien « les artistes [que] les socialistes politiciens », ce qui ne va pas sans heurts entre les deux clans, jusqu'à provoquer sa démission, à la fin de 1911. On y voit « Aïcha la mulâtresse », artiste venue du cirque, « modèle favori de tous les grands peintres », dont Roger Vailland écrira la légende dans *Paris-Soir* en affirmant qu'elle « avait d'excellents rapports avec Lénine et Trotski durant leur exil parisien ». Lénine, qui a du goût pour les harangues de Montéhus, est plus souvent au spectacle du chansonnier, au théâtre de la Gaîté-Montparnasse.

La baronne Hélène d'Oettingen et Serge Férat, richissimes émigrés russes, ont racheté les *Soirées de Paris*, qui s'élaborent désormais entre l'ancienne garçonnière de Férat, au 278, boulevard Raspail, et leur appartement du n° 229 du même boulevard. Guillaume Apollinaire en est le directeur littéraire. « Tous les jours, après le repas sur la terrasse, sous un laurier en fleurs, on parlait de la revue », se souviendra la baronne. Picasso, descendu de ses confins montmartrois, a pris un atelier au n° 242, puis 5, rue Schoelcher.

« Les horloges de la ville s'arrêtaient les unes après les autres. Le Lion de Belfort avait, on ne savait pourquoi, de la paille sale dans la gueule », écrit Trotski. Braque et Derain ont été mobilisés ; Apollinaire s'est fait naturaliser pour l'être. Kisling, Cendrars se sont engagés dans la Légion étrangère. L'État a mis sous séquestre les biens des Allemands, dont la petite galerie de Wilhelm Uhde, qui était, rue Notre-Dame-des-Champs, l'un des premiers et rares soutiens du cubisme. Henri-Pierre Roché, sur dénonciation, passe deux semaines à la Conciergerie pour « intelligence avec l'ennemi ». Presque tous les peintres étrangers se voient privés des maigres subsides qui leur arrivaient de leur lointaines familles : Soutine décharge des wagons à la gare Montparnasse, le poète polonais Zborowski se fait marchand de livres et de tableaux.

L'armistice est l'heure des Américains. « Il n'était pas de bon café plus proche de chez nous que la Closerie des Lilas, quand nous vivions dans l'appartement situé au-dessus de la scierie, 113, rue Notre-Dame-des-Champs, se souvient Hemingway, et c'était (...) jadis un café où se réunissaient plus ou moins régulièrement des poètes, dont le dernier, parmi les plus importants, avait été Paul Fort, que je n'avais pas lu. Mais le seul poète que j'y rencontrai jamais fut Blaise Cendrars, avec son visage écrasé de boxeur et sa manche vide retenue par une épingle, roulant une cigarette avec la main qui lui restait. C'était un bon compa-

△ *Paul Fort en terrasse (sous le garçon). « Il n'était pas de bon café plus proche de chez nous que la Closerie des Lilas », écrirait encore Hemingway.*

gnon, tant qu'il ne buvait pas trop et, à cette époque, il était plus intéressant de l'entendre débiter des mensonges que d'écouter les histoires vraies racontées par d'autres. »

Cela se passait rue Campagne-Première

Montparnasse a pris ses couleurs des années 1920, que décrit Elliot Paul dans son *Meurtre au Café du Dôme*. « Ils faisaient le va-et-vient entre le trottoir du Select et celui de la Rotonde, appréciaient le contraste entre le chœur de voix américaines de la *terrasse* du premier et les inflexions scandinaves qui s'échappaient de l'autre. Des camelots en fez, avec leurs tapis aux couleurs criardes, approchaient sans conviction, repartaient ; un cracheur de feu se remplissait la bouche d'essence, la vaporisait et l'enflammait ; des caricaturistes aux cheveux longs, le carton à dessin ouvert, entreprenaient des groupes de touristes et rencontraient un honnête succès. Le feuillage des arbres paraissait vert-jaune autour des lampadaires. Montparnasse prenait son rythme nocturne, celui de ces jours inoubliables et envolés où l'humanité dansait sans s'inquiéter de la rétribution de l'orchestre. »

Le Dôme avait été un précurseur, dès 1898 ; à présent, les inaugurations ne cessaient plus. En 1923, c'était le tour du Jockey : « Le piano est tenu par Hiler, le peintre, qui joue admirablement, raconte Kiki, l'égérie du quartier. Les murs sont couverts d'affiches plus extraordinaires les unes que les autres, et, tous les soirs, on se retrouve en famille. On boit beaucoup, tout le monde est gai. Beaucoup d'Américains ; comme ils sont gosses ! ».

L'année suivante, Hemingway est déjà un habitué du tout dernier lieu à la mode, presque en face de l'atelier de Foujita : « Il arriva une chose bien étrange la première fois que je rencontrai Scott Fitzgerald. Il arrivait beaucoup de choses étranges avec Scott, mais je n'ai jamais pu oublier celle-là. Il était entré au Dingo Bar, rue Delambre, où j'étais assis en compagnie de quelques individus totalement dépourvus d'intérêt ; il s'était présenté lui-même et avait présenté le grand gars sympathique qui se trouvait avec lui comme étant Dunc Chaplin, le fameux joueur de base-ball. »

▷ *« Ils faisaient le va-et-vient entre le trottoir du Select et celui de la Rotonde... » (Elliot Paul,* Meurtre au Café du Dôme*).*

Le 20 décembre 1927, pour l'ouverture de la Coupole, mille cinq cents bouteilles de champagne y ont déjà été englouties avant que minuit sonne : au rez-de-chaussée, le café et la brasserie dont les piliers ont été décorés par Othon Friesz, Marie Vassiliev, Isaac Grünewald, Kisling ; dancing au sous-sol, restaurant à l'étage, et même un boulodrome sur le toit ! C'est le moment où la photographe américaine Berenice Abbott achète le fonds resté dans le studio du 17 bis, rue Campagne-Première, où Atget vient de mourir sans héritier. Nizan habite chez les parents de sa femme, dans l'immeuble en céramique blanche d'Henri Sauvage, 26, rue Vavin. Simone de Beauvoir y est emmenée par Sartre, dont elle vient de faire la connaissance. « Il avait sur ses murs un grand portrait de Lénine, une affiche de Cassandre et la *Vénus* de Botticelli ; j'admirais les meubles ultramodernes, la bibliothèque soignée. Nizan était à l'avant-garde du trio ; il fréquentait des milieux littéraires, il était inscrit au Parti communiste ; il nous révélait la littérature irlandaise et les nouveaux romanciers américains. Il était au courant des dernières modes, et même de la mode de demain. »

Elsa Triolet occupe depuis quatre ans la minuscule chambre 12 de l'Hôtel Istria. Elle y a vu débarquer, une dizaine de jours avant la première du 2 octobre 1925, la vedette et le clarinettiste solo de la *Revue nègre* : Joséphine Baker et Sidney Bechet. À la fin de 1928, elle y accueille Maïakovski auquel elle va servir d'interprète et, quelques jours plus tard, la toute petite chambre 12 est assez grande pour Louis Aragon.

Peu de temps après, ils louent un atelier dans l'immeuble mitoyen, à la façade décorée de grès flammé, construit par Arfvidson à peu près en même temps que Sauvage dessinait le sien. C'est là qu'Aragon se remet au roman, interdit par le surréalisme, avec *Les Cloches de Bâle*, et qu'il demande à Elsa d'en écouter le début : « Quand j'eus fini ma lecture, tu gardas un assez long instant le silence.

▽ L'hôtel Istria. Elsa Triolet y vit débarquer Joséphine Baker et Sidney Bechet, avant d'y accueillir Maïakovski et Aragon.

◁ La Coupole : des piliers décorés par Othon Friesz, Marie Vassiliev, Isaac Grünewald, Kisling...

Cela se passait rue Campagne-Première, je m'en souviens comme si j'y étais. J'eus le temps de penser plusieurs choses. Puis, tu me dis très simplement : "Et tu vas continuer longtemps comme ça ?" (...) Il n'y a sans doute que moi pour savoir qu'au-delà de cette petite phrase de toi, en réalité les trois cents pages qui suivent ont été écrites pour justifier à tes yeux les cent premières ».

En 1960, *À bout de souffle*, Jean-Paul Belmondo alias Michel Poiccard, une balle dans les reins, y termine une longue course titubante. Renversé sur le pavé, il s'y ferme les yeux lui-même pour mourir ; il a eu de derniers mots peu clairs d'où émergeait : « ...vraiment dégueulasse ». « Qu'est-ce que c'est, *dégueulasse* ? », demande Patricia/Jean Seberg, la jeune Américaine.

◁ L'immeuble à gradins d'Henri Sauvage, 26, rue Vavin, où Paul Nizan recevait Sartre et Simone de Beauvoir.

▷ ▽ Dans l'immeuble d'ateliers d'Arfvidson, rue Campagne-Première, Aragon se remit au roman, interdit par le surréalisme, avec Les Cloches de Bâle.

Fumer pour peindre, boire pour philosopher

Autour du triangle Vavin-Raspail-Montparnasse, dont Henry Miller affirme que c'est le « nombril du monde », Joséphine Baker promène, parmi les Bugatti et les Hispano, une panthère noire comme les lèvres des femmes coiffées à la lapone, quand elles ne sont pas vertes ou violettes, pincées sur des cigarettes Abdulla. Les boutons de manchette de Man Ray clignotent dans la nuit. Le beau bordel dont la façade aveugle s'orne d'un masque de Sphinx couvrant ses quatre étages, au 31, boulevard Edgar-Quinet, annonce à son ouverture qu'il accueillera gratuitement, une fois par mois, les « gueules cassées » de 14-18.

Cela paraît plutôt folklorique, mais l'alchimie particulière de Montparnasse fait qu'un café s'y transmue en peinture dans les années 1910, et y devient philosophie dans les années 1930. L'univers pictural des cubistes, au début de la Première Guerre mondiale, c'est tout et exclusivement ce qui peut « tenir sur une table de café » : carafe, verre, cuillère, cendrier... Dans cet univers raréfié, la pipe fournit deux objets d'un coup : elle-même et le paquet de tabac nécessaire. Si les Montparnos se mettent tous alors à la pipe – qui devient leur signe de ralliement –, c'est pour la peindre.

Au printemps 1933, Raymond Aron rentre de Berlin où il a étudié Husserl. « Nous passâmes ensemble une soirée au Bec de Gaz, rue Montparnasse, raconte Simone de Beauvoir ; nous commandâmes la spécialité de la maison : des cocktails à l'abricot. Aron désigna son verre : " Tu vois, mon petit

camarade, si tu es phénoménologue, tu peux parler de ce cocktail, et c'est de la philosophie !". Sartre en pâlit d'émotion ou presque ; c'était exactement ce qu'il souhaitait depuis des années : parler des choses, telles qu'il les touchait, et que ce fût de la philosophie. »

Le 1er août 1942, Lise Ricol, fille d'un réfugié politique espagnol, dirigeante des comités patriotiques féminins, prend la parole devant le Félix-Potin de la rue Daguerre, appelle à s'emparer du ravitaillement là où il y en a, à refuser réquisitions et départs en Allemagne, à s'engager dans les maquis. Arthur London, l'un des responsables nationaux de la MOI, et elle sont arrêtés onze jours plus tard. D'Estienne d'Orves et ses compagnons, Maurice Barlier et Jean-Louis Doornik ont été fusillés après un long internement à la prison du Cherche-Midi.

C'est au P.C. de la 2e D.B., à la gare Montparnasse, que von Choltitz est conduit depuis l'Hôtel Meurice pour y signer la capitulation de la garnison allemande entre les mains du général Leclerc et du commandant des FFI, Rol-Tanguy, représentant des insurgés parisiens. Les Bretons n'ont jamais cessé de s'établir autour de la gare Montparnasse, refaite en 1852,

△ ***De Gaulle rencontrant le colonel Rol-Tanguy, chef des FFI, à la gare Montparnasse, P.C. du général Leclerc.***
© Keystone

▽ ***Un gratte-ciel pour évoquer le Montparnasse des Américains ?***
© Adagp, Paris 2006

agrandie encore pour l'Expo de 1900. Henri Tanguy, le futur Rol, arrivant de Brest à Paris, à 15 ans, avec sa mère, avait tout naturellement trouvé un point de chute 10, rue de l'Ouest, où il allait rester jusqu'en 1939. Depuis 1947, la Mission bretonne, *Ti ar Vretoned* ou Maison des Bretons, du 22, rue Delambre, accueille ces derniers à leur arrivée.

Le 20 septembre 1960, au tribunal du Cherche-Midi, dans le procès de six Algériens et dix-huit Français membres du « réseau Jeanson », Roland Dumas crée l'événement en lisant une lettre de soutien de Jean-Paul Sartre qui s'y déclare « porteur de valises ».

Quand les Américains peuplaient Montparnasse, il y avait des ponts de chemin de fer au-dessus du boulevard Edgar-Quinet et de l'avenue du Maine. Quand les Américains n'y furent plus, il y eut un gratte-ciel à la place de la vieille gare pour faire comme s'ils y étaient encore. Avec une tour de deux cent dix mètres, si le Parnasse était *out*, on avait enfin quelque chose de la hauteur d'un mont.

La rénovation du quartier avait forcément eu raison d'un local, au 18, rue d'Odessa, sur lequel était écrit : « C'est moche, c'est sale. C'est dans le vent ». C'était le Café de la Gare de Bouteille, Coluche, Patrick Dewaere, Miou-Miou, Henri Guybet, dans lequel on avait vu Depardieu en *guest star*. Repeint en rose, avec des étoiles vertes, il avait abrité le Vrai Chic parisien de Coluche.

Vaugirard, un village au bout de la rue

Un village-rue dont les quelques jolies maisons bourgeoises sont noyées dans une profusion de guinguettes, tel se présente Vaugirard au XVIIIe siècle. Son nom, il le tient de Girard de Moret, abbé de Saint-Germain-des-Prés qui, cinq siècles plus tôt, y a placé une maison de convalescence pour ses religieux, début d'une longue histoire sanitaire. Au siècle suivant, une paroisse est fortifiée et, en 1453, les reliques de saint Lambert, évêque de Maastricht, sont déposées dans sa chapelle située au carrefour des actuelles rues de Cambronne et de Vaugirard. Les huguenots de Paris qui, en 1560, cherchent les moyens de soustraire le jeune roi François II à l'influence des Guise, conspirent à Vaugirard : c'est dire l'éloignement sociopolitique du village par rapport à Paris, qui est aux Guise.

La rue aux guinguettes mène à Versailles mais, beaucoup moins fréquentée que celle de la rive droite, elle n'y trouve pas l'occasion d'un essor très important : au milieu du XVIIIe siècle, on compte à Vaugirard cent quinze feux et cinq cent vingt-deux habitants. Son établissement le plus notable est, tout au sud, presque à Issy, le séminaire fondé par Olier en 1642, d'où est sortie la congrégation des prêtres de Saint-Sulpice. Sa plus forte concentration de main-d'œuvre se trouve dans la filature de coton et de lin, d'une centaine d'ouvrières, dépendant de l'institution d'éducation des jeunes filles pauvres de bonne noblesse, dans laquelle sera installé, sous le Consulat, l'hôpital des Enfants-Malades.

▽ *Dans l'hôpital parrainé par Mme Necker, pour la première fois, un seul malade par lit.*

△ **La Visite de Monsieur et Madame Necker à l'hospice de la charité** ***(école française, fin du XVIIIe siècle).***
Musée de l'AP-HP
© Coll. Roger-Viollet

Pour l'heure, le lieutenant général de police Lenoir envoie à Vaugirard, en 1760, les enfants trouvés, les nourrices et les femmes enceintes « attaqués de la maladie syphilitique » dans un hospice ouvert à proximité de l'église paroissiale. En 1778, Mme Necker profite des bâtiments vides d'une communauté de religieuses qui n'a pas prospéré pour y établir une succursale de l'Hôtel-Dieu desservant les paroisses de Saint-Sulpice et du Gros-Caillou. Dotée de cent vingt lits, elle est destinée, pour la première fois, à autant de malades seulement, et non au double ou au triple entassés, comme c'était l'habitude, à deux ou trois sur la même couche.

Du bon air qui justifia de longtemps l'établissement de maisons de repos à Vaugirard, il ne reste rien le dimanche, pas plus que des images qu'évoque spontanément le nom de Fragonard, qui s'y est marié en 1769. « C'est le faubourg Saint-Marcel qui, le dimanche, peuple Vaugirard et ses nombreux cabarets, écrit Mercier ; car il faut que l'homme s'étourdisse sur ses maux : c'est lui surtout qui remplit le fameux salon des gueux. Là, dansent sans souliers et tournoyant sans cesse, des hommes et des femmes qui, au bout d'une heure, soulèvent tant de poussière qu'à la fin on ne les aperçoit plus. »

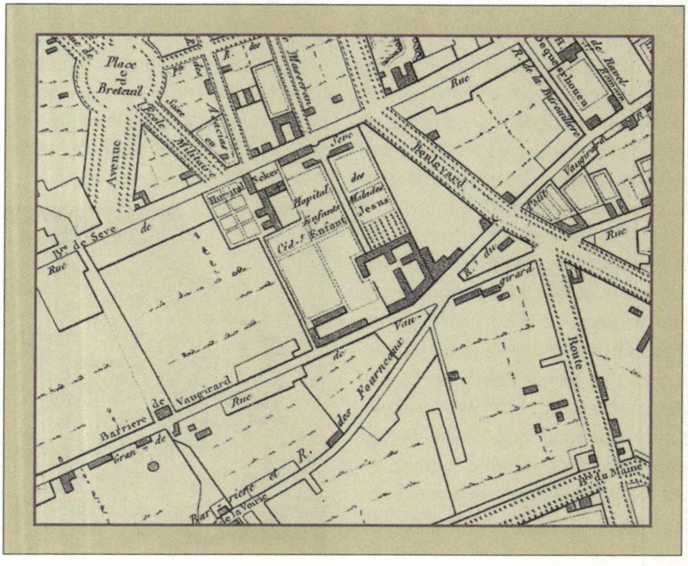

▷ *Sur le plan Maire datant de 1808, les « fourneaux » de l'ancienne toponymie, cheminées d'aération des carrières.*
DR

À la Révolution, Vaugirard échappe à la triple tutelle de l'abbaye de Saint-Germain-des-Prés, de celle de Sainte-Geneviève, et de M. d'Alleray, son dernier seigneur, pour devenir une commune. Là, dans un cabaret de l'impasse du Soleil-d'Or, quelques anciens montagnards, victimes de la réaction thermidorienne, conçoivent le projet de renverser le Directoire et de rétablir la constitution de 1793. Antoine-Marie Bertrand, dont la fougueuse éloquence a souvent ému le Club des cordeliers, et un millier de ses camarades marchent sur le Luxembourg, voient leur chemin barré, rejoignent le groupe qui devait soulever le camp de Grenelle, où leur *Marseillaise* se brise sur les baïonnettes. Cent trente-deux des conjurés seront arrêtés, dont trente-six seront fusillés.

Flora Tristan connaît une enfance heureuse dans la belle propriété avec jardin où elle est née, et dont les hôtes de marque sont, par exemple, Simon Bolivar. Mais en juin 1807, elle n'a pas 5 ans, son père meurt et, ses parents n'étant mariés que de façon approximative, l'aristocratique famille du Pérou les dépossède, elle et sa mère, de tous leurs biens.

« Ma grand-mère était une drôle de bonne femme, écrira Paul Gauguin. Elle se nommait Flora Tristan. Proudhon disait qu'elle avait du génie. N'en sachant rien, je me fie à Proudhon. Elle inventa un tas d'histoires socialistes, entre autres l'Union ouvrière. Les ouvriers reconnaissants lui firent, dans le cimetière de Bordeaux, un monument. Il est probable qu'elle ne sut pas faire la cuisine. Un bas-bleu socialiste, anarchiste. »

△ *L'église construite, pour partie, avec des fermes de fer provenant de l'ex-Palais de l'Industrie se vit consacrée à Notre-Dame-du-Travail.*

À ce moment-là, le petit-fils, lui, aura fait un héritage inattendu, qui lui permettra de donner de bruyantes soirées dans son atelier de Plaisance. Gauguin aura peint, sur la porte vitrée du deuxième étage du 6, rue Vercingétorix, une Tahitienne dans un ombrage de palmes, sous cette devise : « Ici l'on aime ». Entouré d'Annah la Javanaise, d'un singe et d'un perroquet, il recevra Strindberg, Edvard Munch et même Degas, toujours railleur, qui s'enquerra : « Aux Batignolles, ne peut-on pas faire d'aussi bonne peinture qu'à Tahiti ? ».

Notre-Dame-du-Travail

Vaugirard s'accroît par l'industrie, dont la taille des diamants, mais perd Grenelle qui a pris son autonomie en 1830. À l'annexion, l'ancien village compte trente mille habitants. Auparavant, Chauvelot, rôtisseur poète comme Ragueneau, mais rue Dauphine, a loti le quartier de Plaisance autour de l'ancien château du Maine, situé au n° 142 de la rue éponyme. Peut-être le duc du Maine aimait-il, enfant, à y jouer ? Les ministres de

Charles X s'y étaient réfugiés à la révolution de 1830 ; il sera occupé, en 1900, par un dépôt des tramways électriques. Une église, Notre-Dame-de-Plaisance, a été ouverte comme succursale de Saint-Lambert. Le quartier est fréquenté par les ouvriers de ces carrières dont attestent les « fourneaux » de l'ancienne toponymie qui n'en sont que les cheminées d'aération.

▷ *Les logements sociaux à la résille de volets métalliques du 19, rue des Suisses (Jacques Herzog et Pierre de Meuron).*

△ *La rue Camulogène, dans ce quartier de l'Avenir dû à Chauvelot, rôtisseur poète rue Dauphine.*

On doit encore à Chauvelot le quartier de l'Avenir, dans l'angle des voies du chemin de fer de l'Ouest et des fortifications, avec, autour d'un obélisque de l'Unité italienne, ses rues évoquant la campagne d'Italie – Nice-la-Frontière, Sommet-des-Alpes, Villafranca – ou bien encore le chef gaulois Camulogène. Ce sera plus tard un fief de chiffonniers avant de redevenir, aujourd'hui, une sorte de village avec des ateliers, des maisons basses et des jardins cachés, que menace une ZAC. À leur arrivée à Paris, en 1861, les Lemel s'installent, comme beaucoup de Bretons, à proximité de la gare Montparnasse : 12, impasse Béranger (auj. de l'Astrolabe). Nathalie Lemel ne travaillera pas, comme relieuse, beaucoup plus loin, dans des imprimeries de la rue de Vaugirard dont elle ne s'éloigne que graduellement : rue du Cherche-Midi puis rue Saint-André-des-Arts, pour finalement rencontrer Varlin et fonder avec lui les fameuses marmites[87]. La défense, en 1870, fait tomber tout ce qui peut servir de point de mire et donc, au village de l'Avenir, l'obélisque de Villafranca comme la tour de Malakoff, dédiée, non loin de l'autre, aux victoires de Crimée par un restaurateur qui en faisait payer la table d'orientation.

Vingt ans plus tard, dans le tout nouvel hôpital Broussais, où l'on ne traite théoriquement que les maladies à caractère épidémique, on voit Verlaine revenir à neuf reprises dans « la petite salle de six lits, qu'il affectionnait, [et qui] se trouvait à l'entrée sur la gauche, le long du chemin de fer de ceinture » ; une chambre carrée, dotée d'une seule fenêtre donnant sur le jardin. Aman-Jean vient faire son portrait devant le mur triste d'un couloir, tandis que défilent à son chevet Huysmans, Robert de Montesquiou, Maurice Barrès et Anatole France, André Gide et Pierre Louÿs enfin, le 8 janvier 1890.

87. Voir le chapitre Saint-André-des-Arts, p. 549.

△ *L'institut Pasteur, entouré par la générosité de la baronne Hirsch et de Mme Jules Lebaudy.*

L'abattoir de Vaugirard n'est pas terminé quand le président Félix Faure, rentrant de l'inauguration du pont Mirabeau, vient visiter au passage, le 13 juillet 1897, la première tranche livrée. Les travaux de la partie hippophagique, celle qui a laissé le plus de traces, dont les pavillons Baltard de la halle aux chevaux, où se tient maintenant, le week-end, une foire aux livres anciens et d'occasion, ne commenceront qu'en 1904.

La fin du siècle est marquée par la vaccination antirabique et la rage antidreyfusarde. Mme Lebaudy est présente sur les deux fronts. Assez loin derrière la baronne Hirsch, elle est des généreux donateurs grâce auxquels se constitue l'environnement nécessaire à l'Institut Pasteur. Sa générosité est beaucoup plus grande encore envers la Ligue de la Patrie française dont, avec trois millions de francs pour l'année 1902, elle est le principal soutien.

Mme Lebaudy est aussi cette femme tendant un rameau d'olivier aux familles ouvrières que montre le bas-relief surmontant le porche de l'ensemble de la rue de l'Amiral-Roussin : elle finance par dons manuels, et sans reçu, le Groupe des maisons ouvrières, restant dans son ombre jusqu'à sa mort. Vaugirard doit à ce qui s'appelle maintenant « Fondation de Mme Jules Lebaudy », outre le groupe d'immeubles cité, celui de la rue de Cronstadt – où se trouve aussi le siège de la fondation – et celui de la rue de la Saïda, aux bâtiments fractionnés d'Auguste Labussière, flanqués d'escaliers à l'air libre, et réhabilités au début des années 1980.

◁ *Immeubles de la rue de la Saïda, du Groupe des maisons ouvrières, aux bâtiments fractionnés d'Auguste Labussière, flanqués d'escaliers à l'air libre.*

L'autre grand acteur du logement philanthropique, cette fondation Rothschild dont l'architecte Augustin Rey promeut le concept de « cour ouverte », élève, entre les rues Bargue et Mathurin-Régnier, un ensemble qui est l'une des premières applications parisiennes des redans séparés par des squares. L'habitat social se distribue aussi par métiers comme le montrent la Maisonnette des Téléphones du boulevard Brune ou le foyer des Infirmières de la rue Tessier. À Plaisance, l'église est tout

◁ *Le 13 juillet 1897, le président Félix Faure, rentrant de l'inauguration du pont Mirabeau, visitait la première tranche de l'abattoir de Vaugirard.*

△ *Square Vergennes, un immeuble de Mallet-Stevens destiné au maître verrier Barillet en 1931.*

▷ *Entre les nos 72 et 74 de la rue Falguière, passé le bistrot de la mère Durchon, une « cité rose » aux ateliers reliés par des passerelles.*

aussi laborieuse : le nouvel édifice, construit pour partie avec des fermes de fer provenant de l'ex-Palais de l'Industrie, s'y voit consacrer à Notre-Dame-du-Travail.

Des fauves dans le couvent des Oiseaux

Ces peintres qu'on dit Nabis se retrouvent, le samedi après-midi, 25, boulevard du Montparnasse, dans l'atelier de Paul Ranson, « le Temple » dont France – Mme Paul Ranson – est « la lumière ». Le symboliste Aman-Jean a quelques accointances avec eux, comme avec Antoine Bourdelle qu'il rejoint dans son atelier de l'impasse du Maine (rue Antoine-Bourdelle), devenu, aujourd'hui, son musée.

La nouvelle loi sur les congrégations de la Troisième République a cet effet inattendu d'offrir à Matisse, désormais qualifié de « Fauve », et à Othon Friesz, un atelier dans l'ancien couvent des Oiseaux rendu vacant. Au 84-88, rue de Sèvres, Matisse peint aussitôt *La Joie de Vivre*, qu'achète Leo Stein après le salon des Indépendants. Sollicités par le peintre allemand Hans Purrmann, qui en sera le « massier », c'est-à-dire le régisseur, les Stein, Leo et sa belle-sœur Sarah, rendent possible la création d'une académie dans laquelle Matisse corrigera le jeudi matin. Autour du plâtre grandeur nature d'un Apollon grec du siècle de Périclès, devant trois grandes fenêtres donnant sur les beaux jardins du couvent – et au bout est l'atelier du maître, qu'il est possible de regarder travailler –, cent vingt étudiants, pour moitié scandinaves, les Américains constituant le second groupe en nombre, vont se succéder. L'académie Matisse est ainsi d'une importance aussi grande pour le quartier alentour que pour la peinture.

Pendant ce temps, le Douanier Rousseau, rue Perrel (le bout de la rue Pernety donnant sur les voies de chemin de fer), fait le portrait des petits commerçants du quartier de Plaisance. Le 2 septembre 1910, sept personnes, dont Signac, suivent son corbillard de l'hôpital Necker au cimetière de Bagneux. Robert Delaunay achète dix toiles à la vente de son atelier, de sorte de lui faire une sépulture décente. Ce ne sera possible que le 2 mars 1912 : sur la pierre est posé un médaillon d'Armand Queval, qui a été son logeur, tandis qu'Apollinaire y trace au crayon un poème épitaphe dont Ortiz de Zarate n'aura qu'à creuser la cursive toujours visible l'année suivante.

« Gentil Rousseau tu nous entends
Nous te saluons
Delaunay sa femme Monsieur
Queval et moi
Laisse passer nos bagages
en franchise à la porte du ciel
Nous t'apporterons des pinceaux
des couleurs des toiles
Afin que tes loisirs sacrés dans
la lumière réelle
Tu les consacres à peindre comme
tu liras mon portrait
face aux étoiles. »

Fernand Léger prépare à la Ruche une conférence, *Les Origines de la peinture et sa valeur représentative*. La Ruche est une cité bourdonnante, de plus de cent ateliers et du double d'artistes. Le statuaire Alfred Boucher a su accommoder les restes de l'Exposition universelle de 1900 : la structure métallique d'Eiffel du pavillon de l'Alimentation et des Vins de la Ville

de Bordeaux, et la grille de fer forgé du pavillon des Femmes. Le ministre de l'Instruction publique est venu inaugurer l'octogone, et Alfred Boucher l'a augmenté encore d'un bâtiment de quatre étages, avec des entrées de plain-pied sur la rue pour les sculpteurs, d'une galerie d'exposition, d'un théâtre de trois cents places. Cette Babel compte un tiers de Polonais, sans compter qu'« à l'angle du *passage* et de la rue de Dantzig, artistes, tueurs des abattoirs dans leurs blouses sanglantes et familiers des *fortifs* entretenaient les relations les plus curieuses », à en croire Maurice Raynal.

Le 3 mai 1913, Léger donne sa conférence à l'académie qu'a créée 21, avenue du Maine, une Marie Vassiliev lasse des conflits de clans, mais pas des échanges : « De toutes mes forces, je suis allé aux antipodes de l'impressionnisme... la valeur *réaliste* d'une œuvre d'art est parfaitement indépendante de toute qualité imitative... ».

À la guerre, il faut laisser la Ruche accueillir des réfugiés. Successeur du

△ ***La Ruche était une cité bourdonnante de plus de cent ateliers et du double d'artistes.***

séminaire d'Olier, le collège de l'Immaculée-Conception des jésuites, qui a compté Charles de Gaulle parmi ses élèves autour de 1900, se transforme en hôpital franco-brésilien, le Brésil offrant aux blessés le concours de ses chirurgiens et de son matériel.

Entre les n°s 72 et 74 de la rue Falguière, passé le bistrot de la mère Durchon, à l'entrée, où Gauguin a eu un atelier trente ans plus tôt, dans la « cité rose » de la couleur de son crépi, aux ateliers reliés par des passerelles, Modigliani travaille dehors, sculpte des cariatides. « Plusieurs têtes de pierre, cinq peut-être, étaient posées sur le sol cimenté de la cour », se souvient Lipchitz. Soutine, de dix ans son cadet, occupe un atelier, à droite de la porte d'entrée du n° 11, d'où l'on voit la cheminée de l'Institut Pasteur. « Il détestait évoquer son amitié avec Modigliani, raconte Chana Orloff, il ne pardonnait pas à Modigliani de l'avoir entraîné à la boisson. » Miestchaninoff, un sculpteur russe, travaille dans le local contigu ; Foujita s'est installé là, lui aussi.

Paris violet, Paris d'aniline

En 1924, trois copains de régiment, trop jeunes pour la guerre, envoyés dans les troupes d'occupation chez les perdants, se cherchent un toit. Au 54, rue du Château, à l'angle d'une rue Bourgeois disparue – ce serait aujourd'hui place de Catalogne –, un marchand de peaux de lapin prend sa retraite ; Marcel Duhamel, Jacques Prévert et Yves Tanguy relèvent les lieux. Dans le local d'activité, haut sous plafond, Duhamel, celui de la bande qui a de l'argent, fait construire une pièce en surplomb, dotée d'une fenêtre intérieure. Un rideau de Lurçat, vert, blanc et noir masquera la vitrine sur la rue. La chambre du couple Prévert d'alors, donnant sur la gare de marchandises Montparnasse, sera couverte du sol au plafond d'un papier peint du même artiste.

C'est dans ce petit phalanstère que Tanguy se met à peindre, là que se fait la jonction avec le groupe surréaliste, là que les 27 janvier et 1er février 1928 se déroulent les deux premières séances de leurs « recherches sur la sexualité ». C'est dans le bistrot d'en face que, le « lundi 11 mars à 8h30 très précises », une réunion plénière théoriquement convoquée pour un « examen critique du sort fait récemment à Léon Trotski » tourne au procès et à l'exclusion de Roger Vailland et des collaborateurs de la revue *Le Grand Jeu*.

C'est chez les copains de la rue du Château qu'échoue Aragon après son naufrage vénitien, et peut-être là qu'Elsa Triolet lui amène Maïakovski, le 6 novembre 1928. L'invité y lit *Verlaine et Cézanne*, poème qui raille,

△ **L'Oiseau lunaire** ***rappelle que Miró succéda ici à Pablo Gargallo, voisinant avec André Masson, y précédant Desnos et Malkine.***

après l'époque pionnière, le tournant servile des peintres soviétiques, et se conclut sur ces mots : « Paris violet Paris d'aniline se levait derrière les vitres de la Rotonde ».

Le second des centres périphériques du surréalisme se situait à l'emplacement de l'actuel square Blomet. Une sculpture, *L'Oiseau lunaire*, y rappelle que Miró avait succédé ici à Pablo Gargallo, dans une grande bâtisse à la vaste cour pleine d'arbres et, au printemps, de lilas en fleur. À l'hiver de 1921, André Masson, sa femme et leur fille s'étaient installés à côté, dans l'atelier misérable contrastant si fort avec celui, rutilant, de Miró. Michel Leiris était un familier des lieux, Artaud y passait souvent, Breton plus rarement. En 1926, Desnos et Malkine avaient remplacé les partants.

Desnos avait indiqué à ses amis la bonne adresse du 33, rue Blomet voisin, où des Antillais dansaient entre eux la biguine, le week-end ; Aïcha y avait entraîné les peintres de Montparnasse. Un article de *Comœdia* avait lancé ensuite le Bal nègre, qui en avait perdu quelque peu son authenticité. En mars 1929, Madeleine Anspach, maîtresse de Derain, y donnait la dernière grande fête des Années folles, quelques semaines avant de se suicider.

▷ ***33, rue Blomet, où des Antillais dansaient entre eux la biguine ; Aïcha y avait entraîné les peintres de Montparnasse.***

◁ *« Le petit coin de paradis » de Georges Brassens durant une douzaine d'années, 42, rue Santos-Dumont.*

Les difficiles années 1930 voient à Vaugirard Léon Sedov, le fils de Trotski, à l'heure du premier procès de Moscou, celui du « centre terroriste trotskiste-zinovieviste ». La police secrète stalinienne, qui le serre de près, a loué l'appartement mitoyen dans l'immeuble contigu, au 28, rue Lacretelle. Après l'exécution de Boukharine, deux ans plus tard, Arthur Koestler rédige sa lettre de rupture avec le Parti communiste au 10, rue Dombasle, à l'été de 1938. C'est dans cet appartement qu'il écrit *Le Zéro et l'Infini*. Vaugirard est alors le fief de Marceau Pivert et de sa tendance, dite Gauche révolutionnaire, qui pèse un bon tiers de la fédération de la Seine du parti socialiste SFIO. Le PSU des années 1960, qui aura son siège rue Mademoiselle, en sera, par quelques détours, l'héritier. L'architecte qui lotit la villa Santos-Dumont, en 1920, le fit au bord des vignes de son père : trois à quatre cents pieds de ce même pinot noir replanté aujourd'hui dans le parc Georges-Brassens. Dans les années 1980, quand « le petit coin de paradis » qu'avait habité le chanteur durant une douzaine d'années – au n° 42 de la rue Santos-Dumont –, se repavait à l'ancienne, Ricardo Bofill dressait, au sud de la place de Catalogne, la monumentalité colossale qu'on n'avait vu s'élever jusqu'alors qu'au milieu des plaines agricoles où se projettent les ville nouvelles.

Chaque année, le salon de l'Agriculture ramène la campagne au bout de la rue de Vaugirard derrière les quatre pylônes Art déco du Parc des expositions. Sous plus d'un angle, Vaugirard a toujours l'air d'être loin de Paris.

△ *Les pavés de la fontaine de Shamaï Haber devant la « pierre de taille » néo-classique, en béton préfabriqué, place de Catalogne.*

La rive gauche ou l'Université

De Saint-Germain-des-Prés à Grenelle

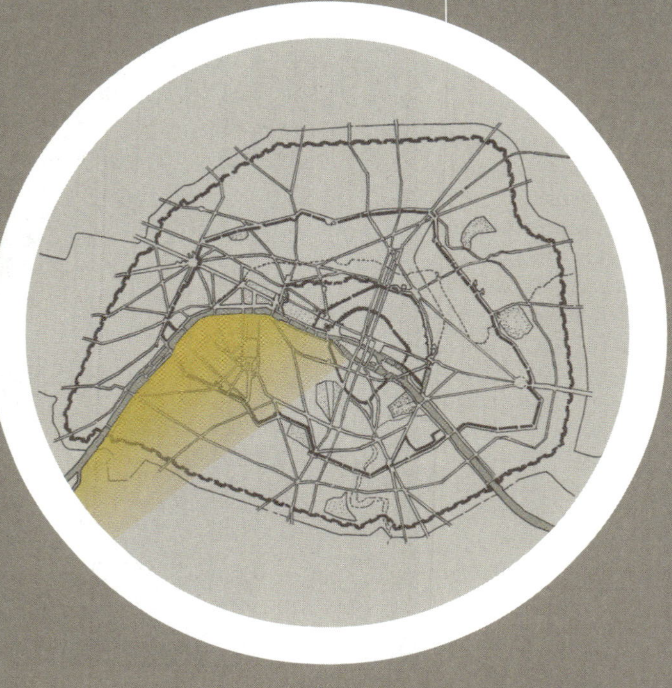

Saint-Germain-des-Prés,

face au Louvre

Nécropole royale des Mérovingiens dès le VIe siècle, détruite par les invasions normandes, rebâtie autour de l'an 1000, Saint-Germain-des-Prés est la plus ancienne des églises de Paris, dans la mesure, seulement, où Paris a fini par la rattraper ! Durant des siècles, son territoire n'a été parisien ni pour le temporel ni pour le spirituel : l'abbaye et ses quelque deux cents moines relèvent alors directement du pape, si bien qu'en 1163 l'évêque se verra, tout bonnement, interdire d'assister à la consécration du nouveau chœur de l'édifice.

L'abbaye à proprement parler occupe le quadrilatère formé par les actuelles rues Saint-Benoît, Jacob, de l'Échaudé et le boulevard Saint-Germain. L'Université acquiert au XIIIe siècle, pour l'ébattement de ses écoliers, les prés s'étendant vers l'ouest entre les bâtiments conventuels et la Seine.

▷ *Sur une tour de l'an 1000, l'une des plus vieilles de France, les arcades et la flèche sont du XIIe siècle.*

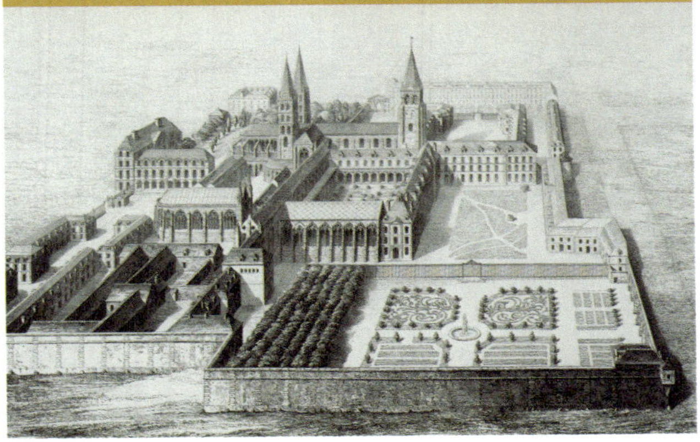

△ **Vue de l'abbaye de Saint-Germain-des-Prés,** ***d'Alexandre Lenoir (1761-1839). L'église avec ses trois clochers, si caractéristiques.***

Chaque jour, les clercs qui s'y rendent passent sous le nez des réguliers : les deux groupes ont très facilement des problèmes de voisinage, qui se soldent, à l'occasion, par des morts. Et, quand l'abbaye dote ses fortifications de douves qu'alimente un bras mort recreusé de la Seine, s'y ajoutent des conflits concernant le droit de pêche. En compensation des empiètements de sa nouvelle enceinte, l'abbaye offre à l'Université le terrain compris entre les actuelles rues Jacob et Visconti et, côté ouest, le canal d'adduction des fossés (auj. rue Bonaparte) : ce sera désormais le Petit-Pré-aux-Clercs, qui s'ajoute à l'autre.

À partir de 1507, Guillaume Briçonnet, abbé de Saint-Germain-des-Prés, attire auprès de lui le savant théologien et humaniste Jacques Lefèvre d'Étaples, et les disciples de celui-ci : Guillaume Budé, le fondateur du Collège de France, Gérard Roussel, l'aumônier de Marguerite d'Angoulême, sœur de François Ier, Jean du Bellay, futur évêque de Paris, et Guillaume Farel, futur ami proche de Calvin. L'abbaye est le berceau de la Réforme.

L'Université, en mal d'argent, lotit le Petit-Pré-aux-Clercs dès la deuxième moitié des années 1540 : la « petite Seine » est comblée, une rue des Marais-Saint-Germain (auj. Visconti) est ouverte perpendiculairement, qui constitue le premier foyer de peuplement hors des murs... de Genève ! Dans la Petite Genève, comme on appelle presque aussitôt l'endroit, chez Mme Bertrand, officie le pasteur La Cerisaie. Au n° 4 de la rue des Marais-Saint-Germain, le premier baptême réformé est célébré à l'Auberge du Vicomte en 1555. Le synode national constitutif des Églises réformées en France s'y assemble du 25 au 29 mai 1559. Un an plus tôt, le 13 mai 1558, de trois mille à sept mille protestants ont rempli le Grand-Pré-aux-Clercs et chanté les psaumes de Marot face au Louvre. Ils ont renouvelé leur démonstration les jours suivants ; le 19, on notait, dans l'assemblée, la présence du roi de Navarre.

À quelques pas du nouveau palais abbatial, flambant neuf, Bernard Palissy, dont le cours d'histoire naturelle et de physique avait Ambroise Paré et de nombreux chirurgiens comme auditeurs, est arrêté par la Ligue, en 1589, et enfermé à la Bastille, où il mourra sans avoir abjuré.

▽ ***Le palais abbatial du cardinal de Bourbon, création du modèle « brique avec chaînage de pierre », vu depuis la rue de Furstemberg.***

▽ Le Pré-aux-Clercs et l'abbaye Saint-Germain-des-Prés *(lithographie de Barousse, extraite du* Vieux Paris*). Face à face, le moine et les bretteurs.*

Le siège mis autour de Paris par Henri IV, les protestants se sont emparés de l'abbaye. Du haut d'un clocher de Saint-Germain-des-Prés – l'église en compte trois, dont deux flanquent le nouveau chœur –, le roi fixe le Louvre, son but, et englobe du regard la capitale qu'il veut reconquérir.

Au début du siècle nouveau, le roi bâtisseur – « C'est pour mes maçons ! », assure-t-il chaque fois qu'il gagne au jeu – rêve d'une ville nouvelle sur l'autre rive, face à son Louvre ; de réconcilier Paris et Genève : les deux moitiés de sa capitale. Mais c'est son ex-« moitié », la reine Margot répudiée, qui achète le Pré-aux-Clercs et au-delà : seize hectares sur lesquels elle fait construire son hôtel, à l'angle du quai Malaquais et de la rue de Seine, un couvent d'augustins le long de la rue de la Petite-Seine (auj. Bonaparte), un parc qu'elle ouvre au public et qui se prolonge, à l'ouest, jusqu'à l'actuelle rue de Bellechasse.

Dix ans plus tard, son héritage se retrouve pour lotissement aux mains de cinq financiers emmenés par Louis Le Barbier. Celui-ci accélère l'enlèvement des lots en substituant au bac des Tuileries un pont de bois, le Pont rouge, dans l'axe de l'actuelle rue de Beaune. L'Université morcelle à la suite ce qui lui restait de son Grand-Pré-aux-Clercs, et le chemin menant à ce dernier prend à ce moment le nom de l'Université à laquelle il n'appartient plus, tandis que sa rive sud se couvre d'hôtels. Enfin, l'abbaye, à son tour, vend l'emplacement de ses fortifications : ses fossés et sa courtille où sont tracées les rues Saint-Benoît, de Buci et Taranne. *Le Menteur* de Corneille prend acte de ces changements en 1643 :

« Dans tout le Pré-aux-Clercs
tu verras mêmes choses ;
Toute une ville entière, avec pompe bâtie,
Semble d'un vieux fossé par miracle sortie. »

Cette même année, Molière, 21 ans, ouvre son Illustre-Théâtre dans le jeu de paume des Métayers, au bord des remparts de la ville qui, eux, sont toujours debout. La troupe habite rue de Seine, séparée de son théâtre par un jardin.

Les frères De Villers, protestants, qui nous ont laissé un récit de leur voyage, et leurs compagnons de route, touchent Paris à la fin de décembre 1656 : tout naturellement, l'un s'installe rue de Seine, à la Ville-de-Brissac, les autres au Prince-d'Orange, rue des Boucheries (auj. boulevard Saint-Germain entre Odéon et Mabillon). Ils n'y sont pas plus tôt descendus qu'y entre leur cousin qui revient du temple de Charenton.

Au Petit-More, où l'on a souvent vu Descartes entre 1625 et 1628, c'est le poète burlesque Saint-Amant qui a maintenant ses habitudes. Lui qui s'est fait connaître par une ode à la *Solitude* ne s'éloigne guère du bruyant cabaret du 26, rue de Seine, à l'angle de la rue Visconti. Il n'en bougera bientôt plus du tout, y mourant, en 1661, des suites d'une bastonnade.

C'est le moment où se forme le quintette de la rue du Colombier : Racine et Boileau ont moins de 30 ans ; La Fontaine, Molière et Chapelle ont dépassé la quarantaine. Chez Boileau, ils se lisent mutuellement leurs œuvres. La Fontaine, devenu « gentilhomme servant » de la duchesse douairière, veuve de Gaston d'Orléans, y passe sur le chemin qui le mène du quai des Augustins – où il loge chez le magistrat Jacques Jannart, oncle de son ex-épouse et ancien collaborateur de Fouquet – au palais du Luxembourg, où il est l'un des neuf officiers qui président, à tour de rôle, au service de la table.

Le jeudi 18 octobre 1685 au soir, les vingt mille à trente mille protestants qui habitent la Petite Genève, autour de l'église luthérienne de l'ambassade de Suède de la rue Jacob et de leur cimetière de la rue des Saints-Pères, apprennent que le roi a signé la révocation de l'édit de Nantes, à Fontainebleau, dans le salon de Mme de Maintenon.

Ici, hors les murs, les règlements des corporations n'imposant pas que l'on soit catholique pour accéder à la maîtrise, les artisans réformés s'étaient installés nombreux, ainsi que des officiers royaux de la finance – la banque était presque entièrement protes-

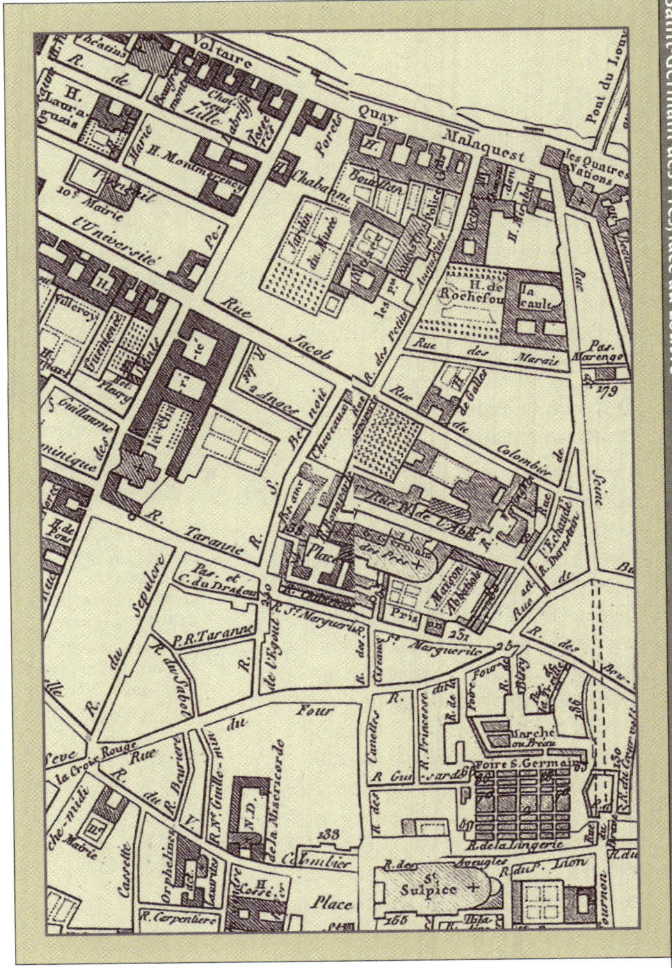

△ *Sur le plan Maire (1808), les rues du Colombier (Jacob), des Marais (Visconti) et des Petits-Augustins (Bonaparte) délimitent l'ex-Petit-Pré-aux-Clercs.*
DR

◁ *Le Petit-More, 26, rue de Seine, où mourut le poète burlesque Saint-Amant.*

△ La Foire Saint-Germain en 1670 *(gravure de A. Guillaumot père). « Peut-être le plus grand couvert qui soit au monde », avait écrit Sauval.*

tante – et les pasteurs du temple de Charenton. Il faudra dorénavant se réunir clandestinement aux ambassades de Hollande, à l'angle de la rue des Saints-Pères et de la rue Saint-Dominique (auj. boulevard Saint-Germain), ou du Brandebourg de la rue de Grenelle ; puis viendront les abjurations, les mariages mixtes et les exils.

Le feu à la Foire Saint-Germain

L'abbé Briçonnet, bon gestionnaire autant qu'humaniste, a doté sa fameuse Foire de trois cent quarante loges en dur, sous une vaste halle. Durant six à neuf semaines, du lendemain de la Chandeleur au dimanche des Rameaux, elles accueillent, le long de la rue du Four, des marchands venus d'Allemagne ou d'Italie, des peintres flamands profitant des franchises, des comédiens qui en font tout autant même si la licence qui leur est laissée s'accompagne de restrictions multiples[88]. Au début du XVIIIe siècle, à la foire diurne des marchandises prosaïques et des spectacles, s'ajoute la foire nocturne du commerce de luxe et encore des spectacles : « De jour, on dirait qu'elle n'est ouverte que pour le peuple qui y vient en foule, assure Sauval en 1724, et la nuit pour les personnes de qualité, pour les grandes dames et pour le roi lui-même. Les riches rues se font admirer à la clarté des lustres et des flambeaux, surtout celle des orfèvres, et tous viennent là pour jouer et se divertir ; de sorte qu'alors ce lieu est moins une Foire qu'un Palais enchanté ».

En 1721, l'abbaye exproprie plusieurs loges réservées au spectacle, dont celle de l'Opéra-Comique, pour faire de la place, dans l'enceinte de la Foire, à son marché alimentaire. Lesage, à 55 ans, en profite pour publier, en cinq tomes, son œuvre foraine : « le Théâtre de la Foire, ou l'Opéra Comique, contenant les meilleures pièces qui ont été représentées aux foires de Saint-Germain et de Saint-Laurent, avec une table de tous les vaudevilles et autres airs ». Les bénédictins de l'abbaye sont à leurs travaux érudits : Félibien que continue Lobineau ajoutent l'un à l'autre les cinq volumes de leur monumentale *Histoire de Paris*, qui paraîtra juste après l'*Histoire et Recherche des Antiquités de la Ville de Paris* que Sauval est en train d'achever au 30, rue de Buci.
Après l'éteignoir de la fin de règne, les tables flambent sous la Régence, dans l'hôtel du 9, quai Malaquais où l'on retrouve le chevalier des Grieux : « Le principal théâtre de mes exploits devait être l'hôtel de Transylvanie, où il y avait une table de pharaon dans une salle et divers autres jeux de cartes et de dés dans la galerie. Cette

88. Voir le chapitre Faubourg Saint-Denis, p. 308.

académie se tenait au profit de M. le prince de R... [Rákóczy], qui demeurait alors à Clagny, et la plupart de ses officiers étaient de notre société. Le dirai-je à ma honte ? Je profitai en peu de temps des leçons de mon maître. J'acquis surtout beaucoup d'habileté à faire une volte-face, à filer la carte, et m'aidant fort bien d'une longue paire de manchettes, j'escamotais assez légèrement pour tromper les yeux des plus habiles, et ruiner sans affectation quantité d'honnêtes joueurs ».

Le 10 septembre 1744, quand le roi, pris de fièvre le 7 août, est sauvé, c'est du quai Malaquais, face au Louvre, qu'une inscription géante proclame en lettres de feu : « Le roi vit ! ». De bouche en bouche vole un cri : « Vive Louis le Bien-aimé ! ». La formule naît à cette date, et ici. Le prévôt des marchands de Paris est alors Bernage de Vaux, qui entretient sur ce quai une « Baronne blanche », ainsi surnommée parce qu'on ne la voit que vêtue de cette couleur.

C'est cette même année 1744 que Chardin, qui habite depuis près d'un quart de siècle l'angle de la rue du Four et de la rue Princesse, passe au n° 13 de cette dernière, chez sa seconde et riche épouse. Comme il peint, non ce qu'il voit sur les tables des cafés, comme feront les cubistes, mais ce qui figure sur la sienne, les épices remplacent bientôt les oignons dans ses toiles, et l'argent l'étain. Et puis, en 1757, lui qui a toujours vécu dans le quartier depuis qu'il y est né, rue de Seine, en 1699, traverse le fleuve pour aller habiter le Louvre.

Ce n'est qu'alors que Diderot, qui vient de s'installer au n° 2 de la rue Taranne (boulevard Saint-Germain), au coin de la rue Saint-Benoît sur laquelle donnent, latéralement, ses fenêtres, dans un cinquième étage sous les toits, écrit son premier *Salon*, y vante Chardin, le peintre de la réalité : « C'est toujours la nature et la vérité. Vous prendriez les bouteilles par le goulot si vous aviez soif ; les pêches et les raisins éveillent l'appétit et appellent la main ». Diderot est un pareil pantographe de la réalité : avec son complice d'Alembert, qui loge tout près, hébergé par Julie de Lespinasse à l'hôtel Hautefort du 6, rue Saint-Dominique, il va chercher chez les fabricants de poêles et de fourneaux de la cour du Dragon les renseignements de l'*Encyclopédie*.

Dans la nuit du 16 au 17 mars 1762, des pétards destinés à simuler le tonnerre mettent le feu chez un montreur de marionnettes : en moins de cinq heures, la Foire Saint-Germain, toute de bois, est consumée sous l'action du vent du nord ; les flammes arrivent

◁ L'hôtel de Transylvanie, 9, quai Malaquais, maison de jeux du prince de Rákóczy, roi de Hongrie en exil.

jusqu'à la chapelle de la Vierge de l'église Saint-Sulpice. C'était « peut-être le plus grand couvert qui soit au monde », avait écrit Sauval de ses deux halles qui mesuraient chacune cent trente pas sur cent.

La Foire sera reconstruite, elle ne retrouvera pas son lustre ; l'activité économique du quartier en sera profondément affectée.

L'École des Beaux-Arts

À la Révolution, l'ex-couvent des Petits-Augustins, fondé par la reine Margot en 1613, devient le dépositaire des œuvres sculptées enlevées aux édifices cléricaux. Dans ce musée des Monuments français, dont Alexandre Lenoir a été nommé conservateur le 4 janvier 1791, s'accumulent pans de murs et statues et, sous un assemblage composite de débris provenant du monastère de Saint-Marcel, près de Chalon-sur-Saône, où Abélard était mort, du Paraclet, voisin de Nogent-sur-Seine, où son corps et celui d'Héloïse avaient été réunis, et enfin de l'abbaye de Saint-Denis, le mythique tombeau des deux amants.

L'abbaye de Saint-Germain-des-Prés, transformée en raffinerie de salpêtre en 1790, a été victime d'une grave explosion trois ans plus tard. Le percement de la rue de l'Abbaye, en 1800, a détruit le reste. La Restauration dépose les deux clochers latéraux de l'église, bien ébranlés, dans la perspective de les reconstruire. Elle disperse le musée et fait construire, sur son emplacement, une École royale des Beaux-Arts, qui n'en remploie que la façade du château d'Anet et, au milieu de la cour, une arcade du château de Gaillon. Chaque année, au début du printemps – et jusqu'en mai 1968 –, les abords du bâtiment vont connaître l'attente fébrile des familles, des amis et des candidats aux prix de Rome, après qu'ils auront planché plus de trois mois au total dans des cellules ouvertes sur une galerie de surveillance. À la clé, cinq ans de séjour à Rome aux frais du gouvernement, et l'exemption du service militaire.

△ L'École des Beaux-Arts, celle des prix de Rome, à l'emplacement de l'ancien couvent des Petits-Augustins.

▷ L'Académie de médecine, installée en 1902 dans ce bâtiment construit pour elle au n° 16 de la rue Bonaparte.

◁ La façade du château d'Anet, seul reste du musée des Monuments français, depuis que l'arc du château de Gaillon qui divisait la cour en a été ôté.

L'Académie de médecine, que ce gouvernement ajoute à ses aînées en 1820, est placée dans l'hôpital des Frères de la Charité, successeur, au XVIIe siècle, d'une chapelle dédiée à saint Pierre, dont le nom déformé avait abouti à Saints-Pères. Les saint-simoniens se réunissent d'abord dans cette rue, chez Hippolyte Carnot, le fils cadet du Grand Carnot, avant de rejoindre, 12, rue Taranne, l'immeuble où siègent la Société pour l'instruction

◁ **Jardin au crépuscule avec bâtiments dans le fond,** ***aquarelle d'Eugène Delacroix, vue de son atelier à l'étage du 17 de l'actuelle rue Visconti.***
© Photo RMN/J.-G. Berizzi

élémentaire, la Société de la morale chrétienne, ainsi que la toute récente Société de géographie. C'est ici que s'élaborent leurs idées, au cours de discussions animées par Bazard et Enfantin, recueillies et éditées ensuite par les plus jeunes membres de l'école, sous la forme de l'*Exposition de la doctrine saint-simonienne*.

Balzac est alors « homme de lettres de plomb » dans un grand local du 17, rue des Marais-Saint-Germain, au-dessus duquel se trouve le petit appartement où il reçoit Mme de Berny. Delacroix aura son atelier à l'étage quelques années plus tard ; en 1838, il y fait monter un piano afin de peindre Chopin et George Sand ensemble. Malgré tant d'efforts, la toile sera coupée en deux après sa mort, et chaque portrait vivra une existence séparée. Delacroix y peint aussi le « bois » visible de sa fenêtre, car, si la rue est étroite ici, les maisons du XVIIIe siècle, bâties sur des soubassements plus anciens de deux cents ans, ont leurs aises à l'arrière.

Dans l'hémicycle cérémoniel de l'École des Beaux-Arts, depuis le début des années 1840, Marix, la muse du club des haschischins, en figure de la Renommée, donne l'exemple au jury en envoyant des couronnes de laurier « à la gouille », comme dit l'argot, c'est-à-dire à la volée, devant les quatre âges de l'art, le tribunal où siège le peintre Apelle avec, à sa droite, l'architecte Ictinos et, à sa gauche, le statuaire Phidias, et la théorie des soixante-quatorze figures peintes par Paul Delaroche. Devant l'école, le quai Malaquais est le quartier général des bouquinistes ; c'est là que le Colline des *Scènes de la vie de bohème* vient, quand il est en fonds, remplir la « poche aux langues étrangères » de son fameux pardessus-bureau vert.

Hemingway racontera encore qu'on ne trouve, à son époque, de livres anglais et américains tout récents à des prix dérisoires que chez une bouquiniste située face à la Tour d'argent – le restaurant loue alors quelques

▽ ***Paris se mire dans les estampes qui bordent la Seine.***

chambres à des hôtes de passage –, et quai Malaquais, où « plusieurs bouquinistes vendaient des livres achetés aux employés des hôtels de la rive gauche, et tout particulièrement de l'Hôtel Voltaire, qui possédait une clientèle plus riche que beaucoup d'autres ».

L'action du 13 juin 1849, qui essaie d'empêcher que Louis Napoléon n'envoie l'armée française à l'assaut de la République romaine, se décide dans les bureaux de la *Démocratie pacifique*, 54, rue Jacob. Un an plus tard, quand est dévoilé le projet de loi électoral restrictif, le 31 mai 1850, la chambre de Martin Nadaud, au bas de la rue de Seine, « ne désemplissait pas d'ouvriers, [lui] demandant à cor et à cri quand allaient commencer les barricades ». Nadaud sera arrêté chez lui le 1er décembre 1851, à une heure du matin, conduit à Mazas et tenu là au secret durant dix-neuf jours, avant d'être transféré à Sainte-Pélagie.

Travaillant à la chapelle des Saints-Anges de l'église Saint-Sulpice, Delacroix en a un peu rapproché son atelier en s'installant, en 1857, place de Furstemberg. Henry Miller, à peine arrivé, y viendra en pèlerinage devant « des arbres intellectuels, tirant leur sève des pierres du pavé. Comme les vers de T. S. Eliot ».

Se mesurer au Louvre

Pour le cinquantième anniversaire de la naissance de Baudelaire, Fantin-Latour a pour projet de réunir autour d'un portrait du poète, sur le modèle de son *Hommage à Delacroix*, « les douze apôtres » du siècle poétique. Il espère voir dans son atelier du 8, rue des Beaux-Arts : Victor Hugo, Théophile Gautier, Leconte de Lisle, Théodore de Banville, etc. Comme ils tardent un peu à venir, il passe aux disciples, en commençant par Verlaine et Rimbaud.

Les Goncourt viennent voir l'avancement des travaux le 18 mars 1872 : « Il y a sur le chevalet une immense toile représentant une apothéose parnassienne de Verlaine, de d'Hervilly, etc., apothéose où il se trouve un grand vide, parce que, nous dit-il naïvement, tel ou tel n'ont pas voulu être représentés à côté de confrères qu'ils traitent de maquereaux, de voleurs »... C'est effectivement ainsi que Mérat parle de Rimbaud, et il ne figurera sur la toile que sous les traits d'un pot de fleurs, à droite, au premier plan. Verlaine, lui, pose ici à longueur de journées. C'est en tout cas ce qu'il raconte chez lui pour justifier absences et retards.

Oscar Wilde « meurt au-dessus de ses moyens », le 30 novembre 1900, dans la chambre, reconstituée au

△ *Le siège, 31, rue du Dragon, de l'Académie Julian d'où sortirent les Nabis.*

◁ *L'Hôtel, anciennement d'Alsace, flanqué de ses deux plaques évoquant Wilde et Borges, 13, rue des Beaux-Arts.*

n° 16, de l'hôtel d'Alsace. À l'Académie Julian, au 31, rue du Dragon, Sérusier a rapporté, à l'automne de 1888, à ses amis Bonnard, Maurice Denis, Ibels, Piot, Ranson, Roussel, Vallotton, Vuillard, le *Talisman* peint au bois d'Amour de Pont-Aven, par tons purs juxtaposés, sur le couvercle d'une boîte à cigares. Dans la salle de la Société d'encouragement à l'industrie nationale, 44, rue de Rennes (auj. place Saint-Germain-des-Prés), où une moitié de la tour Saint-Benoît de l'enceinte abbatiale est toujours visible, a eu lieu, le 22 mars 1895, la première projection privée du cinématographe : la sortie des ouvriers des usines Lumière.

La rue de Rennes commençait ici, avec ce n° 44 qui anticipait son démarrage à la Seine. L'éventration du quartier finalement stoppée avant ce terme, la numérotation allait rester en l'état jusqu'à ce que, ce tronçon initial ayant été reconverti en place Saint-Germain-des-Prés, la rue de Rennes ait désormais son début au n° 48.

« Les anciennes maisons de Paris dont les dispositions intérieures sont à peine changées deviennent si rares qu'il est vraiment intéressant de les noter », écrit Huysmans en 1902. « L'une d'elles, celle où je fus en partie élevé et où j'habitai si longtemps, 11, rue de Sèvres, est, à ce point de vue, curieuse. Elle fut un couvent de Prémontrés et ses couloirs, larges à faire charger des escadrons de cavalerie, sont intacts. Toutes les portes des cellules s'ouvrent sur ces allées ; seulement quelques-unes de ces cellules ont été rejointes entre elles et forment de spacieux logis où les pièces se commandent. Extrêmement hautes de plafond et carrelées, elles sont terriblement froides, l'hiver, et je me souviens d'y avoir passé, dans un immense appartement au premier, toute une enfance à la glace. »

△ Racine aura, en fait, passé au 24, rue Visconti, les sept dernières années de sa vie.

Sa mère, veuve, lui avait confié « l'atelier de satinage et de brochure » hérité de son mari. Huysmans le gérait et en avait fait la matière de son second roman : « L'aile droite située dans la cour est l'ancien monastère ; l'établissement de brochure dont je parlai dans les *Sœurs Vatard* occupe le rez-de-chaussée ; les ateliers sont l'antique réfectoire et les deux étages surmontés de greniers convertis en des chambres sont les cellules des moines ».

« Vous ai-je dit (oui sans doute) », écrit André Gide à Jacques Rivière en février 1911, « que demain dimanche au 21 de la rue Visconti (*id est* : dans l'ancien hôtel de la Champmeslé et de Racine) à 4 h. je tenterai la première de ces séances de lecture dont je vous avais parlé. » Au revers du porche, une plaque, posée en 1856, indique alors qu'ici ont vécu Racine, la Champmeslé, Adrienne Lecouvreur

▽ Le 21, rue Visconti, longtemps adresse supposée de la mort de Racine.

et Mlle Clairon. Ce n'est vrai que de la dernière ; Racine a vécu au n° 24, de 1692 à sa mort, en 1699, où il n'a plus écrit que ses *Cantiques spirituels*.

La NRF de Gide et Copeau a sa boutique au 1, rue Saint-Benoît, où se tiennent ses réunions mensuelles, et s'apprête à passer 35 et 37, rue Madame. Au sortir de la guerre, à l'été de 1919, la revue est en crise. Roger Martin du Gard, qui vient de s'installer avec sa femme et sa fille, 9, rue du Cherche-Midi, en rend compte en voisin, dans son journal : « D'un côté les anciens : Ghéon, Drouin, Schlumberger, évincés en fait ; de l'autre, sous la grande aile de Gide qui palpite à tous les vents, Rivière qui venait de donner sa démission et qui sort de là plus investi d'autorité qu'avant, Rivière qui, appuyé par Copeau, aidé par Gallimard, ouvrira largement la porte à des éléments nouveaux et jeunes, s'affirmera lui-même de plus en plus et sauvera la NRF ».

Le quartier est toujours face au Louvre, ce qui offre des avantages auxquels on n'aurait pas forcément pensé. Au cours de son premier séjour, quand Michaud était pour lui un restaurant beaucoup trop cher, Hemingway n'y avait vu qu'une fois James Joyce déjeuner en famille : « Lui et sa femme assis, le dos au mur ; Joyce étudiant le menu à travers ses épaisses lunettes, brandissant la carte d'une seule main ; Nora, à côté de lui, mangeant avec appétit mais raffinement ; Giorgio, de dos, mince, trop élégant, la nuque luisante ; Lucia, fillette en pleine croissance, avec sa lourde chevelure bouclée – parlant tous italien ».

Plus à son aise financièrement,

▷ *Le Café de Flore qui abrita la faune de Saint-Germain-des-Prés.*

▽ *Le dragon du 50, rue de Rennes qui, plus que la sainte Marguerite de la rue aujourd'hui Gozlin, évoquait le feu de la forge des artisans de la cour.*

Hemingway est plus souvent au restaurant du coin de la rue des Saints-Pères et de la rue Jacob où, tout à trac, Scott se confie à lui : « Zelda m'a dit qu'étant donné la façon dont je suis bâti, je ne pourrais jamais rendre aucune femme heureuse... Elle m'a dit que c'était une question de taille...

– Passons au cabinet, dis-je.

– Le cabinet de qui ?

– Le *water*, dis-je.

Nous revînmes nous asseoir dans la salle, à notre table. "Tu es tout à fait normal, dis-je... Quand tu te regardes de haut en bas, tu te vois en raccourci. Va au Louvre et regarde les statues, puis rentre chez toi, et regarde-toi de profil dans le miroir."

– Allons au Louvre, dis-je. C'est juste au bas de la rue, de l'autre côté de l'eau. »

Existentialistes, staliniens, et après ?

De 1725 à 1925, la cour du Dragon, à l'arrière du 50, rue de Rennes, est restée inchangée. Constamment occupée par des artisans du fer, façonniers en tôles, plaques de cheminées, piques, grilles et simples barreaux, elle a fourni sa documentation à Diderot, elle a constitué le premier arsenal des insurgés du faubourg, le 27 juillet 1830, et, bien qu'elle n'ait pas été à l'alignement, les percées du boulevard Saint-Germain et de la rue de Rennes l'ont miraculeusement épargnée. Les serruriers, cloutiers, charrons et ferrailleurs se sont tranquillement reconvertis en marchands et réparateurs de bicyclettes et de cuisinières, et l'administration a proposé le classement. Cela signifiait, pour la propriétaire, d'investir dans le

tout-à-l'égout et l'eau courante en faveur de ses locataires. Elle s'y refuse absolument, préfère vendre, et la cour est démolie au profit d'un vaste garage à demi souterrain derrière le porche au dragon conservé.

La culture, c'est ce qui reste à Saint-Germain-des-Prés quand ses pierres n'y sont plus. « C'était un lieu où l'air lui-même était imprégné des énergies de l'art », écrira Thomas Wolfe qui en 1925, à 25 ans, rayonne autour de L'Hôtel de la rue des Beaux-Arts, son point de chute. La civilisation est bientôt à sauver de la barbarie, et Aldous Huxley, Robert Musil, Heinrich Mann et beaucoup d'autres répondent à l'appel d'Henri Barbusse et Romain Rolland en faveur d'un Congrès international des écrivains pour la défense de la culture. Bertolt Brecht, Alexis Tolstoï, Boris Pasternak et un grand nombre de Soviétiques sont descendus au Palace-Hôtel, l'un de ces immeubles parisiens d'où débouche le métro, ici la station Mabillon, et où loge Léon-Paul Fargue. Au soir de la séance inaugurale, le 22 juin 1935, André Gide, André Malraux, Aragon, André Chamson, Jean-Richard Bloch les raccompagnent ici depuis la Mutualité à travers les rues du quartier.

Le congrès n'y a pas suffi, la guerre est là. Marguerite Duras, qui habite au troisième étage gauche du 5, rue Saint-Benoît, possède au sixième une mansarde qui sert à la Résistance et où François Mitterrand passera quelques jours, en 1943. Le *Huis clos* de Sartre est créé en mai 1944 dans ce théâtre du Vieux-Colombier que Copeau et ses amis de la NRF avaient fait aménager par Francis Jourdain dans un music-hall de quartier, à la veille de la guerre précédente, et où Louis Jouvet et Charles Dullin avaient fait leurs débuts.

En 1947, la salle est devenue le « Vieux-Co » de Claude Luter et Sidney Bechet. On danse avec autant de fureur dans la cave du Tabou, sous un portrait de famille à la Douanier Rousseau qui s'intitule *Le Groupe existentialiste devant Saint-Germain-des-*

▽ *42, rue Bonaparte, l'immeuble du quatrième étage duquel Sartre voyait s'annoncer les temps modernes.*

Prés, où l'on reconnaît Boubal, le patron du Café de Flore, Genet sous une calotte de bagnard, Sartre donnant la main à Juliette Gréco, Jacques Prévert en chapeau vert pré, Boris Vian et sa trompinette, Raymond Duncan, le frère d'Isadora, en toge antique.
Sartre habite en vigie sur la place Saint-Germain-des-Prés, l'immeuble d'angle du 42, rue Bonaparte, au quatrième étage. Ici se discutent les *Temps modernes* : « Une époque, comme un homme, c'est d'abord un avenir ». Marguerite Duras est idéalement située à égale distance du Flore et des Deux-Magots. Elle a adhéré au Parti communiste à l'automne de 1944, est devenue secrétaire de la cellule 722, celle de la rue Visconti où Dionys Mascolo, son compagnon, et Robert Antelme, son ex-mari, auteur d'un extraordinaire récit sur la vie concentrationnaire, *L'Espèce humaine*, ont pour camarades Eugène Mannoni, alors journaliste à *Ce Soir*, le sociologue Edgar Morin, le romancier Claude Roy, le jeune Jorge Semprun et, tout de même, un ajusteur.
En 1950, « la rue Saint-Benoît », c'est-à-dire Marguerite Duras et ses hommes, en est exclue à la suite d'un *procès stalinien à Saint-Germain-des-Prés* que décrira Gérard Streiff. La cour du Dragon est à nouveau détruite et, cette fois, le porche et l'animal avec, qui seront entreposés en attendant... Dans le mémorial cinématographique du quartier qu'est *Le Désordre à 20 ans*, on peut voir Juliette Gréco marcher dans ses ruines sous les yeux de Raymond Queneau et Marcel Pagliero.
À la fin de la guerre d'Algérie, en 1962, les attentats de l'OAS font déménager Sartre ; Christo barre la rue Visconti, le 27 juin, d'un *Rideau de fer* composé de barils de pétrole. « Lipp est à coup sûr un des endroits, le seul peut-être, où l'on puisse avoir pour un demi le résumé fidèle et complet d'une journée politique ou intellectuelle française », écrivait Léon-Paul Fargue. C'est devant la brasserie que Mehdi Ben Barka est enlevé le 29 octobre 1965 : l'appât était un rendez-vous avec le cinéaste Georges Franju à propos d'un film à consacrer à la décolonisation.

△ Raymond Queneau, premier lauréat du prix des Deux-Magots, alla, par esprit de contradiction, l'arroser... au Flore !

Dans la mansarde de Marguerite Duras se succèdent l'écrivain et dessinateur Copi, le Catalan Enrique Vila-Matas. « Ce 9 avril [1974], raconte-t-il, j'allais traverser le boulevard Saint-Germain avec Marguerite Duras et Raúl Escari quand, tout à coup, une grande voiture noire, presque funéraire, qui, en tout cas, n'avait rien de printanier, a freiné sèchement et s'est arrêtée à notre hauteur. J'ai regardé et ai pu voir à l'intérieur Julia Kristeva, Philippe Sollers, Marcelin Pleynet et une quatrième personne que je n'ai pas identifiée. Sollers a baissé la vitre de la voiture et a parlé quelques petites secondes avec Marguerite. Je n'ai rien compris à ce qu'ils disaient. Puis la voiture a démarré et a disparu au loin, a fini par se fondre au bout du boulevard. Marguerite a alors dit : "Ils partent en Chine" ».
Et puis, à la fin des années 1990, face à l'ancien appartement de Sartre et au berceau des *Temps modernes*, Dior a remplacé l'emblématique librairie Le Divan, Cartier s'est installé place du Québec. N'y aura-t-il plus d'après à Saint-Germain-des-Prés ?

▽ Dior, pour être à la page, a remplacé une librairie.

Le faubourg Saint-Germain ou le mystère de l'Eucharistie

◁ *Adossée au mur de Laennec, la fontaine napoléonienne du Fellah, alimentée alors par la pompe à feu du Gros-Caillou.*

Traversant le Pré-aux-Clercs, un chemin apporte à la construction des Tuileries, de 1564 à 1608 et de Catherine de Médicis à Henri IV, les pierres des carrières de Vaugirard et de Montrouge auxquelles un bac fait franchir la Seine. Ce chemin, plus tard rue du Bac, sera l'axe du lotissement que Le Barbier dessine entre 1622 et 1640 sur l'ancien domaine de la reine Margot. En ce temps de Contre-Réforme, le quartier se peuple d'abord de communautés religieuses, venant de province et souhaitant bénéficier du voisinage de la cour, ou venant de Paris car trop à l'étroit dans la capitale : les dominicains les premiers, dès 1632, l'hôpital des Incurables (qui sera Laennec) deux ans plus tard, les Dames de Bellechasse l'année suivante. Les théatins, ces religieux italiens que protège Mazarin, s'y installent en 1648.

À ce moment, à l'ouest de la rue du Bac, le faubourg se prolonge déjà par les rues Saint-Dominique et de Grenelle jusqu'à la hauteur des Tuileries, mais les rues de Varenne et de Grenelle ne sont encore bordées que de jardins maraîchers : une gravure d'Israël Silvestre montre l'hôtel du président Le Coigneux, qui jouxte l'enclos du couvent de Bellechasse, en plein champ.

Depuis Henri IV, Paris a pris conscience que l'architecture civile, la qualité et la régularité des maisons particu-

▷ *Les Invalides : le dôme de Jules Hardouin-Mansart derrière la cour de Libéral Bruant, et les cadrans solaire de la façade sud de la cour d'honneur.*

lières, comptait autant dans l'embellissement de la ville que les monuments publics. Salomon de Brosse, dans les derniers jours de sa vie, Pierre Le Muet, son élève, qui vient de publier sa *Manière de bien bâtir pour toutes sortes de personnes*, François Mansart achètent ici des terrains qu'ils revendent construits. À l'angle des rues Saint-Dominique et du Bac, l'hôtel de Chevreuse, dû à Le Muet, est, autour de 1660-1662, la première de ces grandes demeures aristocratiques autour desquelles va cristalliser le Faubourg. Le roi joue sa partie en faisant construire plus haut l'hôtel de ses Mousquetaires gris, dont il nous reste deux consoles de style rocaille soutenant une corniche, et une façade rue de Verneuil, à la place d'une halle aux grains datant du lotissement primitif de Le Barbier. Le capitaine de ces deux cent cinquante vaillants à pied comme à cheval, d'Artagnan, habite, de 1659 à 1673[89], au coin de la rue du Bac et du quai des Théatins (auj. Voltaire).

Les religieux ne sont pas en reste : les dominicains, dans la rue qui tire son nom de leur présence, consacrent, dès 1663, une partie de leurs terrains à l'immobilier ; les théatins font bâtir sur le quai éponyme une demi-douzaine de maisons de rapport dont la première est louée dès 1672 ; les Dames de Bellechasse, qui marqueront, elles aussi, la toponymie, les imitent autour de 1680. L'hôpital des Incurables possède, à la fin du siècle, plusieurs hôtels et maisons à loyer rue du Bac. Dans cette même rue, le séminaire des Missions étrangères, établi là en 1693, fait construire, vingt ans plus tard, deux hôtels destinés à la location. Quand Nicolas de Fer, que cite Natacha Coquery, les recense à la fin du siècle, le quartier compte sept couvents de religieux, le double de religieuses, sans compter les séminaires, communautés, maisons de retraites, hôpitaux et collèges, dont l'Abbaye-aux-Bois qui sera fameuse sous la Restauration et la monarchie de Juillet.

La construction des Invalides est, bien sûr, décisive pour le Faubourg. Louis XIII avait commencé à se préoccuper du sort des vieux soldats en achetant et en faisant agrandir pour eux le château de Bicêtre ; Louis XIV va faire de l'institution l'un des éléments de sa gloire. Les Invalides, initiés en 1670 par Libéral Bruant en ce lieu si salubre qu'aèrent les vents du sud et de l'ouest avant qu'ils aient passé par la ville, sont achevés sept ans plus tard, même si l'église, sur les dessins de Jules Hardouin-Mansart, attend 1706 pour se voir dédiée.

▽ *118, rue du Bac, hôtel à loyer du séminaire des Missions étrangères, de la toute fin du règne de Louis XIV.*

89. Voir les chapitres Sentier, p. 250 et Marais p. 397.

Le nouveau pont Royal facilite la circulation entre les deux rives, et deux cents mètres de quai (auj. Anatole-France) sont construits à l'ouest de la rue du Bac sous le nom d'Orsay, prévôt des marchands. Les édits royaux de 1702 délimitent deux nouveaux quartiers, de part et d'autre de la rue de Sèvres : celui du Luxembourg et celui de Saint-Germain-des-Prés. Les constructions dépassent bientôt l'ex-domaine de la reine Margot pour s'étendre, vers le sud, jusqu'à la rue de Sèvres et, vers l'ouest, en direction des Invalides. De 1704 à 1720, l'architecte Robert de Cotte abouche à cette esplanade les rues de Grenelle, de l'Université et Saint-Dominique. À cette date, la moitié de la noblesse recensée dans l'*Almanach royal* habite le faubourg Saint-Germain ; en 1750, c'en sera soixante pour cent, faisant du Faubourg cette réalité plus sociologique et politique que strictement topographique, où Proust[90] verra encore quelque chose d'aussi mystérieux que l'Eucharistie.

« L'air y est infiniment plus pur et plus sain qu'ailleurs ; la plupart des maisons sont séparées par des jardins qui les rendent extrêmement riantes, et elles sont bâties presque toutes sur un terrain neuf », assure Brice, en 1752, du Faubourg, « asile éloigné du bruit et de l'embarras que le commerce et les gens d'affaires traînent toujours à leur suite ».

Le Faubourg de Voltaire

Le Faubourg du XVIIIe siècle est, du même coup, le Faubourg de Voltaire. Il a loué, en 1723, l'hôtel de Bragelonne, au coin de la rue de Beaune et du quai des Théatins, et il y est resté un an. Il reviendra y mourir. Il se souviendra alors que, le 20 mars 1730, après qu'il eut fermé les yeux d'Adrienne Lecouvreur, on avait dû placer le corps dans un fiacre et, clandestinement, aller l'ensevelir au débouché de la rue de Bourgogne (auj. Aristide-Briand), au-dessus de ce port de la Grenouillère où s'arrê-

▷ *L'hôtel de Bragelonne, 27, quai Voltaire, acheté par le marquis de Villette, époux de la « belle et bonne » du philosophe.*

90. Voir le chapitre Champs-Élysées, p. 60-61.

taient les trains de bois destinés à l'approvisionnement de Paris, dans un chantier qu'on savait, hélas, souvent battu par les grandes eaux de la Seine. Il aurait beau écrire ensuite dans son *Ode sur la mort de Mlle Lecouvreur* :

« Non, ces bords désormais ne seront plus profanes ;
Ils contiennent ta cendre ; et ce triste tombeau,
Honoré par nos chants, consacré par tes mânes,
Est pour nous un temple nouveau ! », l'horreur de cet enterrement à la sauvette resterait vive.

Quand une fontaine est donnée au nouveau quartier, quand Bouchardon copie pour elle la disposition du collège des Quatre-Nations et réussit, malgré l'étroitesse de la rue de Grenelle et l'absence d'alignement, à en placer l'incurvation entre deux portes cochères qu'il y intègre, Voltaire fait part de sa déception au comte de Caylus : « Qu'est-ce qu'une fontaine adossée à un mur dans une rue et cachée à moitié par une maison ? Qu'est-ce qu'une fontaine qui n'aura que deux robinets où les porteurs d'eau vont remplir leurs seaux ? Ce n'est pas ainsi qu'on a construit les fontaines dont Rome est embellie. Nous avons bien de la peine de nous tirer du goût mesquin et grossier. Il faut que les fontaines soient élevées dans des places publiques et que ces beaux monuments soient vus de toutes parts ».

Mme de Tencin, « religieuse défroquée » et reine de l'agiotage, dont l'avait séparé un mur de la Bastille[91], passe, après cette jeunesse orageuse, une vieillesse honorée au 75, rue de Lille. Mme du Deffand tient durant vingt-cinq ans son salon au couvent des filles de Saint-Joseph de la rue Saint-Dominique, théoriquement consacré aux orphelins pauvres. De là, elle écrit à Voltaire : « Savez-vous, Monsieur, ce qui me prouve le plus la supériorité de votre esprit et ce qui fait que je vous trouve un grand philosophe ? C'est que vous êtes devenu riche. Tous ceux qui disent qu'on peut être heureux ou libre dans la pauvreté sont des menteurs, des fous ou des sots ».

Le 10 février 1778, Voltaire rentre à Paris, après vingt-cinq ans d'absence, chez le marquis de Villette, admirateur fétichiste et quasi-gendre, qui a racheté l'hôtel de Bragelongne qu'il avait habité cinquante-cinq ans plus tôt. « Non, l'apparition d'un revenant, celle d'un prophète, d'un apôtre, n'aurait pas causé plus de surprise et d'admiration que l'arrivée de M. de Voltaire », écrit alors la *Correspondance littéraire*. « Ce nouveau prodige a suspendu quelques moments tout autre

△ ***La fontaine des Quatre-Saisons, 57, rue de Grenelle. Voltaire l'aurait aimée sur une place, comme la fontaine de Trevi à Rome.***

▽ ***Salon de l'hôtel de Villette, 27, quai Voltaire. Benjamin Franklin vint y faire bénir par Voltaire son petit-fils.***

91. Voir le chapitre Bastille, p. 424.

intérêt. L'orgueil encyclopédique a paru diminué de moitié, la Sorbonne a frémi, le Parlement a gardé le silence, toute la littérature s'est émue, tout Paris s'est empressé de voler aux pieds de l'idole, et jamais le héros de notre siècle n'eût joui de sa gloire avec plus d'éclat si la cour l'avait honoré d'un regard plus favorable ou seulement moins indifférent. »

Tout Paris, tout Versailles défilent 27, quai des Théatins, dans le salon demeuré pour nous en l'état hormis le plafond, repeint, avec ses colonnes et pilastres à cannelures, ses chapiteaux ioniques, sa corniche à modillons, ses dessus-de-porte et ses bas-reliefs : Gluck, le musicien ; la duchesse Yolande de Polignac, représentant la reine Marie-Antoinette ; Mme Necker, l'épouse du grand argentier du royaume ; Mme du Barry, la dernière favorite du feu roi Louis XV ; Diderot, d'Alembert et les Encyclopédistes ; Beaumarchais ; la vieille marquise du Deffand ; la « chevalière d'Éon... avec ses cinquante ans, ses jure-dieu, son brûle-gueule et sa perruque » ; sans oublier Benjamin Franklin, l'Américain, « l'inventeur de l'électricité », comme l'appelle Voltaire.

« En 1778, symboles vivants des Lumières, ils sont entrés dans la légende, écrit René Pomeau. On attendait leur rencontre, celle de deux mondes, l'ancien et le nouveau, commu-

△ Sur le plan Maire de 1808, l'hôtel « impérial » des Invalides ne l'est pas, bien sûr, de contenir déjà le tombeau de l'Empereur.
DR

niant dans le même idéal, et de deux hommes unis par des affinités évidentes. » Franklin lui a amené son petit-fils, et demandé pour lui une bénédiction. « Le vieillard la lui a donnée en présence de vingt personnes par ces mots : Dieu et Liberté », en anglais d'abord, en français ensuite. L'Église fait également le siège du lieu, en la personne de l'abbé Gaultier, un ancien jésuite, qui parviendra à obtenir une rétractation dont il se contente pour donner l'absolution : « Je meurs en adorant Dieu, en aimant mes amis, en ne haïssant pas mes ennemis et en détestant la superstition ». Mais Voltaire refuse de communier, prétextant qu'il crache continuellement du sang et qu'il « faut bien se garder de mêler celui du Bon Dieu avec le sien ». À en croire le marquis de Villette, Voltaire aurait conclu pour l'abbé de Tersac, curé de Saint-Sulpice : « Vous avez raison, Monsieur le Curé, il faut rentrer dans le giron de l'Église, il faut mourir dans la religion de son père et de son pays : si j'étais aux bords du Gange, je voudrais expirer ayant une queue de vache à la main ». Si bien que quand Voltaire meurt, le 30 mai, de peur que son corps ne soit jeté à la voirie, on l'emmène secrètement en carrosse jusqu'à une abbaye voisine de Troyes où l'inhume un neveu.

◁ *78, rue de Lille, la résidence de l'ambassadeur d'Allemagne après avoir été celle d'Eugène de Beauharnais, beau-fils de Napoléon.*

△ *La façade sur jardin de l'hôtel de Lassay, que Louis Joseph, prince de Condé, revendit à la nation en 1827.*

◁ L'Hôtel de Salm en construction, *vers 1786 (anonyme). Le spectacle que Thomas Jefferson vint, presque chaque jour, voir depuis les Tuileries.*
© PMVP/Toumazet

Le Faubourg vu des Tuileries

L'hôtel que la duchesse douairière de Bourbon s'est fait bâtir, dans les années 1720, par trois artistes, dont Jacques Gabriel, passe pour l'un des plus beaux d'Europe. Louis XV tient si fort à la vue qu'il en a depuis ses Tuileries qu'il le rachètera, en 1756, de crainte que le fils de la duchesse ne l'altère. Le petit-fils, Louis Joseph, prince de Condé, auquel l'hôtel a été rétrocédé, a la sagesse de faire réaliser ses transformations sur l'autre façade : Pajou et Coustou y sculptent sur son char un Apollon dont les coursiers sont retenus par les Génies des saisons. Quant aux aménagements sophistiqués, comme ce salon, dont une machinerie, dans l'hôtel de Lassay qu'il a réuni au sien, peut d'un déclic masquer toutes les fenêtres de miroirs de même forme en ne laissant plus le jour pénétrer que par la coupole, ils ne sont pas visibles de la terrasse royale.

Condé ayant finalement opté pour ce séjour unique au détriment de son hôtel du Luxembourg, Louis XVI l'autorise à faire tracer devant son entrée une place semi-circulaire, celle du Palais-Bourbon, dont les années

92. Voir le chapitre Tuileries, p. 99.

modifieront plus tard l'aspect. Sous ce même règne, l'ambassadeur et futur président des États-Unis, Thomas Jefferson, se rend tous les jours aux Tuileries, essentiellement pour en observer, sur l'autre rive, la construction de cet hôtel de Salm[92], dessiné par Pierre II Rousseau, qui l'enchante. Il s'en inspirera pour sa propre maison de Monticello, en Virginie.

Louis XVI a été ramené de force aux Tuileries quand, en face, le nom de Voltaire est attribué au quai des Théatins, le 4 mai 1791. Le roi n'est plus qu'en sursis, après la fuite de Varennes, quand, le 12 juillet, le convoi qui conduit au Panthéon les cendres du grand homme s'arrête devant le 27, quai Voltaire. Sur l'estrade adossée à la maison : cette « belle et bonne » dont Voltaire avait fait la dame de compagnie de sa nièce, Mme Denis, et qu'avait épousée le marquis de Villette, les filles de Jean Calas, mort sur la roue victime de l'intolérance, qu'il avait su faire réhabiliter, et une rangée de femmes couronnées de roses, vêtues de costumes grecs, tenant dans leurs mains des guirlandes de feuilles de chêne.

L'ambassade de Suède emménage en 1797 dans l'hôtel palladien de Salm. Germaine, la fille de Necker, est, depuis une douzaine d'années, l'épouse de l'ambassadeur, baron de Staël-Holstein. Le couple a tenu salon dans son hôtel de l'actuel 94, rue du Bac, y recevant La Fayette, Condorcet, Talleyrand. Si celui-ci a été nommé aux Relations extérieures, Mme de Staël, manœuvrant auprès de Barras, n'y est pas pour peu.

Quand Talleyrand donne à l'hôtel de Galliffet, son ministère, une fête grandiose en l'honneur de Bonaparte, retour, le 3 janvier 1798, de la campagne d'Italie, les Staël y sont évidemment. Mme Tallien porte là une robe

▽ *L'hôtel de Galliffet, 73, rue de Grenelle, façade sur jardin. Le ministère où Talleyrand fêta Bonaparte retour d'Italie.*

de crêpe blanc garnie de rubans bordés de gaze rose lamée d'argent. Ses cheveux courts et frisés, à la Titus, sont couronnés d'une guirlande de feuilles de chêne à glands d'argent, mais Mme de Staël ne s'intéresse qu'au héros du jour : Bonaparte. Il se montre glacial, elle ne le lui pardonnera pas.

Dans leur nouvel hôtel du 102, rue de Grenelle, moins coûteux que celui de la rue du Bac, Mme de Staël a renoncé à voir dans le Premier consul un restaurateur possible de la République. Elle s'y consacre à écrire *De la littérature considérée dans ses rapports avec les institutions* : à société nouvelle, littérature nouvelle ; les lettres trouveront leur régénération et dans les mœurs républicaines et en s'ouvrant aux influences européennes.

Un ingénieur des ponts et chaussées, Philippe Lebon, soucieux de démontrer en vraie grandeur que l'on peut « faire servir à l'éclairage les gaz qui se produisent pendant la combustion des bois », loue, en 1801, l'hôtel que Boffrand avait construit en 1718 pour Jean-Baptiste Colbert, le neveu, marquis de Seignelay, au 45, rue Saint-Dominique. Il y éclaire et chauffe au gaz appartements, cours et jardins. Parmi les visiteurs de la maison témoin, un Tchèque nommé Winzler que l'on retrouvera, sous le pseudonyme anglais de Winsor, à la tête de la première compagnie d'éclairage public, rue de l'Odéon.

▷ *102, rue de Grenelle, Mme de Staël écrivit ici* De la littérature, *ultimatum adressé au Premier consul comme son titre ne l'indique pas.*

En 1803, l'hôtel de Seignelay échoit au prince Eugène de Beauharnais, beau-fils de l'Empereur, qui le remanie de fond en comble, architecturalement et pas seulement du point de vue du confort domestique. Dans l'hôtel du fils adoptif de Napoléon, la Prusse installe sa légation après Waterloo, l'Allemagne unifiée son ambassade après la défaite de Napoléon III.

Mais nous n'en sommes encore qu'à la chute de l'aigle. Quand la Restauration rend à Louis Joseph, prince de Condé, qui commanda l'armée des émigrés, son palais Bourbon, il le retrouve « flanqué d'une façade sur le derrière[93] et peuplé par des roturiers qui prétendent représenter le pays », comme l'écrit plaisamment La Bédollière. Bon prince, Condé accepte de le leur laisser en location. Mais la représentation nationale, fût-elle très déformée, à la merci, non seulement d'une dissolution, mais d'un congé donné par le propriétaire, c'était beaucoup : en 1827, l'État se portait acquéreur des lieux.

Dans une maison du fond de la cour, derrière la fontaine des Quatre-Saisons, le jeune Musset donnait lecture de ses *Contes d'Espagne et d'Italie*. Le

93. Voir le chapitre Concorde, p. 50.

romantisme balayait la Restauration. C'est cette même cour que Musset traversait, cette porte de l'arc de Bouchardon qu'il franchissait pour partir avec George Sand à Venise.
Le 15 décembre 1840, par un froid sibérien, le corps de Napoléon, ramené de Sainte-Hélène, était déposé sous le dôme des Invalides.

Le Faubourg de Marx

Sous Juillet, le 38, rue Vaneau est terre allemande : German Mäurer, l'un des dirigeants d'une société secrète de socialistes en exil, la Ligue des Justes, composée pour deux tiers de tailleurs et pour un tiers d'ébénistes, y est rejoint, en octobre 1843, par les Marx, le couple Ruge et la famille du poète Herwegh. Avec Arnold Ruge, Karl Marx monte une revue domiciliée au n° 22 de la même rue : des *Annales franco-allemandes* qui, dans leur numéro double de février 1844, publient sa *Contribution à la critique de la philosophie du droit de Hegel*, et sa *Question juive*.
Le 1er mai, Jenny, sa première fille, qu'il appellera toujours « Jennychen », naît dans cette maison. Le 11 août, Marx écrit à Feuerbach que son *Essence du christianisme* est en traduction à Paris, et se réjouit de ce que « l'irréligiosité a pénétré dans le prolétariat français ». « Il aurait fallu, ajoute-t-il, que vous ayez pu assister à une des réunions des ouvriers français pour pouvoir croire à la fraîcheur primesautière, à la noblesse qui émane de ces hommes harassés de travail. » Le 26, Engels arrive à Paris, venant de Manchester, découvre Marx qu'il n'a fait que croiser un an et demi plus tôt à Cologne. C'est ici que naît leur amitié, qui se concrétise aussitôt par un livre à deux mains : *La Sainte Famille*.
Dans un café du quai Voltaire (au pied de la maison de d'Artagnan ? au pied de celle de Voltaire ?), se réunissent presque tous les soirs, autour d'eux, Ewerbeck, un autre chef de la Ligue des Justes, Guerrier (probable pseudonyme d'Hermann Kriege), traducteur des œuvres de Feuerbach, un médecin de marine français, etc., jusqu'à ce que, le 11 janvier 1845, Karl Marx se voie expulser en direction de la Belgique.
Arnold Ruge, qui a vu Flora Tristan dans son « salon » du 89, rue du Bac, au coin de la rue de Varenne, raconte dans les *Annales franco-allemandes*, à propos de l'internationaliste auteur de *L'Unité ouvrière*, que « sa grande taille et la noblesse de ses traits animés par des yeux noirs et ardents rendaient ses paroles doublement efficaces ».

◁ 38, rue Vaneau, les fenêtres de Marx donnaient sur les jardins d'Adélaïde d'Orléans, sœur de Louis-Philippe, aujourd'hui ceux de l'hôtel Matignon.

▷ Mme Récamier à l'Abbaye-aux-Bois, *de F.-L. Dejuinne. « La chambre à coucher était ornée d'une bibliothèque, d'une harpe, d'un piano » (Chateaubriand).*

À l'Abbaye-aux-Bois, Chateaubriand vient chaque jour depuis la rue du Bac, où il habite, voir Mme Récamier, parmi « une foule d'autres défenseurs du trône et de l'autel, philosophes chrétiens, littérateurs bien-pensants et bas-bleus », juge La Bédollière. Le ton est tout aussi légitimiste et ultramontain chez la cousine de Joseph de Maistre dont Barbey d'Aurevilly, dans *Les Diaboliques*, dépeint le salon comme celui de la baronne de Mascranny. « On était rangé en cercle et on dessinait, dans la pénombre crépusculaire du salon, comme une guirlande d'hommes et de femmes, dans des poses diverses, négligemment attentives. C'était une espèce de bracelet vivant dont la maîtresse de la maison, avec son profil égyptien, et le lit de repos sur lequel elle est éternellement couchée, comme Cléopâtre, formait l'agrafe. Une croisée ouverte laissait voir un pan du ciel et le balcon où se tenaient quelques personnes. Et l'air était si pur et le quai d'Orsay si profondément silencieux, à ce moment-là, qu'elles ne perdaient pas une syllabe de la voix qu'on entendait dans le salon, malgré les draperies en vénitienne de la fenêtre, qui devaient amortir cette voix sonore et en retenir les ondulations dans leurs plis. »

Une nouvelle salle, destinée à mieux accueillir les députés, a été construite en 1832 au Palais-Bourbon, devant lequel le pont de la Concorde a été garni par la Restauration de statues qu'enlève la monarchie de Juillet.

▷ *La bibliothèque du Palais-Bourbon décorée, en 1844, de scènes classiques et bibliques par Eugène Delacroix.*

Delacroix en décore la bibliothèque et le salon dit de la Paix. En 1848, avec le suffrage universel, la nouvelle salle se retrouve trop petite pour les élus, qui doivent siéger dans un hémicycle de bois construit hâtivement dans la cour d'honneur. Mais c'est côté Seine, du haut des marches que nous connaissons, au-dessus des statues de Sully et Colbert, des chanceliers de L'Hospital et d'Aguesseau, que les représentants acclament dix-sept fois de suite la République.

Celle-ci, par la voix de Ferdinand Flocon, invite le « brave et vaillant » citoyen Marx à retrouver Paris. Le 5 mars 1848, Marx et Engels arrivent au 23, rue de Lille. Dès le 11, Marx est élu président du comité central de la nouvelle Ligue des communistes. L'Assemblée nationale constituante, nouvellement élue, commence par exclure du pouvoir exécutif Louis Blanc et l'ouvrier Albert. Le 15 mai, le peuple s'ébranle, passe devant le Café d'Orsay, au coin de la rue du Bac, depuis l'entresol duquel George Sand le harangue, et, par ces mêmes marches où la République a été acclamée, il envahit l'Assemblée nationale.

Le coup d'État de Louis Napoléon, plutôt que d'agrandir la salle, a réduit le Corps législatif, qui est à nouveau à l'aise dans les vieux locaux du Palais-Bourbon dont on détruit l'hémicycle de bois.

Le Faubourg du Bon Marché

Au ministère des Affaires étrangères, construit en rognant sur les jardins du Palais-Bourbon, est signé, le 30 mars 1856, le traité de Paris qui entérine la victoire de Crimée.

Aristide Boucicaut, vendeur puis chef de rayon pour les châles au Petit-Saint-Thomas de la rue du Bac, pressent le grand boom économique du Second Empire. Le 9 septembre 1869 est posée la première pierre du premier grand magasin parisien, le sien. L'architecte Louis Charles Boileau et l'ingénieur Gustave Eiffel doivent, de fer (qui permet les larges baies) et de verre (pour laisser passer la lumière naturelle), le construire. Le baron Haussmann lui fournira sa clientèle en enrichissant la bourgeoisie. Prix fixes affichés, vente par correspondance et envoi franco de port, expositions temporaires et soldes – ceux du blanc n'ont pas cessé de faire événement dans le quartier –, relations publiques et publicité, le commerce moderne est né.

Les allées des Champs-Élysées maintenant encombrées de constructions, à commencer par le Palais de l'Industrie, l'esplanade des Invalides, cédée à la Ville en 1853, prend leur relais : les mâts de cocagne, les théâtres en plein air, les pantomimes, les baraques de saltimbanques y fleurissent.

◁ La révolution de février 1848 ramena, dès le 5 mars, Marx et Engels 23, rue de Lille.

▷ *La façade de l'église Saint-Thomas-d'Aquin, dessinée par un dominicain du couvent nommé le Frère Claude, est de 1766.*

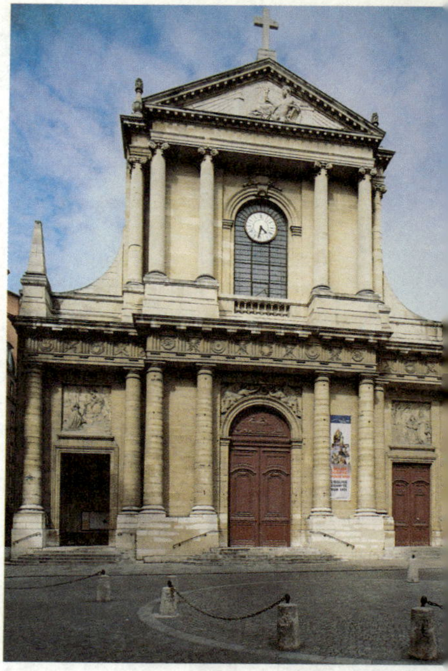

Les grands noms et les grandes fortunes se marient à Saint-Thomas-d'Aquin, l'église des dominicains dessinée par Pierre Bullet, devenue celle de la paroisse à la Révolution.
L'ambassade d'Autriche a laissé à l'archevêché l'hôtel du Châtelet, l'une des plus belles constructions particulières de la fin du règne de Louis XV, et Pauline de Metternich, 22 ans, se lance à la conquête de la capitale depuis l'hôtel Conti ou de Rothelin. C'est Pauline qui met à la mode de recevoir à minuit, après le théâtre, elle qui, à l'occasion de l'Exposition universelle de 1867, fait venir à Paris Johann Strauss. Un grand bal est donné à l'ambassade, qu'on a fait décorer par Alphand, en l'honneur du couple impérial ; *Le Beau Danube bleu*, créé dans l'indifférence à Vienne en février, y commence une carrière qui ne s'arrêtera plus. L'ambassade de Bavière, à l'hôtel de Martignac ou de Lamoignon tout proche, aurait du mal à ne pas être en reste.
Le samedi, grimpent chez Leconte de Lisle à la file indienne, par un étroit escalier, des gens qui, hormis Banville, sont de vingt ans ses cadets : Paul Verlaine, Léon Dierx, José Maria de Heredia, Catulle Mendès, Anatole France, parfois Mallarmé. Au 8, boulevard des Invalides, se rappelle Louis-Xavier de Ricard[94], dans un bâtiment détruit en 1870 par la guerre, « c'était le maître lui-même, généralement, qui ouvrait, emplissant la porte de sa massive carrure, son monocle à l'œil, et tempérant d'un sourire de bienvenue la menace d'ironie, toujours vibrante à ses lèvres tendues en arc sur leurs deux commissures. Deux pièces, petites et d'un modeste ameublement, étaient livrées aux poètes. Dans la première se tenait Mme Leconte de Lisle, d'aimable accueil et gracieuse, un peu frêle, blottie en une attitude presque nostalgique de créole en ce coin de canapé où elle se plaisait, avec l'air distrait, sinon effarouché, d'un oiseau des îles, qui voudrait bien qu'on le laissât rêver aux fleurs et aux fruits de là-bas ».
Edmond de Goncourt qui, le dimanche 9 mai 1875, déniche Barbey d'Aurevilly dans un deux-pièces du 25, rue Rousselet, décrit la vie ordinaire qui existe ici dans les interstices des grandes propriétés. « Une singulière rue dans un original quartier que ce coin de Paris, où Barbey d'Aurevilly est gîté. Cette rue Rousselet, dans ces lointains perdus de la rue de Sèvres, a le caractère d'une banlieue de petite ville, dans laquelle le voisinage de l'École militaire met quelque chose de soldatesque. Sur les portes,

94. Voir le chapitre Batignolles, p. 166.

des concierges balayent avec des calottes de turcos. Dans des boutiques d'imageries, sont seulement exposées des feuilles à un sol, représentant tous les costumes de l'armée française. Une échoppe primitive de barbier, dont la profession est écrite à l'encre sur le crépi du mur, fait appel aux mentons de messieurs les militaires. Là, les maisons ont l'entrée des maisons de village, et, au-dessus de hauts murs, passent les ombrages denses de jardins et de parcs de communautés religieuses. Dans une maison qui a l'air d'une vacherie – la vacherie habitée par le colonel Chabert, du roman de Balzac –, je m'adresse à une sorte de paysanne, qui est la portière de Barbey. Tout d'abord, elle me dit qu'il n'y est pas. Je connais la consigne. Je bataille. Enfin elle se décide à monter ma carte, et me jette, en redescendant : "Au premier, le n° 4 dans le corridor". »

Le 31 mars 1882, son secrétaire annonce à Mme Aristide Boucicaut la visite d'Émile Zola, « le célèbre écrivain naturaliste », désireux de se documenter au Bon Marché en vue d'écrire un roman sur les magasins de nouveautés. À la fin des travaux, en 1887, le Bon Marché couvrira une superficie de cinquante-deux mille huit cents mètres carrés. Il sera encore agrandi en 1923, par le fils de Louis Charles Boileau, également architecte de l'Hôtel Lutétia.

« La Pagode » est construite, ou plutôt reconstruite, en 1895. L'Orient étant à la mode, M. Morin, directeur du Bon Marché, l'a fait venir du Japon et remonter pièce par pièce dans ses jardins de la rue de Babylone : c'est un cadeau pour son épouse. On y donne ensuite des réceptions qui valent celles de la vieille aristocratie.

△ *La Pagode, rue de Babylone, où s'apaise* L'Angoisse du roi Salomon, *d'Émile Ajar.*

◁ *L'Hôtel Lutétia, refuge des exilés antinazis, siège de l'Abwehr pendant l'Occupation, centre d'accueil des rescapés de la déportation.*

▷ *Les jardins de l'hôtel Matignon. Le plus grand parc privé de Paris pour ce qui est, depuis 1935, la résidence du Premier ministre.*

Le Faubourg de Proust

Avant 1914, rien n'est changé encore. C'est à l'hôtel Matignon, habité par Talleyrand en 1810, remanié par Brongniart, qu'est installée maintenant l'ambassade d'Autriche. Au cours des garden-parties de printemps, dans l'immense parc qui s'étend jusqu'à la rue de Babylone, des femmes en traînes de dentelle, en immenses chapeaux de fleurs, d'aigrettes et de plumes, portant ombrelle malgré tout au bout de leurs longs gants de suède, entourent des hommes en jaquette et haut-de-forme noir ou gris.

L'hôtel que Brongniart a construit pour la princesse de Monaco, où le banquier William Hope s'est ruiné en transformations pendant la monarchie de Juillet, a été racheté par le baron Achille Seillière, donné à sa fille, princesse de Sagan, mariée à Boson de Talleyrand-Périgord. La guerre de 1870, la Commune ont à peine suspendu ses fêtes fastueuses. En 1880, en costume d'Esther, elle accueillait mille cinq cents invités ; en 1884, elle donnait le bal des Paysans, l'année suivante, le bal des Bêtes où elle était déguisée en paon.

« Est-ce que ce n'est pas assez faux chic, assez snob à côté, ces Sagan ?, demande Bloch dans *Le Côté de Guermantes*.

– Mais pas du tout, c'est ce que nous faisons de mieux dans le genre, répondit M. d'Argencourt qui avait adopté toutes les plaisanteries parisiennes.

– Alors, dit Bloch à demi ironiquement, c'est ce qu'on appelle une des solennités, des grandes *assises mondaines* de la saison !

Mme de Villeparisis dit gaiement à Mme de Guermantes :

« Voyons, est-ce une grande solennité mondaine, le bal de Mme de Sagan ?

– Ce n'est pas à moi qu'il faut demander cela, lui répondit ironiquement la duchesse, je ne suis pas encore arrivée à savoir ce que c'était qu'une solennité mondaine. »

Proust est aux mardis de la princesse de Léon, plus tard duchesse de Rohan quand son époux hérite du titre à la mort de son père. Pendant toute la saison, elle donne chaque mardi, au 35, boulevard des Invalides, un dîner d'une quarantaine de couverts avant la réception de vingt-deux heures trente. Les valets de pied sont en habit à la française, écarlate à galons d'or, manchettes de dentelle, jabot, culotte de panne cerise, bas de soie blancs, escarpins à boucle, cheveux poudrés ; les maîtres d'hôtel en vert bronze soutaché de soie noire.

Le jeudi à dix-sept heures, la princesse donne un thé poétique où la société est plus mêlée, les poètes ne possédant pas forcément tous quatre quartiers de noblesse. Ses bals costumés étaient célèbres. Pour le narrateur de *Swann*, ils gardaient une connotation tragique, parce que c'était la fois où on les évoquait à dîner qu'il n'avait pas eu droit au baiser maternel du soir : « Je repensai alors à ce dîner où j'étais si triste parce que maman ne devait pas monter dans ma chambre et où [Swann] avait dit que les bals chez la princesse de Léon n'avaient aucune importance ».

À l'ambassade de Russie, sise dans le grand hôtel d'Estrées construit par Robert de Cotte en 1713, le luxe est oriental. Le tsar et la tsarine y ont résidé en octobre 1896, laissant dans toutes les rues alentour le souvenir de leurs cortèges magnifiques. À la porte cochère du 79, rue de Grenelle, deux géants de l'Oural sont en faction, avec bicornes à glands et longs manteaux blancs soutachés d'or. Ils frappent les dalles de leurs hallebardes à l'entrée des voitures. Un train spécial a transporté d'Arkhangelsk le caviar et les gélinottes de Norvège qui seront servis dans de la vaisselle d'or. Orchidées et lys pourprés, en surtout, sont arrivés des serres de Crimée par la valise diplomatique.

La vapeur ne sert pas qu'à véhiculer le caviar. Paris s'émeut, en 1893, du projet de la Compagnie du chemin de fer de l'Ouest de faire arriver les trains de Bretagne sur l'esplanade des Invalides. La gare sera finalement assez discrète, reliée à Saint-Lazare par un viaduc et la Ceinture, aux grandes lignes de Montparnasse par Issy-les-Moulineaux et Versailles.

La nouvelle gare d'Orléans, qui n'a à remplacer qu'une caserne de cavalerie et des ruines, suscite moins d'émotion, encore que ces ruines, celles de la Cour des comptes, laissées en l'état depuis la Commune, aient pris l'aspect d'un tableau d'Hubert Robert, doublé d'un parc naturel à la flore et à la faune particulièrement riches. Les voies y auront pour butoir un Hôtel Palais-d'Orsay, de plus de trois cents chambres.

△ Le musée d'Orsay, dans l'ancienne gare d'Orléans, remplaçant elle-même la Cour des comptes.

◁ La gare des Invalides, bien dissimulée dans ce qui imitait une orangerie de château, jusqu'à l'apparition de l'enseigne aérienne.

▽ *41, rue de Lille, la Maison des Dames des PTT, ou le repos des standardistes.*

En face, une société de bienfaisance présidée par Jules Siegfried, que seconde le chocolatier Gaston Menier, ouvre une Maison des dames des PTT, en l'occurrence des seules standardistes, dont beaucoup viennent de province, qui compte trois fois moins de chambres. C'est modestement aussi que le peintre américain Edward Hopper séjourne au faubourg des fastes, en 1906, au 48, rue de Lille, empruntant un escalier qui n'a rien que d'utilitaire et que nous conserve le Whitney Museum of American Art de New York. Le boulevard Raspail, qui hachurait la rive gauche depuis 1866, rase ses derniers hôtels en 1907 comme dans un quartier ordinaire.

Le Faubourg des arts

Du couvent des Oiseaux, vendu au printemps de 1908, l'Académie Matisse[95] arrive au couvent du Sacré-Cœur avec son Apollon grec, ses Scandinaves et ses Américains. L'hôtel Biron, que s'était fait construire, à l'angle de la rue de Varenne et du boulevard des Invalides, un enrichi du système de Law, était aux dames de la congrégation jusqu'à la séparation des Églises et de l'État. Matisse s'y installe avec sa famille au moment où il répond aux impressionnistes : « Ce que je poursuis par-dessus tout, c'est l'expression ». Ses corrections s'espacent ici. Elles deviennent plus difficiles encore quand il va habiter Issy-les-Moulineaux, mais il les maintiendra tout de même à un rythme à peu près bimensuel jusqu'à l'été de 1911. Rodin est arrivé dans une autre partie des locaux en même temps que lui, et il y travaillera jusqu'à sa mort, en 1917. Vers 1920, la couturière Jeanne Lanvin, dont les robes donnent aux jeunes filles « un air de fantaisie poétique qui les apparente à celles de Francis Jammes et de Marie Laurencin », à en croire Louise de Vilmorin, achète pour sa fille chérie un pavillon de la rue Barbet-de-Jouy que laisse la « Marquise rouge » Arconati-Visconti, salonnière dreyfusarde, républicaine et athée. Elle fait construire pour elle-même au n° 16, à côté, une annexe que décore Armand Rateau : dans sa chambre, des tableaux qui, s'ils sont signés Renoir, Bonnard, Vuillard, etc., ont tous en commun de représenter des ateliers de modiste, le décor de ses débuts. Son grand salon est un musée de quatre cents œuvres, toutes à sujet féminin, et le lieu des défilés annuels de sa maison.

Le 11 octobre 1924, s'ouvre au 15, rue de Grenelle, dans l'hôtel de Bérulle, dont la façade en demi-cercle devait en 1776 faciliter le ballet des carrosses, un « Bureau de recherches surréalistes ». Le père banquier de Pierre Naville a permis que s'installe cette permanence qu'assurent deux membres du groupe chaque après-midi, derrière des volumes de *Fantômas* dans lesquels sont plantées des fourchettes, afin de préparer la sortie de leur nouvelle revue : *La Révolution surréaliste*.

Dans la salle à manger de trois cents couverts de l'Hôtel Palais-d'Orsay, éclairée de sept grandes baies d'où l'on aperçoit la Seine, la Concorde et les Champs-Élysées, un paravent de noyer et de miroirs sépare le restaurant de la table d'hôte sous les peintures illustrant les saisons et les

95. Voir le chapitre Vaugirard, p. 584.

◁ *Huit mois de recherches surréalistes eurent pour cadre le rez-de-chaussée de l'hôtel de Bérulle, 15, rue de Grenelle, bâti vers 1730 par Brongniart.*

moments du jour. Pourtant, le quartier a déchu, si l'on en prend comme symbole cet hôtel, où séjourne Thomas Mann en 1926 : « C'est le lieu de fête de la bourgeoisie moyenne, à Paris, théâtre d'élection des dîners de mariages, des bals d'associations et autres cérémonies échauffantes. Il s'en déroule au moins une ici, chaque jour. Aux divers paliers, des serviteurs en frac, une chaîne d'or au cou, vous accueillent et vous dirigent. La jeunesse flirte sur les escaliers, et la musique est lamentable ».

Après la guerre de 14-18, l'ambassade de Pologne avait, un temps, restauré à l'hôtel de Monaco le faste de la princesse de Sagan : une haie de valets de pied poudrés en livrée écarlate et culotte de soie noire, des suisses en bicorne à plumes et hallebarde dorée y accueillaient les invités. En 1951, le futur Prix Nobel de littérature, Czeslaw Milosz, qui en était le premier secrétaire, abandonnait son poste et demandait l'asile politique. Tout au long des années 1980, les manifestations de soutien à Solidarnosc entouraient le bâtiment.

Dans les débuts de la Troisième République, « Sciences-Po », ou plutôt « l'École libre » desdites, était fondée dans un vieil hôtel de la rue Saint-Guillaume. La Quatrième République allait mettre l'École nationale d'administration au bout du jardin, rue des Saints-Pères. Il y a un tout petit peu plus loin de l'une à l'autre depuis que l'ENA est passée rue de l'Université, un bâtiment très aquatique, ambassade de Venise puis service du ministère de la Marine, en attendant de donner l'exemple de la décentralisation.

Alors que Pierre Chareau construisait en briques de verre, rue Saint-Guillaume, la maison du docteur Dalsace, La Pagode était devenue un cinéma. Quarante ans plus tard, le mur qui la cachait aux passants tombait, un jardin était aménagé et une salle créée en sous-sol. « Va voir *Eau chaude, Eau frette* à la Pagode, rue de Babylone, ça se donne en ce moment, tu verras qu'il y a encore des possibilités », écrivait Émile Ajar dans son dernier livre, *L'Angoisse du roi Salomon*.

Aujourd'hui, ce sont les gays et les lesbiennes qui manifestent autour de l'ambassade de Pologne contre les discriminations qui ont cours là-bas, et la maison mortuaire de Serge Gainsbourg, au 5 bis, rue de Verneuil, continue de se couvrir d'hommages au graphisme contemporain, au beau milieu d'un « Carré rive gauche » qui, entre le quai Voltaire, les rues des Saints-Pères, de l'Université et du Bac, réunit les plus grands antiquaires parisiens.

▽ *La chambre à coucher du baron Hope, qui remania vers 1840 l'hôtel de Monaco (actuelle ambassade de Pologne), est visible au musée des Arts décoratifs.*

◁ *5 bis, rue de Verneuil, le mur des condoléances sur la maison de Serge Gainsbourg.*

Au Champ-de-Mars pousse la tour Eiffel

Malgré qu'en ait le noble Faubourg, dont les hôtels nous restent connus sous le nom de leurs aristocratiques propriétaires, la toponymie roturière est née à son voisinage : dans le quartier de l'Odéon à la fin du XVIIIe siècle, puis au Champ-de-Mars cent ans plus tard. Autour du théâtre, les rues Corneille, Racine, Molière ou Voltaire marquaient, tout à coup, la promotion des auteurs au détriment des saints, des grands et des corporations ; en lettres d'or sur toute la périphérie de son premier étage, la tour d'Eiffel allait afficher les noms de personnalités des sciences et des techniques, industriels et ingénieurs comme Cail, Gouin, Flachat, Giffard ou Polonceau.

Louis XIV s'était préoccupé des vieux soldats, Louis XV allait remédier au sort des jeunes nobles sans fortune en créant, pour cinq cents d'entre eux, l'École militaire. En 1751, sa construction était confiée à Jacques Ange

▷ *Le Champ-de-Mars de la fête de la Fédération et, aujourd'hui, du football dominical.*

◁ *La tour Eiffel, une attraction foraine, et le symbole d'un Paris capitale industrielle de la France.*

Gabriel, qui passerait de là aux bâtiments de la place de la Concorde avec un égal bonheur. L'institution avait été supprimée quelques années avant 1789. Les bâtiments destinés à remplacer l'Hôtel-Dieu, Brongniart devait leur faire subir les modifications nécessaires. Puis ce fut un quartier de cavalerie, et le Q.G. du général Bonaparte. L'Empereur y logea sa garde, le roi de la Restauration la sienne. Le Second Empire allait l'agrandir.

Un terrain de manœuvres prolongeait naturellement l'école ou la caserne et, jusqu'en 1907, il occupa tout l'espace s'étendant de l'avenue de Suffren à l'avenue de La Bourdonnais. En prévision de la fête de la Fédération qui devait s'y tenir le 14 juillet 1790, de douze à quinze mille ouvriers étaient mis à l'œuvre pour l'aplanir. Il fut bientôt clair qu'ils n'y parviendraient pas. Alors, la population tout entière prit la pelle, toutes classes, tous genres confondus dans un touchant unanimisme et, en vingt jours, cent cinquante mille terrassiers d'occasion étaient venus à bout des préparatifs : un vaste amphithéâtre s'adossait à l'École militaire, devant lequel un talus formait une enceinte ovale ; un pont de bateaux la reliait à l'autre rive.

Le 14 juillet, autant de spectateurs qu'il y avait eu de terrassiers, et même davantage encore, y voyaient arriver en cortège les troupes et les représentants des quatre-vingt-trois départements. L'évêque d'Autun bénissait les drapeaux, La Fayette jurait « d'être à jamais fidèle à la nation, à la loi et au roi... ». Tous criaient avec lui « Je le jure ! », puis se précipitaient pour l'embrasser, si bien que « cette effusion de tendresse, assure Camille Desmoulins, pensa lui coûter la vie : étouffé par les caresses, il était devenu plus blanc que son cheval ».

Le roi, placé sous un dais près de l'École militaire, se leva à son tour et, tendant le bras droit vers l'autel de la patrie, prononça ces paroles : « Moi, roi des Français, je jure à la nation d'employer tout le pouvoir qui m'est délégué par la loi constitutionnelle de l'État à maintenir la Constitution et à faire exécuter les lois ».

Un an plus tard, il avait été arrêté dans sa fuite, à Varennes, et dix mille patrio-

▽ *L'École militaire, devenue un quartier de cavalerie.*

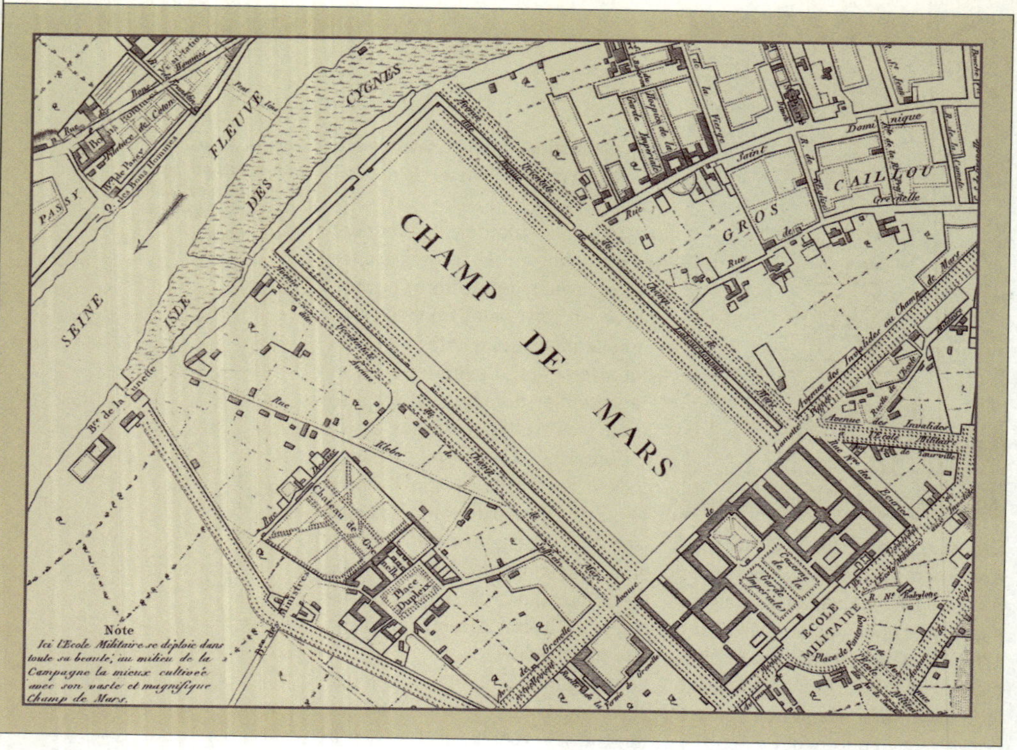

△ *Sur le plan Maire (1808), le château de Grenelle d'où Jacques Ange Gabriel dirigea la construction de l'École militaire.*
DR

▷ **Entrée de l'Exposition universelle de 1889**, *de Jean Béraud. Trente millions de visiteurs l'emprunteront.*
© PMVP/Ladet et © Adagp, Paris 2006

tes signaient ici une pétition pour demander à la Constituante de consulter les départements avant de statuer sur son sort. Comme il n'était pas sûr qu'elle le fît, le Club des cordeliers invita à s'assembler autour de l'autel de la patrie le dimanche 17. En milieu de journée, on y apprenait que la Constituante avait seulement suspendu le roi de ses fonctions royales. Une nouvelle pétition était immédiatement rédigée, en partie par Danton, qui assurait que le roi avait abdiqué de fait et qu'il fallait « recevoir son abdication, et convoquer un nouveau corps constituant pour procéder d'une manière vraiment nationale au remplacement et à l'organisation d'un nouveau pouvoir exécutif ». Alors que la foule signait, la Commune répondait par la loi martiale, et la troupe faisait entre dix et quatre cents victimes. L'unanimisme avait vécu. « L'Assemblée et la garde nationale composaient cette nation moyenne, riche, éclairée et sage, qui voulait l'ordre et les lois », expliquera Thiers, et « avait à combattre la démocratie au-dedans, l'aristocratie au-dehors ».

Le 9 juin 1794 aurait encore lieu ici la fête de l'Être suprême, puis les armées du Directoire y renoueraient avec les triomphes antiques et l'exposition du butin, sinon des captifs. Les 27 et 28 juillet 1798, par exemple, un long cortège de chars, formé au jardin des Plantes, venait faire admirer au Champ-de-Mars les chefs-d'œuvre volés, avant de les conduire en procession jusqu'au Louvre. Une inscription, sur le premier char, assurait qu'ils resteraient nôtres[96], puisqu'à Tolentino, on avait forcé les vaincus d'avaliser l'extorsion par un traité.

Une première exposition des produits de l'industrie nationale se tenait ici dès le 19 septembre 1798, préfiguration des Expositions universelles à venir. Il y aurait encore l'intermède napoléonien, une distribution d'aigles après le couronnement, le 5 décembre 1804, un bivouac aux Cent-Jours, le 2 avril 1815. Après une panique meurtrière, les fossés étaient comblés en 1837 et le Champ-de-Mars se voyait simplement entouré d'un mur de peu de hauteur ; la place était prête.

△ **Serment de l'armée fait à l'Empereur après la distribution des aigles au Champ-de-Mars, 5 décembre 1804,** ***de J. L. David.***

Le puissant phare de la tour Eiffel

Une exposition est universelle de couvrir tous les champs de l'activité humaine, les beaux-arts comme l'industrie. À compter de 1867, seconde du genre, mais première à s'y tenir, une Exposition universelle va, tous les onze ans, jusqu'à la fin du siècle, occuper le Champ-de-Mars ainsi qu'au gré des besoins, l'esplanade des Invalides, les berges de la Seine et la colline de Chaillot. En 1878, la Troisième République, en train de s'affranchir de l'Église, exclut tout signe religieux de l'Exposition. Le clou en est la tête de la statue de la Liberté, de Bartholdi, préfiguration du monument qui doit être offert aux Américains en même temps qu'elle est destinée à amplifier la souscription. Quarante visiteurs à la fois peuvent monter par l'intérieur jusqu'aux ouvertures ménagées entre les pointes du diadème, et dominer, de là, l'ensemble de l'Exposition. Une entreprise parisienne du cuivre, installée rue de Provence puis rue de Chazelles[97], en est l'auteur, à laquelle on doit les flèches de Notre-Dame, de la Sainte-Chapelle et la couverture de l'Opéra, aussi bien que les canalisations amenant à la capitale les eaux de la Vanne et de la Dhuys.

L'Exposition du centenaire de la prise de la Bastille s'ouvre le 6 mai 1889. La société de Gustave Eiffel qui, succédant à Viollet-le-Duc, a fourni l'armature de la statue de la Liberté maintenant installée à l'entrée du port

96. Voir le chapitre Louvre, p. 146.
97. Voir le chapitre Monceau, p. 126.

△ *En lettres d'or sur la tour Eiffel, le florilège de l'industrie : on aperçoit les dernières lettres de Gouin, et les noms de Cail, de Giffard.*

de New York, est responsable d'une tour qui porte son nom, dans la mesure où elle est, non pas un monument commémoratif de commande, mais une attraction construite « à ses risques et périls ». Gustave Eiffel, né à Paris, a débuté à la Compagnie générale de matériel de chemin de fer de Pauwels, à La Chapelle ; sa société, créée en 1867, n'est pas implantée dans un bassin sidérurgique lointain, mais à Levallois. Les éléments de sa tour viennent de là, et le tiers en sera riveté directement sur le chantier par des équipes de quatre ouvriers.

L'industrie parisienne a ainsi fabriqué deux des monuments les plus visités du monde. À compter de 1889, le symbole de Paris n'est plus une cathédrale, un palais, mais un assemblage de poutrelles de fer, non figuratif et sans signification particulière, un objet vide, une pure glorification de l'industrie. Au XVIIe siècle, Versailles avait donné le ton à toutes les cours d'Europe, mais Versailles, justement, n'était pas Paris. Au XVIIIe, les Lumières, traduites ensuite en Révolution, étaient parties d'une Bastille renversée à la conquête du monde, mais c'étaient des idéaux. Au XIXe, Paris règne par la puissance de son industrie, elle est la capitale du fer, même si celui de la tour Eiffel garde quelque chose d'aérien.

Gustave Eiffel a fait graver sur sa tour soixante-douze noms, tous français à l'exception du Suisse Breguet : Gouin, Cail et Giffard, l'homme des injecteurs de machines à vapeur, côté Grenelle ; celui de Flachat, l'ingénieur du pont d'Asnières et de la plupart des réalisations de Gouin, et encore ingénieur-conseil des frères Pereire, côté Trocadéro ; le Polonceau du pont du Carrousel, à moins qu'il ne s'agisse de son fils, inventeur des fermes métalliques éponymes, face à Paris. Les noms des deux cents à deux cent cinquante ouvriers en permanence sur le chantier durant vingt-six mois ne figurent nulle part.

Adossée à l'École militaire, la galerie des Machines, large de quatre cent vingt mètres, est alors la nef sans support intermédiaire la plus large jamais construite. À l'ombre de la tour Eiffel, qui s'étend jusque-là, l'Exposition coloniale occupe, du 8 juin au

8 octobre, l'esplanade des Invalides. En face du Pavillon de la Presse, au Café des Arts, dont Volpini, le directeur, n'a pas encore reçu ses glaces, les toiles du « Groupe Impressionniste et Synthétiste » jouent les bouche-trous. « Au lieu de fenêtres ouvertes sur la nature, comme les tableaux des impressionnistes, c'était des surfaces lourdement décoratives, puissamment coloriées et cernées d'un trait brutal, cloisonnées, car on parlait aussi à ce propos de cloisonnisme et de japonisme », raconte Maurice Denis des toiles de Gauguin, d'Émile Bernard, de Laval, d'Anquetin, de Schuffenecker. Ailleurs, le colonel Cody, dit Buffalo Bill, fait évoluer sa troupe de cow-boys et d'Indiens.

L'électricité permet de repousser l'heure de fermeture à quasiment minuit. Le puissant phare de la tour Eiffel balaie le ciel au-dessus des ponts, jardins et pavillons illuminés. Si l'Expo de 1867 avait accueilli cinquante-deux mille exposants et de onze à quinze millions de visiteurs, celle-ci reçoit le double de ce dernier chiffre ; la suivante en aura cinquante millions entre le 14 avril et le 12 novembre 1900.

De ses cent huit hectares, l'ensemble des colonies françaises occupe encore une bonne partie, avec en particulier un diorama « vivant » de Madagascar. Les pavillons d'Algérie, de Tunisie, de Tahiti y ouvrent un monde au Douanier Rousseau, tandis que Debussy s'émerveille de la musique pentatonique de l'orchestre de gamelan du Village javanais. Le dessinateur Robida a reconstitué le Paris du Moyen Âge. Parmi les attractions : *Looping the loop*, un trottoir roulant qui inspirera à Courteline son *Article 330* donné au Théâtre-Libre et, au 74 de l'avenue de Suffren, une grande roue de cent mètres de diamètre que nous ont conservée des tableaux de Diego Rivera et de Robert Delaunay. Sur son ancien emplacement se trouve maintenant le Village suisse, ses cent cinquante antiquaires, décorateurs et galeristes.

Lors de l'exposition, qui n'est pas universelle, des Arts décoratifs, dans un Champ-de-Mars effrangé au profit d'habitations, dont celle de l'écrivain Paul Morand, la tour Eiffel s'appelle Citroën. Dès le 4 juillet 1925, et de quarante kilomètres à la ronde, vous

◁ L'Équipe de Cardiff, *de Robert Delaunay, vers 1912-1913, où se voit la grande roue du 74 avenue de Suffren, devant la tour Eiffel, derrière un biplan.*

éblouit le nom de la marque automobile, en lettres de vingt mètres de hauteur, faites de deux cent cinquante mille ampoules de six couleurs. L'Exposition universelle, dernière du nom, qu'inaugure le Président Albert Lebrun le 4 mai 1937, rate d'un an le rendez-vous undécimal du Champ-de-Mars. La tour Eiffel se retrouve, cette fois, flanquée des colonnes monumentales de Saint-Raphaël Quinquina, d'un côté, et de l'huile Lesieur, de l'autre, que franchiront encore un peu plus de trente et un millions de personnes.

△ La Manufacture des tabacs de Paris, gravure de Minne d'après une illustration de A. Jahandier (1874).
© akg-images

Le Gros-Caillou, la cape et le tube

Entre l'esplanade des Invalides et le Champ-de-Mars, et avant qu'ils ne fussent tracés, un « gros caillou » servait à délimiter les censives des abbayes de Sainte-Geneviève et de Saint-Germain-des-Prés. Cette borne, dont seule la poudre avait pu venir à bout, était restée l'enseigne d'une maison de débauche. Le Gros-Caillou s'érigeait en paroisse à compter de 1735, autour d'une église Saint-Pierre due à Chalgrin, qui serait refaite à la fin du règne de Louis XVIII.

◁ L'église Saint-Pierre-du-Gros-Caillou. Le calembour dure depuis 1735.

Au bout du quartier, l'île des Cygnes, déjà industrielle, dédiée à l'huile de tripes[98], est rattachée à la terre grâce à d'interminables travaux, de 1773 à 1813, et le quai d'Orsay prolongé à mesure. Sur le terrain gagné s'installent le Dépôt des marbres et ses ateliers, où les sculpteurs exécutent les commandes officielles, le Magasin central des équipements militaires, la Manufacture des tabacs qui, en 1860, assure un gros tiers de la consommation française, tout le reste étant importé. C'est l'une des grandes entreprises parisiennes, avec ses quelque deux mille ouvriers : trois quarts de femmes, un quart d'hommes, quelques dizaines d'enfants. À l'angle de l'avenue Rapp et du Champ-de-Mars, une cartoucherie recouvre plusieurs hectares, emploie cinq cents ouvrières ; elle explose le 17 mai 1871, au lendemain du renversement

98. Voir le chapitre La Seine, p. 17.

de la colonne Vendôme. La cité ouvrière, construite quatre ans plus tôt de l'autre côté de l'avenue, y perd quelques-uns de ses habitants, ensevelis sous les décombres. Des mécaniciens s'ajoutent dans le quartier aux ouvriers des entreprises citées, du fait de la proximité de l'usine Cail, à Chaillot, qu'ils rejoignent par ce pont d'Iéna dont Blücher voulait dynamiter l'insulte en 1814, ou celui de l'Alma, qui célèbre une victoire de l'autre Napoléon.

Un parc d'attractions, Magic-City, a succédé au Magasin militaire. Après la Première Guerre mondiale, un bal annuel, à Mardi-Gras, « Carnaval Interlope » ou « bal des Lopes », est la seule occasion de l'année où le travestissement ne soit pas un délit. Marcel Duhamel y emmène ses copains Prévert et Tanguy en même temps que son premier flirt. « On se montre les célébrités, reconnaissables malgré leur masque – car certains en portent – à leurs manières, leur voix, leur démarche, leur accoutrement. La cape et le tube sont l'uniforme obligatoire de la Gentry Homo », raconte-t-il ; André de Fouquières porte la cape sang de bœuf, Maurice Sachs argentée ; pour Cocteau, il ne précise pas. « On voit nombre de vedettes de cinéma ou de théâtre, des bougnats, métallos et pléthore de garçons bouchers. Telle Andalouse exhibe des biceps de déménageur ; un louchebem perruqué fraie avec une Pompadour d'origine manifestement auvergnate. Mais l'Orient, pachas et odalisques, domine. »

Toute ressemblance avec des personnages dansant chez la princesse de La Tour d'Auvergne-Lauraguais serait purement fortuite : en son hôtel du 2, avenue de La Motte-Picquet, rien n'est en toc. « Par son bal des Pierrots et Pierrettes, la princesse inaugura, très peu de temps après son mariage [célébré en 1904], la fameuse série des bals costumés parisiens dont la renommée fit le tour du globe et attira à Paris toute l'élite, je pourrais dire de l'Univers, car les Maharadjahs enturbannés de pierreries, les satrapes des Orients fabuleux, les Princes de Perse, aussi bien que tous les magnats d'outre-Atlantique venaient y rejoindre le sommet social de l'Europe en fête », s'enthousiasme Gabriel-Louis Pringué.

« Elle possédait le meilleur chef d'Europe. Sa cuisine était réputée à travers toute l'Amérique, et chaque petite Américaine venant à Paris se disait : "Mon rêve est d'être invitée à un dîner de l'avenue de La Motte-Picquet". Des peaux de panthère étaient jetées sur le marbre du hall où des fleurs à profusion éclairaient

▽ Qui n'a pas assisté à un dîner en l'hôtel du 2, avenue de La Motte-Picquet n'a pas idée de ce que pouvait être le luxe de l'avant-guerre de 1914.

les socles des hautes colonnades. Sur les marches de l'escalier se tenait, immuable et quasi statufiée, l'armée des valets de pied. (...) Au sommet du grand escalier d'honneur se tenait la Princesse enrubannée de ses rivières de diamants, maniant comme une caresse de bienvenue un éventail de plumes d'autruche. »

◁ *L'immeuble de Jules Lavirotte, servant de vitrine, 29, avenue Rapp, au céramiste Alexandre Bigot, son complice habituel.*

Autour, Jules Lavirotte avait fait fleurir l'Art nouveau, qui culminait dans la maison bâtie pour le céramiste Bigot, qu'avait primée le concours de façades de 1901. C'était le temps où Rilke visitait, pour la première fois, Rodin en son atelier du 182, rue de l'Université, non loin des Marbres où travaillaient ses collègues.

À la fin des années 1920, une église américaine néo-gothique était construite à l'emplacement de l'ancienne Manufacture des tabacs, partie à Pantin. Ce qui restait de Magic-City accueillait congrès de la CGTU, congrès du comité Amsterdam Pleyel contre la guerre et le fascisme, et meeting du POI consacré au second procès de Moscou. Pendant la guerre, les troupes d'occupation y installaient *Fernsehsender Paris*, ou Paris-Télévision, l'ancêtre des studios Cognacq-Jay.

À l'emplacement des Marbres, s'élève dorénavant, derrière une paroi de verre en sérigraphie, camouflé par son manteau végétal, le musée du Quai-Branly, longue passerelle au milieu des arbres, aux couleurs chaudes, en partie habillée de bois, due à Jean Nouvel, l'architecte de l'Institut du monde arabe et de la Fondation Cartier.

▷ *L'église américaine du 65, quai d'Orsay (1926-1931). Elle contient deux vitraux Tiffany de 1901.*

△ *Le mur végétal du musée du Quai-Branly : les plantes poussent sur des supports verticaux dépourvus de sol.*

Autour du château de Grenelle

Entre les actuelles place Dupleix et rue Desaix s'élevait le château de Grenelle, dont l'enceinte s'étendait probablement jusqu'à la Seine, la barrière de la Cunette tirant, plus tard, son nom d'un terme qui ne pouvait appartenir qu'à ses fossés. Au sud des actuelles rues Clodion et Daniel-Stern, une ferme, quelques maisons relevaient de l'abbaye de Sainte-Geneviève. C'est au château de Grenelle que Gabriel s'était installé pendant la construction de l'École militaire. En janvier 1794, signe de leur isolement entre Champ-de-Mars et mur des Fermiers généraux, le château comme la ferme étaient affectés à une manufacture de poudre, pour laquelle les aménageait Poyet, et que l'on confiait à Chaptal. Ce « rempart de la République » fournissait, presque à lui seul, l'armée des volontaires. Le 31 août, au lendemain, par chance, de l'enlèvement de cent cinquante tonnes de poudre, la manufacture explosait, causant malgré tout plus de cent morts.

L'emplacement était devenu, en 1860 et pour un siècle, celui de la caserne de cavalerie Dupleix. En 1900, c'était encore « une assez singulière oasis dans les solitudes qui séparent le Champ-de-Mars du boulevard de Grenelle ». Un Palais du Travail, construit rue Dupleix dans l'enceinte et à l'occasion de l'Exposition universelle, devait demeurer, pour les coopératives, le pendant de la Bourse du travail, mais le projet tourna court. Seule la gare, démontée après chaque Exposition et qui, avec vingt voies, occupait pour cette dernière édition tout l'espace compris entre la rue de la Fédération et l'avenue de Suffren, allait durer et devenir une gare de marchandises spécialisée dans le charbon.

▷ *La barrière de la Cunette, à l'extrémité de l'île des Cygnes primitive (gravure du XIXe siècle).*

Grenelle
toujours neuve

◁ *L'église Saint-Jean-Baptiste. Son inauguration donna au quartier les rues Saint-Charles pour Charles X et Mademoiselle pour la fille du duc de Berry.*

Sur des terres lointaines de l'abbaye de Sainte-Geneviève, un moulin à vent tourne au lieu-dit Javet, toponyme altéré plus tard en Javel, attesté dès le XIIIe siècle. En 1777, des capitalistes protégés par un prince du sang y créent la Manufacture de Monseigneur le comte d'Artois, bientôt spécialisée dans cet hypochlorite de potasse qui en prendra son nom définitif « d'eau de Javel ». L'entreprise obtiendra encore une médaille de 1re classe à la première Exposition universelle, celle de 1855. Elle fabriquera ensuite des engrais azotés « dans des conditions d'insalubrité inouïes » pour ne franchir les fortifs qu'à la fin du XIXe siècle. La plaine de Grenelle cesse d'être une garenne – c'est le sens du nom – sous Charles X. Léonard Violet, alors conseiller municipal de Vaugirard, a déjà une expérience de lotisseur, à petite échelle, au faubourg Poissonnière, dans l'actuelle rue Gabriel-Laumain. Ici, hors l'enceinte d'octroi, il peut voir grand et projeter, avec l'aide d'Alphonse Letellier, un « Nouveau village de Beaugrenelle », une ville franche régulièrement quadrillée, au maillage suffisamment large pour qu'il soit possible de le densifier au gré des évolutions économiques et sociologiques futures, sans déborder pour autant du territoire initial. Cet urbanisme d'initiative strictement privée se trouve d'illustres parrains : c'est la fille de Louis XVI, la duchesse d'Angoulême, qui vient poser la première pierre de l'église Saint-Jean-Baptiste. Les alentours sont encore si mal pavés que les premiers habi-

◁ *La nouvelle île aux Cygnes : une digue pour protéger le port franc de la ville nouvelle.*

tants posent des planches sous ses pas pour la préserver de la boue. Mademoiselle, fille du duc de Berry, assiste à la cérémonie et, de cette présence, naît l'hommage d'une rue. La rue Saint-Charles vaut, bien sûr, dédicace au roi.

En l'espace de cinq ans, une ville entière est sortie de terre. La zone comprise entre la rue Saint-Charles et la Seine est tout entière vouée à l'industrie : une digue de huit cent cinquante mètres – celle que l'on dénomme abusivement allée des Cygnes – est construite pour ménager un port franc à la ville franche ; un pont en bois et à péage y est appuyé. Dans la partie résidentielle, c'est un marché, un théâtre, un hôtel particulier pour chacun des deux promoteurs qui voient le jour. Quand la revendication d'indépendance, aussitôt engagée par les quinze cents habitants de la ville nouvelle, sera satisfaite par l'ordonnance royale du 23 octobre 1830, érigeant Grenelle en commune distincte de Vaugirard, une mairie de style ionique, sur l'actuelle place du Commerce, s'y ajoutera et, plus loin, un cimetière.

▽ *Le square Violet, ancien jardin de l'hôtel du promoteur (à g.), qu'occupent les pompiers.*

L'hôtel de Letellier a tôt disparu. Violet, ruiné par son entreprise, a dû se séparer du sien ; revendu à la Ville en 1860, il échoit aux pompiers. Son parc sera transformé en jardin public en 1875. La commune de Grenelle elle-même a duré moins de trente ans, et l'annexion la réduit à deux quartiers administratifs du 15e arrondissement : Grenelle et Javel.

La zone industrielle se porte bien. Sous la raison sociale « J.-F. Cail et Cie », l'entreprise de Chaillot a franchi la Seine : au début du quai de Grenelle s'étirent chaudronneries et fonderies de cuivre et de fer, les forges, le magasin général ; passée la rue de Chabrol (auj. du Docteur-Finlay), leur succède l'atelier « des ponts en fer ». Après l'incendie qui a mis fin à l'activité de Chaillot, en 1864, près de mille cinq cents personnes travaillent là, dont l'ingénieur Cavalier, dit Pipe-en-Bois. Plus au sud, l'usine de caoutchouc de Grenelle, dépositaire de la licence Goodyear, est passée par mariage à Émile Menier, le fils du chocolatier. « 80 000 kilogrammes de caoutchouc brut entrent annuellement dans l'usine de Grenelle et en sortent sous la forme de courroies de transmission, tuyaux à gaz et à eau, tuyaux pour pompes à incendie, rondelles, anneaux, courroies, vêtements imperméables, etc. », écrit *Le Voltaire*, qui appartient au même Menier. « Des câbles de toute sorte, depuis les plus gros spécimens jusqu'aux plus petits, présentent toute la série de communications à enveloppe protectrice. » Partie du câble de communication, l'entreprise, après fusion, deviendra Société industrielle des téléphones en 1889. Sept cent vingt ouvriers travaillent alors rue du Théâtre, qui se retrouveront plus tard dans le giron de CIT-Alcatel.

Dans la même rue du Théâtre, l'usine Mors est passée, en un demi-siècle, du matériel électrique à la signalisation ferroviaire puis à la construction automobile. En 1906, un polytechnicien de 28 ans, André Citroën, est nommé à la direction générale de cette entreprise de huit cents ouvriers. Le pont de Grenelle, refait en dur, s'orne maintenant d'une réplique de la statue de la Liberté qui, à la différence de sa grande sœur, tourne le dos au large ; autrement, il aurait fallu l'inaugurer sur l'eau et le président Sadi Carnot n'a pas le pied marin.

▽ *La (petite) statue de la Liberté, ou l'accusé de réception des États-Unis.*

Le socialisme de Javel

À Javel, l'industrie est pareillement en bord de Seine, avec pour principale entreprise, au milieu d'entrepôts et magasins généraux, la Régie municipale des pavés en bois. Cette spécialité anglaise, d'abord laissée aux filiales de maisons d'outre-Manche, a été reprise par la Ville en 1886. Vingt ans plus tard, le quart de la chaussée parisienne est pavé de bois et, malgré son coût, ce parquet urbain continuera d'être posé jusqu'au début des années 1920.

Le centre du quartier est désigné comme « l'île des chiffonniers », ce qui se passe de commentaires. La partie voisine de Vaugirard est celle des maraîchers : là, à en croire *Paris-Atlas 1900*, « les poules picorent tranquillement dans les rues désertes ; par-dessus les murs bas s'aperçoivent des montagnes de fumier à l'odeur forte, destiné à recouvrir les couches de choux-fleurs et autres denrées légumineuses ! ». Un pont Mirabeau est venu enjamber la Seine, la station de l'Alma de l'Exposition de 1889 a été remontée à son orée sous le nom de Javel, la rue de la Convention a été ouverte, le président Félix

◁ *La station de l'Alma de l'Exposition de 1889 déplacée à Javel.*
© Coll. Parigramme

Faure ne cesse pas d'inaugurer. On le voit encore devant l'hôpital testamentaire de Mme Boucicaut le 1er décembre 1897 ; celui-ci compte cent cinquante-deux lits, dont seize réservés au personnel des magasins du Bon Marché.

À la guerre, André Citroën décroche un contrat de munitionnaire en obus. Il installe pour cela sur quinze hectares, quai de Javel (auj. André-Citroën), des chaînes fonctionnant sur le mode du taylorisme. La torpédo 10 CV type A en sort, après reconversion, dès le 4 juin 1919 ; en 1927, la production atteint cinq cents voitures par jour. En 1935, c'est la faillite ; l'homme Citroën meurt la même année, l'usine reste, aux mains d'André Michelin. Les Traction, DS, SM, et le fourgon tôlé type H, le « tub » de Police-Secours que nous ont gardé les films des années 1950-1960, y sont nés.

Saint-Christophe-de-Javel est la première église en préfabriqué de béton élevée par souscription d'automobilistes, chacun offrant le prix d'un bidon d'essence ; les fresques de Magne y montrent le saint bénissant un bolide de course. Le cardinal-archevêque de Paris donnait pareillement, le 25 juillet de chaque année, à une assemblée de voitures, une bénédiction bienvenue en l'absence de cette assurance obligatoire que n'imposera la loi qu'au 27 février 1958. Dans la circonscription de Javel, les joutes électorales opposent Marceau Pivert, dirigeant de la Gauche révolutionnaire du parti socialiste SFIO, au communiste Charles Michels. Les usines Citroën sont, dans les années 1930, la référence du mouvement ouvrier ; de son vivant, André Citroën a été le prototype, dans les textes du groupe Octobre de Prévert, de l'exploiteur capitaliste à gros cigare, perdant les millions qui ne vont pas aux salaires sur le tapis vert des casinos.

C'est dans ce bastion qu'habitent les Thorez, rue de Lourmel. Maurice est, la plupart du temps, à son domicile ; il ne va au siège du « 120 » (rue La Fayette) que pour les réunions officielles du Secrétariat ou pour quelque rendez-vous. Aurore, sa femme, travaille de l'autre côté de la rue, au 45, dans une coopérative cinquantenaire, La Thémis, devenue La Syndicale quand le Parti l'a reprise.

Au « ciné-club » des Amis de Spartacus, que la banque « Ouvrière et Paysanne » des coopératives a monté au Casino de Grenelle, 86, avenue Émile-Zola, on peut voir des films sans

▽ *À Saint-Christophe-de-Javel, la bénédiction du bolide.*

visa : *La Mère*, de Poudovkine, et un documentaire sur *la Vie en Russie soviétique*, ou encore *Octobre*, d'Eisenstein. Le dimanche 6 octobre 1935, en matinée et sur invitation, le service cinématographique de la Fédération de la Seine du PS y projette *Bastille 1789-Bastille 1935* et *La Marche au Socialisme*, par Marceau Pivert.

L'usine d'aviation Nieuport est installée à Issy-les-Moulineaux dans ce qui fut l'atelier de Caudron puis de Voisin, celui du premier kilomètre aérien parcouru en circuit fermé que commémore un monument à l'entrée de l'héliport. L'aviation, comme l'automobile, est une spécialité parisienne. L'École nationale supérieure de l'aéronautique, le musée et le ministère de l'Air s'alignent le long du boulevard Victor. Au Bal de la Marine, au bas bout du quai de Grenelle, l'un des trois musettes mythiques de Paris avec le Tango de la rue au Maire et la Boule-Rouge de la rue de Lappe, les petites bonnes du 16e viennent nicher sous l'aile protectrice des aviateurs.

△ Dans les années 1930, l'École nationale supérieure de l'aéronautique, le musée et le ministère de l'Air alignaient leurs bâtiments boulevard Victor.

Nieuport est la première entreprise du grand Paris à se mettre en grève, le 26 mai 1936. Le dimanche 7 juin, le Vel'd'Hiv', construit derrière les chaudronneries, forges et fonderies de Cail, parties pour Douai, déborde sur le boulevard de Grenelle jusqu'à la Seine. Ce ne sont pourtant pas les Six-Jours. Vers minuit, Léon Blum y quitte Maurice Thorez pour retourner à Matignon où les dirigeants de la CGT, Jouhaux, Belin et Frachon, ceux des syndicats des Métaux, du Bâtiment, de la Chapellerie, et le patronat peinent à s'entendre sur le relèvement des salaires. L'accord sera finalement signé à une heure du matin.
À l'Expo de 1937, l'île des Cygnes est l'espace des Colonies françaises. Le Parti communiste a tellement grossi que l'immense Vel'd'Hiv' est devenu sa salle de meeting ordinaire, dans des décors de Fernand Léger, sous l'énorme colombe de Picasso ou dans une scénographie de Roger Vailland.

Du Vel'd'Hiv' au Front de Seine

Le 16 juillet 1942, la police parisienne a parqué au Vel'd'Hiv' pour les nazis, dans des conditions épouvantables, près de dix mille juifs qui seront envoyés à la mort des camps de concentration. Pourtant, les cyclistes tournent toujours. Ils le feront jusqu'en 1958, date des derniers Six-Jours, quarante-cinq ans après la création de l'épreuve. Cette année-là, dans la nuit du 28 au 29 août, une nouvelle rafle aura eu lieu, celle de deux mille Nord-Africains, après que le garage de la Préfecture de police du boulevard de l'Hôpital aura été victime d'un attentat.

◁ *La tour Cristal clôtura, en 1990, trente ans d'édification du Front de Seine.*

▷ *Une entrée d'aquarium ou de bains publics pour l'école de la rue Rouelle.*

Un schéma organique d'aménagement distingue déjà « un Paris cristallisé », au centre, de quartiers périphériques qu'il est possible de remodeler. Beaugrenelle en est un ; Maine-Montparnasse un autre. La dalle Beaugrenelle et le Front de Seine du 15e arrondissement sont lancés dans les années 1960, ils s'achèvent avec la construction de la tour Cristal, en 1990. Parmi quinze tours de quatre-vingt-dix-huit mètres de hauteur et de trente-trois étages, le centre commercial a été inauguré en 1979.

La dalle était censée isoler – mais elle se mit à fuir épouvantablement – des rues couvertes, livrées aux voitures, d'une chaussée piétonne sur laquelle il s'avéra difficile de marcher, tant elle était glissante avant d'être, de surcroît, dégradée. Un programme de travaux a été voté par le Conseil de Paris, en novembre 2003, pour une réfection qui s'étendra jusqu'en 2009, et 2011 pour les parkings. La tour du Flatotel, qui se desquamait par plaques entières, a été reprise par Pierre & Vacances qui doit en faire une « résidence de tourisme haut de gamme » de trois cent soixante-quinze appartements pour le deuxième trimestre 2007. La surface du centre commercial se verra augmentée d'ici au premier semestre 2009, sous des toitures entièrement végétalisées pour l'agrément de la vue depuis des tours où vivent dix mille habitants. L'école de la rue Rouelle, qui vient buter sur ce vaste chantier, est, depuis 1912, l'une des plus belles de Paris.

L'Imprimerie nationale, installée en 1921 dans des locaux construits pour

▽ *Ce qui reste de caractères à l'ex-Imprimerie nationale.*

▷ *Boulevard Victor, l'immeuble « paquebot » de Pierre Patout, aménageur de trois transatlantiques : l'*Île-de-France*, l'*Atlantique*, le* Normandie.

elle rue de la Convention, comptait près de deux mille salariés quand fut lancée la dalle du Front de Seine, et encore environ mille quatre cents quand s'acheva la tour Cristal. Entre-temps, chez Citroën, en 1974, une partie de la fabrication avait quitté Javel pour Aulnay-sous-Bois et, deux ans plus tard, c'était l'arrêt total de l'usine. Le siège social, seul, y demeurait encore, jusqu'au 6 octobre 1982, avant de rejoindre Neuilly.

L'Imprimerie nationale est devenue une société de droit privé en 1994. Son site – vingt mille mètres carrés d'emprise foncière pour quarante mille mètres carrés de bâti en plein Paris – a été vendu, huit ans plus tard, au fonds d'investissement américain Carlyle, qui s'est engagé à conserver... la statue de Gutenberg et le jardin qu'elle surplombe. À la différence de l'île Seguin de Billancourt, le site des usines Citroën, transformé en parc, n'a gardé que le nom du patron. Mais, dans l'angle sud-ouest de Paris, entre l'héliport, la Seine, le RER et le périph, le boulevard Victor, avec ses bâtiments de l'Air, mais aussi le ministère de la Marine d'Auguste Perret, voire l'immeuble « paquebot » de Pierre Patout et ses ponts superposés, reste un hymne aux transports.

▷ *87, boulevard de Grenelle, les bas-reliefs en alliage d'aluminium de l'ancien centre technique (1947).*

Annexes

Chronologie abrégée des règnes et des régimes

Philippe II Auguste	1180-1223
Louis IX (Saint Louis)	1226-1270
Philippe IV le Bel	1285-1314
Charles V le Sage	1364-1380
François Ier	1515-1547
Henri II	1547-1559
François II	1559-1560
Charles IX	1560-1574
Henri III	1574-1589
Henri IV	1589-1610
Louis XIII	1610-1643
Louis XIV	1643-1715
Louis XV	1715-1774
Régence (duc d'Orléans)	*1715-1723*
Louis XVI	1774-1792
Première République	1792-1804
9 thermidor an II et réaction	*27 juillet 1794-1795*
13 vendémiaire an IV	*5 octobre 1795*
Directoire	*1795-1799*
18 brumaire an VIII et Consulat	*9 novembre 1799-1804*
Premier Empire	1804-1814
Louis XVIII	1814-1824
Cent-Jours	*20 mars-22 juin 1815*
Charles X	1824-1830
Louis-Philippe	1830-1848
Seconde République	1848-1851
Second Empire	1852-1870
Troisième République	1870-1940
La Commune	*18 mars-28 mai 1871*
Quatrième République	1944-1958
Cinquième République	1958-...

Index des principaux noms de personnes

Édition : Clara Popper
Direction artistique : Isabelle Chemin
Maquette : Anne Delbende/Nota Bene
Cartographie : Mathias Dubois
Plan Maire : Collection Denis Prouvost/Clichés Jean-Michel Drouet
Photographies : © Gilles Targat (sauf mentions)

Avec la collaboration de Françoise Massonnaud,
Dominique Bovet, Marianne Lorisson, Anne-Sophie Simenel,
Stéphanie Rodier, Hélène Sardou.

Photogravure : Alésia Studio (75)

Achevé d'imprimer en novembre 2006 sur les presses
de l'imprimerie Kapp, à Évreux (27)
ISBN 10 : 2-84096-400-7
ISBN 13 : 978-2-84096-400-1
Dépôt légal : septembre 2006